Können und Vertrauen

D1735088

Beatrice Vogt Frýba

Können und Vertrauen

Das Tovil–Heilritual von Sri Lanka
als kultureigene Psychotherapie

Ethnologische Schriften Zürich, ESZ 11
Völkerkundemuseum der Universität Zürich
Ethnologisches Seminar der Universität Zürich

Verlag Rüegger

Band 11

Herausgeber: Ethnologisches Seminar der Universität Zürich

Die vorliegende Arbeit wurde von der Philosophischen Fakultät I der Universität Zürich im Sommersemester 1991 auf Antrag von Herrn Prof. Dr. Detlef von Uslar und Herrn Prof. Dr. Hans–Peter Müller als Dissertation angenommen.

© 1991 Verlag Rüegger, Chur/Zürich
ISBN 3 7253 0401 7
Redaktion: Hans–Peter Müller
Umschlagmotiv: Dokumentarfoto der Autorin
Satz und Grafik: Mirko Frýba
Druck: Gasser AG, Chur   16055

Ethnologische Schriften Zürich, ESZ 11
ISBN 3 909105 20 3
Völkerkundemuseum der Universität Zürich
Ethnologisches Seminar der Universität Zürich

Inhalt

Verzeichnis der Abbildungen

Verzeichnis der Fotographien

Vorwort

Die Abhandlung über *Können und Vertrauen* ist ein Ergebnis dreijähriger ethnopsychologischer Forschung (1985–1988) über ein Heilritual, das im Hochland von Kandy in Sri Lanka traditionellerweise zur Behandlung von Geisteskrankheit durchgeführt wird. Im Kontext der buddhistischen Kultur Sri Lankas wird dieses Heilritual, der Tovil, als psychotherapeutische Methode untersucht. Ansatzpunkt für die Analyse psychischer Prozesse während dem Tovil–Heilritual sind die Handlungen des Heilers und die von ihm intendierte und zum Teil beobachtbare heilende Wirkung auf den Patienten.

Als Psychotherapeutin hat mich das Welt- und Menschenbild von Jakob Levi Moreno, dem Begründer des Psychodramas und der Soziometrie, angesprochen. Das therapeutische Format des Psychodramas wurde mir in der Praxis durch Zerka Moreno in den Jahren 1979–1981 auf eindrückliche Weise vermittelt. Als ich dann zum ersten Mal mit der Form und dem Ablauf eines srilankischen Heilrituals konfrontiert wurde, meinte ich, Ähnlichkeiten mit dem Psychodrama in den psychotherapeutischen Techniken und dem therapeutischen Setting und Format, erkennen zu können. Beeindruckt war ich vor allem vom öffentlichen Charakter des srilankischen Heilungsvorgehens. Mein erstes Forschungskonzept, auf Grund dessen ich die Reise nach Sri Lanka antrat, enthielt daher den Grundgedanken, Prinzipien der Methode des srilankischen Heilrituals und deren Wirkungsweise herauszufinden. Ich war damals der Meinung, dass sich die therapeutischen Interventionen des Heilers und deren Wirkungsweise in den Begriffen moderner Psychotherapie — mit Schwergewicht auf Morenos Psychodrama–Methode — erklären liessen.

Ich wusste jedoch bereits auf Grund erster Vorbefragungen bei meinen Ferienreisen nach Sri Lanka in den Jahren 1982 und 1984, dass die Heiler beim Erläutern ihrer Heilmethode Begriffe verwenden, die von der buddhistischen Psychologie stammen und die vor allem in den kanonischen Schriften des *Abhidhamma* formuliert sind. Diese

Beobachtung bestätigte zur gleichen Zeit Kapferer in seinem damals erschienenen Buch *A Celebration of Demons* (1984).

Dass die Heilrituale in der buddhistischen Kultur Sri Lankas einen bestimmten Stellenwert innerhalb des *Dhamma,* des buddhistischen Emanzipationsweges, einnehmen, war zu vermuten. Doch war aus der bisherigen Forschung nicht ersichtlich, wie die Heiler selbst die Funktion ihrer Rituale im buddhistisch–ethischen Kontext ihrer Religion sehen. Von all diesen noch vagen aber vielversprechenden Fragestellungen war ich angemutet, als ich unseren westlichen Kulturkreis verliess.

Grundsätzlich möchte ich meine Forschung als eine Exploration in einem unbekannten Feld einer fremden Kultur verstanden wissen. Sinnvolle Fragestellungen, die wirklichkeitsgemässe Zusammenhänge in einer anderen Kultur aufzeigen können, mussten hier zuerst gefunden werden. In einer ersten Stufe der Erkundung ging es darum herauszufinden, welche Heilrituale in dem von mir gewählten Gebiet stattfinden, und wer wie darüber spricht.

Um jedoch etwas Relevantes über die heilenden psychischen Prozesse im Heilritual aussagen zu können, orientierte ich mich in einer zweiten Stufe meiner Feldforschung nur an den Handlungen und Erklärungen eines ausgewählten Heilers, dessen Arbeitsweise ich daher intensiver untersuchen konnte. Mit einer grösseren Zahl von Patienten enger zusammenzuarbeiten, erwies sich als wenig sinnvoll. Wie man feststellen kann, wird von den Patienten erwartet, dass sie sich nicht daran erinnern, was sich während dem Heilritual, in dem sie eine Nacht lang die Rolle der Hauptperson einnehmen, zugetragen hat.

Damit ich die vom Heiler beabsichtigten psychischen Prozesse während des eigentlichen Heilrituals untersuchen konnte, wurde ich die Schülerin eines Heilers, des Upasena Gurunnanse aus Amunugama, dessen Tovil–Heilritual mich am meisten an das Format einer methodischen Psychotherapie erinnert: Der Patient ist aufgefordert, während dem nächtlichen Heilritual im Kreise seiner Familie und des ganzen Dorfes die Dämonen, die ihm psychische Probleme verursacht haben, zu verkörpern. Da wird eine Nacht lang getanzt, getrommelt und gesungen und auf eine vielfältige, auch spontane Weise agiert, kommuniziert, selbst Rollen werden getauscht wie im Psychodrama, und am darauffolgenden Morgen ist der Patient geheilt. Ich wollte herausfinden, warum das so ist, und wie der Heiler selbst sich diese Heilung erklärt. Um eine Antwort auf diese Fragen erhalten zu kön-

nen, musste ich mich tiefer als ursprünglich geplant, auf das Welt-
und Menschenbild des Heilers einlassen.

Als Schülerin des Upasena Gurunnanse wurde ich in die Kunst
des Tanzens und Trommelns eingeführt. Ich nahm als Zuschauerin
und später als Trommelassistentin an seinen Heilritualen teil und
erlebte einmal sogar die Sichtweise der Patientin: Für einen guten
Verlauf meiner Schwangerschaft führte Upasena Gurunnanse 1987
einen Tovil in unserem Haus durch. In regelmässigen Lehrgesprächen
führte mich Upasena Gurunnanse in einzelne Bestandteile und Mittel
seiner Tovil–Heilmethode ein, insbesondere in *Mantra* (Zaubersprüche), *Yantra* (Zauberdiagramme) und *Kavi* (mythische Verse).

Unsere Beziehung war in doppeltem Sinne ungleich: es bestand
ein Gefälle zwischen ihm als Lehrer und Wissendem und mir als
Schülerin und Unwissender, und umgekehrt zwischen mir als gut
bemittelter „Weltenreisender" und ihm als minderbemitteltem Dörfler.
Das Zusammentreffen genau dieser ungleichen Beziehungsmerkmale
gilt in Sri Lanka als ein Übungsfeld für die spirituelle oder sogenannt
edle Beziehung *(kalyāna mittatā)*. Das Ziel einer solchen Beziehung
ist geistiges Wachstum auf Seiten des Schülers und eine glücksfördernde Gestaltung der Lebensumstände beider. Ehrlichkeit, Grosszügigkeit, Vertrauenswürdigkeit, Loyalität und Respekt waren die
wichtigsten Parameter für das Erreichen dieser Ziele. In diese Bezie-
hungsarbeit waren auch mein Mann, mein Forschungsassistent, unsere
Freunde, sowie Familie, Schüler und Freunde des Upasena Gurunnanse miteinbezogen.

Ein klares Auftreten in der dem jeweiligen Kontext angemessenen
sozialen Rolle war hilfreich und brachte Beweglichkeit in unsere Beziehung: In einer Trommelstunde im Dorf trat ich als empfangende
Schülerin auf, während ich bei einem gemeinsamen Mittagessen in
unserem Hause die Rolle der Hausherrin spielte, umsorgend aber
distanziert, die Herstellung von Vertrautheit und Nähe meinem Mann
überlassend. Im Grunde ging es darum, im Bewusstsein der verschiedenen Gegebenheiten von sozialen Straten, in der eigenen Macht-
sphäre den Schwächeren eher zu erheben, statt ihn zu beschämen
oder gar zu erniedrigen. Diese Kultivierung des Umgangs in einer
edlen Beziehung zwischen Ungleichen ist nach srilankischer Auffassung ein wesentliches Prinzip der gegenseitigen Glücksförderung.

Im Zentrum meiner zweieinhalbjährigen Lehrbeziehung zu Upasena Gurunnanse standen die Erhebungen über sein heilendes methodi-
sches **Können**, das im therapeutischen Format des Tovil-Heilrituals

seinen Ausdruck findet. Das wichtigste Element dieses Könnens
besteht vorerst darin, das **Vertrauen** des Patienten zu fördern. Das
Vertrauen wird vom Heiler als geistige Fähigkeit verstanden, die
beim Menschen zusammen mit anderen geistigen Fähigkeiten ausgeglichen vorhanden sein muss. Können und Vertrauen sind die Schlüs-
selbegriffe meiner Forschungsergebnisse. Das methodische Können des
Heilers und das begründete Vertrauen des Patienten gelten als
Bedingungen der zur Heilung führenden psychischen Prozesse
während dem Tovil–Heilritual und sind laut Upasena Gurunnanse für
den Heilerfolg massgebend. Woraus dieses Können konkret besteht,
und wie das Vertrauen sich auf den Patienten heilend auswirkt, wird
im vorliegenden Buch auf Grund von Fallbeispielen aufgezeigt.

Bei der psychologischen Analyse des Tovil–Heilrituals gehe ich
von der Sicht– und Erklärungsweise des Heilers aus. Ihm sind die
Begriffe und Konzepte der wissenschaftlichen Psychologie unserer
Kultur nicht geläufig. Um die vom Heiler verwendeten Begriffe trotzdem analytisch herzuleiten, habe ich sie im Rahmen der buddhistischen Psychologie, des kanonischen Abhidhamma, gesichtet und mit
meinen empirischen Beobachtungen verglichen. Es wird nicht der
Anspruch erhoben zu klären, inwieweit die Begriffe des Heilers mit
den gleichlautenden des Abhidhamma auch als identisches konzep-
tuelles Wissen betrachtet werden können. Doch wird davon ausgegangen, dass die beiden Wissenssysteme epistemologisch das von der
gleichen Kultur geprägte Weltbild spiegeln.

Indem versucht wird, kultureigene Erklärungsmuster zur Analyse
psychischer Prozesse in Heilritualen heranzuziehen, wird einer Forde-
rung nachgekommen, die in ethnologischen Kreisen immer lauter
wird: es gilt, von der fremden Kultur zu lernen, statt sie mit unseren
wissenschaftlichen, religiösen oder sozialpolitischen Bewertungssyste-
men zu deuten, durch die sie mit Bestimmtheit nicht gesteuert ist.
Mit meinem methodischen Ansatz der Arbeit wird also ein Schritt in
diese Richtung unternommen. Das Ergebnis soll mit aller Deutlichkeit
aufzeigen, wie weit wir noch davon entfernt sind, transkulturelle
Rückschlüsse zu psychischer Krankheit und Heilung, die auf empirischer Basis begründet sind, zu ziehen.

Die Abfolge meiner Darlegungen entspricht ziemlich genau dem
chronologischen Verlauf meines Forschungsvorgehens und widerspie-
gelt Entwicklung und Zuwachs meiner Kenntnis über den Einsatz
und die Wirkungsweise der Tovil–Heilmethode:

Nach einer einleitenden Impression des Tovil–Heilrituals anhand eines populären srilankischen Märchens werden im zweiten Kapitel die unterschiedlichen Heilverfahren, die in Sri Lanka ausser demjenigen des Tovils existieren, vorgestellt. Die Fallbeispiele von Begegnungen mit Heilern im dritten Kapitel runden die erste Stufe meines explorativen Vorgehens im Feld ab. Die Wahl des Upasena Gurunnanse als meinen Lehrer führte, wie bereits gesagt, zwangsläufig zu einer intensiven Beschäftigung mit den kultureigenen psychologischen Konzepten, die im Abhidhamma, im dritten Teil des buddhistischen Kanons *(Tipiṭaka)*, systematisiert sind. Die für die Tovil–Psychologie relevanten Konzepte werden im vierten Kapitel aus dem Abhidhamma analytisch hergeleitet. Im fünften Kapitel werden der Abhidhamma– und Tovil–Psychologie entsprechende Konzepte aus der westlichen Psychologie als „Übersetzungshilfe" herangezogen.

Im vierten und fünften Kapitel ist die Heuristik meiner Untersuchung enthalten. Unter Heuristik verstehe ich die Methodik des Findens, die dem Forschungsvorgehen innewohnt und als solche den empirischen Fakten des Forschungsgegenstands gegenübersteht. Gesucht und analysiert werden adäquate empirische Fragestellungen und theoretische Erfassungsparadigmen, die sowohl die Auffassungen des srilankischen kultureigenen Wissens über psychische Prozesse, wie auch die ihnen entsprechenden Konzepte der westlichen Psychologie berücksichtigen. Aussagen *über* die Methodik des Findens und Erkennens, die in einer wissenschaftlich präzisen Form gemacht werden, rechne ich der Epistemologie zu. Mit anderen Worten, es wird in meiner Abhandlung eine Annäherung an die kultureigene srilankisch–buddhistische Epistemologie angestrebt, die den untersuchten Heilern als Träger des Wissens einer uns fremden Kultur gerecht wird. Gemäss dieser buddhistischen Epistemologie erhält die Frage der **Ethik** des Heilens in Sri Lanka einen zentralen Stellenwert.

Im sechsten und siebten Kapitel wird der kulturelle Kontext der Heilrituale dargestellt, so wie er von der historischen, soziologischen und religions–ethnologischen Seite bis anhin erfasst wurde. Entsprechend den Fachgebieten diesbezüglicher Arbeiten werden wissenschaftliche Auffassungen über den geschichtlichen, gesellschaftlichen und mythisch–ideellen Rahmen vorgestellt und meinen globalen Befunden und Fragestellungen zu diesen Themen gegenübergestellt. Dabei möchte ich unter anderem einige der ethnozentrischen Konzepte zu den srilankischen Heilritualen aufzeigen, mit denen dieser Teil der dörflichen Kultur Sri Lankas wissenschaftlich bis jetzt erfasst und in Dichotomien aufgespalten wurde; es sind Konzepte, die dem auto-

chthonen Denken der Srilankaner meines Erachtens fremd sind. Ich
vertrete diesbezüglich die Auffassung, dass auf solche „importierte"
Konzepte verzichtet werden kann, wenn das Heilritual als ein therapeutisches Verfahren zur Heilung von Geisteskrankheit mit Hilfe kultureigener Erklärungen — wie ich sie im heuristischen Teil meiner
Abhandlung erarbeitet habe — untersucht wird.

Mit drei Patienten–Fallbeispielen von Tovil–Behandlungen wird
schliesslich im neunten und zehnten Kapitel das Können des Upasena
Gurunnanse beschrieben und analysiert. Die Erhebungen zu den drei
Patientenfällen und ihrer Tovils werden zunächst in einfachen Protokollsätzen und in Form von transkribierten Interviews referiert. In
den darauf folgenden Analysen wird versucht, eine Balance zu finden
zwischen der Ausdrucksweise des Heilers im analytischen Bezugsrahmen der buddhistischen Psychologie und der Erfassungsweise
unserer westlichen Psychologie und Psychotherapie. Es ist also das
Ziel der Analyse, das therapeutische Format des Tovil–Heilrituals zu
erarbeiten und das methodische Können des Heilers und die dadurch
ausgelösten psychischen Prozesse aufzuzeigen. Eingebettet ist dieses
Können, wie im elften Kapitel gezeigt wird, in spezifisch buddhistischen Vorstellungen über ethische, das heisst heilsame Handlungen,
die für den Heiler eine zuverlässige subjektive Ausgangslage und
Orientierung bei der Ausführung seiner Heilmethode bedeuten.

Meine Arbeit wäre ohne wertvolle Impulse und Unterstützung von
verschiedensten Personen nicht entstanden. An erster Stelle gilt mein
Dank und meine Respekterweisung dem Heiler und Lehrer Upasena
Gurunnanse von Amunugama. Er hat mich mit Geduld und Toleranz
während zweieinhalb Jahren in sein Können und in das Wissen der
Tovil–Psychologie eingeführt. Dank gebührt auch Suramega Raja-
paksa, meinem Trommel- und Tanzlehrer, dem mich Upasena
Gurunnanse zum Erlernen dieser Komponenten der Heilkünste anver-
traut hat.

Von wissenschaftlicher Seite erhielt ich wertvolle Unterstützung
von Prof. Padmasiri de Silva, Professor für Philosophie und Psychologie an der Universität Peradeniya, Sri Lanka, der mir einen epistemologischen Ansatz nahegelegt hat. Er und seine Mitarbeiter bildeten ein wichtiges Forum, um meine laufenden Ergebnisse zu diskutieren. Dem buddhistischen Gelehrten und Mönch Dr. Nyānaponika
Mahāthera möchte ich ganz herzlichen Dank und Verehrung aussprechen. Er hat sich wiederholt Zeit genommen, einzelne Teile meiner
Arbeit, welche die Darlegung des Dhamma und Abhidhamma in

Bezug auf die Heilrituale beinhalten, zu lesen und mit mir zu diskutieren. Der Soziologe und Südasienexperte Prof. Detlef Kantowsky von der Universität Konstanz hat mich bei seinen Besuchen in Kandy immer wieder ermuntert, mit meinem nicht ganz üblichen interdisziplinären Ansatz fortzufahren. Dankend erwähnen möchte ich auch meinen Forschungsassistenten Laxman Weerasinghe, der eine entscheidende Rolle bei der Vermittlung zwischen den beiden Kulturen spielte.

Der wichtigste Diskussionspartner war mein Mann, Dr. Mirko Frýba, der zur Zeit unseres Aufenthalts in Sri Lanka seine Abhidhamma–Studien fortsetzte und viel dazu beitrug, mir die Konzepte der buddhistischen Psychologie leichter zugänglich zu machen. Ihm, der an meiner Seite alle Höhen und Tiefen meiner Forschung miterlebt hat, gilt mein herzlichster Dank. Unseren srilankischen Freunden, die uns in vielen Gesprächen und gemeinsamen Unternehmungen ihr kulturelles Selbstverständnis vorgelebt haben, in deren Kreis ich mich akzeptiert und integriert fühlte, sei ebenfalls gedankt. So zahlreich sind die Personen in Sri Lanka, die mich bei meiner Arbeit unterstützt haben, dass die Liste zu lang würde, wenn ich sie alle namentlich anführen möchte.

Erwähnen will ich dennoch den kürzlich verstorbenen Bertie Seneviratne und seine Frau Rosy Seneviratne, Bertie und Deepthie Jayasinghe, Prof. Lily de Silva, Godwin Samararatna, Dr. Nihal und Suvimalie Karunaratna, Harilal und Visakha Wickramaratne, Dr. Philip Weerasingham, Lincoln Weerasekera, Jayasiri und Lee Gajanayaka, Bandula Fernando, Ven. Piyadassi Mahāthera, Dr. Piya Wijemane, Prof. Anuradha Seneviratna, Prof. L.G. Hewage und Dr. Tissa Kariyawasam.

Ich möchte auch der Erziehungsdirektion des Kantons Bern meinen Dank aussprechen; durch ihr Darlehen wurde der Aufenthalt unserer Familie in Sri Lanka erleichtert. Und schliesslich danke ich ganz herzlich Prof. Hans–Peter Müller, der für die definitive Fassung meiner Dissertationsschrift wesentliche Impulse gab, und Prof. Detlev von Uslar, der bereit war, mich mit meinem interdisziplinären Ansatz an der Universität Zürich im Fach Anthropologische Psychologie zu promovieren.

Rothenfluh, im Frühjahr 1991

Szene aus einem Heilritual

(Wandmalerei, Tempel Telwatta Vihāra im Hochland von Sri Lanka)

1. Einleitung : Der Tovil im Kürbis

Srilankische Heilrituale kann man unter verschiedenen Perspektiven betrachten. Die einheimischen Wissenschaftler haben sich vor allem bemüht, das „reine" Erbe ihrer kulturellen Tradition zu bewahren. Die Heilrituale sind für sie ein wertvolles Kulturgut, dessen baldigen Untergang sie befürchten. Der aesthetischen Seite der Heilrituale, dem Tanzen und Trommeln, den kunstvollen Masken im Süden Sri Lankas, den Kostümen und Requisiten, haben Kunstverständige ihre Aufmerksamkeit gewidmet. Über Erscheinungsform, Ablauf und Ausstattung dieser exotischen oder „primitiven" Heilkunst haben Ethnologen und Anthropologen geforscht. Stellenwert und Beliebtheit der Heilrituale in verschiedenen Gesellschaftsschichten waren Gegenstand soziologischer Beobachtung. Und nicht zuletzt haben sich Religionsforscher für die Heilrituale als Volksreligion interessiert. Der Gegenstand der vorliegenden Arbeit, das Wissen der Heiler und ihre psychotherapeutischen Fertigkeiten, blieb bisher unerforscht.

Zur Einstimmung in meine Thematik gebe ich nun ein Märchen wieder, das unter Srilankanern bestens bekannt ist. „Der Tovil im Kürbis", so der Titel des Märchens, bringt den dörflichen Kontext Sri Lankas näher, in den die Heilrituale eingebettet sind. Es zeigt, welche Einstellungen zum Tovil die Einheimischen haben. Wie in jedem Märchen ist auch im „Tovil im Kürbis" eine universelle Aussage enthalten. Sie vermittelt die archetypische Verarbeitung von kulturspezifischen Phänomenen. Atmosphäre und Handlung können so auch für uns bedeutungsvoll sein; man versteht ohne zu begreifen.

Der Tovil im Kürbis

Über die Familie des *Gamarāla* war grosses Unheil gekommen. Die *Gama Mahāge* lag seit Tagen auf ihrem Bett und konnte nicht aufstehen. Die Arbeit im Haus blieb unerledigt, weil alle darauf warteten, dass es der Frau des *Gamarāla* bald wieder besser ginge. Das Warten blieb jedoch vergebens, obwohl man den Hausgöttern schon geopfert hatte. Die *Gama Mahāge* hatte hohes Fieber, zitterte am ganzen Körper, und manchmal stiess sie eigenartige Laute aus, die niemand deuten konnte.

So beschloss der *Gamarāla* und die anderen in der Familie, einen *Kattādiyā*, einen Dämonenpriester, herbeizuholen und ihn zu bitten, die *Gama Mahāge* zu heilen. Der *Kattādiyā* erkannte sofort, dass die Frau des *Gamarāla* von einem *Yakā* besessen war und riet, so schnell wie möglich einen Tovil mit Teufelstänzen zu veranstalten.

Nun war ein solcher Tovil eine Sache, von der jeder im Dorf erfahren würde. Die Leute wüssten dann, dass die *Gama Mahāge* von einem *Yakā* besessen war, und alle würden zu dem Tovil kommen und müssten beköstigt werden. Da sagte der *Gamarāla*: „Lasst uns den Tovil heimlich veranstalten! Niemand soll davon erfahren!" – „Wie sollen wir das aber anstellen?" gaben die anderen zu bedenken. „Ein Tovil dauert sehr lange, es wird getanzt, und das Trommeln wird man im ganzen Dorf hören können!" Darauf erwiderte der *Gamarāla*: „In meinem Garten liegt ein riesiger Kürbis. Wenn wir ihn aushöhlen, können wir den Tovil darin veranstalten, und niemand wird etwas davon mitbekommen!" Die anderen waren mit dem Vorschlag des *Gamarāla* einverstanden und benachrichtigten den *Kattādiyā*. Als auch er sein Einverständnis kundgetan hatte, machten sich der *Gamarāla* und die anderen an die Arbeit. Sie höhlten den Kürbis aus, schmückten ihn von innen prächtig aus, bauten einen Tanzplatz in der Mitte und schafften alles herbei, was man für einen Tovil braucht.

Am folgenden Abend kam der *Kattādiyā* mit seinen Leuten, den Tänzern und Trommlern. Sie alle verschwanden in dem Kürbis, und ganz am Schluss trug der *Gamarāla* seine Frau hinein. Die anderen schlossen von aussen die Tür und gingen zurück ins Haus, denn die Zeremonie würde die ganze Nacht andauern.

Kurz darauf, der Teufelstanz war schon in vollem Gange, zogen dunkle Wolken am Himmel auf und ein fürchterliches Gewitter brach herein. Es regnete so stark, wie die Leute es im Dorf noch nie erlebt hatten. Der *Kattādiyā*, der *Gamarāla* und all die anderen im Kürbis bekamen jedoch nichts davon mit. Das Trommeln und das Gestampfe am Boden war so laut, dass das Prasseln des Regens auf den Kürbis übertönt wurde.

Nach einiger Zeit war der ganze Garten mit Wasser überflutet. Niemand bemerkte, dass sich der Kürbis plötzlich bewegte und langsam davonschwamm. Der *Gamarāla* dachte, dass der *Yakā* gekommen sei, und die Tänzer wirbelten in einer wilden Trance zu den Rhythmen der Trommeln herum. So trieb der Kürbis davon, erst durch das ganze Dorf, dann über die Felder bis hin zum Fluss. Er fiel in den Fluss hinein und wurde mit den Fluten ins Meer gespült. Dort war er dann bald nicht mehr zu sehen.

Als die Familie des *Gamarāla* am nächsten Morgen sehen wollte, ob der Tovil beendet und die *Gama Mahāge* geheilt sei, stellte man entsetzt fest, dass der Kürbis verschwunden war. „*Ayō*, die arme *Gama Mahāge!* Der arme *Gamarāla!*" klagte da die Familie des *Gamarāla*. Sie warfen sich auf den Boden, rollten herum, zerrten sich an den Haaren und jammerten: „Bestimmt ist der *Yakā* gekommen und hat alle verschlungen!" Den ganzen Tag suchten sie mit Hilfe der Leute im Dorf nach dem Kürbis, doch der blieb wie vom Erdboden verschluckt. Am Abend waren sich alle sicher, dass sie den *Gamarāla* und die *Gama Mahāge* nie wiedersehen würden.

Der sechste Tag seit dem Verschwinden des Kürbis rückte näher. Es war der Tag, an dem man den Mönchen aus dem Dorf zum Gedenken an die Verstorbenen ein *Dāna*, ein Almosenessen, bereiten wollte. Die Verwandten des *Gamarāla* waren damit beschäftigt, das Haus herzurichten, und die Frauen gingen auf den Markt, um Reis und andere Dinge für das *Dāna* zu besorgen. Sie kauften nur vom Besten und den grössten Fisch, den sie auf dem Markt finden konnten. Zu Hause trugen sie alles in die Küche, wo sich schon andere Frauen aus dem Dorf, die bei den Vorbereitungen helfen wollten, eingefunden hatten. Sie schlitzten den Bauch des Fisches auf, um ihn auszunehmen und schrien plötzlich laut auf. Alle, die im Haus waren, kamen herbeigelaufen und blieben mit offenem Mund an der Tür zur Küche stehen. Aus dem Bauch des Fisches kamen, allen voran der *Gamarāla*, die *Gama Mahāge*, der *Kattādiyā*, die Tänzer und die Trommler. Der *Gamarāla* verkündete, dass der *Kattādiyā* den *Yakā* ausgetrieben habe und die *Gama Mahāge* wieder gesund sei. Alle freuten sich und liefen im Dorf umher, um die Neuigkeit zu verbreiten (erzählt nach Schleberger 1985 : 126ff).

* * *

Ich habe kaum einen Srilankaner getroffen, der diese Geschichte
nicht gekannt hätte. Oft weckte schon die Erwähnung des Titels
Belustigung. Ein Tovil findet eben in Wirklichkeit niemals in einem
Kürbis statt, in einem Gehäuse, in dem man sich kleinmachen und
verkriechen kann. Im Gegenteil: der Tovil ist ein öffentliches Heilritual, das gewöhnlich im Haus des Patienten stattfindet und das
Dorf eine Nacht lang mit lautem Trommeln, mit dem Klingeln der
Schellen an den Füssen der Tänzer und mit eindringlichem Singsang
erfüllt. Auch diejenigen, die sich nicht dazu entschliessen, den
Geschehnissen im Hause des Patienten beizuwohnen, können kaum
schlafen in solch einer Nacht.

Die Heilung eines psychisch Kranken im srilankischen Dorf
geschieht nicht im Geheimen. Und gerade deshalb findet man diese
Geschichte so amüsant. Es wird in ihr genüsslich mit dem Gedanken
gespielt, diese für die Familie des Patienten doch recht peinliche
Angelegenheit im Versteckten abzuhalten. Ein vom Dämon besessener
Patient benimmt sich während dem Tovil nämlich ungewöhnlich und
beschämend: er tanzt unbeherrscht, schlägt sich mit harten Gegenständen auf den Kopf und kriecht sogar auf allen Vieren am Boden,
wenn der Heiler es ihm befiehlt. Die Nachbarn sollten also von alle-
dem nichts sehen, und der Patient wäre am Ende trotzdem geheilt.
Welch ein frevelhafter Gedanke: das Peinliche, Bedrohliche und
Unerwünschte, selbst wenn es die eigenen Angehörigen sind, einfach
abzuspalten, zu versorgen und zu vergessen, nicht gerade in psychiatrischen Anstalten, sondern etwas märchenhafter: in einem ausgehöhl-
ten Wasserkürbis.[1]

Doch so einfach geht es nicht. Was einem peinlich und bedrohlich
erscheint, kann man nicht einfach loswerden, auch wenn es aus dem
Blickfeld gerät und weggeschwemmt wird — in das grosse Meer des
Unbewussten. Der Verlust und die Reue würden noch grösseres Leid
bringen. Nochmals bekommen also die Angehörigen eine Chance, sich
in Grosszügigkeit und Wohlwollen zu üben, sich dadurch mit dem
Unglück auseinanderzusetzen und schliesslich Befriedung zu finden.
Anlässlich eines von einem Mönch durchgeführten *Pirit*-Heilrituals
zum Gedenken der vermeintlich Toten, ist ihre Anteilnahme und
Gebefreudigkeit diesmal echt und lässt sie den teuren Fisch kaufen,
der ihnen auf wunderbare Weise die verlorenen Angehörigen wieder
zurückbringt. Die Betroffenen selber haben von all den Problemen
und Verwandlungen rund um sie herum nichts gemerkt. Ihre Erlebenswirklichkeit während des ganzen Geschehens war eine andere.

Das Hübsche an dieser Geschichte ist, dass die beobachtbaren äusseren Verwandlungen gleichermassen ein Sinnbild sind für die innerlich erlebbaren Prozesse einer psychischen Heilung: das Eintreten in einen geschützten, psychotherapeutischen Raum, das Eintauchen in Unbewusstes, sich gehen und einnehmen lassen, um schliesslich wieder neu, in einer von Eintracht geprägten Welt, geboren zu werden. Werfen wir aber doch noch einen Blick **in** den Kürbis. Was passiert denn für die Teilnehmer während dem klar abgegrenzten Zeitraum eines Tovils?

Der *Yakädura* (Dämonenmeister)[2] und einige seiner Assistenten kommen am Vortag ins Haus des Patienten und beschäftigen sich mit dem Gestalten des rituellen Arbeitsplatzes. Es werden Götter- und Dämonenaltäre und andere Requisiten für das nächtliche Ritual hergestellt und unter anderem auch ein spezielles Essen als Opfergabe gekocht. Nach der Eindämmerung serviert die Familie den Heilern ein Nachtessen, und nachdem sich die Verwandten, Freunde und Nachbarn eingefunden haben, treten der Dämonenmeister und die ihn assistierenden Trommler und Tänzer in Kostümen auf dem kunstvoll ausgeschmückten rituellen Schauplatz vor dem Haus auf. Sie rezitieren ein Lob auf die Tugenden des Buddha *(buduguna)*, zünden Öllämpchen im Hauptaltar an und verbreiten Gerüche mit Rauchpulver und Räucherstäbchen. Dann wird eine ganze Weile vor den Altären getanzt und getrommelt, um die Götter *(deva)* einzuladen, bis schliesslich auch der Patient in ihre Gesellschaft geholt wird. Er wird gegenüber den Altären plaziert, und der Dämonenmeister versichert ihm, dass er geheilt werden wird. Die Tänzer bewegen sich darauf zwischen dem sitzenden Patienten und den Altären tanzend und rezitierend hin und her. Dadurch wird die Beziehung des Patienten zu den Göttern hergestellt und unterhalten. Danach werden unter heftig und schneller werdenden Rhythmen auch die Dämonen gerufen. Dazu wird viel Rauch und Feuer versprüht. Die Heiler tanzen — wie in Trance — und schliesslich erhebt sich auch der Patient von seinem Platz und fängt an zu tanzen.

Etwa um Mitternacht, nach einer allgemeinen Teepause, beginnt eine Phase spontaner Interaktionen und Handlungen, bei denen manchmal der Patient, manchmal der Heiler die Rolle eines bestimmten Dämons einnimmt. Es kommt auch vor, dass einer der Zuschauer in Trance fällt. Dämonen und Heiler einigen sich über die zu erbringenden Opfergaben, und der die Krankheit repräsentierende Dämon nennt dann die Zeit — normalerweise die Zeit des Morgengrauens —, an der er den Patienten in Ruhe lassen und aus seinem Gesichtskreis *(disti)* verschwinden wird.

Nach einer weiteren Erfrischungspause legt sich ein Heiler vor dem Patienten auf eine Matte, deckt sich mit einem roten Tuch zu, und die Assistenten stellen ihm einen der Dämonenaltäre auf den Bauch. Dies ist das grosse Ereignis *(mahā–samayama)* des Tovils. Zauberformeln *(mantra)* werden gemurmelt, Zitronen und eventuell auch ein Aschenkürbis zerschnitten, und der liegende Heiler wird plötzlich ganz steif und fängt an zu zucken. Das bedeutet, dass er alle krankmachenden dämonischen Energien auf sich genommen hat. Nachdem der Heiler den Kampf mit den Dämonen in seinem Körper ausgetragen hat, kehrt er aus der Trance zurück und wendet sich liebevoll dem Patienten zu. Dann werden die Dämonenaltäre weggetragen und das Tanzen und Trommeln wird fortgesetzt.

Gegen Morgen, zur abgemachten Zeit, verlässt der Dämon den Patienten endgültig; durch den Mund des Patienten ruft er laut „huuhh", so dass alle Anwesenden erschauern. Nun fangen die Heiler an Witze zu machen, während sie weiter tanzen, Geschichten in Versen *(kavi)* rezitieren und den Patienten zu allerlei rituellen Handlungen auffordern. Die Stimmung ist nun gelöst, und die Zuschauer und der Patient lachen viel über die Witze und Possen der Tänzer. Darauf verkündet der Patient, dass er wieder gesund sei. Zum Schluss werden auch die Götter verabschiedet, indem nochmals zu ihren Ehren getanzt wird.

Die Zuschauerreihen haben sich schon nach Mitternacht etwas gelichtet, doch nun verabschieden sich auch die letzten. Den Trommlern und Tänzern wird ein Frühstück offeriert und der Lohn bezahlt. Von nun an geht der Patient wieder seinen normalen Tagesbeschäftigungen nach. Ein paar Tage nach dem Heilritual besucht er den Heiler und bedankt sich für seine Heilung.

*   *   *

Doch worin besteht denn nun eigentlich seine Heilung?

Und welches sind in Sri Lanka die Kriterien für geistige Gesundheit?

Auf diese Fragen geben srilankische kultureigene Auffassungen eine eindeutige Antwort: Die Heilung besteht in der Läuterung des Geistes von Befleckungen durch Gier und Hass, die den Wirklichkeitsbezug entstellen, und im Entfalten und Harmonisieren der geistigen Kräfte, um die Glücksfähigkeit zu steigern. Die Kriterien für geistige Gesundheit entsprechen den Prinzipien der buddhistischen Ethik, die besagen, dass alles durch Gier oder Hass motivierte Handeln, Sprechen und Denken Leiden verursacht und daher unheilvoll und unethisch ist, während das fortwährende Überwinden von Gier und Hass zusammen mit dem Kultivieren von Freigebigkeit und Güte die geistige Gesundheit kennzeichnet.[3] Diese knappe Zusammenfassung buddhistischer Auffassungen zur Entstehung von Geisteskrankheit und zu ihrer Überwindung lässt aber die Frage offen, wie die Geistesläuterung in einem Tovil–Heilritual bewerkstelligt wird, und wie die ethischen Prinzipien dabei zur Geltung kommen. In meinem Buch verfolge ich das Ziel, diese Zusammenhänge psychologisch zu klären.

2. Heilsysteme in Sri Lanka

In Sri Lanka begegnet man einer Vielfalt von Heilverfahren, die zum Teil aus ganz unterschiedlichen und sich widersprechenden Wissenssystemen stammen. Auffallend ist ihre friedliche Koexistenz, wie auch die Tatsache, dass viele Patienten bei ein und derselben Erkrankung in der Folge von verschiedenen Heilverfahren Gebrauch machen (Amarasingham 1980, Obeyesekere 1977b). In der medizinethnologischen Literatur spricht man über eine „pluralistische Gesundheitsversorgung" oder ein „pluralistisches Medizinsystem" einer Kultur oder Nation, innerhalb dessen dann grundsätzlich zwischen der „traditionellen" oder „einheimischen" und der „kosmopolitischen" oder „westlichen" Medizin unterschieden wird (Pfleiderer & Bichmann 1985).[4]

Die meisten mir bekannten Forschungsarbeiten über Heilsysteme in verschiedenen Kulturen erfassen nur die institutionellen Beziehungen innerhalb des Medizinsystems, die global demographischen Fragen der Gesundheitsversorgung und die kulturgebundenen Aspekte der Diagnose von Krankheiten (Kleinmann 1978, Leslie 1980, Waxler 1977, 1984).[5] Im Raum Sri Lanka wurden jedoch auch die Probleme der Wahl von Heilspezialisten und ihren Therapiemethoden untersucht (Amarasingham 1980, Fritz 1987, Obeyesekere 1970c, 1977b). Zu Beginn meiner Untersuchung war die Frage der Wahl interessant, weil sie über die Ansichten der Patienten bezüglich Krankheit und Heilung Aufschluss gab und zur Klärung der therapeutischen Zielsetzungen beitragen konnte. Auf diesem Hintergrund der Patientenansichten erkläre ich zunächst in groben Zügen die Gesundheitsversorgung von Sri Lanka, aus der ich dann ein Heilsystem wählte, nämlich den Tovil oder „Psychotanz" *(yak–nätum)*. Der Tovil als ganznächtliches Heilritual, in dem der Patient aufgefordert ist, aktiv und spontan zu handeln, schien mir für eine psychotherapeutische Untersuchung der Heilmethode am geeignetsten.

Der Begriff „Heilsystem" bedeutet demnach nicht das institutionelle „Medizinsystem" der nationalen Gesundheitsversorgung, wie man es in der oben erwähnten Literatur versteht. Das Heilsystem ist vielmehr definiert durch die methodisch geordnete Gesamtheit von Techniken eines Heilverfahrens, in dem sich ein kohärent strukturiertes Wissen einer Heilergruppe äussert. Die Frage, welche Krankheiten geheilt werden sollen, ist für diese Definition des Heilsystems nicht von primärer Bedeutung — ungeachtet dessen, ob man die Frage nach unserem nosologischen Verständnis oder nach der einheimischen Einteilung von Krankheiten stellen würde. Es geht mir also weder um eine Katalogisierung von Krankheiten noch um eine Statistik deren Vorkommens. Mein Hauptthema ist einerseits die psychologische Analyse des Heilverfahrens, insbesondere des Könnens von Heilern, und andererseits der Ansichten von Patienten, auf Grund derer sie die Heiler wählen und danach im Behandlungsprozess engagiert mitmachen.

Dies ist nur eine erste vage Annäherung an die Psychologie der Heilung, die ich als Können des Heilers handlungstheoretisch anhand seines konkreten Tuns erfassen will, wie auch an die heilenden psychischen Prozesse im Patienten, die sich gemäss meiner Befunde um die richtungsgebende Kraft seines Vertrauens ordnen.[6] Das Konzept des „Vertrauens" hat sich erst aus meinen empirischen Daten zu kristallisieren begonnen. Bei der Planung meiner Forschung dachte ich noch daran „kognitive und emotive Prozesse" im Patienten untersuchen zu können. Dies erwies sich methodisch als sehr schwierig, weil sich die Patienten eines Tovils nicht daran erinnern können, was sie als Dämon taten, fühlten oder dachten. Das Konzept Vertrauen wird daher konzise das erfassen, was die Beziehung des Patienten zum Heiler und seinem Verfahren bestimmt.

Als erstes möchte ich nun die von mir untersuchten Populationsgruppen von Patienten und Heilern in ihrem soziokulturellen Kontext darstellen und somit die Ergebnisse meiner Forschung eingrenzen. In Sri Lanka leben ungefähr 16 Millionen Menschen, die in vier ziemlich unterschiedliche religionskulturelle, traditionsgebundene Gruppen eingeteilt werden, nämlich die Buddhisten, Hinduisten, Muslime und Christen (siehe *Karte 1* mit Erläuterungen auf den nächsten zwei Seiten). Angesichts meines Forschungsthemas erübrigen sich Ausführungen über die nichtbuddhistischen Gruppen wie auch über die westlich akkulturierten städtischen Ober- und Mittelschichten, welche von weniger als 20 westlich ausgebildeten Psychiatern Sri Lankas pharmakotherapeutisch versorgt werden (Frýba 1988). Hingegen sind die westlich ausgebildeten Ärzte im Bereiche der Heilung körperlicher Krankheiten auch für die Gesundheitsversorgung der traditionellen

ERLÄUTERUNGEN ZUR KARTE VON SRI LANKA

Gesamtbevölkerung von Sri Lanka: ca 16 000 000

Religionen: *   69 %   Buddhisten
                15 %   Hinduisten
                 8 %   Muslim
                 7 %   Christen

Gebiete, in welchen die buddhistischen Tovil–Heilrituale
n i c h t vorkommen:

I.   Schamanische Heilrituale der Veddah–Stammeskultur.
        (Die meisten Veddah verstehen sich jedoch als Buddhisten).

II.   Hinduistisch–buddhistische Mischformen von Ritualen.
        (Im District von Batticaloa leben 70 % Ost–Tamilen).*

III.   Christliche und hinduistische Rituale.
        (Im District von Nuwara–Eliya leben 47 % südindische Fremdarbeiter
        und 13 % srilankische Tamilen).*

IV.   Hindu Schaiwismus.
        (Im District von Jaffna leben 95 % Nord–Tamilen;* seit 1985 existiert die
        Sinhalesen–Minderheit im District von Jaffna nicht mehr).

⊛ Wichtigste Pilgerorte der Buddhisten :

1, 2, 3, 4, 5   rein buddhistische Pilgerorte;
6, 7   mit anderen Religionen gemeinsam.

Gebiete der bisherigen Forschung über Heilrituale :

A, B, C, D,   in zitierter Literatur erwähnt;
E   eigenes Forschungsgebiet.

* CENSUS VON 1981

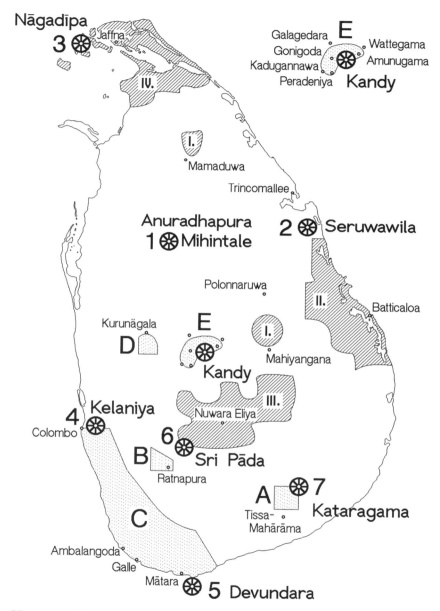

Karte 1 : Forschungsgebiete und ethnographisch relevante Orte

Dorfbevölkerung wichtig (Fritz 1987). Das Gebiet meiner Forschung, das Hochland im Innern Sri Lankas, wurde bereits von Gombrich (1971a) bezüglich seiner kulturellen Tradition untersucht. Obwohl sich meine Befunde über den soziokulturellen Kontext der Teilnehmer von Heilritualen mit den Befunden in anderen Gebieten Sri Lankas weitgehend decken (vgl. Kapitel 6.2 und 6.3), beziehen sich meine Aussagen in erster Linie auf die Bevölkerung der traditionellen buddhistischen Dorfgemeinschaften im Hochland *(Udaratta)* westlich und nördlich von Kandy (siehe *Karte 1)*. Wenn ich in der Folge die Bezeichnung „Srilankaner" brauche, meine ich damit die Bauern, Handwerker, Ladenbesitzer und Angestellten, wie auch Lehrer, kleinere Beamte und andere Angestellte, die ihren Beruf zum Teil auch in den Städten Kandy, Kegalla, Kurunägala, Matale oder sonstwo ausüben.

Im gleichen geographischen Gebiet hat der deutsche Soziologe Harald Fritz eine Feldforschung über *Patientenverhalten in einem singhalesischen Dorf* (1987) durchgeführt. In seinem für das Gebiet repräsentativen Dorf Gonigoda leben 171 Familien mit insgesamt 924 Familienmitgliedern, ferner 2 buddhistische Mönchsgemeinschaften (4 und 3 Mitglieder) und eine Nonnengemeinschaft (2 Mitglieder). Davon sind 50 Familien ohne Landbesitz, 2 Familien besitzen mehr als 5 acre (ca. 2,5 Hektaren) Land. Eine Familie (9 Mitglieder) ist muslimmalayisch und eine andere (6 Mitglieder) hindu–tamilisch. Alle übrigen Familien sind buddhistisch–sinhalesisch. Die Dorfschule ist relativ gross (500 Schüler) und wird auch von Kindern aus angrenzenden Teilen der Nachbardörfer besucht. Obwohl in diesem Dorf 22 verschiedene traditionelle Heiler ansässig sind, werden von der Dorfbevölkerung auch Heiler aus der weiteren Umgebung beansprucht. Sehr beliebt ist der in der ganzen Gegend bekannte buddhistische Mönch, Demberaläva Hāmuduruvo von Pūjapitiya, der neben *Ayurveda* und Astrologieberatung auch Tovil–Heilrituale durchführt (siehe ausführlicher als Heilerbeispiel in Kapitel 3). Westliche Medizin ist durch das staatliche Landspital im Nachbardorf Medawala zugänglich, während in Gonigoda selbst kein westlicher Arzt praktiziert.

Im ersten Schritt seiner Datenerhebung zu populären Ansichten über Krankheit und Heilung hat Fritz (1987) die Dorfschüler Aufsätze über „Kranksein in meinem Dorf" schreiben lassen. Nach anschliessenden Interviews auch mit anderen Bevölkerungssegmenten kam er zum Schluss, dass das allgemeine Wissen über die verschiedenen Heilsysteme sehr differenziert und gründlich ist und weitgehend mit Ergebnissen seiner Befragung der Heilspezialisten übereinstimmt. Für die Analyse und den Vergleich einzelner Dimensionen der verschiedenen Heilverfahren hat er als heuristisches Instrument das Kategoriensystem von Frýba (1982) benützt, das ich in der folgenden *Tabelle 2* leicht abgeändert wiedergebe:

HEILSPEZIALIST	WISSENSSYSTEM	HEILVERFAHREN
1 Arzt (westlicher)	Naturwissenschaft	Verschiedene Techniken der Schulmedizin und Allopathie
2 Vedarāla (traditioneller Arzt)	Ayurveda „Lehre der Langlebigkeit"	Körpermanipulationen, Heilkräuter, Diätetik, Homöopathie usw.
3a Yakädura (Dämonenmeister)	Bhūtavidya (Wissen von Geistwesen) kombiniert mit Mythen (kavi) der Dämonen (yaka) und Götter (deva)	Tovil–Heilrituale Dämonentanz, Götterbefriedung, humoristische und aufklärerische Lieder usw.
3b Kapurāla (Götterpriester)	Kavi–Mythen kombiniert mit Sanskrit–Texten (shāstra)	Pūja–Opferungen Gelübde (bāra) und Selbstkasteiung
4 Shāstrakāraya (Astrologe, Wahrsager)	Sanskrit–Texte Astropsychologie, Mystik usw.	Psychosoziale Beratung, Wahrsagen, Geistheilen usw.
5 Bhikkhu (Theravāda Mönch)	Pāli–Texte Psychologie des Abhidhamma	Ethische Beratung, geistige Führung und Meditation

Tabelle 2 : Kategorien der Heilsysteme

In seiner Einleitung zum obigen Kategoriensystem spricht Frýba
(1982) über verschiedene Dimensionen des menschlichen Daseins
(siehe *Tabelle 3)*, die dem srilankischen Verständnis von Gesundheit
und Krankheit immanent sind und der Unterscheidung der Heilsysteme zu Grunde liegen. Er meinte aber, dass die Götterpriester
(kapurāla) und Dämonenmeister *(yakädura)*, „obwohl meistens Buddhisten, der Klerus einer autonomen (poly–)theistischen Religion"
seien. Wie ich später zeigen werde, ist dies, vor allem auch vom
Standpunkt der betroffenen Heiler aus, eine unhaltbare Aussage, die
auf Grund westlicher ethnozentrischer Dichotomisierung zwischen
„reiner Religion" und „magischen Religionsformen" oft in der anthropologischen und religionswissenschaftlichen Literatur über Sri Lanka
vorkommt.[7] Sowohl die srilankischen Mythen *(kavi, katāva)* wie auch
das Wissen von Geistwesen *(bhūta–vidya)*, auf denen die Heilrituale
gründen, sind integrale Bestandteile der buddhistischen Lehre. Die
srilankischen Dörfler betrachten alle Wesen, die menschlichen und die
nicht–menschlichen, als veränderlich, vergänglich und ohne eine
Ich–Identität. Dies ist eine für die Buddha–Lehre typische Sichtweise.
Mythische Wesen sind sowohl Personifikationen psychischer Komplexe als auch reale Personen, ohne dass sich der Srilankaner um eine
Entscheidung zwischen den beiden Ansichten kümmert. Auch wenn
manche Götter und Dämonen ihrem Namen nach im buddhistischen
Kanon nicht erwähnt sind, kommen sie dennoch in den Tovil–Heilritualen in einem spezifisch buddhistischen Kontext vor. Die von mir
untersuchten Heilrituale sind durch diesen buddhistischen Umgang
mit den, im Jung'schen Sinne archetypischen, geistigen Wesen
gekennzeichnet (vgl. Kapitel 6.3).

In den Büchern des *Ayurveda* (Obeyesekere 1977b, 1978b, Weiss
1987) ist eine Abteilung über Wahnsinn *(unmāda)* ausgearbeitet, die
Bhūta–vidya heisst und die Geisteskrankheiten mit dem Paradigma
der dreifachen Gleichgewichtsstörung (Sanskrit: *tri–dōsa*; Sinhala:
tun–dōs) erklärt. Tatsächlich gibt es aber in Sri Lanka sehr wenige
ayurvedische Ärzte (siehe Heilerbeispiel Navaratna im Kapitel 3), die
Geisteskrankheiten behandeln. Das sinhalesische Wissen von Geistwesen *(bhūta–vidya)*, das den Tovil–Heilritualen zu Grunde liegt,
benützt Abhidhamma–Paradigmen, die im *Ayurveda* nicht vorkommen.[8] Bezugnehmend auf die *Tabelle 2* und *3* kann man jedoch mit
Sicherheit sagen, dass die ersten zwei Heilsysteme, nämlich *Ayurveda*
und westliche Medizin, ihrem Ursprung nach nicht buddhistisch sind,
auch wenn sie in das buddhistische Weltbild der Srilankaner ohne
Probleme integriert werden.

BETROFFENE DASEINSDIMENSION	HEILSYSTEM
1. Infektionen, Körperverletzungen uä.	Westliche Medizin
2. Störungen des ganzen Organismus, dreifaches humorales Ungleichgewicht (tun–dos; tri–dōsa).	Ayurvedische Medizin
3. Störungen der Harmonie zwischen weltlichen und jenseitigen Kräften, die als Götter (deva), Dämonen (yaka) und Geister der Verstorbenen (preta) personifiziert werden. Schwarze Magie (hūniyam), soziale Ungerechtigkeit, Intrigen. Ergebnisse unethischer Taten (akusala kamma–vipāka; karma-dosa), ritueller Fehler und des Brechens von Tabus (vas, vahā).	Heilrituale: Tovil, Pūja, usw.
4. Unglück auf Grund ungünstiger kosmischer Konstellationen (apala). Epidemien und andere sogenannte Götterkrankheiten (deviyange leda). Leiden aus Unwissen (anavabodhe) über die weiteren Zusammenhänge: man ist in der Welt fehl am Platz, Opfer der Umstände usw.	Astrologische Beratung, Wahrsagen, Geistheilen, Anweisung zu Ritualen, usw.
5. Leiden (dukkha) auf Grund der Verwicklungen in weltliche Angelegenheiten, unethischer Ansprüche, des Nicht-los-lassen-könnens, der unweisen Auffassungen usw.	Lebensberatung gemäss Dhamma, Pirit-rituale, Meditation

Tabelle 3 : Dimensionen des menschlichen Daseins und Wirkungsbereiche der Heilsysteme.

Die Festlegung der Dimensionen des srilankischen Verständnisses von Gesundheit und Krankheit *(Tabelle 3)*, das mit der Einteilung der Heilsysteme *(Tabelle 2)* korrespondiert (Frýba 1982), finde ich weitgehend den Aussagen meiner Informanten entsprechend und daher als heuristisches Instrument nützlich. In einer feineren Analyse des praktischen Verfahrens muss man jedoch auf der empirischen Ebene das Heilsystem des *Kapurāla* von jenem des *Yakädura* unterscheiden. Auf Grund meiner Befunde kann ich an dieser Stelle vorgreifend sagen:

Der *Kapurāla* (Götterpriester) ist ein Mittler in der Beziehung zu guten Qualitäten, die als Götter *(deva)* personifiziert werden. Er spornt bei seinen Klienten die rituelle Sühne und Anbetung an. Die Heilrituale des *Kapurāla* finden als Opferung *(pūja)*, Gelübde *(bāra)* oder Selbstkasteiung *(tapas)* in einem Göttertempel *(devāle)* oder in dessen Nähe statt. Der *Yakädura* (Dämonenmeister) bearbeitet in einem Tovil-Heilritual personenzentriert mit dem Patienten und durch direkte Interventionen das als Dämonen *(yaka)* personifizierte Krankhafte.

Berücksichtigt werden muss auch die weitere Unterscheidung zwischen dem *Yak-Tovil* des *Yakädura* und dem *Bali-Tovil* des *Bali-ädura*, die in der *Tabelle 2* nicht getroffen wird. Der *Bali-ädura* beseitigt mittels einer Opfergabe *(bali)* und anderer gemeinsam mit dem Patienten durchgeführten Handlungen die durch Götter *(deva)* verursachten Störungen (siehe hierzu Heilerbeispiel des *Bali-ädura* Siridara Guru im Kapitel 3). Diese Unterscheidungen ändern aber nicht viel an der in der *Tabelle 3* dargestellten Zuteilung der Heilsysteme zu den Dimensionen des menschlichen Daseins, die das srilankische Verständnis von Gesundheit und Krankheit bestimmen. Der Wirkungsbereich beider Heilrituale erstreckt sich auch auf die psychosoziale Dimension der körperlichen Erkrankungen.

Die gute Wirkung eines Heilverfahrens auf die krankhaften Schwierigkeiten ist nicht gleichzusetzen mit der vollständigen Heilung des Patienten, wie auch Amarasingham (1980) eindrücklich darlegt. Entscheidend für ihn ist vorerst sicherlich, ob sich sein allgemeiner Zustand auf Grund des Befolgens der Weisungen des Arztes oder Heilers verbessert hat, und die krankheitsanzeigenden Schwierigkeiten *(hite-amāru)* danach nicht mehr vorhanden sind. Dann sagt der Patient, dass eine gute Arbeit stattgefunden hat und dass die Behandlung gewirkt hat *(guna-una*, wörtlich: es wurde zu Qualität). Diese Haltung nimmt der Patient allen Heilverfahren gegenüber gleichermassen ein. Bei der subjektiven Beurteilung seiner Lage gibt sich der Patient aber nicht allein mit dem Verschwinden der Symptome zufrieden. Vielmehr tritt eine vollständige Heilung erst dann ein, wenn die Ursachen der Krankheit ergründet worden sind: Wenn ein Dämon die Krankheit gebracht hat, muss der Dämon gezähmt werden. Wenn der Dämon von einem Gott gesandt wurde, zum Beispiel zur Strafe wegen eines nicht eingehaltenen Gelübdes, muss auch der Gott besänftigt werden *(shānti–karma)*. Wenn das Gelübde nicht eingehalten wurde wegen Geiz oder aus Nachlässigkeit, mag der Patient auch den Dorftempel *(pansale)* aufsuchen. Dort lässt er sich vom Mönch *(bhikkhu)* zur Vergegenwärtigung der von Buddha gelehrten ethischen Prinzipien und zur Meditation anleiten. Auch Amarasingham (1980) und Obeyesekere (1977b) bemerken die Leichtigkeit, mit der sich der Patient von einem Heilverfahren zum nächsten bewegt. Angesichts all der in Frage kommenden Ursachen von Krankheiten, lässt sich die Offenheit der Patienten den unterschiedlichen Heilsystemen gegenüber erklären. Welche Wahl der Patient trifft, und ob und wie lange die Behandlung wirkt, steht im Einklang mit der Einsicht des Patienten in die richtig gestellte Diagnose, das heisst in die als stimmig empfundene Verursachung seines Leidens.

Dieselbe Offenheit finden wir auch unter den einzelnen Heilspezialisten gegenüber den Definitionen und Verfahren anderer, selbst bei den westlich ausgebildeten Ärzten. Nicht nur raten sie dem Patienten, andere Heilspezialisten aufzusuchen, falls sie es für den Heilungsprozess als hilfreich empfinden. Meine Gespräche mit verschiedenen Heilern haben auch gezeigt, dass sich die Heiler selber bei ihrer Erkrankung den Heilverfahren anderer Heilspezialisten unterziehen. Dies gilt nicht nur für die Geistheilerin, die westliche Medizin nimmt, damit ihre körperlichen Beschwerden nachlassen (vgl. Heilerbeispiel Sunilagama in Kapitel 3), es gilt auch für den westlichen Arzt, der zur Genesung seines Bruders, der in Australien lebt und einen Unfall hatte, ein mönchisches Heilritual *(pirit)* in seinem srilankischen Haus organisiert.[9]

Die wichtigste Aussage der *Tabelle 3* ist, dass der Fortschritt in der Kultivierung des eigenen Geistes *(bhāvanā)* gemäss dem buddhistischen Emanzipationsweg *(dhamma)* sich heilbringend auf alle anderen Daseinsbereiche auswirken kann. Wie jedem Menschen stellen sich dem Srilankaner letztlich die Fragen nach dem Sinn des Lebens, nach dem Sinn des Leidens, welches das Leben für den einen mehr, für den anderen weniger mit sich bringt. Krankheit und Leiden stehen in den Augen des Srilankaners immer auch im Zusammenhang

mit seiner Sittlichkeit *(sīla)* und seinem Tun *(karma)*. Trifft das Leiden den einen ohne ersichtlichen Grund besonders hart, dann erklärt
er sich dies als Folge seiner früheren Taten *(karma–vipāka)*, die damals unethisch waren. Kurz gesagt: er hat früher einmal Schaden angerichtet und erntet jetzt die Folgen; wer Gutes tut, erntet Gutes, wer
Böses tut, erntet Böses. Das Wieder–Gesundwerden als Aufhebung
von leidhaftem Erleben ist umso nachhaltiger, je mehr es mit einer
Anstrengung, eine gute Tat zu verbringen, verbunden ist. Und hier ist
auch eine der buddhistischen Antworten auf die Frage nach der
Überwindung des Leidens. Der Buddhist hat eigentlich unendlich viel
Zeit, diese Frage nach der Aufhebung seines Leidens zu lösen. Er
wandert nicht bloss einmal vom Leben in den Tod. Je schneller er
der Frage jedoch auf den Grund geht, desto weniger „Wiedertode"
(samsāra) muss er erleiden.

Leiden am bevorstehenden Tod als Folge jeder Wiedergeburt, Leiden an der Vergänglichkeit der angenehmen Seiten des Lebens und
Leiden bei der Entstehung unangenehmer Situationen machen sich für
den Srilankaner auf verschiedenen menschlichen Daseinsebenen
bemerkbar:[10] man leidet an körperlichen Verletzungen und Krankheiten, an Verlusten, an Armut, an sozialer Ungerechtigkeit, an
Machtlosigkeit, an Beschämung, Missgunst und Intrigen, an anhal-
tendem Unglück in verschiedenen Lebensbereichen gleichzeitig. Der
Versuch des Beseitigens oder Milderns solcher Leidensbedingungen ist
gemäss der Lehre Buddhas angebracht. Ein längerfristiger Erfolg
hängt aber, wie gesagt von der Wahl ethisch möglichst einwandfreier
Mittel ab. Es ist daher besonders wichtig, die Angebote der einzelnen
Heilverfahren von dieser Seite zu betrachten. Eine endgültige Befrei-
ung kann jedoch nur durch meditative Einsicht in die Entstehung des
Leidens im eigenen Erlebensraum gewonnen werden. Diese grösste
aller Anstrengungen muss nach buddhistischer Auffassung jeder selber
tun. An keinen Agenten von Macht, Wissen oder Gunst, sei es ein
Gott, ein Heiler oder ein mächtiger Politiker, kann diese letzte
Anstrengung mehr delegiert werden.

Dieser Aspekt der Breitenwirkung eines Heilsystems in Sri Lanka
auf die verschiedenen menschlichen Daseinsformen ist in der *Tabelle 2*
von Frýba (1982) ebenfalls enthalten. So wie die einzelnen Kategorien
in ihrer Rangordnung dastehen, entspricht diese zwar eher den Kriterien der Wissenschaftlichkeit: naturwissenschaftliche Ansätze, gefolgt
von der quasi–wissenschaftlichen medizinischen Tradition gehen über
in mythengebundene Rituale, bis wir am Schluss in den religiös–
ethischen Bereich von Heilung und Hilfe gelangen. Vom Selbst-

verständnis des Srilankaners her ist die Rangordnung gerade umgekehrt richtig: zuoberst in der Hierarchie steht, wie bereits anhand der *Tabelle 3* erläutert wurde, die buddhistische Lehre der Leidensbefreiung, der Dhamma, der das radikalste Vorgehen zur Überwindung aller Leidensursachen und das Erlangen der Erleuchtung *(Nibbāna)* bietet.

Das emanzipatorische Vorgehen des Dhamma besteht im stufenweisen Aussteigen aus den Kreisen von pathologischen Wiederholungen des Lebens *(samsāra)*. In einem ersten Schritt bemüht man sich, das eigene Tun nach persönlichen, durch Einsicht erworbenen ethischen Prinzipien *(sīla)* so umzuformen, dass jene Handlungen, die als leidbringend erkannt worden sind, nicht wiederholt werden. In einem zweiten Schritt widmet man sich der Geistesschulung *(samādhi)*, die in meditativer Reinigung oder Läuterung des Geistes *(hite–pirisidu;* Pāli: *citta–pārisuddhi, citta–visuddhi)* von Gier, Hass und Verblendung, den drei prinzipiellen Ursachen allen Leidens, besteht. In einem dritten Schritt kultiviert man die emanzipatorische Weisheit *(pragña;* Pāli: *paññā)*, die es jedem erleuchteten Menschen möglich macht, wirklichkeitsgemäss zu handeln und somit alle Wiederholungen des *Samsāra* zu transzendieren (Rahula 1982). Für die Arbeit an der Verwirklichung dieser hohen Ziele braucht man kürzere oder längere Perioden des Aussteigens aus dem häuslichen und beruflichen Alltag mit all seinen Pflichten, wofür die buddhistische Kultur die Institution des Mönchstums geschaffen hat. Die buddhistische Mönchsgemeinde *(sangha)* ist per Definition primär für die Erhaltung und persönliche Erfüllung des Zwecks vom Dhamma verantwortlich. Die Beratung und Anleitung der Laien ist aber ihre wichtigste soziale Aufgabe, die unter anderem auch die Prävention von Krankheiten betrifft.

An zweiter Stelle in unserer „umgestülpten Hierarchie" finden wir dann die Astrologen, Geistheiler und Wahrsager *(shāstrakāraya)*. Ohne Zweifel nehmen die Aussagen dieser Leute zur Ursachenfindung einer Krankheit oder eines sonstigen Leidens, wie auch ihre Verweisung auf weitere Heilspezialisten, einen prominenten Platz ein. Die psychosoziale Beratung der *Shāstrakārayo* gründet vor allem auf ihrer Intuition und allgemeinen Menschenkenntnis. Zusätzlich stellt die Astrologie für die Heilspezialisten eine Art „Supervisionsebene" zur Verfügung.

Ihr Bemühen, die planetarische Konstellation zu den Problemen des Patienten in Beziehung zu setzen, liefert den Heilern Anhaltspunkte für die Erklärung der Schwierigkeiten, zum Beispiel in der

Beziehung zum Patienten, die zu einem Misserfolg der Heilungs-
bemühungen führen könnte. In der Regel besucht der Dörfler zur Beratung immer wieder den gleichen Astrologen, bei dem schon seine
Mutter kurz nach seiner Geburt das Horoskop erstellen liess. Der
Astrologe kennt wohl die Probleme und Absichten der meisten Nachbarn seines Klienten. Obwohl ich keine Gründe habe, die parapsycho-
logischen Fähigkeiten der Geistheiler und Wahrsager anzuzweifeln
(vgl. Heilerbeispiel Sunilagama in Kapitel 3), meine ich, dass jegliche
Ausführungen hierüber für die vorliegende Untersuchung irrelevant
wären.

Dann kommen wir an dritter Stelle der *Tabelle 2* bereits zu den
Heilritualspezialisten. Sie sind es, die als Mittler in Kontakt treten
mit Göttern und Dämonen und für den Patienten die Harmonisierung *(shānti–karma,* wörtlich: Befriedung) seines „psychischen
Oekosystems" veranlassen. Der Versuch, ihr Vorgehen psychologisch
zu erklären, ist ja die Hauptaufgabe der vorliegenden Arbeit.

Wenn die ayurvedischen Ärzte, gefolgt von westlichen Ärzten, an
letzter Stelle der Hierarchie angeführt werden, dann eben, weil sie
„nur" die körperlichen Symptome der Krankheiten behandeln. Die
ayurvedische Medizin ist dabei besser eingebunden in das kulturelle
Selbstverständnis über die Ursachen von Krankheiten und arbeitet auf
der Basis von lokalen Heilkräutern, deren Namen und Wirkungen
allgemein verständlich und bekannt sind (vgl. Obeyesekere 1977b):

Der *Vedarāla* (ayurvedischer Arzt) schreibt in der Regel dem
Patienten eine Liste von Mineralien, tierischen und pflanzlichen Sub-
stanzen auf, die er selber anschaffen muss. Dann gibt er genaue
Anweisungen, wie die Medizin *(behet)* zubereitet werden soll. Einige
Substanzen müssen gemischt und in einem Liter Wasser bis auf einen
Achtel der Menge eingekocht werden, bevor man sie trinkt. Andere
Substanzen müssen am Schluss zugegeben werden, usw. Das Zusam-
mensuchen und Zubereiten ayurvedischer Medizin ist also ein Ritual
für sich. Einige Öle, Salben und Tabletten stellt der *Vedarāla* selber
her und ladet sie eventuell mit geistigen Energien eines *Mantras*
(Zauberspruch) in Anwesenheit des Patienten. Die ayurvedische Medizin *(sinhala behet)* gilt allgemein als aufwendig und schwierig, dafür
aber als langwirkend. Die Medikamente und Anweisungen der westlichen Medizin *(ingrīsi behet)* hingegen gelten als einfach und schnell
wirkend.

Nach der groben Übersicht über die Heilsysteme Sri Lankas möchte ich auf die Heilritualspezialisten und ihre Methoden nun etwas

näher eingehen. Zuerst will ich die Heilrituale *(shānti–karma, vat–pilivet)* von den Alltagsritualen *(vatāvat)* abgrenzen. Zu Alltagsritualen gehören die Rituale zur Regelung des Lebens in Familie und Öffentlichkeit (förmliche Begegnungen der Mönche, Lehrer, höheren Beamten, Empfang der Gäste, Verehrung der Eltern, usw.), wie auch die Rituale bei speziellen Anlässen (Neujahr, Reisanbau, Ernte, Hochzeit, Begräbnis, usw.). Der srilankische Alltag ist mit bewusst durchgeführten Ritualen in einem höheren Masse gefüllt, als dies bei uns der Fall ist. Einen Übergang zwischen den Alltagsritualen und den eigentlich therapeutischen Heilritualen stellen die ganz privaten Rituale (Meditation, Gebet, Opferhandlungen, Gelübde, usw.) dar. Wohl haben auch solche privaten Alltagsrituale den Zweck der Befriedung *(shānti–karma)*, doch unterscheiden sie sich von Heilritualen dadurch, dass kein Heilspezialist beauftragt wird, die rituellen Handlungen durchzuführen.

Die von Heilspezialisten durchgeführten Heilrituale will ich in Übereinstimmung mit den Ergebnissen meiner Befragungen in drei Typen aufteilen: *Pirit, Pūja* und *Tovil.*

1. Der *Pirit* ist ein mönchisches Heilritual, das manchmal aber auch von Laien durchgeführt wird (vgl. Heilerbeispiel Jayatissa in Kapitel 3). Es besteht aus dem Rezitieren bestimmter buddhistischer Lehrreden *(Sutten)* bei Anlässen wie Krankheit, Begräbnis, Geburtsvorbereitung, Einzug in ein neues Haus, usw. Ausser dem Rezitieren, welches vor dem Morgengrauen — im Falle eines ganznächtlichen *Pirits* — mit der wirkungsvollsten Sutte über die Dämonen *(Ātānātiya)* kulminiert, gibt es während dem *Pirit* wenig rituelle Handlungen (Lily de Silva 1981).[11] Die geladenen Mönche nehmen ihren Platz in einer kunstvoll gestalteten Konstruktion *(pirit–mandapa)* ein. Auf einem erhöhten Ort innerhalb der *Mandapa* stehen ein Reliquienbehälter *(dagoba)*, Palmblätterbücher, ein Wassergefäss und andere Requisiten. Manchmal wird hinter dem Sitz des ältesten Mönchs eine säulenartige Konstruktion *(indra–kīla,* vgl. Kapitel 6.3, *Diagramm 12)* aufgerichtet. Am Schluss wird *Pirit*-Wasser verteilt, das mit Energien geladen ist, (Piyadassi 1975) und den Anwesenden eine *Pirit–nūl* (Schnur) an Handgelenk oder Hals gebunden. Das therapeutisch wichtigste Tun der Klienten besteht im Herstellen der Raumordnung *(sīma)* vor dem eigentlichen Ritual. Der Zweck des *Pirits* ist, geistigen Verdienst *(pin)* zu gewinnen, indem man sich die Grundsätze des Dhamma vergegenwärtigt, und alle Geistwesen (Menschen, Dämonen, Götter) durch die Dhamma–Gesetze geordnet werden *(anasa-*

ka). Darüber hinaus ist der *Pirit* für alle Beteiligten eine Gelegenheit, sich in Freigebigkeit *(dāna)* zu üben, welches ebenfalls
geistigen Verdienst bewirkt.

2. Bei der *Pūja* (Opfergabe) organisiert eine Gruppe (Familie, Freun-
   deskreis, Dorf) einen rituellen Akt der Freigebigkeit und Verehrung, zum Beispiel gegenüber der Mönchsgemeinde *(budu–pūja,*
   dāne) oder gegenüber den Göttern *(deva–pūja)*. Eine *Pūja* kann
   auch auf individuell–persönlicher Ebene zur Einlösung eines Gelübdes *(bāra)* durchgeführt werden. Dafür wird der Tempel der
   adressierten Gottheit aufgesucht und der *Kapurāla* (Götterpriester)
   beauftragt, die nötigen rituellen Handlungen auszuführen, damit
   der Klient in Kontakt mit dem Gott treten, und ihm der göttliche
   Segen zuteil werden kann. Der Zweck einer *Pūja* ist im Grunde
   ähnlich wie derjenige des *Pirit*, nämlich geistigen Verdienst *(pin)*
   zu gewinnen. Hinzu kommen aber Bitten *(pihitavena)* um Gunst
   für weltliche Ziele, wie beruflichen Erfolg, materiellen Gewinn,
   problemloses Reisen, Erfüllen von Kinderwunsch, usw. Bevor man
   mit seinem Anliegen an die Götter gelangt, ladet man sie zum
   Teilen des geistigen Verdienstes *(pin)* ein, den man durch gute
   Taten *(kusala–karma)*, wie Freigebigkeit, Spenden *(dāna)* oder
   das Veranstalten von *Pirit* und Predigten *(bana)* gewonnen hat
   (Gombrich 1971b). Man veranlasst dadurch bei den Göttern Mitfreude *(anumodan–karanava)* und formuliert dann den Wunsch
   um Hilfe *(pihitavenava)*. Die Erfüllung des Wunsches wird gegenüber dem zuständigen Gott an ein Versprechen *(bāra)* gebunden
   und durch ein Münzopfer *(panduru)* besiegelt. Wenn die Hilfe
   geleistet worden ist, löst man das Versprechen wieder mit einer
   Pūja als Danksagung *(kalaguna–sälakīma)* ein. Nebst der privaten *Pūja* im Tempel, ausgeführt vom *Kapurāla*, gibt es auch
   organisierte Dorf–*Pūjas* *(kohomba–kankāriya, adukku–pūja, gam-*
   maduva, kiri–ammālāgē dāne, usw.). Dabei handelt es sich zum
   Teil um eine ganztägige Abfolge ritueller Handlungen in Form
   von Trommeln, Tanzen, Singen, Rezitieren, Kochen, Darbringen
   der Speisen, usw., um die Götter zu erfreuen. Solche Dorf–*Pūjas*
   werden nicht mehr als einmal jährlich abgehalten und bezwecken
   ganz allgemein Friede und Eintracht im Dorf mit Hilfe göttlicher
   Gunst. Eine *Pūja* kann die Form eines gross ausgestatteten *Gam-*
   maduva (wörtl.: Dorf–Halle oder Dorf–Fest; in Kandy auch
   Adukku–pūja genannt, wörtl.: Bestechungsopferung) oder eines
   kleineren *Kohomba–Kankāriya* (vgl. *Gī–Mangala* in Kapitel 8)
   annehmen, wird aber immer für eine grössere Gruppe (Dorf,

Verein, Institution) durchgeführt. Sobald die *Pūja* mit Trommeln, Tanzen, Singen, usw. für *einen* Menschen als Patienten *(āturaya)* durchgeführt wird, spricht man von einem *Tovil*.

3. Der *Tovil* ist ein öffentliches Heilritual, das gewöhnlich eine Nacht lang andauert und im Haus des Patienten stattfindet. Wie bereits erwähnt, ist ein entscheidendes Merkmal beim Tovil, dass die rituellen heilenden Handlungen auf den Patienten *(āturaya)* gerichtet sind. Er bekommt während dem Tovil einen bestimmten Platz auf der rituellen Bühne zugewiesen, gegenüber dem eigens für den Tovil errichteten Götter- und Dämonenaltären. Während einem Tovil dramatisieren mehrere Tänzer und Trommler, an deren Spitze der Lehrmeister *(gurunnanse)* steht, Episoden aus dem Leben der Götter und Dämonen. Obwohl auch hier die *Pūja* an die Götter ein wichtiges Element ist, handelt es sich beim *Gurunnanse* gewöhnlich um keinen Tempelpriester *(kapurāla)*. Die Anlässe für das Abhalten eines Tovils schneiden sich zum Teil mit denen des *Pirit* oder der *Pūja*: Unfruchtbarkeit, Krankheit, Streit, materieller Verlust, usw.

Der Tovil nun lässt sich wiederum unterteilen, je nachdem welche Elemente im Verfahren vorwiegen. Man unterscheidet den *Kohomba–Kankāriya*, den *Bali–Tovil* und den *Yak–Tovil* (vgl. Kapitel 8). Lehrmeister *(Gurunnanse)* des *Kohomba–Kankāriya* ist der *Yakdessa* (vgl. Kapitel 3). Der *Kohomba–Kankāriya* richtet sich vor allem an den Gott *Kohomba* und hat einige Gemeinsamkeiten mit einer Dorf-*Pūja*. Der *Bali–Tovil* wird von einem *Bali–ädura* ausgeführt und ist an planetarische Gottheiten gerichtet. Zu einem *Bali–Tovil* gehört als wichtiges Merkmal die Anfertigung einer lebensgrossen Statue *(bali)* aus Ton, die farbig angemalt wird und eine Gottheit darstellt. Der *Yak–Tovil* schliesslich wird von einem *Yakädura* und seinen Schülern durchgeführt. Die Konnotation des Namens gibt an, dass es sich hier um einen Tovil handelt, der in besonderem Ausmass an die Dämonen *(yaka)* gerichtet ist. Das bedeutet nun wiederum nicht, dass die Dämonen in den anderen Tovils oder bei der *Pūja* und beim *Pirit* keine Rolle spielen. Die Dämonen mit ihrer Fähigkeit, Krankheit und Elend über die Menschen zu bringen, sind ein unverrückbarer und nicht zu übergehender Faktor in der buddhistischen Kosmologie. In allen Heilritualen müssen deshalb die Dämonen auf ihren Platz verwiesen werden (vgl. Kapitel 6.3). Während einem *Yak–Tovil* wird nun auf eine einmalige Art mit den Dämonen umgegangen. Oft ist sogar der Patient von einem

Dämonen ganz offensichtlich besessen *(ārudha)* und agiert und
spricht als solcher.

Anders als bei allen anderen Heilritualen sind bei den im
Yak–Tovil behandelten Krankheiten die Störungen von Dämonen
(yaka) oder in einigen Fällen von unbefriedigten Ahnengeistern
(preta) verursacht. Von diesem Gesichtspunkt aus wird der
Yak–Tovil weiter spezifiziert. Man spricht dann zum Beispiel vom
Sohona–Tovil oder vom *Kalukumāra–Tovil*. *Sohona* und *Kalukumāra* sind die Namen von zwei bekannten Dämonen, die bestimmte Schwierigkeiten personifizieren. *Sohona* oder *Mahāsohona*
ist der Todesdämon, von dem die Patienten am häufigsten befal-
len werden (siehe weitere Ausführungen in Kapitel 8 und 9.4). Im
Kalukumāra–Tovil spielt die *Giri–Devi* eine Rolle, die halb Göt-
tin halb Dämonin ist. Sie ist eine Erscheinungsform der Dämonin
Kiriamma, respektive der Göttin *Pattini*, die für die sogenannten
Götterkrankheiten *deviyange–leda, ammāvarunge–leda* — siehe
Tabelle 3) verantwortlich ist (Gombrich 1971c).[12] Zu dem *Yak–
Tovil* gehört auch der *Huniyam–Kāpīma*. Es handelt sich um das
Abwenden der schwarzen Magie *(kāpīma* heisst zerschneiden), die
wiederum einem Dämon, nämlich dem *Hūniyam–Yaka*, zuge-
schrieben wird.

Verhältnismässig selten kommen im Tovil die weiblichen Gestalten von Göttinnen und Dämoninnen vor. Es wird auch kein Tovil
nach ihnen genannt, soweit meine Informanten angeben. Die
wichtigste Göttin ist *Pattini–Devi*.[13] Sie nimmt verschiedene Formen an, wie zum Beispiel *Mādevi*, die erotische Fertigkeiten und
musische Begabungen personifiziert und mit der *Valli–Amma*, der
zweiten illegitimen Frau des populärsten srilankischen Gottes
Kataragama, identifiziert wird. Unter den Dämoninnen kommt
am meisten die *Kāli* in verschiedenen Formen vor. Sie hat aber
nicht den hohen Status der gleichnamigen Hindu–Göttin. Die
weiblichen Gestalten von Geistwesen spielen jedoch sehr oft eine
Rolle als unbefriedigte, verstorbene Verwandte *(preta)*.

Bei der Analyse meiner empirischen Daten werde ich in erster Linie den *Yak–Tovil* und im Speziellen den *Sohona–Tovil* berücksichtigen. Ich habe zwar auch andere Heilrituale, insbesondere die
verschiedenen Arten vom Tovil besucht und protokolliert. Für den
Vergleich mit unserer Psychotherapie halte ich jedoch, wie bereits
gesagt, den *Yak–Tovil* am geeignetsten. Der Patient ist dort von
einem kranken Geist, einem Dämon *(yaka, bhūta)* befallen und ver-

körpert ihn während des Heilrituals. Die Verrücktheit *(pissu)* des Patienten, die im srilankischen Verständnis als dämonische Krankheit *(yak–dōsa, preta–dōsa, bhūta–dōsa)* verstanden wird, liesse sich in unseren Kategorien von Geisteskrankheiten etwa als gestörtes Verhalten, Halluzinationen, Psychose oder Borderline beschreiben. Ich halte allerdings diese Kategorien westlicher Nosologie im Zusammenhang des *Yak–Tovils* nicht für angebracht und werde in meiner Arbeit auf deren Einbezug verzichten.

Dem *Yak–Tovil* liegt die *Bhūta–vidya*, das „Wissen von Geistwesen" zu Grunde. *Bhūta* bedeutet wörtlich „das Gewordene" und ist gleichzeitig eine allgemeinere Bezeichnung für einen *Yaka* oder *Preta*. Der Tovil als Heilverfahren der *Bhūta–vidya* wird auch als *Guru–kam* (Verfahren des Lehrers) bezeichnet und dem *Veda–kam* (Verfahren des Arztes) gegenübergestellt. Man könnte also sagen, dass im Tovil ein „didaktisches" Vorgehen des Lehrers enthalten ist, das auf eine „Umerziehung" der Dämonen (und nicht auf ihre Beseitigung) hinzielt. Dabei wird aber stets betont, dass *Guru–kam* und *Veda–kam* untrennbar miteinander verbunden sind, dass sich jedoch *Veda–kam* auf die körperlichen Krankheitssymptome richtet, während *Guru–kam* die geistigen, das heisst psychopathologischen, Wesenheiten behandelt. Auf weitere Merkmale, die der Tovil mit Psychotherapie gemeinsam hat, werde ich im Kapitel 5 eingehen.

In diesem Kapitel habe ich versucht, die Heilsysteme zu charakterisieren, auf denen die Gesundheitsversorgung von Sri Lanka gründet. Dies geschah mit der zweifachen Absicht, dem westlichen Leser einerseits den Kontext möglichst lebensnah zu schildern, in welchem die Heilrituale vorkommen, und sich andererseits den kulturgebundenen Gegebenheiten anzunähern, die für meine Fragen nach der Heilmethode des Tovils und seiner Wirkungsweise aufschlussreich sein könnten. Im folgenden Kapitel werden einige Heiler vorgestellt, die Tovil–Heilrituale durchführen. Die Stellung, die diese Heiler im Gesundheitssystem einnehmen, wird uns nochmals mit der hier eingeführten Kategorisierung von Heilverfahren konfrontieren.

3. Begegnungen mit Heilern

Die Heiler, die wir in diesem Kapitel kennenlernen werden, führen traditionelle Heilrituale im Kandy Hochland durch. Sie alle heilen auch Geisteskrankheiten, bei denen es sich gemäss dem kulturellen Selbstverständnis der Srilankaner um dämonisch verursachte Verrücktheit handelt. Trotzdem bezeichnet sich, mit einer Ausnahme, keiner von ihnen als *Yakädura* (Dämonenmeister). Gemäss ihrem jeweiligen Berufstitel, würde man vorerst also nicht vermuten, dass sie auch den Tovil als Heilverfahren praktizieren. Meine Informanten aber wussten, dass diese Heiler auch Spezialisten der *Bhūta–vidya* (Wissen von Geistwesen) sind und dementsprechende Rituale durchführen, und haben mich daher zu ihnen geführt.

Es könnte nun der Eindruck entstehen, ich würde mit meinen Heilerbeispielen Vertreter gerade der anderen traditionellen Heilsysteme vorstellen. Die erstaunliche Tatsache ist aber, dass all diese Heiler, unabhängig von ihrem Berufstitel, auch einzelne Techniken des *Yak–Tovil* anwenden, falls sie diese für die Heilung ihrer Patienten für nützlich halten. Dieses Phänomen der fliessenden Übergänge einzelner Heilverfahren mit dem Tovil scheint mir eine wichtige Beobachtung zu sein und wird durch die folgenden Heilerbeispielen besonders hervorgehoben. Ich war selber überrascht, in den Heilverfahren der *Vedamahatteyas* (ayurvedische Ärzte), *Yakdessas* (Meister des *Kohomba–Kankāriya)* und *Shāstrakārayas* (Wahrsager, Astrologen, Geistheiler) die Techniken des Tovils wiederzufinden.

Die folgende *Tabelle 4* gibt eine Übersicht über die zwölf ausgewählten Heiler, deren Namen jeweils ihr Berufstitel angefügt ist, der auf ihr Heilsystem hinweist. Die Liste der Heiler könnte fortgesetzt werden, indem auch ein westlich ausgebildeter Arzt angeführt würde. Tatsächlich vernahm ich auch von einem in England ausgebildeten Psychiater,[14] der unter Anwendung von Hypnose Tovil–Rituale mit seinen Patienten durchführt.

Name des Heilers	Berufstitel	Bevorzugtes Heilverfahren
Tittapajjala	Yakdessa	Kohomba–Kankāriya
Upasena	Yakädura	Yak–Tovil
Hapugoda	Yakdessa	Kohomba–Kankāriya
Siridara	Bali–ädura	Bali–Shāntiya
Pälis	Kapurāla	Deva–Pūja
Sunilagama (2)	Nimitta–balanna	Deva–Shāstra
Priyantha	Shāstrakāraya	Graha–Shāstra
Abeykoon	Vedamahatteya	(unklar)
Navaratna	Vedarāla	Ayurveda
Jayatissa	Mahā–Upāsaka	Laien–Pirit (Dhamma)
Demberalava	Bhikkhu	Dhamma

Tabelle 4 : Spezialisten verschiedener Heilsysteme, die Heilverfahren des Tovils anwenden.

Sobald man einem Heiler im rituellen Kontext eines Tovils begegnet, wird er als „Gurunnanse" angesprochen, wenn er nicht gerade eine Mönchsrobe trägt, wie der Demberalava Bhikkhu. Dies gilt insbesondere auch für die Heiler des *Bali–Tovil* und des *Kohomba–Kankāriya*. Dieser Titel weist darauf hin, dass sein Inhaber vorwiegend die Methoden des Lehrers *(guru–kam)* anwendet, und die Methoden des Arztes *(veda–kam)* kaum oder nicht beherrscht. Offen bleibt aber, ob das Heilverfahren eines Gurunnanse auch die dämonisch verursachte Verrücktheit berücksichtigt. Upasena Gurunnanse ist unter diesen Heilern der einzige, der diese Frage eindeutig positiv beantworten würde, während seine hier vorgestellten Heilerkollegen — jedenfalls ihrem Berufstitel nach — sich nicht als *Yakäduro* (Meister der Dämonen) ausgeben. Dies ist mit ein Grund, weshalb ich schliesslich Upasena Gurunnanse gebeten habe, mir seine Heilmethode beizubringen.

Die Kategorisierung von Heilern auf Grund eines Heilsystems, wie wir sie in der *Tabelle 2* (S. 29) kennengelernt haben, dient zwar einer ersten Übersicht, stimmt aber mit der Heil*praxis* nicht immer überein. Hingegen erweisen sich die in der *Tabelle 3* (S. 31) angeführten Daseinsdimensionen als treffender Zugriff für die tatsächliche Heilsituation. Diese Daseinsdimensionen mit ihren Krankheiten, Störungen, Unglück und Leiden werden in der Tabelle wieder im Zusammenhang mit einem jeweils geeigneten Heilverfahren angeführt. Der entscheidende Schlüssel zur wirklichen Heilpraxis ist jedoch die Darstellung der Wirkungsbereiche der einzelnen Heilverfahren. Der breite Wirkungsbereich der Heilrituale ist meiner Meinung nach der Grund für ihre enge Verbindung zueinander. Dies kommt auch in der alle Heilrituale umfassenden Bezeichnung *Shānti-karma* (Befriedungsakt) zum Ausdruck.

Im Selbstverständnis der Leute, seien es Heiler oder Patienten, spielt es letztlich keine Rolle, ob sich der Befriedungsakt *(shānti-karma)* auf die Geistwesen draussen, die Götter, Dämonen, Planetengottheiten usw. richtet oder auf den eigenen Geist-und-Körper. In beiden Fällen wirkt er sich aus, indem er zu besseren Chancen der Lebensbewältigung führt. Schliesslich ist das, was den Leuten zustösst, in ihren Augen nie zufällig. Ob nun eine Krankheit von aussen an sie herangetragen wird, durch gierige Dämonen, strafende Götter und neidische Mitmenschen, oder ob sie sie aus sich selbst entwickeln, immer ist sie identifiziert als erlebtes Leiden. Wie bereits erörtert, gehört das Leiden nach buddhistischer Auffassung unausweichlich zu jeglichem Leben, doch möchte man es befrieden, verhindern und letztlich überwinden. Auf welche Weise und wie rasch man als Buddhist auf diesem Weg *(dhamma)* vorwärtsschreitet, und wie viele Befriedungsakte dabei notwendig sind oder als wohltuend erachtet werden, ist jedem selber überlassen.

Mit diesen an die Darlegungen des vorigen Kapitels angeknüpften Einsichten in das buddhistische Verständnis von Krankheit als Leiden ist die Toleranz der Heiler den verschiedenen anderen Heilsystemen gegenüber, wie dies in meinen Heilerbeispielen gut zur Geltung kommt, nachvollziehbar. Ihre Methodenvielfalt muss nicht unbedingt einer Verzettelung oder Verflachung gleichkommen, sondern sie wird in demselben Selbstverständnis integriert. Der einzelne Heiler bietet an, was er anzubieten fähig ist, im Bewusstsein, dass der Patient die Früchte seiner eigenen Taten *(kamma-vipāka)* sowieso selber tragen muss. Wie die Gespräche mit den Heilern deutlich zeigen, betrachten sie ihr allfälliges Sich-Abheben oder Sich-Abgrenzen von anderen

Heilmethoden als ihre persönliche Entscheidung. Gründe, wie eigene Begabung, Aufwand, eigener ethischer Fortschritt, Erlaubnis oder Gnade der Götter *(varam)* und das Weiterführen der eigenen Lehrergeneration sind massgebend, nicht aber die Frage der „objektiven" Überlegenheit einer bestimmten Methode.

In einer wissenschaftlichen Untersuchung halte ich es jedoch nicht für förderlich, zu früh von einer Verallgemeinerung der einzelnen Heilmethoden auszugehen, obwohl die Auffassungen einiger Heiler dazu neigen. So nennt zum Beispiel Upasena Gurunnanse den *Kohomba–Kankāriya* im Scherz „*Kohomba–Tovil*" oder „*Yak–Kankāriya*", um die Gemeinsamkeiten hervorzuheben. Oder der *Gihi–Pirit* von Mr. Jayatissa wird „*Gihi–Tovil*" genannt. Der Spott, der bei solchen Wortspielen mitschwingt zielt auf die Entlarvung einer Scheinheiligkeit, die den Spezialisten des *Kohomba–Kankāriya* und des *Pirit* manchmal unterstellt wird. Es geht darum, dass dem *Shānti–karma* (Befriedungsakt) des *Pirit, Kohomba–Kankāriya, Bali–Tovil* und der *Deva–Pūja* eine höhere ethische Qualität zugesprochen wird, weil es nicht in erster Linie die Dämonen berücksichtigt. Das bedeutet, dass der Heiler hierbei nicht gezwungen ist, sich auf die niedere Ebene der dämonischen Geisteszustände zu begeben, sondern eine Befriedung mit Hilfe der Götter herbeiführen kann. Der erhabene Umgang mit den Götterwelten erspart den dazu begnadeten Spezialisten viele unangenehme und ethisch fragwürdige Handlungen, die ein *Yakädura* (Dämonenmeister) zum Wohle des Patienten ausführt. (Die buddhistisch–ethische Fundierung der Tovil–Heilmethode werde ich im Kapitel 11 genauer herleiten).

Einige Patienten und Heiler mögen nun mit der Überheblichkeit der „Göttergleichen" auf den *Yakädura* hinunterschauen, der es offenbar nötig hat, sich mit Dämonen einzulassen. Der reziproke Spott der *Yakäduro*-Heiler dieser Haltung gegenüber ist ebenfalls verständlich, erstens weil zwar das Anstreben einer götterähnlichen Geistesverfassung im Buddhismus ethisch einwandfrei ist, nicht aber die Überheblichkeit, (die übrigens den „Fall aus dem Götterhimmel" karmisch bereits einleitet), und zweitens weil in Wirklichkeit alle Heiler — dies wird im Gespräch bestätigt — in ihrem *Shānti–karma* (Befriedungsakt) die Dämonen zumindest einbeziehen müssen, weil diese in der buddhistischen Kosmologie einen festen Platz einnehmen. (Auf Bedeutung und Stellenwert der verschiedenen Götter und Dämonen in der buddhistischen Kosmologie als Modelle erwünschter oder unerwünschter Geisteshaltungen werde ich im Kapitel 6.3 näher eingehen.)

Die nun folgenden Daten über die insgesamt zwölf Heiler bestehen aus ihren Selbstdarstellungen und meinen persönlichen Eindrük-
ken. Ausführlichere Analysen ihrer Heilverfahren werden, mit Ausnahme des Tovils von Upasena Gurunnanse, in der vorliegenden Arbeit nicht durchgeführt. Ich bin jedoch der Meinung, dass die Tendenz zur Eklektik verschiedener Heilmethoden aus unterschiedlichen
Wissenssystemen, wie sie bei den einzelnen Heilspezialisten ersichtlich
wird, ein wichtiger Befund ist, der bei künftigen medizinethnologischen Forschungen neue Fragen aufwerfen könnte.

Tittapajjala Gurunnanse

Tittapajjala Gurunnanse ist die führende Figur und die eigentliche
Verkörperung der altehrwürdigen Tradition des *Kohomba–Kankāriya*
in der Region Kandy. Der dreiundsiebzig Jahre alte Mann strahlt
grosse Würde und eine gewinnende Einfachheit aus. Er trägt die tra-
ditionelle weisse Kleidung des Lehrers *(gurunnanse),* einen weissen
Sarong (langer Rock) mit weisser *Kurta* (Hemd). Seine langen grauen
Haare sind am Hinterkopf zu einem Knoten gebunden. Ich werde von
Professor Anuradha Seneviratna persönlich bei Tittapajjala eingeführt.
Professor Seneviratna ist ein srilankischer Kulturexperte an der Peradeniya Universität und ein guter Freund und Gönner des Tittapajjala
Gurunnanse. Er hat ihn in seinem Buch *Traditional Dance of Sri
Lanka* (1984) namentlich gewürdigt. Tittapajjala Gurunnanse ist auch
der Tanzlehrer meines Lehrers Upasena Gurunnanse gewesen. Upasena Gurunnanse hat immer mit grossem Respekt von ihm gesprochen
und mir sogar angeboten, mich bei meinem Besuch zu seinem Lehrer
zu begleiten. Jahrelang hat Upasena Gurunnanse in der Tanzschule
(kalāyātanaya) des Tittapajjala das Tanzen und Trommeln gelernt.

Bei Tittapajjala Gurunnanse werde ich vorgestellt als Psychologin,
die *Bhūta–vidya* in Sri Lanka erforscht. Ich füge an, dass ich Schülerin des Upasena Gurunnanse sei. Tittapajjala Gurunnanse lacht und
sagt, dass er ihn kenne. Er sei ein *Kattādiya.* Auf meine Frage, ob er
denn selber nicht auch Heilrituale wie *Dehi–kapanava* (Limonenschneiden) durchführe, um die schlechten Einflüsse der Dämonen zu
bannen, antwortet er, dass dies selbstverständlich auch zu seiner Praxis gehöre. Selbst einen *Bali–Tovil*, der auf der astrologischen Wissenschaft gründe, führe er von Zeit zu Zeit durch.

Ich studiere eingehend die Bilder, Diplome und Inschriften, die in der Wohnstube der Tittapajjala–Familie hängen und erfahre, dass Tittapajjala Gurunnanse in seinen jungen Jahren in Rapperswil in der Schweiz während zwei Jahren für den Zirkus Knie gearbeitet hat. Für seine Tanzkunst hat er mehrere Preise im Ausland gewonnen. Auf einem Diplom entdecke ich auch seinen vollen Titel: *Tittapajjala Yakdessa Gedera Suramba*.

Professor Seneviratna erkundigt sich mit misstrauischem Unterton über die Seriosität von Upasena Gurunnanse als Heiler. Mit unbewegter Miene sagt Tittapajjala Gurunnanse, dass er nicht wisse, was Upasena Gurunnanse genau praktiziere, dass er aber sein Schüler an der *Kalāyātanaya* gewesen sei. Als ich ihm dann die persönlichen Grüsse von Upasena Gurunnanse ausrichte, erstrahlt sein Gesicht liebevoll, und er bedankt sich.

Bei der nun folgenden ritual–methodischen Diskussion stellt sich heraus, dass Tittapajjala Gurunnanse bei seinen Ritualen vor allem mit der Manipulation der fünf *Mahābhūtas* (Materie–Elemente), nämlich Erde, Wasser, Feuer, Luft und Raum, arbeitet. Schliesslich sei nicht nur der Mensch sondern die ganze Welt Erzeugnis der fünf *Mahābhūtas*. In einem *Bali–Tovil* brauche er Erde für die *Bali*– Statue, Feuer, um den Göttern zu huldigen, und Luft, um den Ton der Trommeln und seiner Stimme zu erzeugen. Auch Wasser und Raum setze er während dem Ritual ein. Die Krankheit des Patienten sei bedingt durch eine Störung der Balance zwischen seinen fünf *Mahābhūtas*. Er kenne sich zwar nicht besonders gut aus im Abhidhamma, doch sei er sich der *Pañca–Skandha* (fünf Persönlichkeitskomponenten) und der *Pañca–Kāmaguna* (fünf Qualitäten der Sinnenwelten) bei der Arbeit bewusst. Die wichtigste *Paccaya* (Bedingung) für eine Heilung sei die Haltung von *Mettā* (Güte, Wohlwollen) gegenüber dem Patienten. Zur Diagnosenstellung arbeite er mit den Phänomenen der bedingten Entstehung *(paticca–samuppāda)* des Leidens, indem er die konkreten Zusammenhänge zwischen dem Sinnenkontakt *(phassa)*, dem sich ergebenden Erleben *(vedanā)* und dessen Entstellung durch Gier *(tanhā)* und Anhaften *(upādāna)* beim Patienten erforsche.

Tittapajjala Gurunnanse lädt uns zu einem kleinen *Kohomba–Kankāriya* im Haus seines Patienten ein, das zwei Wochen später stattfinden soll. Er nennt das Ritual *Gī–Mangala* (Sing–Festival), räumt aber ein, dass der Dörfler das Ritual einfach als *Tovil* bezeichnen würde, nur, dass in einem *Gī–Mangala* eben mehr *Kavi* (Mythen) gesungen würden.

Einige Tage nach dem *Gī–Mangala* kommt uns Tittapajjala Gurunnanse zu Hause besuchen. Er erklärt, dass der Patient das *Gī–Mangala* auf Grund eines Versprechens *(bāra)* hätte abhalten lassen. Solche Versprechen würden mit dem *Kohomba*–Gott abgeschlossen, wenn es sich um dringende weltliche Angelegenheiten handle, wie das rasche Genesen von einer Krankheit, auch Geisteskrankheit, oder Erfolg bei Geschäfts– und Gerichtsangelegenheiten. Ein *Bāra* im buddhistischen Tempel *(pansale)* werde meistens für höhere oder längerfristige Ziele gemacht, wie für einen guten Ausgang von Beziehungen, für Nachwuchs, Familienharmonie usw. *Buduguna* (Vergegenwärtigung der Tugenden des Buddha) spiele eine wichtige Rolle bei jedem seiner Heilrituale, sei es ein *Kohomba–Kankāriya* oder ein *Bali–Tovil.*

Auf meine Frage, ob er denn auch *Yak–Āvesha* (Dämonenbesessenheit) heile, sagt er, dies sei nicht sein Gebiet. Er kenne sich zwar auch mit den Dämonen aus, wisse auch hier, wie zu heilen, doch habe er sich schon vor Jahren dazu entschlossen, selber keinen *Yak–Tovil* zu geben. Als *Yakädura* müsste er zu viele unheilvolle und sündige Dinge *(pau)* tun, wie zum Beispiel Blutopfer vornehmen. Dies bleibe ihm im *Kohomba–Kankāriya* erspart. Einen Patienten mit *Yak–Avesha* würde er zu einem Gurunnanse weiterleiten, der damit arbeite.

Der *Kohomba–Kankāriya*, so erklärt Tittapajjala weiter, sei für die Dörfler wie eine Religion. Sie beten den *Kohomba*–Gott, an wie die Katholiken ihren Gott in der Kirche anbeten. „*Kankāriya*“ komme auch vom Wort „*Kannalauva*“, das anbeten heisst.[15] Das Geschichtsepos des *Kohomba–Kankāriya* sei in fünf Büchern[16] niedergeschrieben, und es brauche sieben Tage und Nächte, um das Ganze aufzuführen. Auch die fünf Schätze *(dhāna)* des *Kohomba–Kankāriya* seien in Büchern festgehalten. Es handelt sich um *Palavela Dhāna* (Schatz der Pflanzenwelt), *Divi Dhāna* (Schatz der Wahrheit, des rechten Wissens, des Versprechens), *Vädi Dhāna* (Schatz der Ehrhaftigkeit, Kultur, Zivilisation), *Surabhi Dhāna* (Schatz der Götter) und *Uru Dhāna* (Schatz des Schweins als Erscheinung von Gott *Vishnu).*

Und so ist, in Kürze gefasst, die Entstehungslegende des *Kohomba–Kankāriya* laut Tittapajjala Gurunnanse: Buddha erwähnte bei seinem Tod, dass Sri Lanka das Land des Buddhismus werden wird. Der Buddha machte einen *Pirit* (Schutzrezitation) und erklärte Gott

Sakra (Pāli: *Sakka*) zur Schutzgottheit, der zur Verwirklichung dieses Werdens schauen sollte. *Sakra* beauftragte *Vishnu, Vishnu* in Form eines Schweins *Malala, Malala* beauftragte Gott *Kohomba*, und dieser leitete schliesslich Prinz *Vijaya* nach Sri Lanka. Dort traf Prinz *Vijaya* auf die Ureinwohner *(Vädda)* und auf *Kuveni. Kuveni* gebar ihm zweiunddreissig Kinder. *Panduvasudeva*, der Neffe von *Vijaya*, wurde von zweiunddreissig Krankheiten befallen, die durch den ersten *Kohomba–Kankāriya* geheilt wurden.

Upasena Gurunnanse

Über Upasena Gurunnanse erfahre ich von einem ayurvedischen Arzt. Er sei ein *Yakädura*, genau der Mann, den ich suche. Der ayurvedische Arzt führt mich nach Amunugama, einem Dorf fünfzehn Kilometer ausserhalb von Kandy. Amunugama ist bekannt als das Dorf, woher die meisten traditionellen Tänzer und Trommler der Region stammen. Längst nicht alle arbeiten jedoch als Heiler. Viele sind Tanz– und Trommellehrer an den Schulen Kandys und Umgebung. Amunugama hat einen der berühmtesten Heiler des Landes hervorgebracht, den Amunugama Suramba Gurunnanse, der allerdings schon vor einiger Zeit gestorben ist.

Der ayurvedische Arzt stellt mich bei Upasena Gurunnanse vor, und es entwickelt sich bald ein lebhaftes Gespräch über den Grund meines Besuchs. Upasena Gurunnanse trägt auch im Alltag die traditionelle weisse Bekleidung der Lehrer und anderer Respektspersonen in Sri Lanka. Mir gefällt besonders sein schlichtes, freundliches Auftreten. Er zeigt Interesse an meinem Vorhaben, bleibt aber gleichzeitig zurückhaltend. Upasena Gurunnanse lebt in einem einfachen aber schön gelegenen Dorfhaus, umgeben von Gemüsegärten und Fruchtbäumen. Er ist fünfundfünfzig Jahre alt und Vater von fünf Kindern, davon vier Töchter. Zu meiner Begeisterung erfahre ich, dass er der direkte Schüler des berühmten Suramba Gurunnanse ist. Upasena Gurunnanse hat von seinem Lehrer Suramba die Erlaubnis *(varam)* erhalten, dessen Heilertradition *(paramparāva)* fortzusetzen. Diese Heiltradition geht bereits auf neun Generationen zurück.

Upasena Gurunnanse praktiziert seit dreissig Jahren als Heiler. Er führt pro Jahr ungefähr sieben ganznächtliche Tovil–Heilrituale durch, zusammen mit etwa fünf seiner Schüler. Wenn es nötig ist,

stellt er weitere Tänzer und Trommler aus seinem Dorf an. Viele, die
am Tag als Musiklehrer arbeiten, kommen jedoch freiwillig zu den
Heilritualen von Upasena Gurunnanse und lösen einander während
der Nacht beim Trommeln ab. Ausser dem grossen *Yak–Tovil* führt
Upasena Gurunnanse auch kleinere rituelle Behandlungen aus, wie
das Zerschneiden von Limonen *(dehi–käpīma)* oder das Anfertigen
eines Talismans *(yantra)*. Er wird oft aufgesucht für das Abwenden
schwarzer Magie *(hūniyam–käpīma)*, beteuert aber, dass er selber
niemals schwarze Magie ausführe. Klienten, die eine solch böswillige
Tat planen würden, kämen vergebens zu ihm. Nachdem wir den Tee
fertig getrunken haben, den uns Frau Upasena serviert hat, verab-
schiede ich mich und lade Upasena Gurunnanse zu einem Besuch bei
mir zu Hause ein.

Erst viel später einmal frage ich Upasena Gurunnanse nach seiner
Kastenzugehörigkeit. Er stammt von der *Durava*-Kaste ab, die in
früheren Zeiten für das Herstellen des Palmweins *(toddy)* zuständig
war. Obwohl Upasena Gurunnanse nebst der Heilertätigkeit ein Bauer
ist und seine Reis– und Gemüsefelder bebaut, ist er tatsächlich im
Dorf auch für seinen guten Palmwein bekannt. Er selber bringt seine
Kastenzugehörigkeit in Verbindung zu einer Überlieferung, wonach
Leute der *Durava*-Kaste den *Bo*-Baum, unter dem der Buddha sei-
ner Erleuchtung teilhaftig geworden ist *(sri–mahā–bo–gaha)*, nach Sri
Lanka gebracht haben.

Bald schon nach der ersten Begegnung kommt Upasena Gurunnanse zu unserem Haus, um uns für einen *Yak–Tovil* einzuladen.
Während diesem Tovil überzeugt mich Upasena Gurunnanses Können
als Heiler derart, dass ich mir wünsche, mit ihm näher zusammenarbeiten zu können. Ich bin erfreut über sein Einverständnis, mir als
seiner Schülerin die Kunst des Heilens *(guru–kam)* zu lehren. Als
Erstes schickt er mich zum Enkel des Suramba Gurunnanse, damit
ich in seiner Tanzschule *(kalāyātanya)* das Tanzen und Trommeln,
das Grundrüstzeug des Heilers, erlerne.

Upasena Gurunnanse ist ein *Yakädura*, wie er sich selber stolz
nennt, und er behandelt die Dämonen–, oder eben Geistes–Krankheiten. Patienten, die zu ihm kommen, haben entweder selber den Verdacht, dass ihre Probleme durch einen Dämon *(yaka)* oder Ahnengeist *(preta)* verursacht seien, oder sie sind von einem dieser Geistwesen *(bhūta)* ganz offensichtlich besessen. „Einer, der sich das Bein
gebrochen hat, kommt nicht zu mir, jedenfalls nicht als Erstes", sagt
Upasena Gurunnanse. Sein Heilsystem definiert er als Methode

(upakkrama), die auf *Bhūta-vidya* (Wissen von Geistwesen) und den *Yak-Tovil* begrenzt ist. Weder *Ayurveda* noch die Astrologie gehören in seine „Abteilung".

Meistens erzählen die Angehörigen, die den Patienten zu ihm bringen, was alles passiert ist. Upasena Gurunnanse erkennt die Dämonenkrankheit auch an körperlichen Symptomen *(anga-lakshana)*, wie gerötete Augen, Starren, Zittern, usw. Wenn sich laut den Schilderungen der Angehörigen eine Besessenheit zugetragen hat, versetzt Upasena Gurunnanse den Patienten mit Hilfe eines *Mantras* (Zauberspruch) in den Zustand der Besessenheit *(āvesha karanava)*. Im Zwiegespräch mit dem Dämonen, der nun durch den Mund des Patienten spricht, erfährt Upasena Gurunnanse, wer jener sei und weshalb er den Patienten belästige. Upasena Gurunnanse tritt somit in eine Verhandlung mit dem Dämon. Nach einer Weile verspricht der Dämon zu gehen, falls ein *Yak-Tovil* abgehalten werde, während dem er tanzen könne, und man ihm bei dieser Gelegenheit seine Forderungen erfülle. Der Dämon verlangt gewisse Opfergaben *(dola)*, manchmal auch ein Menschenopfer *(billak)*, und er gibt genaue Anweisungen, welche Handlungen im Zusammenhang mit diesen Opferungen im Tovil ausgeführt werden müssen.

Verursacht werde die Geisteskrankheit des Patienten, so erklärt mir Upasena Gurunnanse in unseren ersten Gesprächen, durch die Angst, die der Dämon ausgelöst hat *(bhūta-bhaya)*. Die krankmachenden Veränderungen im Geist bewirken, dass auch das Blut des Patienten verunreinigt wird *(lē apirisiduvīma)*. Angenommen, so erklärt Upasena Gurunnanse weiter, ein Mensch, der sich nichts dabei denke, gehe bei der Eindämmerung (einer Zeit, die die Dämonen anzieht), alleine auf der Strasse. Dann sähe er im Zwielicht plötzlich eine Gestalt, die er noch nie zuvor gesehen habe. So erschrickt er. Die Angst verändert seinen Geist, er ist ganz durcheinander und verstört. Er sieht auch weiterhin merkwürdige Dinge, handelt und spricht merkwürdig *(pissu)*. Dies wirkt sich auch auf sein Blut aus.

Während dem Tovil nun wendet Upasena Gurunnanse Mittel *(upāya)* an, die den Patienten glücklich machen *(satutu karanava)*, damit sich sein Blut wieder reinigt. „Das ist aber nicht alles", sagt Upasena Gurunnanse mit heiterer Miene, „ich beglücke durch den Tovil auch die Götter, die Zuschauer und mich selber." Während der folgenden Jahre meiner Zusammenarbeit mit Upasena Gurunnanse habe ich dann erlebt, was mir auch von weiteren Zeugen bestätigt wurde: Upasena Gurunnanses Tovils haben Erfolg.

Hapugoda Yakdessa

Über den *Kohomba–Kankāriya* von Hapugoda Yakdessa für eine
Patientenfamilie in einem abgelegenen Dorf erfahre ich von einer
amerikanischen Forscherin traditioneller Tänze in Sri Lanka. Da
Kohomba–Kankāriyas heutzutage so selten stattfinden, beschliesse ich,
als Zuschauerin zu gehen. Die Beziehung zwischen dem Yakdessa und
der Amerikanerin ist noch unsicher, so dass ich mir vornehme, mich
nicht in den Vordergrund zu drängen. Ich stelle also keine Fragen an
den Heiler, zeige ihm bloss meine Anerkennung und halte Augen und
Ohren offen.

Hapugoda Yakdessa ist ungefähr fünfzig Jahre alt. Er sei, so
erfahre ich, sehr stolz auf seinen Titel „*Yakdessa*", der ihn als Träger der *Kohomba–Kankāriya*-Tradition bezeichnet. Er führe aber mit
Hilfe seines ersten Assistenten auch *Yak–Tovil* durch. Hapugoda
Yakdessa leitet während dieses *Kohomba–Kankāriyas* eine Truppe
von acht Trommlern und Tänzern an, die alle ausgesprochen bewan-
dert und begabt sind in ihrer Kunst. Es handelt sich bei den Assistenten auch um seine Söhne und Neffen. Der erste Assistent ist sein
guter Freund. Der Yakdessa und die anderen Tänzer tragen das volle
Ves-Kostüm (Kandy-Tanz-Kostüm), wofür sie anspruchsvolle Tanz-
prüfungen ablegen mussten. Ein Tänzer und ein Trommler, zwei Brüder, treffe ich später in einem Tovil von Upasena Gurunnanse. Sie
helfen ihm von Zeit zu Zeit, weil sie vom gleichen Dorf wie er, von
Amunugama, sind.

Während dem *Kohomba–Kankāriya* hat Hapugoda wenig Gelegenheit seine Tovil-Heilkunst zu demonstrieren. Wie erwartet, finden
kaum Interaktionen zwischen ihm und der Patientenfamilie statt, und
der Patient wird auch nicht gegenüber dem Götteraltar gesetzt, sondern mischt sich unter die anderen Zuschauer. Er löst mit der Veranstaltung des *Kohomba–Kankāriya* ein Versprechen *(bāra)* ein gegenüber Gott *Kohomba* und feiert zusammen mit seinen Verwandten,
Freunden und Nachbarn — es scheint wirklich das ganze Dorf anwesend zu sein — die Genesung von seiner Herzkrankheit. Behandelt
wurde die Krankheit im staatlichen Spital in Kandy. Die Aufführung
des *Kohomba–Kankāriyas* ist künstlerisch ausgezeichnet. Virtuose
Tänze werden abgelöst von komischen theatralischen Szenen und
Dialogen. Die Stimmung unter dem Publikum ist heiter und gelöst,

und niemand denkt ans Schlafen. Die Zuschauerränge bleiben die ganze Nacht hindurch voll besetzt.

Beim Tagesanbruch, während die Tänzer und Trommler sich schon umziehen, gibt Hapugoda Yakdessa vor dem Götteraltar eine spezielle Götter-*Pūja* (Opfergabe) zu Gunsten des ganzen Dorfes. Viele sind dafür zusätzlich noch eingetroffen, vor allem Frauen, und die Bühne des nächtlichen Geschehens hat sich nun plötzlich in eine Szenerie eines *Devāles* (Göttertempel) verwandelt. Die Leute sitzen oder knien in Reihen am Boden mit religiös gefalteten Händen, während der Yakdessa vorne den Götteraltar ordnet und Früchte- und Geldopfer hinlegt. Noch immer in seinem *Ves*-Kostüm führt er nun die Handlungen eines *Kapurālas* (Götterpriester) aus, rezitiert *Mantras* (Zauberformeln), drückt den in einer Reihe anstehenden Dörflern anschliessend einen Punkt aus Safranpaste auf die Stirn und segnet sie mit den Worten „*Ayurbovan*" (langes Leben).

Siridara Guru

Siridara Guru wurde von Upasena Gurunnanse angefragt, bei dem *Kalukumāra-Tovil* mitzuwirken, der für mich veranstaltet wurde. Das Heilritual sollte das Wohlwollen aller geistigen Wesen sichern, damit meine Schwangerschaft gut verläuft. Für mich war es eine nette Überraschung, Siridara Guru, einen berühmten *Bali-ädura*, unter „meinen Heilern" zu haben. Während den Vorbereitungsarbeiten am Vortag des Tovils fertigte er eine wunderschöne, farbige *Bali*-Figur des *Kalukumāra-Yaka* (Schwarzer Dämonenprinz) aus Ton an, die in seiner Lebensgrösse den Tanzplatz schmückte. Als ich Upasaena Gurunnanse später auf die mir bisher unbekannte Praxis der Zusammenarbeit zwischen einem *Yakädura* und einem *Bali-ädura* ansprach, meinte er verschmitzt, er hätte alles unternommen, um mir eine Freude zu machen und um meinen Tovil einen Erfolg werden zu lassen. Dank Siridara Gurus Mitwirkung konnten auch die schlechten planetarischen Einflüsse *(graha apala)* von mir abgewendet werden.

Einige Wochen nach dem Tovil kommt Siridara Guru uns zu Hause besuchen. Ich hatte ihm geschrieben und um einen Termin gebeten, wann ich zu ihm kommen und mit ihm sprechen dürfe. Darauf hat er beschlossen selber zu kommen. Er sagt lachend, er sei zwar schon ein alter Mann und habe schlechte Augen, dafür habe er

aber noch immer zwei gute Füsse. In der Tat ist er den langen Weg
zu unserem Haus barfuss gegangen.

Siridara Guru erzählt, dass er zusammen mit jeweils fünf Schülern
schon seit vierzig Jahren den *Bali–Tovil* durchführe. Im Allgemeinen,
so sagt er, suchen Patienten zuerst einen Astrologen *(nakshakāraya,
shāstrakāraya)* auf, bevor sie zu ihm kämen. Siridara Guru ist selber
kein Astrologe. Wenn auf Grund der Einsicht in das Horoskop des
Patienten festgestellt werde, dass sich viele Planeten an ungünstigen
(nica) Orten befänden, dann sei offensichtlich die Ursache der
Krankheit   in   der   Störung   des   planetarischen   Gleichgewichts
(graha–dōsa) zu suchen. Natürlich könne man die Krankheit des Patienten auch durch andere Untersuchungen feststellen, sagt Siridara
Guru, zum Beispiel indem man seinen Puls prüfe. Doch damit hätte
man noch nicht die Ursache der Krankheit herausgefunden. Patienten
mit ungünstigen planetarischen Konstellationen *(graha apala)* kämen
zunächst zu ihm für ein *Graha–Shāntiya* (Besänftigung der planetarischen Einflüsse). Der *Bali–Tovil* werde später festgesetzt in Übereinstimmung mit der Wandlung planetarischer Einflüsse *(dasha apala)*
des Patienten. Es handle sich bei diesem Heilritual, so Siridara Guru,
um einen Akt von *Shānti–karma* (Befriedung).[17] Schon durch das
Anfertigen der *Bali*-Statue für den Tovil werde die Methode der Befriedung *(bhavitayak)* vollzogen, durch die Akte des Gebens *(dimana-
vak)* und des Verehrens *(pidimak)*. Wenn sich dann während dem
Bali–Tovil der Patient die Lieder *(kavi)* anhöre, in denen die neun
Planetengottheiten verehrt werden, helle sich sein Geist auf und dadurch werde auch sein Blut gereinigt *(lē pirisidu)*. Ich frage Siridara
Guru, ob im *Bali–Tovil* die Vergegenwärtigung der Tugenden des
Buddha *(buduguna)* auch eine Rolle spiele. Er antwortet, dass alle
Elemente des *Bali–Tovil,* von Anfang an bis zum Ende, die Tugen-
den des Buddha enthielten.[18]

Darauf möchte ich wissen, ob er auch schon bei anderen Gelegenheiten als bei meinem Tovil mit einem *Yakädura* zusammengearbeitet habe. Siridara Guru sagt, es sei ab und zu vorgekommen, doch
eher selten. Der Grund für eine solche Zusammenarbeit sei gegeben,
so fährt er fort, wenn die Ursache der Krankheit eines Patienten
sowohl in planetarischen Einflüssen *(grahacaraya)* als auch in
schwarzer Magie *(bandena)* bestünde, oder sogar auf dämonische Störungen während des Alleinseins *(tanikama–dōsa)* zurückzuführen sei.
Er gibt mir zu bedenken, durch wieviele Vorkommnisse der Geist
eines Menschen verstört werden könne. Da sähe man plötzlich eine
unheimliche Erscheinung *(arupa-rupa;* wörtlich: Unbild-Gestalt) und

man werde krank durch das Wirken dieses Unwesens *(abhūta-dōsa)*. Eine solche Verschlimmerung des geistigen Zustands durch Unheimliches sei insbesondere während gewissen Tageszeiten *(jāmaya;* das heisst Mittags-, Mitternachts-, Eindämmerungszeit und die Zeit des Morgengrauens) zu erwarten. Schwere Angstzustände *(tätigänīma)* würden auch durch schwarze Magie *(hūniyam)* verursacht. Doch es genüge sogar das Schwachwerden eines der neun Planeten *(navagrahayo;* als neun planetarische Gottheiten versinnbildlicht), dass Einflüsse von Dämonen und anderen Wesen an Macht gewännen. Ungünstige planetarische Konstellationen gäben aber nicht nur der Geisteskrankheit Vorschub. Auch Ursachen für zwischenmenschliche Probleme, materielle Verluste, körperliche Krankheit usw. würden im Horoskop ersichtlich. Der *Bali–Tovil* sei für die Besänftigung all dieser Störungen geeignet.

Beim Abschied verspricht mir Siridara Guru, dass er mich zu seinem nächsten *Bali–Tovil* einladen werde.

Pälis Gurunnanse

Pälis Gurunnanse lebt in Matale, einer kleinen Stadt 40 Kilometer von Kandy entfernt, und empfängt Patienten normalerweise in seinem *Devāle* (Göttertempel). Nach Yatihalagala, einem Dorf in der Nähe von Kandy, ist er gekommen, weil er für eine seiner Nichten einen kleinen Tovil durchführen will. Sie hatte unerklärliches Fieber, das trotz Behandlung mit westlicher Medizin nur teilweise verschwand. Da hat er auf Grund astrologischer Berechnungen einen günstigen Zeitpunkt *(näkata)* errechnet für ein *Shānti–karma* (Befriedungsritual), um mehrere dämonische Einflüsse von ihr abzutrennen. Für das Ritual verlangt er nur die Unkostendeckung für das Material (300 Rupien). Die Familie hat zudem am Vortag schon ein *Pūja* (Opfergabe) in seinem *Devāle* durchgeführt.

Wir wurden über den Tovil durch einen Bekannten informiert, der ein Cousin der Patientin ist. Das Haus der Patientenfamilie ist sehr klein, und dort wo normalerweise der Esstisch mit ein paar Stühlen stehen würde, sind jetzt ein Götter- und drei Dämonenaltäre plaziert worden, die den Raum fast ausfüllen. Nachbarn sind nicht viele anwesend, weil es gar keinen Platz hat für Zuschauer. Aus die-

sem Grund hat die Familie auch kein Aufsehen gemacht im Dorf
über das bevorstehende Ereignis.

Pälis Gurunnanse ist schätzungsweise Ende vierzig. Er arbeitet
mit zwei Assistenten, sowie mit einem Trommler und einem Koch,
der das Essen für die *Devas* (Götter) und *Yakas* (Dämonen) vorbereitet hat. Der Trommler ist wohl etwas älter als der Gurunnanse und
ein begeisterter, eifriger Mann; er bestreitet das Trommeln alleine
während der ganzen Nacht. Doch sonst wirkt er ein wenig einfältig.
Auch der Koch macht nicht gerade einen intelligenten Eindruck. Er
spricht manchmal die Verse *(kavi)* mit, doch scheint er von den
anderen als Mitläufer und Helfer eher nur geduldet zu sein. Die beiden Assistenten *(goleyo)* sind zirka dreissig Jahre alt, der eine ruhig
und konzentriert bei der Sache, der andere, so scheint es mir, mehr
auf seine äussere Wirkung bedacht. Beide, wie auch der Gurunnanse,
tragen während dem Ritual die traditionelle Heilerbekleidung: nackter
Oberkörper mit Armreifen, weisser Sarong mit rotweisser „Schürze"
darüber, zusammengehalten mit einer langen Kette, die mehrfach um
die Hüften geschwungen wird, und um den Kopf ein weisses Tuch
gewickelt. Der Sohn des Pälis Gurunnanse ist auch anwesend, allerdings nur als Zuschauer. Er sagt, er sei wohl daran, die Kunst seines
Vaters zu lernen, doch möchte er sich vorerst mehr seiner schulischen
Ausbildung widmen und vielleicht später einmal in die Fussstapfen
seines Vaters treten.

Pälis Gurunnanse ist ein äusserst heiterer Mensch, der seine Schüler und die Zuschauer oft neckt während des Rituals. Es ist zwar
nicht einfach, die Stimmung im Publikum locker und humorvoll zu
halten, den ausser *Kavi* (mythische Verse) erzählen, *Mantras* (Zauberformeln) rezitieren, den Opferhandlungen und dem Aufsichnehmen
(samayama) und Durchtrennen *(kapanava)* der dämonischen Energien, geschieht nicht viel. Auch die Tanzkunst kommt fast nicht zur
Geltung bei diesem kleinen Tovil auf so engem Raum. Dieses
Shānti–karma, so sagt Pälis Gurunnanse, sei vor allem der *Buduguna* (Tugenden des Buddha) gewidmet. Er fordert die junge Patientin wiederholt auf, sich den Inhalt der Mythen in den *Kavi* gut ein-
zuprägen. Er werde sie am nächsten Morgen darüber abfragen, meint
er scherzhaft.

Während dem Ritual erbitten Pälis Gurunnanse und seine beiden
Assistenten um *Varam* (Erlaubnis) von den Göttern, damit sie die
Befriedung *(shānti–karma)* erfolgreich ausführen können. Beim Ein-
laden der Götter durchtrennt der Gurunnanse eine Schnur *(äpanūla)*

am Hals der Patientin, mit der er die Dämonen bis zum Stattfinden des Rituals in Schach gehalten und an das Versprechen der baldigen Opferungen gebunden hat *(nūl–bändīma)*. In der Folge teilen sich nun die drei Heiler in die Aufgabe des Aufsichnehmens der dämonischen Kräfte *(samayama)* von *Rīri–, Mahāsohona–* und *Hūniyam–Yaka*. Jeder gerät beim jeweiligen *Samayama*, das er durchführt, in heftige Körperzuckungen, und es müssen ihm nachher mit Gewalt und mit Hilfe von *Mantras* die erstarrten Glieder wieder gebogen werden. Am Ende des Tovils erhält die Patientin ein *Yantra* (Talisman) zum Schutz vor einem Rückfall.

Die Sunilagama Nimitta–Schwestern

Von Laxman, meinem Forschungsassistenten, erfahre ich von der Berühmtheit der Nimitta–Schwestern von Sunilagama, einem Dorf in der Umgebung von Kandy. Sie hätten es dank ihrer Heilkunst zu Reichtum und Ansehen gebracht und seien doch als arme Halbwaisen aufgewachsen.

Nimitta heisst wörtlich ein geistiges Bild. Umgangssprachlich versteht man in Sri Lanka unter *Nimitta–balanna* (ein geistiges Bild schauen) die Technik, bei der der Heiler mit Hilfe seines Kontakts *(disti)* mit einem Gott Dinge sehen kann *(pena)*, die einem Normalsterblichen verwehrt sind. Er kann in die Zukunft und in die Vergangenheit blicken, Ursachen und Behandlungen von Krankheiten herausfinden, verlorene Dinge, Diebe und andere Schädiger ausfindig machen und vieles mehr. Dabei ist es üblich, dass der zum Teil von weit her gereiste Klient nicht einmal ausspricht, worum er das *Nimitta–balanna* ersucht. Der Heiler liest seine Gedanken und gibt ihm die Antwort auf seine ungestellten Fragen.

Laxman sagt mir, dass die Schwestern jeweils am Morgen Patienten empfangen, und dass normalerweise Hunderte von Leuten täglich beim Haus der Schwestern Schlange stehen. Dank Laxmans Onkel, der ein persönlicher Freund der Nimitta–Schwestern ist, erhalten wir einen Besuchstermin am frühen Abend. Es erwartet uns allerdings nur Nangi, die jüngere Schwester. Akka, die ältere, ist ausgegangen. Während unserem Gespräch in der Wohnstube stehen viele Leute, vor allem Mitglieder der Familie, um uns herum. Manchmal gibt der anwesende älteste Bruder der Schwestern Antwort auf meine Fragen.

Nangi

Nangi ist achtundreissig Jahre alt. Sie hat zwei Töchter und zwei Söhne. Ihr Mann lebt allerdings mit einer anderen Frau, da Nangi, seitdem sie mit *Disti* (Götterkontakt, –besessenheit) arbeitet, sich nicht mehr so für ihn interessiert hat. Nangi wirkt auf mich bestechend durch ihre ruhige und einfache Art. Mit Offenheit und Klarheit antwortet sie auf all meine Fragen, ohne jegliche Wichtigtuerei.

Vor fünfzehn Jahren ging Nangi den Kandy *Perahera* (religiöse Prozession) anschauen. Beim Erklingen der Trommeln fing ihr Körper plötzlich an zu vibrieren. Als sie dann die Prozession für den Gott *Kataragama* sah, wurde aus dem Vibrieren ein heftiges Schütteln. Sie tanzte in der Folge und wurde von der Polizei schliesslich aufgegriffen, weil man sie für verrückt hielt. Nangi wusste aber, dass sie ihren ersten *Kataragama–disti* (Besessensein von Gott *Kataragama*) erfahren hatte, und das gab ihr von da an eine enorme Kraft. Heutzutage arbeitet sie je nach Problem und Phase mit *Disti* von mehreren Göttern. Gerade diesen Monat ist es vor allem die *Sri Kanthāva* (eine Form der *Sarasvati*, Göttin der schönen Künste), mit der sie und ihre Schwester arbeiten. Wenn der Einfluss *(bälma,* wörtlich: Blick) dieser Göttin über ein Haus komme, dann beseitige er ungünstige planetare Einflüsse *(apala)* und bringe Glück, Fortschritt und Wohlergehen über die Familie.

Damals aber, vor fünfzehn Jahren, sei im Zusammenhang mit einem Gerichtsfall schweres Unglück über die Familie gekommen. Von Feinden sei eine schwarze Magie gegen Nangi verübt worden, die einem die Sprache raubt *(diva–guru–bandinava)*, so dass sie vor Gericht nicht aussagen konnte. Kurz nach ihrem Erlebnis am Kandy *Perahera* sei für sie ein erster Tovil veranstaltet worden, um die schwarze Magie zu zerschneiden. Während diesem Tovil sei Nangi besessen worden. Doch während alle vermuteten, sie hätte *Yak–disti* (Dämonenbesessenheit), habe sie gesagt, es sei ein *Deva–disti* (Götterbesessenheit). Gott Kataragama wolle, dass sie *Shāstra* (göttliche Wissenschaft) betreibe. Sie hätte in diesem Zustand selber die schwarze Magie durchschnitten *(kapanava)* und habe sich also in diesem Tovil ziemlich eigenwillig und nicht als *Āturaya* (Patient/Opfer) benommen. Ihr neuer, ungewöhnlicher Bewusstseinszustand habe aber auch nach dem Tovil nicht nachgelassen, und sie habe sich zu seltsamen Aktivitäten hingezogen gefühlt, wollte sich dauernd waschen, konnte aus keiner Tasse mehr trinken, die schon von jemandem anderen benutzt worden war, ass nur noch Früchte usw. Schliesslich hätte sie einen

Traum gehabt, in dem ihr Gott *Kataragama* offenbart habe, dass die Behandlung im Tovil falsch gewesen sei. Sie habe darauf den Gurunnanse rufen lassen und es ihm vorgeworfen. Den Beweis, dass sie tatsächlich *Deva–disti* (Götterbesessenheit) gehabt hätte, konnte sie dem Gurunnanse erbringen, indem sie ihm aufgezählt habe, was er alles in seiner Tasche trug, ohne dass sie es mit ihren eigenen Augen hätte sehen können. Das habe ihn endgültig überzeugt, und er habe sie mit einem weiteren Ritual befriedigt, in dem er einen Götteraltar errichtet und den *Devas* Blumenopfer gespendet habe.

In der Folge habe Nangi gemeinsam mit ihrer *Akka* (ältere Schwester), die schon vor ihr *Disti* gehabt hätte, selber Tovil–Heilrituale durchgeführt, zusammen mit einem Gurunnanse oder auch allein. Wie sich die Zusammenarbeit gestaltet hatte, und wieso die Schwestern von der Praxis des Tovils abgekommen sind, möchte ich aus dem Gespräch selber zitieren:

Vogt: Wieso führen Sie jetzt keine Tovil–Heilrituale mehr durch?

Nangi: Wir führen keinen Tovil mehr durch, weil wir uns rasch ermüden. In einem Tovil müssen wir für jede Opferung für jeden Dämon tanzen. Und eine andere Sache: wenn irgend ein Gurunnanse einen Fehler macht während des Tovils, passiert es regelmässig, dass wir ihn schlagen. Das hat dazu geführt, dass Akka (ältere Schwester) alle Rezitationen selber übernommen hat. Doch nun kann Akka nicht mehr viel sprechen. Sie hat ein kleines Loch in der Lunge.

Vogt: Arbeiten Sie heute noch mit einem Gurunnanse zusammen?

Nangi: Nein, aber wir haben früher mit ihnen zusammengearbeitet, als Akka nicht mehr die ganze Nacht selber bestreiten konnte mit Rezitationen. Mehr als fünfzig Tovils haben wir in Zusammenarbeit durchgeführt. Wir haben sogar in unserer eigenen Familie einen Gurunnanse, der seine Lehrergeneration fortsetzt. Soweit haben wir nur mit ihm und mit demjenigen, der mich damals behandelt hat, zusammengearbeitet. Wenn nämlich andere Gurunnanse kommen, versuchen sie meistens, uns Probleme zu machen. Die haben nämlich keine Arbeit mehr. Früher haben in dieser Gegend gewöhnlich viele Tovils stattgefunden. Doch nun kommen die Leute nur noch zu uns, sogar in leichten Fällen, wie Fieber oder Kopfweh. Deshalb sind jene Gurunnanse eifersüchtig auf uns. Damals, als wir anfingen, in unserem *Devāle*

(Göttertempel) zu arbeiten, haben sie zahlreiche schwarze Magien gegen uns gemacht.

Einmal hatte Akka Bauchweh wegen einer schwarzen Magie und wurde mitten in der Nacht ins Spital gebracht während meiner Abwesenheit. Im gleichen Moment hatte ich *Disti* (Kontakt) und sah, dass Akka Probleme hatte. Sofort ging ich zu einem Götterschrein und sah mit *Disti*, dass Gott *Kataragama* kommen und ihr Leben retten wird. Später sah ich ganz klar einen Dämon auf mich zukommen. Ich tanzte mit ihm eine lange, lange Zeit. Dann sah ich Gott *Alutnuvara* (Lokalgottheit), wie er mir einen Arekanuss–Blütenstand hinhielt. Ich nahm ihn und schlug damit auf den Dämon ein, bis er schliesslich hinfiel. Diejenigen, die mich beobachtet hatten, dachten ich sei verrückt geworden, doch ich sah die Götter und alles wirklich. In der gleichen Nacht, bevor ich diesen *Disti* hatte, war Akkas Zustand im Spital sehr ernst. als ich den *Disti* hatte, ging es ihr wieder besser.

(Später dreht sich das Gespräch um Nangis Zustand, wenn sie *Disti* hat.)

Vogt: Gehen Sie denn in eine andere Welt, wenn Sie *Disti* haben?

Nangi: In einem solchen Moment nehmen wir uns nicht mehr als menschliche Wesen wahr. Wir wissen nicht mehr, dass dies der Bruder oder die eigenen Kinder sind. Wir haben merkwürdige Gefühle *(amuttak dänenava)* und fühlen auch, dass wir eine unerklärliche Kraft haben *(amutu balayak)*. Wir nehmen die Leute um uns herum nicht mehr wahr.

Vogt: Könnten Sie mir beibringen in diesen Zustand zu gelangen?

Nangi: Nein, nein. Dazu müsste Ihnen *Varam* (göttliche Erlaubnis) gegeben werden. Auch wir können nur arbeiten, wenn wir *Varam* erhalten. Es ist schon vorgekommen, dass wir während der Arbeit gescheitert sind, weil wir zu wenig *Varam* hatten, oder wir hatten schlicht Angst davor. Und *Varam* kann man nicht willentlich erlangen. Es muss einem gegeben sein, man muss es erhalten.

Vogt: Ich möchte gerne wissen, wie Sie genau realisieren, dass Ihnen *Varam* gegeben wurde.

Nangi: Das fühlen wir. Keinen *Varam* haben heisst, zu wenig karmischen Verdienst *(pin)* haben. Bei dieser Gelegenheit müssen wir also etwas unternehmen, wie auf Pilgerreisen gehen und den Göttern Opfergaben darbringen. In unserem Fall ist es so, dass Akka viel mehr *Varam* hat als ich. Sie kennt sogar die Sprache der Götter und kann sie gebrauchen.

Vogt: Erinnern Sie sich, was Sie den Leuten gesagt haben, während Sie *Disti* hatten?

Nangi: Bei manchen Gelegenheiten können wir uns an überhaupt nichts mehr erinnern. Manchmal ist es, als hätten wir einen Traum gehabt.

Nangi geht oft in den Dorftempel *(pansale)* um zu meditieren. Sie kennt sich aus in verschiedenen Meditationstechniken, übt *Mettā-*Meditation (Güte-Strahlung), *Pilikul*-Meditation (achtsames Merken aller Körperteile) und *Ānāpānasati* (Atmungsachtsamkeit). Sie gibt klare technische Auskünfte über den Unterschied zwischen einem *Nimitta* in der Meditation, dem Vergegenwärtigen eines geistigen Bildes zur Erreichung eines gewünschten Geisteszustands, und dem, was man unter dem *Nimitta* versteht, mit dem sie arbeitet.

Nangi: *Nimitta* beim Meditieren ist gebunden an eine menschliche Anstrengung. Doch das *Nimitta*, mit dem wir arbeiten, kommt automatisch in unseren Kopf. Die Anstrengung richtet sich hier auf die Opfergaben und Rezitationen für die Götter. Wir müssen ja *Varam* (göttliche Gnade, Erlaubnis) erhalten. Wenn der *Disti* (göttlicher Kontakt) kommt, ist unser Körper aufgewärmt, wir fühlen, dass unser Körper von innen erhitzt wird und haben es nicht gerne, wenn Familienmitglieder uns berühren und uns Mutter, Schwester usw. nennen. Von den brennenden Öllampen im Schrein bekommen wir *Disti* und der Körper wird angewärmt. Schliesslich gehen wir, während wir *Nimitta* machen, auch zu den Häusern der Leute, während unser Körper gleichzeitig hier im *Devāle* (Göttertempel) bleibt, wo wir arbeiten.

Wir machen nach diesem Gespräch einen neuen Besuchstermin ab, um auch mit der *Akka* (ältere Schwester) ein Gespräch zu führen und sie beide bei der Arbeit beobachten zu können.

Akka

Der Ansturm der Leute beim Haus der Nimitta–Schwestern ist tatsächlich enorm. Die Wohnstube, in der wir mit *Nangi* (jüngere Schwester) vor zwei Tagen sprachen, ist nun zu einem Wartezimmer geworden. Neben einem Elektroingenieur aus Colombo sitzt eine Krankenschwester aus Kurunegala, und beide erzählen bereitwillig auf Englisch, warum sie gekommen sind. Die traditionell gekleideten Dörfler sitzen schweigend da und warten. Aber auch vor dem Haus stehen viele Leute mit einem Nummernzettel in der Hand. Sie alle hoffen, dass ihre Nummer vielleicht noch am gleichen Tag aufgerufen wird, so dass sie ins *Devāle* (Göttertempel) eintreten und für ihr unausgesprochenes Anliegen göttlichen Rat und Führung bekommen können. Während Nangi im *Devāle,* einem entsprechend ausgestatteten Raum des Hauses, Kunden empfängt, werden wir von Akka in ein hinteres Zimmer des Hauses geführt. Für ein Dorfhaus ist es ungewöhnlich überstellt mit allerlei Möbeln, die teure Anschaffungsgegenstände sind. Während unseres Gesprächs läuft in der Ecke des Zimmers ein Farbfernseher.

Akka ist zweiundvierzig Jahre alt und hat ebenfalls zwei Söhne und zwei Töchter. Sie ist eindeutig die energischere von den beiden Schwestern. Sie trägt offene Haare und einen roten Rock, eine Aufmachung, die eine Frau in der Öffentlichkeit normalerweise meidet, weil sie damit die Dämonen anzieht. Akka, die mit *Disti* (Besessenheit) arbeitet um zu heilen, sucht diese Wirkung bewusst, und es unterstreicht auch ihr energisches Temperament. Akkas Mann ist ebenfalls anwesend, und ihre eheliche Beziehung scheint gut zu funktionieren. Immerhin war es auch die Mutter des Ehemanns, die, als sie gestorben war, als *Preta* (Ahnengeist) der Akka *Varam* (Gnade) gegeben habe. Akka hätte ihre Schwiegermutter besonders liebevoll behandelt und gepflegt, und die Familie deutet nun den *Preta–Varam* als Dankbarkeitsakt der Verstorbenen. Später habe Akka diesen *Preta*–Einfluss in *Vishnu–disti* (Kontakt mit Gott *Vishnu)* umwandeln können. Heute nähme sie alle Behandlungsschritte, auch die Rezepte für die Medikamente, mit *Disti* direkt von den Göttern entgegen. Sie bestätigt, dass sie auch Patienten mit psychischen Krankheiten behandle, doch hätte sie das Heilen bei niemandem gelernt.

Die Götter hätten ihr vor einiger Zeit in einem Traum geraten, sie solle aus gesundheitlichen Gründen aufhören, Tovils zu geben für ihre Patienten. Sie sei in der Lage, auch mit einfacheren Methoden zu heilen. Akka sieht trotz ihren Energien wirklich nicht besonders gesund aus; sie ist sehr dünn, fast ausgemergelt. Wieso sie denn ihre Krankheit nicht selber heilen könne, möchte ich wissen.

Akka: Ich habe die Medizin, die mir die Götter verschrieben haben, sehr lange und mit guten Resultaten benützt. Doch jetzt nehme ich allopathische Tabletten *(ingrisi behet)* gegen meinen niederen Blutdruck. Die Zubereitung der Medizin von den Göttern war zu aufwendig für mich, vor allem seitdem ich so beschäftigt bin im *Devāle* (Göttertempel). Ich musste alle möglichen Blumen zu einem Spiritus kochen an einem speziell dafür arrangierten Platz. Dann musste der Spiritus eine Zeit lang unter der Erde vergraben bleiben, bis ich dann aufgefordert wurde, ihn zu inhalieren und auf mein Haar zu geben. Das war nicht gerade leicht. So kommt es, dass ich jetzt allopathische Medizin benütze.

Selbstverständlich verschreibe Akka auch ihren Patienten manchmal allopathische Medikamente oder Behandlung bei einem westlichen Arzt, wenn es angezeigt sei.

Im Devāle

Dann führt uns Akka ins *Devāle* (Göttertempel). Nangi ist daran, ihre Kunden zu beraten. Sie trägt einen besseren Sari mit weisser Bluse und gebundene Haare. Trotz ihrem *Disti* (Besessensein) merkt man ihr nichts besonderes an. Sie sitzt vor dem Altar und spricht mit ihrer üblichen sanften Stimme, wirft ab und zu einen Blick in eine brennende Öllampe auf dem Götteraltar, zündet Räucherstäbchen vor einem der Götterbilder an, die an der hinteren Wand des Altars aufgereiht sind, oder wirft eine Münze *(pandura)* in eine Opferschale. Das Gespräch mit einer Kundin verläuft zum Beispiel folgendermassen: Ohne ein Wort zu sprechen stellt sich die Kundin neben Nangi, die einen Moment lang in die Öllampe schaut.

Nangi: Du möchtest etwas fragen betreffend einer Reise ins Ausland?

Kundin: Ja.

Nangi: Du hast Deinen Pass jemandem übergeben vor einigen Monaten, und am 16. oder 17. des letzten Monats hättest du fliegen sollen, oder?

Kundin: Ja.

Nangi: Die Reise fand dann aber nicht statt. Du gingst zwar nach
          Colombo, kamst dann aber wieder nach Hause.

Kundin: So war es.

Nangi: Im nächsten Monat wird ein nächster Flugtermin festgesetzt
          werden. Dies ist ein gutes Datum für dich. Wenn du dann
          fliegst, wirst du im Ausland auf nette Leute stossen und
          grossen Erfolg haben. Gehe an diesem kommenden Tag. ich
          werde für dich ein Münzopfer *(pandura)* geben. Das wird
          dir zusätzlich helfen.

Akka bei der Arbeit im Devāle

Gleichzeitig fängt auch Akka an, ihre Kunden zu behandeln. Bei ihr geht es lauter zu. Sie rezitiert zuerst einige *Mantras* (Zauberformeln) und läutet eine Glocke, die über dem Altar hängt.

Nun spricht Akka zu einer älteren Klientin mit kräftiger Stimme:

„Deine Familie hat enorme Probleme, nicht wahr? Die Familie, die gerade neben euch wohnt, schädigt euch. Sie machen auch schwarze Magie gegen euch. Aber du hast auch ein dummes Maul!"

Die Kundin schweigt.

Akka: Wieso zettelst du einen Streit an mit dieser Nachbarin,
          wenn du doch weisst, dass ihr Mann hinterhältig und böse
          ist? Hör auf mit dieser Familie zu streiten! Sie haben auch
          einen Gurunnanse in der Familie, das weisst du genau.

Kundin: (zaghaft und sichtlich überrumpelt) Wie kommen wir aber
          wieder heraus aus all diesen Problemen?

Akka: Das überlasse mir. Nimm diese Münze und bewahre sie
          oberhalb der Eingangstür deines Hauses auf.

Zum Schluss versäumen auch wir die Gelegenheit nicht, mit Hilfe
von Nangis *Disti* einen Blick in unsere Zukunft zu werfen.

Priyantha Manannalage Shāstrakāraya

Priyantha ist ein Astrologe, der das Können des Vaters weiterführt. Der Vater hat es weit gebracht. Wir werden empfangen im Büro der *„Sarasavi Guptha Vidyalayatanaya"*, einer Institution für astrologische Wissenschaft mitten im Städtchen Menikhinna.

Am meisten kämen die Leute für *Shāstra* (astrologische Beratung) und *Yantra* (Talisman), sagt Priyantha. Er weist auf zwei Männer, die in einer Hinterstube damit beschäftigt sind, in längliche Kupferblätter die *Yantra*–Diagramme einzugravieren. Doch, er könne auch aus der Hand lesen. Er fasst meine linke Hand und studiert sie eingehend. Ich protestiere und erwidere, dass man uns zu seinem Haus geführt hätte, weil er Tovils veranstalte. Daran sei ich nämlich interessiert. Klar, sie praktizieren auch als *Yakäduro* (Dämonenmeister), wenn sie dafür angefragt werden. Er streckt mir ein kleines Fotoalbum hin. Die Fotos zeigen Bilder eines *Yak–Tovils,* die Patientin mit einem Hahn in der Hand, offenen Haaren und dem roten Tuch quer über die Brust gebunden. Auf den Fotos erkenne ich auch die für einen *Yak–Tovil* typischen Altarkonstruktionen. Ich frage Priyantha, wer denn diese schönen Fotos gemacht hätte. Es sei ein Westler gewesen, der sich für die Dämonentänze interessiert hätte. Sie seien also bereits international berühmt und veröffentlichten überdies viele Artikel und Reportagen in *Subasetha*, der führenden astrologischen Zeitung Sri Lankas. Und schon drückt er mir die Fotokopie eines Zeitungsartikels in sinhalesischer Schrift in die Hand.

Die Geschäftstüchtigkeit des Priyantha Manannalage Shāstrakāraya nach westlichem Muster ist eher ungewöhnlich und irritiert mich. Im bisherigen Umgang mit Heilern war ich an einen bescheidenen, traditionell formellen Kommunikationsstil bei ersten Begegnungen gewöhnt. Selbstverständlich sei Priyantha erfreut über meine Anwesenheit bei einem ihrer Tovils, erst recht, wenn ich Fotos machen würde. Gerne hätten sie dann Abzüge davon für ihre Dokumentation. Gerade in zwei Wochen würden sie einen Tovil abhalten für eine Patientin mit *Yak–āvesha* (Dämonenbesessenheit).

Einige Tage nach unserem Besuch erhalte ich jedoch einen Brief mit vorgedrucktem Briefkopf von Priyantha, der mir mitteilt, dass das *Shānti–karma* (Befriedungsritual) leider nicht stattfinden könne, weil die Familie der Patientin zu wenig Bargeld für die Bezahlung des Tovils hätte.

Abeykoon Vedamahatteya

Abeykoon Vedamahatteya führt für eine Patientenfamilie, die wir privat kennengelernt haben, einen *Hūniyam–Kāpīma* (Abwendung schwarzer Magie) durch. Die Familienmutter hatte den Heiler auf Anraten eines Verwandten vor kurzem aufgesucht, weil ihr die Probleme langsam über den Kopf wuchsen. Der Vater ist abwesend, er hat eine temporäre Anstellung im Ausland.

Abeykoon Vedamahatteya empfängt Patienten in seinem *Devāle* (Göttertempel), das so abgelegen ist, dass man einen anstrengenden Fussmarsch auf sich nehmen muss. Die Mutter erzählt mir, dass sie ihm dort Betelblätter mit einem Münzopfer *(panduru)* überreicht habe, wie man es traditionsgemäss tut, wenn eine Hilfeleistung von einem Heiler verlangt wird. Der Vedamahatteya habe es entgegengenommen und, ohne dass es die Mutter vorerst bemerkt hätte, habe er angefangen, das oberste Betelblatt in kleine Stücke zu zerreissen. Und während er das tat, habe er die Leute aufgezählt, die eine schwarze Magie gegen die Familie verübt hätten und habe auch ihre Gründe angegeben. Danach sei er ins Innere des *Devāles* gegangen, habe das *Panduru* an einen im Altar stehenden Dreizack *(trishula,* eine Götterwaffe) gebunden und anschliessend eine Kokosnuss an seine Stirne gehalten. So sei er vielleicht während zwei Minuten gestanden und sei anschliessend in der Lage gewesen, auf alle Fragen der Mutter zu antworten. Er habe auch gewusst, dass sie etwas ganz Wertvolles verloren hätten. Und tatsächlich sei ihnen damals die ganze Stereoanlage aus dem Haus gestohlen worden. Darauf habe er gesagt, dass dies geschehen sei, weil die Mutter ein Versprechen *(bāra)* an Gott *Kataragama* nicht eingehalten hätte. Als die Mutter dann gefragt habe, wo sie denn das Versprechen vergessen hätte, habe er erwidert, es lägen eingebundene Münzen *(panduru)* im oberen Teil ihres Kleiderschranks. Und als die Mutter Zuhause nachschauen ging, habe sie die Münzen dort tatsächlich gefunden und sich an das Versprechen erinnert. Der Vedamahatteya habe ihr geraten, das Versprechen so schnell als möglich einzulösen, wonach sie in drei grosse *Devāle* in der Region gegangen sei und ein *Pūja* (Opfergabe) gemacht habe. Dann habe er ihr auch geraten, zur Lösung der schwarzen Magie den heutigen *Hūniyam–Kāpīma* zu veranstalten.

Abeykoon Vedamahatteya ist etwa fünfzig Jahre alt und kommt mit zwei Assistenten ins Haus der Patientenfamilie. Er arbeitet ohne

Trommler und Tänzer, und das Heilritual dauert nur bis zwei Uhr Morgens. Die Tatsache, dass er ein *Devāle* hat, mit *Disti* (Götterkontakt) arbeitet und Tovils veranstaltet, beeinträchtigt nicht seinen Ruf, ein *Vedamahatteya* (ayurvedischer Arzt) zu sein und auch mit diesem Titel angesprochen zu werden. Immerhin höre ich ein Jahr später von der Mutter, dass er sie mit einer ayurvedischen Medizin gegen Gallensteine behandelt habe. Die Diagnose habe er allerdings wieder mit *Disti* gestellt.

Die Gestaltung des *Hūniyam–Kāpīma* von Abeykoon Vedamahatteya ist ebenfalls sehr eigenwillig. Er hat nur einen Opfertisch und ein *Pideniya* (Dämonenaltar) und rezitiert die *Kavi* (mythische Verse) und *Mantras* (Zauberformeln) wie ein *Kapurāla* (Götterpriester) vor dem Altar stehend, ruhig und ohne Tanzbewegungen. Auch die Mutter wird nicht als *Āturaya* (Patientin) gegenüber dem Opfertisch plaziert. Dafür führt der Vedamahatteya ein *Samayama* (Aufsichnehmen der dämonischen Kräfte) wie in einem Tovil durch, indem er sich schon bald nach Beginn des Rituals auf eine Matte legt und ein Tuch über sich ausbreitet. Dann wird ein schwerer Reismörser auf seinen Bauch gestellt und die Mutter wird aufgefordert, den Aschkürbis *(puhula)* mit einem Buschmesser zu spalten, während der Vedamahatteya *Mantras* murmelt. Er hält in der einen Hand ein Ei und verlangt dann nach einem lebenden Hahn. Als er anfängt besessen zu zittern, holt die Mutter aus zu einem kräftigen Schlag und spaltet den Kürbis. Noch immer mit zuckendem Körper verlangt der Vedamahatteya nach einem Betelnussknacker *(gire)* und spaltet damit das Ei hinter seinem Kopf.

Später, um Mitternacht, begeben wir uns mit ihm an einem Friedhof vorbei zum nahegelegenen Fluss. Dort zieht sich der Vedamahatteya aus, taucht im Fluss unter und opfert unter Wasser dem *Hūniyam–*Gott eine Kuhzunge. Wieder im Haus zurück, belebt er mit *Mantras (jīvankaranava)* ein *Yantra* (Talisman) und ein paar kleine Fläschchen mit Öl. Die Fläschlein werden dann an allen vier Hausecken zum Schutz des Hauses begraben.

Die Patientenfamilie ist sehr begeistert von Abeykoon Vedamahatteya. Er habe grosse Heilkraft und könne es sich deshalb erlauben, nur das Nötigste zu tun und auch auf das Tanzen und Trommeln zu verzichten. Nicht nur für die Familie war dieser *Hūniyam–Kāpīma* ein grosser Erfolg, auch andere Leute seien so begeistert gewesen über das Können von Abeykoon Vedamahatteya, dass sie ihm sogar Geschenke machten wie ein Auto und ein Stück Land.

Navaratna Vedamahatteya

Wir suchen Navaratna Vedamahatteya in seiner ayurvedisch–psychiatrischen Klinik auf. Wir haben ihn am *Hūniyam–Kāpīma* von Abeykoon Vedamahatteya kennengelernt, weil er ein Verwandter der Patientenfamilie ist. Seine ayurvedische Klinik für Geisteskrankheit betrachtet er als Alternative zu *Angoda*, der im ganzen Land bekannten und verrufenen psychiatrischen Irrenanstalt in Colombo. Auch Navaratna Vedamahatteya behandelt einige seiner psychisch Kranken stationär. Viele kommen aber zu ambulanten Konsultationen.

Navaratna Vedamahatteya ist ein grossgewachsener, kahlköpfiger Mann etwa Mitte fünfzig. Die Klinik ist ein Teil seines geräumigen Hauses, in dem er mit seiner Frau und einigen Nichten und Neffen wohnt. Seine eigenen Kinder sind beruflich anderswo tätig. Navaratna Vedamahatteya war in jungen Jahren ein buddhistischer Mönch. In seinem Tempel habe damals ein älterer Mönch die Behandlung von Geisteskranken nach der Methode der *Epaladeniya–Paramparāva* durchgeführt. Diese *Paramparāva* (Lehrertradition) sei noch verhältnismässig jung. Sie kombiniere die ayurvedische *Bhūta–vidya* (Wissenschaft über Geistwesen), so wie sie heutzutage überall in Indien und Sri Lanka bekannt sei, mit einem uralten srilankischen Ansatz. Diese Überlieferung sei auf Goldblättern geschrieben im letzten Jahrhundert von Archäologen in Anuradhapura entdeckt worden. Heutzutage existieren nicht mehr als fünfzehn bis zwanzig ayurvedische Ärzte in ganz Sri Lanka, die Geisteskrankheiten behandeln wie er. Einige neue Schüler *(goleyo)* seien jedoch bei ihm in Ausbildung.

Sehr oft seien bei Geisteskrankheiten auch dämonische Einflüsse involviert. Deshalb arbeite Navaratna Vedamahatteya eng zusammen mit einem *Yakādura* (Dämonenmeister), dem er vertraue, und führe selber nur einige kleine Heilrituale wie *Dehi–kapanava* (Limonen–Durchtrennen) durch. Er behandle Geisteskrankheiten vor allem auf körperlicher Ebene, indem er ayurvedische Medizin verabreiche und die Probleme des Patienten in Gesprächen bearbeite. Manche Patienten seien jedoch so verstört, dass sie nicht fähig seien zu sprechen. Denen müsse er zuerst einen Absud von einer Kräutermischung *(kasāya)* verabreichen, der sie zum Sprechen bringt. Aus dem Rezept dafür macht er kein Geheimnis. Es enthält:

> *Beli–, Thumba–, Sävändara–, Yakbēriya–, Yakavanassa–* und *Yakinārang*–Wurzeln, *Iriveriya*–Zweige, *Inginiya*–Samen, weisses Sandalholz, *Välmi* und Knoblauch.

Man nehme zwei Tassen (Mass) von jedem und koche es von 16 Tassen Flüssigkeit auf 2 Tassen. Dann mische man es mit Zucker und Honig und verabreiche 2 mal pro Tag eine Dosis.

Die ayurvedische *Bhūta–vidya* (Wissenschaft über Geistwesen) unterscheidet laut Navaratna Vedamahatteya fünf Geisteskrankheiten *(unmāda)*, die auf Grund einer Störung der drei Körpersäfte *(tridōsa)* zustande kommen:

1. *Vata–Unmāda* (Luft–verursachte Krankheit)
2. *Pita–Unmāda* (Galle–verursachte Krankheit)
3. *Selesma–Unmāda* (Schleim–verursachte Krankheit)
4. *Vata–Pita–Unmāda* (Kombination Luft–Galle)
5. *Pita–Selesma–Unmāda* (Kombination Galle–Schleim)

Hinzu kommt noch eine weitere Komponente von Geisteskrankheit, wie sie in der *Epaladeniya–Paramparāva* ergründet worden sei: *Āgantuka*,[19] die alle fünf Typen von *Unmāda* umfasse und auch fremde Einflüsse, die nicht vom Körper her kommen, mitberücksichtige. *Āgantuka*, das wörtlich „die fremde Krankheit" heisst, sei besonders hartnäckig zu behandeln, weil sie ohne ayurvedisch erfassbaren Grund auftrete, wie ein Fremder, der plötzlich ins Haus tritt.

Die Erfahrung von Navaratna Vedamahatteya mache es ihm möglich, die Krankheit des Patienten alleine durch dessen Erscheinung *(gati–guna)* und Verhalten *(iriyavu*, wörtlich: Manierismen) zu erkennen. Doch fühle er auch den Puls des Patienten, untersuche die Augen, die Zunge, den Magen, ob er gebläht sei, die Brust, den Rücken und die Temperatur der Füsse. Navaratna Vedamahatteya wisse: alles, was den Geist befällt, geht auch in den Körper. Wenn zum Beispiel eine Person mit einer körperlichen Krankheit dauernd denke: „Jetzt bin ich schon so lange krank, kein Mittel hat mir geholfen, ich werde nie wieder gesund", dann werde sie mit der Zeit auch noch geisteskrank. Die halluzinatorische Welt *(mavāgat lokayak)* des Patienten sei je nach Krankheit unterschiedlich. Und dies sind die Gründe, die laut Navaratna Vedamahatteya zu Geisteskrankheit führen: Angst *(bhaya)*, Kummer *(shōkaya)*, Traurigkeit *(kanagātuva)*.

Wenn man über die Grenzen gehe *(pramānaya ikmavayāma)* mit diesen Gefühlen, werde man krank. Dann gäbe es eben auch dämonische Ursachen für Geisteskrankheit, wie zum Beispiel *Kodivina* (schwarze Magie). Ohne dass man zuerst etwas gegen die schwarze Magie unternähme, könne der Patient nicht gesund werden. Aus diesem Grund praktiziere Navaratna Vedamahatteya auch kleine Tovils. Für kompliziertere Heilrituale, aber auch für *Yantra–bandina-va* (Anfertigen eines Talisman) lasse er einen *Yakädura* kommen.

Wenn der Patient geheilt sei, mache Navaratna Vedamahatteya einen kleinen Schnitt an seinem Kopf und bringe dort ein mit *Mantra* geladenes Medizinkügelchen an, damit es keinen Rückfall gäbe. Normalerweise seien seine Patienten innert drei Monaten geheilt. In eher seltenen Fällen dauere es bis zu sechs Monaten.

Mister Jayatissa

Fast in jedem Dorf gibt es eine Gruppe älterer Männer, die *Gihi–Pirit* (Haus–*Pirit*) durchführen.[20] Das Rezitieren von *Pirit* (kanonische Schutztexte) im Chor, das eine Nacht lang ohne Unterbruch vor sich geht, ist ein fester Bestandteil der mönchischen Dienstleistungen an die buddhistischen Laien. Ein *Pirit*-Ritual stellt eine Form von *Shānti–karma* (Befriedungsakt) dar und schliesst befriedende und heilende Handlungen mit ein, wie zum Beispiel das Unterstützen der Gruppenkohäsion, indem alle Anwesenden während des Rezitierens an einer Schnur *(pirit–nūla)* halten. Das Auflösen vom unmenschlich Bösen *(amanusa–dōsa)* sei ähnlich dem Verbannen des *Yakas* (Dämons) in einem Tovil, sagt Mister Jayatissa. Weil es in abgelegenen Gegenden schwierig ist, die benötigte Zahl von Mönchen für eine ununterbrochene Rezitation unter ein Dach zu bringen — einige sagen auch, weil es schwer ist, Mönche mit einer für die Wirksamkeit des *Pirit* benötigten ethischen Reinheit zu finden — wird der *Pirit* manchmal auch von buddhistischen Laien selbst rezitiert.

Eine solche Gruppe von ethisch und moralisch hochstehenden buddhistischen Laien ist nun Mister Jayatissa mit seiner „*Band*" (englisch), wie er seine insgesamt elf Mitarbeiter humorvoll nennt. Er ist ein pensionierter Schulrektor, und seine Assistenten sind zum grössten Teil ehemalige Lehrer. Unter ihnen ist jedoch auch ein ehemaliger *Kapumahatteya* (Götterpriester) mit *Varam* (Erlaubnis), der während des *Gihi–Pirit* mit *Disti* (Besessensein) von mehreren Göttern arbeitet und, falls nötig, Dämonen aus dem Haus verjagt, schwarze Magie durchschneidet und *Shāstra* (Voraussagen) durchführt. Hierin unterscheidet sich der *Gihi–Pirit* des Mister Jayatissa eindeutig von einem mönchischen. Darüber hinaus legen Mister Jayatissa und seine

Assistenten grossen Wert auf ihre religiös–spirituelle Lebensführung, mehr als es Mönche üblicherweise heute tun. Sie sind kategorische Vegetarier, verzichten auf das Abendessen, nehmen kein Entgelt und keine Geschenke von den Hausleuten an. Sie rezitieren ihren *Pirit* an jedem Wochenende, und falls sie in keinem Privathaus bestellt sind, gehen sie auf eine Pilgerreise und rezitieren den *Pirit* an einem wichtigen Pilgerort. Auf diese Weise nutzen sie jede Gelegenheit, ihre guten Geisteszustände der Grosszügigkeit und des Wohlwollens zu üben, und akkumulieren dadurch *Pin* (karmischen Verdienst), was sich wiederum auf die heilende Wirkung ihres *Pirit* auswirke.

Wir sind zum *Gihi–Pirit* des Mister Jayatissa im Haus von Freunden eingeladen. Die Frau erwartet ihr erstes Kind, und das Ehepaar ist seit seiner Hochzeit mit mehreren familiären Problemen belastet gewesen. Der *Gihi–Pirit* wird das Haus von allen unheilvollen geistigen Komplexen reinigen und eine glückliche Atmosphäre für den Rest der Schwangerschaft und das kommende Ereignis der Geburt fördern. Anwesend an diesem *Gihi–Pirit* sind Freunde und Familienangehörige. Die Eheleute waren schon den ganzen Tag beschäftigt gewesen mit Einkäufen und dem Herstellen des *Mandapas* in ihrer Wohnstube, einem kleinen Häuschen aus gewobenen jungen Palmblättern, geschmückt mit Lotusblumen. Während des Rezitierens sitzt das Ehepaar gegenüber dem Eingang des *Mandapas*. Innerhalb dieser Abgrenzung *(sīma)*, im spirituell reinen Raum des *Mandapas*, rezitieren die neun weiss gekleideten Männer auf weiss angezogenen Kissen sitzend den *Pirit*. Sie halten sich währenddessen gemeinsam an der *Pirit*-schnur, die dadurch mit den guten Energien geladen wird. Am Ende des Heilrituals werden dann Stücke der Schnur den Anwesenden an den Handgelenken oder um den Hals befestigt.

Das Heilritual von Mister Jayatissa enthält alle *Pirit*-Vorgehensweisen und –Requisiten und integriert einige Tovil-Elemente. Schon zu Beginn, gleich nach der *Buduguna* (Vergegenwärtigung der Tugenden des Buddha), bekommt der Assistent, der *Varam* (Erlaubnis) hat, während des Rezitierens der bedingten Entstehung *(paticca-samuppāda)*, *Āvesha* (Ansicht) zweier Götter. Die Götter *Vishnu* und *Kataragama* sprechen nacheinander mit zwei verschiedenen Stimmen durch seinen Mund auf Sinhala und Tamil. Dann fängt Mister Jayatissa mit einem von ihnen einen Dialog an, in welchem er unter anderem erfährt, welche Gaben und Requisiten für die abschliessende Tovil-Einlage benötigt werden, die beim Tagesanbruch stattfinden soll: ein roter Sari, eine Fackel *(pandama)*, Feuerpulver *(dummala)*, ein Nussknacker *(gire)* und sieben Limonen *(dehi)*.

Die meisten der anwesenden Gäste verlassen das Haus vor Mitternacht. Das *Pirit*–Rezitieren wird ohne Unterbruch fortgesetzt. Gegen Morgen kommt die Göttin *Kāli* in die Szene, indem sie sich des Assistenten bemächtigt *(āvesha)*, durch dessen Mund am Abend schon die anderen Götter gesprochen haben. Sie verlangt nach dem roten Sari, den sich der Assistent am Kopf anbindet und sich darin verhüllt. Nun begibt sich die *Kāli* aus dem *Mandapa* heraus und verlangt nach der Fackel und dem Feuerpulver. Sie tanzt, mit dem Pulver Feuerwolken verbreitend, durch alle Räume des Hauses, um die unheilvollen *Bhūtas* (Geistwesen) zu vertreiben. Sie benimmt sich wie ein *Yaka* (Dämon) in einem Tovil. In ihrem „Göttertamilisch", das von Mister Jayatissa übersetzt wird, sagt sie, dass ein *Mala–Yaka*, der Geist des verstorbenen früheren Grundbesitzers, Ärger im und ums Haus verbreitet habe. Er hätte nämlich das Land nicht mit glücklichen Gefühlen verkauft und in diesem seinem Unglück nicht loslassen können, so dass er nun nach dem Tod auf seinem früheren Grundstück seine Unwesen habe treiben müssen. Die impersonifizierte *Kāli* zerschneidet mit dem Nussknacker *(gire)* die sieben Limonen durch *(dehi–kapanava)*, um den Einfluss des *Mala–Yaka* für immer zu bannen. Dann wird ihr, begleitet durch einige Witze, der Nussknacker von Mister Jayatissa aus der Hand gewunden, und der Assistent tritt ohne *Āvesha* (Besessensein) wieder in das spirituell saubere *Mandapa* ein. Zum Schluss beschliesst das ganze *Gihi–Pirit*-Team, alle wieder in normalem Geisteszustand, zusammen mit den Familienmitgliedern das Heilritual durch das Rezitieren von *Buduguna* (Tugenden des Buddha).

Demberalava Hamuduru

Wir finden in Sri Lanka oft Mönche *(hamuduruvo)*, die als ayurvedische Ärzte arbeiten. Eher selten kommt es vor, dass ein Mönch Tovil–Heilrituale durchführt. Ein solcher Mönch war der Demberalava Hamuduru. Sein Tempel *(pansale)* ist in einer wunderschönen Landschaft in der Nähe des Dorfes Pujapitiya gelegen. Und hundert Meter oberhalb des Tempels befindet sich im Felsen eine Höhle, die früher Einsiedlermönche zum Meditieren benutzt haben. Diese Höhle hier ist zu einem Schrein ausgebaut worden, mit Fresken an der Wand und

Buddha– und Götterstatuen. In diesem Höhlenschrein führt Dembaralava Hamuduru seine Heilrituale durch.

Wie es bei den buddhistischen Mönchen in Sri Lanka üblich ist, hat Demberalava Hamuduru seinen Kopf rasiert und trägt eine safranfarbene Mönchsrobe. Er ist wohl Ende sechzig. Er redet die Dorfbewohner als *Nangi* (jüngere Schwester) und *Malli* (jüngerer Bruder) an. Gerade diese einfache Art, seine Bescheidenheit gepaart mit seinem Ruf der Rechtschaffenheit, bewirken, dass die Dörfler sich mit Ehrfurcht und echter Hingabe vor ihm verbeugen *(vandinava)*. Demberalava Hamuduru nimmt von armen Leuten kein Geld entgegen, doch erhält er genügend Geschenke und Spenden.

Unten, im Hauptkomplex des Tempels, herrscht ein rechter Andrang von wartenden Patienten. Die meisten behandelt er mit ayurvedischer Medizin aus seinem eigens dafür angelegten Kräutergarten. Er gibt aber auch astrologische Beratung, unten, in seinem Büro beim Tempel und fertigt dort die *Yantras* (Talisman) an. Zu deren Belebung mit *Mantras* *(jīvankaranava)* begibt er sich aber in seinen Höhlenschrein. Im Höhlenschrein führt er Rituale durch, wie *Dehi–kapanava* (Limonen–Durchtrennen) und *Nūl–bandinava* (Schutzschnur–Binden); zum Heilen bespricht er mit *Mantras* zubereitete Kokosnüsse, aber auch wichtige Briefe und Dokumente.

Demberalava Hamuduru bei einem Dehi–kapanava

Im Falle einer Geisteskrankheit setzt Demberalava Hamuduru den Patienten in eine Art Häuschen *(āturayāge yahana)* aus verzierten Bananenstaudenblättern und führt einen einfachen Tovil durch, mit Hilfe von ein bis zwei Assistenten und einem Trommler aus der Suramba–Tradition. Manchmal dauert ein solcher Tovil auch die ganze Nacht an. Dabei bleibt der Hamuduru in der Rolle des Zeremonienmeisters ohne selber zu tanzen, denn dies würde sich für einen Mönchen absolut nicht ziemen.

Demberalava Hamuduru ist bekannt für seine Geisteshaltung von *Karunā* (Mitgefühl, empathisches Nachempfinden). Er sagt uns, dass er seine Heilmethoden den kanonischen Schriften des Buddhismus entnommen habe. Es wäre für mich sehr interessant gewesen, weiter darüber zu forschen, wie er die Abhidhamma–Paradigmen in seinen Heilmethoden anwendet. Leider konnte der Plan nicht verwirklicht werden. Demberalava Hamuduru ist im Frühling 1988 gestorben.

4. Kultureigene Psychologie

Begegnungen mit Heilern brachten jedesmal auch eine Begegnung mit kultureigenen psychologichen Konzepten. Diese bezogen sich nicht nur auf die Auffassungen von Gesundheit und Krankheit, deren Ursachen und auf die Wahl des geeigneten Heilverfahrens. Sie wurden in tieferen Gesprächen auch herbeigezogen, um die Methode des Heilverfahrens — und mein besonderes Interesse galt derjenigen des *Yak–Tovils* — zu erklären. Eine intensive Beschäftigung mit kultureigenem psychologischen Wissen war also notwendig und Voraussetzung, um mit dem Heiler Upasena Gurunnanse überhaupt Gespräche über seine Heilmethode zu führen, um ihm überhaupt adäquate Fragen dazu stellen zu können. Dieses kultureigene psychologische Wissen ist in Sri Lanka gleichzeitig ein Teil des buddhistischen Menschen– und Weltbildes.

Eine „buddhistische Psychologie", die alle formalen Kriterien einer empirischen Wissenschaft erfüllt und zugleich den buddhistischen Postulaten der **erlebnismässigen** Evidenz und **ethischen** Orientierung standhält, gibt es soweit nicht (Frýba & Vogt 1989). Die psychologischen Begriffe und Paradigmen des Buddhismus sind in dem *Abhidhamma–Pitaka*, einer kanonischen Textsammlung, systematisch geordnet, ohne jedoch eine psychologische Theorie in unserem Sinne darzustellen. Diesbezüglich betonen westliche Psychologen (Deatherage 1973, Frýba 1984, 1987, Goleman 1976, 1978, Hall & Lindzey 1978, Naranjo & Ornstein 1976, Welwood 1979), dass die Begriffe des Abhidhamma primär durch ihren Bezug auf konkretes, meditatives wie auch alltägliches Erleben definiert sind und dass sie, anders als in unserer Wissenschaft, keine angenommenen Variablen und hypothetischen Konstrukte miteinschliessen.[21]

Alle Begriffe des Abhidhamma enthalten eine ethische Wertung der durch sie erfassten Phänomene, die nach dem Kriterium vorgenommen wird, ob das Phänomen **der persönlichen Ethik dient** und daher **heilsam** und **glücksfördernd** ist. Abhidhamma ist also ein phänomenologisches Begriffssystem, das einerseits der Analyse des

Erlebens dient und anderseits eine ethisch orientierte Synthese leistet, aus der sich Richtlinien für die emanzipatorische Geistesschulung ergeben (Frýba & Vogt 1989).

In diesem Kapitel werden als kultureigene Psychologie nur jene Konzepte und Paradigmen des buddhistischen Kanons erörtert, die auch im Wissen, der *Yakäduro* vorkommen.[22] Der buddhistisch-kanonische Rahmen von Mythen, mit denen sie arbeiten, wird ausführlicher im Kapitel 6.3 behandelt. Die Prinzipien buddhistischer Ethik werden im Kapitel 5.2 im Zusammenhang der Handlungstheorie eingeführt und im Kapitel 11 im Bezug auf die Empirie des Heilrituals analysiert. Was in meiner Abhandlung nicht vorgenommen wird, sind etwelche Vergleiche zwischen Begriffen des textuellen Abhidhamma und der mündlich tradierten Tovil–Psychologie im Hinblick auf allfällige Bedeutungsverschiebungen. Vielmehr geht es hier vorerst um eine Art Bestandesaufnahme der von den Heilern benützten Konzepten, die begrifflich denjenigen des Abhidhamma entsprechen und sich daher für die Heuristik meiner Forschung als sinnvoll und hilfreich erwiesen haben. Ich verzichte darauf, diese Konzepte psychologisch begrifflich zu „klären" oder gar eine hermeneutische Synopsis der Psychologie „Ost und West" anzustreben.[23]

Bei der Erkundung ihrer psychologischen Ansichten über Krankheit und Heilung, geben die *Yakäduro*-Heiler in der Regel als erstes den Verweis auf die Mythen–Gedichte *(kavi)*, in welchen ihre Geist–Wissenschaft *(bhūta–vidya)* überliefert wird. Wenn man sie weiter fragt, wonach sie denn ihr heilendes Tun während eines Heilrituals richten, verweisen sie auf die Formel–Lehre *(mantra–shāstra)*, die sie durch ihre Lehrertradition vermittelt bekommen haben. Dabei fügen sie hinzu, dass die Mythen und Formeln in alten Büchern auf Palmblättern niedergeschrieben sind. Wenn der *Yakädura* damit konfrontiert wird, dass auch die buddhistischen Mönche *(bhikkhu)* und die ayurvedischen Ärzte *(vedarāla)* solche Bücher haben, die Geist–Wissenschaft enthalten, erwidert er gerne, dass es sich da um gleiches, uraltes Wissen handle: Störungen der drei Körpersäfte *(tun–dōs)* und des Denkens *(kalpanāva)* einerseits und die guten Qualitäten des Buddha *(buduguna)* und seiner Lehre *(dhamma, daham, dharmaya)* andererseits.

Wie jeder traditionell erzogene Dörfler tritt einem auch der *Yakädura* höflich, bescheiden und zurückhaltend gegenüber. Sein selbstbezähmtes Auftreten ist ein kulturbedingter Ausdruck von Persönlichkeitsintegration und hohem moralischem Standard. Er wird daher auch nie als *Yakädura* (Dämonenzähmer), sondern als *Gurunnanse* (Lehrmeister) angeredet. Wenn man den *Yakädura* in einem ersten Gespräch über Geisteskrankheiten befragen will, die ja durch Dämonen *(yaka)* verursacht werden, weicht der *Gurunnanse* immer wieder diesem nicht ganz so anständigen Thema aus und lässt sein Bewandertsein in den schönen Künsten und in der Lehre Buddhas zum Vorschein kommen. Ein technisches Gespräch mit Upasena Gurunnanse über den Umgang mit psychischen Problemen und Dämonen wurde erst möglich, als zwischen uns eine gute Beziehung bestand, aus der keine Herabwürdigung seiner Person oder der seiner Heilkunst zu erfolgen drohte.

Die Heilmethode schilderte er dann als die „Reinigung des Geistes" *(hite-pirisidu; hite* heisst Bewusstsein, Gedächtnis oder Geist im Sinne des englischen *mind),* das „Bringen der Dämonen unter die Kontrolle von Dhamma" *(yakunte dharmayan ana-kirima)* oder einfach als „Zähmen der Geister" *(bhūta yatat-kirima). Bhūta* erklärt er als ein unsichtbares Wesen, das dem Patienten zeitweise von Angesicht zu Angesicht *(disti,* wörtlich: Anblick, *face to face)* begegnet oder ihn besessen hält *(āruda, āvesha).* Wie jede selbständige Persönlichkeit hat auch der *Yaka* oder *Bhūta* fünf Persönlichkeitskomponenten *(pañca-skandha),* die beim Heilen spezifisch behandelt werden.

Beim eingehenderen Besprechen seiner Methode bemühte sich Upasena Gurunnanse nur so viel zu sagen, worunter ich mir als seine Zuhörerin tatsächlich auch etwas konkretes vorstellen konnte. Sonst kehrte er lieber zum nicht–technischen Plaudern zurück oder erzählte Geschichten. Weitere technische Ausdrücke, die in einem fortgeschrittenen Stadium unserer Lehrgespräche als Erklärungen gegeben wurden, waren die fünf Wahrnehmungsfähigkeiten *(pañca-indriya),* die den fünf Sinnesorganen innewohnen und unsere Orientierung in der Welt möglich machen. Ihnen entsprechen die fünf Qualitäten der Sinnenwelt *(pañca-kāma-guna),* die in einem Heilritual manipuliert und verfeinert werden und denen die Erleuchtungsqualität *(buduguna)* übergeordnet wird.

Alles, was mit dem erlebnismässigen Entfalten von Dhamma zusammenhängt, insbesondere aber das Kultivieren von Selbstbeherrschung *(sila)* und das Entfalten der fünf Kräfte des Geistes *(hite-balaya),* nämlich Willenskraft, Sammlung, Vertrauen, Wissen und Achtsamkeit, ist *Buduguna.* Mit Hilfe von *Buduguna* kann man alle Dämonen bezähmen und alles Leiden überwinden, wenn man diese Qualität in der Praxis umsetzen kann. Das Leiden *(duka,*

dukkha) des Patienten ergibt sich auch aus seiner mangelhaften Sittlichkeit *(sīla)* und seinem Tun *(karma, kamma)*, welches die Besessenheit durch einen Dämon überhaupt erst möglich macht. Der
Yakädura hat die Aufgabe, durch seine Mittel *(upāya)* dem Patienten
Freude *(prīti, pīti)* zu vermitteln und ihn zufrieden zu machen
(satutu–karanava).

Alle soweit angeführten technischen Ausdrücke sind zugleich
umgangssprachliche Banalitäten und werden mehr oder weniger von
jedem Dörfler verstanden. Ich will jedoch in der Folge den genaueren
Zusammenhängen zwischen diesen Ausdrücken nachgehen, wie sie in
der Tovil–Psychologie, die ich als Schülerin von Upasena Gurunnanse
lernte und die ich gemäss seiner Anweisung auch in einer praxisbezogenen Übersicht der Abhidhamma–Psychologie, dem *Visuddhi–
Magga* (deutsche Übersetzung Nyanatiloka 1975), zu ergründen ver-
suchte. Wenn ich nicht ausdrücklich die Erläuterungen des Upasena
Gurunnanse anführe, gebe ich die Bestimmungen der Lehrbegriffe
gemäss der systematischen Darstellung des *Buddhistischen Wörter-
buchs* (Nyanatiloka 1976) wieder. Der gegenwärtige Stand der Forschung erlaubt es allerdings noch nicht, einen Vergleich zwischen
dem kanonischen Abhidhamma und der populären Tovil–Psychologie
vorzunehmen und die Unterschiede aufzuzeigen.

Als Einstieg in die Thematik ist es sinnvoll oder sogar notwendig, noch eine dritte Ebene einzuführen, nämlich die Ebene der möglichen Entsprechungen zu Abhidhamma und Tovil–Psychologie in
unseren psychologischen Konzepten, Paradigmen und Einteilungen.
Als eine Art „Übersetzungshilfe" werde ich die Suche nach solchen
Entsprechungen, die jedoch in diesem Rahmen keineswegs erschöpfend sein können, vor allem im Kapitel 5 fortsetzen. Aus der buddhistischen Psychologie, wie sie im Abhidhamma systematisiert ist, sollen als grober Überblick vorerst drei Subsysteme abstrahiert werden[24], die ungefähr unseren westlichen Einteilungen in Persönlichkeitspsychologie, Psychopathologie und Psychologie der Therapie (als
eine Art Handlungstheorie) entsprechen:

A Die Persönlichkeitspsychologie nimmt als Grundlage das Paradigma der fünf Persönlichkeitskomponenten *(pañca–skandha;
   pañca–khandha* auf Pāli):[25]

   1. *rūpa–khandha,* die Phänomene der Körperlichkeit;

   2. *vedanā–khandha,* die Gefühle von Leid *(dukkha),* Wohl
       (sukha), Trauer *(domanassa),* Freude *(somanassa)* und
       Gleichmut *(upekkhā);*

   3. *saññā–khandha,* die Wahrnehmungen in ihrer bezeichnen-
       den und wiedererkennenden Funktion;

   4. *sankhārā–khandha,* die Geistesformationen und Programme,
       die kognitive und intentionelle Zusammenhänge herstellen;

   5. *viññāna–khandha,* die Bewusstseinseinheiten als Geistes-
       zustände, Auffassungen der Objekte, Erlebenseinheiten usw.

   Die Persönlichkeit wird als Prozess betrachtet, genauer gesagt
   als ein Zusammenspiel psychischer Prozesse *(citta–vīthi),* das
   sich zirkulär wiederholt in Phasen, die voneinander bedingt
   entstehen *(paticca–samuppāda).* Pathogene Störungen kommen
   zustande, wenn der Erlebensstrom durch ein Anhaften
   (upādāna) einen Halt findet und „anschwillt" *(virūlha).* Man
   spricht dann von *Upādāna–khandha,* übersetzt als Anhaften-
   Komponenten oder Anhaften-Gruppen; anschaulicher wäre es
   aber, diesen Begriff als „Anschwellungen" oder „Stockungen"
   zu wiedergeben. Das Wissen über die *Pañca–(upādāna)-
   khandha* ist ein wichtiger Teil der persönlichkeitspsychologi-
   schen Ansichten der *Yakāduro.*

B Die Psychopathologie der *Yakāduro* besteht im Erkennen der
   Prozesse in den fünf Persönlichkeitskomponenten. Sie ist mehr
   eine Kunst als ein Wissenssystem, eine Kunst des empathischen Nachempfindens und Verstehens *(anubhūti, anubhavana,
   anubodhi, anuparivatti, anuparivartana S)* der Geisteszustände
   und ihrer Änderungen. Ausgehend von diesem unmittelbaren,
   konkreten Miterleben werden die therapeutischen Interventionen vom Heiler vorgenommen.

   Die meisten *Yakāduro*-Heiler sprechen zwar über ihre Geist-
   Wissenschaft *(bhūta–vidya),* die aus dem Wissen um die
   mythischen Persönlichkeiten besteht. Im Unterschied zu der
   Bhūta–vidya der ayurvedischen Medizin verfügen die *Yakāduro*
   über kein System psychopathologischer Nomenklatur. Ihre dia-

gnostischen Kategorien, ausgenommen die sozusagen impressio-
nistischen Benennungen von körperlich ausgedrückten Stimmungen *(anga–lakshana S)*, sind begrifflich unscharf vor allem
durch die Dämonenmythen definiert. Aus dem Abhidhamma
benützen sie die Psychokosmologie, das heisst die Einteilung
der Erlebenswelten *(loka,* siehe *Tabelle 7* und *Diagramm 12)*
nach Graden der geistigen Reinheit. Die verschiedenen Grade
der Reinheit *(pirisidu S, pārisuddhi, visuddhi)* von Befleckungen *(kilesa)* durch Gier, Hass und Verblendung entsprechen
verschiedenen Stufen des möglichen Glücklichseins, die karmisch bedingt sind. Die Diagnose der Geisteszustände besteht
grundsätzlich aus dem Unterscheiden zwischen karmisch heil-
samer Intentionalität *(kusala kamma)*, die künftiges Wohl
bedingt, und karmisch unheilsamer Intentionalität *(akusala
kamma)*, die in den Befleckungen wurzelt, also durch sie motiviert ist, und in der Folge — wenn nicht unter Kontrolle
gebracht — künftiges Leiden bewirkt.

C Die Psychologie der Therapiemethode *(shānti–karma–
upakkramaya S, sānti–kamma–upakkama)* beinhaltet das
Wissen über die Gestaltung des therapeutischen Formats
(kammatthāna, karma–sthāna S, wörtlich: Arbeits–platz) und
über das Vorgehen beim Herstellen–und–Aufheben *(vatta-
pativatta, vat–pilivet S)* von Bedingungen der Heilung:

1. Das Konzept Arbeitsplatz *(kammatthāna)* umfasst im tech-
    nischen Sinne des Abhidhamma und der Tovil–Psychologie
    — aber auch umgangsprachlich — sowohl die materiellen
    Gegebenheiten auf dem Heilritualplatz *(tovil–pola)* als auch
    die therapeutischen Mittel *(upāya)*, inklusive Trommeln,
    Singen von Mythen und alle anderen kommunikativen
    Fertigkeiten des Heilers.

2. Das Herstellen–und–Aufheben *(vatta–pativatta)* ist gleich-
    bedeutend mit therapeutischen Interventionen, die prinzi-
    piell durch die Wahl der psychischen Nahrung *(āhāra)*,
    ihre Zufuhr und ihren Entzug für einzelne Erlebenseinhei-
    ten *(bhūta)* verwirklicht werden.[26] Dies geschieht durch die
    Manipulation der fünf Sinnenqualitäten *(pañca–kāma–guna)*
    und das Durchsetzen der Erleuchtungsqualität *(buduguna)*
    im Rahmen des therapeutischen Formats.

Noch unbekannte Begriffe, die in dieser Übersicht zum ersten Mal erwähnt werden, sollen nun näher erläutert werden. Die Paradigmen der Therapiemethode werden in den Kapiteln 5.1 und 5.2 mit den Konzepten unserer Psychologie verglichen. Das in ihnen begründete Können der *Yakäduro* ist eines der Hauptthemen meiner Untersuchung. Ich wähle den Ausdruck „Können" als Entsprechung zu dem sinhalesischen Begriff *Upakkramaya*, der dem Pāli Wort *Upakkama* als gleichbedeutend gilt. Ursprünglich hatte *Upakkama* die Bedeutung von „Angriff" und „Strategie". Bevor ich das strategische Können der Heiler psychologisch zu deuten versuche, werde ich dessen epistemologischen Kontext klären (Kapitel 4.2), wie auch die konkreten Vorgehen erfassen, durch die das Können stufenweise operationalisiert wird. Das therapeutische Können der *Yakäduro* ist jedoch nicht auf ein Wissen reduzierbar, das rein sprachlich zu übersetzen wäre; es kann nur in der Wirklichkeit der Handlungen beobachtet und im praktischen Nachvollzug erfasst werden, weil es einzig in dem Tun der Heiler vollkommen zum Ausdruck kommt.

4.1 Persönlichkeit als Prozess

Was man erlebt, wie man sich fühlt, wer man ist und wohin man zielt — dies ändert sich gemäss Abhidhamma in jedem folgenden Bewusstseinsmoment *(citta–khana)* und zwar in einer Bewusstseinskontinuität *(citta–santati)*, die einer Gesetzmässigkeit der bedingten Entstehung *(paticca–samuppāda)* folgt.

Die bedingte Entstehung ist der integrale Bestandteil der buddhistischen Lehre und umschliesst sowohl die subjektive als auch die objektive Welt respektive Persönlichkeit. Die Persönlichkeit ist eine Abfolge bedingt entstehender Strukturen. Das bedeutet, dass die Phänomene, welche die Persönlichkeit ausmachen und individuell prägen, aufeinander bezogen vorkommen und dass sie in ihrer Bezogenheit von jedem Menschen selbst erkannt werden können. Zufällige Vorkommnisse werden ausgeschlossen. Die Bedingtheit *(paccayatā)* macht den Zusammenhang aller geistiger und materieller Phänomene *(dhammā)* aus und lässt sich auf jeder beliebigen analytischen Ebene anwenden (Nyanaponika 1965). Sie eignet sich zur Erfassung momentan vorhandener Strukturen, wie zum Beispiel der jeweiligen Konstellation der Persönlichkeitskomponenten. Auf dieser Ebene der Analyse bildet das Bewusstsein *(viññāna)* eine der fünf Persönlichkeitskomponenten *(pañca–khandha)*. Die zeitliche Abfolge von Ereignissen, zum Beispiel im Heilritual oder in der Meditation, kann ebenfalls nach der Gesetzmässigkeit ihrer bedingten Entstehung untersucht und durch Interventionen verändert werden. Wie die Änderung des Bewusstseins, ist jede Änderung in der Persönlichkeit, zum Beispiel der Struktur von Geistesformationen *(sankhārā–khandha)*, ein natürliches Ergebnis der Bedingtheit psychischer Prozesse.

In Kürze: Die Krankheit und das Heilsein einer Person entstehen bedingt, das heisst weder grundlos noch zwangsläufig. Beispielsweise kann eine problematische Familiensituation an der Erkrankung eines Patienten beteiligt sein. Als Bedingung für die Erkrankung gilt hier jedoch das unweise, unheilsame Auffassen der Problematik durch den Patienten. Psychische Prozesse, welche die Persönlichkeit des Patienten heilend ändern sollen, werden in ihrer bedingten Entstehung erfasst und gesteuert. Um also den Heilvorgang im Tovil verstehen und steuern zu können, muss man wissen, welche Bedingungen der Heiler gekonnt zu errichten und welche er zu beseitigen hat,[27] damit sich die Persönlichkeit des Patienten auf dem Weg der Heilung entfaltet.

Das konkrete Geschehen in einem buddhistischen Tovil–Heilritual ist auch für ein Mitglied unserer westlichen Kultur zu verstehen, sobald es in der Lage ist, die Entfaltung des Heilprozesses als ein Zusammenspiel sich ändernder Bedingungen zu sehen. In der kultureigenen Sichtweise der Srilankaner gibt es kein identisch bleibendes Selbst **des** Schizophrenen, **des** Sündigen oder **des** Abweichenden. Die Geisteskrankheit, beziehungsweise das Verstossen gegen ethische oder soziale Normen, ist vielmehr eine vorübergehende *(anicca)* Konstellation von Bedingungen. Somit sind auch die soziale Integration und die innere Persönlichkeitsintegrität, die für einen gesunden Menschen charakteristisch sind, ein Ausdruck des harmonischen Zusammenspiels mehrerer Bedingungen. Hier möchte ich betonen, dass in der srilankischen Sichtweise keine äussere oder innere Gegebenheit und auch kein Persönlichkeitszustand auf **nur eine** Ursache zurückgreifend erklärt wird. Stattdessen gelten die Prinzipien der Nichtexistenz gleichbleibender subjektiver Entität *(anattā)* und diejenigen der mehrfachen Bedingtheit *(paccayatā)*, die in der kultureigenen Psychologie des Abhidhamma präzise ausgearbeitet sind.

Das Erkennen und pragmatische Anwenden der verschiedenen Bedingungen kommt, meistens intuitiv und ohne reflektierendes Wissen, sowohl im Alltag wie auch während dem Heilritual zur Geltung. Ich werde dies in der Folge durch einige Beispiele illustrieren, die ich der knappen Erörterung von Paradigmen einzelner Bedingungsarten beifüge. In diesem Kapitel kann es nicht darum gehen, alle Bedingungen *(paccaya)* nach Abhidhamma erschöpfend zu erklären. Ich möchte nur facettenhaft aufzeigen, wie die mehrfache Bedingtheit geistiger Phänomene in der Praxis begriffen werden kann.

Mehrfache Bedingtheit *(paccayatā)*

Der Abhidhamma unterscheidet vierundzwanzig Arten von Bedingungen *(paccaya;* siehe Aufzählung und Erklärung in Nyanatiloka: *Buddhistisches Wörterbuch,* 1976), von denen ich hier nur die folgenden neun Bedingungen[28] (mit standardisierter Numerierung des Abhidhamma) erörtere, die auch in der Tovil–Psychologie eine Rolle spielen:

1. **Wurzel–Bedingung** *(hetu–paccaya).* Wenn Gier oder Hass oder Verblendung in einem Bewusstsein *(citta)* vorkommt, spricht man über eine motivierende Wurzel, die in der Folge eventuell zu einer pathogenen Entwicklung führt.

   Ein Beispiel: Der Wunsch, einen begehrten Gegenstand zu besitzen, ist durch Gier bedingt. Gier ist somit die motivierende Wurzel für einen Diebstahl. Der Diebstahl wird von einem Srilankaner verstanden als ein ethisch unheilsames Nehmen von nicht Gegebenem und führt unweigerlich zu leidhaftem Erleben, sei es zu Angst vor dem Entdecktwerden, Reue oder zu unangenehmen Erlebnissen bei der Strafe. Der Dieb mag seine Tat in der Folge rechtfertigen, indem er den Bestohlenen als böse hinstellt. Eine solche Rechtfertigung wurzelt in Hass, der die Wahrnehmung des Diebes entstellt. Ein fortgesetzt entstellendes Wahrnehmen führt den Dieb in ein Wahnsystem.

Die Wurzel–Bedingung ist eine gleichzeitig entstandene Potentialität des Bewusstseins, die jedoch keine zeitlich gebundene Kausalität darstellt (vgl. Bedingungen Nr. 9, 13, 14). Eine pathogene Entwicklung schlägt sich nieder im leidhaften Erleben, in den entstellten sprachlichen und körperlichen Äusserungen des Patienten und in seinen wahnhaften Ansichten. Die ihnen entgegengesetzten heilenden Prozesse entfalten sich im Einklang mit positiven Willensregungen und Geisteszuständen, die eine unentstellte Wirklichkeitsauffassung ermöglichen, weil sie Gierlosigkeit, Hasslosigkeit und Unverblendung als Wurzel–Bedingung haben.

Die Wurzel–Bedingung gleicht der Wurzel eines Baums. Der „Baum" der Geisteszustände und Willensregungen wächst, solange die Wurzel unzerstört da ist. Die Wurzel–Bedingung ist ein wichtiger Begriff der ethischen Diagnose von Phänomenen, die zu Geisteskrankheit oder –gesundheit führen.

2. **Objekt–Bedingung** *(ārammana–paccaya).* Das Bewusstsein
gilt als ein und dieselbe Erlebenseinheit, solange es sich auf
das gleiche Objekt bezieht. Jeder unserer fünf Sinne hat eine
entsprechende Kategorie von Objekten. Das Sehbewusstsein
kann nicht ohne das visuelle Objekt entstehen, und Entspre-
chendes gilt für die übrigen vier Sinne und für den Geist
selbst. Als Objekte, die das Bewusstsein bedingen, gelten nicht
nur die Gegenstände der Sinneswahrnehmung. Das Bewusstsein
hat auch die im Geiste entstehenden Phänomene zum Objekt:
wie zum Beispiel Gefühl, Bewusstseinszustand, Bewusstseins-
veränderung, Begriff, Vorstellung *(nimitta)* einer ganzen Situation oder eines Prozesses, usw.

Das Herstellen von angenehmen und das Beseitigen von unangenehmen Objekten der Sinnenwahrnehmung ist das überhaupt
wesentlichste Prinzip im Tovil–Heilritual und kann als Manipulation
des Bewusstseins zum Zwecke der Heilung verstanden werden.
Sinnes– und Geistesobjekte werden als Bedingungen eingesetzt, um
den Patienten zu erfreuen. Dabei werden unter anderem Objekte der
leidbehafteten Vorstellung des Patienten, die Dämonen, entäussert
und verkörpert, da sie so besser und „objektiver" gehandhabt werden
können. Ein Dämon als Objekt–Bedingung kann im Zusammenspiel
mit anderen Bedingungen die Handlungen des Kranken treibend
bestimmen. Dieselbe Objekt–Bedingung Dämon kann auch Angst,
Verachtung, distanzierte Besinnung oder gar Humor auslösen.

Das Objekt des Geistes kann körperlich oder geistig, vergan-
gen, gegenwärtig oder zukünftig, wirklich oder unwirklich sein.
Auch Begriffe sind Objekte, die das ihnen jeweils entsprechende Bewusstsein bedingen. Das reflexive Wissen
(abhiññā), als eine gleichzeitig auftretende, höhere Form des
Bewusstseins, hat nicht Begriffe sondern die Erlebnisse selbst
zum Objekt.

7. **Gegenseitigkeit–Bedingung** *(aññamañña–paccaya).* Gegenseitigkeit **als** Bedingung (deshalb nicht Gegenseitigkeit*s*bedingung)
bezeichnet sowohl den kontextuellen wie auch den innerlich
strukturellen Zusammenhang eines Bewusstseinsmoments.

Ein Mensch, der trauert, sieht auch in seinem sozialen Kontext nur
Trauriges, ein Angsterfüllter sieht nur Gefährliches und einer, dem im
Heilritual Erfreuliches wiederholt dargeboten wird (im Zusammenhang weiterer Bedingungen), kann zur Klärung und Aufheiterung des
Gemüts geführt werden. Die gegenseitige Bedingtheit besteht nicht
nur zwischen äusseren und inneren Gegebenheiten, sondern lässt sich
auch zwischen den inneren Elementen der Erlebensstruktur feststellen. Ein freudiges Gefühl *(vedanā–khandha)* steht gleichzeitig in

gegenseitiger Bedingtheit mit der Wahrnehmung *(saññā-khandha)* schöner Formen, mit der Formation *(sankhāra-khandha)* guter Absichten, mit verschiedenen Bewusstseinsfaktoren usw. Der Patient wird während des Heilrituals vom *Yakädura* wiederholt als „diese fünf *Khandhas*" angesprochen, denn der *Yakädura* arbeitet nicht nur mit dem Gefühl des Patienten, sondern will alle gegenseitig sich bedingenden inneren Tatsachen beeinflussen.

Grundsätzlich ist jedes Bewusstsein (als Persönlichkeits-komponente, *viññāna–khandha)* immer verbunden *(sampa-yutta*; spezifiziert als Bedingung Nr. 19) mit den drei übrigen geistigen Komponenten, nämlich Gefühl, Wahrnehmung und Geistesformation. Nur unter gewissen Umständen ergibt sich eine Zusammenentstehung *(sahajāta–paccaya*; Bedingung Nr. 6) des Bewusstseins mit der Körperlichkeit *(rūpa–khandha).*[29] Hierher gehört das in der Tovil–Psychologie diagnostisch wichtige Erfassen der inneren Verbundenheit des unheilsamen *(akusala)* Bewusstseins mit Ansichten *(ditthi)*, Groll *(patigha)*, Aufgeregtheit *(uddhacca)*, usw. und des heilsamen *(kusala)* Bewusstseins mit Wissen *(ñāna)*, Freude *(pīti)*, Mitleid *(karu-nā)*, Wohlwollen oder Güte *(mettā)* usw.

Das heilsame und das unheilsame Bewusstsein schliessen sich gegenseitig aus, sie können nie beide gleichzeitig vorkommen. Diese Tatsache wird weiter spezifiziert, indem sie mittels der Bedingungen Nr. 20 als Unverbundensein *(vippayutta–paccaya)*, Nr. 22 als Abwesenheit *(natthi–paccaya)* und Nr. 23 als Geschwundensein *(vigata–paccaya)* erfasst wird. Das heilsame Bewusstsein *(kusala citta)* kann immer nur heilsame Bewusst-seinsfaktoren *(kusala cetasika)* beinhalten, das heisst mit ihnen in gegenseitiger Bedingtheit stehen. Hingegen können auch unheilsame Phänomene als Objekte *(ārammana* – siehe oben Bedingung Nr. 2) des heilsamen Bewusstseins vorkommen, sind mit ihm aber nicht durch die Gegenseitigkeit–Bedingung ver-bunden. Dies ist nur bei dem Bewusstsein der Fall, das durch Weisheit *(paññā–indriya)* gesteuert wird (siehe Bedingung Nr. 16) und das unheilsame Objekt zum Anlass hat (siehe Bedin-gung Nr. 9).

9. **Anlass–Bedingung** *(upanissaya–paccaya)*. Diese Bedingung bestimmt die zeitliche Abfolge geistiger Prozesse und ist bis zu einem gewissen Ausmass die Grundlage für die freie Wahl, wenn sie mit Achtsamkeit *(sati)* zum Objekt des reflexiven Wissens *(abhiññā)* gemacht wird. Anlass ist keine Ursache im

Sinne des linearen Kausalitätsdenkens von Ursache und Wirkung. Im Abhidhamma ist der Anlass nur eine von mehreren Bedingungen, von welchen jedes Phänomen abhängig ist, und welche die erlebende Person als solche wahrnehmen kann aber nicht muss. Die Anlass–Bedingung ist gemäss Abhidhamma (Nyanatiloka 1976) von dreierlei Art:

a) Direkter oder natürlicher Anlass *(pakati–upanissaya)*, so wie zum Beispiel gierbehaftetes Bewusstsein der Anlass für das Planen eines Diebstahls, und in der Folge das Planbewusstsein der Anlass für die Ausführung der Tat ist, usw.

b) Der Anlass als Objekt *(āramman–ūpanissaya)* kann im zeitlich folgenden Bewusstsein weitgehend der persönlichen Wahl unterworfen werden und die verschiedensten Dinge hervorrufen. Hier kommt das persönliche Können ins Spiel, das als Methode des weisen Auffassens *(yoniso manasikāra)* trainiert werden kann (Frýba 1987). So kann auch ein unheilsames Phänomen, in Form von Tat, Wort oder Bewusstsein, einen Anlass für ein heilsames Bewusstsein darstellen. Wenn man das vorangehende Bewusstsein zum Bewusstseinsobjekt des folgenden Bewusstseins macht; beziehungsweise, indem man sich etwas Wirkliches oder Unwirkliches, Vergangenes oder Zukünftiges, Körperliches oder Geistiges vergegenwärtigt, kann man es in dem folgenden Bewusstsein unweise (leidbringend) oder weise (emanzipatorisch) auffassen.

Bei einem Menschen kann das gleiche geistige Objekt, die Erinnerung an einen Diebstahl, eventuell zum „natürlichen" Anlass für weiteres Stehlen werden. Wenn bei ihm aber Fähigkeiten der Weisheit und des Vertrauens mitspielen (vgl. weiter unten Fähigkeit–Bedingung Nr. 16), kann dieselbe Erinnerung an den Diebstahl zum Objektanlass für eine Besinnung und Änderung seines künftigen Verhaltens führen.

c) Ein unmittelbarer oder funktioneller Anlass *(anantar–ūpanissaya)* bedingt die sozusagen gesetzmässigen Abläufe psychischer Prozesse, die nur auf einer Ebene der meditativen Mikroanalyse erfasst werden können. Solche „gesetzmässigen Abläufe" kommen dem, was man in der Wissenschaft als Kausalität deutet, am nächsten. In der Tovil–Psychologie kommt diese Art der rein funktionellen, zeitlichen Bedingtheit nicht in ausser Betracht.

12. **Wiederholung–Bedingung** *(āsevanā–paccaya)*. Die Wiederholung als Bedingung spielt in Koordination mit den Anlass–

und Nahrung–Bedingungen (Nr. 9 und 15) eine besonders wichtige Rolle bei der Konkretisierung des Erlebens in Hinsicht auf das Bewusstseinsobjekt.

In einem Heilritual, genauso wie im Schulunterricht, werden einem wiederholt die gleichen Verse eingeprägt. Der Inhalt der Verse im Heilritual ist so ausgewählt und von solchen Handlungen begleitet, dass das Dargebotene als geistiges Objekt das Wachstum des Geistes in die gewünschte Richtung veranlasst und nährt (vgl. weiter unten die Nahrung–Bedingung Nr. 15). Man könnte sagen, dass durch die Wiederholung eine Einprägung der gewünschten Inhalte stattfindet. Wichtiger als das Einprägen bestimmter Inhalte ist hier aber die konkrete Ausführung, die tatsächlich wiederholten Handlungen und das damit verbundene Erleben. Durch die rituelle Wiederholung der Handlungen bekommt das gewünschte Erleben zunehmend körperlichen Wirklichkeitsbezug. Psychologisch interpretiert ist die Wiederholung eine Bedingung für das Einüben von Fertigkeiten, eine praxisbezogene Konkretisierung der eingeprägten Bewusstseinsinhalte.

Bei der Konkretisierung der Wiederholung handelt es sich also um eine Übung oder (Um–) Formung von Gewohnheiten, indem man sich gewisse Fertigkeiten aneignet und vertraut macht — körperlich oder sprachlich, wie zum Beispiel das Auswendiglernen und Rezitieren eines Textes — oder aber sich gewisser unheilsamer Automatismen entledigt, indem man sie wiederholt unterbricht oder durch andere Vorgänge ersetzt. Die Wiederholung–Bedingung ist ein planvoll benütztes Prinzip, das für alle Rituale charakteristisch ist.

13. & 14. **Karma– und Ergebnis–Bedingungen** *(kamma–paccaya, vipāka–paccaya)*. Karma *(kamma P, karume S)* bezeichnet die Willensäusserung eines Bewusstseins, die Absicht eines Gedankens, einer Aussage oder einer Tat; es ist die Intentionalität *(cetanā)* des Bewusstseins (Nyanatiloka 1976). Dies ist eine technische Definition, in der die „willentliche Tat" *(kamma)* mit dem „tatsächlichen Willen" *(cetanā)* gleichgesetzt wird. Wie bereits erwähnt, übersteigen die Zusammenhänge der abhidhammischen Begriffe die Unidimensionalität einzelner wissenschaftlicher Terminologien, in die sie transponiert werden können. Die Denotationen des Konzepts „*Karma*" liegen nicht nur im Bereich der Psychologie. Die willentliche Tat *(kamma)* bedingt das künftige Leiden oder Wohl, wenn vorwegnehmend betrachtet. In der retrospektiven Betrachtung ist Leiden ein karmisches Ergebnis *(vipāka)* der früheren ethisch unheilsamen *(akusala)* Intentionalität, während das gegenwär-

tig angenehme Erleben ein Ergebnis des heilsamen *(kusala)* Tuns, Sprechens und Denkens ist.

Wenn ein Mensch einem anderen hilft, übt er dadurch einen Beitrag für dessen Wohlergehen aus. Wenn er ähnliche Hilfe von einem anderen bekommt, und dadurch sein eigenes Wohlergehen gesteigert wird, wird dies als Karma-Ergebnis *(vipāka)*, sozusagen als eine Rückzahlung für sein früheres Tun, betrachtet. Sowohl die gute karmische Absicht wie auch das angenehme karmische Ergebnis tragen, zusammen mit weiteren Bedingungen, zu einem besseren Leben bei.

Durch Karma-Bedingung entstehen alle mit der Intentionalität verbundenen (Bedingung Nr. 19) Geistesfaktoren. Bei ethischer *ex post facto* Erklärung (die den Handlungen Sinn gibt) ist *Vipāka* (Frucht) eindeutig durch *Karma* bedingt. Die Bedingtheit durch *Karma* ist jedoch nicht mit *Karma*-Ergebnis identisch, weder als Umkehrung noch als Gegenstück. Es gibt da keinen ursächlichen Determinismus. So ensteht bedingt durch *Kamma-paccaya* auch der körperliche oder sprachliche Ausdruck *(viññatti)*, also die jeweiligen fünf Persönlichkeitskomponenten *(pañca-khandha)*, die jedoch nicht als diesbezügliches (gleichzeitiges) Karma-Ergebnis *(vipāka)* gelten. Wie schon früher erwähnt, ist die Karma-Bedingung zusammen mit der Wurzel-Bedingung ein wichtiges diagnostisches Konzept, auch in der Tovil-Psychologie.

15. **Nahrung-Bedingung** *(āhāra-paccaya)*. Die Nahrung als Bedingung bezeichnet die Zufuhr von Energie und Information (im Sinne der allgemeinen Systemtheorie). „Der Mensch ist, was er isst", sagt ein deutsches Sprichwort, in dem die Idee der Abhängigkeit des Menschen von Nahrung und der damit verbundenen Assimilation vermittelt ist. Der Abhidhamma unterscheidet vier Nahrungen:[30]

a) materielle Nahrung

b) Sinneneindruck *(phassa)*

c) willentliche Strukturierung *(mano–sañcetanā)*

d) Bewusstsein *(viññāna)*

Hinter dem ganzen Ernährungsprozess steht der Hunger nach Nahrung als körperliches Überlebensprinzip, das sich aber auch auf das Verlangen nach geistiger Nahrung übertragen lässt. Der Prozess der Nahrungsaufnahme enthält eine Reziprozität, ein gegenseitiges In–sich–aufnehmen. Die Persönlichkeit eines

Menschen wird zum Beispiel durch die Aufnahme schlechter
Ansichten nicht nur verändert, sondern die Ansicht kann die
Persönlichkeit, der sie sich bemächtigt hat, geradezu absorbie-
ren und verzehren (Nyanaponika 1983).

Die Manipulation der Nahrung–Bedingung ist ein wichtiges Prinzip
der Heiler bei der inhaltlichen Gestaltung des Tovils, die auf den
jeweiligen Geisteszustand des Patienten zugeschnitten ist. In der
Tovil–Psychologie arbeitet man vor allem mit Bewusstsein und
Sinneneindruck als Nahrung, indem man die materiellen Elemente
(dhātu) Erde, Feuer, Wasser, Luft, die den fünf Sinnenqualitäten
(pañca–kāma–guna) zu Grunde liegen, wie auch das Bewusstsein der
Erleuchtungsqualität *(buduguna)*, dem Patienten „füttert" und das
eventuell folgende „Feedback" des Patienten belohnt.

16. **Fähigkeit–Bedingung** *(indriya–paccaya)*. Das Zustandekom-
    men und Steuern der psychischen Prozesse ist bedingt durch
    zwanzig Fähigkeiten *(indriya)*, die zum Teil Anlagen sind und
    zum Teil gelegentlich entstandene psychische Strukturen dar-
    stellen. Die Fähigkeit bedingt Prozesse, indem sie sie steuert,
    koordiniert und lenkt.

Fähigkeiten *(indriya)*

Weil das Konzept *Indriya*[31] für meine Untersuchung von zentraler Bedeutung ist, werde ich es zunächst in seiner Unterteilung
betrachten. Von den in der Abhidhamma–Psychologie festgestellten
Fähigkeiten werde ich hier nur neun tabellarisch aufzählen und
weitere fünf, die man auch in der Tovil–Psychologie als Geisteskräfte
(bala) diagnostiziert, in ihrem Zusammenhang kurz erklären:

1. Sehfähigkeit

2. Hörfähigkeit

3. Riechfähigkeit

4. Schmeckfähigkeit

5. Tastfähigkeit

   – diese fünf Fähigkeiten *(pañcindriya)* ermöglichen die
   Steuerung der Sensomotorik.[32]

6. Geistfähigkeit *(mano–indriya)*

    – als fünf geistige Fähigkeiten, beziehungsweise Kräfte *(bala)* weiter unten erörtert.

7. Vitalität *(jīvit–indriya)*

    – Energetisierung der psychophysischen Prozesse.

8. Unangenehmes Gefühl, Trauer *(domanassa–indriya)*

    – befähigt zum Meiden der auslösenden Bewusstseinsobjekte und bewirkt ein Erschlaffen der am Bewusstsein beteiligten Phänomene.

9. Freudiges Gefühl, Glück *(somanassa–indriya)*

    – befähigt zum Suchen der auslösenden Bewusstseinsobjekte und bewirkt Anwachsen und Stärkung der am Bewusstsein beteiligten Phänomene.

In der buddhistischen Psychologie sind die Fähigkeiten *(indriya)* ein wichtiger Teil der Persönlichkeit. Diese Fähigkeiten stellen Strukturen dar, von denen die psychischen Prozesse getragen werden. Sie werden erfasst als konkrete Erlebnisse, die nicht hinsichtlich ihrer inneren Struktur (Inhalt, Entstehung, Objekt usw.) betrachtet werden; vielmehr wird ihre steuernde Funktion, ihr Eingebundensein im Kontext der Prozesse, welche die Persönlichkeit ausmachen, analysiert. Mit innerer Struktur versus Prozess ist hier das gleiche Verhältnis gemeint wie zwischen der Anatomie der morphologischen Substrate und der Physiologie der prozessuellen Funktionen.

In jedem erlebenden Wesen — inklusive in nicht–menschlichen *(amanusa)* oder, ganz allgemein, geist–gewordenen Wesen *(bhūta)* — laufen kontinuierlich psychische Prozesse ab, die durch insgesamt zwanzig Typen von Fähigkeiten koordiniert, gesteuert, umgeschaltet und geändert werden. Es ist erlebnismässig evident — und braucht daher gemäss buddhistischer Psychologie keine weitere verbale Begründung —, dass jemand nur „fähig" ist, koordiniert und „sinn"–voll zu handeln, wenn seine „sinnliche" Fünferfähigkeit funktioniert. In diesem Zusammenhang finde ich es wichtig zu betonen, dass im Abhidhamma auch alle psychischen Prozesse des Erkennens, Wollens, usw. als Tätigkeit eines sechsten Sinnenorganes, nämlich der Geist-Fähigkeit *(mano–indriya)*, aufgefasst werden.

Obwohl der Brennpunkt meiner Untersuchung sich im Bereich der — nach Abhidhamma definierten — Geist-Fähigkeit befindet, erwähne ich hier auch einige der übrigen Fähigkeiten. Die Vitalität- oder

Energetisierung–Fähigkeit *(jīvit–indriya)* wird zusammen mit der positiven und negativen Gefühl–Fähigkeit traditionellerweise gleich nach dem „Fünfersinn" aufgeführt, bevor man die Fähigkeit des sechsten Sinnes, des Geistes, aufgliedert. Das Gefühl wird in 108 Kategorien eingeteilt (zum Beispiel in *Vibhanga*, dem Zweiten Buch des Abhidhamma–Kanons). Diese Einteilung wird meditativ mit Hilfe der 108 Kügelchen des buddhistischen Rosenkranzes eingeübt. Weil wir in unserem kultureigenem Verständnis eine solche Einteilung der Gefühlsvielfalt nicht kennen und uns nicht gewohnt sind, sie so minuziös zu erfassen, sollen hier nur die grundsätzlichen Unterschiede der positiven und negativen Gefühle gemäss dem Abhidhamma kurz angeführt werden. Die Fähigkeit des angenehmen Gefühls hat als Konzept eine Mehrzahl von Denotationen, aus welchen ich jene hervorheben will, die man dem Begriff **Glücksfähigkeit** zuordnen kann.

Die Glücksfähigkeit ist im buddhistischen Verständnis die Fähigkeit, psychische Prozesse durch angenehmes Gefühl zu steuern *(somanassa–indriya)*. Sie wird auch mit vielen anderen Ausdrücken bezeichnet *(sukha, somanassa, pīti, prīti S, ānanda, nibbāti* usw.*)*, die auf eine Erlöschung des Leidhaften und auf eine Steigerung der Freude hinweisen, ohne dass dabei die Funktion des Steuerns durch das Herstellen des Angenehmen aus der Sicht verloren ginge. Die Glücksfähigkeit ist einerseits durch die angenehme *(sukha)* oder freudige *(somanassa)* hedonische Qualität des Erlebens *(vedanā* – vgl. Kapitel 5.3) und andererseits durch das objektorientierte Interesse *(pīti)* ausgezeichnet. Die Glücksfähigkeit hat ihr Gegenstück in der Fähigkeit, psychische Prozesse durch unangenehmes Gefühl zu steuern *(domanassa–indriya),* die uns als subjektive Erfahrung bei Auswirkungen von Strafe, Verbot, Misserfolg, Verletzung, Schmerz, usw. erlebnismässig vertraut ist. Diese Gefühl–Fähigkeiten arbeiten zwar mit der Information über „angenehm" und „unangenehm" beziehungsweise „gut" und „böse", sie bearbeiten aber diese Information nicht. Dies ist die Aufgabe der fünffachen Geist–Fähigkeit.

Die fünf Fähigkeiten, die zur Geist–Fähigkeit *(mano–indriya)* gehören, sind Potentialitäten, die in jedem Menschen vorhanden sind, das heisst, jeder Mensch ist potentiell fähig, sie als „Fähigkeiten" anzuwenden. Als fünf Funktionen der einen Geist–Fähigkeit *(mano–indriya)* sind sie daher nach Abhidhamma immer in einem Zusammenspiel begriffen. Wenn sie methodisch geschult werden, gewinnen in der Folge diese angeführten Fähigkeiten den Status geistiger Kräfte *(bala; hite–balaya S),* die bei einem „vollkommen geheilten", erleuchteten Menschen unerschütterlich *(akampiya)* die psychischen Prozesse steuern können (Nyanaponika 1965):

1. Vertrauen *(saddhā)*

    – manifestiert sich als Läuterung des Geistes und als vorwärtsstrebende Zuversicht.

2. Tatkraft *(viriya)*

    – Ausdauer; Willenskraft und entschlossene Anstrengung.

3. Sammlung *(samādhi)*

    – homogenisiert das Erleben; als Unzerstreutheit ist sie ein genussvolles Verweilen bei dem Geistesobjekt.

4. Weisheit *(paññā)*

    – wirklichkeitsbezogenes Wissen über die Vergänglichkeit und kontextuelle Gebundenheit aller Dinge; Wissen von emanzipatorischen Mitteln und Strategien.

5. Achtsamkeit *(sati)*

    – Geistesgegenwart, die den Wirklichkeitsbezug herstellt und die anderen vier Geisteskräfte harmonisiert.

Jeder Moment des Erlebens oder Bewusstseins *(citta–khana)* kann entweder in Bezug auf sein Objekt *(ārammana* – siehe Bedingung Nr. 2) pragmatisch verwertet oder hinsichtlich seiner heilenden Potentialität bearbeitet werden (Nyanaponika 1965). Diese Potentialität ist bedingt durch die inneren Geistesfaktoren *(cetasika)* und durch die kontextuellen Zusammenhänge innerhalb der Persönlichkeitsstruktur, aus welchen ich hier die für den Tovil besonders relevanten Fähigkeiten *(indriya)* hervorhebe.

Man kann beobachten, dass die Heiler in ihren Interventionen sehr gezielt einzelne Bedingungen *(paccaya)* zur Aktivierung einer Fähigkeit errichten, in ihren kommentierenden Versen *(kavi)* und anderen Kommunikationen mit Patient und Zuschauern aber vielmehr eine ganzheitliche Sicht betonen. Dieses Ganze wird immer wieder als Synthese der fünf Persönlichkeitskomponenten *(pañca–khandha)* bezeichnet, die das Dasein des Patienten in seiner Welt *(loka)* bewerkstelligen.

Die fünf geistigen Fähigkeiten sind Anlagen oder Potentialitäten, die paarweise balanciert und zu Geisteskräften entfaltet werden. Vertrauen und Wissen sind ein kognitives Paar, während Sammlung und Tatkraft die Dynamik psychischer Prozesse bestimmen. Beide

Paare werden miteinander durch Achtsamkeit balanciert. Die Achtsamkeit gewährleistet auch den Wirklichkeitsbezug *(yathā–bhūta)* zwischen Person und Welt und kann ohne Nachteil unbeschränkt geübt werden.

Diese fünf Fähigkeiten des Geistes, beziehungsweise Geisteskräfte, gehören zu der Persönlichkeitskomponente Geistesformationen *(sankhārā–khandha)* und sind daher immer mit den Komponenten Gefühl, Wahrnehmung und Bewusstsein verbunden (siehe oben die Gegenseitigkeit–Bedingung Nr. 7). Sie bestehen nicht aus einer blossen Kombination von Gedanken oder Bewusstseinsinhalten und, obwohl sie begrifflich erfasst werden und als Begriffe denkerisch reflektierbar sind, können sie durch Denken weder hergestellt noch gelenkt werden. Die Steuerung dieser Geisteskräfte erfolgt durch das Erfassen und Herstellen oder Wegschaffen der vorher erörterten Bedingungen. Eine solche Bearbeitung des psychischen Oekosystems *(loka)* ist der eigentliche Zweck der buddhistischen *Vipassanā*–Meditation; sie geschieht aber auch im Ritual und in einigen Techniken unserer westlichen Psychotherapie, wie zum Beispiel in dem von Gendlin (1978) entwickelten *Focusing* (siehe Kapitel 5.3).

Persönlichkeit/Welt *(loka)*

Der Abhidhamma fasst die Persönlichkeit nicht von der Umwelt getrennt auf. In diesem Sinne habe ich vorhin mit dem Ausdruck psychisches Oekosystem den Begriff *Loka* (wörtlich Welt) umschrieben, den ich an anderer Stelle als Psychokosmos wiedergebe. Das Wahrnehmen von Phänomenen, sowohl der Innen– wie auch der Aussenwelt, geschieht immer im und mit dem Körper–und–Geist *(nāma–rūpa)* des Menschen. Im buddhistischen Kanon[33] heisst es hierzu:

> In eben diesem sechs Klafter hohen, mit Wahrnehmung und Bewusstsein versehenen Körper, da ist die Welt *(loka)* enthalten, der Welt Entstehung, der Welt Ende und der zu der Welt Ende führende Pfad. *(Anguttara Nikāya*, Band 2, Lehrrede 45, deutsche Übersetzung von Nyanatiloka 1985)

An einer anderen Stelle wird diese Aussage weiter spezifiziert:

Bedingt durch Auge und Sehobjekt, Ohr und Hörobjekt ... Geist und
Geistobjekt entsteht ... Sehbewusstsein, Hörbewusstsein ... Geistbe-
wusstsein. ... Bedingt durch das Zusammenkommen dieser je drei
Dinge entsteht der Kontakt *(phassa)*, bedingt durch Kontakt
entsteht das Gefühl *(vedanā)*... Dies ist der Welt Entstehung.
(Samyutta Nikāya, PTS, Band 2 : 73)

Mit anderen Worten, das psychische Oekosystem oder der Psychokosmos macht die Persönlichkeit/Welt aus, die in einer strukturellen Betrachtungsweise zum Beispiel in die fünf Persönlichkeitskomponenten *(pañca–khandha)* zerlegt wird. Das zeitliche Fortsetzen von Persönlichkeit/Welt wird umfassend mit dem Begriff
Samsāra (Wiederholungskreis) bezeichnet und unter Anwendung des
Paradigmas der bedingten Entstehung *(paticca–samuppāda)* analysiert, wie ich im nächsten Kapitel zeigen werde.

Wie die Paradigmen der Persönlichkeitskomponenten, Fähigkeiten, Bedingungsarten usw. als kultureigene Prinzipien des Erfassens
und Veränderns von psychischen Prozessen in einem Heilritual praktisch angewendet werden, kann erst in einer detaillierten Analyse der
Daten von einzelnen Heilritualen aufgezeigt werden. An dieser Stelle
will ich nur ein Beispiel geben, wie das Paradigma der fünf Persönlichkeitskomponenten im Tovil vorkommt.

In einer Abfolge ritueller Handlungen, *Sirasa-pada (S)* genannt,
(wörtlich: Von-Kopf-zu-Fuss), werden Körperteile des Patienten im
Zusammenhang mit Mythen *(sirasa-pada-kavi)* erläutert. Somit
werden die Körperteile und die mit ihnen assoziierten Bedeutungen
als objektivierte Phänomene behandelt. Die einzelnen Beschwerden-
entstehungen werden ausführlich auf eine „umweltzentrierte" Weise
erörtert, das heisst die Heiler „verlieren sich" scheinbar im Erklären
von äusserlichen Einzelheiten. Um die ganzheitliche Sicht wieder zu
gewinnen und, was für den Heilungsprozess wichtig ist, diese dem
Patienten auch „personenzentriert" erlebnishaft zu vermitteln, benützen die Heiler das Paradigma der fünf Persönlichkeitskomponenten
(pañca-khandha). Das Rezitieren der Mythen *(kavi)* mit dem Aufzählen der von aussen betrachteten, objektivierten Gegebenheiten des
menschlichen Körpers wechselt ab mit Zuwendungen gegenüber dem
Patienten. Der Patient wird dabei als „diese *Pañca-khandha*" (wörtlich auch: *fünf Gruppen* von psychischen Prozessen) angesprochen.
Damit wird nicht nur der Übergang vom mythisch objektivierten,
umweltzentrierten Darstellen der Krankheit zur personzentrierten
Einsichtsvermittlung, also der Übergang von der Aussenwelt zur
Innenwelt, markiert, es werden auch die zuvor analytisch behandel-
ten Elemente der Krankheit zu einer synthetisch erfassbaren, für den
Patienten relevanten subjektiven Einsicht zusammengefügt.

Es scheint mir durchaus angebracht, im Rahmen der Wissenschaft über einen Wechsel zwischen analytischen und synthetischen oder zwischen personzentrierten und umweltzentrierten Betrachtungsweisen innerhalb des Heilrituals zu sprechen, obwohl oder gerade weil die Heiler selber diese Begriffspaare nicht anwenden. Während man nämlich in unserem Wissenschaftsverständnis die Welt der objektiven Betrachtung von derjenigen des subjektiven Erlebens trennt und als nicht identisch betrachtet, ist in der kultureigenen Psychologie des Abhidhamma nur von Interesse, dass es sich hier um zwei Arten von Erleben handelt. Beide Betrachtungsweisen finden im Menschen und nicht ausserhalb von ihm statt und werden daher als psychische Prozesse erfasst. In beiden kommt beispielsweise das Zusammenspiel der fünf Persönlichkeitskomponenten zum Tragen, wenn auch mit einer unterschiedlichen Gewichtung der einzelnen Komponenten. Beide sind gleichermasssen wirklich. Nur, Heilung oder Geistesläuterung kann im analytischen oder objektivierenden Nachdenken allein nicht erreicht werden. Vielmehr findet sie in einem Moment subjektiven, integrativen Erlebens statt. Solche integrativ synthetischen Höhepunkte des Tovils kommen insbesondere in den Heilritualepisoden vor, die *Samayama* oder *Mahāsamaya* genannt werden.

Persönlichkeitsintegration *(samaya)*

Im buddhistischen Kanon ist der Begriff *Samaya* von grundlegender Bedeutung. Er kommt am Anfang jeder Lehrrede des Buddha vor und bezeichnet die raum–zeitliche Situation, die „ausserordentliche Gelegenheit" der von Buddha geleisteten Führung an einen Schüler oder eine Gruppe, die meistens im freudebegleiteten Durchdringen der Lehre *(dhamma–abhi–samaya)* kulminiert, das heisst im Erlangen einer jeweils höheren Stufe der Erleuchtung. *Samaya* wird in *Atthasālinī* (englische Übersetzung von Pe Maung Tin 1976), dem Kommentar zum Ersten Buch des Abhidhamma technisch erklärt als „Hier–und–Jetzt von einer indefiniten Zeitdauer und Lokalität, ... (das sich durch eine) Harmonie der Antezedenzien (auszeichnet) und (Phänomene von) Gruppierung, Elimination, Moment, Durchdringen, Bedingtheit, Erlangung, Zeit, Ansicht (enthält)" (zitiert nach Frýba 1984). Der Text von *Atthasālinī* erklärt in der Folge die Bedingtheit *(paccayatā,* siehe oben) und fährt fort, zuerst die Zeitlichkeit *(kāla)* und dann die momentgebundene Struktur *(samūha)* zu analysieren.[34] Die Ergebnisse der Analyse werden jeweils anschliessend unter Anwendung des Paradigmas der fünf Persönlichkeitskomponenten *(pañca–khandha)* zusammengefasst. Bevor ich in meiner skizzenhaften Darstellung denselben Bogen spanne, will ich das Konzept *Samaya* in Bezug auf die Tovil–Psychologie kurz erörtern.

Im buddhistischen Kanon gibt es mehrere Texte über *Samaya*, aus denen ich hier die letzten Verse der *Mahā–Samaya–Sutta* aus der *Dīgha Nikāya* (nach der englischen Übersetzung von Walshe 1987) wähle, weil ich sie für den „Text" halte, der der Aufführung *(performance)* eines Tovils zu Grunde liegen könnte.[35] Dieser Text gibt die Elemente der buddhistischen Kosmologie (vgl. Kapitel 6.3) mit allen Ebenen der Dämonen– und Götterwelten wieder und endet in der dramatischen Schilderung eines Dämonenangriffs, der von Buddha aufgefangen wird. Dieser „kanonische Tovil" kommt zum Höhepunkt, indem die Torheit *(mandiya)* des Dämonenführers in all seiner Lächerlichkeit entlarvt wird. Die Dämonenschar, die die Menschen in ihren Bann binden wollte *(bandhati)*, wird durch die Güte des Buddha und seiner Lehre entmächtigt. Als Mittel der Angstüberwindung sind da aufgezählt: das höhere reflexive Wissen *(abhiññā)*, das Durchschauen der Bedeutung und die Freiheit von Begierde. Das Drama der geistigen Läuterung *(citta–visuddhi)* findet sogar in den materiellen Elementen *(dhātu, mahābhūta)* der Aussenwelt ihren Ausdruck: Wasser giesst in Strömen herunter, und es donnert wie mit Trommelschlägen; so entlädt sich die Spannung, und die angeschwellten Dämonen schrumpfen. Die Freude der Jünger des Erleuchteten durchdringt die ganze Welt. Weniger poetisch als in dem oben zitierten kanonischen Text werden im folgenden *Diagramm 5* (nach Frýba 1984) die Bewusstseinsmomente vor, während und nach dem *Samaya* in Bezug auf die fünf Persönlichkeitskomponenten veranschaulicht.

Wenn man ausdrücklich über *Pañca–khandha* als Persönlichkeitskomponenten (und nicht als Erlebenskomponenten der Persönlichkeit/Welt) spricht, gelten als Körperlichkeit *(rūpa–khandha)* nur die innerlich erlebten körperlichen Prozesse *(ajjhata–rūpa)* — mit Dürckheim (1982) gesprochen etwa „der Leib, der ich bin" und nicht „der Körper, den ich habe". Zu *Rūpa–khandha* gehören auch die Phänomene *(dhammā)*, die den körperlichen und sprachlichen Ausdruck *(kāya–* und *vacī–viññatti)* ausmachen.[36]

Die Gefühl–Komponente *(vedanā–khandha)* bedeutet hier nur die dreifache hedonische Qualität des Fühlens, die Fähigkeit, die angenehmen, neutralen und unangenehmen Gefühle zu erleben. Alle hinzukommenden Qualitäten der Spannung, Aufregung, Intentionalität, perzeptive und kognitive Komponenten usw., also alle Attribute, die aus dem Fühlen komplexer Emotionen entstehen, gehören entweder zu Wahrnehmung– oder Geistesformationen–Komponenten.

Die Wahrnehmung–Komponente *(saññā–khandha)* umfasst wiederum nur die fünf Sinnen–Fähigkeiten *(pañca–indriya,* siehe oben die Ausführungen zu Fähigkeit–Bedingung), die Fähigkeit der geistigen Wahrnehmung *(mano–indriya)* und die von ihnen ausgeübten Wahrnehmungsprozesse des Erkennens, Bezeichnens und Wiedererkennens. Die Ergebnisse der Wahrnehmung sind sechs Arten des Bewusstseins (fünf Sinnen– und das Geistbewusstsein).

Die Geistesformationen–Komponente *(sankhārā–khandha)* wird im *Diagramm 5* von Frýba (1984) in Erfahrungsprogramme und Denken eingeteilt. Die Abhidhamma–Texte unterscheiden 5 Klassen von Formationen, die in jedem Bewusstsein vorkommen, 6 Klassen, die gelegentlich vorkommen, 14 unheilsame Formationen und schliesslich 25 edle Formationen, die nur im gesunden Bewusstsein vorkommen. Die

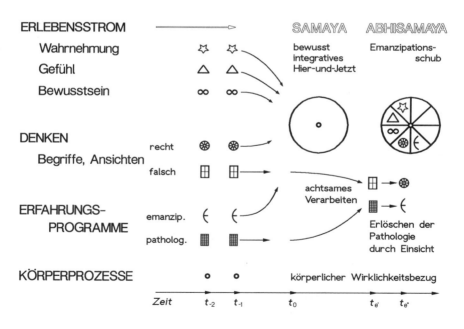

Diagramm 5 : Persönlichkeit als Prozess

in jedem Bewusstsein enthaltene Intentionalität *(cetanā)*, die durch weitere Geistesformationen gestützt werden kann, ist für die ethische Diagnose der Heilsamkeit *(kusalatā)* ausschlagebend (Nyanaponika 1965).

Innerhalb der Bewusstsein–Komponente *(viññāna–khandha)* werden 89 Typen von Bewusstseinszuständen unterschieden, wovon 11 unheilsam, 21 heilsam und die übrigen neutral sind.[37] Ich führe diese Klassifizierungen hier an, um einen Eindruck zu vermitteln, welche Inhalte die einzelnen Persönlichkeitskomponenten haben, und wie differenziert die Diagnose im Abhidhamma ist. In der Tovil–Psychologie wird nur ein Bruchteil dieser Klassifizierungen benützt, indem grundsätzlich zwischen heilsamen und unheilsamen Bewusstseinsarten unterschieden wird, die weiter nach dem Vorkommen von Groll, Aufgeregtheit, Geilheit, Trägheit usw. typisiert werden.

In der zeitlichen (horizontalen) Dimension des *Diagramms 5* werden die fünf Persönlichkeitskomponenten in den Momenten vor dem *Samaya* vertikal voneinander getrennt dargestellt. Man sollte sich hierzu noch eine dritte Dimension vorstellen, in der die „Schwellungen" der Anhaften–Komponenten *(upādāna–khandha)* angehäuft sind. Die Prozesse, aus denen die Persönlichkeit besteht, tragen mit sich die Anhäufung von Anhaften–Komponenten *(upādāna–khandha)*. In der Zeitspanne von *Samaya* schwinden die Anhaften–Komponenten bedingt durch das Auflösen (Geschwundensein–Bedingung Nr. 23) des unheilsamen „Stockens" oder Anhaftens *(upādāna)* und des ihm zu Grunde liegenden Verlangens *(tanhā)*. Hiermit greife ich aber schon auf das Thema der einzelnen Glieder der bedingten Entstehung vor, die im nächsten Kapitel behandelt wird.

Im *Samaya* als „bewusst integrativem Hier–und–Jetzt" erübrigt sich die Unterscheidung der fünf Persönlichkeitskomponenten, die nur als ein Instrument der Persönlichkeitssynthese in der Selbsterkenntnis benützt worden waren. Die im *Samaya* erlebte Persönlichkeitsintegration ermöglicht einen emanzipatorischen Sprung auf eine höhere Bewusstseinsebene, auf der sich einige pathologische Elemente nicht mehr wiederholen. Dies ist eine von mehreren möglichen, technischen Darstellungen der Reinigung des Geistes *(citta–visuddhi* oder *–pārisuddhi)*, die sowohl in der Geistesschulung nach Abhidhamma wie auch in den Tovil–Heilritualen bezweckt wird.

Unmittelbar nach dem *Samaya* ist es im Erleben von *Abhisamaya* möglich, mittels des reflexiven Wissens *(abhiññā)* des höheren Bewusstseins die Integration direkt zu erkennen und in der Folge zu reflektieren *(paccavekkhana)*. Die rückblickende Reflexion *(paccavekkhana)* und das gleichzeitige Evidenzerlebnis des reflexiven Wissens *(abhiññā)* sind also zwei unterschiedliche Phänomene. Sowohl das reflexive Wissen, das im nächsten Kapitel als die „Fertigkeit des Sehens" *(dassana–kosalla* — siehe im Kapitel 4.2 den Aspekt I a von *upakkama)* behandelt wird, wie auch die rückblickende Reflexion haben die heilsamen und unheilsamen Potentialitäten zum Objekt. Unter diesen Potentialitäten habe ich vor allem die Fähigkeiten *(indriya)* hervorgehoben.

Nach den Aussagen von Upasena Gurunnanse ist im Heilungsprozess die Fähigkeit des Vertrauens *(saddhā–indriya)* und ihre Interaktion mit Wissen *(paññā)* beim Patienten am stärksten zu beachten. Ich betone nochmals, dass in buddhistischer Sicht Wissen kein Gegensatz zum Vertrauen ist, was in unserem kultureigenen Verständnis vielleicht nicht ganz akzeptabel erscheint. Upasena Gurunnanse lässt zwar zu, dass jemand mit Vertrauen *(saddhā)* zu Buddha und zu seiner heilenden Methode *(upakkama)* auch sonst das glaubt *(vishvāsa–karanava S)*, was der Buddha sagte. Wichtiger sei aber die Tatsache, dass „durch Vertrauens–Zuwachs der Geist des Patienten klarer wird" *(sardhā–vardanaya āturayage site pahadinava S)*. Vertrauen *(saddhā; sardhā S)* fördert die gesunde Durchlässigkeit des Geistes *(pasāda; pahada–arinava S)*.

4.2 Methode und Mittel der Leidensüberwindung

Als ich Upasena Gurunnanse fragte, was das Wichtigste sei, um das Leiden zu überwinden, erwähnte er als erstes *Mettā* (Güte, Wohlwollen) und *Sīla* (Sittlichkeit, persönliche Ethik). Auf weitere Fragen, wie dies denn auf den Patienten anzuwenden sei, und welche Mittel er dafür benütze, sagte er, dass er den Patienten beglücken *(satutu-karanava)* und ihm Freude *(prīti)* bereiten müsse. Dafür müsse er vom Patienten und seinen Schwierigkeiten ein gutes Verständnis *(avabodhaya; anubodhi P)* haben und weise Mittel *(pragñavanta-upāya; paññā–upāya P)* anwenden. Das Verständnis gewinne er durch Einfühlung *(anubhūti; anubhavana P)* und begleitendes Verstehen *(anuvartana, anuparivartana; anuparivatti P)*, und die weisen Mittel der therapeutischen Intervention würden seine Methode *(upak-kramaya; upakkama P)* ausmachen, mit der er den Geist des Patienten von leidverursachenden Befleckungen reinige *(hite–pirisidu; citta-pārisuddhi P)*. Wann auch immer ich Upasena Gurunnanse, nach dem Namen seiner konkreten therapeutischen Intervention gefragt habe, hat er mir jeweils als erste Antwort gesagt: „Dies ist ein Teil meiner Methode *(upakkramaya)*", und erst danach die Ritualepisode benannt, die rezitierten Texte erklärt und die Bedeutungen von Requisiten und Handlungen erläutert.[38] Ohne hier bereits erklären zu wollen, wie diese Mittel während einem Tovil konkret zur Geltung kommen, versuche ich die obigen Begriffe aus ihrem kultureigenen psychologischen Wissenskontext, auf den sie hinweisen, herzuleiten. Ich gebe hier also keine Deutung dieser vom Heiler erwähnten Begriffe, sondern werde, ähnlich wie im vorigen Kapitel, die abhidhammischen Konzepte von Methode und Mitteln zur Leidensüberwindung in ihren eigenen Zusammenhängen auflisten. Ich werde in diesem Kapitel nur über die Konzepte des Abhidhamma sprechen, die sich auf das methodische Können *(upakkama P)* beziehen.

Ich möchte zuerst die Semiosis des Konzepts *Upakkama* (Können)
im System des Abhidhamma aufdecken und hinsichtlich seiner epistemologischen Kriterien erfassen. Diesen ersten Schritt werde ich in der
Folge darstellen. Als nächstes wird *Upakkama* durch den Bezug auf
konkrete therapeutische Interventionen operationalisiert und erst
danach wird nach begrifflichen Entsprechungen in unserer westlichen
Psychologie gesucht.[39]

Die abhidhammische Methode der Leidensüberwindung *(upakkama)* wird im Kanon unter den folgenden vier epistemologischen
Aspekten betrachtet:[40]

I a) *Upakkama* ist selbst eine Methode der Semiosis oder des
    Bezeichnens, die zwischen dem Wissen und der Wirklich-
    keit vermittelt; als solche ist sie eine „Fertigkeit des
    Sehens" *(dassana–kosalla)*.

I b) *Upakkama* erfüllt auch die entgegengesetzte Funktion der
    methodischen Anwendung von Wissen in der Praxis des
    Umformens der Wirklichkeit; daher ist sie eine „Fertigkeit
    des Werdenlassens" *(bhāvanā–kosalla)*.

II *Upakkama* teilt das System Persönlichkeit/Welt in Subsysteme,
   wie zum Beispiel in die fünf Persönlichkeitskomponenten
   (pañca–khandha). Für die Zwecke des Vorgehens während dem
   Reinigen des Geistes *(citta–pārisuddhi)* von leidverursachenden Befleckungen *(kilesa)* wird das System Persönlichkeit/
   Welt in die folgenden drei Subsysteme *(ti–loka)* eingeteilt, die
   nach einer je spezifischen Art von Behandlung verlangen:

   a) Welt der Leidursachen *(kilesa–loka)*,

   b) Welt des Werdens *(bhava–loka)*, das heisst des Gewor-
      denen,

   c) Welt der Fähigkeiten *(indriya–loka)*, die das Gewordene
      synchron balancieren und das künftige Werden steuern.[41]

III *Upakkama* ist ein Geschick in Mitteln *(upāya–kosalla)* und
    koordiniert so die heilende Anwendung der Kunstgriffe oder
    Mittel *(upāya)*, die aus zwei Gruppen von Techniken bestehen:

    a) Fertigkeit im Umgang mit Problematischem *(apāya–
       kosalla)*, die weitgehend der Konkretisierung des patho-
       genen, unheilsamen *(akusala)* Materials dient.

b) Fertigkeit im Umgang mit Gewinn *(āya–kosalla)*, die das Aufhören des Leidhaften und das Kultivieren der vorhandenen heilsamen *(kusala)* Phänomene fördert.

IV *Upakkama* ist ein zielgerichtetes Vorgehen, das die Dimension „Ist–Zustand" des Leidens *(dukkha)* versus „Soll–Zustand" der Leidensfreiheit *(dukkha–nirodha)*, und die Dimension Leidensentstehung *(dukkha–samudaya)* versus Vorgehen zur Leidensbefreiung *(dukkha–nirodha–gāmini–patipadā)* als Parameter hat. Diese für die Unterscheidung der Funktion aller Phänomene benützten Parameter werden als die „Vier Edlen Wahrheiten" *(catu–ariya–saccā)* bezeichnet, die das überhaupt zentralste Paradigma der Buddha–Lehre darstellen. Die Vier Edlen Wahrheiten sind der gemeinsame Nenner aller methodischen Einheiten des Vorgehens; sie sind die Matrix, auf die alle psychologischen und ethischen Prinzipien der Methode der Leidensüberwindung zurückgeführt werden können.

Der Aspekt I der Methode zur Leidensüberwindung *(upakkama)* bezieht sich auf das diagnostische und interpretative Erfassen der Phänomene während dem Heilungsprozess. Das paradigmatische Ordnen des Erfassten mit Hilfe der Abhidhamma–Matrizen ist Inhalt des Aspekts II. Im Aspekt III wird das Wählen der Interventionsmittel auf Grund der Bestandesaufnahme angesprochen, und der Aspekt IV zeigt die Strategie des Vorgehens bei der Abfolge von zweckmässigen Interventionen.

Diese nur formalen Definitionen von *Upakkama* weisen auf ihren epistemologischen Kontext hin, der keine Dichotomie von Theorie und Praxis aufzeigt. Bei meiner psychologischen Analyse des methodischen Vorgehens des Heilers, seines Könnens also, werde ich diesen epistemologischen Kontext einbeziehen. Die Definitionen von *Upakkama* erleichtern auch die inhaltliche Identifizierung der einzelnen Mittel *(upāya)* der Methode. Unter Berücksichtigung der spezifisch buddhistischen Epistemologie von Methoden der Leidensüberwindung kann die Anwendung der einzelnen Mittel im Tovil adäquat erklärt werden.

Den Schlüssel zum Zusammenhang des Erfassens von Phänomenen *(upakkama* – Aspekte I und II) und des Könnens *(upakkama* – Aspekte III und IV) gibt das Paradigma der bedingten Entstehung *(paticca–samuppāda)*, der zentralste Bestandteil der buddhistischen Weltsicht überhaupt. Mit diesem Paradigma werden grundlegende psychologische Vorgänge erfasst, auf die sich das Können bezieht.

Genau genommen ist *Paticca–Samuppāda* eine Matrix für das Auffassen einer zirkulär geschlossenen Kette sich wiederholender Bedingungen des Leidens, die *Samsāra* genannt wird. Dessen Gegenstück, die bedingte Entstehung der überweltlichen Freiheit *(lokuttara–paticca–samuppāda; lokuttara* heisst überweltlich) gleicht einer Spirale der stufenweisen Befreiung aus den leidhaften Wiederholungen des *Samsāra*, die als erlebnismässiges Transzendieren der weltlichen *(lokika)* Bedingtheiten aufgefasst wird.

Die Urmatrix der bedingten Entstehung hat zwölf Glieder, unter deren Anwendung die scheinbare Kompaktheit aller Phänomene und Prozesse zergliedert und der Wiederholungskreis gesprengt werden kann.[42] Im folgenden *Diagramm 6* gebe ich eine abgekürzte Variante der Matrix bedingter Entstehung nach Frýba (1987) wieder, die für das Erfassen von psychischen Prozessen während eines Tovil-Heilrituals ausreicht:

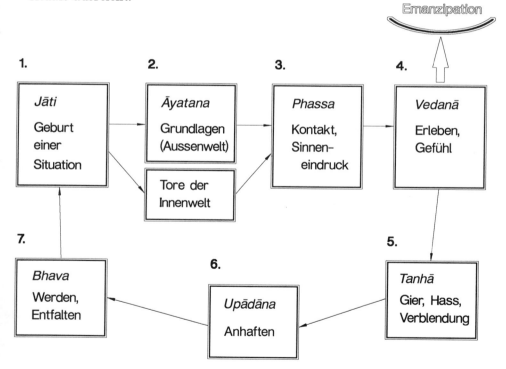

Diagramm 6 : Kreis der bedingten Entstehung – *Samsāra*

Beim Erörtern des Aspektes II von *Upakkama* habe ich die Unterscheidung von drei Welten angeführt. Die Glieder der bedingten Entstehung werden diesen drei Welten wie auch den kosmologischen Schichten der im Tovil benützten Mythen (ausführlich beschrieben im Kapitel 6.3) zugeteilt. Die Entsprechungen zu den Welten der Methode sind in der folgenden *Tabelle 7* veranschaulicht:

Subsysteme von Upakkama (Aspekt II)	Glieder der Bedingten Entstehung	Kosmologie der Mythen
Welt der Leidursachen (kilesa-loka)	5. Gier, Hass, Verblendung 6. Anhaften	Dämonenwelten (preta-, yaka-loka)
Welt des Werdens (bhava-loka)	7. Werden 1. Geburt 2. Grundlagen des Kontakts (wie auch 3. und 4.)	Menschenwelt
Welt der Fähigkeiten (indriya-loka)	3. Sinnenkontakt 4. geläutertes Erleben	Götterwelten (deva-loka)

Tabelle 7 : Methodische Einteilung von Erlebensbereichen

Ich werde auf Grund der Daten von Tovils im zehnten Kapitel aufzeigen, wie die Interventionen des Heilers Veränderungen vor allem in der Welt des Werdens bezwecken. Es geht hierbei darum, die Aussenwelt (Glied 2) des Patienten auf solche Weise zu beeinflussen, dass seine Fähigkeiten *(indriya)* durch den Kontakt (3) an den Sinnentoren *(pañca–dvāra)* und am Geisttor *(mano–dvāra)* auf ein freifliessendes, von Freude *(somanassa, pīti)* begleitetes Erleben (4) hinsteuern, das nicht durch Gier oder Hass (5) getrübt beziehungsweise abgeblockt wird. Im vorigen Kapitel wurden neun Bedingungen beschrieben, durch deren Manipulation der Heiler, wie ich empirisch belegen werde, die Bahnen der Semiosis im Patienten verändert, indem leidbringende Missdeutungen beseitigt und unproblematische Bedeutungen errichtet werden. Diese Umdeutung der Phänomene begünstigt das Entstehen von heilvollen *(kusala)* psychischen Prozessen. Nach Abhidhamma ist das angenehme oder unangenehme Gefühl (4) bloss die Anlassbedingung (Nr. 9) für Gier oder Hass. Es ist möglich, durch Entscheidungen (innere Anlässe) jedes Erleben zum

Objekt (siehe Objekt–Bedingung Nr. 2) eines freudigen Bewusstseins
zu machen, wenn dieses Bewusstsein einer Entscheidung folgt, das
Erleben richtig, das heisst als heilsam oder unheilsam, zu erfassen.
Dies setzt jedoch voraus, dass die Methode *(upakkama)* auch andere
Bedingungen erfüllt, wie zum Beispiel die Nahrung–Bedingung (Nr.
14, das „Füttern" von Sinneneindrücken), und dass die diesbezüglichen
Prozesse des Patienten nicht mehr durch die Wiederholung (Bedingung Nr. 12) einer an sich schon erledigten Karmawirkung (Bedingung Nr. 14 — zum Beispiel ein Verharren in Selbstvorwürfen)
gehemmt werden.

Die Diskussion des heilenden Könnens soll mit einer Schilderung
abgeschlossen werden, die aufzeigen kann, was sich ein srilankischer
Dorfbewohner unter *Upakkrama* etwa vorstellt. Diesbezügliche Befragungen von mir ergaben jeweils ein Bild, in welchem die Angst vor
dem therapeutischen Eingriff sich mit respektvoller Hoffnung mischte.
Oft gaben die Dörfler Erklärungen über das Heilungsvorgehen, indem
sie Gleichnisse aus dem Alltag erzählten, die mir zuerst eigenartig
vorkamen. Die meisten zeitgenössischen Volkserklärungen glichen in
ihrer Bildersprache jenen, die man auch in dem alten und populären
Werk *Milindaprasñaya* (auf Pāli: *Milindapañha*, deutsche Übersetzung
von Nyanatiloka 1985 : 165–169) vorfindet, und die ich als Impression der Andersartigkeit der srilankischen Ausdrucksweise an dieser
Stelle wiedergeben möchte:

> Angenommen man hat ein Geschwulst und bestellt einen Wundarzt,
> um dieses Übel loszuwerden. Der Arzt schärft seine Lanzette, glüht
> die Ätzstifte im Feuer aus und zerreibt das aasende Kalisalz auf
> einem Reibstein. Wenn der Kranke dies alles beobachtet, sollte er
> sich da nicht fürchten vor dem Schneiden, Ausbeizen und Ätzen?
>
> Ähnlich ist es, wenn man von einer giftigen Schlange gebissen
> worden ist. Unter der Einwirkung des Giftes stürzt man zu Boden,
> springt alsbald empor, um sich von neuem wieder auf dem Boden
> hin und her zu wälzen. Ein Heiler zwingt dann, durch das Hersagen
> einer mächtigen Zauberformel *(mantra)*, jene giftige Schlange zurück-
> zukommen und das Gift wieder aus der Wunde auszusaugen. Möchte
> da nicht wohl der Gebissene vor jener Schlange, die doch bloss seines
> eigenen Wohlseins wegen herankommt, dennoch in Angst geraten?
>
> Ebenso sind die Wesen, die eine Hölle erleben, obwohl sie ihr durch
> eine andersweitige Geburt entrinnen möchten, dennoch vor dem
> Tode in Furcht und Angst. ... Der Tod ist eben allen Wesen
> unerwünscht...

So erläutert weiter *Milindapañha*. Der Tod ist für den Dörfler die
konkreteste Versinnbildlichung der allgegenwärtigen Vergänglichkeit

(anicca). Der Text des *Milindapañha* fährt dann fort mit der Deutung eines Verses aus dem *Dhammapada*:

> Nicht nur in den Lüften, nicht in Meeresmitte,
> nicht im Verstecke wilder Bergesklüfte,
> nicht ist in aller Welt der Ort zu finden,
> wo frei man würde von des Todes Fessel.

Nur ein Erleuchteter ist von dieser Fessel frei, sein Geist bleibt auch beim Ableben unverstört. Der unerleuchtete Weltling aber erhofft sich, eine solche Befreiung aus der furchterzeugenden Fessel an das Todesbild durch das Rezitieren der Schutztexte im *Pirit*-Heilritual zu erreichen (siehe Kapitel 2). Der *Milindapañha* erklärt in der Folge, dass gewisse Bedingungen erfüllt werden müssen, damit sich die Wirkung des Heilrituals einstellen kann. Die Lebenskraft muss vorhanden sein, die unheilsame Karmawirkung darf nicht das Erleben hemmen, und dem Patienten darf es an Vertrauen *(saddhā)* nicht mangeln. Es gibt also — wie folgender Vers sagt — auch Beschränkungen der Methode *(upakkama)*:

> Ein Mittel oder eine Methode aber,
> das Leben eines Abgelebten zu verlängern,
> das gibt es nicht, o König,
> auch nicht bei Heilritualanwendungen
> *(bhesajja-paritta-kiriyā*, wörtlich: Medizin–Schutztext–Aktion).

Der Text des *Milindapañha*, der übrigens als die populärste Einführung in das Wissen des Abhidhamma gilt, pendelt hin und her zwischen dem Erklären der Abhidhamma-Termine und dem volkstümlich idiomatischen (und daher schwer übersetzbaren) Schildern konkreter Beispiele, die ausserhalb ihres kultureigenen Kontexts oft etwas naiv anmuten. Ein Abschnitt über die Methode *(upakkama)*, in welchem die technischen Termini Herstellen, Geschehen, Wegschaffen und Nachvollziehen *(vatta, pavatta, pativatta, pavattayamāna* – vgl. Kapitel 5.2) vorkommen, wird von Nyanatiloka (1985 : 168) folgendermassen ins Deutsche übertragen:

> „Durch eine solche Methode mag allerdings eine Krankheit zum Schwinden kommen."

> „Man kann aber doch, o König, beim Vortrag der Schutztexte die Stimme der Vortragenden vernehmen. Die Zunge der letzteren mag austrocknen, ihr Herz stille stehen, ihre Stimme heiser klingen. Dadurch nämlich werden Krankheiten aller Art geheilt, und jedwelche Plage schwindet. Hast du auch noch nie davon gehört, wie ein von einer Schlange Gebissener unter dem Einfluss einer Zauberformel das Schlangengift (durch die betreffende Schlange) hat wieder entfernen, ausscheiden, oberhalb und unterhalb aussaugen lassen?"

„Gewiss, o Herr. Noch heutzutage geschieht das in der Welt."

„So ist es also falsch, o König, zu behaupten, dass heilende Schutztexte zwecklos seien…"

Ich will hier nicht versuchen, diesen Text und die ihm gleichen-
den Aussagen der Dorfbewohner semantisch beziehungsweise lexika-
lisch zu interpretieren, oder sogar den Konnotationen und Anspielungen der hier auf Deutsch annähernd wiedergebenen Idiome nachzugehen. Dieses Zitat, zusammen mit den zuvor angeführten Gleichnissen,
soll vielmehr die unserer Rationalität nicht ganz entsprechenden Auffassungen über die Methode des Heilrituals illustrieren. Im Rahmen
der Wissenssoziologie (Berger & Luckmann 1980) betrachtet kann dieses Phänomen, in ihrer Terminologie ausgedrückt, folgendermassen
beschrieben werden: die semantischen Felder, aus denen der gesellschaftliche Wissensvorrat besteht, enthalten nicht nur Rationales. Dies
gilt insbesondere für jenes Rezeptwissen, das am wenigsten durch die
Arbeitsteilung in Verwaltungsbereiche betroffen ist, nämlich das auf
Krank– und Gesundsein bezogene Wissen um Normen, Werte, Tun
und Können.[43] Die in diesem Kapitel unternommene Analyse der
semantischen Felder, die sich auf das Können *(upakkama)* der Heiler
beziehen, hat am Beispiel der formalen Definitionen I bis IV von
Upakkama wissenschaftlich brauchbare Aussagen über die Koordinaten
des kultureigenen Wissensvorrats geliefert. Die hier formulierten Aussagen geben jedoch nur einen kleinen Ausschnitt dessen wieder, was
ich in der Folge als „buddhistische Epistemologie der Srilankaner"
bezeichnen werde. Bezugnehmend auf die volkstümlichen Auffassungen über das Können der Heiler, habe ich nach der spezifischen, kultureigenen Epistemologie ihrer Methode gesucht, um Kriterien für die
Wahl von geeigneten wissenschaftlichen Konzepten für meine psychologische Forschung zu finden. Diese Konzepte sind das Thema der
folgenden Kapitel.

5. Das Heilritual als Psychotherapie

Die Annahme, dass Tovil–Heilrituale als eine Form von Psychotherapie untersucht werden können, ist der Angelpunkt meiner Forschung. Mich interessiert das Heilritual als eine therapeutische Methode zur Minderung des Leidens und zur Beseitigung psychischer Störungen. Fragen über den sozialen Ort des Heilrituals in der srilankischen Kultur, sei es als Institution der Gesundheitsversorgung, oder als ästhetische Aufführung, oder als Transformationsbühne kultureller Werte und Ansichten durch symbolische Interaktion, stehen eher im Hintergrund.

Während ich in den vorherigen Kapiteln über kultureigene Psychologie eine Auswahl der für meine Fragestellungen relevanten Paradigmen aus dem Abhidhamma wiedergegeben habe, werden in den nun folgenden Kapiteln wissenschaftliche Konzepte herangezogen, die mit diesen kultureigenen, psychologischen Auffassungen kommensurabel sind. Ein Klären der Beziehung zwischen dem Heilritual und der Psychotherapie bereits auf der Ebene der psychologischen Konzepte halte ich für wichtig, um Missinterpretationen bei der Analyse des während eines Tovil–Heilrituals beobachteten therapeutischen Geschehens vorzubeugen.

Das Kapitel 5.1 setzt sich zuerst mit den Komponenten des therapeutischen Formats (nach Moreno 1955) auseinander, die zur Erfassung der Heilmethode **und** der psychischen Prozesse sowohl im Heilritual als auch in der Psychotherapie geeignet sind. Die in den Kapiteln 5.2 und 5.3 diskutierten psychologischen Themen, Handlung, Erleben und Ansicht, werden unter Berücksichtigung der Aussagen des Heilers ausgewählt. Sie beziehen sich auf die Methode des Heilrituals in ihrem Handlungsaspekt, wie auch auf die durch die Handlungen des Heilers ausgelösten psychischen Prozesse im Patienten, zum Beispiel die Veränderungen seines Erlebens und seiner Ansichten.

Die Diskussionen in den Kapiteln 5.1, 5.2 und 5.3 sind Ergebnisse
meiner Suche nach den für die Heilrituale relevanten psychologischen
Konzepten, die der Tovil–Psychologie möglichst nahe kommen. Den
Aussagen des Heilers über seine Methode bin ich jeweils zuerst im
Erklärungskontext des Abhidhamma nachgegangen und habe von
dort aus Rückfragen gestellt. Erst wenn sich ein kultureigenes Konzept herauskristallisiert hat, habe ich es mit passenden Konzepten
unserer westlichen Psychologie in Beziehung gesetzt. Ich hoffe, dass
es mir bei den Analysen gelingen wird, diese drei Referenzen, die
Heileraussagen, den Abhidhamma und die von mir gewählten westlichen, psychologischen Konzepte gleichermassen zu berücksichtigen.
Auf Grund der Abhandlungen in den folgenden Kapiteln wird bereits
ersichtlich, welch dominierende Rolle die ethischen Prinzipien bei der
Heilung psychisch Kranker, für das geistige Heilsein überhaupt, in
der Tovil–Psychologie und im Abhidhamma einnehmen.

5.1 Das therapeutische Format

Das Konzept des therapeutischen Formats stammt von Moreno, dem Begründer der Soziometrie und des Psychodramas. Es bezeichnet die mit Bedeutung ausgestattete räumliche und zeitliche Einheit, in der psychotherapeutische Handlungen stattfinden. Das therapeutische Format besteht aus zwei Komponenten, den Vehikeln und den Instruktionen (Moreno 1955). Mit Vehikeln sind alle im Dienste der Therapie stehenden Menschen und Objekte, sowie Zeit– und Raumstrukturen gemeint. Die Instruktionen beziehen sich auf den Umgang mit den Vehikeln und können sowohl explizit wie auch implizit sein.

Das Konzept des therapeutischen Formats ist nicht nur für die Gestaltung der Therapiesituation geeignet, sondern auch für die empirische Forschung über den Ort der psychischen Prozesse. Moreno selber hat das therapeutische Format als eine Art Labor für Lehre und Forschung verstanden. Nur ein klar erfasstes therapeutisches Format und nachvollziehbare Interventionsmuster können dem Lernenden einen zuverlässigen Bezugsrahmen bieten. Je mehr Gewicht auf Intuition und Interpretation gelegt wird, desto schwieriger wird es zu kommunizieren und zu vergleichen, was in therapeutischen Sessionen überhaupt passiert. Die den Naturwissenschaften entliehenen, rigorosen experimentellen Methoden eignen sich, so Moreno, schlecht zur Erfassung der komplexen psychischen Prozesse während einer Psychotherapie. Vielmehr brauche es ein zweckmässiges, der Psychotherapie gerechtes Vorgehen.

Wie ich zeigen werde, ist das Konzept „therapeutisches Format" sowohl für die Psychotherapie als auch für das Heilritual ein geeignetes heuristisches Instrument. Moreno selber hat auf die Analogien und Gemeinsamkeiten des Psychodramas mit Ritualen der Antike wie auch mit einigen religiösen Handlungen hingewiesen (Moreno 1955). Er stellte fest, dass man ähnliche Formate noch heute in den Heilritualen der sogenannt primitiven Kulturen vorfinden könne (Moreno 1959) und, wenn immer möglich, führte auch Moreno Psychodramas als öffentliche Anlässe durch. Seine Methoden hatte er beim Beobachten und Mitorganisieren der Spiele von Kindern in den öffentlichen Parkanlagen Wiens studiert.

Morenos Psychodrama als eine dem Heilritual verwandte Therapieform war die eigentliche Ausgangslage meiner Forschung und prägte mein Verständnis über die psychotherapeutische Wirkungsweise von Heilritualen. Bevor ich Morenos Konzept des therapeutischen Formats und dessen Relevanz für die Untersuchung von Heilritualen genauer erläutere, möchte ich einen kleinen Exkurs über mein Verhältnis zum Psychodrama und über einige zentrale Ideen Morenos vorwegnehmen.

Als Psychotherapeutin war ich dem Psychodrama von Moreno besonders stark verbunden und meinte, als ich zum ersten Mal mit einem srilankischen Tovil–Heilritual anlässlich eines Diavortrags konfrontiert wurde, viele Gemeinsamkeiten zum Psychodrama entdecken zu können. Da war ein Patient, der in aller Öffentlichkeit die Chance bekam, seine innere Welt mit ihren signifikanten Figuren, den Dämonen, dramatisierend darzustellen und während dem Heilritual verschiedene Rollen entweder selber einzunehmen oder sie durch die Heiler verkörpern zu lassen. Ich sah, dass der Platz des Rituals mit all seinen Requisiten eine bedeutungsreiche, räumliche Strukturierung aufwies, wie dies auch bei der klassischen Psychodramabühne der Fall ist. Auf den Diabildern war auch ersichtlich, wie sehr die Zuschauer, Familienmitglieder, Freunde und Nachbarn aus dem Dorfe, emotionell am Geschehen teilnahmen. Auf ihren Gesichtern war je nach Situation Furcht, Sorge oder Freude und Erleichterung zu lesen. Am meisten beeindruckt war ich aber über die gut sichtbare Veränderung des Patienten selbst: das anfängliche kataton–schizophrene Bild seines Zustands löste sich während des Heilrituals mehr und mehr auf. Ich erinnere mich gut an ein Diabild, auf dem der betreffende Patient am Morgen nach dem ganznächtlichen Tovil erschöpft aber zufrieden lächelnd und entspannt neben dem furchterregend aussehenden, schwarzen Todesdämon sitzt und mit ihm ein verschwörerisch anmutendes Gespräch führt.

Die Bilder des Diavortrags hinterliessen einen starken Eindruck auf mich, und ich war überzeugt, dass es sich bei den srilankischen Tovil–Heilritualen um eine raffinierte psychotherapeutische Methode handeln muss. Meine Kenntnis des Psychodramas war dann tatsächlich nützlich bei meinen ersten Beobachtungen von Heilritualen. Ich konnte, was ich sah, den Techniken des Psychodramas zuordnen, und es wurde für mich daher bedeutungsvoll. Mein Ziel war jedoch schon bei der Planung des Forschungsvorhabens, die Tovil–Heilritual-methode in ihrem eigenen kulturellen Erklärungskontext verstehen und nachvollziehen zu können. Dass das Heilritual nicht durch psy-chodramatische Methoden gesteuert ist, war mir klar, und auch, dass die Terminologie des Psychodramas den Heilern fremd ist. Trotzdem nahm ich an, dass die Heiler, wenn sie ihre Methode reflektieren, vielleicht auf ähnliche heilende Mechanismen, wie sie im Psycho-drama bekannt sind, hinweisen würden. Der einschlägigen Literatur entnahm ich, dass das Tovil–Heilritual und alle anderen Heilrituale in Sri Lanka als religiöse Praxis aufgefasst werden. Wie sich dies konkret auf die Methode auswirkt, konnte ich mir zu Beginn meiner Forschung zwar nicht vorstellen, doch waren mir der Buddhismus als philosophisches System und einige seiner psychologischen Implikatio-nen aus dem Abhidhamma bereits vertraut.

Obwohl ich vermutete, dass psychische Krankheit und Heilung in Sri Lanka eine andere Entstehungsgeschichte und ein anderes Erscheinungsbild haben als bei uns, dachte ich, dass der ein-drücklichen Heilung des „Kataton–Schizophrenen" im Diavortrag eine psychotherapeutische Methode zu Grunde liegen muss, die, was die Wirksamkeit betrifft, den unsrigen überlegen ist. Angesprochen hat mich auch der öffentliche Charakter der Heilung und das damit im Zusammenhang stehende selbstsichere Auftreten der Heiler, im Vergleich zu der Geheimniskrämerei, die den Psychotherapeuten und Psychiatern in unserer Kultur oft anhaftet. Auch in diesem Punkt sah ich eine Verbindung zum therapeutischen Format des Psycho-dramas.

Moreno — um auf den Begründer des Psychodramas zurückzu-kommen — hat der Psychotherapie und Wissenschaft Impulse gege-ben, die man für genial hält. Sein schriftlicher Nachlass wird jedoch als schwer rezipierbar gewertet (Petzold 1984b). Wenn man von Moreno und seinem Lebenswerk ein Bild vermitteln sollte, muss man als erstes festhalten, dass er ein Mann der Tat und der intuitiven Erfindung war. Er selber setzte seine therapeutischen Innovationen folgendermassen zur Wissenschaft in Beziehung:

> Es gibt andere Kräfte, besonders in den therapeutischen Künsten, die bedeutsamer sind als wissenschaftliche Schriften: die therapeutische Arbeit mit den Kranken, der persönliche Einfluss, Beispiel und Demonstrationen. Die therapeutischen Künste haben vieles gemein-sam mit den ästhetischen Künsten. Die Theorien und Philosophien der Kunst kommen erst an zweiter Stelle, nach den Produktionen der Meister selbst. Die Schöpfer von Kunstwerken sind von grösserer

Wichtigkeit als die Philosophen und Analytiker der Kunst. In den therapeutischen Künsten gibt es ebenfalls zwei Typen von Beitragenden: die „Produzenten", die tatsächlich schöpferischen Arbeiter auf der einen Seite, die Gelehrten und Schriftsteller auf der anderen Seite. In der Tat, ausgezeichnete Wissenschaftler sind oft schlechte Praktiker und umgekehrt. ... Es ist schwierig, die Gruppenerfahrungen aus den tatsächlichen Sitzungen in schriftlicher Form zu demonstrieren. Es gibt eine tiefe Kluft zwischen existentieller und wissenschaftlicher Bewertung (Moreno 1973 : 319–20).

Trotz erheblichem Einfluss zu seinen Lebzeiten, hat sich Moreno wenig um wissenschaftliche Anerkennung bemüht. Dadurch wurden seine Ideen geradezu anfällig, mystifiziert und missverstanden zu werden. Andere Wissenschaftler und Pioniere jüngerer Therapierichtungen haben sie zum Teil entliehen und in einem anderen Kontext herausgegeben und angewandt.[44] Das Konzept des therapeutischen Formats mit seiner Vielfalt von Implikationen hat in der Therapieforschung bisher wenig Beachtung gefunden.

Moreno selbst hat seine umfassenden und vielschichtigen Methoden, die das Therapieformat des Psychodramas ausmachen, immer wieder als antithetisch zu Freuds Psychoanalyse dargestellt (Moreno 1955). Ohne die Erkenntnisse von Freud vom Psychodrama fernzuhalten, hat ihn die Beschränktheit des therapeutischen Formats der Psychoanalyse beim Entwickeln des Psychodramas herausgefordert und angefeuert. Moreno (1959) suchte nach einem „operationalen Höhepunkt aller Psychotherapien". Im Psychodrama wird die „Bühne des Lebens selbst" errichtet, und der Protagonist oder Patient handelt auf ihr wie in seinem Alltag. Dabei ist es gerade dieses „Wie" oder „Als ob" der vom Alltag getrennten und dadurch von den alltäglichen Konsequenzen geschützten Psychodramabühne, das die therapeutische Ergründung möglich macht. Darüber hinaus stehen Mittel und Personen zur Verfügung, um neue Handlungen auszuprobieren oder bereits Erlebtes nochmals nachzuvollziehen, was im wirklichen Leben versagt bliebe.

Es gibt tatsächlich kaum Bereiche des menschlichen Seins, die Moreno nicht aufgegriffen und im Therapieformat des Psychodramas integriert hätte. Das Psychodrama erschliesst nicht nur die Innenwelt des Individuums, dessen Entwicklungs– und Bewusstseinsstadien, es ist auch eine Therapie der Tat mit all ihren Motivationen, Intentionen, Bezugsrahmen und Bedeutungen. Petzold (1980) hat gezeigt, wie Moreno dadurch die Grundlagen für die Aktionsforschung gelegt hat. Moreno ging mit seinem Therapieansatz weiter als die Handlung reicht, er erforschte den Ursprung jedes Phänomens: die Begegnung (Moreno 1973). Morenos Begegnungsprinzip, insbesondere in der Technik der „Zweifühlung", wurde zur Grundlage der amerikanischen Encounterbewegung (Petzold 1984).

Es ist nicht erstaunlich, wenn wir Morenos Theorien, die er aus seiner therapeutischen Praxis abgeleitet hat, in den verschiedenen humanwissenschaftlichen Fachrichtungen wiederfinden. Mit dem therapeutischen Format des Psychodramas wird ein Mikrokosmos hergestellt, der als Modell dem Makrokosmos des alltäglichen Lebensraums des Patienten entsprechen muss. Der psychodramatische Mikrokosmos, die Psychodramabühne, ist der Platz, auf dem auch solches erprobt und geheilt werden kann, das man im Makrokosmos des Alltags nie zu konkretisieren wagen würde. Dieser Therapieplatz ist dank seiner Wiederholbarkeit und Definierbarkeit in einem begrenzten Zeitraum leichter zu erforschen und umzuformen, als der Makrokosmos der gesamten Kultur, in welcher der Protagonist zu Hause ist.

Morenos Prinzip der Begegnung, das er auf der Psychodramabühne verwirklicht und untersucht hat, wird auch von der Umweltpsychologie generalisiert als Interaktion des Menschen mit seiner Lebensumwelt aufgegriffen.[45] Dies geschieht in Abgrenzung zu der älteren verhaltenspsychologischen Betrachtungsweise der direkt kausalen Abhängigkeit des Menschen von seiner Umwelt. Bereits Lewin, dessen Aktionsforschung im Rahmen seiner Feldtheorie vollzogen wird, spricht von Lebensraum. In der durch Lewin befruchteten Umweltpsychologie wird auch der Begriff des Biotops (Boesch 1980) geprägt. Während das Biotop vom Naturwissenschaftler definiert wird, fasst die Umweltpsychologie dessen Teile, die in die konkreten Handlungen des Menschen einbezogen werden, als subjektiv definierte Handlungsbereiche oder psychologische Orte auf (Boesch 1963). Die Begegnung, respektive die Interaktion des Menschen mit Teilen seiner Umwelt, kommt mit Hilfe der Bedeutungsmuster zustande, die der Mensch seiner Umgebung anheftet und durch die er sie gleichermassen belebt. Dieser Vorgang des Belebens, zum Beispiel der materiellen Umwelt, wird im Psychodrama als eine Technik oder ein Vehikel verwendet.

> Dazu ein Beispiel: Der Protagonist wird aufgefordert, die Möbel in seinem Wohnzimmer auf der Psychodramabühne künstlich zu arrangieren und zu beschreiben. In einem nächsten Schritt tritt er selbst in die Rolle eines seiner Möbel und spricht aus, was es ihm sagt.

Durch diese und ähnliche Techniken werden oft mit erstaunlicher Genauigkeit längst vergessene Situationen erinnert, in welchen eventuell wichtige Erfahrungen unverarbeitet abgespalten wurden. Oder es werden Wünsche und Träume belebt, die bei der Wahl und Einrichtung der Möbel Ausdruck bekamen und seither vielleicht vergessen oder unerfüllt blieben.

Im Psychodrama wird das Möbelstück, verbunden mit der Technik des Rollenwechsels, zu einem Vehikel, das den Protagonisten in Welten befördert, die ihm zwar zugänglich und für ihn mehr oder weniger bedeutungsvoll sind, die aber nicht oder nicht mehr seiner Alltagswelt entsprechen, wie zum Beispiel die Welt seiner Kindheit oder die Welt seiner Träume. Die Welten und ihre Themen sind zudem verschieden, wenn es sich beim betreffenden Möbel im Wohnzimmer des Protagonisten zum Beispiel um ein wertvolles Familienerbstück oder um ein günstig erstandenes Möbel aus der Brockenstube handelt.

In jedem Fall erschliesst der Rollentausch, mit einer Bezugsperson zum Beispiel oder einem Möbel, einen Teil der Innenwelt des Protagonisten. Dabei werden abstrakte Bedeutungen verschiedener semantischer Felder aktiviert. Die in die Tat umgesetzte Interaktion des Protagonisten mit Teilen seiner materiellen Umwelt, zum Beispiel mit den Möbeln seines Wohnzimmers, lassen ihn deren Bedeutungen konkret und unmittelbar erfahren.

Dieses Beispiel von der psychodramatischen Bühne veranschaulicht deutlich, wie die Ortung des Menschen in seinem Biotop, respektive in seinem Handlungsbereich, dessen Bedeutungen er vielleicht nur vage gespürt hat, konkretisiert und belebt werden kann. Die Interaktion mit seiner materiellen Umwelt, über die in der Umweltpsychologie theoretisiert und geforscht wird, wird auf der Psychodramabühne zum Zwecke der Heilung durchgeführt. Das tatsächliche Interagieren mit irgendwelchen Gegebenheiten (zum Beispiel seiner materiellen Umwelt) hebt im Erleben des Protagonisten die ausgedachte Dichotomie auf, die auch in der Umweltpsychologie diskutiert wird, nämlich: prägen wir die Umwelt oder werden wir von ihr geprägt. In der Begegnung, so Moreno, erlebt sich der Mensch gleichzeitig als Teil **und** Mitschöpfer des Kosmos.[46] Als handelnder und handlungsfähiger Mensch wird er auf der Psychodramabühne zum Schöpfer seiner selbst. Er ist nicht Opfer von Umständen sondern lernt, kreativ in einer belebten Umwelt zu handeln.

Nach diesem kleinen Exkurs über den Vergleich zwischen umweltpsychologisch aufgefassten Handlungsbereichen und der Psychodramabühne Morenos, möchte ich jetzt konkretisierend auf die Vehi-

kel und Instruktionen eingehen, die das therapeutische Format ausmachen. Ich meine, das Beispiel der Belebung der Möbelstücke hat
bereits die enge Verwobenheit dieser beiden Komponenten aufgezeigt,
deren Beziehungsdynamik allenfalls in einer mikroanalytischen Pro-
tokollierung der Abfolge einer Therapiesequenz elaboriert werden
kann. Die Vehikel, die im therapeutischen Format zur Anwendung
kommen, kommunizieren auch ohne Instruktion durch Worte Bedeutungen, die individuell unterschiedlich sein können. Und Instruktionen, die zum Umgang mit Vehikeln auffordern, verschieben oder
ändern diese Bedeutungen. Gerade in Heilritualen werden zahlreiche
Requisiten des alltäglichen Haushalts verwendet. Die Handlungs-
instruktionen beim Umgang mit diesen Gebrauchsgegenständen geben
ihnen während dem Heilritual ganz andere Bedeutungen. So wird
zum Beispiel zum „Zerschneiden der Verbindung" mit störenden psychischen Komplexen ein Betelnussknacker verwendet. Es wird aber
damit keine harte Nuss geknackt, sondern eine Limone in der Mitte
entzweigeschnitten. Gleichzeitig ist in dieser „verschobenen" Handlung
mit dem Nussknacker die ursprüngliche Bedeutung des Instruments
zum Knacken der Betelnuss für die Zubereitung eines Genussmittels
immer noch implizit.

Ich versuche in der Folge, spezifizierende Kategorien von Vehikeln
und Instruktionen in einer tabellarischen Darstellung zu entwerfen
(Tabelle 8). Es ist mir nicht bekannt, dass Moreno, abgesehen von
einigen illustrativen Beispielen, kategorisch festgehalten hätte, welche
Vehikel und Instruktionen das therapeutische Format des Psychodramas umfassen. Ich definiere in meiner Darstellung die Vehikel
und Instruktionen so, dass sie auch für Heilrituale anwendbar sind.

Obwohl eine tabellarische Festhaltung zum Zwecke des Ordnens
sinnvoll ist, dürfen wir nicht vergessen, dass das therapeutische Format sich als Prozess abwickelt, entsprechend den Änderungen der
psychischen Prozesse im Patienten. Nicht jeder Moment verlangt eine
bestimmte Instruktion oder ein bestimmtes Vehikel. Es gehört zu den
Instruktionen im Psychodrama, dass das Geschehen zeitweise stärker
vom Therapeuten und zeitweise stärker vom Protagonisten/Patienten
gesteuert wird. Dabei steht der Therapeut dem Patienten in einer
dienenden Position gegenüber und handelt auf Grund seiner Erfahrung entsprechend den Bedürfnissen des Patienten (Moreno 1973). Er
gibt während der Aufbau– und Aktionsphase des Psychodramas dem
Protagonisten viel Raum für seine spontanen Einfälle und Kreatio-
nen. Das Ziel des Psychodramas ist, den oft sich und seiner Alltagswelt entfremdeten Protagonisten wieder zu seinem eigenen Schöpfer

zu machen (Moreno 1924). Je nach Verlauf und Bevorzugung des Protagonisten, erhält die Vergangenheitsbewältigung, die Auseinandersetzung mit der Gegenwart und die antizipierende Zukunftsgestaltung einen angemessenen Platz im Psychodrama.

DAS THERAPEUTISCHE FORMAT

Vehikel	Instruktionen
Vehikel sind Gegebenheiten, die vom Therapeuten aufgegriffen oder hergestellt werden und den Bezug für das Erleben des Patienten (wie auch des Therapeuten) während dem Ablauf der Therapie darstellen.	Instruktionen des Therapeuten beziehen sich auf Gegebenheiten, auf ihre Benennung und Anwendung. Sie steuern die Handlungen und dadurch das Erleben des Patienten.

1. Räumliche Anordnung

2. Zeitliche Abgrenzung und Plan der Abfolge von Stadien

3. Material und Requisiten

4. Geteiltes Wissen respektive gemeinsame Ansichten über:
   a) Bedeutungen der Gegebenheiten
   b) ideellen Kontext
   c) sozialen Kontext

5. Konkrete zwischenmenschliche Situation (Soziogramm)

6. Ausgewählte Medien und Techniken (Aufwärmen, Tanzen, Trommeln, Rollentausch, Spiegeln usw.)

1. Anleitende Worte

2. Intervenierende Handlungen

3. Zeichen, Körpersprache usw.

4. Konfrontation mit ausgewählten materiellen Gegebenheiten und deren Aufforderungscharakter

5. Steuerung des Erlebens durch gezieltes Einsetzen von Medien und Techniken

Tabelle 8 : Komponenten des therapeutischen Formats

Das therapeutische Format Morenos lässt sich als Erfassungs- und Untersuchungsinstrument auf jede beliebige Therapiesituation übertragen.[47] Ein ähnliches, wenn auch nicht so komplexes Erfassungsinstrument des therapeutischen Geschehens, finden wir im Konzept des Therapie-Settings. Dieses von der Verhaltenspsychologie stammende und von der humanistischen Psychologie (Hagehülsemann 1984) aufgegriffene und erweiterte Konzept hat zum Ziel, vor allem die objektiven, beobachtbaren Aspekte des therapeutischen Arbeitsplatzes zu erfassen. Im Therapie-Setting werden die zeitliche, räumliche und zwischenmenschliche Form der Therapie erfasst, sowie die benutzten Materialien und Requisiten (Hagehülsemann 1984). Das Therapie-Setting entspricht jedoch nicht den Vehikeln und wurde nicht in Korrespondenz mit psychischen Prozessen entwickelt sondern vielmehr mit der Absicht, eine standardisierte materielle Umgebung zu schaffen, in der die Wirkungen experimenteller Interventionen zu messen sind. Vehikel sind aber nach Moreno keineswegs Gegebenheiten, die gleichbleiben. Vielmehr sind sie geeignete, geschickte Mittel, Fortbewegungsmittel, Fahrzeuge, die die psychischen Prozesse in Gang bringen, in Bewegung halten, steuern und das Gewünschte festigen. Für einen aussenstehenden Beobachter, der nicht beabsichtigt, Therapeut zu werden und deswegen nicht ein ganzes therapeutisches Format erlernen will, ist das Therapie-Setting als Erfassungsinstrument nützlich und vorerst ausreichend. Auch ich habe mich bei meinen ersten Beobachtungen von Heilritualen auf die äusserlich beobachtbaren und materiell objektiven Aspekte des Heilrituals beschränken müssen.

Das in der kognitiven Verhaltenstherapie verwendete Konzept des Therapiekontrakts (Hecht 1984) ist ein Beispiel für explizite Instruktionen innerhalb des therapeutischen Formats der Verhaltenstherapie. Der Therapiekontrakt regelt hier das Verhältnis von Angebot und Nachfrage zwischen dem Therapeuten und dem Patienten oder Klienten. Damit sichert sich der Therapeut gegen zu hohe Erwartungen aber auch gegen Ängste des Patienten ihm gegenüber ab, mit denen er nicht therapeutisch arbeiten will oder kann. Diese Kontraktinstruktionen beinhalten die vom Therapeuten gewünschte Beziehung, sowie das Klären von Ziel, Methoden, Dauer und Preis der Therapie. Sie helfen dem Patienten, sich in einem bisher unbekannten zwischenmenschlichen Format zurechtzufinden. Auch der Therapiekontrakt deckt sich nicht mit der Gesamtheit von Instruktionen, wie sie während dem ganzen Prozess eines therapeutischen Geschehens immer wieder einfliessen. Man denke zum Beispiel an den gewählten

Stil und die Anordnung der Möbel im Therapiezimmer, die den
Patienten implizit instruieren, wie er sich benehmen soll, oder an die
Ansichten des Therapeuten über konkrete Gegebenheiten der Welt
ausserhalb des Therapiezimmers, die das therapeutische Geschehen
auch nach dem Festlegen des Therapiekontrakts beeinflussen.

Wenn wir nun in der Psychologie, abgesehen von der Therapieforschung, dem therapeutischen Format entsprechende Konzepte finden wollen, ist es sicher angemessen, bei den Handlungstheorien zu
suchen, die die Geist–Objekt– respektive die Mensch–Umwelt–Beziehung mitberücksichtigen. Ich möchte hier nur ein Beispiel he-
rausgreifen, nämlich den Begriff von Handlungsbereichen oder Hand-
lungszonen, wie ihn Boesch (1980, 1983) definiert. Der Handlungsbereich ist eine Eingrenzung des gesamten subjektiven Hand-
lungsfeldes oder Biotops. Er ist ein Aktionszentrum, das sich durch
einen hohen Grad von Bedeutungsreichtum und interner Strukturiertheit auszeichnet (Boesch 1983). Boesch führt unter anderem als
Beispiel eines Handlungsbereichs das eigene Heim an. Er grenzt sein
Konzept des Handlungsbereichs ab von den *„behavior settings"* (Barker 1968), deren konstante Handlungsmuster per Definition gleichbleiben, auch wenn die Individuen wechseln (zum Beispiel eine Kirche).
Boesch hingegen betont in seiner Handlungstheorie stärker die individuellen Bedeutungsunterschiede der Handlungsbereiche.

Ich meine, wir können sowohl die psychodramatische Bühne als
auch den Platz eines srilankischen Heilrituals, den *Tovil–pola*, im
Boesch'schen Sinn als objektiv abgegrenzte Handlungszone auffassen.
Das therapeutische Format des Psychodramas und des Tovils sind
Handlungsbereiche, die Merkmale eines Aktionszentrums mit hoher
interner Strukturiertheit aufweisen. Nach Boesch wird der Handlungsbereich durch konkrete Handlungen einer Person konstituiert und
durch Symbole und Benennungen definiert (1980). Die Handlungen
haben immer einen subjektiv–funktionalen Charakter und dienen
auch objektiven Zielsetzungen. Im Unterschied zu Boeschs personen-
zentrierter Betrachtungsweise muss angefügt werden, dass der Tovil
ein Handlungsbereich ist, der mit dem Ziel des Heilens errichtet wird.
An diesem Prozess des Heilens sind sowohl der Heiler als auch der
Patient und bis zu einem gewissen Ausmass auch die Zuschauer
beteiligt.

Der Handlungsbereich des Tovils ist durch Interaktionen zwischen
Heiler, Patient und Zuschauern konstituiert und durch mythische
Bedeutungen und Symbole definiert. Im Handlungsbereich des Tovils

oder in jedem anderen therapeutischen Setting handeln der Therapeut und der Patient gleichermassen. Obwohl die Handlungszone, die materiell-räumlichen Gegebenheiten also, vom Therapeuten errichtet wird, arbeitet er während des Tovils oder Psychodramas mit den subjektiven Bedeutungen von Handlungsbereichen des Patienten, welche innerhalb der objektiv abgegrenzten Handlungszone des therapeutischen Arbeitsplatzes modelliert werden. Wir dürfen nicht vergessen, wenn wir Merkmale des therapeutischen Formats mit der Umwelt, wie sie Umweltpsychologen auffassen,[48] vergleichen, dass der Therapeut ein Heiler der Psyche ist. Sein Ziel ist ein anderes, als das eines wissenschaftlichen Experten, der die Mensch-Umwelt-Beziehung in ihrer Wesensart erfassen und eventuell mit dem Ziel manipulieren möchte, eine zerstörte Umwelt zu rehabilitieren. Ich möchte erst im nächsten Kapitel näher auf die Besonderheiten der heilenden Handlungen innerhalb des therapeutischen Formats im Vergleich zur Definition von Handlungen innerhalb des umweltpsychologisch aufgefassten Handlungsbereichs eingehen.

Das therapeutische Format Morenos, mit seinen Komponenten Vehikel und Instruktionen, ist als Instrument der Erfassung und Analyse von srilankischen Heilritualen dann geeignet, wenn auch in der buddhistischen Psychologie ähnliche Konzepte zu finden sind. Ich meine, ein solches Konzept gefunden zu haben. Im alltäglichen Sinhalesisch wie auch im Abhidhamma spricht man von *Karmasthāna* oder *Kammatthāna*, einem Arbeitsplatz oder einer Arbeitsgrundlage für die Läuterung des Bewusstseins. *Kammatthāna* als technischer Begriff bezeichnet wörtlich den Platz *(thāna)* des Handelns *(kamma)*.

Im Konzept *Kammatthāna* sind, wie bei den Handlungsbereichen oder beim therapeutischen Format, sowohl die örtlich-räumlich-zeitlichen und zwischenmenschlichen Gegebenheiten als auch das Wissen enthalten, wie diese sinn- oder zweckvoll zu nutzen sind. Die Sinngebung geschieht im konkreten Gebrauch von *Kammatthāna* und richtet sich nach der buddhistischen Ethik.[49] Der Zweck von *Kammatthāna* ist die Arbeit für die Läuterung oder Reinigung des Geistes *(citta-visuddhi)* von Gier und Hass. Nach buddhistischer Ethik verursachen, wie bereits erwähnt, alle durch Gier oder Hass motivierten Handlungen Leiden sowohl beim Handelnden selbst als auch in seiner Umgebung. Hingegen fördern Freigebigkeit und Güte das Wohl aller. Diese ethische Ausrichtung stellt ganz bestimmte Anforderungen an das Setting des Arbeitsplatzes und an die Geistesübung *(bhāvanā)* auf diesem Arbeitsplatz der Läuterung. Diese Anforderungen müssen den verschiedenen Stadien des Fortschritts des Übenden entsprechen.

Innerhalb der traditionellen buddhistischen Kultur wird Geistesläuterung beispielsweise in der Abgeschiedenheit eines Klosters eingeübt. Im Kloster fügt sich der Übende in einen rigorosen Zeitplan betreffend Schlaf, Nahrungseinnahme, Schweigen, Lehrgespräch und Meditation ein. Das Initialstadium der so organisierten emanzipatorischen Geistesübung und –läuterung wird von den klar bestimmten räumlichen und zeitlichen Aspekten, wie auch von zahlreichen rituellen Handlungen getragen. Mit ihrer Hilfe wird dem Arbeitsplatz eine ideale Form gegeben. Die geistige Auffassung des *Kammatthāna* gilt als Objekt *(ārammana)* der Übung. Die sichtbaren Handlungen und die dazu gehörenden Geistesbewegungen in Verbindung mit dem klösterlichen Setting können sowohl introspektiv wie auch äusserlich beobachtet werden. Sie eignen sich auf Grund ihrer systematischen Ordnung und Wiederholbarkeit sowohl für die Erforschung des eigenen Geistes als auch für wissenschaftliche Untersuchung durch einen Beobachter.

Nicht jeder Meditierende entschliesst sich aber ein Kloster aufzusuchen. Der *Kammatthāna* muss also den wechselnden Anforderungen von Kontext und Prozess der Läuterung angepasst werden. Um einen höheren Grad der Geistesläuterung erreichen zu können, braucht es auf jeden Fall ein klares Verständnis über das Gebiet *(gocara)*, den Zweck *(attha)* und die Eignung *(sappāya)* der zu verrichtenden Arbeit, damit auf dem Arbeitsplatz sowohl die sichtbaren sinnvollen Handlungen *(sīlabbata)* als auch die inneren Handlungen des Geistes *(mano–kamma)* durchgeführt, respektive beobachtet werden können. Dies gilt auch für die Geistesläuterung, die begleitend im Alltag vorgenommen wird.

Kammatthāna beinhaltet nach Abhidhamma den abgesteckten Rahmen des Arbeitsplatzes für sinnvolle Geistesübung und das gewählte Meditationsobjekt. Der Beziehungszusammenhang zwischen dem Arbeitsplatz und den Anleitungen zum Objekt der Geistesübung innerhalb des *Kammatthāna* ist ähnlich demjenigen zwischen Vehikel und Instruktionen im therapeutischen Format. Das enger aufgefasste Meditationsobjekt *(bhāvanāya–ārammana)* hat allerdings einen besonders zentralen Stellenwert im Geiste des Übenden. Als technischer Begriff des Abhidhamma bezieht sich *Kammatthāna* sowohl auf die methodische Meditation als auch auf die spezifischen Rituale und die allgemeine Alltagsregelung des Mönchslebens. Der Lehrer wird zwar als „Geber des *Kammatthāna*" *(kammatthāna–dāyaka)* bezeichnet, er „gibt" aber nur grundlegende Instruktionen und prüft den Arbeitsfortschritt. Wenn wir nun den Patienten des Heilrituals mit dem Meditierenden vergleichen, fällt auf, dass die Gestaltung von *Kammatthāna* im Heilritual gänzlich an den Heiler delegiert wird. Vom Meditierenden wird nach einer Initialphase der Meditationsinstruktionen von seinem Lehrer erwartet, dass er seinen *Kammatthāna* selber in Form bringt.

Der *Kammatthāna* des Heilers bleibt ein therapeutisches Format für die Zwecke des Heilens. Der Patient ist vorwiegend ein passiver Empfänger. Es wird kein Geistestraining im engeren Sinn von ihm erwartet. Das Heilritual soll jedoch den Patienten an einen Punkt führen, an dem er zur selbständigen Geistesläuterung wieder fähig wird (P. de Silva 1978). Ohne sich an dieser Stelle auf die Bewusstseinsmerkmale des kranken und geheilten Patienten einzulassen, kann man sagen, dass der *Kammatthāna* der meditativen Geistesläuterung eine Weiterführung vom *Kammatthāna* des Heilrituals respektive dessen therapeutischen Formats ist; beiden ist die buddhistische Ethik mit ihrer Zielsetzung impliziert. Oder umgekehrt ausgedrückt: der Tovil stellt mit seinem therapeutischen Format eine Arbeitsgrundlage *(kammatthāna)* der Geistesläuterung zur Verfügung, die dem gesundheitlichen Zustand des Patienten angemessen ist.

Im Rückblick auf die bisherigen Erörterungen können nun die aus verschiedenen Systemen entnommenen Konzepte in Beziehung zueinander gesetzt werden. Zur empirischen Erforschung der psychischen Prozesse im Heilritual eignen sich besonders gut die beobachtbaren, objektiven Gegebenheiten des therapeutischen Formats, die ich als Therapie–Setting reduziert aufgefasst habe. Dazu gehören die zeitlichen, räumlichen und zwischenmenschlichen Aspekte sowie die verwendeten Materialien und Requisiten. Das Therapie–Setting als Bestandteil des therapeutischen Formats deckt sich in einem Tovil–Heilritual mit den räumlich–zeitlich–materiellen und zwischenmenschlichen Aspekten des *Kammatthāna*, die ich weiterhin „Arbeitsplatz" nennen möchte. Das folgende *Diagramm 9* veranschaulicht, wie sich die besprochenen Begriffe zueinander verhalten. Dort, wo sich die Prinzipien des therapeutischen Formats mit denjenigen des *Kammatthāna* decken, finden wir das Therapie–Setting, das dem Arbeitsplatz der Geistesläuterung im Heilritual entspricht.

Kammatthāna, die Arbeitsgrundlage der Geistesläuterung, ist ein ausschlaggebendes Konzept, wenn wir das therapeutische Format für ein buddhistisches Heilritual wie den Tovil anwenden, um die im Patienten induzierten Prozesse zu erforschen. Mehr als bei den Konzepten Handlungsbereich, Therapie–Setting oder Therapiekontrakt,

sind beim *Kammatthāna* nicht nur die zeitlich–räumlich–materiellen
und zwischenmenschlichen Aspekte und nicht nur die psychischen
Aspekte berücksichtigt. Es stehen vielmehr die **ethischen Richtlinien**
im Vordergrund, die den heilenden Handlungen buddhistischer Heilrituale zu Grunde liegen und ihr Ziel bestimmen. Ich werde auf die
ethisch geregelten heilenden Handlungen im nächsten Kapitel eingehen und in diesem Zusammenhang auch den Instruktionen des therapeutischen Formats mehr Beachtung schenken.

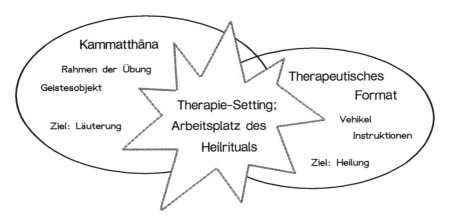

Diagramm 9 : Arbeitsplatz des Heilrituals

Morenos Konzept des therapeutischen Formats, mit dem er die
Methode des Psychodramas für alle interessierten Beteiligten durch-
sichtig gemacht hat, bleibt für mich weiterhin ein Instrument, mit
dessen Hilfe auch psychotherapeutische Prozesse in anderen Kulturen
beobachtet und verstanden werden können. Im abhidhammischen
Konzept *Kammatthāna* sehe ich gewissermassen ein Äquivalent zum
therapeutischen Format. In beiden Konzepten werden psychische Prozesse erfasst und gesteuert, die den Menschen zur Heilung respektive
Läuterung führen. Beide Konzepte bestehen aus miteinander inter-
agierenden „subjektiv–inneren" und „objektiv–äusseren" Bestandteilen,
durch deren Errichtung und methodische Gestaltung gewünschte psychische Prozesse gefördert werden.

5.2 Heilende Handlungen

Heilende Handlungen sind Handlungen, die mit dem Ziel der Leidensverminderung, dem Heilen einer empfundenen Störung, dem Wiederherstellen der psychischen Integrität ausgeführt werden. Als solche können sie nur innerhalb eines therapeutischen Formats konzipiert und erfasst werden. Wie das therapeutische Format den Rahmen für Heilung bietet, wurde im vorherigen Kapitel gezeigt. Es wurde dort sichtbar, dass erst innerhalb eines abgesteckten räumlichen, zeitlichen, materiellen und sozialen Rahmens Aktivitäten zu untersuchbaren heilenden Handlungen werden und sich durch ihre Zielrichtung von dem Tun in anderen Handlungsbereichen unterscheiden. Die heilenden Handlungen konstituieren gleichzeitig das therapeutische Format mit; neue Formen werden kreiert und eventuell beibehalten. Durch Instruktionen induzierte Handlungen werden zusammen mit dem spontan entstehenden Tun zu Trägern der psychischen Prozesse. Die Handlungen innerhalb des therapeutischen Formats gelten dann als heilende Handlungen, wenn der Heiler oder Therapeut sie mit Absicht **wählt** oder **zulässt**, weil er ihren Zweck und ihre Nützlichkeit versteht. Dadurch werden die Handlungen innerhalb des therapeutischen Formats zu Mitteln im Hinblick auf das Ziel des Heilens.

Die Erfassung der beobachtbaren Handlungen während eines Heilrituals ist die konkrete Ausgangsbasis für das Erschliessen des therapeutischen Formats des Heilers. Für das genauere Erforschen der Handlungen innerhalb des therapeutischen Formats muss man jedoch auch die Ansichten und das Erleben der am therapeutischen Format beteiligten Personen kennen. Ansichten und Erleben sind psychische Prozesse, die mit den Handlungen einhergehen und die Reflexion darüber ermöglichen. Gewöhnlich reflektiert der Patient während des therapeutischen Geschehens im Tovil wenig über seine eigenen Handlungen und über die des Heilers. Wie ich anhand meiner Datenanalyse (Kapitel 10) zeigen werde, überlässt er sich vielmehr vertrauensvoll den Instruktionen des Heilers und handelt, wenn er dazu aufgefordert wird. Die Ansichten und das Erleben des Patienten, die seine Handlungen begleiten, müssen dem Heiler jedoch, gemäss seinen eigenen Aussagen, zugänglich sein. Der Heiler hat den Anspruch, das Erleben des Patienten während dem Prozess der Heilung nachempfinden und dessen Ansichten nachvollziehen zu können. Daher ist der Heiler auch in der Lage, über die Handlungen des Patienten und über seine eigenen Handlungen während des Heilrituals zu reflektieren.

Das gemeinsame Reflektieren zwischen dem Lernenden und dem Heiler oder Therapeuten, sowohl über die heilenden Handlungen als auch über die damit verbundenen Ansichten und das diesbezügliche Erleben, ist ein geeigneter Erfassungsmodus für die im therapeutischen Format ablaufenden psychischen Prozesse. Das reflektierende Gespräch gehört auch zu einem festen Bestandteil bei der Entwicklung und Vermittlung des therapeutischen Formats des Psychodramas an die angehenden Therapeuten. Der technische Ausdruck, den Moreno dafür geprägt hat, ist *„Processing"*. Das Processing ist eine nachträgliche verbale Erfassung der heilenden Handlungen durch den Therapeuten, wie sie im therapeutischen Format beobachtbar waren und sein konkretes Vorgehen bestimmt haben. Die Abfolge von Beobachtung und Reflexion hat auch mich als Lernende stufenweise zu den Erkenntnissen über das therapeutische Format des Tovils geführt. Vorwegnehmend werde ich hier einige Ergebnisse der Reflexion mit dem Lehrer, dem Upasena Gurunnanse, miteinbeziehen, damit ich sein Konzept der heilenden Handlungen *(vat–pilivet S; vatta–pativatta P)* darlegen und mit ähnlichen Konzepten der Psychologie vergleichen kann.

Das Können *(upakkrama S; upakkamma P)* des Upasena Gurunnanse und anderer srilankischer Heiler kann, wie bereits dargelegt, eingebettet in der praxisbezogenen Systematik des Abhidhamma betrachtet werden, die über den Rahmen der Therapie im Heilritual hinausgeht und allgemein anwendbar ist. In dem traditionellen buddhistischen Wissen wird jegliches Handeln im psycho–ethischen System des Abhidhamma aufgefasst und gewertet. Die abhidhammische Handlungstheorie benützt sowohl innerhalb wie auch ausserhalb der therapeutischen Situation dieselben Erklärungsprinzipien. In diesem Bezugsrahmen können die heilenden Handlungen, wie ich zeigen werde, präzise definiert und von anderen Handlungen abgegrenzt werden. Ich möchte dabei versuchen, die handlungsrelevanten Konzepte des Abhidhamma auf eine möglichst einfache Weise zu präsentieren, und werde die vielfältigen Bezüge und Implikationen, die sie in der buddhistischen Lehre haben, ausser Acht lassen.[50] In einem weiteren Schritt will ich einen Vergleich mit der kulturpsychologischen Handlungstheorie von Boesch (1980, 1983) versuchen. Die abschliessende Wiedergabe der Aussagen Upasena Gurunnanses über seine heilenden Handlungen im Tovil–Heilritual weisen auf den Zusammenhang seiner Praxis und Ethik mit der Handlungslehre des Abhidhamma hin.

Obwohl die abhidhammischen Konzepte in der sinhalesischen Sprache verbreitet sind, bedeutet dies nicht, dass die Handlungstheorie des Abhidhamma in ihrer Komplexität und Systematik dem Upasena Gurunnanse oder einem anderen traditionellen Heiler geläufig wäre. Schliesslich sind die Heiler keine Schriftgelehrten, sondern praxisorientierte Träger und Vermittler der traditionellen Weisheit ihrer Kultur. Die Ethik und Praxis ihrer heilenden Handlungen stehen zwar mit der Handlungstheorie des Abhidhamma im Einklang, werden jedoch nicht wie dort systematisch erfasst. Upasena Gurunnanse hat mir seine Handlungslehre oft in exemplifizierenden Erzählungen vermittelt, die sich gut in die abhidhammischen Konzepte einfügen liessen.

Als Ausgangspunkt dieser Handlungslehre gilt auch hier, dass jegliches Tun *(kamma)* unethisch ist, das seinen Ausgangspunkt in einer gier– oder hassvollen Geisteshaltung hat. Unethisches Tun ist unheilsam, weil es gegen das „Heil", der Leidensminderung und der Glückssteigerung, wirkt, wie es in der buddhistischen Karma–Lehre verstanden wird (Nyanaponika 1981). Entworfen aus einer durch Gier oder Hass entstellten Sichtweise, bringt solches Handeln notwendigerweise Enttäuschung, Leiden oder gar Zerstörung mit sich. Eine entstellte Sichtweise entsteht bedingt durch die Kombinationen und Konfigurationen von allerlei gier– und hassvollen Geistesfaktoren *(cetasika)*, die insgesamt als Verblendung *(avijjā)* angesehen werden. Gier, Hass und Verblendung sind also die eigentlichen Wurzeln jeglichen menschlichen Leidens (vgl. die Erörterung der Wurzel–Bedingung Nr. 1, S. 84). Durch Hass bedingt sind zum Beispiel Neid, Schadenfreude, Rachegelüste, Verzweiflung, Verdruss, Depression, Aggression, Selbstverachtung und Schuldgefühle. Dem Hassvollen ist das durch Gier Bedingte entgegengesetzt, also alle Formen von Geiz, Begehren und Sucht, wie Sehnsucht, Habsucht, Ruhmsucht, Eifersucht, Ehrgeiz, Arroganz und Machtgier. Nach Abhidhamma schliessen sich in einem Bewusstseinsmoment Gier und Hass gegenseitig aus. Sehr oft befinden sich jedoch in einem pychischen Komplex Kombinationen unethischer Geisteszustände mit Anteilen sowohl von Gier als auch von Hass.

Die unheilsamen Geisteszustände gehen der Tat beziehungsweise der Handlung voraus oder begleiten sie auch (Anlass–Bedingung Nr. 9). Sie haben Bitterkeit, Ärgernis und Unbehagen als Folgen (Karma- und Karma–Ergebnis–Bedingung Nr. 13 und 14), auch wenn sie eine vorübergehende scheinbare Befriedigung bringen. Die Ethik der buddhistischen Handlungslehre richtet sich also nicht urteilend erst auf das Ergebnis der Handlung, sondern setzt bereits bei deren Intention an. Das Herstellen und Einüben (Wiederholung–Bedingung Nr. 12) einer heilsamen, ethischen Geisteshaltung nimmt den Handlungen, die zu leidhaften Ergebnissen führen, die unheilsame Wurzel weg. Dieser Vorgang wird als Reinigung des Geistes *(citta-pārisuddhi)* bezeichnet und mittels Achtsamkeit praktisch vollzogen (Fähigkeit–Bedingung Nr. 16).

Das achtsame Merken und subjektive Erkennen von Geistesregungen ist jedoch eine schwierige Übung und verlangt grosse Disziplin. Oft wird erst nach erfolgtem Handeln und beim Begutachten der Ergebnisse darüber reflektiert, was die Handlung ausgelöst hat. Genau an diesem Punkt bekommt das Konzept der Arbeitsgrundlage *(kammatthāna)* seinen Sinn und seine therapeutische Bedeutung. Auf dem Arbeitsplatz der Meditation kann man, in Anlehnung an Moreno (1955), von einem „Acting–in" der Geistesbewegungen sprechen, während der geschützte Rahmen des Therapie–Settings ein „Acting–out" ermöglicht. Der klar abgegrenzte geschützte Rahmen des *Kammatthāna* dient also dem besseren Bearbeiten der Handlungen und ihrer motivationellen Wurzeln. Ich werde auf dieses Bearbeiten im nächsten Kapitel über Erleben und Ansicht näher eingehen. An dieser Stelle will ich die ethischen Ansichten nur so weit erörtern, als sie das Ziel der heilenden Handlungen innerhalb des *Kammatthāna* bestimmen.

Bei den heilsamen und heilenden Handlungen nimmt das Herstellen und Einüben einer ethischen Geisteshaltung als Ziel einen prominenten Platz ein. Es besteht aus dem Etablieren der folgenden drei ethischen Fertigkeiten (Frýba & Vogt 1989):

1. Sich auf die eigene Tugend *(sīla)* verlassen — soweit vorhanden — und die fünf Grundschritte der Tugend *(sikkhā–pada)* ausüben, soweit es die jeweilige Situation erlaubt.

2. Die Wahrhaftigkeit einer unentstellten Sicht *(ujukā ditthi)* pflegen, das heisst, die Handlungen samt ihren motivationellen Wurzeln und (un–)ethischen Folgen der achtsamen Betrachtung unterziehen.

3. Auf dreifache Weise Achtsamkeit *(ti–vidha–sati)* üben: gegenüber sich selber *(ajjhatta)*, gegenüber den anderen *(bāhira)* und gegenüber beiden zugleich *(ajjhatta–bāhira)*.

Mit der zweiten ethischen Fertigkeit, der unentstellten Sicht *(ujukā ditthi)*, ist das von Verblendung durch Gier oder Hass freie Wahrnehmen der Tatsachen gemeint. Am wichtigsten ist die dritte Fertigkeit, die Achtsamkeit *(sati)*. Sie besteht aus einer unvoreingenommenen Geistesgegenwart, aus dem Merken der physischen und psychischen Tatsachen, sei es bei sich selber, bei den anderen oder bei beiden gleichzeitig. Die Achtsamkeit (siehe die Ausführungen über Fähigkeit–Bedingung Nr. 16) ist das Hauptinstrument des buddhistischen Heilsweges, weil ohne sie kein Verändern von Ungutem und kein Kultivieren von Gutem vorgenommen werden kann (Nyanaponika 1979).

Die hierzu führenden fünf Grundschritte der Tugend *(sikkhā-pada)* sind getragen von der Absicht, solche Handlungen zu unterbrechen oder zu vermeiden, die unglückliche Resultate bringen. Der Übende[51] versucht in Worten zu formulieren, welche Tugenden er in seinem Alltag verfolgen will und kann, die ihm eine sichere ethische Ausgangsbasis verschaffen, und auf die er sich als heilvoll verlassen kann. Er lässt sich von einem Mönch *(bhikkhu)*, einem Laienlehrer oder Heiler die nötige Instruktion geben und fährt dann mit seiner Übung fort, indem er sich in der Folge selber instruiert. Die fünf Grundschritte solcher ethischen Entscheidungen beziehungsweise Selbstinstruktionen sind folgendermassen formuliert:

1. Von Zerstörung atmender Lebewesen will ich abstehen.

2. Vom Nehmen von nicht Gegebenem will ich abstehen.

3. Von Ausschweifungen in Sinnlichkeit will ich abstehen.

4. Von verletzendender, unwahrer und schroffer Rede will ich abstehen.

5. Von Minderung der Achtsamkeit durch Einnahme berauschender Mittel will ich abstehen.

In dieser Form werden die fünf Grundschritte als Teil der *Buduguna* (Erleuchtungsqualität) nur am Schluss eines Heilrituals instruiert. Ohne die Daten von den Tovils schon an dieser Stelle zu berichten, soll hier bemerkt werden, dass die Instruktionen während des Heilrituals sich nur auf die konkreten Gegebenheiten im Rahmen des *Tovil–pola* (Arbeitsplatz des Heilrituals) beschränken. Der Patient wird

instruiert, ganz einfache Taten und Handlungen des Gebens, Ent-
gegennehmens, Sich–von–Ort–zu–Ort–Begebens, usw. auszuführen.
Wichtiger als eine gute Ausführung ist dabei das Erlernen des
elementaren Bezugs zwischen dem Wort der Instruktion und der
Wirklichkeit der Handlung. Die therapeutischen Interventionen
erscheinen dem Beobachter in solchen Momenten als ein sehr primiti-
ves (im besten Sinne des Wortes) didaktisches Vorgehen zur Schulung
der Fähigkeiten von Vertrauen, Sammlung und Achtsamkeit.

Dieser kurze Exkurs über die Instruktionen zum Herstellen und
Üben der ethischen Fertigkeiten scheint mir hier nötig, um den
folgenden Aufbau der abhidhammischen Handlungstheorie mit ihren
ethischen Parametern begreifen zu können. Diese ethischen Parameter
beziehen sich also auf das Ziel *(attha)* jeglichen Handelns, das Leiden
zu vermindern oder mindestens keines zu verursachen. Zugleich geben
sie an, inwieweit der Geist des Handelnden bereits von leidverursachenden Motivationen „gereinigt" ist.

Die heilenden Handlungen nehmen in der Zielhierarchie, wie wir
sehen werden, einen prominenten Platz ein. Aber auch Ziele und
Auswirkungen von einfachen Taten werden bezüglich ihres Stellenwerts in der Hierarchie übergeordneter Zielsysteme reflektiert. Das
höchste Ziel ist die vollkommene Leidüberwindung *(Nibbāna)*, dem
alle anderen Ziele untergeordnet sind. An unterster Stelle sind die
einfachsten, automatischen Aktivitäten *(kriya)*, die kein Ziel haben
und dem blossen Zweck des Funktionierens unterstellt sind. Alles
andere Tun wird auf Grund der folgenden vier Kriterien gewertet:

1. Ethische Implikationen,

2. Wissen über das Ziel und den Zweck,

3. Eignung im Kontext der konkreten Situation,

4. Organisiertheit in höheren Komplexen.

Die Unterteilung der Handlungen in der *Tabelle 10* ist nach Parametern ausgerichtet, die die Stufen der „Handlungs–Kultivierung" als
Folge oder in Begleitung der „Geistes–Kultivierung" anzeigen. Auf
unterster Stufe finden wir die rein funktionellen Aktivitäten *(kriya)*
ohne Absicht. Sobald eine Tat *(kamma)* absichtlich ist, zielt sie laut
Abhidhamma auf irgend eine äussere Belohnung *(assāda)* ab. Misserfolg bringt Enttäuschung. Ist die einfache Tat zwar ungeschickt, aber
mit einer ethisch einwandfreien Absicht ausgeführt, dann ist auch ein
äusserlicher Misserfolg nicht von unangenehmen Rückwirkungen auf
der Geistesebene begleitet. Wenn einfache Taten durch Pläne

(sañcetanā) in höhere Einheiten organisiert werden, dann entsteht eine zweckvolle Abfolge von Taten, die als Handlung oder Handlungskette *(kammapatha)* organisiert ist. In jedem Schritt dieser Abfolge werden einzelne Taten zweckbestimmt gewählt, und die Handlung wird weiterverfolgt mit einem klaren Wissen über das Ziel *(sātthaka–sampajañña)*.

Auf der nächsten, höheren Organisationsebene kommen wir bereits zu den strategisch entworfenen heilenden Handlungen *(vatta–pativatta)*. Für heilende Handlungen braucht es, zusätzlich zum Ziel– und Zweckbewusstsein, eine ethische Absicht und einen erfinderischen Geist. Während eine Handlungskette auch nach Anleitung ausgeführt werden kann, wohl mit dem Wissen darum, welches Produkt man dadurch erreicht oder herstellt, braucht es für die heilenden Handlungen ein Nachvollziehen oder Erfinden der Methodik, die den heilenden Handlungsketten zu Grunde liegt. Ein erfinderischer Geist kombiniert Achtsamkeit und Wissensklarheit *(sati–sampajañña)*. Die Wissensklarheit *(sati–sampajañña)* über die einzelnen methodischen Schritte einer Handlungskette auf der Ebene der heilenden Handlung ist nicht identisch mit dem blossen Wissen über das Ziel *(sātthaka–sampajañña)*. Um auch ethisch einwandfreie Ziele zu verfolgen, braucht es ein Wissen um Angemessenheit *(sappāya–sampajañña)* jeder einzelnen strategisch gewählten Tat. Der Methodenentwurf *(upanayana)*, der so entsteht, wird Schritt für Schritt in die Tat umgesetzt. Dabei werden die einzelnen Taten zugleich reflexiv erkannt *(abhiññā–pada)*.[52] Methodisch angewandte heilende Handlungen stellen Mittel *(upāya)* zur Verfügung, mit deren Hilfe das Funktionieren des Geistes anhand der sichtbaren Handlungen beobachtet und in einem zweiten Schritt beherrscht beziehungsweise verändert werden kann. Zusammen mit dem Wissen um die Methode und die Mittel erhöht das Wissen um die Angemessenheit *(sappāya–sampajañña)* die Wahrscheinlichkeit des Erfolgs hinsichtlich eines gesteckten Ziels.

Heilende Handlungen reichen jedoch weiter als bloss eine planvolle Ausführung zur Erreichung eines Ziels. Sie sind charakterisiert durch ein Wissen, wie man die Dinge entstehen lässt *(vatta)* und wieder rückgängig macht *(pativatta;* vgl. das sinhalesische Wort *vatpilivet* für Heilritual). Erst dadurch können auch die mit den heilenden Handlungen verbundenen psychischen Prozesse bei anderen beherrscht werden. Wäre das Ziel nicht ethisch aufgefasst und nicht die Läuterung des Geistes angestrebt, müssten wir hier von geistiger Manipulation sprechen, die in unserer Kultur eindeutig negativ

Kriya	Kamma	Kamma-patha	Vatta-pativatta	Sīlabbata	PARAMETER
				*	*upatthāna-sāra* das höchste Ziel
			(*)	*	*vata* Ritualisierung
			*	*	*sappāya-sampajañña* Wissen um die Angemessenheit
			*	*	*upāya, nayana* Wissen über Methode und Mittel
		(*)	*	*	*satthaka-sampajañña* Wissen über das Ziel
		*	*	*	*sañcetanā* planvolle und zweckgebundene Wahl
	*	*	*	*	*cetanā* Absicht, die ethisch bewertbar ist
*	*	*	*	*	*sankilesa* anfällig fürs Leidbringende
Kriya Funktions-aktivität	*Kamma* einfache Tat	*Kamma-patha* Handlungs-kette	*Vatta-pativatta* heilende Handlung	*Sīlabbata* tugendhafte Handlung	PARAMETER

Tabelle 10 : Kategorien von Handlungen

gewertet wird. Um diese Fähigkeit des „emanzipatorischen Manipulierens" *(upāya–kosalla)* zu erlernen und anzuwenden, braucht es die Wiederholung von geeigneten Handlungen in einem abgesteckten Rahmen. Das Heilritual stellt einen solchen Rahmen zur Verfügung, in dem heilende Handlungen achtsam und mit Hingabe für den Patienten wiederholend ausgeführt werden.

Die tugendhaften Handlungen *(sīlabbata)* stehen auf einer noch höheren Ebene, indem die gewählte Ritualisierung *(vata = bata)* in jedem Moment dem höchsten Ziel *(uppathāna–sāra)*, nämlich der Erleuchtung, dient und die dabei angewandte Ethik *(sīla)* streng eingehalten wird. Dazu braucht es eine gründliche Auffassung *(yoniso manasikāra)* über die Elemente jeder Handlung und deren Abfolge im Rahmen der Arbeitsgrundlage *(kammatthāna)*. Erst diese Auffassung gibt dem Ritual Format. Handlungen werden nur ausgeführt im Wissen über ihre Bedeutung für die Erreichung der Erleuchtung. Dieser höchste Anspruch an jede Handlung kann der Heiler im Tovil–Heilritual nicht für sich beanspruchen. Seine Absicht, den Patienten zu heilen, ist zwar ein ethisch hochstehendes, nicht aber das höchste Ziel (vgl. Kapitel 11 zur Ethik des Upasena Gurunnanse). Mit den heilenden Handlungen im Tovil, wenn auch methodisch geschickt zum Zweck des Heilens gewählt, wird vom Heiler nicht in jedem Moment Tugend *(sīla)* eingeübt. Der letzte Schritt zur Erreichung des höchsten Ziels der Erleuchtung ist vollzogen, wenn sogar auch die rituellen Handlungen und ihre Beobachtung im Rahmen von *Kammatthāna* nicht mehr nötig sind (Frýba & Vogt 1989).

Wenn wir nun die abhidhammische Handlungslehre, so wie sie hier kurz skizziert wurde, mit der kulturpsychologischen Handlungstheorie von Boesch (1980) vergleichen, fällt auf, dass Boesch die Handlungen auch von ihren äusseren Zielen her auffasst. Ohne die Handlungsziele des Menschen „objektal" zu definieren, gilt das Interesse von Boesch dem psychologisch untersuchten Objektumgang (1983). Mit der Anwendung von Piagets These der Konstruktion des Objekts und von Bachelards Psychoanalyse der Objekte, untersucht Boesch das Handeln sowohl in dessen sachlich–instrumentalen als auch subjektiv–funktionalen Aspekten. Seine kulturpsychologisch konzipierte Handlungstheorie nimmt eine bestimmte „selbst–verständliche Gegebenheit unseres Erlebens" zum Ausgangspunkt: „Objekte füllen unseren Raum, gliedern ihn in unterschiedliche Bereiche und ... vermitteln uns auch Valenzen ..., was unserem Handeln Richtungen nahelegt" (Boesch 1983 : 11) Boeschs Konzept der Einzelhandlung in einem Handlungszusammenhang (1980 : 106) lässt sich mit *Kamma* und *Kammapatha* vergleichen. Der Unterschied ist, dass für Boesch nicht die ethische Zielsetzung und Bewertung richtungsgebend sind. Wie bei jeder wissenschaftlichen Theorie ist auch bei Boeschs Ansatz die Tendenz, die Objekte, das heisst auch das Objekt Mensch, zu erfassen. Die Handlungslehre des Abhidhamma setzt an der ethischen Bewertung der Handlungen an und analysiert sie in Bezug auf das Subjekt hin als leidverursachend oder glücksfördernd beziehungsweise glücksfähigkeitsfördernd. Die Tendenz ist hier also, dass sich das Subjekt erfasst und verändert. Die Kultivierung des eigenen Geistes — und nicht der Zuwachs an äusserem Wissen — ist dafür die Voraussetzung. Demzufolge fokussiert die Handlungslehre des Abhidhamma nicht primär den Objektumgang sondern den Subjektausdruck in der Handlung.

Abgesehen vom unterschiedlichen Bezugsrahmen dieser beiden Handlungstheorien, finden wir ausgehend von der Zielorientierung und der erlebensnahen und praxisbezogenen Analyse von Handlungen in beiden Ansätzen auch einige Gemeinsamkeiten. Boesch betont die Zielantizipation (1980 : 107) als das wichtigste Kriterium des Handelns. In dieser Zielantizipation ist die Absicht zum Handeln begründet. Sie hebt die Handlung auch vom blossen automatischen Verhalten ab. Boesch beschreibt Handlungen, die trotz Vorhandensein einer klaren Zielsetzung unterbleiben und solche, die man trotz vagen Zielbildungen beginnt (1980 : 114). Dies kommt den Dimensionen der Wissensklarheit über das innere Ziel *(sātthaka–sampajañña)* und der Wissensklarheit über die Eignung *(sappāya–sampajañña)* nahe, den zwei Parametern der abhidhammischen Handlungslehre. Boesch untersucht den Prozess des ersten Schrittes eines Handlungsablaufs mit nur vagen Zielvorstellungen. Dieser erste Schritt geschieht nach Boesch mit dem Verlass darauf, dass die folgenden Schritte die Situation präzisieren werden und konkretere Alternativen besser hervortreten lassen. Erst dann werden Zielantizipationen deutlich (1980 : 115). Dieses Schaffen von Zielen im Prozess des Handelns finden wir gerade auch bei Handlungen in einer therapeutischen Situation. Ich habe sie vorher in Anlehnung an Moreno als „*Acting–out*" bezeichnet und aufgezeigt, wie der klar abgesteckte Rahmen des therapeutischen Settings hilft, die in die Tat umgesetzten vagen Intentionen zu konkretisieren und zu erkennen. In unserem Beispiel des Protagonisten, der mit seinen Wohnzimmermöbeln die Rolle tauscht, mag die vage Intention gewesen sein auszuziehen, weil er sich in der gewählten Wohnsituation nicht zurechtfindet. Die Methode des Psychodramas gibt dem Protagonisten Mittel zur Hand, wie er sich mit dieser noch

vagen Intention auseinandersetzen und die Angemessenheit eines
Umzugs abwägen kann. Ähnliche Situationen treffen wir auch im
Tovil–Heilritual an, zum Beispiel wenn der Patient in der Verkörperung des Dämonen verschiedene Handlungen und ihre Auswirkungen
ausprobieren und erfahren kann.

Boesch (1983) setzt sich auch mit magischen Ritualen und deren
Sinn auseinander. Im Ritual, so Boesch, ist das gesamte Hand-
lungspotential enthalten, wonach Handlungen beurteilt werden. Das
Ritual bringt sinnvolle Handlungen hervor, nämlich solche, die
geschickt und glückbringend sind. Glückbringendes Handeln richtet
sich nach den kollektiven Vorstellungen über gut oder böse, die als
Mythen bestehen. Es sind gemeinsame Ansichten darüber, was Glück
beinhaltet, und wie man es erreicht. Daneben stehen, so Boesch, die
privaten, inneren Masstäbe des Menschen, die „Fantasmen", die seiner
Beziehung zur Welt ebenfalls Sinn geben und erfüllt werden wollen.
Glückbringend handeln heisst demnach „mythen–konform" und „fantasmen–konform" handeln. Im Ritual wird der Mythos immer wieder
von Neuem geschaffen und durch den Einbezug von Fantasmen
aktualisiert. Das rituelle Objekt verleiht ihm konkrete Gegenwart und
Dauer (Boesch 1983 : 204f).

Sinnvolles Handeln mit den drei Kriterien Geschick, Mythen–
Konformität und Fantasmen–Konformität, kommt dem heilenden
Handeln *(vatta–pativatta)* nahe, wenn wir noch das Ziel der Reflexion miteinschliessen, das auch Boesch (1983 : 308ff) würdigt. Das
dem Geschick und Glück Zuträgliche ist im Abhidhamma als
Wissensklarheit über die Eignung *(sappāya–sampajañña)* formuliert.
Obwohl das Erlangen gewünschter Objekte und die leidmindernde
Veränderung der Umwelt als Ziel ebenfalls als glückbringend bejaht
wird, sind die Handlungsziele nach Abhidhamma primär in Hinsicht
auf die Veränderung des Handelnden untersucht. Die Veränderung
des Subjekts als Ziel mag für das Verstehen unserer westlichen,
kulturbedingten Zielsetzungen weniger relevant sein, die Boesch in
folgenden Worten zusammenfasst:

> Damit bewegt sich die Bewältigung unseres Lebens zwischen zwei
> Polen: am einen gruppieren sich die Tätigkeiten des Bezwingens der
> Welt, wie sie ist; am anderen die Versuche, eine Welt, wie sie sein
> soll, zu erschaffen (Boesch 1983 : 316).

Die Bewältigung des Lebens setzt im Abhidhamma bei der eige-
nen Veränderung, bei der Veränderung des Subjekts an. Wohl betont
Boesch an anderer Stelle die enge Verflochtenheit von Subjekt und
Objekt (1980 : 101f). Doch decken sich die sinnvollen Handlungen

nach Boesch nicht mit den heilenden Handlungen des Abhidhamma auf Grund unterschiedlicher weltanschaulicher Zielsetzungen. Ich werde nun darstellen, inwiefern Upasena Gurunnanses Auffassungen über seine heilenden Handlungen mit den handlungstheoretischen Konzepten des Abhidhamma übereinstimmen.

Upasena Gurunnanse nennt seine heilenden Handlungen generell *Vat–pilivet (vatta–pativatta P)*. In Übereinstimmung mit der Wortbedeutung im Pāli meint er damit, zielbewusst und planvoll etwas zustandebringen beziehungsweise beseitigen. Auf Sinhalesisch, Pāli und Sanskrit gibt es viele Wortbildungen, die entgegengesetzte Tatsachen in einem Ausdruck vereinen. Viele solcher Wörter bezeichnen eben die rituellen Handlungen.[53] Auch in den Alltagsritualen *(vatāvat*, siehe Kapitel 2) werden solche Wörter benutzt. So verabschiedet man sich zum Beispiel von seinem Gastgeber mit dem Wort „*Gihingenang*“, das wörtlich heisst: „Ich gehe und komme“. Über solche merkwürdige Entgegensetzungen in den einzelnen Wörtern wird im Allgemeinen wenig reflektiert, genauso wenig, wie wir zum Beispiel über den positiven Wert des „Zur–Wahrheit–Findens“ nachdenken, wenn wir über eine Ent–Täuschung sprechen. Herstellen und Beseitigen, Kommen und Gehen, Entstehen und Vergehen sind entscheidende Erkenntnisse über die Eigenschaften der Phänomene in der buddhistischen Weltsicht.

Mit *Vat–pilivet* (Herstellen–Beseitigen) bezeichnet Upasena Gurunnanse also die Ausführung seiner heilenden Aufgabe. Er benütze dabei sein Können, *Upakkrama*, indem er mit geschickten Mitteln, *Upāya*, arbeite. Gleichzeitig betont Upasena Gurunnanse, dass es sich bei seinem Können nicht um ein festes Programm *(säläsma, programekak)* handle, sondern dass er während dem Verlauf eines Tovils sein Programm dem Zustand des Patienten anpassen müsse. In dieser Auffassung erkennt man das Wissen um die Angemessenheit (vgl. *sappāya–sampajañña)*. Upasena Gurunnanse sagt, dass seine Taten den Gegebenheiten entsprechen *(avastāvate gäla penava)* müssen. Eigentlich existiere für ihn nur zu Beginn eines Tovils eine Art Programm, indem er sich an den Buddha, die Götter und seine Lehrer erinnere. Wenn Upasena Gurunnanse einen Tovil beginne, trage er den Satz in seinem Geist: „Mit welchen Mitteln auch immer, heile diese Krankheit!“ Das ist seine Formulierung des Wissens über das Ziel (vgl. *sātthaka–sampajañña)*. In der Folge setze er seine Mittel in die Tat um *(upakkrama–yodanava)*. Dies beinhalte die Fähigkeit, seine Handlungen planvoll auszuwählen (vgl. *sañcetanā)*. Upasena Gurunnanse verwendet den Ausdruck *Abinapada* (vgl. *abhiññā–pada)*, der im Abhidhamma die Macht des reflexiven Wissens bezeichnet.[52] *Abinapada* ist laut Upasena Gurunnanse das Grundelement seines Plans oder der „Stein des Anstosses", der den Vorgang des Überwindens *(yatat–kirīma)* der dämonischen Kräfte *(bhūta)* ins Rollen bringe (vgl. Interview mit Upasena Gurunnanse im Anhang).

Upasena Gurunnanse vergegenwärtigt sich auch die ethische Geisteshaltung, die seine heilenden Handlungen begleitet. Er und andere Heiler haben mir versichert, dass ohne *Sīla* (persönliche Ethik) und *Mettā* (wohlwollende Einstellung) jegliches Heilen unmöglich sei. Ferner kommt Upasena Gurunnanse den Bedürfnissen des Patienten mit dem primären Ziel entgegen, ihn glücklich zu machen *(satutu–karanava)*, damit er wieder gesund wird. Er müsse nicht nur den Patienten glücklich machen, sondern auch die Götter, die Zuschauer und sich selber. Gurunnanse wendet demnach die ethische Fertigkeit der dreifachen Achtsamkeit an (siehe S. 129), um eine glücksvolle Harmonisierung seiner selbst, des anderen und des gemeinsam geteilten Kosmos zu erreichen.

Ich glaube, dass ich mit den hier angeführten Begriffen und deren kurzen Erläuterungen von Upasena Gurunnanse aufzeigen konnte, dass seine Auffassungen von heilenden Handlungen mit denjenigen des Abhidhamma korrespondieren, ohne dass ich behaupten möchte, dass Upasena Gurunnanse deren Systematik und alle technischen Bezeichnungen auf Pāli kennen würde. Gurunnanse behauptet aber, dass *Vat–pilivet* (Herstellen–Beseitigen; heilende Handlungen) seine Basis im Abhidhamma habe. Die heilenden Handlungen gründen nach ihm auf zwei komplementären Schritten, die Buddha selbst durchgeführt hat: der erste Schritt ist das Hervorrufen *(katākarana-kota)* der schädlichen Kräfte, um sie als klar benannte dämonische Entitäten in den Griff zu bekommen. Der zweite Schritt ist die Unterwerfung oder Bändigung *(damanayakalā)* der dämonischen Entitäten, mit dem Ziel, sie in den Bereich des Dhamma, der buddhistischen Emanzipationslehre, zu bringen *(yakun dharmayata adangukalā)*.

5.3 Erleben und Ansicht

Aus den bisherigen Erörterungen geht hervor, dass die beobachtbaren Aktivitäten erst dann als Handlungen verstanden werden, wenn auch das Erleben des Handelnden und seine Ansichten bekannt sind. Besonders bei der Erforschung heilender Handlungen und therapeutisch relevanter Handlungsbereiche braucht es eine psychologische Analyse der Verknüpfung zwischen dem Tun, dem persönlichen Erleben und den auch interpersonell geteilten Ansichten. In diesem Kapitel werde ich zuerst die Konzepte Ansicht und Erleben definieren, indem ich vor allem auf den psychologischen Ansatz von Gendlin Bezug nehme. Diese Ansätze bilden, zusammen mit der Psychologie des Abhidhamma, den Rahmen für die Interpretation der Erläuterungen von Upasena Gurunnanse über Ansicht und Erleben bei heilenden Handlungen.

In der Psychotherapieforschung hat Gendlin (1961, 1962, 1964 und 1978) einen wichtigen Beitrag zur Klärung des Erlebens geleistet. Gendlin hat eine Variable untersucht, die sich entscheidend auf den Therapierfolg auswirkt. Er hat diese Variable „Experiencing" genannt (Gendlin 1961). Experiencing ist zunächst die Hinwendung zum konkreten körperlichen Fühlen. Ohne dieses „In–sich–hineinhorchen" und Aufmerken der tatsächlich erlebten inneren Phänomene ist nach Gendlin keine Änderung der Persönlichkeit und somit keine psychische Heilung möglich. Die Analysen Gendlins führten zur Formulierung einer Persönlichkeitstheorie, die nicht von statischen Inhalten, sondern von Phänomenen psychischer Prozesse ausgeht. Die Persönlichkeit ist nach Gendlin ein dynamisches Gebilde von psychischen Prozessen, die sich bei einem gesunden oder gesund werdenden Menschen im Einklang mit dem konkreten Erleben kontinuierlich ändert. Darin unterscheidet sich Gendlins Auffassung der Persönlichkeit von den meisten herkömmlichen Persönlichkeitstheorien, welche die Persönlichkeit eher als statisches Gefüge auffassen und daher schon definitorisch einen ständigen Wandel nicht in Betracht ziehen (Gendlin 1964 : 103f).

Der Gendlin'sche Ansatz hat Ähnlichkeiten mit dem Abhidhamma, der die Persönlichkeit als Dynamik von fünf Komponenten *(pañca–khandha,* siehe Kapitel 4.1) auffasst. Der grundsätzliche Unterschied ist jedoch auch hier die explizit ethische Absicht der Abhidhamma–Psychologie, welche bei Gendlin in dieser Form fehlt. Denn erst die ethischen Kriterien liefern laut Abhidhamma die Parameter dafür, welche Handlungen und die aus ihnen sich ergebenden Persönlichkeitsänderungen sinnvoll und heilend sind und welche zu Krankheit und Leiden führen. Die Anwendung der ethischen Kriterien, wie sie Upasena Gurunnanse formuliert, nämlich das Einhalten einer persönlichen Ethik *(sīla)* und die wohlwollende Einstellung *(mettā)* gegenüber dem Patienten, ist jedoch innerhalb Gendlins Theorie durchaus möglich und vielleicht sogar impliziert. Der entscheidende Beitrag von Gendlin für den möglich gewordenen Vergleich mit dem Abhidhamma ist jedoch die prozessuelle Analyse der Persönlichkeit, das Erfassen der Intentionalität respektive Zielgerichtetheit der Änderung und der phänomenologische Ansatz, der das Erleben mitberücksichtigt.

Gendlin hat die Analyse des Erlebens, die in der experimentellen Psychologie — in der modernen Psychologie überhaupt — in den letzten fünfzig Jahren vernachlässigt worden ist, wieder aufgenommen und weiterentwickelt. Das Gedankengut der älteren deutschen Psychologie des Erlebens von Dilthey, Husserl und Wundt, auf welche Gendlin ausdrücklich zurückgreift, gewinnt dadurch wieder an Relevanz.[54] In seinem *Grundriss der Psychologie* hat Wundt (1903) das Phänomen der Apperzeption untersucht als „die willentlich geleitete Aufmerksamkeit, die neue Erlebnisinhalte und Erfahrungen auffasst". Dies entspricht dem Gendlin'schen Erfühlen von Sinn *(felt sense)* und bezeichnet überdies ziemlich genau den Prozess des Impulsionsbewusstseins *(javana–citta)* des Abhidhamma. Das Impulsionsbewusstsein ist ein Erleben mit ethisch klassifizierbarer Intention, das aber keine Ansicht über das wahrgenommene Objekt enthält *(Visuddhi–Magga,* Nyanatiloka 1975). Ähnlich fasst Dilthey (1894) das Erlebnis und die Ansicht als „durch eine innere erlebbare Beziehung miteinander verbunden" auf. Ebenfalls nahe dem Abhidhamma kommen die Auffassungen des Erlebens von Husserl (1928).

Husserl, der Begründer moderner Phänomenologie, hat seine Beobachtung auf Erfahrungen und Erlebnisse als Forschungsgegenstand an sich gerichtet (dies wird „phänomenologische Reduktion" genannt) und dadurch die Art und Weise des Vollzugs des Erlebens erforscht:

Alle Elebnisse, darin wir uns geradehin zu Gegenständen verhalten (Erfahrung, Denken, Wollen, Werten), lassen eine Blickwendung zu, durch die sie selbst Gegenstände werden. Die verschiedenen Erlebniswelten offenbaren sich als dasjenige, worin alles, wozu wir uns verhalten, sich zeigt, „erscheint". Die Erlebnisse werden daher Phänomene genannt (zitiert nach Lockowandt 1984).

Husserls Phänomenologie als Methode entspricht den Vorgehensweisen buddhistischer Geistesanalyse, die im Abhidhamma systematisiert sind (*Visuddhi–Magga*, Nayanatiloka 1975). Ein Erlebnis ist nach Husserl phänomenologisch „jedes im Erlebensstrom Vorfindliche, also nicht nur die intentionalen Erlebnisse ... , sondern was irgend an reellen Momenten in diesem Strom und seinen konkreten Teilen vorfindlich ist". Ähnlich wird das Erlebnis von Dilthey (1894) definiert als die „kleinste verstehbare psychische Einheit…, obschon diese selber reich gegliedert sein kann. Bestandteile der verschiedensten Qualität (Wahrnehmungen, Vorstellungen, Gefühle) verschmelzen im Erlebnis mit Erinnerungen, Gerichtetheiten, überhaupt Zeitlichkeit, zu eigentümlicher Bedeutungseinheit. In sich selbst zentriert, ist das Erlebnis doch mit allen Teilen bezogen auf den Gesamtzusammenhang des Lebens".

Das Erleben nach Husserl, Wundt und Dilthey ist also bezogen auf innere Phänomene, unter anderem auch auf Ansichten, die unseren Lebenszusammhang ausmachen. Erleben hat etwas zu tun mit unserer persönlichen Seinsweise oder mit dem, was wir als etwas Wirkliches wahrnehmen. Gendlin geht von diesem Punkt aus noch einen Schritt weiter, indem er bei seiner Definition des Erlebens die unmittelbare, körperliche Wirklichkeitsbezogenheit betont. Erleben *(experiencing)* definiert er als „...the process of concrete, bodily feeling, which constitutes the basic matter of psychological and personality phenomena"* (Gendlin 1964 : 111). Somit weist Gendlin auf den Ort des Erlebens hin: den Körper. Die Hinwendung zu den tatsächlichen körperlichen Empfindungen des Erlebens befreit es von spekulativen Deutungen und führt zu einer spannungsfreien Gewissheit, mit der Wirklichkeit im Kontakt zu sein. Gendlin (1961) führt folgende sechs charakteristische Merkmale des Erlebens an:

1. Erleben ist ein Prozess des Fühlens,

2. Erleben kommt in unmittelbarer Gegenwart vor,

3. Erleben ist eine direkte Referenz,

4. Erleben lenkt Konzeptualisierung,

5. Erleben ist implizit bedeutungsvoll,

6. Erleben ist ein vorkonzeptueller organismischer Prozess.

Den operationalen Zugriff zum Erleben hat Gendlin in seiner Methode des *„Focusing"* (1978) vor allem für psychotherapeutische Zwecke als eine erlernbare Technik weiterentwickelt. Doch schon früher (Gendlin 1964) hat er die einzelnen Phasen des *Focusing* beschrieben, ohne jedoch bereits auf die Anwendungstechnik in der Psychotherapie einzugehen. Dies geschah im Rahmen seiner Theorie der Persönlichkeitsänderung. In einer ersten Phase des Focusing konfrontiert sich der Patient — zum Beispiel in Verbindung mit einer leidhaften Einsicht über sich selbst — mit dem tatsächlich körperlich Gefühlten, das diese Einsicht begleitet *(direct reference)*. Dieser Konfrontation mit dem körperlich Gefühlten folgt nach Gendlins Beobachtungen eine Ernüchterung und schliesslich Erleichterung. Der Patient hat sich dem unausweichlichen, dem tatsächlich und wirklich Gefühlten gestellt. Er hat somit einen Schritt zu einer Wahrheit oder Wirklichkeit hin gemacht, der er bisher ausgewichen ist, weil sie ihm, aus welchen Gründen auch immer, unerträglich vorkam. In einer zweiten Phase des Entfaltens *(unfolding)* kreiert der Patient neue Konzepte und Ansichten darüber, was er da erfühlt und erlebt hat. Alte Ansichten werden revidiert. In einer dritten Phase baut der Patient seine neu gewonnenen Ansichten in sein Weltbild ein und wendet sie an *(global application)*. Dies hat auch Auswirkungen auf seine Handlungen, auf sein Tun und Lassen. In einer vierten Phase trägt der Patient sein neu gewonnenes Selbstverständnis weiter *(carry forward)*, indem er es einer erneuten erlebnismässigen Konfrontation unterwirft *(referent movement)*. Er prüft seine Ansichten mit dem tatsächlich körperlich Gefühlten. Phase vier wird somit wieder zu Phase eins des Focusing (Gendlin 1964 : 115ff).

Die Persönlichkeitstheorie Gendlins demonstriert also auch die zusammenhängende Wandlung von Erleben, Ansicht und Tun in psychischen Prozessen. Sie besagt eigentlich, dass das wiederholte Einkehren *(carry forward)* in seiner körperlich gefühlten Resonanz der Erlebnisse einen wirklichkeitsgemässen Wandel der ganzen Persönlichkeit nach sich zieht. Wirklichkeitsgemäss bedeutet nichts anderes, als im eigenen Körper erlebt oder erfahren. Darin weist die Persönlichkeitsauffassung von Gendlin Gemeinsamkeiten auf mit der des Abhidhamma (vgl. *pañca–khandha* und *samaya* in Kapitel 4.1). Ohne hier weiter auf die Dynamik der Veränderungen von Erleben,

Ansicht und Tun vorzugreifen, werde ich nun zuerst das Erleben einführen, wie es im Abhidhamma definiert wird.

Erleben als technischer Terminus kommt im Abhidhamma (*Visuddhi-Magga*, Nyanatiloka 1975) in folgenden zwei Formen vor: *Vedeti* (Verb) heisst „welche Phänomene auch immer erleben, fühlen, erfahren, verstehen oder auch innerlich aktiv zu verwirklichen". Damit umschreibt *vedeti* das Phänomen des Erlebens an sich, ähnlich wie es Husserl aufgefasst hat, ohne es qualitativ oder wertend zu beschreiben. Dagegen ist *Vedanā* (Substantiv) „das Erleben oder Fühlen einer inneren oder äusseren Situation, das nach angenehmen, neutralen oder unangenehmen Gefühlsqualitäten kategorisiert ist". *Vedanā* trägt also nur das Merkmal der hedonischen Gefühlsfärbung und das Merkmal des gegenwärtigen Bezugs auf das Bewusstseinsobjekt. *Vedanā* ruft zwar immer Gefühl als eine körpergebundene Begleiterscheinung hervor, es muss aber nicht nur körperliches Fühlen zum Objekt haben. Vielmehr kann das Gefühl auch begleitet oder ausgelöst sein durch das Erleben von Symbolen *(nimitta)*, Ansichten *(ditthi)*, wie auch von Prozessen des Denkens *(vicāra)*. *Vedanā* selber ist aber nur „die gefühlsmässig angenehme, unangenehme oder neutrale Erlebensbezogenheit des gegenwärtig Vorhandenen".

Dadurch ist die Definition von *Vedanā* auf der einen Seite weiter eingeschränkt als die Definition von Gendlins *Experiencing*. Die Gendlin'schen impliziten Bedeutungen und das Lenken der Konzeptualisierung werden nach Abhidhamma von den Geistesfaktoren *Saññā* (Wahrnehmung) beziehungsweise *Sankhārā* (Formationen) bewerkstelligt. Erst der Miteinbezug von Wahrnehmung und Formation lässt im unmittelbaren Erleben *(vedanā)* komplexe Emotionen, Vorstellungen und Ansichten entstehen (Nyanaponika 1986 : 250 – vgl. Kapitel 4.1). Auf der anderen Seite ist das abhidhammische Konzept von Erleben eine Erweiterung oder Differenzierung von Gendlins Auffassung, indem es eben nicht nur das reine Fühlen unmittelbarer, körperlich erlebter Phänomene bezeichnet, sondern auch das Fühlen des Kontakts zwischen geistigen Phänomenen *(ceto-sam-phassa-vedanā)* miteinschliesst.

Nach Abhidhamma können vier Erlebensebenen unterschieden werden. Die Erlebensebenen werden reflektierend herausgegriffen aus dem Erlebensstrom und dabei begrifflich erfasst. Das Erleben auf jeder Ebene unterscheidet sich zwar in Bezug auf das Bewusstseinsobjekt, während es die gleiche hedonische Gefühlsfärbung beibehalten kann und, dadurch bedingt, gleiche ethisch klassifizierbare

Intentionalität hat. Die vier Ebenen wurden von Frýba (1987, in persönlicher Mitteilung ergänzt) folgendermassen charakterisiert:

1. Unmittelbares Erleben von Ereignissen, Prozessen, Zuständen und Gefühlen, wie sie körperlich in der Gegenwart stattfinden *(kāyika–vedanā)*.

2. Gegenwärtige, körperlich erlebte Bedeutung von vorgestellten oder erinnerten Ereignissen, Situationen, usw. und die damit verbundenen Gefühle *(cetasika–vedanā)*.

3. Begriffliches Denken, das sich auf das unmittelbar Erlebte oder auf die gefühlsbetonte Bedeutung einer gegenwärtigen Situation bezieht *(abhiñña–vedanā)*.

4. Begriffliches Denken, dessen Inhalte keine bewusste Beziehung zur gegenwärtigen körperlichen Befindlichkeit haben *(paññatti–vedanā)*.

Diese Aufteilung in vier Erlebensebenen zeigt auf, dass auch begriffliches Denken, unsere Ansichten also, auf den körperlichen Wirklichkeitsbezug hin geprüft wird oder aber davon ganz abgespalten ablaufen kann. Im Grunde sind die drei ersten Erlebensebenen in Gendlins Definiton von *Experiencing* enthalten, wenn auch, wie bereits gesagt, nur im Abhidhamma diese verschiedenen Bezogenheiten des Erlebens, respektive die Objekte *(ārammana)* des Erlebens, im Detail analysiert sind. Wie ich bei der Darstellung von einigen Hauptthemen des Abhidhamma im Kapitel 4.1 gezeigt habe, können dieselben Phänomene je nach Kontext durch alternative Paradigmen erfasst werden. Dadurch ist es möglich, die enge Verknüpfung zwischen den Ansichten und Intentionen zum Tun und Erleben sowohl in ihrer **prozessuellen** Bedingtheit *(paticca-samuppāda)* wie auch in ihrem **strukturellen** Zusammenhang der Persönlichkeitskomponenten *(pañca–khandha)* zu analysieren. Bei den obigen definitorischen Eingrenzungen des Konzepts Erleben habe ich beide Ansätze angewendet. Im Kontext der bedingten Enstehung *(paticca–samuppāda)* der Phänomene entsteht das fühlende Erleben *(vedanā)* bedingt durch den wahrnehmenden Kontakt *(phassa)*, durch das eventuell mit Ansichten verbundene Bewusstsein *(viññāna)*, usw. Das Erleben selbst bedingt das Verlangen *(tanhā)* nach mehr des Gleichen, wenn es angenehm ist, oder nach der Beseitigung der unangenehmen Tatsachen. Es führt so zu Anhaften *(upādāna)* und intentionalem Werden *(bhava)* neuer Formationen und Ansichten, die das Handeln steuern.[55]

Im Kontext des strukturellen Paradigmas *(pañca–khandha* – vgl. Kapitel 4.1) werden die Erlebensprozesse als die Gefühlsgruppe *(vedanā–khandha)* zusammengefasst. Die anderen vier Komponenten, nämlich Körperlichkeit, Wahrnehmung, Geistesformationen und Bewusstsein, werden vom Gefühl oder Erleben phänomenologisch beobachtend unterschieden, kommen aber nie separat sondern immer miteinander zusammenhängend vor. In der Selbstbeobachtung kann laut Abhidhamma das Erleben mit seiner hedonischen Färbung und Intentionalität zwar gesondert festgestellt werden, es kommt aber bei einer Person im konkreten Erlebensfluss nie alleine vor. Immer sind da auch Körperlichkeit, Wahrnehmung, Geistesformation und Bewusstsein vorhanden. Dies entspricht offenbar auch einer Erkenntnis Gendlins (1964), wenn er sagt, dass es sich bei *Experiencing* (Erleben) um eine Interaktion zwischen körperlich Gefühltem und Symbolen *(symbols)* oder anderen Ereignissen *(events)* handelt.

Gendlin hat den Körperbezug oder Wirklichkeitsbezug des Erlebens betont und als heilsam erkannt, der in den Ebenen 1. bis 3. der abhidhammischen Erlebensebenen enthalten ist. Der erfühlte Sinn *(felt sense)*, der den gesunden Persönlichkeitswandel in Schwung bringt und vorwärts trägt *(carry forward)*, wird im Abhidhamma als Impulsionsbewusstsein *(javana–citta* – vgl. S. 139) erfasst. Die Veränderungen, die durch das Herstellen des Wirklichkeitsbezugs in Gang gebracht werden, sind Veränderungen, die die ganze Persönlichkeit, das heisst auch deren Ansichten und Handeln, betreffen. Nun gilt auch im Abhidhamma das in der körperlichen Wirklichkeit verankerte Erleben *(yathā–bhūta)* als Voraussetzung einer Heilung oder eines emanzipatorischen Fortschreitens (Nyanaponika 1979 : 76). Das im Körper verankerte Erleben beinhaltet allerdings auch die durch den Geist ausgelösten Gefühle, die auf den Ebenen 2. und 3. entstehen. Es benötigt einen gewissen Fortschritt im Beobachtungstraining, um bei den körperlichen Empfindungen meditativ zu verweilen und sich nicht durch begriffliches Denken gleich ablenken zu lassen.

Das analytisch meditative Beobachten der Körperlichkeit *(kāyanupassanā)* führt zum introspektiven Erleben *(anubhūti)* und Erkennen *(anubodhi)* der vier Elemente des Körperlichen *(dhātu)*, die bei den heilenden Handlungen im Tovil–Heilritual eine so grosse Rolle spielen. Diese Elemente versinnbildlichen die subjektiven, körperlichen Erlebensaspekte, nämlich den Druck (Erde), die Wärme (Feuer), die Strömung (Wasser) und die Schwingung (Luft). Sie sind also keine materiellen Entitäten, sondern vielmehr vitale Impulse, die aller lebenden Körperlichkeit innewohnen und introspektiv erlebbar sind. Nach Abhidhamma ist es das durch angenehme Gefühle beding-te Begehren *(tanhā)* und das Anhaften *(upādāna)* an Ansichten, die den freifliessenden Erlebensstrom stauen.[26] Die dadurch hervorge-brachten Verdinglichungen und erstarrten Gebilde sind dem Leiden der Vergänglichkeit (Krankheit, Alter, Tod) ausgesetzt. Nur ein vom Haften an Ansichten freies Erleben verursacht keine geistigen Gefühlsreaktionen mehr und bleibt frei von Leiden.

Der Schmerz als unangenehmes Körpergefühl ist ein Signal, das ein Ungleichgewicht der vier Elemente anzeigt. Beim achtsamen und gelassenen Verweilen bei diesem Schmerzgefühl werden Entlastungs-fertigkeiten geweckt und gesammelt, die zu einer freudigen oder ernsthaften Ergriffenheit oder Katharsis führen (Frýba 1987). Dies entspricht den Beobachtungen Gendlins über die erste Phase des Focusing–Vorgehens. Wenn der Patient sich auf Grund methodischer Anweisungen (Gendlin 1978) achtsam und gelassen der Wirklichkeit seines körperlich erlebten Schmerzes annähert, führt das zu einer erheblichen Spannungsreduktion. Die Spannung ist durch die Abwehr, dieses schmerzliche Gefühl nicht zuzulassen, aufgebaut worden. Die Abwehr von schmerzhaften Gefühlen entspricht laut Abhidhamma einer grundlegend falschen Ansicht *(ditthi)* über die Wirklichkeit, die durch Anhaften *(upādāna)* bedingt ist und so den leidhaften Zirkel von Verlangen–Frustration aufrechterhält. Auch Gendlin (1964) setzt sich mit den starren Ansichten *(contents)* auseinander und sieht sie als Gegensatz zum erfühlten Sinn *(felt sense)*. Das Aufgeben von Abwehransichten bringt den Erlebensstrom wieder ins Fliessen. Der Erlebensstrom eines gesunden, das heisst nicht an starre Ansichten haftenden Menschen, ist nach Abhidhamma durch ein freies Auftre-ten und Nachlassen sowohl der angenehmen, unangenehmen wie auch neutralen Gefühle gekennzeichnet.

Ich habe hier skizzenhaft aufgezeigt, wie das Erleben *(vedanā, vedeti)* im Abhidhamma begriffen wird, wie das körperliche Gefühl mit dem geistigen Erleben und den Ansichten zusammenhängt und wie das Kultivieren verschiedener Erlebensebenen zum heilsamen Fortschritt mehr oder weniger beitragen kann. Die therapeutische Wahl, welche Erlebensebene gegebenenfalls gefördert werden soll, richtet sich nach den ethischen Auffassungen des Abhidhamma, wonach alles Leiden oder Leidverursachende bei sich selber wie auch bei anderen zu beseitigen sei. In Gendlins Theorie ist diese Leidens-minderung als psychotherapeutischer Erfolg zwar impliziert, jedoch nicht explizit im ethischen Zuammenhang formuliert oder gar tech-nisch ausgearbeitet.

Es wurde bereits mehrmals gezeigt, wie eng Erleben und Ansicht miteinander verknüpft sind. Gendlin und vorher Rogers betrachten es als Kunst des Therapeuten, das Erleben bei sich selber und beim Klienten als Prozess zu erkennen und eine Atmosphäre zu schaffen, in der erlebnismässig überprüfte Ansichten miteinander geteilt werden können. Im Erleben und Miterleben hat Rogers (1965) ein Kriterium erkannt, das für den Therapieerfolg ausschlaggebend ist. Insgesamt unterscheidet er drei sogenannte Therapeutenvariabeln: 1. wohlwollende emotionelle „Wärme", 2. empathisches Verstehen und 3. Echtheit der Mitteilungen. Das wohlwollende Einfühlen in die Erlebenswelt des Patienten, kurz Empathie genannt, wurde von Rogers als eine erlernbare Therapeutenvariabel operationalisiert und ein Vorgehen für deren Einübung entwickelt.

Auch Gendlin (1964) räumt dem zwischenmenschlichen Beziehungsaspekt des Erlebens in seiner Theorie der Persönlichkeitsänderung einen wichtigen Platz ein. Er sagt, dass die akzeptierende Entgegnung *(response)* eines Mitmenschen, zum Beispiel des Therapeuten, das Erleben als Interaktionsprozess in Gang bringt und beim Patienten respektive Klienten auch den Prozess des Erlebens wiederherstellt *(reconstituting)*, der zuvor eventuell geblockt oder brachgelegen war. Eine als Heilung aufzufassende Persönlichkeitsänderung des Klienten besteht aus der wiedergewonnenen Fähigkeit, die ständigen Wechsel, die das Leben mit sich bringt, wie zum Beispiel Gewinne und Verluste, zu erleben und bei anderen mitzuerleben. Jede Persönlichkeitsänderung vollzieht sich nach Gendlin im Kontext einer engen persönlichen Beziehung und in Verbindung mit intensiven Gefühlen, die als körperliche Prozesse erlebt werden.

Neuere Untersuchungen über buddhistische Meditation[56] haben ergeben, dass Psychotherapeuten, die sich in körperorientierten Meditationsmethoden wie *Zen* oder *Satipatthāna–Vipassanā* üben, die Variable des empathischen Verstehens besonders stark entwickeln konnten. Dies weist darauf hin, dass eine Person, die in Kontakt ist mit dem eigenen Körper und den Gefühlen, diese auch beim anderen Menschen empathisch besser bemerken kann. Das Nacherleben oder Miterleben wird als wichtige Fertigkeit auch von dem Heiler und Lehrer Upasena Gurunnanse hervorgehoben.

6. Kultureller Kontext des Tovil–Heilrituals

Bei der Ermittlung des historischen, sozialen und mythisch–ideellen Kontexts der Heilrituale ging ich vorerst einmal von dem Wissen aus, welches für die srilankischen Dorfbewohner gilt und welches ihnen kulturelle Identität verleiht. Die Bevölkerung unterhält und teilt rege Ansichten über Herkunft, Stellenwert und Zweck ihrer Heilrituale. Ich habe mich auf Erhebungen dieser Ansichten nicht beschränkt, vor allem weil der methodische Einsatz dieses Wissens durch die Heiler noch einen Schritt weitergeht: über die Aufarbeitung und Wiedergabe der Inhalte hinaus zur methodischen Anwendung zum Zwecke der Heilung. Der psychotherapeutische Umgang mit kulturellem Wissen war für mich also interessant. Als Referenz dazu folgte erst in zweiter Linie die wissenschaftliche Diskussion über den kulturellen Kontext der Heilrituale. Einen prominenten Platz nimmt in dieser Diskussion selbstverständlich die Ethnologie ein, die allerdings im Falle Sri Lankas von der Kultur– und Sozialanthropologie, Soziologie, Kulturhistorie und Buddhismusforschung weitgehend abgelöst wurde. In den folgenden Kapiteln versuche ich, die Ergebnisse einiger wissenschaftlicher Arbeiten dieser Disziplinen über srilankische Heilrituale wiederzugeben, soweit sie für meine Fragestellung nach der Heilmethode relevant sind.

Sozialanthropologische und historische Forschungen über das dörfliche Leben Sri Lankas haben einander schon lange ergänzt. Anthropologen haben zwar immer wieder betont, dass in Sri Lanka wegen dem Fortbestehen unveränderter Dorfgesellschaften ein ethnographisches Vorgehen gerechtfertigt sei (Sarachchandra 1966), da die moderne historische Aufarbeitung der grossen Geschichtschroniken (*Mahāvamsa, Dīpavamsa*) noch nicht weit fortgeschritten sei (Geertz 1963). Historiker haben auf der anderen Seite bemängelt, dass die Analysen der anthropologischen Feldforschungen zu oberflächlich und ohne Einsicht in historische Zusammenhänge seien (Malalgoda 1976).

Dies trifft vor allem auf die komplizierten Vorgänge der religiösen
Assimilation zu und hat bewirkt, dass unter Religionsforschern ein
eigentlicher Meinungsstreit entstanden ist über „richtige" oder
„falsche" religiöse Einstellungen und Praktiken der Dorfbewohner
(Smith 1987). Im siebten Kapitel werden diese Themen zum buddhistisch–religiösen Kontext der Heilrituale separat und ausführlicher
behandelt.

Das historische Verständnis der Dörfler basiert auf der während
Jahrhunderten gepflegten, mündlichen Überlieferung. Es wird bis heute als Mythen in poetischer Form *(kavi)* während den Heilritualen
vermittelt. Heilrituale waren vor der Einführung des westlichen Erziehungssystems eine eigentliche Bildungsstätte der Dörfler. Weil sich
die Mythen von Region zu Region und von Zeit zu Zeit ändern,
kann man annehmen, dass das historisch–mythische Verständnis sich
weniger an den „harten Tatsachen" der Ereignisse, sondern vielmehr
an jeweiligen psychischen Bedürfnissen orientierte. Dies entspricht
dem in unserem Kulturkreis angestrebten Geschichts„bewusstsein"
durchaus: Mythen ermöglichen die Identitätsbildung innerhalb einer
weltlich–sozialen wie auch überweltlichen Ordnung, mit deren Hilfe
Störungen, Gefährdungen und Konflikte innerhalb einer kulturellen
Gruppe erfasst und bearbeitet werden können.

Eine Anhäufung historischer oder anderer wissenschaftlicher
Daten wird von einem traditionellen Srilankaner und Buddhisten
kaum angestrebt. Wissen allein hilft ihm für seinen emanzipatorischen psychischen Fortschritt wenig. Natürlich wurde mit dem kolo-
nialen westlichen Bildungssystem in Sri Lanka auch die Idee importiert, mit mehr Bildung könne ein höherer sozialer Status erreicht
werden. Dies erklärt unter anderem den Bildungs„boom" und die ver-
mehrte Ausrichtung der dörflichen Bevölkerung auf eine Anstellung
in der Stadt mit dem Ergebnis kultureller Entfremdung und erhebli-
cher Zielfrustrationen bei intellektuell hochqualifizierten Menschen, die
das importierte Wissen in ihrer Gesellschaft kaum anwenden können.
Wenn Sri Lanka nicht ein Schauplatz der wissenschaftlichen und
industriellen Revolution geworden ist, dann hat das nichts damit zu
tun, dass die Menschen dort zu wenig gebildet wären. Vielmehr hat
sich ihre Bildung und Entwicklung während über zweitausend Jahren
mehr an Zielen geistigen statt materiellen Fortschritts orientiert. Die
mangelhafte Aufarbeitung harter historischer Daten ist nur ein Beispiel für die Auswirkung dieses anderen Weltbilds und der anderen
Ambitionen, insbesondere von traditionellen geistigen Eliten, wie
Mönchen, Geistheilern und ayurvedischen Ärzten (Ariyapala 1956).

Srilankische Heilrituale, so haben wir bereits festgestellt, sind unter anderem traditionelle Bildungsstätte für mythische Geschichte, aber auch für gewisses handwerkliches Können, wie das Herstellen von Holzkonstruktionen und Dekorationen, für Mattenweben, Kochkunst und Hygiene.[57] Kulturanthropologische Untersuchungen gingen vor allem der Frage nach, inwiefern die Heilrituale kulturelle und soziale Traditionen konservieren respektive verwandeln. Man ist sich darüber einig, dass Heilrituale kulturelle Tradition kommunizieren, dass sie gleichzeitig auch die Bühne für gezieltes Handeln (englisch *performance,* also „Aufführen, Vollziehen") für Ausdruck, Interaktion, Transformation und Integration kultureller und gesellschaftlicher Werte sind (Lévi–Strauss 1977, Douglas 1974, V. Turner 1977, Leach 1978, Tambiah 1979). Diese prozessuelle und funktionale Betrachtungsweise hat Kapferer (1980, 1983) in der jüngsten Untersuchung über srilankische Heilrituale eindrücklich zusammengefasst und erweitert.

Das erstaunlichste an den soziologischen Daten rund um Sri Lankas Heilrituale ist, dass man vermuten würde, die Geschlechts–, Klassen– und Kastenzugehörigkeit der Patienten und Heiler als Determinanten sozialen Verhaltens müssten Aufschluss geben können über den Stellenwert der Heilrituale in der srilankischen Gesellschaft — beispielsweise betreffend der Wahl dieser Heilinstitution unter vielen anderen (vgl. *Tabelle 2, S. 29*). Die Ergebnisse derart konzipierter Untersuchungen widersprechen sich jedoch oft und führen eher zu neuen Spekulationen statt zur Klärung (Kapferer 1983, Fritz 1987, Ueda 1988). Die heuristischen Paradigmen der Sozialwissenschaften sind nur soweit aussagekräftig, als sie auch die Epistemologie der untersuchten Population zu erfassen vermögen. Es scheint, dass die auf fremde Kulturen angewandte Soziologie noch immer nicht die richtigen Fragen gefunden hat, auf die sinnvolle und statistisch fundierte Antworten folgen könnten. Meine Berücksichtigung der buddhistischen Epistemologie srilankischer Kultur hat selbstverständlich die Rezeption der in der Folge diskutierten sozialwissenschaftlichen Arbeiten geprägt. Ich meine, dass ich aus diesem Grund neue Fragen aufwerfen und Anregungen geben kann.

Einen tieferen Einblick in die spezifisch buddhistische Weltsicht vermittelt das Kapitel über Mythen und Kosmologie. Mythen und die sie umfassende Kosmologie behandle ich als psychische Konstrukte, die mit dem Ziel der Orientierung und Wertgebung errichtet und in Ritualen lebendig gehalten werden. Ohne dass ich im Kapitel 6.3 schon auf die konkrete Anwendung der Mythen in den Heilritualen eingehe, versuche ich dort, Überlegungen und globale Beobachtungen zu vermitteln, die meine Auffassungen über die psychologische Funktion der Mythen in Tovil–Heilritualen geprägt haben. Ich fasse dabei die mythischen Helden als Personifizierungen psychosozialer Gegebenheiten, als Idealtypen des kollektiven Wissens auf, die jedoch nicht immer „ideal" im positiven Sinne sein müssen. Es sind die geteilten Ideale — in unserem Kulturkreis oft als „Normalität" oder „Norm" begriffen —, die Kriterien für die Diagnose und Zielsetzungen für die Heilung psychisch desintegrierter Menschen darstellen.

Die in den folgenden Kapiteln vermittelte Zusammenfassung von sozialwissenschaftlichen Forschungen gibt auch einen Einblick in idealgebundene Grundsätze des Selbstverständnisses der Srilankaner. Das Begreifen dieses Selbstverständnisses der untersuchten Population klärt die Hintergründe ihrer Heilrituale und ermöglicht ein kontextuelles Verstehen der psychischen Prozesse während Heilritualen.

6.1 Historischer Hintergrund

Die Wiedergabe einiger kulturhistorischer Ereignisse in Sri Lanka soll auf die Herkunft von srilankischen Heilritualen hinweisen. Dabei wird vor allem der Frage nachgegangen, in welchen kulturspezifischen, historischen Kontexten das Können der Heiler entwickelt wurde. Sri Lanka hat eine zweieinhalbtausend Jahre alte Kulturtradition, die in Chroniken *(Mahāvamsa, Cūlavamsa, Dīpavamsa)* schriftlich dokumentiert ist. Die geographischen Gegebenheiten der Insel Sri Lanka ermöglichten einen kontinuierlichen Kulturwandel, in welchem, ohne Selbstbestimmung preiszugeben, die fremden Einflüsse jeweils integriert wurden. Auch wenn man eine Einfuhr „fremder" indischer Kulturgüter in spezifisch identifizierbaren Bereichen wie Kunst, Politik usw. feststellen kann, verneint dies nicht die Tatsache, dass Sri Lanka seit je her zu der sogenannten pan–indischen Hochkultur gehörte, dessen gemeinsamer Nenner der Buddhismus war. Im Mittelalter verschwand der Buddhismus aus dem indischen Festland, setzte sich aber auf Sri Lanka trotz europäischem Kolonialismus fort. Gegen Ende des Mittelalters zerfiel auch die klösterliche Tradition in Sri Lanka und wurde erst 1753 aus Siam wiedereingeführt. So entstand eine Lücke in der an die Klöster gebundenen Übermittlung des hohen Wissens, die sich, wie ich zeigen werde, auch auf die Tradition der buddhistischen Heilmethoden auswirkte.

Die srilankischen Chroniken enthalten eine Fülle von Angaben auch über Gesundheitsversorgung, Vorkommen von Heilritualen, Mythen usw., die eine subtile Dynamik von Eigenentwicklung, Akkulturation und Assimilation erkennen lassen (Smith 1987). Die Klöster waren die einzigen Bildungsstätten, in denen sowohl die buddhistische Lehre wie auch die Heilkünste kultiviert, konserviert, aufgeschrieben und weitergelehrt wurden. Dies geschah in der für den indischen Kulturkreis typischen Lehrer–Schüler–Beziehung, in welcher der Lehrer den speziellen Schüler und der Schüler den speziellen Lehrer auserwählte. Die Lehrer waren Mönche, die Schüler konnten auch Laien, meist Adelige, sein. Die buddhistischen Könige und Ade-

ligen betrachteten es als karmischen Verdienst *(pin)*, die Mönchsgemeinde zu unterhalten, während sie ihrerseits von den Mönchen
Bildung, Beratung, Therapie und zeremonielle Dienste entgegennah-
men (Ames 1967). Eng an den Klosterbetrieb angeschlossen waren
Dienstleistende aus niederen Kasten, während die Angehörigen der
höchsten Kasten, zum Bespiel die Bauern, Holz– und Metallarbeiter
und Handelsleute, ihre berufsbezogenen Traditionen unabhängig
pflegten (Ariyapala 1956). Zu den Klöstern gehörten aus den niederen
Kasten vor allem die Trommler, die bei allerlei zeremoniellen und
rituellen Anlässen mitwirkten (Malalgoda 1976). Die meisten heute
praktizierenden *Yakäduro*–Heiler stammen aus der Kaste der
Trommler.

Das buddhistische Weltbild hat bis zum Untergang des Buddhismus im benachbarten Indien im 11. Jahrhundert viele Einflüsse der
indischen Folklore erfahren, hat aber auch Inhalte und Bedeutungen
der vorbuddhistischen lokalen Sitten von Indien, wie die *Jātaka*-
Geschichten,[58] integriert. Der kulturelle Austausch erstreckte sich seit
dem Anfang unserer Zeitrechnung auch auf Griechenland und andere
mediterrane Länder, auf China (ca. 4. Jh.), später auf Arabien, Indo-
nesien, Malaysien (ca. 8. Jh.) und seit der Kolonialzeit (ab 15. Jh.) auf
Portugal, Frankreich, Holland und England. Die Kolonialeinflüsse
blieben jedoch vorerst auf das Tiefland von Sri Lanka beschränkt,
weil das Königreich von Kandy im Hochland sich bis Mitte des
19. Jahrhunderts erfolgreich um eine Abschirmung bemüht hatte.
Wohl behaupteten auch traditionelle Gelehrte im Hochland, einen
Austausch mit Griechenland und China gepflegt zu haben (zum
Beispiel die Anwendung von Akupunktur), doch ist dieser Einfluss
auf das heutige Dorfleben sehr gering. Das gleiche gilt auch für den
Einfluss der eher isoliert lebenden Muslim–Gesellschaften (insbesondere der Malayen) auf den Rest der Bevölkerung. Wenn man von der
gegenwärtigen Akkulturation durch den Import westlicher Güter und
der sogenannten Entwicklungshilfe absieht, kann behauptet werden,
dass das Weltbild und die Sitten der Dorfbewohner des Sri Lanka
Hochlands vor allem indische Einflüsse aufweisen (Gombrich 1971a).

Die Akkulturation Sri Lankas von Indien geschah phasenweise
und episodisch, wie folgende Beispiele illustrieren:

- Im 5. Jahrhundert v.Chr. eroberte der nordindische Prinz
  Vijaya Sri Lanka und siedelte seine Leute auf der Insel an. Er
  gilt als Vater der Nation. Seine Frau *Kuveni* war Tochter
  eines Häuptlings der Eingeborenen. Auf die Eheprobleme der

beiden Eltern der Nation wird die Notwendigkeit und das Entstehen der Heilrituale zurückgeführt (vgl. Kapitel 8).

- Im 3. Jahrhundert v.Chr. etablierte eine Mission des indischen Herrschers Asoka den Buddhismus als Staatsreligion von Sri Lanka und führte buddhistische Texte, darunter auch die folkloristischen *Jātaka*-Geschichten, Geistesschulungsmethoden und religiöse Bräuche in grossem Ausmass, ein.

- Am Anfang unserer Zeitrechnung fingen die Begegnungen mit Südindien an, die sowohl in Invasionen als auch im kulturellen Austausch mit den bis ins 11. Jahrhundert buddhistischen Tamilen bestanden.

- Als politische Lösung gegenüber den südindischen Übergriffen in srilankisches Hohheitsgebiet heirateten die sinhalesischen Könige während des frühen Mittelalters bis in die Kolonialzeit tamilische Prinzessinnen. Die Königinnen pflegten in der Regel weiterhin ihre brahmanische Religion und unterhielten am Hof tamilische Brahmanen, die bis heute als Priester der synkretischen buddhistisch–hinduistischen Tempel *(devāle)* fungieren.

- Die im Dorf wirkenden ayurvedischen Ärzte *(vedamahatteya)* und astrologischen Berater *(shāstrakāraya)* stützten ihre Fertigkeiten auf dem Studium der überlieferten indischen Schriften *(shāstra, veda)* ab. Sie pflegten seit je her einen Austausch mit der indischen Geisteswelt. Auch die Mönche lernten Sanskrit (Sprache der indischen Überlieferungen) nebst Pāli (Sprache des buddhistischen Kanons).

Um die Herkunft der srilankischen Heilrituale zu ergründen, ist es wichtig, zwei Ströme des indischen Einflusses auf das Alltagsleben in Sri Lanka zu unterscheiden:

1. Indischer Buddhismus, wie auch vorbuddhistische, indische Sitten und Ansichten, die in den indischen Buddhismus integriert, nach Sri Lanka importiert und dort assimiliert wurden. Dazu gehörte auch die Psychologie des Abhidhamma, die ursprünglich den indischen Alltag zum Inhalt des Erlebens hatte.

2. Indische nichtbuddhistische (folkloristische, brahmanische, animistische usw.) Einflüsse, die durch Migration zustande kamen und sich mit sinhalesischen, ausserhalb des Buddhismus fortdauernden Bräuchen verbanden.

Wesentliche buddhistische Einflüsse aus Indien wurden im Zusammenhang der Abhidhamma–Psychologie behandelt (vgl. Kapitel 4). An dieser Stelle versuche ich, soweit anhand des kulturanthropologischen Materials möglich, mindestens einige Elemente der indischen Folklore zu beleuchten, die sich im Weltbild der Srilankaner auswirken. Diese Elemente wurzeln in uralten animistischen Lokalsitten und im mehrere Jahrtausende alten Brahmanentum. Sie wurden auch in Indien während anderthalbtausend Jahren durch den Buddhismus beeinflusst, haben dessen Untergang jedoch überdauert. Alles, was die islamische Eroberung Indiens im 11. Jahrhundert hinter dem Indus–Fluss überlebte, gleich ob animistisch, brahmanisch oder buddhistisch, wurde seither mit dem arabischen Wort „Hindu“ bezeichnet. In Übereinstimmung mit dem zeitgenössischen Wortgebrauch spreche ich in der Folge also über Elemente des Hinduismus.

Die epistemologischen Paradigmen, die das indische Weltbild prägen, werden auf die intuitive Schau der vedischen *Rishi* (Seher) zurückgeführt. Diese Innenschau hatte eine ordnende Funktion: die psychosozialen Erfahrungen wurden in einer vereinheitlichten Weltschau strukturiert, zum eigenen Erleben wurden Entsprechungen in der Aussenwelt gesucht. Dank diesen Entsprechungen konnte sprachlich und bildlich vermittelt werden, wie zum Beispiel das Feuerelement *(agni, tejo–dhātu)* in einem selber entsteht und was es bewirkt. Das Ziel der vedischen *Rishis* war, das Erleben so weit vom spekulativen Denken zu säubern, das heisst zu entpersonifizieren, dass nur noch die letzte intuitiv evidente Realität, das letzte Subjekt, die innerste Identität des Beobachters *(ātman)* übrigblieb.

In *Ātman* erkannte man den göttlichen Funken seines Selbst, den Ursprung aller Schöpfung *(paramātman)*. Durch Identifikation mit dem personifizierten Wesen des *Ātman* (den Göttern *Ishvara, Purusha, Brahma)* kultivierte man die ihnen entsprechenden Wirkungsweisen. Die Einsichten der *Rishi* sind in den Veden, in mehreren tausend Jahren alten Büchern, poetisch festgehalten. Diese heiligen Sprüche wurden ursprünglich in oraler Form weitergegeben und erst seit etwa zweitausend Jahren zusammen mit Kommentaren und Weiterentwicklungen durch die sogenannten *Upanishaden* und *Brahmana–Shāstras* niedergeschrieben. Die Weisheit dieser *Shāstras* (Lehrbücher) war immer praxisorientiert, das heisst sie bestand in Anleitungen für das Alltagsleben, für Opferhandlungen und Heilrituale und, in ihrer esoterischen Form, in Meditations– und Yoga–Instruktionen (Werner 1977). Darüber hinaus wurde den heiligen Sprüchen auch eine Kraft von Beschwörungsformeln *(mantra)* zuge-

billigt, dies zunehmend im priesterlichen Gebrauch und ohne Inhalts-
verständnis. Die heiligen Sprüche sind in den *Shāstras* der „Vier
Veden" gesammelt:

> Der Rig-veda enthält Hymnen, mit welchen der Priester die Götter
> zum Opfer einlud, der Sama-veda die Lieder, welche in bestimmten
> Melodien beim Opfer gesungen wurden, der Yajur-veda die Sprüche,
> die bei den heiligen Handlungen herzusagen waren, der Atharva-
> veda vornehmlich Zaubersprüche (von Glasenapp 1978 : 5).

Es sind vor allem die mit *Atharva-Veda* verbundenen *Shāstras*,
die den traditionellen Heilmethoden Südasiens zu Grunde liegen.

> Die Praxis des Heilens in Stammeskulturen und Dörfern von Indien
> heute folgt dem gleichen Muster wie vor zweitausend Jahren; es ist
> kaum eine Veränderung feststellbar. Der Zorn der Götter, das Unwe-
> sen böser Geister und die Magie von menschlichen Wesen stellten die
> Basis der Atharva-Veda-periode dar; und bis heute baut auf dieser
> Basis die Stammes- und Dorfmedizin (Jaggi 1983 : xii).[59]

Das Phänomen der kulturellen „Zeitlosigkeit" in asiatischen Kulturen auch während des ganzen Mittelalters führt Ariyapala (1956)
auf die buddhistische Haltung, im speziellen gegenüber der Natur,
zurück, welche allerdings auch den anderen indischen Philosophien zu
Grunde liegt.

> Die buddhistische Haltung gegenüber der Natur war nicht die der
> Eroberung der Natur durch die Meisterung ihrer Geheimnisse, sondern
> die Eroberung der Natur durch Meisterung des Selbst. Die Welt war
> nicht bloss das Fleisch und der Teufel — sie war Täuschung; und
> obwohl diese Haltung gegenüber dem Leben die sinhalesischen Köni-
> ge nicht davon abgehalten hat, sich auf Eroberungen einzulassen
> oder sich um die Sicherung ihres Throns zu kümmern, half es, der
> sozialen Organisation von Kaste und Status eine formale Starrheit zu
> verleihen (Ariyapala 1956 : 366).[60]

Der König und seine Adeligen in Sri Lanka unterhielten auch
während des Mittelalters jeweils die buddhistische Mönchsgemeinde
(sangha), doch spielte dabei, nebst dem karmischen Verdienst *(pin)*,
mehr und mehr das Interesse an dem klösterlichen Landbesitz eine
Rolle. Wenn ursprünglich die Beziehung zwischen dem Mönchslehrer
und seinen auserwählten Schülern vorwiegend spirituell war, trat nun
die Weitergabe des Klosterbesitzes in den Vordergrund. Dies führte
dazu, dass die religiöse Generationenlinie *(sāsana-paramparā)*
anfing, sich mit der familiären Generationenlinie zu decken. Die ari-
stokratischen Familien hielten den klösterlichen Besitz, indem sie
jeweils einen ihrer Söhne als Mönch ordinieren liessen. Da dies sehr
oft nicht mit der Absicht des Sohnes übereinstimmte, einen rein spi-

rituellen Lebenswandel zu führen, kam es vor, dass er als Mönch die
klösterliche Bildung absolvierte und in der Folge heiratete. Als nächster Garant des klösterlichen Familienerbes trat dann zum Beispiel
sein Neffe in den Orden ein (Malalgoda 1976). Diese Praxis führte zu
einer inneren Korruption der hohen spirituellen Ziele des Sangha und
schliesslich auch zu seinem äusseren Verfall. Die formelle Ordination
(upasampadā), die von einem Priester mit mindestens zehn Mönchs-
jahren *(thera)* im Beisein von vier formell ordinierten Mönchen
(bhikkhu) durchgeführt werden soll, konnte nicht mehr abgehalten
werden. Die Institution des Sangha verschwand, und eine neue Klasse
säkulärer Priester *(ganinnanse)*, die sich nicht an das Zölibat hielten
und weisse statt safrangelbe Roben trugen, waren nun zuständig für
die Tempelzeremonien und wirkten auch als Heiler. Zwischen 1600
und 1750 wurden von den jeweiligen Königen drei Versuche unternommen, die formelle Ordination wiedereinzuführen, indem burmesi-
sche und siamesische *Theras* nach Sri Lanka eingeladen wurden.
Doch erst der Versuch im Jahre 1753 blieb erfolgreich, da er getragen
wurde von einer landeseigenen Erneuerungsbewegung besitzloser, den
spirituellen und meditativen Weg verfolgender Waldmönche. Diese
Bewegung ist bekannt als *Silvat Samāgama* (Sarachchandra 1952,
Malalgoda 1976).

Diese historischen Umstände führten dazu, dass man heute von
einem hundertjährigen Verschwinden des Sangha in Sri Lanka im
17./18. Jahrhundert spricht und damit auch eine ungefähr hundert-
jährige Dunkelzone kultureigener, buddhistischer Wissensüberlieferung
meint. Es bestehen allerlei Spekulationen der Buddhismusforscher
über die Authentizität religiöser Praktiken der sogenannten „Hochreligion" des heutigen Sri Lanka, **der** Religion also, die an den
Sangha gebunden ist. Ames (1967) weist nun darauf hin, dass die
Reformbewegung des Sangha (es waren achzehn seit dem 4. Jahrhundert) jeweils einen zyklischen Verlauf hatten:

1. Interessierte Parteien (Laien oder Mönche) appellieren an den
   König oder unternehmen eigene Anstrengungen, den Orden
   von „Korruption und Unordnung" zu säubern.

2. Eine „Zurück–zu–Buddha"–Bewegung wird öffentlich proklamiert, die sich streng an die kanonische Disziplin hält und
   sich von geerbten Praktiken, vor allem eines „exzessiven
   Ritualismus", distanziert.

3. Nach einer gewissen Zeitperiode rutscht der reformierte Orden wieder ab in Korruption, Skandale und Unordnung, was eine nächste Erneuerungsbewegung auslöst.

Erst seit der englischen Kolonialisierung Sri Lankas vor hundertfünfzig Jahren und als Reaktion auf eine aggressive Christianisierung entstand der sogenannte „protestantische Buddhismus", dessen Reformbestrebung nicht mehr einen zirkulären sondern einen linearen Verlauf annimmt. Dies geschieht mit dem Effekt, dass der buddhistische Orden zunehmend abgesondert wird von seinen traditionellen Aufgaben der Bildung, Heilung und direkten politischen Einflussnahme auf die Regierung. Seit der Einführung des westlichen Erziehungssystems verschwindet die klösterliche Bildung für die dörflichen Mönche, Ärzte, Astrologen und Lehrer in der ihr typischen traditionellen Lehrer–Schüler–Beziehung fast vollständig. Diese neueren Reformen, wie zum Beispiel das westliche Erziehungssystem, haben zwar — dies wird auch von Bechert (1966) und Obeyesekere (1970a) bestätigt — strukturelle Auswirkungen auf urbane Gesellschaften, doch beobachte man in den Dörfern kaum Veränderungen der religiösen Praxis. Es scheint, als sei an der „Volksreligion" mit ihren Ritualen für Heilung und Befriedung, die überwiegend von Laien ausgeführt werden, die klösterliche Reformbewegung der Neuzeit fast spurlos vorübergegangen.

Dieser Einblick in den historischen Werdegang der eminent buddhistischen Wissensvermittlung, inklusive des Heilens von Körper und Geist, wirft jedoch ein besonderes Licht auf die Herkunft der heutigen Heiler *(yakäduro, gurunnanse)*. Mit Nachdruck und Stolz nannten die von mir befragten Heiler die Zahl der Lehrergenerationen *(paramparā)*, die ihnen das Wissen und die Methodik des Heilens vermittelt haben. Die Zahl war nie unter acht, was dem Wissen des Heilers im Hinblick auf Tradition und Authentizität eine gewisse Ehrwürdigkeit verlieh. Sie war aber auch nie über elf, ein Umstand, der mich aufmerken liess.[61] Ich rechnete zirka zehn Generationen in der Zeitrechnung zurück und stellte fest, dass die ersten Generationen der heutigen Heiler genau in die historische Dunkelzone der buddhistischen Wissensvermittlung fallen. Ob die heutigen *Gurunnanse* die Nachfolger der damaligen *Ganinnanse* sind, die den Reform- und Ordinationstendenzen 1753 nicht nachgefolgt sind? Oder entstanden die heutigen Heilrituale aus der Eigeninitiative arbeitslos gewordener Trommler, Tänzer und Heiler, mit denen die frisch ordinierten *Ganinnanse* nicht mehr arbeiteten? Oder waren es Methoden vorbuddhistischer Schamanen, die während Jahrtausenden

mit buddhistischen Mönchen als Trommler und Heiler zusammen-
wirkten, die nun wieder unabhängig von klösterlicher Tradition als
praktisches Können vom Vater auf den Sohn oder auf einen auserwählten Schüler weitergegeben wurden? Nachdem sich die ehemaligen
Ganinnanse der Säuberungswelle entsprechend von rituellen Praktiken abgewandt haben, findet man nur ausnahmsweise buddhistische
Mönche, die mit den *Yakäduro*–Heilern zusammenarbeiten.[62]

Mir ist keine historische Untersuchung bekannt, die diesen Fragen
nachgegangen wäre. Mit Sicherheit können wir jedoch sagen, dass die
Heiler–*parampará* vor ungefähr zweihundertfünfzig Jahren die typische Art buddhistischer Wissensvermittlung vom Lehrer zum auserwählten Schüler, wie sie in Klöstern üblich war, aufgenommen und
konsequent weitergeführt hat. Dadurch haben die traditionellen
Yakäduro–Heiler den Tendenzen der westlichen Akkulturation im
Bildungs– und Erziehungswesen sowohl inhaltlich wie auch formal
Widerstand geleistet.

6.2 Soziales Umfeld

Bei den modernen sozialwissenschaftlichen Untersuchungen von srilankischen Heilritualen handelt es sich meistens um verschiedentlich breit angelegte Pilotstudien, die sich selektiv einzelnen Aspekten zuwenden oder als Einzelfallstudien auf ein Dorf oder ein besonderes Ritual beschränkt sind. Der soziale Kontext der von *Yakäduro* durchgeführten Heilrituale wurde von verschiedenen älteren Autoren, die über srilankische Kultur schrieben, nur nebenbei und essayistisch behandelt. Ausnahmen sind hier die Arbeiten von Gooneratna (1865/66), der die Umstände und das Vorgehen der Heilrituale ausführlich beschrieben hat, von Pertold (1930), der die mythologischen Zusammenhänge mit den gesellschaftlichen vergleicht und von Wirz (1943), dessen Buch eine bisher unübertroffene enzyklopädische Erfassung der srilankischen Heilsysteme darstellt. Zum Verständnis des soziologischen Stellenwerts der Heilrituale tragen auch die srilankischen Autoren Sarachchandra (1966) und Wijesekera (1949) bei, deren Arbeiten schon der modernen Kulturanthropologie zugerechnet werden.

Die für mein Thema relevanten, modernen kultur–, sozialanthropologischen und soziologischen Arbeiten über Sri Lanka stammen von Ames (1978), Amarasingham (1980), Gombrich (1971a), Kapferer (1979, 1983), Leach (1962), Obeyesekere (1969, 1970a, 1970b, 1975a, 1975b, 1977a, 1981), Waxler (1972) und Yalman (1964). Besondere Erwähnung verdienen die Arbeiten des Soziologen Fritz (1987) und des Anthropologen (Ueda (1988),[63] die ihre Feldforschung zur gleichen Zeit wie ich und teilweise auch mit gleicher Population wie ich durchgeführt haben. Fritz hat das Patientenverhalten in dem Dorf Gonigoda in der Nähe von Kandy (siehe Kapitel 2) untersucht, während Ueda seine Daten vor allem im Süden Sri Lankas erhoben hat. Am umfassendsten und aufschlussreichsten sind wohl die Arbeiten von Kapferer und Obeyesekere,[64] beide Kulturanthropologen, deren Stärke vor allem die Interpretation von Fall– und Dorfstudien ist.

Der Schwerpunkt von Kapferers Analyse (1983) liegt beim allgemeinen Stellenwert und der Funktion von Heilritualen innerhalb der
Kultur von Sri Lanka. Kapferer würdigt V. Turners Theorie der „per-
formativen Akte des Rituals" und der „konkreten Artikulation der
Symbole in der Praxis". Er zeigt aber die Beschränkungen und Missdeutungen auf, die dem Festlegen von „Invarianten der liturgischen
Abfolge von Worten und Akten" innewohnen, die dann als die
„offensichtliche" Charakteristik des Rituals proklamiert wird
(Kapferer 1983 : 3f). Er kritisiert auch die strukturalistischen und
semiotischen Methoden, die durch die Arbeiten von Lévi–Strauss
vertreten sind, weil sie nur das „Skelett der Kulturform" erfassen
und, soweit sie die Handlungen berücksichtigen, diese bloss als eine
„Aufführung eines angenommenen, zugrundeliegenden Textes" auffassen (ebenda : 5f).

Ich will mich hier mit den sozial–anthropologischen Auffassungen
von Kapferer etwas eingehender auseinandersetzen, weil sie mit meinem psychologischen Ansatz zu vereinbaren sind und sein empiri-
sches Material daher auch in einer zu meinen Daten kommensurablen
Form vermittelt ist. Die Bedeutung eines Rituals oder einzelner ritueller Akte, so argumentiert Kapferer, hängt vom Erleben des einzelnen
Teilnehmers ab. Durch sein eigenes Handeln rekonstruiert er die
überlieferten kulturellen Bedeutungen. Ein Heilritual ist nun ein
Ereignis, in dem kulturelle Bedeutungen und Ordnungen durch die
Heiler in hoher ästhetischer Form präsentiert und durch ihre Handlungen *(performance)* konstituiert und transformiert werden. Das
Heilritual bezeichnet also einen Übergangs– und Verwandlungsprozess
und hat an erster Stelle zum Ziel, einen Patienten wieder in seinen
sozialen Kontext zu integrieren. In den komödiantischen Sequenzen
des Rituals werden Grenzen und Restriktionen des Alltags überschrit-
ten, und das jenseits dieser Grenze vermutete und erlebte Dämonische wird in Frage gestellt, verlacht und auf seinen Platz verwiesen.

Besondere Aufmerksamkeit verdient eine frühere Analyse Kapferers (1979), in der er sich den sozialen Integrationsprozessen von
Patient und Zuschauer vor und während einem Heilritual zuwendet.
Seine Analyse gründet auf den soziologischen Theorien G.H. Meads
(1934) und erklärt, mit dessen Terminologie ausgedrückt, die Transformation der „Identität" des Patienten wie auch des „Anderen",
seiner Angehörigen also. Die Mead'sche interaktionelle Sozioetiologie
von Krankheit und Heilung kommt nahe der Beschreibung eines
psychotherapeutischen Prozesses anhand des psychodramatischen
Formats Morenos (vgl. Kapitel 5.1). Die Zeitgenossen Mead und More-

no haben als Basis ihrer Theorien die Thesen gemeinsam, dass die psychogenetische Entwicklung der Gesellschaft vor der des Individuums stattfindet, und dass eine individuelle Identität sich nur aus einem sozialen Kontext entwickeln kann. Die Identität des Menschen setzt sich laut Mead aus dem „Ich", der Reaktion des Organismus auf die Haltung anderer, und dem „ICH", der organisierten Gruppe von verinnerlichten Haltungen anderer, zusammen. „Ich" und „ICH" interagieren miteinander und ermöglichen dadurch die Anpassung der Identität des Menschen in jeder sozialen Situation.[65] Das „ICH" besteht also aus der Fähigkeit, die Rollen der „Anderen", der sozialen Bezugspersonen, innerlich anzunehmen. Die Identität konstituiert sich aus dem, was die Person denkt, was andere über sie denken („ICH") und ihrer tatsächlichen Artikulation („Ich"). Die Identität benötigt für ihr normales Funktionieren die interagierende Distanz des subjektiven „Ich" und des objektivierten „ICH" (Mead 1973). Während dem Soziologen Mead die Aufhebung der Dichotomie von Individuum und Gesellschaft mit Hilfe seiner Rollentheorie theoretisch gelungen ist, so hat Moreno seine eigene Rollentheorie darüber hinaus praktisch genutzt und psychotherapeutisch angewandt, wie auch im Rahmen des therapeutischen Formats des Psychodramas experimentell verifiziert. Kapferer unternimmt nun eine ähnliche Verifikation der Theorie von Mead, wenn er sie auf die srilankischen Heilrituale anwendet. Er bleibt dabei in der Rolle des analysierenden Beobachters, ohne auf die Ansichten der Heiler zu ihren psychotherapeutischen Interventionen einzugehen.

Kapferers Erklärungen können etwa folgendermassen zusammengefasst werden: Der Patient hat bereits vor dem Ritual die alltäglichen „Anderen", also seine reale wie auch verinnerlichte Interaktion mit seinen Angehörigen („ICH") durch das „dämonische Andere" ersetzt. Sein „Ich" lebt und kommuniziert *face–to–face* nur noch mit unsichtbaren Wesen, und infolgedessen kollabiert seine normale Identität. Während dem Heilritual nun, so argumentiert Kapferer, werden die unsichtbaren Dämonen verkörpert, abwechselnd durch die Heiler, die sich als Dämonen maskieren, und durch den Patienten selbst, der die Rolle des Dämonen annimmt und ihn durch seinen Körper tanzen und durch seinen Mund sprechen lässt. Dadurch wird die Innenwelt des Patienten zu einem realen, das heisst öffentlich angenommenen und erlebbaren „ICH", welches den für den Patienten und seine Angehörigen gleichermassen sichtbaren und kommunizierbaren „Anderen" darstellt. Dank dieser neuen Konstellation baut der Patient seine normale Identität wieder auf, da er sich während des

rituellen Agierens gleichzeitig vom Dämonischen trennt und infolgedessen zusammen mit den Zuschauern die humorvollen und komödiantischen Darstellungen der Lächerlichkeit und Harmlosigkeit von
Dämonen, wie sie von den Heilern dramatisiert werden, geniesst. Die
alltäglichen „Anderen", die anwesenden Angehörigen, rücken durch
das gemeinsame Lachen, das neu gewonnene Zugehörigkeitsgefühl,
wieder ins Erlebensfeld des Patienten. Obwohl Kapferer behauptet,
dass er nur eine „ästhetisch–performative Analyse" durchführt, ohne
das Psychologische miteinzubeziehen, ist seinem Ansatz dennoch eine
Psychologie immanent, die für das Verstehen der Heilrituale förderlich ist.

Auch Obeyesekere (1970b, 1975a, 1981) unternimmt Analysen zur
psychischen und sozialen Des– und Reintegration des Patienten
anhand von Einzelfallstudien. Er bewegt sich dabei zwischen den
Theorien Webers, Freuds und Durkheims. Bei den von Obeyesekere
(1970b, 1975a) untersuchten Patientinnen handelt es sich um Frauen,
bei denen er Hinweise auf Triebdeprivation in früherer Kindheit vorfindet. Ihre unterdrückte Sexualität und Aggression werden im Heilritual ausagiert und kanalisiert: der Dämon, den die Frau verkörpert,
soll ja unflätig und vulgär sein. Obwohl Obeyesekeres psychoanalyti-
sche Deutung etwas aufgestülpt wirkt, gelingt es ihm aufzuzeigen, wie
durch das kulturell akzeptierte Ausdrucksmittel der Überwältigung
von einem Dämon als Krankheitsagenten, die psychischen Konflikte
für die Frau bedeutungsvoll und fassbar werden. Sie kann sich als
verkörperter Dämon im Heilritual ungehemmt ausdrücken und ihre
Störung kommunizieren. Die Krankheit wird so für die soziale
Bezugsgruppe verständlich und kann vom Heiler aufgegriffen und
bearbeitet werden.

Doch nicht nur im Heilritual, auch sonst kommt die kulturell
akzeptierte Kommunikation mit unsichtbaren Wesen *(deva, yaka,
bhūta, preta)* nach Obeyesekere (1981) einem Verlangen der Frauen
nach grösserem gesellschaftlichen Einfluss und Macht entgegen. Dank
ihrer Verbindung und Einsicht *(disti)* in die Welten unsichtbarer,
mächtiger Wesen, die sie eindrücklich beweisen können, gelingt es
solchen Frauen oft, einen respektierten und angesehenen Platz als
Priesterin und Heilerin einzunehmen. Das kann auch einen Rollentausch im Machtgefälle der Ehe bewirken: die ehemals dienende Ehefrau findet in ihrem Ehemann einen überzeugten spirituellen Anhän-
ger, Nachfolger und Sponsor ihrer Fähigkeiten und ihrer neuen
gesellschaftlichen Rolle. In einigen Fällen führt die neue Beschäftigung der Frau als Priesterin, die oft mit einem Desinteresse an einer

sexuellen Beziehung verbunden ist, zur Scheidung (vgl. hierzu auch das Heilerbeispiel der Sunilagama Nimitta–Schwestern in Kapitel 3).

Nebst solchen interessanten, jedoch der srilankischen Kultur fremden Deutungen von der Psychogenese der Patienten, haben sich Kapferer und Obeyesekere vor allem Fragen der Einbettung der Heilrituale im sozialen Umfeld zugewendet. Die Daten zu den von ihnen behandelten sozialen Zuordnungsgruppen wie Klasse, Kaste und Geschlecht der Heiler, respektive Patienten, auf denen ihre Analysen basieren, sind unsystematisch erhoben und nur am Rande erwähnt.

Heilrituale sind Haushaltrituale (Kapferer 1983), das heisst sie finden in den allermeisten Fällen im oder vor dem Haus des Patienten statt, unter der Anwesenheit möglichst vieler Familienangehöriger und Nachbarn. Sie werden auch finanziell meistens von der ganzen Familie getragen. Hier setzt Kapferer mit seiner Analyse an, wenn er der Frage nachgeht, weshalb zwei Drittel der Patienten der von ihm beobachteten Tovils Frauen sind.[66] Er geht nicht wie Obeyesekere von einer gesellschaftlich unterdrückten Frau aus. Vielmehr ist die Stellung der Frau als Hüterin des Hauses eine ganz besonders angesehene im sinhalesischen Dorfleben. Das Haus ist das Zentrum sozialer Beziehungen, das die Einordnung seiner Bewohner in ein mundänes, kulturelles und soziales Universum symbolisiert. Die Frauen sind die Trägerinnen und Agentinnen des Austausches zwischen dem Haus als Zentrum und der äusseren sozio–kulturellen Welt. Gleichzeitig vermitteln sie an den Übergängen von Natur und Kultur. Die Frauen sind es, die den Wert und das Mass des Gleichgewichts zwischen diesen beiden Polen setzen. Ihre Natur dominiert diejenige des Mannes, schwächt sie aber in Zeiten der Geburt und Menstruation und lässt sie verletzlich gegenüber Unordnung und Störungen reagieren. Dämonen manifestieren ihre Macht der Unordnung und Störung genau an jenen Orten und zu solchen Zeiten, die die Übergänge von Natur in Kultur symbolisieren und zu denen sich auch Frauen alleine und daher ungeschützt begeben: an Badeplätzen, Friedhöfen und Strassenkreuzungen, zur Mittagszeit und während der Eindämmerung. An solchen Orten werden Frauen, häufiger als Männer, von Dämonen befallen, tragen das Bedrohliche nach Hause und bringen somit Unordnung ins Haus, in das Zentrum, in die Basis aller sozialer Beziehungen. Dies erklärt auch, weshalb Heilrituale und Rituale der Befriedung *(shānti–karma, tovil, pūja, pirit)* Haushaltrituale sind.

Da die Heilrituale zu den im religiösen Weltbild der Sinhalesen verankerten, traditionellen Heilmethoden gehören (vgl. Kapitel 7), ist mancher Sozialwissenschaftler auch der Frage nachgegangen, inwiefern solche herkömmlichen Traditionen trotz zunehmender Säkularisierung und der Einführung des westlichen Medizinsystems überleben. Was die Häufigkeit des Vorkommens von ganznächtlichen Tovil–Heilritualen betrifft, meint Kapferer (1983) einen merklichen Rückgang feststellen zu können. Auch hierzu fehlen genaue statistische Erhebungen. Obeyesekere (1970a, 1977a) stellt jedoch fest, dass, trotz religiöser Säkularisierung, westlicher Erziehung und einer rapiden sozial–ökonomischen Entwicklung und einer ebenso grossen Frustration im urbanen Sri Lanka, Dämonen– und Götterkulte nicht abnehmen, sondern höchstens ihre Form und ihren Beliebtheitsgrad wechseln. Er zeigt auf, dass zum Beispiel die Beliebtheit der Göttin *Pattini* abnimmt und die des Gottes *Skanda* zunimmt. *Pattini* repräsentiert Fruchtbarkeit und erfolgreiche Landwirtschaft. *Skanda* hingegen steht für die Überwindung schwieriger politisch–ökonomischer Hindernisse und ist Garant für Hilfeleistungen, die nicht unbedingt an hohe moralische Ziele geknüpft sind. Als solcher ist er eine Personifizierung der Ideale von Geschäftsleuten und Politikern.

In einer anderen Studie stellt Obeyesekere (1975b) die Zunahme der schwarzen Magie bei der gleichen urbanen unteren Mittelschicht in einen ähnlichen Zusammenhang. Der Charakter des Dämonen *Hūniyam*, der zuständig ist für schwarze Magie, konkretisiert die Kanalisation von Frustration und Aggression. Diese neue, durch *Hūniyam* beherrschte soziale Klasse entsteht weniger aus der Stadtbevölkerung, sondern hat sich aus der Verwandlung sozialer Dorfstrukturen herausgeschält, getragen von den ökonomisch erfolgreichen Anstellungen ihrer Mitglieder in den Städten. Auch unter den Bauernsöhnen im Dorf ist das Mass an Ehrgeiz als Resultat des westlichen Erziehungssystems gestiegen. Die Wege zum ökonomischen Erfolg sind jedoch äusserst ungewiss, problematisch und mit Kompromissen an die traditionelle Ethik verbunden. Diese Zwiespältigkeit ist mit dem Charakter des halb Dämonen und halb Gottes *Hūniyam* verbunden, der die psychosozialen Prozesse der neu aufgestiegenen Populationsgruppe steuert.

Zu einem ähnlichen Ergebnis bezüglich der Beliebtheit traditioneller Heilmethoden kommt Fritz (1987) in dem von ihm untersuchten Dorf Gonigoda bei Kandy. Weder Alter noch Bildungsstand und ökonomischer Status sind massgebend für eine Bevorzugung neuer westlicher gegenüber traditioneller Heilmethoden. Es sind vielmehr die, an kulturelle Deutungsmuster gebundenen Ursachezuschreibungen der Krankheit, die die Wahl des Heilspezialisten oder der Heilinstitution am stärksten beeinflussen (vgl. Obeyesekere 1978a). Die westliche Akkulturation wirkt sich also auf die Wahl nicht direkt sondern indirekt aus, über den Wandel von kultureigenen kognitiven Mustern, wobei die wahrgenommene Wirksamkeit der Heilmethode entscheidend ist. Bei schweren körperlichen Symptomen wird eher der westliche, bei leichten der ayurvedische Arzt aufgesucht. Dies gilt jedoch nicht für schwere psychische Störungen *(bayavīma)*, die den Patienten oft arbeits- und kommunikationsunfähig machen. Hier wird stets auf traditionelle Heilrituale *(tovil, shānti–karma)* zurückgegriffen, obwohl die Kosten für einen Tovil erheblich sind.[67] Ebenfalls teuer sind Behandlungen bei westlich ausgebildeten Privatärzten.

Bezeichnenderweise ist es der Patient selber, der die Verbindung zwischen den unterschiedlichen Heilsystemen herstellt (vgl. Kapitel 2). Er bewegt sich zwischen ihnen, ihren jeweiligen Erklärungsmustern von Ursache und Heilung von Krankheiten in einem Prozess der Definition und Redefinition seiner Krankheit. Dadurch setzt er sich aktiv mit seinem Kranksein auseinander, statt sich blind auf irgendeinen Spezialisten mit seinem entsprechenden Erklärungssystem zu verlassen (Amarasingham 1980). Der Patient gilt dabei nur als Symptomträger umfassender Störungen in einem von allen Familienmitgliedern im Haushalt mitgetragenen psychosozialen Beziehungsumfeld. Deshalb ist es meist auch nicht der Patient selber, der den Heiler als erstes um Hilfe ersucht, sondern ein Familienverantwortlicher des Patienten, wie Vater, Mutter, Onkel usw. (Amarasingham 1980).

Gemäss der Untersuchung Kapferers (1983) sind es die besitzlosen Dorfbewohner und Arbeiter, welche die Patientenpopulation der Heilrituale bilden. Sie seien es, die sich am meisten mit den durch die Dämonen repräsentierten psychischen Komplexen und deren tiefem Status in der buddhistischen Kosmologie identifizieren. Laut Uedas Erhebungen (1988) gehören jedoch 46% seiner untersuchten Patientenpopulation sowohl in Bildung wie Wohlstand der Mittelklasse an, während sich die restlichen Prozentanteile ziemlich ausgeglichen auf ganz Reiche und ganz Arme verteilen.

Wenn sich also die Ergebnisse bezüglich der Klassenzugehörigkeit der Patienten bei den verschiedenen Autoren auf Grund unsystematischer Erhebungen theoretisch nicht decken, ist man sich dafür über die niedere Kastenherkunft der *Yakäduro*–Heiler in allen untersuchten Regionen einig. Wirz (1943) hat zwar betont, dass das Kastensystem unter den Sinhalesen nicht so rigide sei wie unter den hindui-

stischen Tamilen, doch ist Kontaktsuche und –pflege zu Angehörigen
niederer Kasten eher ungewöhnlich. Nun nimmt aber der Heiler, auch
wenn er aus einer niederen Kaste kommt, im Dorfe eine wichtige
und respektvolle Stellung ein. Während Ames (1977) betont, dass
Dörfler höherer Kasten den Heiler eher fürchten statt respektieren,
haben sowohl Amarasingham (1980) als auch Kapferer (1983) beobachtet, dass sich für den Heiler die Beziehungsgestaltung zu Patienten
höherer Kasten als schwierig erweist. Obeyesekere (1969) beschreibt,
wie es dem Dämonenpriester durch verschiedene Techniken innerhalb
des rituellen Formats, wie Kleiderwechsel, Dialoge mit Göttern und
Dämonen, Ekstasezustände usw., gelingt, seine „zivile" Rolle zu überschreiten und dadurch einen grösseren Handlungs– und Beziehungs-
spielraum zu gewinnen.

Wirz (1943) unternimmt bei den von ihm untersuchten Heilern im
Süden eine Unterteilung in drei Gruppen vor, die etwas über ihr
jeweiliges soziales Ansehen aussagt und bis heute gültig und nützlich
ist. Sie kann leicht modifiziert auch auf das Kandy Hochland übertragen werden. Heiler, die in ihren Ritualen auch mit Dämonen
arbeiten, lassen sich nach Wirz in zwei Typen unterscheiden: in den
Ādura oder *Yakädura* des *Yak–Tovils* (Tovil zur Befriedung der
Dämonen) und in den *Bali–Ādura* oder *Bandanaya* des *Bali–Tovils*
(Tovil zur Befriedung planetarischer Einflüsse). Auf der Ebene dieser
zwei Heilertypen kommt in Kandy noch der *Yakdessa* des
Kohomba–Kankāriya hinzu (vgl. Kapitel 8). All diese Heiler kommen
meist aus niederen Kasten, wie Trommler, Fischer, Töpfer usw. Wirz
zählt als dritte Gruppe auch den eigentlichen Götterpriester, den
Kapua oder *Kapurāla*, zu den Heilern. Er stammt meistens aus der
Kaste der Barbiere oder anderer, auch höherer Kasten, wie Maurer,
Bauer usw. und ist an seinen Göttertempel *(devāle)* gebunden. Er hat
die Aufgabe, den Tempel zu unterhalten, und er wird dort auch von
seinen Patienten aufgesucht. Ames (1977) zieht eine klare sozialökono-
mische Linie zwischen dem *Kapurāla* und anderen Heilern. Der
Kapurāla lebt gut von den regelmässigen Opfergaben an sein *Devāle*,
während das Einkommen eines *Ādura* aus den Heilritualen unregel-
mässig und mager ist. Oft haben die Heiler deshalb andere Einkom-
mensquellen, sind zum Beispiel Bauern oder arbeiten als Maurer usw.
Dafür hält Ames die *Āduro* für breiter und besser gebildet in
buddhistischer Philosophie, Versen *(kavi)*, Tanz und Rhythmik,
geistigen Heilmethoden *(gurukam)* und im Wissen über körperliches
Heilen *(vedakam)*.

Die soweit angeführten Daten und Auffassungen der zitierten
Autoren zum sozialen Umfeld der Heilrituale decken sich in groben
Zügen mit meinen Beobachtungen. Sie können folgendermassen
zusammengefasst werden: Seit Generationen stammen die *Yakäduro*-Heiler aus tieferen Kasten, während ihre Patienten sich aus
allen möglichen Kasten und Klassen rekrutieren. Obwohl die im religiösen Weltbild der Sinhalesen verankerten traditionellen Heilmethoden sich weiterhin grosser Beliebtheit erfreuen, kann man einige Verschiebungen in den jeweils bevorzugten Praktiken feststellen. Ganznächtliche Heilrituale sind heutzutage am Abnehmen. Sie gelten zwar
immer noch als effektive, aber auch sehr teure Befriedungs- und
Heilmethoden. Am ehsten werden sie auf Initiative einer in den Dörfern ansässigen, neu aufgestiegenen sozialen Mittelschicht organisiert.
Frauen machen zirka zwei Drittel der Patientenpopulation aus. Die
Heilrituale finden in den meisten Fällen im Hause des Patienten
statt, wobei normalerweise die ganze Familie anwesend ist und mithilft, die finanziellen Kosten zu tragen.

6.3 Mythos und Kosmologie

Mythen sind Erzählungen, die dazu dienen, die Vergangenheit, die soziale Struktur und das Weltbild einer kulturellen Gruppe ideell zu ordnen. Das Tovil–Heilritual in Sri Lanka ist ein Anlass, bei dem unter Anwesenheit aller Altersgruppen Mythen gesungen, erzählt und dramatisiert werden. Die im Ritual belebten Mythen können im Erleben des Zuschauers eine Resonanz bewirken: an irgendeinem Ort der Geschichte ist er zum Beispiel gerührt oder erschauert vor Ehrfurcht angesichts der Mythenhelden. In solchen Momenten, in denen der Zuschauer den Mythos gleichermassen verinnerlicht, erlebt er ihn auch als sinn– und bedeutungsvoll. Die von den Trägern der kulturellen Gruppe geteilte Resonanz bei bestimmten Mythen oder deren inhaltlichen Geschehnissen mag sich mit der Zeit verschieben und verändern. Dies ist davon abhängig, welche sozialen oder psychischen Themen in der Gruppe gerade aktuell sind und nach einer Verarbeitung und Ordnung verlangen. Mythen sind also keine starren Gebilde, vielmehr interagieren sie mit den aktuellen Bedürfnissen der Gruppe, die sie lebendig hält.

Die Mythen in ihrer Gesamtheit enthalten eine Kosmologie, das heisst eine abgerundete Vorstellung über die Welt, ihrer hierarchischen Ordnungen und Gesetzmässigkeiten. Genauer gesagt handelt es sich bei Mythen um Teile einer Psychokosmologie, die keine objektiven Wahrheitsansprüche stellt. Mythen, die von ihrem kosmologischen Kontext abgespalten werden, die nichts mehr zur Weltsicht einer kulturellen Gruppe beitragen, verlieren auch ihren Sinn als psychologische Parabeln, da ihre Glaubwürdigkeit in Frage gestellt ist. Sie werden, falls überhaupt noch überliefert, zu kulturellen Konserven, zu blossen Geschichten, die kaum mehr auf erlebnishafte Resonanz stossen und somit ihre Lebendigkeit und Aktualität eingebüsst haben. Als derart historische Gebilde wecken sie allenfalls ein wissenschaftliches Interesse, werden analysiert und auf rein begrifflicher Ebene verständlich gemacht.

Die Mythen Sri Lankas, denen man im Tovil begegnet, werden von den Teilnehmern mehr miterlebt als begriffen oder gar analysiert. Somit ist ihr Stellenwert vielmehr durch das Hier–und–Jetzt des Heilrituals bestimmt und nur sekundär durch ihren Ort im System von Ideen, das der Kultur von Sri Lanka eigen ist. Um diesen Aspekt der persönlich erlebnishaften Gebundenheit in eine Weltsicht hervorzuheben, spreche ich über eine Psychokosmologie, die den Mythen innewohnt.

Die hier umrissenen, für den srilankischen Kontext massgebenden Aspekte von Mythos und Kosmologie, unterscheiden sich von Sichtweisen und Schwerpunkten der Mythologieforschung, die hier nicht weiter berücksichtigt werden soll. Dazu gehören insbesondere die Theoriebildungen innerhalb der Mythologie, sowie die historische Forschung über die Entstehung und Überlieferung von Mythen. Die ausschlaggebenden Werke solcher historischen Mythenforschung in Sri Lanka stammen von Weerakoon (1985), Theja Gunawardhana (1977), Ariyapala (1956) und Wijesekera (1987), die eine Annäherung an die Mythologie europäischer Provenienz versuchen. Bechert (1977) hat ein unentbehrliches Nachschlagwerk über sinhalesische Mythen zusammengestellt.

Auf einige Auffassungen der Mythologieforschung, soweit sie zum Verstehen des ideellen Kontexts der srilankischen Heilrituale beitragen, möchte ich dennoch kurz eingehen. Dazu werden die Mythen des grösseren panindischen Kulturraums zum Vergleich beigezogen und auf die hinduistische Kosmologie Bezug genommen. Dies geschieht aus folgenden Gründen:

1. Die sprachlich und historisch bedingte Verwandtschaft zwischen den kontinental indischen und den insular srilankischen Kulturen hat zur Folge, dass gleichnamige Persönlichkeiten in den Mythen beider Kulturen vorkommen, die zum Teil jedoch unterschiedliche psychische Vorkommnisse personifizieren.[68] In dieser Hinsicht ist es mir ein Anliegen, die Unterschiede der hinduistischen und der buddhistischen Kosmologie hervorzuheben.

2. Einige Forscher über die Kultur Sri Lankas sind der Meinung, dass die Heilrituale und ihre Mythen nicht buddhistisch sondern hinduistisch und magisch animistisch (zum Beispiel Ames 1964, Evers 1972, Yalman 1962), oder zumindest häretisch (Obeyesekere 1968) und daher nicht–buddhistisch seien. In dieser Hinsicht ist es mir ein Anliegen, die Einheit von den

mythischen und abhidhammischen Ausprägungen der Buddha-
Lehre ersichtlich werden zu lassen.

Die Mythen Sri Lankas sind im panindischen Kulturkontext der
Veden eingebettet und gehen wie die Heilrituale auf den *Atharva-
Veda* als Quelle zurück (für die historischen Angaben vgl. Kapitel 6.1).
Die Veden stellen die hohe Lehre über die psychokosmischen Prinzi-
pien dar, die in konkreten Handlungen der Heiler und Patienten, der
Priester und Opfernden verwirklicht werden mussten, um Glück und
Gesundheit zu erreichen. Im buddhistischen Indien und später in Sri
Lanka wurden die vedischen Schriften durch den Abhidhamma abge-
löst, ohne dass die Sitten, Gebräuche und Mythen, die auf dem
Boden der Folklore wuchsen, beeinträchtigt wurden. Mythen im pan-
indischen Kontext dienen nicht primär dem Festhalten vergangener
Ereignisse, sondern erfassen und strukturieren subjektives Erleben
(Govinda 1962). Der historische Buddha hat alle in seiner Kultur vorhandenen Mythen als psychische Wirklichkeiten akzeptiert und in
seine Lehre aufgenommen, indem er sie entsprechend den Paradigmen des Dhamma umdeutete. Dementsprechend wurden auch im
Mahāvamsa, der frühsten buddhistischen Chronik Sri Lankas, die
jeweils gängigen Versionen von Mythen festgehalten und dadurch für
den Buddhismus legitimiert und weitergeliefert.

Der *Mahāvamsa* beginnt mit der legendären Ankunft des Prinzen
Vijaya auf der Insel Sri Lanka im 6. Jahrhundert v.Chr. und hält in
der Folge gesellschaftliche Ereignisse, Rituale, sozialen und politischen
Wandel über Jahrhunderte chronologisch fest (Geiger 1934). Die
Mythen um die Niederlassung des indischen Prinzen *Vijaya* in Sri
Lanka, der von seinem Vater wegen schlechten Benehmens verbannt
wurde, sind früheste Marksteine für die historische Identitätsbildung
der buddhistischen Sinhalesen. Der sterbende Buddha soll Gott *Sakka*
gebeten haben, den Prinzen bei seinen Unternehmungen zu schützen,
werde doch in Sri Lanka die Lehre des Dhamma Wurzeln schlagen.
Der Prinz *Vijaya* verbindet sich nach seiner Ankunft mit der ansässigen Prinzessin *Kuveni*. Sie hilft *Vijaya*, ihre eigenen Landsleute zu
besiegen, um dann in der Folge wegen ihrer niederen Herkunft von
ihm verlassen zu werden. *Kuveni* und ihre Landsleute sollen *Yakas*
gewesen sein, dämonische Wesen mit übernatürlichen Kräften, die
nur vorübergehend menschliche Gestalt annehmen. Die spätere Rache
der *Kuveni* und ihren *Yakas* bilden den mythischen Hintergrund des
Kohomba-Kankāriya, des ältesten Heilrituals in Sri Lanka, das nur
noch im Kandy Hochland praktiziert wird (Seneviratna 1984; vgl.
Kapitel 8). Der Konflikt zwischen den Eltern der Nation wurde über

Generationen perpetuiert, bis ein Nachkomme von *Vijaya*, Namens *Panduvasudeva*, ihn temporär löste. Ein sieben Tage und sieben Nächte dauerndes Heilritual zu Ehren des Gottes *Kohomba* konnte die von den *Yakas* verursachte Krankheit des *Panduvasudeva* lindern.

Einige srilankische Mythologieforscher (Theja Gunawardhana 1977, Vitharana 1976, Weerakoon 1985) tendieren dazu, die kursierenden Mythen auf die Urmythologien von Sonnen- und Mondanbetung zurückzuführen, die auch aus anderen Hochkulturen der Antike und Vorantike, zum Beispiel der Griechen und Ägypter, überliefert sind. Dadurch kommen sie zu ähnlichen Ergebnissen, wie zum Beispiel Eliade (1953), der sich mit den allgemeinen kulturellen Implikationen von Mythen befasst. Der erlebnismässigen Wirklichkeit näher kommen die Theorien von Campbell (1949) und Kérenyi (1941), die in Anlehnung an die analytische Psychologie von C.G. Jung allgemeingültige Strukturen in der Mythologie suchen. Doch auch die Ideen des Monomythos von Campbell, des Kulturtypus von Kérenyi oder des Archetypus von Jung sind Konstrukte, die sich für die westliche Psychotherapie als sinnvoll und hilfreich erwiesen haben, die aber für die heutigen Rituale Sri Lankas wenig Erklärungskraft bieten und darüber hinaus für den Dörfler ohne Bedeutung sind. Dies ist einer der Gründe, weshalb ich die Problemstellungen der Myth*ologie* vorerst ausser Acht lassen möchte.

Vom Gesichtspunkt des Heilrituals als kultureigene Psychotherapie sind die Mythen als Teil des perspektivischen Hier–und–Jetzt (Petzold 1981) relevant, in welchem die zu untersuchenden psychischen Phänomene aktualisiert werden; als solche sind sie Teile des **jeweils aktuellen ideellen Kontexts der psychischen Wirklichkeit.** Die in Mythen enthaltenen Ansichten sind zwar historisch und sozial bedingt, was für eine psychologische Betrachtungsweise jedoch von untergeordneter Bedeutung ist. Wie sehr die von einer jeweiligen Gruppe getragenen Mythen einen gerade aktuellen ideellen Kontext darstellen, hat Obeyesekere (1970a, 1977a, 1985) im Zusammenhang sozial–ökonomischer Veränderungen gezeigt (siehe Kapitel 6.2). Wenn Amarasingham (1973) anhand zweier bekannter mythischer Frauenfiguren des *Kohomba–Kankāriya*–Heilrituals, nämlich der *Kuveni* und *Sita*, auf Frauenbilder der Sinhalesen generell schliesst, dann geht sie wieder nur von einer zufälligen Version der beiden Mythen aus. In diesen von ihr gewählten Versionen bekommen solche Fakten und Inhalte einen grossen emotionellen und sozialen Stellenwert, die in den von mir beigewohnten *Kohomba–Kankāriya* nur beiläufig erwähnt wurden oder gar fehlten. Die gleichen Beobachtungen konnte ich bei den aktuellen und vernachlässigten Versionen des *Kalu-kumāra*–Mythos feststellen. Während laut den historischen Aufzeichnungen von Nevill (1954) im früher lebendigen Mythos offenbar die inzestuöse Beziehung des *Kalukumāra* mit seiner Schwester fokussiert wurde, wird in der heutigen Form in Heilritualen des Kandy Hochlands sein Werdegang von einem meditierenden Asketen zu einem *Yaka* dramatisiert. In Heilritualen im Süden wiederum liegt der Schwerpunkt der Legende bei den sieben Königinnen, die der Gott *Sakka* dem *Kalukumāra*–*Yaka* als Ehefrauen gab.

Diese Erhebungen decken sich mit der These von Kluckhohn (1942), dass kulturell anerkannte fundamentale Bedürfnisse und Probleme, wie sie in Mythen rationalisiert und in Heilritualen dramatisiert werden, letztendlich in einzelnen betroffenen Individuen der kulturellen Gruppe aufsteigen. Einzelne Mythenversionen und die mit ihnen verbundenen Rituale überleben, solange sie den Bedürfnissen entgegenkommen, die aus bestimmten Konfliktsituationen einzelner Individuen entstehen. Unter Berücksichtigung der soweit angeführten Überlegungen halte ich nun bezugnehmend auf das Tovil–Heilritual die folgenden Merkmale von lebendigen Mythen thesenartig fest:

1. Mythen sind Erzählungen, die rituell konkretisiert, in vorhandenen Handlungsmöglichkeiten assimiliert und gleichzeitig transformiert werden. Sie sind Träger von kollektiven Ansichten, die das Handeln und dessen Erleben in gewissem Ausmass prägen.

2. Mythen vermitteln Geschichtsbilder und begünstigen dadurch die historische Identitätsbildung in einer kulturellen Gruppe. Sie liefern Lösungsvorschläge zur Vergangenheitsbewältigung und Modelle für die Zukunft. Sie enthalten das Rezeptwissen für die psychosoziale Integration der abweichenden (kranken) Individuen und regeln die interpersonalen Interaktionen.

3. Mythen ermöglichen die Interaktion von Gefühl (Erleben) und Konzept (Ansicht). Sie transformieren leidvolles, konflikthaftes wie auch glücksvolles, konfliktloses Erleben in Konzepte rational geordneter, prozessueller Einheiten von Geschichten und personifizierten Identitäten. Umgekehrt lösen die rituell konkretisierten Konzepte der Mythen Gefühle aus und kanalisieren sie in die vorhandene Gruppenstruktur. Somit stellen sie die Voraussetzungen für die intrapersonale Integration her, die sich auf die Qualität der interpersonalen Phänomene auswirkt.

4. Mythen gestalten das Weltbild sowohl der Kultur wie auch des individuellen Kulturmitglieds. Sie sind Bestandteile einer umfassenden Psychokosmologie, die den ideellen Kontext des Heilrituals darstellt. Der ideelle Kontext wird durch rituelle Handlungen und Inhalte belebt und aufrechterhalten.

Die spezifisch psychologische Funktion von Mythen besteht, kurz gesagt, in ihrem Beitrag zur Bewältigung aktueller und wiederholt aufgetretener Konflikte. Menschliche Konflikte haben je nach Zeitgeist und Gemeinschaftsleben andere Schwerpunkte, und die Mythen werden dementsprechend verändert, weggelassen und wieder neu belebt, um sie mit Sinn und Bedeutung zu füllen. Daher ist es verständlich, dass man in den Heilritualen Sri Lankas von Dorf zu Dorf, von Gegend zu Gegend, andere Götter, Dämonen und Legenden vorfindet, was den einzelnen Heilritualen wiederum verschiedene Atmosphären und Prägungen verleiht. Eine Regelmässigkeit gibt es aber bei der **Anwendung** von Mythen in den Heilritualen Sri Lankas, die den prozessuellen Paradigmen der buddhistischen Kosmologie entspricht[69] und sich dadurch auch erklären lässt.

Die Kosmologie der Buddha–Lehre ist von grösserer Konstanz als die mythischen Ausformungen und ist wahrscheinlich für alle buddhistischen Kulturen kohärent. Sie legt das Grundmuster und den Standpunkt dar, von dem aus alle buddhistischen Mythen und Legenden kognitiv bearbeitet werden (Story 1972). Die buddhistische Kosmologie kann den vorwissenschaftlichen Kosmologien anderer Kulturen gleichgestellt werden. Sie weist allerdings einige spezifische Merkmale auf, die in keinen ähnlichen Gebilden, seien es nun intuitive oder wissenschaftliche, zu finden sind. Auf diese Merkmale möchte ich nun näher eingehen, da sie auch für das Verständnis der therapeutischen Interventionen während Heilritualen massgebend sind. Die Besonderheit der buddhistischen Kosmologie und ihrer Mythen lässt sich am besten im Vergleich mit den hinduistischen aufzeigen. Obwohl hinduistische Mythen im Buddhismus weitergeführt wurden und dort bis heute lebendig sind, unterscheiden sich die Weltsichten doch grundsätzlich voneinander.

Im hinduistischen Weltbild werden *Brahma, Purusha, Ishvara,* wie auch all die *Graha–Devas, Yakas, Bhūtas, Pretas* uam., die auch in buddhistischen Mythen vorkommen, als ontologische Entitäten gedacht. Sie können wohl verschiedene Verkörperlichungen *(avatāra)* annehmen, behalten dennoch die gleiche Identität. Die Geistesübungen der vedischen *Rishis* zielten darauf ab, die letzte Subjektidentität *(ātman* Sanskrit; *attā* Pāli) zu erleben und sie mit der Subjektidentität der Anderen und des ganzen Kosmos *(paramātman* Sanskrit) zu vereinen. *Ātman* ist im Hinduismus der göttliche Funken, der die Person *(purusha)* von innen beleuchtet und belebt. Im Buddhismus wird selbst dem *Ātman* keine ontologische Wirklichkeit zuerkannt. Der Buddha lehrte, dass die letzte Identität, *Ātman*, nur als Begriff oder Ansicht *(ditthi)* existiert. Alle Wirklichkeit ist jedoch interaktionell bedingt entstanden *(paticca–samuppāda)* und daher ohne dauerndes Ich *(anattā)*. Im Hinduismus beherrscht der *Ātman* in Form von *Ishvara* oder *Indra* die ganze subjektiv erlebbare Person *(purusha)* mit all ihren Komponenten *(skandha)*, Elementen *(dhātu)* und Fähigkeiten *(indriya)*, wodurch die Vereinigung von *Ātman* und *Paramātman* ermöglicht wird (Werner 1977).

Die buddhistische Mythologie schreibt dem *Ishvara (Issara P)* beziehungsweise *Indra (Inda P)* die gleichen integrativen Funktionen zu, ohne jedoch die interaktionelle Sichtweise *(anattā P)* preiszugeben, und übernimmt soweit also die vedische Stratifikation des Kosmos (Werner 1977). Wir finden da die *Brahma*–Welten wieder, welche Erlebensräume höchster Persönlichkeitsintegration und Reinheit repräsentieren, wie auch die Welten der *Deva*–Götter, Dämonen und höllischen Wesen, welche zunehmend durch Gier, Hass und Verblendung „verschmutzt" und „zerstückelt" sind. Manche hinduistische Götter erlangen in Sri Lanka einen neuen Status gemäss ihren Aktivitäten. So wird zum Beispiel *Vishnu*, die Personifikation des kosmischen Wandels, zu einem der Schutzgötter Sri Lankas, und der mächtige *Sakra–Indra (Sakka P)* zum König minderer Gottheiten *(devānam indo P)*.

Die buddhistische Kosmologie ergibt ein abgerundetes, selbsttragendes System, das unabhängig von menschlicher oder übermenschlicher Gestaltung oder Einwirkung funktioniert (Story 1972). Der Kosmos setzt sich fort durch die Kräfte der Anziehung (Gier) und Abstossung (Hass), die gemäss der Buddha–Lehre ihre Ursachen im Nichtwissen *(avijjā)* und Verlangen *(tanhā)* haben. Für einen traditionellen Buddhisten ist das subjektive und das objektive Weltbild identisch. Er ist grundsätzlich nicht an intellektuellen Spekulationen über irgendwelche „objektive" Vorkommnisse interessiert, die er nicht selber erfährt und erlebt. Vielmehr ist seine Konzentration auf die Ursachen und Beseitigung seines Leidens gerichtet, und Leid und Glück erfährt er nur innerhalb seines Erlebensraums und nicht draussen in der „unabhängig" existierenden Natur.

Im indischen Raum wurde schon zu vorbuddhistischen Zeiten geübt, den Erlebens– und Bewusstseinsraum auszudehnen und dadurch mit Wesen aus anderen Welten in Kontakt zu treten, die oft einer anderen Zeit– und Lebensspanne unterstanden und verschiedene Einflussmöglichkeiten auf die Welt der Menschen hatten. Es darf angenommen werden, dass die Menschen damals grossen Anteil nahmen an dem sie umgebenden Leben und ihren Psychokosmos, ihr Erlebenspotential, ausdehnten und ins Universum erstreckten. Die Kräfte der Natur waren für sie keine blossen Abstraktionen, sondern unmittelbare, körperlich erlebte Realitäten (Govinda 1962). Wenn die buddhistischen Kulturen im indischen Raum die vedischen Kosmologien der *Rishis* als psychische Wirklichkeit weitergeführt haben, so bezeichnen diese Welten und ihre Bewohner für den Buddhisten jedoch nichts mehr, als körperlichen Ausdruck gefundene Geisteszustände, die im endlosen Zyklus *(samsāra)* der Wiedergeburten materiellen oder feinmateriellen Ausdruck gefunden haben. Daher weist die buddhistische Kosmologie als einzige unter den philosophischen Kosmologien keine Konstruktion über eine erste Ursache oder Schöpfung, kein Postulat der Zustände von Ewigkeit oder Annihilation auf (Story 1972).

Die im Konzept *Samsāra* (zyklische Wandelwelt) enthaltenen prozessuellen Paradigmen und die an sie gebundenen Prinzipien der Geistesläuterung (siehe Kapitel 4.2) sind in der mythischen Ausformung der Buddha–Lehre impliziert, während sie nur in der Abhidhamma–Literatur explizit formuliert sind. Im Kapitel 5.2 habe ich die abhidhammische Diagnose der Handlungen und deren ethische Konsequenzen erklärt und werde nun die diagnostischen Kategorien der Tovil–Psychologie *(bhūta–vidya)* vorstellen, die in den buddhistischen Mythen enthalten sind. Wenn ich die Hierarchie der Welten nach Stufen der Glücklichkeit darstelle, die durch verschiedene Grade der Geistesläuterung bedingt sind, werde ich am Rande einige Mythenhelden der verschiedenen Welten erwähnen.[70] Gemäss dem Grad ethischer Reinheit und der in diesem Leben kultivierten Geistesverfassung erscheint man in einem nächsten Leben in der dafür entsprechenden Welt. Dies ist die mythologische Darstellung der Lehre von Karma, die besagt, dass die Glücksqualität der jeweiligen Welt ein Ergebnis *(vipāka)* des früheren Tuns *(kamma)* ist. Die verschiedenen Welten haben zwar unterschiedliche Geistesqualitäten, sind jedoch grundsätzlich alle demselben Wandlungszyklus *(samsāra)* unterworfen, der gekennzeichnet ist durch die Vergänglichkeit aller Phänomene, den Wiedertod und das daraus entstehende Leiden.

In der Abhidhamma–Literatur wird die Hierarchie der Welten *(loka)* in 31 Sphären aufgegliedert, die man in die 11 Welten der Sinnlichkeit *(kāma loka)*, in die 16 Welten der feineren Formen *(rūpa loka)* und in die 4 Welten der Formlosigkeit *(arūpa loka)* einteilt und als inhaltliche Entsprechungen verschiedener Bewusstseinszustände erklärt. Die gleiche Gliederung des Psychokosmos in 31 Sphären ist in den Mythen enthalten (siehe *Diagramm 12*). Es sei hier aber nochmals betont, dass auch die höchsten Welten und die ihnen entsprechenden „Ewigkeitserlebnisse", wie zum Beispiel der Vereinung mit dem sich als „Weltschöpfer" bezeichnenden *Baka–Brahma*, als bedingt entstanden und vergänglich aufgefasst werden. Die Merkmale der einzelnen Welten beziehen sich auf direkt geistig erlebbare Wirklichkeiten, haben ihren Urstand also im Geist, in der Struktur des Bewusstseins (Govinda 1931).

Die Existenz von Welten mit verschiedenen Lebensqualitäten ist für einen praktizierenden Buddhisten Ansporn zur Geisteläuterung, das heisst zur Einübung hass– und gierloser Geisteszustände und Handlungen. Dies hält ihn auch davon ab, folgenschwere, karmisch unheilsame Taten zu begehen, denen eine Wiedergeburt in niederen, leidhaften Welten folgt. Die buddhistische Psychokosmologie vermittelt also Orientierung auf dem Weg des emanzipatorischen Fortschreitens von unethischen und leidhaften Anwandlungen zu einer erhabenen Lebensmeisterung. Eine Identifizierung mit den mythischen Gestalten dieser Psychokosmologie, wie sie während Heilritualen angeregt wird, vermittelt dem Übenden einen unmittelbaren erlebnismässigen Vollzug und Einsicht in die Zufriedenheit respektive in die Qualen, die in den verschiedenen Geistessphären auf ihn warten. Die rituelle Dramatisierung von Mythen ist also eine erlebnishafte Veranschaulichung von Gesetzmässigkeiten, die in der psycho–ethischen Handlungstheorie des Abhidhamma systematisch analysiert ist (Frýba & Vogt 1989).

Für den Menschen sind im Prinzip alle 31 Welten (dargestellt in *Diagramm 12*) erlebnismässig zugänglich. Leidvolle Erfahrungen und Geisteskrankheiten versetzen ihn in tieferliegende Welten, rituelle Handlungen und Meditationsmethoden öffnen den Zugang zu höheren Welten des sinnlichen und übersinnlichen Glücks. Die Tovil–Psychologie berücksichtigt insbesondere die in der Folge aufgeführten Welten der Sinnlichkeit *(kāma loka)*:

1. die Welten der höllischen Qualen *(avīci, niraya* usw.)

2. die Welten der unglücklichen Geister von Verstorbenen *(peta* auf Pāli; *preta* auf Sinhala)

3. das Dämonenreich *(yaksha, raksha, asura, kumbhanda* usw.)

4. das Tierreich *(tiracchāna yoni)*

5. das Menschenreich *(manusa loka P; minis loka S)*

6. der Bereich der schützenden Götterkönige von vier Himmelsrichtungen *(cātu–mahārājikā devā)*

7. der Himmel der 33 Götter *(tāvatimsa devā)*

8. der Himmel der glücklich regierenden Götter *(yāma devā)*

9. der Himmel der Freude und Seligkeit *(tusita devā)*

10. der Himmel des Genusses an eigener Kreativität *(nimmāna-rati devā)*

11. der Himmel des Genusses an der Kreativität anderer *(para-nimmita–vasavatti devā)*

Die übersinnlichen 16 *Brahma*–Welten der feineren Formen *(rūpa loka)* und die vier Welten der Formlosigkeit *(arūpa loka)* entsprechen dem Erleben von höchsten Graden meditativer Sammlungszustände, deren Erörterung für unsere Zwecke daher nicht relevant ist. Alle 31 Welten sind hierarchisch geordnet, entsprechend den Kriterien der leidhaften respektive glücksvollen Geisteszustände und den Motivationen und Taten *(kamma P; karma S)*, die sie hervorgebracht haben.

Die srilankischen Tovil–Heilrituale befassen sich mit den Gegebenheiten der unglücklichen Welten und der niederen sinnlichen Himmel. Am unglücklichsten unter den unglücklichen Welten sind die Höllen, die noch weiter nach der Art der vorwiegenden Qualen unterteilt sind. Die höllischen Qualen werden mit Metaphern körperlicher Folter umschrieben, die „ewig" andauern und von denen man nur durch Sterben und Wiedergeburt in einer anderen Welt befreit werden kann.[71] Vermutlich geht es dabei um psychotische Zustände des schwersten Leidens, die anscheinend keiner Veränderung und keiner Kommunikation zugänglich sind. Daher gibt es wohl auch keine mythischen Auffassungen über das Erleben der Auswege oder der Übergänge zwischen den einzelnen Höllen. In den im Tovil kursierenden Mythen sind nebst den Bewohnern der leidhaften Sphären der *Pretas* und *Yakas* vor allem die Personen aus den beiden ersten der sechs Himmel von Bedeutung. Die Helden dieser Mythen befinden sich oft im Übergang von einer Welt zur anderen und interagieren mit Göttern, Dämonen, Tieren und Menschen. Der Einfluss des Hauptgottes *Sakka (Sakra–Indra)* besteht in allen Welten der Sinnlichkeit und symbolisiert als *Indra–Kīla* (Gotteszepter) das Prinzip der subjektiven Persönlichkeitszentrierung (Lily de Silva 1981). Ausser diesen vertikalen Anordnungen nach Glücklichkeitsgraden ist im *Diagramm 11* und *12* auch eine horizontale Einteilung veranschaulicht, nämlich die Bereiche der Schutzgötter der vier Himmelsrichtungen. Diese vier Schutzgötter spielen eine wichtige Rolle in den Heilritualen, weil sie die Herrschaft über verschiedene Kategorien von Dämonen ausüben:

Himmelsrichtung	Gottkönig	Dämonen
1. Nord	Vesamunu	Yaka (in Tovil–Heilritualen die wichtigste Dämonenkategorie)
2. Ost	Dhatarattha	Gandhabba (geburtsuchende Entitäten, oft als die himmlischen Musikanten veranschaulicht)
3. Süd	Virūlhaka	Kumbhanda (Wesen mit überdimensionierten Geschlechtsorganen und –trieben)
4. West	Virūpakkha	Nāga (Schlangenwesen, die gefährliche wie auch edle Energiepotentiale darstellen)

Tabelle 11 : Die Schutzkönige der vier Himmelsrichtungen

Einige Mythen in den Heilritualen behandeln Gottheiten, die für die Gemeinschaft einer bestimmten Gegend Einfluss gewonnen haben und zu denen in der Folge häufig Kontakt aufgenommen wird. Solche Götter sowie die örtlichen Baum- und Felsengottheiten werden grundsätzlich in einer Götterwelt *(deva loka)* plaziert, ohne dass genau spezifiziert wird, welche der sechs himmlischen Sinnlichkeitssphären gemeint ist. Sie werden bei ihrem Namen genannt, und ihre Handlungen und Gepflogenheiten werden geschildert. Und da es Kontakt und Interaktion zwischen den einzelnen Welten gibt, enthalten

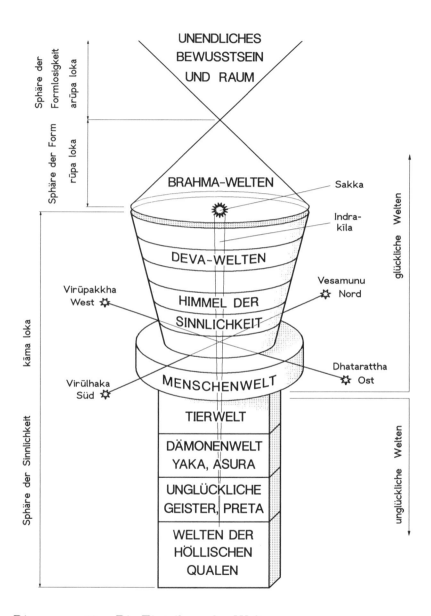

Diagramm 12 : Die Einteilung der Welten

die Geschichten Darstellungen von Konflikten und Lösungsvorgehen zwischen den Göttern, Dämonen, Menschen usw. Die ethischen Werte und die spezifisch buddhistischen Umgangsfertigkeiten mit den Gegebenheiten der Götter- und Dämonenwelten, wie sie in Heilritualen aktualisiert werden, sind in den Lehrreden des Buddha festgehalten.[72] Wenn nun in den kanonischen Schriften Namen von Gottheiten auftauchen, die dem heutigen Dörfler unbekannt sind, so wird ihn das kaum verunsichern. Eine solche historische Gottheit, die nicht mehr in Erscheinung tritt, die nicht mehr wirk-lich in der geistigen Sphäre ist, existiert eben auch nicht mehr und ist als Komplex oder Typus der Vergänglichkeit anheimgefallen. Manchmal gibt es in der Hierarchie der mythischen Wesen Verschiebungen: *Yakas* wenden sich im Laufe der Zeit den Anliegen der Menschen zu und fangen an ihnen zu helfen. Sie gewinnen durch ihre karmisch heilvollen Taten Verdienste *(pin)* und steigen dadurch in die Götterwelten auf. Aktuelle Beispiele für diese „charakterliche Verfeinerung" ehemals gefürchteter *Yakas* sind *Hūniyam* und *Bahivara*. Je nachdem, ob man ihre Hilfe braucht oder sie fürchtet, werden sie als *Deviyo* (Gott) oder *Yaka* (Dämon) adressiert. Es existieren bereits neu kreierte Mythen, die solche Verschiebungen im Kosmos erklären und bestätigen (Obeyesekere 1985).

In den poetischen Überlieferungen *(kavi)* wie auch in den Schilderungen der Heiler und ihrer Patienten würde man vergeblich nach Persönlichkeitsbeschreibungen der Mythenhelden suchen. Es sind vielmehr Schilderungen von Absichten, Entschlüssen, Unternehmen, Begegnungen, wie auch von Erlebnissen und Stimmungen, die dabei entstehen. Die mythischen Gestalten stehen nicht als Idealtypen für eine Persönlichkeitsdiagnose, obwohl es umgangssprachliche Wendungen gibt, in denen man einen Menschen mit einem konkreten Gott oder Dämon vergleicht. Die Mythen geben auch keine Beschreibungen wieder, die etwa dem entsprechen würden, was wir uns unter dem Begriff Syndrom oder Krankheitsbild vorstellen. Die Schilderung enthält jeweils das Muster eines Handlungs- und Erlebensablaufs in einer bestimmten Situation. Die Mythen eignen sich also als Kategorien für die Diagnose von Handlungskomplexen. Sollte man nach Kriterien der Differentialdiagnose suchen, die (als solche wahrscheinlich nicht besonders reflektiert) im Können *(upakkrama)* der Heiler enthalten sind, dann müsste ihr Wissen über die gesamte Struktur der Psychokosmologie (nicht Mythologie!) analysiert werden, die den Mythen innewohnt.

Einige Autoren (zum Beispiel Leach 1962, Yalman 1964) haben
versucht, auch dem Buddha in ihrer Mythologie einen Platz zu
geben, wohl auch deshalb, weil die Ehrerbietung der Buddhisten,
gegenüber Buddhastatuen zum Beispiel, an eine Gottesanbetung erinnert. Die Vorstellung des Buddha als höchster Gott des Kosmos
widerspricht jedoch sowohl dem Verständnis der Srilankaner als auch
der buddhistischen Schriften. Wohl steht der vollkommen erleuchtete
Buddha erhaben über allen Göttern, Dämonen und Menschen. Er ist
der verstorbene Lehrer, der gezeigt hat, wie man mit den Bewohnern
der einzelnen Welten umgeht und sich aus dem Kreis der Wiedergeburten *(samsāra)* befreit. Bei seiner Erleuchtung hat der Buddha alle
Welten transzendiert und befindet sich dadurch ausserhalb des kosmischen Systems der Wiedergeburten. In der srilankischen Folklore
kommt der werdende Buddha *(bodhisattva, bosat)* oft in den
Jātaka–Mythen vor, die über seine früheren Leben als Gott, Mensch
oder Tier erzählen.[58] Der historische Buddha *Gotama*, wie auch die
24 Buddhas, die nacheinander während der vergangenen Äonen ihre
Erleuchtung errungen und danach die Menschen und Götter in der
zur Erleuchtung führenden Lehre *(dhamma)* unterwiesen haben, sind
immer nur Menschen gewesen, die allerdings mit ausserordentlichen
Qualitäten *(buduguna)* ausgestattet waren.

Der Buddha ist **der** Prototyp des mit Weisheit *(paññā)* und Mitgefühl *(karunā)* ausgestatteten Lehrers, der alle Probleme seiner
Schüler liebevoll versteht und für alle, die bereit sind sich führen zu
lassen, die angemessenen, geschickten Mittel *(upāya)* kennt. Dies gilt
sowohl in der abhidhammischen wie auch in der mythischen Ausformung des Buddhismus in Sri Lanka. Der Buddha ist ein Vorbild für
alle Dhamma–Lehrer *(hāmuduruvo, yakäduro, gurunnanse)*. Daher
kann in diesem Sinn das Tovil–Heilritual als ein didaktisches Vorgehen[73] aufgefasst werden. Sollte ich nun auf Grund meiner Beobachtungen und Einsichten zu erklären versuchen, worin dieses didaktische Vorgehen besteht, würde ich die folgenden Themenbereiche als
charakteristisch für das rituelle Vemitteln der Mythen anführen:

1. Die Darstellung der „sozialen" Stratifikation der Götter– und
   Dämonenwelten und ihrer psychologischen Funktion, wenn sie
   als Modell für Erklärungen der intrapsychischen Struktur des
   Individuums benützt wird.

2. Die Anwendung von zustandsspezifischen Fertigkeiten und
   zwischenpersönlichen Kompetenzen im Umgang mit Göttern,

Dämonen, respektive mit Wesen höheren und niedereren sozialen Ranges.

3. Die Auseinandersetzung mit Fragen des Streits, der Liebe und Erotik und das mit diesen Themen verbundene Vorgehen zur Überwindung des Leidens und zur Steigerung des Glücksgefühls.

4. Die Pflege von Humor, die, ohne andere zu mindern, eine erhabene Distanznahme zu weltlichen Problemen ermöglicht.

Die buddhistische Kosmologie und das Werden ihrer Mythenhelden sind von der prozessuellen Philosophie der bedingten Entstehung *(paticca–samuppāda)* geprägt. Der werdende Buddha *(bodhisattva)* selbst soll in seinen früheren Geburten auf Grund seiner Taten *(kamma)* an verschiedenen Orten und Stellungen der aufgeführten Welten, zuletzt im *Tusita*–Himmel, in Erscheinung getreten sein, um schliesslich zum letztenmal als Mensch geboren die Erleuchtung zu erlangen. Die Menschen haben in der buddhistischen Weltsicht den Göttern gegenüber den Vorteil, dass sie mit ihren geistigen Anlagen und Kompetenzen die besten Voraussetzungen haben, sich aus dem Kreis von Tod und Wiedergeburt zu befreien. Grob gesagt geht es den Göttern zu gut und den Dämonen zu schlecht, um ethisch zu handeln und auf dem Pfad der Geistesläuterung fortschreiten zu können. Dennoch ist ein Fortschritt auch in den nicht–menschlichen Bereichen *(amanusaya loka)* möglich, ein Prinzip, das in den Tovil–Heilritualen therapeutisch zum Tragen kommt.

Zu Lebzeiten des Buddha wurden laut überlieferten Lehrreden viele Götter und Dämonen, unter ihnen auch Gott *Sakka*, von der Lehre des Dhamma überzeugt. Sie beschlossen, als Menschen wiedergeboren zu werden, um die letzten Schritte der Befreiung zu unternehmen. Die Überlegenheit des Buddha und der grundsätzliche Vorteil der Menschen gegenüber den Göttern und Dämonen wird während den Heilritualen besonders betont und hervorgehoben. Dadurch wird der Patient ermuntert, seine Situation zu akzeptieren und die ihm noch zu Lebzeiten bevorstehenden Chancen zu nutzen. Die eng an die Philosophie der bedingten Entstehung *(paticca-samuppāda)* geknüpfte Relativitätstheorie des Nicht–Ich *(anattā)* ist nicht nur ein wichtiges Merkmal des Umgangs mit buddhistischer Kosmologie. Sie weist den nach Emanzipation strebenden Menschen auf den praxisorientierten „mittleren Weg", der zwischen den beiden Extremen des Identitätsglaubens, dem Annihilations– und Ewigkeitsglauben, auf das stufenweise Emanzipationserleben hinsteuert. Hierin unterscheidet sich die buddhistische Kosmologie trotz gleichen Inhalten grundsätzlich von der hinduistischen, die mythische Personifikationen in ihren Qualitäten und sozialen Stellungen für identisch bleibende Entitäten hält.

Die Intention der buddhistischen Heilrituale und der in ihnen angewandten Mythen besteht daher nicht in einem Wiederherstellen kosmischer und persönlicher Identitäten und fester Ordnungen, sondern im Herbeiführen einer Veränderung, die durch eine Minderung des Leidens *(dukkha)* gekennzeichnet ist. Die therapeutischen Mittel der Heilrituale bestehen unter anderem aus dem Umdeuten von Glaubensinhalten.[74] Unter Anwendung der fünf Persönlichkeitskomponenten *(pañca–khandha)*, wie sie im Kapitel 4.1 erklärt wurden, wird aufgezeigt, dass die mythischen Gestalten wohl existieren, dass es jedoch falsch ist, ihnen Ewigkeit oder Allmacht zuzuschreiben. Die in Mythen dargestellten Wiedergeburten können so als Metarmorphosen umgedeutet werden, die für den Patienten auch innerhalb seines vorhandenen Lebens möglich sind.

Ich behaupte — um die Diskussion über Mythos und Kosmologie abzurunden —, dass die Unterscheidung zwischen den mythischen und den abhidhammischen „Varianten" der Buddha–Lehre nur durch die Wahl gerechtfertigt ist, welchen Aspekt der Vermittlung von demselben praktischen Können *(upakkama)* man in der verbalen Kommunikation und Reflexion hervorheben will. Diese beiden Varianten von verbalen Erklärungen beziehen sich also auf ein und dieselbe Wirklichkeit, eine Wirklichkeit der erlebnismässigen Evidenz, die man nur während der praktischen Vermittlung des Könnens (mit Hilfe beider Varianten) gewinnen kann. Es ist allerdings möglich, die epistemologischen Prinzipien zu vergleichen, die den beiden Varianten der Evidenzvermittlung innewohnen. Diese Evidenz geht mit dem Phänomen des begründeten Vertrauens *(saddhā)* einher, auf das ich im Kapitel 7.2 ausführlich eingehen werde. Die obige Behauptung impliziert allerdings nicht, dass die eine Erklärungsvariante auf die andere reduzierbar ist, genausowenig wie zum Beispiel die physikalische Partikeltheorie des Lichts auf die Wellentheorie reduziert werden kann. Es ist auch keine Frage der Wissenschaft zu entscheiden, ob es das Licht oder das Können wirklich gibt. Wissenschaftlich zu untersuchen wäre hingegen, ob und in welchem Masse das heilende Können auf das Erreichen der gesetzten therapeutischen Ziele hin tatsächlich wirkt.

Abschliessend erlaube ich mir, hier einige meiner hypothetischen
Auffassungen über den psychologischen Stellenwert der Mythen, die
in Heilritualen aktiviert werden, und über die Art ihrer Wirkung
darzulegen, ohne jedoch in diesem Buch eine diesbezügliche Analyse
anzustreben.[75] Die Mythen der buddhistischen Kosmologie helfen dem
Patienten, wie auch den Teilnehmern und Zuschauern eines Heilrituals, das Erleben, die Weltschau, das Wissen und die eigene Persönlichkeit vorteilhafter und glückbringender zu strukturieren und
praktische Richtlinien zur Bewältigung des Alltags zu entwerfen.
Dabei werden die verschiedenen Verkörperungen *(avatāra)* von
mythischen Wesen als vorübergehende Personifizierungen der Erle-
benseinheiten *(bhūta)* betrachtet. In das dynamisch entstehende und
vergehende buddhistische Weltbild werden auch Erlebnisse von
Lokalgottheiten aufgenommen, die zum Beispiel als konkrete Berg-
und Felsengottheiten *(giri-* und *gala-devatā* respektive *-yaka)*, Baum-
geister *(rukkha-devatā)*, wie auch andere elementare Wesen *(bhūta)*
personifiziert und benannt werden. Sie erfassen also Umwelt-
gegebenheiten, geordnet in einem psychischen Oekosystem *(loka)*.
Hierzu gehören auch Gestalten von quasihistorischen mythischen
Helden, Königen, Asketen usw., welche die geschichtliche Dimension
des gemeinsamen Wissens repräsentieren. Auf diese Weise entstehen
für die Menschen in verschiedenen Gegenden Sri Lankas zu verschiedenen Zeiten unterschiedliche Mythen, die zwar inhaltlich und struk-
turell entsprechend den jeweiligen Bedürfnissen variieren, die dennoch Gemeinsamkeiten mit den Mustern des Entstehens, Funktionierens und Vergehens aufweisen. Die buddhistische Kosmologie besteht
nicht aus unveränderlichen Mythenelementen oder -bausteinen, sondern bietet vielmehr prozessuelle Paradigmen und strukturelle Koordinaten, welche sowohl die jenseitige Götter- und Geisterwelt als
auch die diesseitige Menschenwelt ordnen. Das Fehlen eines „stabi-
len", zugrundeliegenden Systems stellt sich nicht als Problem, wenn
man, anstatt „wahre" oder „richtige" Myth*ologie* zu ergründen, den
psychologischen Stellenwert und die Funktion der Mythen in den
Heilritualen, in Therapie und Alltag erforscht.

7. Die Kontroverse zum buddhistischen Kontext der Heilrituale

Die Frage hat viele Sozialwissenschaftler und Buddhismusforscher beschäftigt: was ist eigentlich „buddhistisch" an den Heilritualen Sri Lankas? Westlichen Wissenschaftlern, die sich den philosophisch rationalen Aspekten der buddhistischen Doktrin angenähert haben, war es meist unverständlich, dass in diesem Land, dessen Bewohner sich Buddhisten nennen, in einem so hohen Ausmass rituellen, symbolisch und magisch anmutenden Handlungen gefröhnt wird. Bechert (1978) gibt einen guten Überblick über die dabei entstandenen religionswissenschaftlichen Konzepte, welche dieser wahrgenommenen Dichotomie zwischen der gelebten Kultur und dem rationalen Ideal einer reinen Religion zu Grunde liegen. In der Religionswissenschaft und Anthropologie haben sich Unterscheidungen zwischen Hochreligion und Volksglauben, Religion und Magie, grosser Tradition und kleiner Tradition, reiner Religion und Synkretismus usw. durchgesetzt. Der grossen Tradition entspricht im Falle des Buddhismus die Neuschaffung einer Hochreligion, eine von allen „Beimischungen" des Volksglaubens, Magie und fremden Elementen gesäuberte, reine Form. Diese Idee eines atheistischen, rational begründeten Buddhismus entsprang im Westen und wurde im 19. Jahrhundert in Sri Lanka eingeführt (Gombrich 1971a). In Teilen der srilankischen Gesellschaft hat sich dieser sogenannte „protestantische" oder „reformierte" Buddhismus zum Teil auch wirklich durchgesetzt.

So lässt sich feststellen, dass auch sinhalesische Autoren,[76] die sich diesem reformierten Buddhismus verpflichtet fühlen, einen scharfen Kontrast zeichnen zwischen „hohen" und „niederen" Formen des buddhistischen Brauchtums. Die hohen Formen der grossen Tradition würden demgemäss nur jene religiösen Praktiken umfassen, welche die Sinhalesen traditionellerweise in weisser Kleidung verrichten:[77] In den Tempel gehen, *Pūja*-Opfer darbringen, *Sīl*-Gebote entgegennehmen, *Pirit*-Rituale organisieren, *Dāna*-Gaben spenden usw. —

zusammengefasst alle religiösen Praktiken, die an die Angebote des
Klerus *(sangha)* geknüpft sind.[78] Übrig blieben dann die zahlreichen
„nicht–buddhistischen" religiösen Handlungen der Opferung, rituellen
Andacht, Heilrituale usw., die den Christen seit der Aufklärung an
die Schattenseiten seiner eigenen Religionsgeschichte erinnern müssen.
Aberglaube, Animismus, Exorzismus, Hexerei, Magie, Teufelstänze
und Dämonenkulte sind dann die irreführenden religionswissenschaft-
lichen Etikettierungen für diesen Aspekt der sogenannten „kleinen
Tradition" respektive der „niederen Volksreligion", abwertende
Bezeichnungen, die auch von Bechert (1978), Gombrich (1971a) und
Schalk (1978) kritisiert werden.

Historisch wird diese oft sehr farbige, feurige, rhythmische und
bewegungsfreudige „Volksreligion" den vorbuddhistischen animistischen Kults — dem „Heidentum" quasi — zugerechnet, die trotz
buddhistischer Akkulturation überlebt hätten. Bechert (1978) gibt den
bemerkenswerten Hinweis, dass sich bei frühen ethnologischen Untersuchungen über das relgiöse Brauchtum der Sinhalesen die dichotomi-
sierenden Unterscheidungen offenbar noch nicht aufgedrängt haben.[79]
Man kann also annehmen, dass solche dem Volk einst uneinsichtigen
Unterscheidungen durch die Konzepte der Religionswissenschaftler
bedingt sind, die ihre Vorstellungen darüber entfalten, was Hochreligion sei. Unterdessen weiss aber auch mancher Dörfler — soweit mit
der Meinung der Eliten vertraut —, was „buddhistisch" ist und was
nicht. Neuere anthropologische Feldforschungen, greifen solche durch
Befragungen erhobene Meinungen auf und finden neuerdings die
Dichotomien bestätigt. Sie werden jedoch terminologisch wieder abge-
schwächt, sobald die empirischen Befunde im Zusammenhang
betrachtet werden.[80] Bechert (1978) selber plädiert für eine gründli-
chere Untersuchung historischer Zusammenhänge zum Konzept des
religiösen Synkretismus in buddhistischen Ländern und schlägt vor,
dass Forschungen über Volksreligion sich jeweils auf eine bestimmte
Region, das heisst auf eine empirisch erfassbare Wirklichkeit
beschränken sollen. Sinnvollerweise kann empirische Forschung nur
an der Gegenwart konkreter buddhistischer Lebensgemeinschaften
ansetzen, ohne sie a priori kategorisierend aufspalten zu müssen.

In meiner Untersuchung srilankischer Heilrituale meide ich die
eben diskutierten Dichotomisierungen und die mit ihnen verbundenen
ethnozentrischen Kategorien. Die Analyse der in der Tovil–Psychologie verwendeten Begriffe (vgl. Kapitel 4 und 5) unterstreichen
meine grundlegende Erkenntnis, dass **die Tovil–Heilrituale eine
Form buddhistischer Psychotherapie sind.** Wenn ich also die

Tovil–Heilrituale wieder in ihren buddhistischen Kontext zurückstelle, aus dem sie Stück um Stück hinausgedrängt wurden, und sie als **hohe Form buddhistischer Heilkunst und Pädagogik** bezeichne, dann bin ich nicht auf der Seite der vorherrschenden, ehemals religionswissenschaftlich geprägten Meinung zu dieser kontroversen Frage. Ich habe als Psychologin jedoch die Möglichkeit, mich der Frage, ob Tovil–Heilrituale buddhistisch seien oder nicht, mit anderen Erfassungskategorien anzunähern, nämlich mit der Psychologie der ihnen zugrundeliegenden Methodik, und kann in der Folge auch bisher unbeachtete Zusammenhänge aufzeigen.

Wenn zudem die Annahme berechtigt ist, dass Tovil–Heilrituale (unter anderem) die gleiche Funktion erfüllen wie Psychotherapien, dann darf nicht missachtet werden, dass unsere Psychotherapie als junges Kind des säkularisierten Christentums erst vor kurzem die kirchliche Institution der „Seelsorge" abgelöst hat und der Wissenschaft zugeführt wurde (Foucault 1973). Es kann daher kaum behauptet werden, unsere Psychotherapien hätten nichts gemeinsam mit christlicher Religion. Genau so wenig kann behauptet werden, Tovil–Heilrituale in Sri Lanka hätten nichts zu tun mit buddhistischer Religion.[81] An welcher anderen Weltsicht und Ethik sollen sich denn *Yakäduro*–Heiler in Sri Lanka orientieren, welches psychologische Wissen soll ihnen sonst zur Verfügung stehen, wenn nicht das buddhistische? Von dieser Polemik wegführend könnten folgende Kriterien zur Klärung dieser Frage nützlich sein:

a) Als erstes sollte geprüft werden, ob die Tovil–Heilrituale in der ursprünglichen Lehre des Buddha in irgendeiner Form vorkommen und welchen Platz sie dort einnehmen. Meine Überprüfung hat ergeben, dass die den heutigen Heilritualen zugrundeliegenden Mythen sich nicht wesentlich von den kanonisch–buddhistischen Mythen unterscheiden (siehe Kapitel 6.3). Sowohl die in den Lehrreden des historischen Buddha *Gotama* enthaltene Struktur des Psychokosmos als auch die Benennungen der mythischen Wesen *(preta, gandharva, kumbhanda, yaka, deva, brahma* usw.) sind identisch mit jenen der Heilrituale. Darüber hinaus beschreiben einige Lehrreden des Buddha, zum Beispiel die Sutten Nr. 18 bis 21 und insbesondere Nr. 32 der Längeren Sammlung *(Dīgha Nikāya)* ziemlich genau die gleichen Ereignisse, wie sie in einem heutigen Tovil dramatisiert werden.

Das Argument, dass diese Mythen schon vor Advent des Buddhismus vorhanden waren oder gar dem kollektiven Unbewussten im Sinne C.G. Jungs entspringen, erschüttert in keiner Weise das buddhistische Zugehörigkeitsgefühl der Heiler und ihrer Patienten, für die der Dhamma nicht bloss Glaube sondern auch überprüfbare Lebenswahrheit bedeutet. Wenn Tovil–Heilrituale als „vor–buddhistisch" bezeichnet werden, wird eine historische Kategorie als qualitative Bezeichnung missbraucht, was bereits in unserem Kulturkreis viel Schaden angerichtet hat. Der historische Jesus war ein Jude, der historische Buddha war ein Hindu (obwohl der Begriff „Hindu" erst im 11. Jahrhundert nach der arabischen Invasion in Indien entstanden ist). Historisch betrachtet haben sinhalesische Heilrituale ihre Vorläufer im damaligen Hinduismus. In Bezug auf unsere Frage wäre „vorbuddhistisch" mit „nichtbuddhistisch" gleichzusetzen ein Fehlschluss.

b) Weitere Aufschlüsse gäbe eine vergleichende Untersuchung der äusseren Erscheinungsform und Inhalte der Heilrituale in verschiedenen buddhistischen Kulturen. Schalk (1978) zeigt die Unhaltbarkeit von Auffassungen zum *Pirit*–Heilritual, wonach es entweder eine „magische Zeremonie" oder eine „Erscheinung der Volksreligion" sei, die bloss bei einer Populationsgruppe (demographisch, national usw.) vorkäme. Er kritisiert auch die Gleichsetzung des *Pirit* mit „Teufelstänzen" oder „Exorzismen", wie die Tovil–Heilrituale von einigen Forschern bezeichnet werden. Ohne *Pirit* und Tovil gleichzuschalten, sollte die künftige Forschung ähnliche Fragen in Bezug auf den Tovil im Vergleich zu den Heilritualen anderer buddhistischer Kutluren nachgehen.

Ich halte es für wichtig, dass man den Tovil auch vom Exorzismus nicht–buddhistischer Kulturen unterscheidet. Ein Exorzist ist gemäss Duden–Wörterbuch ein Geistbeschwörer und entspricht dem dritten Grad der katholischen niederen Weihen. Dies sind Bezeichnungen, die für die buddhistischen *Yakäduro* nicht anwendbar sind. Unter Exorzismus versteht man Austreibung, Vernichtung des Bösen, was für die therapeutische Methode der Dämonen–Lehrer ebenfalls nicht zutrifft. Wie ich in den Kapiteln 9 und 10 durch empirische Daten und ihre Analysen belege, charakterisiert das Können *(upakkrama)* der srilankischen Heiler 1. eine Konkretisierung psychischer Probleme als „Dämonen", 2. eine Umerziehung dieser Dämonen und eine Zurechtweisung auf ihren Platz innerhalb des Psychokosmos des Patienten, 3. das Herstellen eines interpersonellen Konsensus in Bezug auf diese Dämonen, respektive auf die durch sie personifizierten psychischen Probleme und 4. eine therapeutisch–pädagogische Führung des Patienten, indem ihm Wissens– und Handlungsmuster vermittelt werden, die eine glücklichere Lebensweise ermöglichen. Ebenfalls werde ich aufzeigen, dass sowohl der weltanschauliche und ethische Rückhalt als auch das angewandte psychologische Wissen der Heiler eminent buddhistisch und nicht „ausserbuddhistisch" ist. Das buddhistische Selbstverständnis der Heilspezialisten *(yakädura, gurunnanse)* gilt für mich als das entscheidende Kriterium dafür, dass die srilankischen Heilrituale des Typus Tovil buddhistisch sind.

Wenn die Tovil–Heilrituale eine buddhistische Version von Psychotherapie sind, drängt sich die Frage auf, ob es in Sri Lanka allenfalls andere Formen spezifisch buddhistischer Psychotherapie gibt. Zu nennen wäre sicher eine Form, die im Westen als Psychotherapie bereits etabliert ist: die buddhistische Meditation (Deatherage 1979, Goleman 1976, Scharfetter 1983a). Ich möchte an dieser Stelle nicht über Gemeinsamkeiten und Verschiedenheiten buddhistischer Meditation und westlicher Psychotherapie referieren,[82] auch nicht darüber argumentieren, inwieweit Meditation Psychotherapie sei, sondern den Vergleich vielmehr zwischen buddhistischer Meditation und buddhistischen Heilritualen anstellen.

Ohne hier auf Einzelheiten einzugehen, sei eine Feststellung in Erinnerung gerufen, die ich bereits weiter vorne (siehe Kapitel 5.1) eingeführt habe, nämlich, dass sowohl die buddhistische Meditationsmethode als auch die Tovil–Heilrituale ein therapeutisches Format bereithalten, in dem an leidvollen psychischen Komplexen und anderen Störungen gearbeitet wird, um in der buddhistischen Geistesentfaltung fortschreiten zu können. Dies bedeutet, dass die Wege psychologischer Erforschung von Meditation und Heilritualen sich gegenseitig fördern und ergänzen, weil diese beiden Methoden der Geistesläuterung auf Grund derselben kultureigenen epistemologischen Paradigmen entworfen worden sind. Es müsste also möglich sein, Heilritual und Meditation mit psychologischen Paradigmen, die der buddhistischen Epistemologie nicht widersprechen, als zwei Versionen der buddhistischen Psychotherapie zu untersuchen.

Die beiden spezifischen Formate *(kammatthāna)* von Meditation und Ritual ergänzen sich als Gegenstücke innerhalb eines übergreifenden Rahmens der weitergefassten buddhistischen Geistesläuterung und Geistesschulung. Vorab zeichnen sich beide Formate dadurch aus, dass sie geschützte zwischenmenschliche Räume[49] zur Verfügung stellen, in denen Leiden verursachende psychische Komplexe ohne leidhafte Konsequenzen ausagiert und Teilziele buddhistischer Lebensmeisterung demonstriert und eingeübt werden. Es sind eigentliche psychologische „Arbeitsplätze" (wörtlich für *kammatthāna*) der buddhistischen Heilungs– und Entfaltungsmethoden (vgl. Kapitel 5.1). Bei der Entscheidung für einen der Arbeitsplätze spielt jeweils die Frage der Indikation respektive der Motivation die Hauptrolle. Padmasiri de Silva (1978) betont, dass der Fortschritt bei der Meditation an wachsender Einsicht in die Funktionsweise des eigenen Geistes *(vipassanā–bhāvanā)* geknüpft ist, während der Erfolg eines Rituals sich zunächst auf eine Erleichterung gefühlsmässiger Spannungen beschränken kann. Wieviel und welche Art von Einsicht dabei mitspielt, kann jedoch nicht von einem Patienten auf den anderen generalisiert werden. Ames (1964) und Halverson (1971) sehen das Ziel der Heilrituale darin, dass sie dem Patienten ermöglichen, das Leben entsprechend der Buddha–Lehre wieder zu meistern.[83]

Der Fortschritt in buddhistischer Geistesschulung besteht in einer psychischen Wandlung, die sich aus einer persönlich–ethischen Lebensweise ergibt, in welcher sich Ritual, Meditation und praktische Lebensweisheit gegenseitig durchdringen. Dies entspricht den traditionellen drei Stufen der Geistesschulung: 1. *Sīla* – die ethische Kontrolle des Handelns durch Rituale, 2. *Samādhi* – das Läutern und Kultivieren des Geistes durch Meditation und 3. *Paññā* – das Entfalten der praktischen Lebensweisheit. Die Heilrituale, oder buddhistische Rituale im weitesten Sinne überhaupt, werden sowohl in den kanonischen Schriften wie auch von dörflichen Buddhisten als Grundstufen und Mittel der Geistesschulung verstanden (Frýba & Vogt 1989). *Sīla–Samādhi–Paññā* ist die kürzeste und geläufigste technische Definition der Buddha–Lehre, die von Dorfbewohnern gegeben wird. Das buddhistische Selbstverständnis der Dorfbevölkerung Sri Lankas ist also keineswegs ein bloss nominales, das die Buddhisten von den dörflichen Muslims, Hindus und Christen unterscheiden würde. Anders auch als die vorwiegend urbanen und westlich gebildeten Bevölkerungsteile, die an den früher diskutierten reformierten Buddhismus glauben, sind die dörflichen Buddhisten, oft notgedrungen, **praxisorientiert**: der Dhamma oder *Daham (S)*, die Lehre Buddhas also —

die Dörfler kennen ja keinen intellektuellen Buddh*ismus* —, die in lebenserleichternden Handlungen besteht, ist für sie ein **Weg** zu weniger Leiden und mehr Glück.

In diesem Sinne gilt für den Dorfbewohner auch die Grundlehre des Buddha, dass Leiden *(dukkha)* durch gieriges und deshalb frustrierbares Verlangen *(tanhā)* verursacht ist. Im Alltag geht es darum, eine Balance zu finden zwischen der Aufrechterhaltung der lebensnotwendigen Motivationen, die ja auch im Verlangen bestehen, und der Minderung von gierigem Verlangen. Das dörfliche Verständnis vom „Mittleren Weg" des Buddha besteht also im praktischen Gleichgewicht von Unternehmungen, die ein angenehmes Leben bewirken, und religiösen Handlungen, die ein unheilsames Verlangen und dessen pathologische Auswirkungen unter Kontrolle halten. Auf welcher Stufe seines Reifungs– und Erkenntnisprozesses sich der dörfliche Patient auch immer befindet, soll das Heilritual ihn auf seinen „Mittleren Weg" zurückführen, auf dem allein weiterer geistiger Fortschritt, also weniger Leiden und mehr Zufriedenheit, möglich ist.

Um die Diskussion des kontroversen Stellenwerts der Heilrituale abzurunden, möchte ich nun die zwei psychologischen Phänomene einführen, die Ergebnis und Titel der vorliegenden Untersuchung sind und sich in meiner Auseinandersetzung mit dem Wissen und Vorgehen der Heiler und den dadurch induzierten psychischen Prozessen herauskristalisiert haben: **das Können** *(upakkramaya, upakkama)* **des Heilers** einerseits und **das Vertrauen** *(sardhāva, saddhā)* **des Patienten** andererseits **spielen die prominenten Rollen beim Heilungsprozess.**

Die Kenntnis der Dynamik zwischen Können und Vertrauen ist das hervorragenste Charakteristikum der Tovil–Heilmethode und bestimmt die Interaktion zwischen dem *Yakädura*, dem „Dämonenbezähmer und –lehrer", und dem *Āturaya*, dem „hinfälligen Bedrohungsleidenden". Diese gekonnte und vertrauensvolle Interaktion wird nach dem Ideal der Interaktion zwischen dem heilenden Buddha und dem, in der Folklore populären, „geheilten" Hausvater *Nakulapita* gestaltet. In der ersten Sutte „*Nakulapita*" des dritten Teils der Lehrreden des *Samyutta Nikāya* wird diese Heilung von *Nakulapita* unter Anwendung der auch von *Yakäduro* benützten technischen Terminologie der Phänomenengruppe *(khandha* oder *skandha)* beschrieben. Auf diese Terminologie der Heiler bezieht sich auch Kapferer (1983 : 177), wenn er die Vielfalt der symbolischen Fülle beschreibt, die während einem Tovil kreiert werden und alle Sinne ansprechen:

Ich konnte nur einen Bruchteil der unermesslichen symbolischen
Fülle des Exorzismus beschreiben. Ton, Lied, Geruch, Tanz und
Drama werden kombiniert, was nur als eine wunderbare Schau
beschrieben werden kann, die alle Sinne anspricht. Exorzisten verste-
hen ihre Rituale als zusammengesetzt aus den fünf Essenzen des
Tons *(sabdha)*, der visuellen Form *(rūpa)*, der Berührung und des
Fühlens *(sparsa)*, des Geschmacks *(rasa)* und des Geruchs *(gandha)*.
Dies sind Essenzen, welche als fünf elementare Substanzen
(pañca mahābhūta) „materialisiert" werden. Aus diesen Essenzen
beschwören und gestalten die Exorzisten sowohl das Göttliche wie
auch das Dämonische. Ein Exorzist bezeichnete zusammenfassend die
Essenzen mit dem Sanskrit–Wort *Skandha*, also Vergänglichkeits-
bedingungen. Dieser Terminus bezieht sich auf das buddhistische
Konzept der Vergänglichkeit *(anicca)* und vermittelt den Sinn einer
unaufhörlichen Änderung und eines Stroms des kontinuierlichen
Formens, Umformens und Auflösens. Ohne zu behaupten, dass dieser
Terminus ein Teil des alltäglichen Wortschatzes jener nicht-
spezialisierten, an Exorzismen teilnehmenden Sinhalesen ist, betrachte
ich ihn nichts desto weniger als einen, der die wichtigste Qualität der
exorzistischen Handlung vermittelt: geformt in Farbe, Musik, Lied
und magischer Beschwörung; im Geruch des Weihrauchs; in der
Bewegung und Geste des Tanzes; und in maskierten Darstellungen
des Dämonischen, erscheint und schwindet eine Schar von Bildnissen,
formt und verwandelt sich und löst sich im Kaleidoskop der exorzistischen Handlung auf.[84]

Nach Aussagen eines von Kapferer befragten Heilers unterstehen
alle Essenzen des Tons *(sabdha)*, der visuellen Form *(rūpa)*, der
Berührung und des Fühlens *(sparsa)*, des Geschmacks *(rasa)* und
des Geruchs *(gandha)* der Vergänglichkeitsbedingung. Das Entstehen
und Vergehen, ein Hauptmerkmal der Wirklichkeit gemäss der
Buddha–Lehre, wird dem Patienten nicht nur als Begriff vermittelt,
sondern während einem Heilritual vielmehr als **Erleben** vor die
Augen, wie auch „vor" die anderen Sinne, geführt, damit er sich
sowohl die bedrohlichen wie auch die tröstenden Aspekte der
Vergänglichkeit *(anicca)* erlebnismässig vergegenwärtigen kann.
Während nun, vorab von den sinhalesischen Buddhisten selbst, den
Heilern oft auch ein „krummes Handwerk" *(boru väda)* mit Tricks
und Verblendung unterstellt wird, das von daher die qualifizierende
Etikettierung „nicht–buddhistisch" wohl verdient, behaupte ich, dass
in buddhistischen Heilritualen mit geschicktem **Können** und begrün-
detem **Vertrauen** eine atemberaubende Palette **therapeutischer und
pädagogischer** Ansätze zur buddhistischen Lebensmeisterung
vermittelt wird.

7.1 Können oder Trick?

Dem Können der srilankischen *Yakāduro*, wie auch dem der Heiler anderer Kulturen — einbezüglich der modernen Psychotherapeuten — haftet etwas Zwielichtiges an. Ihr grosser Einfluss auf den Patienten, so sehr er auch erwünscht ist, öffnet die Möglichkeit zu einem Machtmissbrauch. Die Macht der Heiler und die Wirksamkeit ihrer Heilrituale wird manchmal auf „magische Tricks" zurückgeführt und dadurch der wissenschaftlichen Sicht entrückt. Und was da auf unsichtbarer geistiger Ebene eingesetzt und bewirkt wird, bleibt dem Beobachter oft verborgen. Gerade auch der Wissenschaftler, wenn er einfach nur die sicht- und hörbaren Handlungen der Heiler aufzeichnet und in seinem Begriffssystem ordnet, wird Mühe haben, auch die Absichten des Heilers oder das Erleben und die Prozesse der psychischen Verarbeitung des Patienten und der Zuschauer zu erfassen und zu analysieren.

Es gibt eine Vielfalt von Auffassungen verschiedener Forscher über den Wirkungsmechanismus von Heilritualen. Oft wird betont, dass das „magische Denken", welches der Wirkungsweise der Heilrituale zu Grunde liege, und das rationale Denken, auf welchem die Erklärungsmodelle der Wissenschaft gründen, nicht miteinander vereinbart werden können (vgl. darüber Boesch 1983, Tambiah 1978). Magisch sind demnach „symbolische" Zusammenhänge und Wirkungen, die nicht von rationalem Denken abgeleitet sind. Das von Ethnologen und Anthropologen viel benützte Konzept der „magischen Handlungen" der Heiler als der sichtbare Ausdruck magischen Denkens geht auf Sir James Frazer zurück. Er hat die Theorie aufgestellt, magische Handlungen entsprängen einer „Bastardwissenschaft", die von zwei irrtümlichen Ursache–Wirkungs–Beziehungen ausgehe: die eine liegt dem „Gesetz der Ähnlichkeit" zu Grunde mit der Annahme, dass Gleiches Gleiches bewirke, die andere dem „Gesetz der Ansteckung" mit der Annahme, dass Dinge, die einmal miteinander in Berührung waren, fortfahren aufeinander einzuwirken (Leach 1978).

Dem Konzept „magische Handlungen" haftet die Bewertung des Unlogischen, Unwissenschaftlichen an.

Die Heiler in Sri Lanka kennen die Trennung in „Rationales" und „Magisches" nicht. Wann immer ich ihnen Fragen stellte, die auf dem Hintergrund eines Konzepts von magischen, das heisst symbolisch gemeinten Handlungen basierten, reagierten sie mit Unverständnis. Die Terminologie, die sie brauchen, gründet auf der buddhistischen Phänomenologie geistiger Zusammenhänge als Wissens– und Erlebensmatrix, wie sie im Abhidhamma vorkommen (vgl. Kapitel 4). Es ist mit guten Gründen anzunehmen, dass von dieser Lehre des Abhidhamma über den „wirkenden Geist" und das „geistig Wirksame" auch die Techniken der Heiler abgeleitet sind. Das Studium der überlieferten kanonischen Schriften erleichterte es mir auf jeden Fall, ein tieferes Verständnis über die beobachtete Methodik der Heilrituale zu erlangen. Meine Fragen an die Heiler wurden dadurch adäquater und die Antworten ergaben endlich einen Sinn.

Geheimnistuerei habe ich bei meinen Erkundungen nicht angetroffen, auch wenn nicht alle Heiler bereit waren, mit mir über ihre Mittel zu theoretisieren. Es war übrigens auch dem Buddha als „Heiler" kein Anliegen, das Wissen über seine Methode und die ihr zugrundeliegende Phänomenologie des Geistes kompliziert darzustellen oder gar zurückzuhalten.[85] Das „Geheime" fällt hier also im doppelten Sinne weg: sowohl das psychotherapeutische Vorgehen als auch das ihm zugrundeliegende theoretische Wissen sind öffentlich und jederman zugänglich. Selbst das Können wird niemandem vorenthalten, der bereit ist, es durch die dazu notwendige Schulung, Übung und Anwendungspraxis zu erwerben.

Ich werde mich nun mit der Frage auseinandersetzen, weshalb trotz dieser öffentlichen Zugänglichkeit die srilankischen *Yakäduro*– Heiler vom Vorwurf nicht verschont bleiben, ihr Handwerk beruhe auf geheimen Tricks. Im Zentrum meiner Diskussion steht das Misstrauen, das dem Heiler traditionsgemäss von den eigenen Landsleuten entgegengebracht wird, und nicht das von aussen herangetragene Misstrauen unserer Wissenschaften gegenüber magisch Anmutendem.

Im srilankischen Verständnis von Können versus Trick ist die Einhaltung der buddhistischen Ethik *(sīla)* durch den Heiler ein wichtiges Kriterium, das auch entscheidet, wieviel Vertrauen und Respekt ihm entgegengebracht wird. Der sinhalesische Volksmund kennt das Können als gutes, währschaftes Handwerk *(honda väda)* im Gegensatz zum Trick *(katta väda)*, dem verlogenen, vorgetäuschten, pfuschenden Getue *(boru kirīma)*. Diese Unterscheidungen bezeichnen nicht in erster Linie das Resultat der Arbeit, sondern die geistigen Voraussetzungen des Ausführenden.

Der Heiler, der den Trick *(boru väda)* wählt, unterhält andere psycho-ethische Verfassungen und Ziele als derjenige, der sein Können *(upakkramaya)* mit Wissensklarheit über den heilsamen Zweck *(atthasampajañña)* anwendet.[86] Der Trick entspringt einer niederen Absicht, zum Beispiel dem kurzsichtigen Verlangen und der Gier *(tanhā, lobha)* nach Gewinn, oder dem Paktieren mit hassvollen, neidischen und rachsüchtigen *(dosa, krodha)* Anwandlungen eines Klienten, der ein Ritual anstellt um jemanden zu schädigen.[87] Der Trick *(katta väda)* ist motiviert durch beabsichtigte Ausbeutung, Schädigung, Verlogenheit und Täuschung *(moha)*. Er verschmutzt die geistige Sphäre sowohl des Manipulierten wie auch des Manipulierenden und bedeutet so einen Rückschritt in der geistig-emanzipatorischen Entwicklung der Beteiligten. Böses Werk *(naraka väda)* und Tricks *(katta väda)* führen zu leidvollen Verstrickungen, die hinderlich *(pau)* und unethisch *(akusala)* sind.

Das Können des *Yakädura*-Heilers verlangt eine klare Ethik als Rückhalt, die bezweckt, eigenes Leiden und das Leiden anderer zu mindern und Glück im Sinne geistig-emanzipatorischer Entwicklung durch karmisch verdienstliches Tun *(pin)* zu fördern (vgl. Kapitel 11). Man kann nicht genug hervorstreichen, welche wichtige Rolle die Vorstellungen von *Karma* und Glück im Alltag der Sinhalesen spielen. Alles was Glück bringt und Glücksfähigkeit steigert, ist karmisch heilsam *(kusala)* und damit Ausdruck des ethischen Könnens oder Geschicks *(kosalla)*. Dass die Handlungen des Heilers mit diesem ethischen Können verbunden sind, muss er seinen Klienten immer wieder beweisen, um ihr Vertrauen zu gewinnen. Sein guter Ruf und sein Ansehen geben wiederum Aufschluss über die vorhandene Ethik seines Könnens (vgl. die Aussagen von Upasena Gurunnanse am Schluss des Interviews im Anhang). Die Handlungen als ethisch *(kusala)* oder unethisch *(akusala)* zu bezeichnen, ist synonym mit *pin* (förderlich) und *pau* (hinderlich). Es gehört aber zum therapeutischen Vorgehen des Heilrituals, dass auch gier- und hassvolle psychische Komplexe, die *pau* sind, auf eine gesteuerte Weise geweckt, ausagiert und gezähmt werden. Natürlich werden dabei auch „therapeutische Tricks" oder besser gesagt Kunstgriffe *(upāya)* eingesetzt, die den Heilungsprozess in Gang bringen und innerhalb der klar abgegrenzten Zeit-Raum-Einheit des therapeutischen Formats in Gang halten.

Dem naiven, das heisst mit technischem Verständnis der Methode *(upakkrama)* nicht ausgerüsteten Zuschauer des Heilrituals sind nur die sichtbaren Aspekte der Kunstgriffe zugänglich, die er jedoch in ihrem zweckvollen Zusammenhang technisch nicht begreifen kann. Der „Uneingeweihte", gleich ob ein Wissenschaftler auf einer Ferienreise oder ein „gewöhnlicher", im Dorfe des Patienten ansässiger Mensch, sieht nur die atemberaubende Palette der spektakulären Elemente des Heilrituals, die er je nach Belieben in sein privates Ansichtensystem einordnet. Das manchmal akrobatische Tanzen der Heiler, das Steifwerden des Körpers beim Eintritt in die Sphären des nicht–menschlichen Bewusstseins *(amanusaya–loka)*, das Zähneknirschen und Körperzucken während der Unterwerfung *(yatatkirīma)* des Dämonen, wie auch all die seltsamen Gebärden, die oft starke Emotionen in den Zuschauern und im Patienten hervorrufen, sind nur ein körperlicher Ausdruck und Kommunikationsträger *(viññatti)*[36] der durch die Kunstgriffe in Gang gehaltenen therapeutischen Interaktion *(anubhūti, anuparivatti)*. Die eigentlichen therapeutischen Tricks oder heilenden Kunstgriffe *(kusala upāya)* bestehen im gekonnten Herstellen *(vatta)* von Bedingungen *(paccaya)* der Heilung, die ich im Kapitel 4.1 auf eine technische Weise ausführlicher erörtert habe. Hier versuche ich nun mehr oder weniger essayistisch (in Klammern die technischen Termini anführend, die jedoch für ein globales Verstehen der Methode nicht berücksichtigt werden müssen), den Stellenwert der „Tricks" im Rahmen des heilenden Könnens der *Yakäduro* aufzuzeigen.

In der Tovil–Psychologie *(bhūta–vidya)* wie im Abhidhamma werden zwei Arten von heilenden Kunstgriffen[88] unterschieden: jene der Fertigkeit im Umgang mit dem Morbiden *(apāya–kosalla)* und jene der Fertigkeit im Umgang mit dem Heilvollen *(āya–kosalla)* (vgl. Kapitel 10.2). Diese Unterscheidung deckt sich nur teilweise mit dem allgemeineren Gegensatz zwischen den kurativen Akten *(veda–kam)* des Arztes und den didaktisch–therapeutischen Akten *(guru–kam)* des Lehrers (vgl. Kapitel 2 und diesbezügliche Aussagen des Upasena Gurunnanse im Anhang): Während die fördernden Akte ein Kultivieren *(bhāvanā)* von Heilungsgewinn *(āya)* didaktisch einleiten und einsichtig machen, bleibt der Sinn des Umgangs mit dem Morbiden *(apāya)* dem Tovil–Unkundigen verborgen. *Apāya–kosalla* ist die Fertigkeit, das Krankhafte noch schlimmer zu machen, die pathologischen Tendenzen zu verstärken, ihnen eine greifbare bösartige Gestalt (nur innerhalb des geschützten therapeutischen Arbeitsplatzes des Heilrituals) zu geben und auf diese Weise das Morbide und Hinderliche *(apāya)* als Dämon zu konkretisieren, damit es in der Folge zerlegt, abgetrennt *(kapanava)*, beseitigt und durch das Gesunde und Förderliche *(pin, kusala, āya)* ersetzt werden kann. Der Sinn *(artha, attha P)* der einzelnen Kunstgriffe muss im Kontext der gesamten Methode *(upakkrama)* verstanden werden. Er besteht also nicht im blossen zur Schau stellen des Hinderlichen und Morbiden, sondern vielmehr in dem Vordemonstrieren des heilsamen Umgangs damit.

Der Zuschauer eines Heilrituals, erst recht wenn er ein Teil des sozialen Kontexts des Patienten ist, mag sich innerlich gegen die zur Schau gestellten, bedrohlichen, morbiden Geisteszustände sträuben. Es ist vielleicht ein Ausdruck seiner Angst, selber krank zu werden, wenn er versucht, die negativen Wertungen und Identitäten des Geschehenen und Erlebten projizierend nur dem Heiler und dem Patienten aufzustülpen. (Beispielsweise: der Patient ist ein Armer, weil er verrückt ist. Der Heiler benimmt sich gleich, also ist er auch ein Verrückter. Der Patient ist gefährlich: es ist ein Todesdämon, der ihn bemächtigt hat und der durch den Patienten wirkt und handelt. Der Heiler verbündet sich mit dem Dämon, dann lacht er ihn wieder aus; man kann ihm also nicht trauen, er ist ein Schwindler, usw.) Bedenkt man dazu, dass der Tovil entsprechend dem Erleben eines Geisteskranken gestaltet wird, und der Verlauf durch einen schnellen, sozusagen „schwindelerregenden" Wechsel gekennzeichnet ist, dann ist es naheliegend, dass ein Zuschauer, der sich aus irgendeinem Grunde dabei in Frage gestellt fühlt, das Ganze von sich weisen muss.

Der *Yakädura*-Heiler hat jedoch die Fäden in der Hand. Jede nicht vorauszusehende Wendung ist ihm eine Herausforderung, sein Geschick zu zeigen, „Meister der Zeremonie", Herr der Situation zu bleiben. Einmal verkehrt er mit den Göttern, einmal mit Dämonen, dann wendet er sich den Zuschauern wieder zu oder spornt seine Assistenten an. Dies setzt eine ungeheure Wachheit, Achtsamkeit, geistige Beweglichkeit, fortwährende Sammlung *(khanika–samādhi)* und grosse Handlungskompetenz voraus, eine Fähigkeit zum raschen Wechsel von sozialen Rollen, Geisteszuständen, Stimmungen, die sich nicht mehr in **einer** Identität unterbringen lassen. Am ehesten bietet sich da unserem Zuschauer dieses schwindelerregenden Wechsels die Identität des „Tricksters" oder Schwindlers an, die er auf den Heiler projiziert.

Die Aufgabe des Heilers als Mediator innerhalb und zwischen den verschiedenen Welten des Psychokosmos mit ihren Hierarchien, spezifischen Ordnungen und anderen Gesetzmässigkeiten zu wirken, hat auch Lorna Amarasingham (1972) anlässlich ihrer Feldstudie in Sri Lanka festgehalten. Amarasingham stellt die interessante These auf, dass der Heiler durch sein unfassbares Wesen bewusst die Merkmale auf sich nimmt und ausspielt, die in der Sicht des Buddhisten tatsächlich der ganzen Welt eigen sind, nämlich dass alle Dinge dem Gesetz der Unbeständigkeit *(anicca)* unterliegen. Dies gilt gerade auch für Dinge, die als gut empfunden werden, wie Gesundheit, intaktes Familienleben, Wohlstand usw.

Die Ursache des Leidens und somit der Geisteskrankheit entspringt, wie bereits in Kapitel 4.1 erläutert, dem Anhaften *(upādāna)* an etwas vermeintlich Beständiges. Die *Yakäduro*–Heiler nun spielen mit diesen Kräften des Anhaftens, der es bedingenden Gier und der folgenden Frustration auf verschiedenen Ebenen. Wie ich wiederholt beobachtet und in Interviews bestätigt bekommen habe, dreht sich das ganze Ritual eigentlich um die Frage des Erhaltens und Aufgebens in einer Welt, in der man sich auf nichts verlassen kann. Und so spielt der Heiler mit sozialen Rollen, mit der sprachlichen Ordnung, mit dem Glauben an Hierarchien in der Welt; er zeigt die Instabilität all dieser ordnenden Formen und Auszeichnungen, er präsentiert sich selbst als Spiegel dieser ungern gesehenen Realitäten. Dadurch kreiert er genau die Atmosphäre, in der das chaotisch Dämonische möglich wird, aber auch gezähmt und fügsam gemacht werden kann. Dazu braucht der *Yakädura* Narrenfreiheit und, um selber eine gute „Projektionsfläche" für die Gefühle anderer zu sein, muss seine soziale Identität wenigstens streckenweise zwiespältig, unfassbar und ambivalent sein. Diese Fragwürdigkeit seiner Identität ist laut Amarasingham zentraler Teil seines Könnens. Es verlangt von ihm Wachsamkeit, Gelassenheit und Erhabenheit über seine eigenen Geistesbewegungen zwischen Anhaften und Loslassen, eine Haltung also, die von einem „normalen", identitätsverhafteten Zuschauer wohl nicht nachvollzogen werden kann und ihm von daher bedrohlich und zwiespältig erscheint.

Es ist ein kulturelles Gemeingut der Srilankaner, dass ein Lehrer *(ädura)* nur dank seiner makellosen Ethik *(sīla)* und steter Geistesgegenwart, trotz allen Anzweiflungen gelassen und erhaben bleibt. Man weiss, dass solche Erhabenheit eine Frucht der Schulung in Achtsamkeit *(satipatthāna)* ist und mit unerschütterlichem Vertrauen *(sardhāva, saddhā)* in die Übermittlung der Lehrertradition *(paramparāva)* einhergeht.[89] Als Prototyp des perfekten Lehrers gilt natürlich der Buddha; der Annäherung an seine Vertrauenswürdigkeit wird dementsprechend ein beträchtlicher Teil des Könnens aller Schul–, Musik–, Tanz–, Heilkunst–und Meditationslehrer gewidmet.

Dem Begriff des Könnens, also des Methodischen *(upakkrama, upakkama)*, wie er von den srilankischen Heilspezialisten verwendet wird, erfasst die spezifisch buddhistischen Kompetenzen ihres Tuns (vgl. Kapitel 5.2). Als Übersetzung von *Upakkrama* wähle ich bewusst den Begriff „Können", obwohl wir umgangssprachlich von der Heilkunst sprechen. Während jedoch die Kunst die Intuition als Antrieb und die aesthetische Vervollkommnung als Ziel hat, steht bei dem Können mehr die Technik, die Methodik im Vordergrund; Antrieb und Ziel werden von der buddhistischen Ethik gesteuert (vgl. Kapitel 11). Wir werden allerdings später sehen, dass die Intuition des Heilers bei der Anwendung seines technischen Könnens ebenfalls vorhanden sein muss, damit er den spontanen Wandlungen des Patienten während des Tovil–Heilrituals wirklichkeitsgemäss begegnen kann. Ausserdem haben die Heilrituale auch einen hohen aesthetischen Wert.

Das Können verlangt ein **klar definiertes Ziel**, eine **methodische Annäherungsweise** und eine **systematische Ausführung** (vgl. Kapitel 5.2). *Upakkama* heisst wörtlich auf Pāli „Angriff" oder „Strategie". Es ist also nicht nur ein blosses Wissen, sondern eben ein Können, das sich erst in der therapeutischen Anwendung, in der Inangriffnahme bewähren kann. Dem Heiler wird das Können des Heilprozesses als ein vielfach geprüftes und bewährtes System überliefert: es handelt sich bei der Vermittlung des Könnens also auch um eine **Methodik des Nachvollzugs komplexer Erkenntnisprozesse**, um eine **Didaktik**, die als solche nur vom Lehrer auf Schüler weitergegeben werden kann.

Nun ist jedoch Nachvollzug und Anwendung dieser Methodik, die konkrete Inangriffnahme, das Können also, immer an den Ausführenden gebunden. Die überlieferte Methode mischt sich also mit den persönlichen Qualitäten, mit dem persönlichen Geschick *(upāya-kosalla)* des Heilers. „Upāya" heisst Mittel, „Kosalla" heisst Geschick, das im buddhistisch–ethischen Zusammenhang geprüft wird. *Upāya-kosalla* meint also das Geschick oder die Fertigkeit in den Mitteln. Das Mittel *(upāya)* kann nun durchaus auch ein Trick sein, zum Beispiel in Form einer paradoxen Intervention innerhalb des therapeutischen Kontexts. Jedoch ist dieser Trick gebunden an das überlieferte Können, das mit Wissensklarheit über den Zweck (die geistige

Emanzipation) und den Weg zum Ziel (der methodische Nachvollzug) errichtet wird.

Ich will mich hier nicht bereits auf die Inhalte des Könnens der Heiler und ihren geschickten Umgang mit den Mitteln ihrer Methode einlassen. Diese Analyse wird im Kapitel 10 durchgeführt. Es ging mir an dieser Stelle darum aufzuzeigen, dass die Praxis der *Yak-äduro*–Heiler nicht aus magischen Tricks und Schwindel besteht. Vielmehr finden wir die in den buddhistischen Schriften überlieferten Konzepte für das technische Können und für die Mittel und Wege zum Ziel der geistigen Emanzipation im Verständnis der srilankischen Heiler wieder.

7.2 Vertrauen oder Glaube?

Das Vertrauen des Patienten in den Heiler und in seine Heilmethode spielt nach Ansicht des Upasena Gurunnanse eine zentrale Rolle beim Heilungsprozess. Auch mir wurde in Sri Lanka regelmässig und oft als erstes die Frage gestellt, ob ich denn an diese Heilrituale glaube, dass ich sie wissenschaftlich untersuchen wolle. Offenbar haben also auch Aussagen über Wirkungsweise und Erfolg der Heilrituale etwas zu tun mit Vertrauen oder Glaube in sie. Inwiefern dieser viel zitierte „Glaube in Heilrituale" gerechtfertigt ist, wie sich Glaube von Vertrauen unterscheidet, und welche psychologischen Merkmale das Vertrauen hat, werde ich mit Hilfe buddhistischer Einsichten und Richtlinien zu klären versuchen.

Auf Sinhalesisch heisst Vertrauen *Sardhāva,* auf Pāli *Saddhā,* und meint ein Vertrauen, das vom Wissenwollen oder Erkennenwollen gesteuert ist. Es wird verstanden als eine, in jedem Menschen vorhandene, geistige Fähigkeit, die auf andere geistige Fähigkeiten, vornehmlich auf das Wissen *(pragña S, paññā P)*, bezogen ist. In der buddhistischen Psychologie ist die Dynamik zwischen Wissen und Vertrauen eine viel beachtete. Rahula (1982 : 30f) schreibt in seiner berühmten Einführung in den Buddhismus:

> Die Grundlage fast aller Religionen ist der Glaube oder, besser gesagt, das „blinde Vertrauen", wie es scheint. Im Buddhismus aber wird das „Sehen", das Wissen, das Verstehen, nicht aber der Glaube betont. ... Die Frage des Glaubens taucht nur auf, wenn man nicht sieht, in jedem Sinne des Wortes „sehen", d.h. sehen, beobachten, begreifen, einsehen, verstehen. Sobald man aber sieht, wird die Frage des Glaubens belanglos. Wenn ich dir sage, ich halte einen Edelstein in meiner geschlossenen Hand verborgen, erhebt sich die Frage des Glaubens, weil du selber den Edelstein nicht siehst. Wenn ich aber meine Faust öffne und dir den Stein zeige, dann kannst du den Stein sehen, und die Frage des Glaubens entsteht gar nicht.[85]

Nun findet aber der Ethnologe bei seiner Annäherung an die Heilrituale in Sri Lanka quasi–magische Rituale vor, die an Götter- und Dämonenglauben gebunden sind. Was kann denn dieser srilankische Götterglaube anderes sein, als das Erhoffen einer Gunst oder Gnade von einer vermeintlich höheren Macht, ein aus Gefühlen der Ohnmacht entstandener, abhängig machender Glaube, der doch so gar nicht der Lehre der karmischen Gesetze entspricht? Diese paradox anmutende Situation zwischen „Vorschrift und Praxis" (Gombrich 1971a) scheint die Meinung zu bestätigen, es handle sich bei dem Glauben an Heilrituale um eine nichtbuddhistische Haltung, die zu den buddhistisch–rationalen Konzepten einen emotionalen Kontrapunkt setzt, den Sinhalesen so seinen Alltag besser bewältigen lässt, und ihm allenfalls Verdienst *(pin)* für seine nächsten Leben einbringt. Denn beim Praktizieren von Freigebigkeit in Form von Opferhandlungen hat allein schon das Kultivieren einer guten Geisteshaltung karmische Auswirkungen. Dieser Aspekt, darüber sind sich die religionsethnologischen Autoren weitgehend einig, ist ein typisch buddhistischer, wenn auch das karmische Streben dem nibbanischen dabei vorgezogen wird (Gombrich 1975). Diese Idee ist in der Bezeichnung „Shānti–karma" für Heilrituale, einer karmisch guten Tat, enthalten, ohne dass damit aber die **Methode** der Heilung, das Können, umschrieben wäre.

Das Vertrauen *(saddhā)* als psychische Kraft fördert den Glauben *(vissāsa, vishvāsa)*, das heisst das Gefestigtsein, auch in die empirisch nicht überprüfbaren Überzeugungen oder Ansichten *(ditthi)*. Eine solche Überzeugung über die Richtigkeit *(sammā–ditthi)* von *Karma*-Wirkung und Wiedergeburt wird von den Religionswissenschaftlern als der „Glaube" verstanden, der den Buddhismus kennzeichnet. Ausgehend von diesem Konzept könnte man auf den ersten Blick meinen, es handle sich, wie beim sogenannten Götter- und Dämonenglauben im Tovil–Heilritual, um einen blinden Glauben in Gesetze und Instanzen, die den Gang der Welt steuern sollen, die jedoch gar nicht überprüft und bewiesen werden können. Aus diesem Grund wird über den Buddhismus als eine der grossen Weltreligionen ausgesagt, er beinhalte zwar nicht primär den Glauben in Gott oder mehrere Götter, sondern den Glauben in *Karma* und Wiedergeburt. Einige Srilankaner haben die Auswirkungen ihres Tuns *(karma)* erfahren und können sich an frühere Leben erinnern. Für sie sind die Gesetze von *Karma* und Wiedergeburt Bestandteile ihres Wissens und nicht ihres Glaubens. Doch kann man annehmen, dass dies nicht für jeden Buddhisten gilt. Wie kann er also sein Vertrauen in diese Gesetze, die auch für die göttlichen und dämonischen Welten des Psychokosmos gelten (vgl. Kapitel 6.3), kritisch überprüfen, um nicht einem blinden, wahnartigen Glauben anheimzufallen?

Vertrauen[90] wird in der Tovil-Psychologie *(bhūta-vidya)* und im Abhidhamma als eine der fünf Fähigkeiten *(indriya)* aufgefasst, die als Anlage in jedem Menschen vorhanden sind und die zu unerschütterlichen *(akampiya, thira; isthira S)* Kräften kultiviert werden können (Nyanaponika 1965). Diese Fähigkeiten sind eine Differenzierung der einen Geistfähigkeit oder des Geistestors *(mano-indriya* oder *mano-dvāra)* und stellen sozusagen ein Gegenstück zu den fünf Sinnentoren *(pañca-indriya, pañca-dvāra)* dar. Es hat daher Sinn, über sie nur in ihrem Zusammenspiel zu sprechen: Vertrauen *(saddhā)* hat als Gegenpol Wissen *(paññā)*, und diese Dyade muss wiederum von dem Gleichgewicht zwischen Anstrengung *(viriya)* und Sammlung *(samādhi)* begleitet werden, damit eine Geistesentfaltung *(bhāvanā)* möglich wird. Diese zwei Dyaden werden durch die fünfte Fähigkeit der Achtsamkeit *(sati-indriya)* in Balance gehalten, wobei die Achtsamkeit als eine fortwährende Geistesgegenwart und wachsames Merken auch den ständigen Wirklichkeitsbezug *(yathā-bhūta)* aufrechterhält.[91]

Diese psychischen Fähigkeiten, die für die geistige Emanzipation unentbehrlich sind, haben gemäss der buddhistischen Psychologie nebst ihrer Charakteristik *(lakkhana)* eine Funktion *(rasa)*, eine Manifestation *(paccupatthāna)* und einen unmittelbaren oder auslösenden Grund (Nyanaponika 1965). Die Funktion von Vertrauen ist, dass der Geist ruhig, klar und geeint wird. Dieser Geisteszustand steht deshalb an erster Stelle, weil seine magnetische Kraft auch das Entstehen der vier anderen Geisteszustände ermöglicht. Die Manifestation von Vertrauen ist das „Fehlen von geistiger Umnebelung" und ein „Geneigtsein zum Objekt" des Vertrauens. Der unmittelbare Grund des Vertrauens ist das Objekt, das man zu Recht verehrt, an das man sich bindet, und das Vertrauen verdient (Saddhātissa 1978). Somit wäre das Vertrauen *(saddhā)* als psychisches Phänomen beschrieben.

Wie jedes Phänomen entsteht auch das Vertrauen bedingt durch mehrere Ursachen. Eine davon ist die Objekt-Bedingung *(ārammana-paccaya* – siehe Kapitel 4.1, Bedingung Nr. 2, S. 85). Hier ist das Objekt des Vertrauens *(saddhā)* der Dhamma, die Lehre von der Leidensüberwindung, die den Buddha und die Tradition der Lehrer als ihre Quelle hat. Durch den Kontakt *(phassa)* zwischen dem Geistesobjekt als äussere Grundlage *(dhamma-āyatana)* und der inneren Geistesgrundlage *(mano-āyatana)* kommt das vertrauensvolle Erleben *(vedanā* – vgl. Kapitel 5.3) zustande, wenn auch andere Bedingungen erfüllt worden sind. Am wichtigsten ist dabei das

Zusammenspiel zweier Bedingungen, nämlich des Leidens *(dukkha)*
als Anlassbedingung *(upanissaya–paccaya*, Nr. 9, S. 86) und der Einsicht *(paññā)* als Fähigkeitsbedingung *(indriya–paccaya*, Nr. 16, S. 90).
Nur wenn mit dieser Leidens–Einsicht auch das Wahrnehmen
(phassa) des Auswegs *(dhamma)* verbunden ist und durch weitere
Bedingungen, wie zum Beispiel die Nahrung–Bedingung *(āhāra-*
paccaya, Nr. 15, S. 89) und die Wiederholung–Bedingung *(āsevana-*
paccaya, Nr. 12, S. 87) gefördert wird, kann sicheres Vertrauen entstehen, das die Anwendung der heilenden Methode *(upakkama)* ermöglicht. Dadurch ist aber noch nicht die Frage einer rationalen Wahl
der Methode gelöst, in der die eigene Entscheidung mitspielt.

Gemäss Abhidhamma kann die Entscheidung *(adhimokkha)* durch
verschiedene Bedingungen beeinflusst werden, wovon das Vertrauen
nur eine der Möglichkeiten darstellt. Im Zusammenhang der bedingten Entstehung *(paticca–samuppāda)* der psychischen Prozesse, also
ohne Bezug auf Inhalte oder Objekte, wird das Vertrauen *(saddhā)*
mit dem synonymen Begriff *Pasāda* bezeichnet, der auch in der
Tovil–Psychologie als „Klären der Zweifel" *(pahada–arinava, pahadi-*
nava – vgl. Kapitel 4.1, S. 100) benützt wird. Beim Gebrauch des
Begriffs *Pasāda* auf Pāli, respektive *Pahada* auf Sinhala, und der
Derivation *pasanna*, respektive *prasanna*, gibt es interessante Bedeutungsverschiebungen, die einige psychologische Einsichten ermöglichen.
Während das Pāli–Eigenschaftswort *pasanna* die Bedeutung von
„vertrauensvoll" und „aufnahmefähig" hat, heisst *prasanna* auf Sinhala „ansprechend" und „beglückend", und das Verbum *prasan-*
na–karanava heisst „klar und schön machen". In der Tovil–Psychologie benützt man *prasanna* nur in Bezug auf den Geist *(citta, hite)*.
Im Abhidhamma bezeichnet *Pasāda* und *pasanna* die Aufnahmefähigkeit oder Durchlässigkeit sowohl des Geistes *mano–indriya*, d.h. spezifisch *saddhā–indriya)* wie auch der übrigen Sinnentore *(pañca-*
indriya), die auf Seite 90ff erörtert wurden.

Die Klarheit der psychischen Prozesse ist also bezeichnend für
das buddhistische Konzept des Vertrauens *(saddhā, pasāda)*. Berücksichtigt man hierzu, dass Geist und Herz gleichbedeutend benützt
werden, so kann man sagen, dass *Saddhā* oder *Pasāda* ein **Vertrau-**
en im Sinne der Offenherzigkeit und Aufnahmefähigkeit ist.
Darin sehe ich einen wichtigen Unterschied zu dem Glauben, der im
Kontext unseres kultureigenen Verständnisses vor allem als Glaube **in**
Gott begriffen wird. Der Buddha hat laut einer kanonischen Überlieferung einen Volksstamm, die *Kālāmer*, von der Rationalität seiner
Lehre überzeugt und ihr Vertrauen gewonnen, indem er ihnen klare

Kriterien dafür vermittelt hat, welche Vorteile von deren praktischen Anwendung zu erwarten sind. Die *Kālāmer* waren der Frage des Glaubens gegenüber besonders kritisch eingestellt. Noch jeder Heilige, so beklagten sie sich bei Buddha, hätte seinen eigenen Glauben leuchten lassen und den Glauben anderer geschmälert. Wie nun könnten sie herausfinden, was richtig und was falsch sei an der Lehre irgendeines Heiligen. Daraufhin hat der Buddha sie aufgefordert, auf Grund eigener Erfahrung selber zu erkennen, wohin Gier und Hass führen, und ob das Kultivieren von Gier- und Hasslosigkeit nicht eine bessere Alternative wäre. Doch womit sollte einer mit einer derart geistig-ethischen Haltung belohnt werden, wenn ihm weiterhin materieller Schaden zustösst, wenn er weiteres Leid durch seinen hinfälligen Körper erfährt, ohne an eine karmische Ernte in seinem nächsten Leben glauben zu müssen, war die entscheidende Frage der *Kālāmer*. Ein gier- und hassfreier Geist, war die Antwort des Buddha, nehme die Dinge gelassen, wie sie kommen und tröste sich mit Klugheit und Humor folgendermassen:

„Gibt es eine andere Welt und gibt es eine Frucht, ein Ergebnis guter und schlechter Taten, so ist es möglich, dass ich beim Zerfall des Körpers, nach dem Tode, auf glücklicher Daseinsfährte erscheine, in himmlischer Welt" — dieses ersten Trostes ist er gewiss.

„Gibt es aber keine andere Welt und keine Frucht, kein Ergebnis guter oder schlechter Taten, so lebe ich eben hier in dieser Welt ein leidloses, glückliches Leben, frei von Hass und Übelwollen" — dieses zweiten Trostes ist er gewiss.

„Wenn nun aber einem Übeltäter Übles widerfährt, ich aber gegen niemanden Übles im Sinne habe, wie kann da wohl mir, der ich nichts Übles tue, Unheil widerfahren?" — dieses dritten Trostes ist er gewiss.

„Wenn nun aber einem Übeltäter nichts Übles widerfährt, so weiss ich mich hier eben beiderseits rein" — dieses vierten Trostes ist er gewiss.

Mit einem derart von Hass und Übelwollen freien, also unbeschwerten, also geläuterten Geiste ist dem edlen Jünger noch bei Lebzeiten dieser vierfache Trost gewiss (*Anguttara-Nikāya III*, Lehrrede Nr. 66, Übersetzung von Nyanatiloka 1982, Band I : 167ff).[92]

Dieses Lehrgespräch zwischen Buddha und den *Kālāmern* zeigt auf, weshalb Vertrauen oder „Sich-ein-Herz-fassen", auch wenn es erst auf Grund der kalkulierenden Überlegung „nützt's nichts, so schadet's nichts" initiiert wird, oft als erster Schritt vollzogen werden muss. Die dadurch entstehende geistige Klarheit ist nötig, um ein Ziel zu setzen und zu verfolgen, dadurch ein neues Wissen zu erlangen,

das erst eine Einsicht über den tatsächlichen, erlebnismässig nachvoll-
zogenen Nutzen des bisher Gelernten bringen kann. Einem gesunden
Dörfler, der mit den praktischen Alltagansprüchen fertigwerden kann,
mögen solche Einsichten als Kriterien zur Entscheidung für die
methodische Läuterung des Geistes von Hass und Gier genügen. Wie
ist es aber bei einem Geisteskranken, dessen Geist durch seine Verstrickungen in Gier und Hass so umnebelt ist, dass er nicht fähig ist,
selber das didaktisch vermittelte Wissen über die emanzipatorische
Vorgehensweise aufzufassen und praktisch anzuwenden? Was weiss
der Geisteskranke über seine Möglichkeiten der Heilung, worauf kann
er sein Vertrauen richten?

Somit wären wir bei der Frage der Dynamik zwischen Wissen
und Vertrauen angelangt. In der methodischen Geistesläuterung
(citta–pārisuddhi, hite–pirisidu) im Rahmen der Tovil–Heilung muss
der *Yakädura*, wie ich im Kapitel 10.4 zeigen werde, das Vertrauen
(saddhā) und das Wissen *(paññā)* der Patientin gut ausbalancieren
(indriya–samattatā). Das Gleiche gilt auch für die beiden geistigen
Fähigkeiten Wille *(viriya)* und Sammlung *(samādhi)*, deren
Ungleichgewicht entweder Aufgeregtheit oder Trägheit bewirkt. Einzig
die Achtsamkeit *(sati)* kann ohne Gefahr und mit Vorteil immer
gestärkt werden, nicht zuletzt weil sie die vier anderen Fähigkeiten
auf ihren richtigen Platz verweist, koordiniert und reguliert.

Dieses Ausbalancieren der geistigen Fähigkeiten kann von einem
Geisteskranken nicht mehr selber bewältigt werden. Er muss zu
einem Patienten werden, dessen Interaktion mit dem ihn behandeln-
den Heiler dann ein psychologisch analysierbares System darstellt,
nämlich den Tovil. Die psychischen Prozesse des Patienten erlangen
dadurch den Status eines Subsystems, das durch Vertrauen *(saddhā)*
ausgezeichnet ist, und mit dem Subsystem „Heiler" interagiert,
welches das Wissen *(paññā)* über die Methode *(upakkama)* enthält.
Wenn das Heilritual auf diese Weise definiert ist, kann es in der
Folge psychologisch untersucht werden. Damit beziehen sich die gleichen zuvor erörterten Paradigmen, die bei der meditativen Geistesentfaltung *(bhāvanā)* im System „Persönlichkeit" gelten, auch auf das
Erfassen und Analysieren des Systems „Heilritual". Man spricht dann
sinnvollerweise über eine **Koordination von psychischen Prozessen, die zur Heilung führen.**

Die geistigen Fähigkeiten werden mit Hilfe des therapeutischen
Formats nicht mehr nur innerhalb **einer** Person, dem „Patienten",
behandelt, sondern werden inter- respektive transpersonal im System

Heilritual ausbalanciert, an dem dann folgerichtig mehrere Personen teilnehmen müssen. Dadurch sind die geistigen Fähigkeiten als unpersönliche Kräfte definiert, die an einen Körper gebunden und stärker oder schwächer ausgeprägt vorkommen. Dies entspricht exakt dem buddhistischen Verständnis des Nicht–Ich *(anattā)*, der Unpersönlichkeit aller körperlich–geistiger Phänomene (vgl. Kapitel 6.3). Es erklärt auch, weshalb die Anwesenheit eines Dämons im menschlichen Körper möglich ist, und dass **seine** Koordination der geistigen Fähigkeiten der Person, deren Körper er besessen hat, einen anderen Ausdruck gibt.

Ich stelle mir die Koordination zwischen Vertrauen und Wissen weniger als statisches Gleichgewicht, sondern vielmehr als eine rhythmisch–dynamische Bewegung zwischen zwei Polen vor. Wenn die Bewegung harmonisch verläuft, fördern sich die beiden Pole gegenseitig im Wachstum.

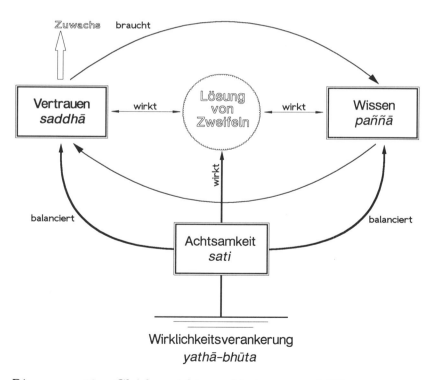

Diagramm 13 : Gleichgewicht von Vertrauen und Wissen

Im *Diagramm 13* werden die Begriffe nicht in Kategorien geordnet, sondern das Gleichgewicht von Vertrauen und Wissen vielmehr impressionistisch veranschaulicht. Als Metapher ist mir dazu die Kinderschaukel eingefallen, deren Bewegungsdynamik ich in der Folge mit derjenigen zwischen Vertrauen und Wissen vergleichen will. Wie in einer psychodramatischen Darstellung der Interaktion zwischen Gefühlen, sind die beiden Pole Vertrauen und Wissen durch zwei Kinder dargestellt, die sich auf der Schaukel tiefer (Abnahme) und höher (Zunahme) bewegen. In der Mitte zwischen den beiden Polen bildet die Achtsamkeit *(sati)* die Achse des „Schaukelsystems". Die Achtsamkeit wirkt sich positiv (im Bild zentrifugal gezeichnet) auf die beiden Pole aus, indem sie die durch Extreme entstehenden Zweifel (im Bild zentripetal gezeichnet) löst. Man könnte wohl dieses „Selbstregulationssystem" auch präziser und komplizierter darstellen, was jedoch für meinen Zweck nicht nötig ist.

Zuviel bei Wissensanhäufung zu verharren schwächt das Vertrauen, heisst es in den buddhistischen Erklärungen, und zu viel auf Vertrauen abzustützen, schwächt das Wissen. Wenn wir uns nun das Wissen und das Vertrauen als zwei Kinder auf einer Schaukel sitzend — um auf meine Metapher zurückzukommen — vorstellen, so entsteht folgende Dynamik: Ist das Vertrauen hoch, so ist das Wissen nieder. Stösst das Wissen ab, so gewinnt das Vertrauen an Boden. Das Wissen in der Luft oben fühlt sich mit der Zeit ziemlich „aufgeschmissen", während es für das Vertrauen einige Anstrengung kostet, das Wissen oben zu halten, indem es sich selbst runterdrückt. Schwebt das Wissen hoch, so wird das Vertrauen schwach. Stösst es aber schliesslich ab, entsteht ein Schwung, der es in die Höhe katapultiert, während das Wissen endlich wieder Boden unter den Füssen hat usw. Da wahrscheinlich jeder am eigenen Körper erlebt hat, wie sich dieses Schaukelspiel anfühlt, weiss er auch, wie lästig es ist, wenn der Spielpartner ein „Plaggeist" ist, der, kaum ist man oben, einen wieder runterholt. Oder er bleibt so lange unten hocken, dass man oben vor Langeweile anfängt die Höhe abzuschätzen und zu überlegen, ob man nicht besser absteigt, um dann, gerade wenn man die Achtsamkeit verloren hat, vom plötzlichen Abstossen des Partners überrascht, ein schmerzhaftes Aufprallen in Kauf nehmen zu müssen. Bleibt man jedoch achtsam, schaut dem Gegenüber ins Gesicht, schätzt es ein und fasst es mit Humor auf, kann aus dem Schaukeln ein herausforderndes Spiel werden, bei dem verschiedene Rhythmen sich abwechseln, Pausen der Erholung dienen, bis das Gegenüber schliesslich zum Spielpartner wird, und viel Spass und Vergnügen

Im *Diagramm 13* werden die Begriffe nicht in Kategorien geordnet, sondern das Gleichgewicht von Vertrauen und Wissen vielmehr
impressionistisch veranschaulicht. Als Metapher ist mir dazu die
Kinderschaukel eingefallen, deren Bewegungsdynamik ich in der
Folge mit derjenigen zwischen Vertrauen und Wissen vergleichen will.
Wie in einer psychodramatischen Darstellung der Interaktion
zwischen Gefühlen, sind die beiden Pole Vertrauen und Wissen durch
zwei Kinder dargestellt, die sich auf der Schaukel tiefer (Abnahme)
und höher (Zunahme) bewegen. In der Mitte zwischen den beiden
Polen bildet die Achtsamkeit *(sati)* die Achse des „Schaukelsystems".
Die Achtsamkeit wirkt sich positiv (im Bild zentrifugal gezeichnet)
auf die beiden Pole aus, indem sie die durch Extreme entstehenden
Zweifel (im Bild zentripetal gezeichnet) löst. Man könnte wohl dieses
„Selbstregulationssystem" auch präziser und komplizierter darstellen,
was jedoch für meinen Zweck nicht nötig ist.

Zuviel bei Wissensanhäufung zu verharren schwächt das Vertrau-
en, heisst es in den buddhistischen Erklärungen, und zu viel auf Vertrauen abzustützen, schwächt das Wissen. Wenn wir uns nun das
Wissen und das Vertrauen als zwei Kinder auf einer Schaukel sitzend
— um auf meine Metapher zurückzukommen — vorstellen, so entsteht
folgende Dynamik: Ist das Vertrauen hoch, so ist das Wissen nieder.
Stösst das Wissen ab, so gewinnt das Vertrauen an Boden. Das Wissen in der Luft oben fühlt sich mit der Zeit ziemlich „aufgeschmissen", während es für das Vertrauen einige Anstrengung kostet, das
Wissen oben zu halten, indem es sich selbst runterdrückt. Schwebt
das Wissen hoch, so wird das Vertrauen schwach. Stösst es aber
schliesslich ab, entsteht ein Schwung, der es in die Höhe katapultiert,
während das Wissen endlich wieder Boden unter den Füssen hat
usw. Da wahrscheinlich jeder am eigenen Körper erlebt hat, wie sich
dieses Schaukelspiel anfühlt, weiss er auch, wie lästig es ist, wenn der
Spielpartner ein „Plaggeist" ist, der, kaum ist man oben, einen
wieder runterholt. Oder er bleibt so lange unten hocken, dass man
oben vor Langeweile anfängt die Höhe abzuschätzen und zu überlegen, ob man nicht besser absteigt, um dann, gerade wenn man die
Achtsamkeit verloren hat, vom plötzlichen Abstossen des Partners
überrascht, ein schmerzhaftes Aufprallen in Kauf nehmen zu müssen.
Bleibt man jedoch achtsam, schaut dem Gegenüber ins Gesicht,
schätzt es ein und fasst es mit Humor auf, kann aus dem Schaukeln
ein herausforderndes Spiel werden, bei dem verschiedene Rhythmen
sich abwechseln, Pausen der Erholung dienen, bis das Gegenüber
schliesslich zum Spielpartner wird, und viel Spass und Vergnügen

entsteht. Ich stelle mir vor, dass es dieses heitere, dynamische und körperverbunde Ausbalancieren von Vertrauen und Wissen ist, das geistig–emanzipatorischen Fortschritt bringt, und nicht etwa ein strenges, nach vermeintlicher Gerechtigkeit strebendes Hinzugeben und Wegnehmen, um eine Waage im Gleichgewicht still zu halten.

Diese bildliche Beschreibung der Koordination von Wissen und Vertrauen durch Achtsamkeit enthält Aussagen eines bestimmten logischen Typus: es sind **Aussagen über psychische Prozesse,** die nicht primär durch logische Begriffszusammenhänge sondern durch den Bezug auf erlebnismässige Zusammenhänge zwischen Phänomenen gekennzeichnet sind. Die psychische Kraft des Vertrauens gegenüber einer Person (zum Beispiel gegenüber dem Heiler oder dem Buddha), oder auch gegenüber einem Wissensgebäude (Mythos, Kosmologie, Glaube, Wissenschaft usw.) kann mit psychologischen Mitteln untersucht werden. Die Ergebnisse solcher Untersuchungen bringen uns empirische Aussagen über die psychischen Prozesse. Man kann aber auch ein Wissensgebäude (Glaube) ausserhalb des empirischen Kontexts psychischer Prozesse hinsichtlich der darin enthaltenen Aussagen untersuchen. Dieser Typus von Aussagen enthält dann nicht psychologische Befunde über psychische Prozesse. Auch können die Inhalte solcher Aussagen weder als wahr noch als unwahr bezeichnet werden. Es handelt sich vielmehr um Auffassungen oder Ansichten *(ditthi)* in einem System von Glaubenssätzen, die nach rein formalen Kriterien geordnet werden. Gleich ob diese Aussage als rational oder magisch beurteilt und nach Masstäben weltlicher oder himmlischer Autorität als logisch richtig oder falsch (beziehungsweise ketzerisch) gewertet werden, handelt es sich um **Aussagen über die Inhalte des Glaubens,** also um Aussagen eines anderen logischen Typus als zuvor.

Während der Heiler — von welchem erwartet wird, dass er die psychischen Prozesse ändern und dadurch das Leiden beseitigen kann — Vertrauen in sein eigenes Können und technisches Wissen über psychische Prozesse haben muss, genügt beim Patienten ein Vertrauen in das bewährte Glaubenssystem seiner Kultur, auf Grund dessen er den geeigneten Heiler wählt. In diesem Sinne ist wohl das Konzept „Glaube" der Anthropologen und Religionswissenschaftler zu verstehen, das zum Beispiel Gombrich (1971a) als „Vorschrift" der traditionellen Kultur Sri Lankas untersucht hat. Der Glaube kann durch eine Analyse verbaler Äusserungen der untersuchten Population auch psychologisch erklärt werden, während die Analyse des Zusammenspiels von Vertrauen und Wissen im Heilritual auf der psychologischen Erfassung der psychischen Prozesse und der Methode ihrer Veränderung *(upakkama)* gründen muss.

Um die Wirkung des Vertrauens, des Wissens und des Glaubens untersuchen zu können, müssen wir wohl nicht erst sogenannt magische Handlungen bei technologisch unterentwickelten Völkern studieren, deren Wissen uns zunächst fremd ist. Es genügt sich einzugestehen, dass es auch in unserer Alltagswirklichkeit der Glaube ist, der uns zum Beispiel einen Lichtschalter betätigen lässt mit dem Vertrauen, dass es im Zimmer hell wird. Und würde es im Zimmer ausnahmsweise nicht hell, nachdem wir das Licht angeschaltet haben, würden wir deswegen nicht so schnell an der Lehre der Elektrizität zweifeln, die uns so viele Annehmlichkeiten bringt, obwohl wir über deren Funktionsweise oft herzlich wenig wissen. Im Gegenteil, wir werden auf Grund unseres Vertrauens dem Elektriker die Reparatur einer Störung unserer elektrischen Leitung anvertrauen. Unser Vertrauen bezieht sich dabei nicht auf ein Wissen über die tatsächlichen Prozesse im elektrischen System, sondern auf das kulturell vermittelte Glaubenssystem, den gesellschaftlichen Wissensvorrat (Berger & Luckmann 1980), in dem uns die Instruktionen zum Erreichen der Beleuchtung und zum Wiederherstellen der gestörten Wege zur Beleuchtung vermittelt werden. Unser Vertrauen zum Elektriker als Spezialisten für die Beleuchtungsfragen könnte durchaus verglichen werden mit dem Vertrauen, das der srilankische Patient zum *Yakädura*–Heiler als Spezialisten für Erleuchtungsfragen hat.

Leach (1978), der das obige Beispiel von der Lichtschalterbetätigung als „Techno–Magie im Haushalt" angeführt hat, war jedoch weniger an der Wirkungsweise des Vertrauens interessiert, sondern wollte aufzeigen, dass solche magische Handlungen auf dem Denkfehler beruhen, Zeichen oder Symbole als Signale zu betrachten und zu behandeln. Und was ist ein Lichtschalter, so Leach, für den durchschnittlichen Hausbewohner anderes als ein Zeichen dafür, dass es in seinem Zimmer elektrisches Licht gibt, und dass gleichzeitig mit seiner Betätigung wie auf ein Signal hin das Licht angeht. Ich meine nun, dass solche „Denkfehler", wie Leach sie nennt, nicht aus geistiger Unbegabtheit und Mangel logischen Denkens (nach Sir James Frazer), sondern mit dem Vertrauen in das kulturell vermittelte Glaubenssystem begangen werden, welches impliziert, dass der Zusammenhang zwischen der Betätigung des Lichtschalters und dem Hellwerden im Zimmer von einer Intelligenz, von einem Wissen gesteuert ist. Falls wir etwas bewirken wollen, suchen wir nach dem Auslöser der gewünschten Wirkung. Verfügen wir nicht selber über das Wissen des Zusammenhangs zwischen dem Auslöser und der Wirkung, begnügen wir uns oft mit einem Symbol, das für das Wissen steht, und lösen damit die gewünschte Wirkung aus. Und wenn es tatsächlich funktioniert, sind wir erleichtert und fragen uns nicht weiter weshalb.

Auf ähnliche Weise, wie wir die Verantwortung für die elektrische Anlage in unserem Haushalt und für das Wiederherstellen deren gestörten Funktionierens auf den Elektriker abgeben können, tritt der srilankische Patient die Verantwortung für das Wiederherstellen des gestörten psychischen Funktionierens an den Heiler ab. Dies verleiht dem Heiler, genauso wie dem Elektriker, zusammen mit der Verantwortung auch die Macht, das Funktionieren so zu gestalten, wie es ihn gutdünkt. Es ist eine wichtige Frage der Ethik, wie diese Macht im Rahmen des Heilrituals und dem alltäglichen Kontext durch verschiedene psychosoziale Mechanismen kontrolliert wird. Hinzu kommt die Tatsache, dass eine fortgeschrittene Entfaltung der psychischen Fähigkeiten *(saddhā–, paññā–, samādhi–indriya* usw.) eine ungewöhnlich grosse persönliche Durchsetzungskraft *(iddhi–bala)* bewirkt, die manchem Heiler eigen ist. Wenn diese Durchsetzungskraft durch Strategien der Macht *(iddhi–pāda)* gesteuert wird (Frýba 1987 : 290ff), ermöglicht sie ihm nicht nur höchst wirksame therapeutische Interventionen, sondern auch ein Bewirken solcher Ereignisse in der Aussenwelt, die vom Standpunkt der alltäglichen Rationalität aus magisch und wunderbar sind.

Solche Wunderhandlungen *(iddhi* oder *siddhi)*, wie in der Luft schweben, über brennende Kohlen gehen, ohne Berührung Gegenstände bewegen oder herbeizaubern, mit Wesen aus anderen Welten verkehren und vieles mehr, trifft man in Sri Lanka nicht selten an, und gerade die *Yakäduro*–Heiler sind darin Spezialisten. Diese Fähigkeiten der Manipulation von Geist und Materie bringen dem, der sie beherrscht, ein beträchtliches Machtgefühl und, falls er dies anstrebt, eine einflussreiche gesellschaftliche Stellung. Richtet er in der Welt jedoch mehr Schaden als Nutzen an, dann wird es ihm, gemäss den buddhistisch–ethischen Kriterien des Abstehens von Gier, Hass und Verblendung, mehr Leid als Glück einbringen. Die Wirkungen seines Tuns *(karma)* werden auch seine Stellung *(sthāna, tena)* in diesem Leben oder bei der Wiedergeburt bestimmen. Dies verstehen die Heiler sehr genau, nicht nur auf Grund ihres technischen Wissens, sondern auch, weil das kultureigene Glaubenssystem klare Aussagen über die karmischen Konsequenzen der gewünschten Wirkungen macht.

Der Glaube an eine gewünschte Wirkung kann auch ansteckend sein und Handlungen mehrerer Menschen steuern. Das gemeinsame Vertrauen in das Gewünschte und Geglaubte kann die Wahrscheinlichkeit erhöhen, ja diese erst ermöglichen, ohne dass sich das Wissen um eigentlich „ohnmächtige Tatsachen" und Zusammenhänge kümmert. Das folgende Beispiel zu diesem Phänomen stammt wiederum von Leach (1978 : 43), der es als „politische Zauberei" bezeichnet:

> In vielen Teilen Lateinamerikas, Afrikas und Asiens ist der Militärputsch die übliche Form des Regierungswechsels, und in der Mehrheit der Fälle kommt es dabei kaum zu Blutvergiessen. Der Aufstand ist in wenigen Stunden beendet, und die Führer der abgesetzten Regierung ziehen sich in ein komfortables Exil zurück. Der formale Ablauf des Putsches ist hochgradig standardisiert: Militär greift den Präsidentenpalast an, mit Vorliebe während einer Abwesenheit des Präsidenten, über den Rundfunk werden Aufrufe an das Volk erlassen.

Die Besetzung des Palasts, ein Symbol von Macht, wird vertrauensvoll als Signal des Umsturzes gewertet, ebenso wie die Besetzung des Rundfunks. Gerade anhand dieses Beispiels möchte ich nochmals darauf hinweisen, dass in den Überlieferungen der Lehre des Buddha einer uneingeschränkten, einseitigen Entwicklung von Macht oder Wissen (zum Beispiel über psychische Manipulation oder die Herstellung von Waffen) oder Vertrauen (zum Beispiel in Wunderhandlungen oder in technologische Sicherheit) eine entschiedene Grenze gesetzt wird.

Ich habe anhand der Beispiele von Leach kurz aufgezeigt, wie sich die Manipulation des Vertrauens und insbesondere der Balance zwischen Vertrauen und Wissen nicht nur auf das innere Gleichgewicht auswirkt, sondern auch äussere Handlungen auslöst und steuert — und zwar nicht nur im Rahmen der Heilrituale. Auch das Vertrauen selbst kann, wie ich bereits erwähnt habe, durch ein Zeichen oder Symbol ausgelöst werden, welches das Objekt der Verehrung in irgendeinem Glaubenssystem darstellt: sehen wir ein Flugzeug am Himmel mit dem Eingeständnis, dass die Funktionsweise dieses fliegenden Objekts unser eigenes Wissen übersteigt, dann neigen wir dazu, Vertrauen in das Wissen technischer Kräfte zu entwickeln. Sehen wir einen schwebenden Menschen, neigen wir dazu, Vertrauen in das Wissen geistiger Kräfte zu entwickeln, die diese Wunderhandlung ermöglichen. Es ist wohl derselbe Geisteszustand, gleich ob wir uns die technischen und geistigen Kräfte als Ingenieure und Heiler personifiziert vorstellen oder als unpersönliche Kraft des Wissens, das einer Kultur innewohnt.

Die günstige Auswirkung des Zusammenspiels von Vertrauen und Wissen impliziert einen ähnlichen Zusammenhang zwischen dem Vertrauen und dem Können *(upakkrama)*, der Operationalisierung des Wissens. Können und Vertrauen müssen einander befruchten und überprüfen, damit geistige Emanzipation und Glückssteigerung möglich wird. Doch auch unüberprüftes Vertrauen in ein Glaubenssystem oder in eine Methode, einfach nur „Sich–ein–Herz–fassen", motiviert durch den Wunsch, ein bestimmtes Ziel zu erreichen, wirkt sich auf den Geist aus, klärt und eint ihn, löst auch Handlungen aus und steuert sie in die gewünschte Richtung. Dies erklärt, weshalb die Herstellung des Vertrauens im Patienten eine unabdingbare Voraussetzung für einen Heilerfolg ist. Der Patient muss dem Heiler als Bezähmer von leidhaften psychischen Komplexen, die als Dämonen personifiziert vorkommen, volles Vertrauen entgegenbringen. Dadurch etabliert er eine klare, von Zweifeln befreite geistige Verfassung, fügt sich kooperativ in die einzelnen Schritte des Heilungsprozesses und wird für die leidüberwindende Lehre, die ihm der Heiler vermittelt, aufnahmefähig. Der *Yakädura*, der Dämonen–Meister und Dhamma–Lehrer, erfüllt die verschiedenen Rollen und die mit ihnen verbundenen Aufgaben nicht nur gegenüber dem Patienten sondern auch gegenüber der Gesellschaft, die durch den Patienten, seine Familie und die Zuschauergruppe im Tovil vertreten ist (vgl. dazu die abschliessende Aussage von Upasena Gurunnanse im Interview im Anhang). Auch **seinem** Können geht das Vertrauen voraus. Um seine eigenen Fähigkeiten zu entfalten und heilsame Kräfte zu kultivieren, muss der Heiler sein Können mit seinem Vertrauen ebenfalls in ein Gleichgewicht bringen. Wie ich im Kapitel 10.3 ausführlicher analysieren werde, weckt und fördert er seine eigene Vertrauensfähigkeit, indem er den sogenannten „Dreifachen Juwel", nämlich *Buddha, Dhamma* und *Sangha* (Stifter, Lehre und Gemeinde), mit grosser Hingabe verehrt: vor jedem Heilritual vergegenwärtigt er sich die Tugenden des Buddha *(buduguna)*, die Erhabenheit seines eigenen Lehrers *(gurunnanse)* und der Lehrergenerationen *(paramparā)* vor ihm, die ihm den Dhamma als praktische Methode *(upakkrama)* überliefert haben. Diese verehrungswürdigen Vorbilder sind für Upasena Gurunnanse Objekte und unmittelbare Auslöser seines Vertrauens, das seinen Geist klärt und ihn aufnahmefähig macht für das Geschehen im Heilritual.

8. Der Tovil im Kandy Hochland

Den Heilritualen im Kandy Hochland wurde bisher kaum Bedeutung zugemessen. Vielmehr sind es die rituellen Maskentänze im Süden, oft „Exorzismen" genannt, die die fremden Besucher schon immer fasziniert haben. Heutzutage werden den Reisenden die berühmten Ceylonmasken, die von diesen Ritualen stammen, in allen Grössen und überall im Land zum Kauf angeboten. Und als Dämonen maskierte Tänzer unterhalten die Touristen in den Hotels und in eigens dafür errichteten Tanztheatern. Sie wirbeln auf der Bühne zu rasanten Trommelklängen im Kreis herum, springen Saltos, nehmen brennende Fackeln in den Mund und spazieren über glühende Kohlen. Diese Tanzdarbietungen, als Touristenattraktionen ganz aus dem ursprünglichen Dorfkontext des Heilrituals herausgerissen, nimmt der Fremde als Erinnerung an eine exotische und leicht schauerliche srilankische Nacht mit nach Hause. Die Ceylonmasken sind für den Touristen zum Symbol der ganzen Insel geworden. Doch Heilrituale mit maskierten Dämonen spielen sich tatsächlich nur in einer begrenzten Gegend Sri Lankas, in den Dörfern der Südküste ab (siehe *Karte 1*, S. 27, Forschungsgebiet C).

„Bei uns in Kandy gibt es keinen Tovil. Ein Tovil wird ja veranstaltet, um die *Yakas* zu besänftigen und zu vertreiben. Doch diese Dämonen sind alle im Süden. Bei uns gibt es nur Götter, die *Devas*." Fast hätte mich diese mit Überzeugung angebrachte Aussage eines bekannten einheimischen Kulturexperten an meiner eigenen Wahrnehmung zweifeln lassen, war ich doch selber Augenzeugin mehrerer *Yak–Tovils* in Dörfern rund um Kandy gewesen. Den Dämonen wurden Altäre gebaut und Speisen geopfert, und die Heiler haben sie tanzend verkörpert, wenn auch nicht maskiert sondern nur kostümiert und geschminkt.

Trotzdem vertreten einige srilankische Kulturverständige die Auffassung, dass einzig der *Kohomba–Kankāriya*,[93] der zu Ehren des Gottes *Kohomba* abgehalten wird, ein echtes, ursprüngliches Heilritual der Region Kandy sei. Diese Ansicht dürfte in erster Linie zu einem

Idealbild manchen gebildeten Kandyers betreffend seines kulturellen Erbes passen. Im *Kohomba–Kankāriya* werden die anspruchsvollen alten Tänze, Trommelrhythmen und Aufführungen für die Kandy Könige bewahrt. Im Vergleich zur hier dargebotenen Kunst und der verspielten Atmosphäre wirken die südlichen Dämonentänze eher grob und vulgär und werden der rauhen Mentalität der Südländer zugeschrieben. Wenn jüngste Felduntersuchungen (z.B. Fritz 1987) zeigen, dass der *Yak–Tovil* nicht nur ein fester Bestandteil des kulturellen Lebens der Kandy Dörfer, sondern dort auch eine anerkannte und häufig benützte Heilinstitution ist, dann neigen diejenigen srilankischen Kulturexperten, die selber kaum je Felduntersuchungen durchführen, zur Interpretation, dass der *Yak–Tovil* durch inländische Migration vom Süden nach Kandy gebracht worden sei.

Wenn ich in diesem Kapitel den Tovil im Kandy Hochland mit seinen verschiedenen Variationen vorstelle, dann halte ich mich vor allem an eigene Beobachtungen und an die Erklärungen der Dorfbewohner um Kandy. In publizierten Forschungsarbeiten hat meines Wissens einzig Amarasingham Rhodes (1983) den Kandy Tovil beobachtet und als Heilritual gewürdigt. Ihre Analyse über die Rolle des Humors bei der Heilung psychischer Krankheiten kommt dem technischen Verständnis der Heiler über die Mittel, mit denen sie den Patienten beglücken, sehr nahe.

Mit dem Wort „*Tovil*"[94] bezeichnen die Dörfler um Kandy das Setting und den Zweck einer ganzen Anzahl von Heilritualen, die in ihrer äusseren Form beträchtlich variieren können. Die *Yakāduro*, die Meister dieser Rituale, sind buddhistische Laien, und die jeweilige Herkunft ihrer Heiltradition *(paramparā)* prägt die Erscheinungsform und den Ablauf eines Tovils. Heiler aus verschiedenen Traditionen und Lehrergenerationen führen ihre Rituale unterschiedlich durch. Ihre Fertigkeiten und das damit verbundene Ritualsystem haben sie sich durch ihre jeweiligen Lehrer angeeignet. Trotzdem werden alle Heilrituale für einen Patienten im Dorf generell als Tovil bezeichnet. Bei genauem Nachfragen und technischem Diskutieren benützen die Heiler dann auch Begriffe wie „*Väda*" (Werk, Arbeit), „*Rajakriya*" (Staats- oder Königspflicht) oder sprechen spezifisch über „*Sohona–Tovil*" oder „*Kalukumāra-Tovil*" usw. Ich werde an späterer Stelle auf die Bedeutung und den Kontext dieser Begriffe zurückkommen. Beim Beginn eines Heilrituals, in der feierlichen Eröffnungsrede (siehe S. 301), führen die Heiler manchmal auch innovative Bezeichnungen ein, wie „*Gī–Mangala*" (Gesangs–Festival). Sehr oft aber gebrauchen sie die gehobene Benennung „*Yāga–Homa–Shāntiya*" (aus dem Sanskrit: *Yāga–Soma–Shānti)* und nehmen somit Bezug auf die vedische Herkunft ihrer Rituale (vgl. Kapitel 6.1).

Zu einem Tovil gehört ein Patient *(ātura, leda)*. Er steht unter dem Einfluss von unsichtbaren Wesen *(bhūta)*,[30] wird dadurch aus seiner Balance geworfen, erlebt Angst, Leid und Unglück und ist in manchen Fällen sogar von diesen fremden Wesen besessen *(disti, āvesha, ārudha)*. Die *Bhūtas* sind personifiziert als *Yakas* (Dämonen), *Pretas* (Ahnengeister), *Graha–Devatas* (planetarische Gottheiten) und andere Wesen des Psychokosmos *(loka)*. Daher gehören zum materiell–räumlichen Setting eines jeden Tovils Götter- und Dämonenaltäre *(pideniya)*. Ihnen gegenüber wird der Patient gesetzt, und die Heiler und Tänzer bewegen sich auf dem Platz zwischen dem Patienten und den Altären hin und her. Auf diesem abgegrenzten Platz *(pola)* finden die meisten heilenden Handlungen statt. Ein vollausgestatteter Tovil beginnt am Abend und geht bis zum anderen Morgen. Nur die kürzeren und einfacheren Versionen dauern nicht die ganze Nacht an oder finden sogar während des Tages statt.

Im Kandy Hochland lassen sich drei grosse Traditionen des Tovils voneinander unterscheiden: der *Yak–Tovil*, der *Bali–Tovil* und der vom *Kohomba–Kankāriya* abgeleitete Tovil. Von jeder Art gibt es grössere ausführlichere, wie auch kleinere abgekürztere Versionen. Bei den Kurzversionen werden die Tänzer zum Beispiel weggelassen und einige heilende Handlungen und mythische Episoden reduziert. In ganz seltenen Fällen fehlen sogar die Trommler. Es bleiben dann nur noch einige wesentliche Elemente übrig, die allen Tovil–Traditionen gemeinsam sind: die Ehrerbietung an den Buddha *(buduguna)*, die Opferhandlungen für Götter *(pidīma)* und Dämonen *(dola pideni)*, mythische Verse *(kavi)* und Zaubersprüche *(mantra)*. Dabei kann grundsätzlich zwischen den materiellen und psychischen Elementen des Heilrituals unterschieden werden, eine Unterscheidung, die sich aber durch interessante sprachliche Ähnlichkeiten genau so gut wieder relativieren lässt. Eine Illustration dieser scheinbaren Differenzierung bietet sich zum Beispiel bei den Begriffen „Pidīma" (materieller Opferungsträger) und „Pindīma" (psychisches Weitergeben von *Pin*, Verdienst) an. *Pidīma*, gleichwertig mit *Pideni, Pidenna* und *Pideniya*, ist die Bezeichnung für altarähnliche Konstruktionen *(yahaneya, tatuva* usw.), in welchen Opfergaben plaziert sind, und im übertragenen Sinne werden auch diesbezügliche Tovil–Episoden und –Kurzformen bezeichnet (siehe *Tabelle 14)*.

Die rituelle, oder besser, heilsame Handlung *(pinkama:* wörtlich „Verdienst–Handlung") bekommt einen unterschiedlichen ethischen Wert, wenn sie mit Achtsamkeit *(sati)*, Wissen *(pragña, paññā)*, usw. ausgeführt wird (siehe *Tabelle 10*, S. 132). Durch das Denken und Handeln gemäss einer persönlichen Ethik werden dann im entsprechenden Ausmass auch die psychischen, heilsamen Elemente im Heilritual realisiert. Der geistige Verdienst *(pin)* von rituellen Akten der Freigebigkeit *(dīma, dāna)* aber auch von ganz alltäglichen Handlungen, die mit Grosszügigkeit vollzogen worden sind, wird dann am Ende des Heilrituals meistens in Andacht und Meditation mit den Geistern verstorbener Verwandten geteilt. Dieses Teilen von Verdienst *(pin–dīma)* führt durch die Teilung in sozusagen „kleinere Mengen" nicht zu dessen Minderung, sondern er vermehrt sich vielmehr durch die Multiplikation mit der Zahl der teilnehmenden Wesen, die begleitend mitwirken *(anuggahāya)*, indem sie sich mitfreuen *(anumodana)*. Dieser psychologische Mechanismus von Verdienstteilen und Mitfreude (Gombrich 1971b) ist einer der Gründe für den öffentlichen Charakter der Tovil– und aller anderer Heilrituale.

Schliesslich unterstehen alle Arten des Tovils, trotz ihrer unterschiedlichen Traditionen, Formen und Versionen, demselben althergebrachten Heilwissen, der *Bhūta–vidya*, wörtlich, der „Wissenschaft über das geistig Gewordene" (vgl. Kapitel 4). Das Können der Heiler besteht gemäss dieser Wissenschaft darin, die schlechten, krankmachenden Einflüsse durch ihre heilenden Handlungen *(vat–pilivet)* vom Patienten abzutrennen *(kapanava)*. Weil diese Methode grundsätzlich patienten–zentriert ist, erstaunt es nicht, dass sich auch innerhalb derselben Lehrergenerationen die Ausführungen in Form und Ablauf unterscheiden. Es gibt keinen standardisierten Tovil, höchstens standardisierte Ritualelemente. Die Zusammenstellung der rituellen Episoden wird geplant auf Grund der Ergebnisse des diagnostischen Vorgehens und wird im Verlauf des Tovils eventuell spontan abgeändert. Es kommt vor, dass der Patient ermuntert wird, einen anderen Heiler aufzusuchen, falls ihm die Ausführungsart des Tovils mit den bestimmten Kompetenzen des Heilers nicht geholfen hat (vgl. Kapitel 2). Manchmal benützen die Heiler auch beobachtete Elemente aus anderen Traditionen im eigenen Tovil, wenn sie meinen, dass gerade die dem Patienten helfen. Nebst der traditionseigenen Planung des Rituals geben die Gestimmtheit des Patienten und seine spontanen Handlungen während des Rituals jedem Tovil eine besondere, einmalige Atmosphäre und Prägung.

Die folgende *Tabelle 14* gibt eine Übersicht über die drei grossen Heiltraditionen im Kandy Hochland und über eine exemplarische Auswahl von deren Kurzversionen.

Vollausgestattete Heilrituale	Ihre Kurzversionen
Kohomba–Kankāriya	**Kohomba–Deviyan–Pidīma** Opfergabe für Gott Kohomba
	Kadavara–Pidīma Opfergabe für Kadavara–Yaka oder Kadavara–Devatāva
	Väddi–Yakun–Pidīma Opfergabe für Dämonen der Veddas
	Gī–Mangala Gesangs–Festival (mit einer variierten Auswahl von adressierten Gottheiten)
Yak–Tovil kategorisiert nach den Hauptdämonen:	**Tel–Mätirīma** Öl durch Mantra aktiviert und dann körperlich angewendet
Sohona–Tovil	**Dehi–Käpīma** Limonen–Durchschneiden
Kalukumāra–Tovil	**Preta–Tatuva–Pidīma** Opferung an Ahnengeister
Hūniyam–Käpīma	**Bahivara–Pidenna–Dīma** Opfergabe für Bahivara
Bali–Tovil	**Nava–Graha–Pūja** Opferung für neun astrologische Häuser, respektive deren Gottheiten

Tabelle 14 : Tovil–Traditionen im Kandy Hochland

Der Kohomba–Kankāriya

Der *Kohomba–Kankāriya* nimmt einen besonders ehrwürdigen Platz unter den Heilritualen im Kandy Hochland und in Sri Lanka überhaupt ein. Seine Herkunft kann historisch am weitesten zurückverfolgt werden[95] und er gilt deshalb als das ursprünglichste, älteste Heilritual. Der *Kohomba–Kankāriya* ist laut der Legende das erste Heilritual, das für den Enkel des Königs *Vijaya*, Namens *Panduvasudeva*, veranstaltet wurde (siehe Gründersage Sri Lankas S. 170). *Panduvasudeva* litt unter Angstträumen von Leoparden *(divi–dōsa)*, es war ihm klar, dass er immer noch unter dem Fluch der ersten Ehefrau seines Grossvaters, der Dämonin *Kuveni*, stand, die sich für ihr erlittenes Unrecht rächte. Der Priester des *Kohomba*–Gottes wurde gebracht, um für *Panduvasudeva* den ersten *Kohomba–Kankāriya* zu veranstalten. Das Heilritual dauerte sieben Tage und Nächte, bis es den König schliesslich erheitern und heilen konnte.

Wenn wir den ersten *Kohomba–Kankāriya* als Prototyp für die Heilrituale in ganz Sri Lanka betrachten, finden wir in seinem legendären Kontext Erklärungen für spezifische Merkmale des Settings, wie es bei allen Tovils üblich ist. Da ist der Patient, der wie ein König behandelt wird. Er wird gegenüber den Götteraltären gesetzt, umgeben von seiner Familie, und die wichtigsten geladenen Gäste sind an seiner Seite, als wären es seine Minister. Der Patient, in Gesellschaft von Göttern, Ehrengästen, Familie usw., geniesst nun das Tanzen, Trommeln und die Verse, Unterhaltungen also, die gewöhnlicherweise dem König vorbehalten sind. Der heutige *Yakädura* bezeichnet manchmal seine Aufgabe zu heilen als *Rajakriya,* was „die für den König zu vollbringende Arbeit" heisst. Er stellt dadurch das Heilritual auch in den Zusammenhang mit seinen anderen Staatspflichten, wie dem Tanzen beim *Perahera* (religiöse Prozession), bei Inaugurationszeremonien usw.

Das Königreich in Kandy blieb — während die Südküste Sri Lankas bereits im 16. Jahrhundert von den Portugiesen kolonialisiert wurde — bis ins 19. Jahrhundert intakt. Solange hat sich also der Brauch in Kandy erhalten, dass die *Gurunnanse* am Hof des Königs und bei religiösen und staatlichen Zeremonien tanzten und trommelten. Sie erhielten dafür vom König in der Regel ein Stück Land. Wenn immer die existentielle Grundlage der Tänzer und Heiler vom König abgesichert war, blühten in Sri Lanka die Künste (Raghavan

1967). Dadurch wurden auch die Heilrituale im Dorf verschönert und verfeinert.

Der *Ves–Tanz* des *Kohomba–Kankāriya*, heute bekannter unter dem Namen Kandy–Tanz, ist ein Zeugnis der Blütezeit höfischer Künste und gilt als die anspruchsvollste Tanzform in Sri Lanka. Er besteht aus achtzehn *Vannams* oder Tanzeinheiten, die bestimmte Themen darstellen und unterschiedliche Stimmungen ausdrücken. In keinem Tovil im Kandy Hochland fehlen die *Ves*–Tänzer in ihrem prächtigen Silbergeschmeide und dem kronenartigen Kopfschmuck, mit Ausnahme der abgekürzten Versionen. Es ist eine Ehrensache jedes grossen *Yakādura*, dass er sich nebst der Heilkunst *(bhūta–vidya)*, die er von seinem Lehrer (meist dem Vater oder Onkel) lernte, auch die anspruchsvollen *Ves*–Tänze aneignet. Wir finden daher in den Dörfern um Kandy eigens dafür eingerichtete Tanz– und Trommelschulen *(kalāyātanaya)*, deren Lehrer meistens auch die hohen Traditionshalter des *Kohomba–Kankāriya* sind. In diesen Tanzschulen treffen die Tänzer und Trommler aller Tovil–Traditionen und –Generationen zusammen. Hier wird das Bewusstsein des gemeinsamen kulturellen Erbes gepflegt.

Ein Kohomba–Kankāriya mit Tittapajjala Gurunnanse (im Bild vorne rechts)

Der *Kohomba–Kankāriya* ist dementsprechend ein reichhaltiges und künstlerisch hochstehendes Heilritual, in dem die Perfektion des Tanzens und Trommelns eine grosse Rolle spielt und viele theatralische Szenen aus dem Mythenschatz dargeboten werden. Er kann bis zu den legendären sieben Tagen und Nächten andauern und ist in dieser Form das eigentlich königliche Ritual, das wegen seiner hohen Kosten heutzutage nur noch von Staatsmännern veranstaltet wird. So wurde zum Beispiel 1985 ein vollausgestatteter *Kohomba–Kankāriya* zur Einweihung des *Mahaweli*–Bewässerungsprojektes in der Nähe von Kandy durchgeführt.

Obwohl sich der *Kohomba–Kankāriya* primär an den *Kohomba*–Gott richtet, wäre es falsch anzunehmen, die Dämonen spielten in diesem Ritual keine Rolle. Der Meister der Zeremonie bezeichnet sich als *Yakdessa*, als Dämonenlenker. Mit den *Yakas* sind im *Kohomba–Kankāriya* unter anderem die mythischen Ureinwohner Sri Lankas gemeint, bevor sie *Vijaya* mit der übermenschlichen Hilfe seiner Frau *Kuveni* besiegt hat. Die *Yakas* werden auch mit den *Veddas* identifiziert, was sie von ihrem dämonischen Charakter etwas befreit. Die *Veddas* sind wahrscheinlich Nachkommen von Steinzeitmenschen, die bis heute wild im Urwald Sri Lankas leben. Eines der Themen im *Kohomba–Kankāriya* ist die bis heute nicht gelungene „Zivilisierung" des *Veddas*,[96] die in komödiantischen Szenen dargestellt wird.

Der „Patient" des *Kohomba–Kankāriya* ist nicht unbedingt eine Person oder Familie sondern kann auch, wie ich bereits erwähnt habe, ein Staatsprojekt sein. Handelt es sich beim Patienten um eine Einzelperson und seine Familie, so nimmt der *Kohomba–Kankāriya* die Form eines gewöhnlichen Tovils an und dauert eine Nacht lang. Die Themen der komödiantischen Einlagen werden dabei dem Mythenschatz der *Kohomba–Kankāriya*-Tradition entnommen und kommen auch in der Kurzversion *Väddi–Yakun–Pidīma* vor. Manchmal fehlen aber die komödiantischen Einlagen ganz, wie im Falle eines kurzen *Gī–Mangala* oder der anderen *Pidīma* (siehe *Tabelle 14*). Dann weist nur noch die Anwesenheit des *Yakdessa* in seinem *Ves*–Kostüm auf die traditionelle Herkunft des Heilrituals hin.

In einem Punkt unterscheiden sich der *Kohomba–Kankāriya*, der von ihm abgeleitete Tovil und seine Kurzformen entscheidend von den übrigen Tovil–Heilritualen im Kandy Hochland. Die Genesung des Patienten geschieht nicht während dem Ritual selbst. Vielmehr haben der Patient und seine Familie viele Wochen oder Monate vor dem Ritual beim *Yakdessa*, der zu Hause oft einen kleinen Göttertempel *(devāle)* unterhält, ein Versprechen *(bāra)* abgelegt gegenüber dem *Kohomba*-Gott. Falls er die Genesung des Patienten bewirkt, soll zu seinen Ehren ein *Kohomba-Kankāriya-Tovil* im Haus der Patientenfamilie veranstaltet werden. Der *Yakdessa* tritt in Kommunikation mit dem Gott *Kohomba* und eventuell mit anderen Göttern, unterbreitet ihnen den Handel und führt dazu die nötigen rituellen Handlungen aus. Er legt das Datum für das Ritual fest und besiegelt so das Versprechen des Patienten. Auf Grund der guten Absicht, der im Geist kultivierten Gebefreudigkeit, die an dieses Versprechen gebunden ist, wird der Patient wieder gesund. Das später eingelöste Ritual ist dann nur noch ein Fest der Ehrung und des Dankes gegenüber den Göttern, an dem gewöhnlich das ganze Dorf teilnimmt. Der beim Einlösen des Versprechens nur im Geist geformte Akt der Gebefreudigkeit wird nun auch ausgeführt. Nur ganz selten wird der Patient während einem *Kohomba-Kankāriya* auch besessen im Angesicht der Gottheiten *(disti)* und tanzt zusammen mit den Heilern.

Die Genesung oder die Abwendung eines Unheils auf Grund eines Versprechens *(bāra)* ist ein weitverbreitetes Phänomen in Sri Lanka (siehe Kapitel 2). Oft wird ein solches Versprechen oder Gelübde in einem der vielen verschiedenen Göttertempel *(devāle)* oder im buddhistischen Tempel *(pansale)* abgelegt. Geht der gehegte Wunsch in Erfüllung, so wird das Versprechen meist in Form einer Spende *(dāna)* oder Opferung *(pūja)* eingelöst. Mit oder ohne Gottheit als Vermittler geht es bei diesem Brauch um das Einüben einer an sich schon heilbringenden Geisteshaltung, die des Wohlwollens *(mettā)* und der Gebefreudigkeit *(dāna)*. In buddhistischen Ländern gilt es als Tatsache, dass jegliches Wohl, geistiges, körperliches und materielles, als direkte karmische Folge *(vipāka)* aus der eigenen praktizierten Grosszügigkeit und Hilfeleistung resultiert. Wohlsein ist mit anderen Worten eine Anhäufung von geistigem Verdienst *(pin)*, der in einem *Kohomba-Kankāriya* dann mit dem Gott *Kohomba* und allen anderen Anwesenden geteilt wird.

Der Yak-Tovil

Der *Yak-Tovil* ist der eigentliche Schauplatz psychotherapeutischer Interventionen. Im Gegensatz zum *Kohomba-Kankāriya* findet hier die Heilung des Patienten unmittelbar während des Rituals statt.

Zudem manifestiert sich das im *Yak–Tovil* behandelte Leid als psychische Störung. Der Patient zeigt Symptome, die sich im psychiatrischen Wortschatz durchaus einer Psychose oder Neurose zuordnen liessen. Der Zustand des Patienten ist geprägt von Angst, die ihn zum Teil körperlich erstarren lässt, bis zu einem katatonen Erscheinungsbild. Er sieht Dinge, die seine Mitmenschen nicht sehen, redet wirr, hat plötzliche Wutausbrüche, schlägt um sich, entwickelt merkwürdige Vorlieben, zum Beispiel bezüglich der Nahrungseinnahme, dem Baden usw. oder irritiert seine Verwandten durch Unberechenbarkeit im Verhalten. Verantwortlich für derartige Störungen sind die Dämonen *(yaka)* und andere Geistwesen *(bhūta)*. Der *Yak–Tovil* gilt dafür als die geeignetste Behandlungsform.

Der häufigste *Yak–Tovil* im Kandy Hochland ist der *Sohona–Tovil*. Der *Kalukumāra–Tovil* kommt selten vor und oft wiederum in Verbindung mit *Sohona–Yaka*. *Kalukumāra* ist der schwarze Prinz, ein Dämon, der junge Mädchen verführt und schwangere Frauen belästigt. Der Dämon *Sohona* oder *Mahāsohona* ist verantwortlich für den Tod, für Nekrophilie, Zerstörung und generalisierte Morbidität. *Mahāsohona* lebt auf den Friedhöfen, und seine psychischen Energien sind Angst, Wut und Hass. Vom *Yakädura* oder einem seiner Assistenten verkörpert trägt er ein blutrotes Gewand, hat ein pechschwarzes Gesicht, weit aufgerissene Augen und eine beidseitig brennende Fackel *(dekona–villakkuva)* quer im Mund.[97] Er ist blutrünstig und verlangt nach Menschenopfern *(billa)*. Seine Nahrung sind alle morbiden Emotionen, und es wird auf der rituellen Bühne dramatisiert, wie er durch ihre Zufuhr wächst und durch ihr Nichtvorhandensein schrumpft und ganz kläglich und machtlos wird.

Die Geschichte von *Sohona–Yaka* enthält viele Verkehrtheiten und Schweinereien, die nicht nur in der Bewegungsart und Gestikulation während der Aufführung sondern auch in seiner ganzen Gestalt ausgedrückt werden. In den Tovils an der Südwestküste Sri Lankas trägt der *Yakädura*, der den *Mahāsohona* darstellt, eine Maske, die den nach hinten schauenden Schweine–, Bären– oder Wolfskopf darstellt. *Sohona* kann zehn verschiedene Verkörperungen *(avatāra)* annehmen: als Bulle, Schwein, Hund, Wolf, Greis, Jungfrau, Schlange, Löwenmensch, Riese und als der grosse blutige Leichenfresser *(mahā–sohona)*. Er ist je nach Situation unter verschiedenen Namen bekannt.[70] Der wesentlichste Charakterzug von *Sohon–Yaka* ist, dass er unberechenbar und nicht fassbar ist.

In einem *Sohona–Tovil* spielen je nach Diagnose des Patienten auch andere *Yakas* oder der Geist eines kürzlich verstorbenen Familienmitglieds *(preta)* eine Rolle. Bezeichnend für den *Sohona–Tovil*, für den *Yak–Tovil* generell, ist, dass der Patient aufgefordert ist, die Dämonen, die seinen Körper besessen haben, zu tanzen und durch seinen Mund sprechen zu lassen. Es wird auch erwartet, dass der Heiler etwa nach Mitternacht selbst den Dämon verkörpert und als solcher in direkte Konfrontation mit dem Patienten tritt. In einem *Yak–Tovil* wird also Platz eingeräumt für spontane Kommunikation und für Rollentausch zwischen Heiler, Dämon und Patient. Der *Yak–Tovil* erinnert nicht nur in einzelnen psychotherapeutischen Techniken sondern auch in seinem Aufbau und Verlauf, dem therapeutischen Format also, an das Psychodrama nach Moreno (vgl. Kapitel 5.1). Der Patient im *Sohona–Tovil* durchläuft, ähnlich wie in einem vollausgestatteten Psychodrama, einen Prozess von der Anwärmung bis zur Katharsis, wobei eine ganze Palette psychotherapeutischer Fertigkeiten und Interventionen des Heilers eingesetzt wird. Und nachdem der Patient schliesslich von dem Dämon befreit worden ist, werden ihm in den letzten Phasen des Tovils die gesunden Erlebensparadigmen, sowohl verbal als auch nonverbal, vermittelt. Dazu gehört unter anderem achtsames Tanzen, das Beschenken der Tänzer, die Zerstörung des *Sohona*-Gehäuses, humorvolle Distanznahme zu den vergangenen und daher nicht mehr existierenden Problemen.[98] Der *Yak–Tovil* ist auch für die Zuschauer aufregend und mitreissend. Oft nimmt das Geschehen unerwartete Wendungen durch das spontane Verhalten des Patienten.

Unter den *Yak–Tovil* nimmt der *Hūniyam–Kāpīma* eine gesonderte Stellung ein. Er kommt nicht nur im Süden (Obeyesekere 1985) sondern auch im Kandy Hochland immer häufiger vor. Ein *Hūniyam–Kāpīma* wird veranstaltet, nachdem der Heiler den Verdacht des Patienten bestätigt hat, dass es sich bei dem ihm zugestossenen Unheil um eine schwarze Magie handelt, oder wenn der Patient davon einfach überzeugt ist (vgl. Interview mit Upasena Gurunnanse im Anhang). Die Störungen des Patienten beschränken sich hier in der Regel nicht nur auf psychische Symptome, sondern schliessen auch körperliche Krankheiten, den Verlust eines Familienmitglieds oder ökonomische Verluste mit ein. Die schwarze Magie muss also beseitigt, „durchschnitten" *(kāpīma)* werden, um das Unheil abzuwenden. Dies wird auf der Handlungsebene der rituellen Bühne versinnbildlicht, indem der Patient zum Beispiel mit einer Schlingpflanze an den Beinen gebunden wird oder in einem altarähnlichen

Gehäuse *(ata mangala)* aus Bananenstauden eingekerkert und daraus befreit wird. Das wichtigste Requisit beim *Hūniyam–Kāpīma* ist jedoch der Aschkürbis *(puhula)*, der als grosses Ereignis *(mahā-samayama)* gegen Morgen zerschnitten wird. Bei diesem Akt ist der Heiler gewöhnlich in einem tranceähnlichen Zustand; sein Körper wird beim Durchschneiden ganz steif und fängt an zu zittern. Er muss von seinen Assistenten mit Hilfe eines *Mantras* und durch kraftvolles Beugen der Glieder wieder in seinen normalen Bewusstseinszustand geholt werden. Wenn immer ein Heiler in einen solchen epilepsieähnlichen Anfall gerät, bedeutet dies, dass die zerstörenden Energien des *Yakas* in seinen Körper gefahren sind, und der Patient in diesem Moment von ihnen befreit ist.

Hūniyam ist der mächtigste *Yaka* unter den Dämonen im Kandy Hochland. Sein anderer Name, vor allem im Rahmen des *Kohomba-Kankāriya*, ist *Kadavara-Yaka*. Er ist es, der für die schwarze Magie zuständig ist. Er lässt sich von hasserfüllten, eifersüchtigen und rachsüchtigen Menschen kaufen und führt sein zerstörerisches Handwerk an den Opfern aus. Der *Hūniyam–Kāpīma* ist eine ernste Angelegenheit, die viel Konzentration und machtvolle Zaubersprüche *(mantra)* erfordert, um den Bann zu brechen. Oftmals wird er im Geheimen oder auch im Haus des Heilers durchgeführt, weil die schwarze Magie von eigenen Familienangehörigen oder Nachbarn ausgeführt wurde.

Der Heiler bietet dem Patienten die Möglichkeit an, den Bann einfach zu lösen oder, manchmal auch, ihn auf den Täter rückwirken zu lassen. Hiermit stossen wir auf einen interessanten Aspekt der Beziehung zum *Hūniyam–Yaka*. Einige Heiler führen — dies soll an dieser Stelle betont werden — nicht nur die weisse Magie der Befriedung, Beseitigung von Leid und Heilung, sondern auch die schwarze Magie der Schädigung durch. Ja, die Heiler selbst füh-

Die Autorin als Assistentin bei einem Hūniyam–Kāpīma

len sich oft sehr bedroht durch die schwarze Magie ihrer Kollegen und müssen für jedes Ritual allerlei Schutzvorkehrungen treffen.

Während dem *Hūniyam-Kāpīma* selbst geschehen praktisch keine Konfrontationen und wenig spontane Kommunikation zwischen dem Heiler und dem Patienten. Es handelt sich hier eigentlich um eine Verschwörung des Heilers mit dem Patienten gegen dessen feindlich gesinnte soziale Umgebung. Der Heiler führt den Patienten aus seiner sorgenvollen Existenz hinaus, indem er den Fluch vom Patienten abtrennt, ihn selber auf sich nimmt, den Kampf mit dem Dämon im eigenen Körper stellvertretend austrägt und schliesslich für den befreiten Patienten *(āturaya)*, der in diesem Kontext eher als Opfer[10] verstanden wird, Schutzmassnahmen durchführt.

Der Bali–Tovil

Die Adressaten des *Bali–Tovil* sind planetarische Gottheiten, die sich ungünstig auf die Verfassung des Patienten ausgewirkt haben. Sie werden während des Rituals besänftigt und geehrt, um das Unheil vom Patienten abzuwenden. Die Störungen des Patienten, die den Anlass für einen *Bali–Tovil* geben, können sowohl körperlicher als auch psychischer Natur sein.

Nebst den üblichen Altarkonstruktionen wird für den *Bali–Tovil* eine farbige, lebensgrosse Lehmfigur *(bali)* errichtet, die die hauptsächlich adressierte Gottheit darstellt. Die Schönheit der Balifigur soll eine starke Anziehung auf den Patienten ausüben. Während dem Ritual geht es unter anderem darum, diese Anziehung therapeutisch zu relativieren und zu durchtrennen, weil sie sich auf den Patienten schlecht ausgewirkt hat. Die aesthetischen Werte, die für die Anziehung mitverantwortlich sind, werden dabei nicht negiert sondern verfeinert. Der *Bali–Tovil* ist ein künstlerisch sehr anspruchsvolles Heilritual. Es dauert normalerweise eine Nacht lang. Die heilenden Handlungen richten sich auf die Harmonisierung des kosmischen Kontexts des Patienten, der durch die Personifizierung von Planeten als Gottheiten dargestellt wird.

Der Spezialist, der den *Bali–Tovil* anordnet, ist oftmals ein Astrologe *(shāstrakāraya)*. Das kann in manchen Fällen der *Bali–Ädura*, der Meister des Rituals, selbst sein, falls er sich in der Astrologie

ebenfalls auskennt. Seine Diagnose zum erfolgten Missgeschick des
Patienten geschieht in der Regel immer auf Grund astrologischer
Berechnungen, die die ungünstigen Einflüsse der Planeten offenbaren.
Die Astrologie nimmt in der srilankischen Gesellschaft ohnehin einen
prominenten Platz ein (vgl. Kapitel 2). Für alle zivilen Entscheidungen, wie dem Finden eines Ehepartners und der geeigneten Zeit für
die Hochzeit, für berufliche Schritte, Reisepläne und anderes wird die
astrologische Beratung aufgesucht. Das Errechnen der planetarisch
günstigen Zeit und Umstände *(näkata)* für alle möglichen Lebens-
schritte, natürlich auch für das Durchführungsdatum des *Bali–Tovil*,
ist aus dem heutigen Sri Lanka nicht wegzudenken. Selbst die höchsten Politiker greifen auf *Näkata* zurück. Die planetarischen Einflüsse,
die auf die einzelne Person einwirken, gelten im buddhistischen Sri
Lanka als Ausdruck und Spiegelbild ihres *Kamma–vipāka*, das heisst
der Ernte ihrer früheren Taten. Das *Kamma–vipāka* stösst dem Menschen unumgänglich zu, doch kann er, statt es passiv zu ertragen,
Anstrengungen unternehmen, um es zu ergreifen, zu transzendieren
und einer Wiederholung des leidhaften Erlebens vorzubeugen.

Der *Bali–Tovil* muss in diesem Kontext betrachtet werden, um
seinen besonderen Stellenwert in der Kultur Sri Lankas erkennen zu
können. Er bezweckt, die für die Planeten stehenden und im Sinne
des *Kamma–vipāka* arbeitenden Gottheiten zu besänftigen, indem
ihnen Ehre, Gefallen und Grosszügigkeit entgegengebracht wird.
Gefallen finden sie an ihrer wunderschönen Verkörperung durch die
Bali–Statue, an den Opfergaben *(pideniya)* von Blumen, Räucherung,
Licht usw. und an den zu ihren Ehren veranstalteten Tänzen. Grosszügigkeit wird ihnen durch die Darbietung von speziell zugerichteten
Speisen erwiesen.

Es ist diese, während dem *Bali–Tovil* erzeugte, gehobene und
beglückende Atmosphäre im Psychokosmos des Patienten (vgl. Kapitel 6.3), die sich auf seine Verfassung günstig auswirkt und seine
zukünftigen Taten *(kamma)* eventuell so beeinflusst, dass sie zu
glücklicheren karmischen Ergebnissen *(kamma–vipāka)* führen.
Obwohl wir diesen Mechanismus auch in den anderen Tovilformen
finden, ist er im *Bali–Tovil* am ausgeprägtesten: nicht die subjektive
Seite der Persönlichkeit des Patienten wird therapeutisch angegangen
und verändert, die heilenden Handlungen sind auf die Bearbeitung
von objektiven Beziehungen im Psychokosmos gerichtet. Der vormals
bedrängte und unglückliche Patient wird durch den *Bali–Tovil* einem
heilen Kosmos zurückgegeben.

Kurzversionen des Tovils

Die abgekürzten Versionen der oben beschriebenen Tovilformen beschränken sich auf die Vergegenwärtigung der Tugenden des Buddha *(buduguna)*, die Einladung der Götter *(deva)* und Dämonen *(yaka)* und die Überreichung von Opfergaben in den Altären *(pideniya)*. Die Bezeichnungen dieser kleinen Heilrituale deuten auf die getroffene Auswahl von rituellen Handlungseinheiten hin, die dem therapeutischen Format eines vollausgestatteten Tovils entnommen werden.

Kohomba–Deviyan–Pidīma heisst wörtlich Opfergabe an den Gott *Kohomba*. *Kadavara–Pidīma* und *Väddi–Yakun–Pidīma* sind adressiert an den *Kadavara–* respektive *Väddi-Yaka*. *Gī–Mangala* heisst Gesangsfestival, bei dem eine Auswahl von Versen *(kavi)* aus einem bestimmten mythischen Kontext mit verschiedenen göttlichen Adressaten vorgetragen wird. Dies sind einige Kurzversionen des *Kohomba–Kankāriya*, wobei bei den drei ersteren vor allem Opferhandlungen und bei dem letzteren das Singen, Trommeln und Tanzen stattfinden (siehe *Tabelle 14*).

Bei einem *Tel–Mätirīma* wird Öl *(tel)* mit *Mantras* besprochen und so mit psychischen Energien geladen dem Patienten zum Schutz gegen verschiedene *Bhūtas* (Geistwesen) übergeben. Der Patient bewahrt dann das Öl in einem kleinen Fläschchen je nach Anweisung unter seinem Kopfkissen, im Hausaltar oder über der Eingangstür des Hauses befestigt auf. In manchen Fällen wird während des Heilrituals ein Teil dieses Öls an den von der Krankheit befallenen Körperstellen des Patienten eingerieben, selbstverständlich unter der Begleitung der angemessenen Zaubersprüche *(mantra)*. Der Ölbehälter ist eine Form von Talisman und wird manchmal zusammen mit einem Zauberdiagramm *(yantra)*, das auf einem Stück Kupferblech eingeritzt ist (siehe S. 319), aufbewahrt. Wie bei allen Heilritualen darf auch bei *Tel–Mätirīma* am Anfang und am Schluss *Buduguna* (die Rezitation der Tugenden des Buddha) nicht fehlen.

Dehi–Käpīma heisst Zerschneiden von Limonen und wird im Ritual mit einem Betelnussknacker *(gire)* ausgeführt. Dies ist eine Handlung, die für das Abtrennen der bösartigen Einflüsse eines *Yaka*, insbesondere des *Hūniyam–Yaka*, steht. Ein *Dehi–Käpīma* wird auch veranstaltet, wenn die Diagnose auf den neidisch bösen Blick *(äsvahā)* oder auf falsches geheucheltes Sprechen *(katavahā)* eines Mit-

menschen hinweist (vgl. *Tabelle 3*, S. 31). *Āsvahā* und *Katavahā* ver-
seuchen die Lebensatmosphäre des Patienten und zeitigen ihre Auswirkung durch unerklärliches Missgeschick. So kommt es zum Beispiel
vor, dass einer glücklichen Mutter eines Säuglings plötzlich die Milch
versiegt auf Grund von *Āsvahā*. Auch im Alltag ist ein rituelles Zerschneiden von Limonen bedeutungsvoll, denn diese kleine Frucht gilt
als Allerwelts–Heilmittel, zum Beispiel für Schmerzlinderung von
Insektenstichen, bei Hautausschlag, zur Desinfektion von Wunden
usw. Wenn eine Hausfrau ein Limonengetränk gegen Magenverstim-
mung zubereitet, dann will sie es mit echter Hingabe *(saddhā)* tun
und rezitiert dabei oft einen ihr geläufigen Zauberspruch *(mantra)*.
Dehi–kapanava ist auch als sprachliches Idiom eine bedeutungsvolle
Metapher für die Abwendung von Unheil. Das vom *Yakädura* rituell
durchgeführte Zerschneiden von Limonen kann in jedem Heilritual
vorkommen.

Das *Preta–Tatuva–Pidīma* ist eine Opfergabe an einen Ahnengeist *(preta)*, der wegen starken Anhaftens *(upādāna, tanhā)* an seiner vergangenen Existenz als Familienmitglied keine gute Wiedergeburt finden kann und daher weiter um das Haus geistert, Schwierigkeiten verursacht und eventuell ein anderes, lebendes Familienmitglied besessen halten kann. *Tatuva* heisst wörtlich Tablett; es ist ein
Präsentierteller, auf dem Blumen, Früchte und andere Gaben dem
Preta angeboten werden, zusammen mit der Einladung, sich über
den karmischen Verdienst *(pin)* mitzufreuen *(anumodana)*.

Auch die Opferungen an die neun planetarischen Gottheiten
(nava–graha–pūja) und an Lokalgottheiten *(bahivara–pidenna–dīma)*
sind Tovil–Elemente, die als selbständige kürzere Heilrituale durchgeführt werden und ebenfalls der Befriedung *(shānti–karma)* dienen.
Bahivara oder *Bahirava* ist eine böswillige Erdgottheit, eine Entsprechung zur nordindischen *Bhairava*, die auf einem der Berge, zwischen denen die Stadt Kandy liegt, ihre Wohnstätte hat. In der Vergangenheit haben angeblich die Könige von Kandy auf dem *Bahivara*–Berg jährlich eine Jungfrau geopfert, um die bösen Einflüsse
von *Bahivara* abzuwenden.

Die hier angeführten einzelnen Tovil–Traditionen und ihre Kurzversionen sind, obwohl unvollständig und vereinfacht dargestellt, illu-
strative Beispiele für die heutige Tovil–Praxis im Kandy Hochland.
Die hier getroffene Unterscheidung ist allgemein geläufig und sicherlich vertretbar. Überschneidungen der einzelnen Traditionen gehören
jedoch fast auch zur Regel. So finden wir Heilrituale, bei denen sich

das Team der Heiler aus verschiedenen Traditionen zusammensetzt,
um in einträchtiger Kooperation dem Patienten die passende
Behandlung zukommen zu lassen. Es gibt also Tovilrituale, bei denen
vom *Bali–Ādura* eine *Bali*–Statue errichtet wird, und der *Yakädura*
den *Sohon–Yaka* verkörpert. Im Gespräch erwähnen die Heiler
jeweils die Unterschiede wie auch die Gemeinsamkeiten der verschiedenen Traditionen (vgl. Kapitel 3). Bindend ist ihrer Meinung nach
die Tatsache, dass sie alle überzeugte Buddhisten sind und den
Dhamma, den Befreiungsweg des Buddha, als das höchste Wissen
einschätzen. Aus dem fast unüberschaubaren Mythenschatz Sri Lankas
beziehen die einzelnen Heiltraditionen ihre je unterschiedliche Aus-
prägung und inhaltlich–thematischen Schwerpunkte. Jeder Tovil ist
zudem, ob während des Tages oder in der Nacht abgehalten, ob kurz
oder lang, im Grunde ein einmaliger, kreativer Akt, der sich alleine
nach den Bedürfnissen des Patienten richtet. Wenn von armen oder
geizigen Leuten anstelle eines grossen Tovils oft eine Kurzversion
veranstaltet wird, markiert doch jedes Heilritual, auch öffentlich, eine
Anstrengung des Patienten und seiner Familie, ein erlittenes Unheil
abzuwenden, eine Anstrengung zur Befriedung *(shānti–karma)*.

Zum Schluss meiner Ausführungen zu den Tovilritualen im Kandy
Hochland möchte ich als Beispiel einer besonders innovativen Tovil-
version einen *Hūniyam–Kāpīma*, den ich beobachten konnte, kurz
beschreiben. Der beauftragte Heiler galt bei einer neureichen Patientenfamilie als besonders machtvoll und beliebt, weil er auf alle
„unnötigen" Dinge verzichtete, auch auf das Trommeln und Tanzen.
Er arbeitete nur mit Zaubersprüchen *(mantra)*, auserwählten Versen
(kavi) und selbstentwickelten, recht spektakulären Handlungen, um
die schwarze Magie zu zerschneiden. So begab er sich um Mitternacht
in Begleitung seiner Assistenten zum nahegelegenen Fluss und führte
unter Wasser tauchend die nötigen Opferhandlungen aus. Durch die
Abwesenheit von Tänzern und Trommlern hielt er den Tovil kurz
und billig. Auf diese Weise fiel es der modernen Familie, die westliche Einflüsse und Erziehung assimiliert hatte und eigentlich nicht so
recht zu ihrem Glauben an übernatürliche Wesen stehen wollte, leichter, die Veranstaltung dieses Tovils vor sich selbst und in den Augen
der anderen zu verantworten. Das Fehlen der nächtlichen Trommel-
klänge ermöglichte eine relative Geheimhaltung des Rituals vor
unliebsamen Nachbarn.

Eine Infragestellung des Werts und der äusseren Form des Heilrituals finden wir oft in der vermehrt nach dem Städteleben ausgerich-
teten, neuen Mittel- und Oberschicht. Diese Tendenzen stellen jedoch

für meine Fragestellungen nach der Methode und Wirkungsweise des Tovils weniger ein Hindernis als vielmehr eine besondere Herausforderung dar. Gerade die beobachtbaren Änderungen und Innovationen der althergebrachten, jedoch im Alltagserleben verankerten Heilmethode des Tovils im Kandy Hochland lassen auf ein kreatives psychologisches Wissen und therapeutische Fertigkeiten der Heiler schliessen.

9. Beispiele von Tovil–Behandlungen

In diesem Kapitel werden drei Patienten–Fallbeispiele und ihre Tovil–Behandlungen dargestellt. Sitas Tovil war überhaupt das erste Heilritual von Upasena Gurunnanse, das ich besuchen konnte. Die erzählerische Beschreibung dieses Tovils wiedergibt, basierend auf meinen Feldnotizen, meine damalige Impression des Tovil–Geschehens. Diese Wiedergabe steht hier als Einstimmung auf die ganze Tovil–Atmosphäre, während die spätere Darstellung des Tovils von Duva sich bereits technischer auf die methodischen Interventionen des Heilers beschränkt.

Sita und Duva sind Patientinnen, für die ein *Sohona–Tovil* gegeben wurde. Beim *Käpavīma*–Heilritual für Simon handelt es sich um eine Kurzversion des Tovils. Einer der Gründe für die Präsentation der Fallgeschichte von Simon ist, dass ich da am meisten Material zur Vorgeschichte der Krankheit habe und sogar das Diagnosegespräch aufzeichnen konnte. Dies trifft nicht zu bei Sita und Duva, die ich jeweils zum ersten Mal an ihren Tovil–Heilritualen traf. Mit ihnen führte ich jedoch Monate nach dem Tovil Gespräche über ihre Krankheit und Heilung, bei ihnen zu Hause und im Kreise ihrer Angehörigen, durch.

Die Daten zu den einzelnen Fallbeispielen werden in Protokollsätzen von mir oder als wörtliche Transkriptionen der Gespräche wiedergegeben. Es handelt sich dabei um:

-    Aussagen des Patienten über sich selber,
-    Aussagen Familienangehöriger über den Patienten,
-    Aussagen des Heilers über den Patienten,
-    meine eigenen Beobachtungen des Patientenverhaltens,
-    meine generellen Eindrücke über den Patienten und über die Gespräche mit ihm,

–   meine Beobachtungen zum Vorgehen in Tovil–Heilritualen:

1. das räumlich–zeitlich–materielle Setting,

2. die Abfolge der einzelnen Ritualsequenzen,

3. die Handlungen des Heilers, seiner Assistenten, des
    Patienten, der Familienangehörigen und der Zuschauer.

In die Wiedergabe meiner Beobachtungen der Tovil–Heilrituale
fliesst bereits das Wissen ein, welches ich nachträglich in den mit
Upasena Gurunnanse durchgeführten Lehrgesprächen gewonnen habe.
Seine Angaben zu therapeutischen Interventionen bilden auch die
Grundlage für meine Analyse des Könnens und der Ethik des
Upasena Gurunnanse in den Kapiteln 10 und 11. Meine Beobachtun-
gen der Patienten während den Tovils dienen als Grundlage der
Darstellung des Heilungsprozesses im Kapitel 10.4. In den Analysen
werde ich dann selektiv auf die im vorliegenden Kapitel festgehalte-
nen Daten und Aussagen zurückgreifen, die über die Wahl von Mit-
teln der Heilmethode und über die durch sie angeregten psychischen
Prozesse Aufschluss geben.

9.1 Der Tovil für Sita

Drei Tage vor dem Tovil für Sita findet ein Gespräch zwischen mir und Upasena Gurunnanse statt. Auf meine Fragen erhalte ich folgende Angaben zur Patientin:

Sita wohnt fünfzehn Kilometer von Amunugama, dem Dorf von Upasena Gurunnanse, entfernt. Er kennt die Familie schon seit über zwanzig Jahren. Die Patientin ist zweiundzwanzig Jahre alt, hat einen älteren Bruder und eine ältere Schwester. Der Bruder ist verheiratet und lebt mit seiner Frau im selben Haus wie Mutter, Vater und die beiden Schwestern. Alle helfen auf dem Feld. Es sind Bauern. Vater und Mutter sind schon alt. Beide Töchter sind unverheiratet. Sita hat wenig Schulbildung gehabt, nur zirka zwei Jahre an der Primarschulstufe. Einen Freund hat sie nicht.

Vor zwanzig Jahren ist die Grossmutter mütterlicherseits gestorben. Ihr *Bhūta* (Geist) hat zuerst die Mutter befallen, dann die ältere Schwester. Beide sind von Upasena Gurunnanse geheilt worden. Die ältere Schwester wurde gerade befallen, als sie heiraten wollte. Daraufhin hat sich der Bräutigam geweigert sie zu heiraten. Die Schwester ist aber seit Upasena Gurunnanses Behandlung wieder gesund und musste nur einmal vor acht Jahren ins Spital wegen einer körperlichen Beschwerde. Vor zwei Jahren ist Sita vom selben *Bhūta* befallen worden. Sie hat sich des Abends an einem ungünstigen Ort aufgehalten, im Garten bei der Kreuzung dreier Wege. Ein anderer Heiler hat ihr eine *Āpanūla* (Schutzschnur) gebunden, um den *Bhūta* an ein Versprechen zu binden. Es hat aber nichts geholfen. Upasena Gurunnanse kennt diesen anderen Heiler nicht. Dann kam die Patientin zu ihm. Er hat mit dem *Bhūta* durch ihren Mund sprechen können. Dieser hat laut geschrieen und dann versprochen, am Tag des Tovils zu gehen. Der *Preta* (Geist eines Verstorbenen, hier der Grossmutter) sagte, er habe das Mädchen zum Fressen gern. Doch war er dann einverstanden, anstatt Sita Eier und ein Huhn zu essen. Upasena Gurunnanse versprach ihm diese Opferungen am Tovil. Die Patientin hat nun seit einer Woche kein Essen und Trinken mehr zu sich genommen. Würde das Heilritual nicht stattfinden und der *Bhūta* das Mädchen nicht verlassen, müsste sie bestimmt sterben.

Aus einem Gespräch zwischen Upasena Gurunnanse und mir, zwei Monate nach dem Tovil für Sita, möchte ich hier nun einen Auszug wiedergeben. Er veranschaulicht, wie ich versucht habe, von Upasena Gurunnanse — hier noch ganz am Anfang unserer Beziehung — psychologische Aufschlüsse und Erklärungen für die Störungen der Sita zu erhalten.

Vogt: Im letzten Tovil war Sita vom Ahnengeist *(preta)* ihrer Grossmutter besessen. Steht ein Tovil immer in Beziehung zu einem solchen Ereignis, dass jemand gestorben ist und zu einem *Preta* geworden ist?

Upasena: Nein, es kann auch der Einfluss des *Mahāsohona* (Dämon der Friedhöfe) sein, der einen Tovil nötig macht.

Vogt: Können Sie mit den Leuten sprechen, die besessen sind?

Upasena: Ja.

Vogt: Was sind denn die Gründe für ihre Besessenheit?

Upasena: Es ist der Einfluss eines *Bhūtas* (Geistwesen).

Vogt: Ist das der einzige Grund? Können nicht auch psychische Gründe eine Rolle spielen?

Upasena: Ja, es kann beides sein.

Vogt: Und wie kann man denn das eine vom anderen unterscheiden?

Upasena: Ich finde es heraus. Wenn jemand aus psychischen Gründen besessen ist, dann hängt es zusammen mit dem Blut der Person und mit ihren Ängsten. Sie würde den Namen des *Yakas* (Dämon) nennen.

Vogt: Und wenn die Besessenheit im Zusammenhang steht mit einer verstorbenen Person, sind diese Merkmale nicht vorhanden?

Upasena: In dem Fall ist es die verstorbene Person, die spricht.

Vogt: Sie sagten, dass sie die Familie der Sita schon früher gekannt haben. Kamen auch schon Fremde zu Ihrem Haus, um Ihre Hilfe anzufragen?

Upasena: Ja.

Vogt: Ist es schwieriger, für solch einen Fremden einen Tovil durchzuführen? Schliesslich kennen Sie ja dessen familiären Hintergrund nicht.

Upasena: Nein, es ist nicht schwieriger. Ob ich die Person kenne oder nicht — da gibt es keine Probleme.

Vogt: Mit welchem finden Sie es denn leichter zu arbeiten, mit einem *Yaka* (Dämon) oder mit einem *Preta* (Ahnengeist)?

Upasena: Es ist einfacher mit einem *Yaka*. Der *Yaka* erzählt nicht viele Lügen. Aber der *Preta* erzählt Lügen, weil er keine Angst hat vor *Pau* (karmisch unheilsame Taten). Der *Yaka* hingegen fürchtet die Wirkung seiner schlechten Taten. Ein *Preta* würde versprechen, dass er geht, und geht dann nicht. *Yakas* sind ehrlicher. Ein *Yaka* gehorcht dem Buddha und den Göttern, nicht aber der *Preta*. Deshalb sind *Pretas* unehrlich.

Vogt: Gibt es eine Beziehung zwischen der Person, die einen schwierigen Charakter hat und dem *Preta*, der sie besessen hat?

Upasena: Es ist die Person, die gestorben ist, die den schwierigen Charakter hat, die gerne *Pau* hat. Das ist der Grund, weshalb diese Person als *Preta* wiedergeboren ist und anfängt, die Familienmitglieder zu belästigen. Nicht die Person, die belästigt wird, muss diese *Preta*-Qualitäten haben.

Vogt: Man sagt doch „Du Sohn eines *Pretas*!" *(pretāge putā)*, wenn man jemanden anfluchen und beleidigen will.

Upasena: Ja, die Familie ist schon verdächtig und wird auf eine Art gemieden, wenn dort ein verstorbenes Familienmitglied ist, das die Qualitäten eines *Pretas* hat.

Vogt: Können denn mehrere Mitglieder einer Familie vom gleichen *Preta* beeinträchtigt werden?

Upasena: Ja, das war auch im Tovil der Sita der Fall. Wenn jemand ein Problem hat, dann kommt es während dem Tovil aus.

Vogt: Sogar bei jemandem, der dem Tovil nur als Zuschauer beiwohnt?

Upasena: Ja, sogar bei einem Fremden.

Vogt: Wie finden Sie heraus, dass Ihr Tovil ein Erfolg war?

Upasena: In der *Preta*–Besessenheit *(preta āvesha)* verspricht der
          Patient *(āturaya)*, dass er wieder in Ordnung sein wird.
          Und dann bin ich sicher, dass der *Preta* gegangen ist.

Vogt: Bedeutet dies, dass die Besessenheit sehr wichtig ist?

Upasena: Es ist einfacher, wenn der Patient besessen ist. Es ist hilf-
          reich, aber nicht unbedingt nötig.

Vogt: Kann es passieren, dass ein *Preta* nach einem halben Jahr,
          sagen wir, wieder zurückkommt?

Upasena: *Pretas* tun es, weil sie schwierig sind. Aber mit *Yakas*
          kann man sicher sein, dass sie ihr Versprechen halten.
          Aber die *Pretas* muss ich manchmal bestrafen, wenn sie
          zurückkommen. Denn es war ein Versprechen, ein Bündnis.

Vogt: Wie können Sie *Pretas* bestrafen?

Upasena: Wir bauen eine spezielle Konstruktion mit Dornen, und
          Āturaya (Patient) muss auf diesen Dornen tanzen.

Vogt: Kam die Patientin des letzten Tovils, Sita, Sie besuchen,
          oder haben Sie sie aufgesucht?

Upasena: Ich ging sie zu Hause besuchen nach einer Woche. Sie war
          in Ordnung. Später hat sie dann einen Dankesbrief an
          mich geschrieben.

Das Gespräch enttäuschte mich damals gründlich; Upasena Gurunnanses Erklärungen passten nicht in mein gewohntes psychologisches Denken. Ich beschloss, das Verstehenwollen von Sitas
Krankheit, Diagnose und Heilung mit meinen Konzepten aufzugeben
und mehr über Upasena Gurunnanses Heilsystem zu erfahren. Deshalb verzichtete ich zu diesem Zeitpunkt darauf, die Patientin zu
befragen; ich hätte gar nicht gewusst wie und wollte durch meine
Fragen keinen Schaden in ihrer Beziehung zu Upasena Gurunnanse
anrichten.

Der Tovil

Der Tovil fängt am Abend an und findet im Haus des Upasena Gurunnanse statt, weil das Haus der Eltern von Sita zu klein ist. Die Patientin hält sich schon seit dem Vormittag im Hause des Upasena Gurunnanse auf. Upasena arbeitet den ganzen Tag mit seinen Assistenten am Herstellen des Arbeitsplatzes und Vorbereiten der Requisiten. Bevor ich die Vorbereitungen und den eigentlichen Tovil schildere, führe ich einige Angaben über die Mitglieder des Heilerteams an. Die kurze Charakterisierung der sieben Assistenten des Upasena Gurunnanse beschränkt sich auf ihre Aufgaben, die sie in diesem Tovil erfüllen.

Das Heilerteam:

Der 1. Assistent ist ein älterer Heiler. Er rezitiert die mythischen Geschichten und die Mantras während den wichtigsten Sequenzen des Tovils. Er führt das Hauptereignis *(mahāsamayama)* durch und erhält dafür Erlaubnis *(varam)*.

Der 2. Assistent wird von Upasena Gurunnanse *Putā* (Sohn) genannt, ist aber sein Neffe. Er tanzt besonders gut und tanzt mit der Patientin, wenn sie besessen ist. Er trommelt manchmal auch. Beim Tanzen vor dem Sonnenaufgang bekommt er *Varam*.

Der 3. Assistent mit Schnauz trommelt oder rezitiert begleitend während es ganzen Tovils.

Der 4. Assistent, der Begabte, kommt erst später hinzu. Er ist in einigen Sequenzen führend beim Rezitieren und trägt das Dämonenzepter *(īgaha)*. Manchmal trommelt er auch.

Der 5. Assistent, ein *Ves*-Tänzer, ist der jüngere Bruder von *Putā*. Er tanzt ebenfalls mit der Patientin.

Der 6. Assistent, ebenfalls ein *Ves*-Tänzer, ist eher zurückhaltend und beschränkt sich vor allem auf ein künstlerisch gutes Auftreten.

Der 7. Assistent, ein dicker Trommler, bestreitet mit grossem Einsatz vor allem den Anfang des Heilrituals.

Vorbereitungen:

Wir kommen um 19.00 Uhr beim Haus des Upasena Gurunnanse an,
Mirko, mein Mann, Gunadasa, der Diener unserer Nachbarn, der ein
wenig englisch kann, und ich. Upasena Gurunnanse möchte, dass wir
unser Auto direkt neben seinem Haus parkieren. Wir werden als
Ehrengäste behandelt und somit in das ganze Geschehen integriert.

Ich frage nach der Patientin und werde zu ihr geführt. Sie liegt
in einem Durchgangszimmer zur Küche mit dem Kopf im Schoss der
Mutter. Sie sitzt auf für ein Foto mit Upasena Gurunnanse und
lächelt. Ich beschränke mich auf nonverbales Kommunizieren meiner
Sympathie zu den beiden Frauen und verzichte darauf, ein Gespräch
mit ihnen zu führen. Die Patientin gibt sich ohnehin sehr schüchtern.
Sie trägt zwei lange Zöpfe, ein rosarotes, mädchenhaftes Kleid, ist
dünn und ein wenig hässlich. Die Mutter wirkt besorgt, hat aber ein
eher ausdrucksloses Gesicht.

Im Haus und vor dem Haus des Gurunnanse sind die Vorbereitungen in vollem Gang. Extra für das Heilritual ist vor dem Haus
eine   Wellblechkonstruktion   gegen   allfälligen   Regen   angefertigt
worden. Später bringt ein Bursche aus dem Dorf ein Kabel mit
Birnenfassungen. Als Akt der Anerkennung wird dem Gurunnanse
für den Verlauf des Rituals elektrisches Licht gebracht. Die Leitung
wird vom Haus des Spenders abgezapft.

Upasena Gurunnanse ist Herr der Situation. Seine Augen sind
überall, und er gibt hier Ratschläge und dort Anweisungen.

Der 1. Assistent und *Putā* sind beim Anfertigen der Altäre. Sie
seien verspätet. Nach einer kurzen Teepause werden sie von Upasena
Gurunnanse angetrieben vorwärts zu machen.

Die Altäre werden gebaut aus Bananenstaudenblättern, die sich
wie Zwiebeln schälen lassen. Aus den lanzettenförmigen jungen Blättern der Kokosnusspalme werden bizarre Verzierungen angebracht.
Die Bananenstaudenblätter und die jungen Kokosnussblätter haben
die gleiche gelb und grüne Pastellfarbe. Aus dunkelgrünen grossen
Blättern als Kontrast werden Ornamente und Scherenschnitte mit Öl
an den Altarkonstruktionen angeklebt.

Es gibt auf dem Arbeitsplatz im Ganzen fünf Altäre:

Deviyange Yahana	der Buddha– und Götteraltar
Yakunta Pideniya	der Dämonenaltar
Preta–Bhūta Pideniya	der Altar der Ahnengeister

Malbulat Tatuva   Blumen–Betelstuhl für
Srīya–Devi (Göttin)

Yakunta Yahana   der Ein– und Ausgang der
Yakas (Dämonen)

Dann hat es noch eine zusätzliche Konstruktion, das *Ata Mangala* (Haus der Patientin), das errichtet wird, wenn der Tovil nicht im Haus der Patientin selber stattfindet. Im *Ata Mangala* ist Erde ausgestreut worden, die vom Garten des Patientenhauses stammt. Ich sehe darin auch einen kronenartigen Kopfschmuck und zusammengewickelte Schlingpflanzen liegen; es sind Kürbisstauden, die als Fesseln benützt werden. Weitere Requisiten sind ebenfalls bereit:

Dämonenzepter *(īgaha)*

7 kleine Konstruktionen in Form von Lotusblumen für die „sieben Schritte des Buddha"

Kürbis, um schwarze Magie zu zerschneiden

Limonen *(dehi)*, um andere dämonische Einflüsse zu zerschneiden

Betelblätter

Schale mit glühenden Kohlen

Feuerpulver *(dummala)*

parfümiertes Rauchpulver

Räucherstäbchen

Gefäss mit Wasser

Fackeln

Öllampen

Arekanussblüten

Kokosnussblüten

allerlei Blumen

Speisen für die Dämonen

weisses Leintuch

rotes Leintuch

fünffarbiges Leintuch

Strohmatten

Trommeln

Tschintanellen

Heilerkostüme

Ves-Kostüme (für Kandy–Tanz)

Kostüm für *Mahāsohon–Yaka*

lebendiger Hahn

Die Vorbereitung der Altäre und Requisiten ist abgeschlossen. Langsam finden sich einige Dorfbewohner ein und nehmen Platz auf den Bänken. Für uns werden bequeme Stühle zuvorderst und gerade gegenüber dem Götteraltar hingestellt.

Upasena Gurunnanse führt uns aber noch ins Umkleidezimmer. Ein Kanister voll Palmwein *(rā)* steht dort bereit. Er bietet uns ein Glas an, trinkt selber in einem Zug. Dann wird das Nachtessen serviert für uns drei und Upasena Gurunnanse. Gurunnanses Frau und Töchter sind vor allem in der Küche beschäftigt. Nach dem Essen ziehen sich der Gurunnanse und die Assistenten im Umkleidezimmer zurück. Man hört, wie die Trommeln gestimmt werden.

Ich gehe zur Patientin. Sie liegt, den Kopf hinter dem Rücken der Mutter versteckt. Die Mutter wischt sich den Schweiss von der Stirn. Ab und zu versucht sie, den Kiefer der Patientin zu lockern. Ihre Zähne sind aufeinandergepresst, die Hände verkrampft zur Faust geschlossen, im Krampf spreizt sie die Beine. Die Mutter schliesst die Beine, zieht den Rock über die Knie. Auf der anderen Seite sitzt die jüngere Cousine *(nangi;* wörtlich: jüngere Schwester) der Patientin. Der ältere Bruder *(ayā)* ist eingetroffen und stattet der Patientin einen Besuch ab. Auch Upasena Gurunnanse ist während den ganzen Vorbereitungen ab und zu in das Durchgangszimmer gegangen.

Die räumliche Gestaltung des Arbeitsplatzes sowie die wichtigsten Requisiten sind auf der folgenden Skizze *(Abbildung 15)* dargestellt.

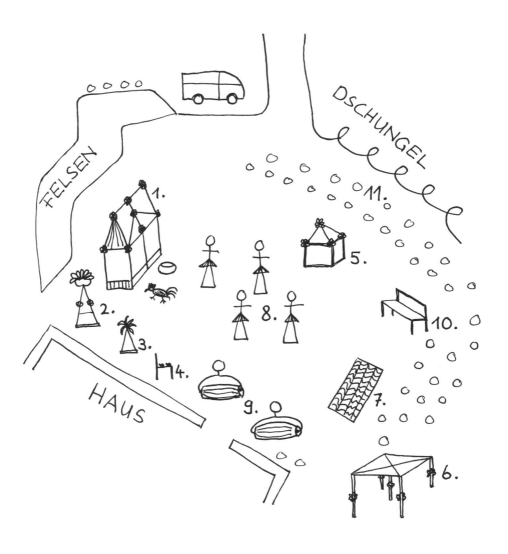

1. Götteraltar
2. Dämonenaltar
3. Ahnengeisteraltar
4. Blumen–Betel–Stuhl

5. Häuschen der Patientin
6. Ein– und Ausgang der
   Dämonen
7. Platz der Patientin

8. Tänzer
9. Trommler
10. Ehrengäste
11. Zuschauer

Abbildung 15 : Der Tovil–Platz I

Der Ablauf des Tovils:

Upasena Gurunnanse, zwei Trommler und zwei Tänzer erscheinen in ihren Heilerkostümen auf der Tovil–Arena *(tovil–pola)*. Sie alle tragen einen weissen Sarong und haben einen baren Oberkörper. Um die Lenden ist über den Sarong ein rotes Tuch gewickelt oder eine rotweiss gestreifte Schürze gebunden, befestigt mit einer langen Silberkette. Sie tragen Armringe an den Oberarmen, und um den Kopf haben sie turbanartig ein weisses Tuch geschlungen. Mit dem Erscheinen der Heiler wird es auf dem Tovil–Platz still.

Der Gurunnanse hält vor dem Götteraltar eine formelle Eröffnungsansprache. Er heisst alle Zuschauer herzlich willkommen, und speziell uns als Ehrengäste, der Heilung der Patientin beizuwohnen. Er bittet um Verzeihung, falls ihm während der Nacht Fehler unterlaufen würden. Die Assistenten verbeugen sich danach tief *(vandinava)* vor Upasena Gurunnanse und dem 1. Assistenten. Die Trommeln werden angeschlagen und der Götteraltar wird mit parfümiertem Rauch eingeräuchert. Die Tänzer ziehen sich gegenseitig die Fusschellen an.

Upasena Gurunnanse tanzt den Eröffnungstanz mit Arekanussblüten in den Händen, die er dann in den Götteraltar legt.

Upasena Gurunnanse hält vor dem Götteraltar eine Eröffnungsansprache

Es folgt der Tanz mit Betelblättern. Der Gurunnanse ist manchmal nicht zufrieden mit den Trommlern, und sein Turban rutscht. Das Trommeln scheint anstrengend zu sein. Den Trommlern werden Stühle zum sitzen angeboten. Der eine ist schweissgebadet, doch sie steigern sich in Lautstärke und Geschwindigkeit der Rhythmen. Am Schluss jedes Tanzes rufen alle Heiler laut im Chor „Ayubōvan!" (langes Leben). Es folgt der Tanz mit zwei Öllampen, dann der Tanz mit dem Tongefäss, das mit geweihtem Wasser gefüllt ist.

In den Intervallen zwischen den Tänzen tauschen die Heiler laut Scherze untereinander aus. *Putā* übernimmt eine Trommel. Upasena Gurunnanse ruft etwas ins Haus. Es wird ihm ein weisses Tuch gebracht. Es folgt der Tanz mit dem weissen Leintuch. Der Gurunnanse schwingt es manchmal wie ein Lasso. Dann kommt der Tanz mit parfümiertem Rauch. Ein neuer Assistent kommt mit einem Koffer und verschwindet im Haus.

Ich gehe schauen, wie es der Patientin geht. Sie liegt entspannt neben der Mutter, schläft friedlich und atmet ruhig.

Unterdessen ist das *Yakunta Yahana* (Ein- und Ausgang der Dämonen) eingeräuchert worden. Als ich zurückkomme und mich setzen will, fällt Upasena Gurunnanse rückwärts tanzend genau vor

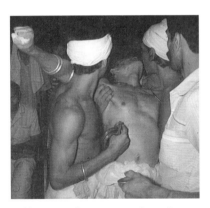

Upasena Gurunnanse hat einen Deviyange—Varam

meinen Füssen wie ohnmächtig um. Er hat *Deviyange Varam*, die Erlaubnis der Götter, erhalten. Blitzschnell wird ihm aufgeholfen. Der 1. Assistent sagt ein *Mantra* (Zauberformel), und Upasena Gurunnanse kommt wieder zu sich. Es folgt *Magul Bera*, ein wichtiges Trommelstück. Die Trommler trommeln stehend vor dem Götteraltar. Der Gurunnanse geht währenddessen ins Haus.

Es folgt eine Pause. Upasena Gurunnanse offeriert den Anwesenden Betelblätter zum kauen.

Nach der Pause werden die Götter namentlich eingeladen. Einer der Heiler sagt jeweils einen Vers vor, den die anderen im Chorus wiederholen. Dazu gehen die Tänzer ziemlich schnell zum Altar hin und wieder zurück. Dann setzen die Trommler ein, und alle singen.

Der dicke Trommler ist abgelöst worden vom neu hinzukommenden Assistenten. Er trägt einen zivilen Sarong, scheint aber sehr kompetent und begabt zu sein. Upasena Gurunnanse weist einen Zuschauer zurecht, der *Putā* anredet und ihn mitten aus dem Rezitieren wegholen will.

Kurz vor Mitternacht gibt es wieder eine Pause. Ich gehe zur Patientin. Sie trägt jetzt über ihrem rosaroten Rock ein farbiges, geblumtes Wickeltuch, das ihr bis zu den Fussknöcheln reicht. Jemand hat ihr die Schutzschnur, die sie um den Hals trägt, übers Gesicht gelegt. Sie liegt entspannt und atmet schwer.

Es ist Mitternacht und die Pause ist beendet. Die *Yakas* (Dämonen) werden nun eingeladen. Der Rhythmus hat sich gesteigert, die Stimmung ist aufgedreht und ausgelassen. Zwei *Ves*–Tänzer erscheinen im vollen Kostüm, mit glänzendem Geschmeide an der Brust. Upasena Gurunnanse muss seinen Assistenten Grenzen setzen, er

schimpft. Fackeln werden gebracht und erneut *Kavis* (Verse) gesungen. Der Gurunnanse tanzt mit zwei Fackeln. Sie lodern unter seinen Achselhöhlen, ohne dass es ihn zu brennen scheint. Er steckt sich eine brennende Fackel in den Mund und löscht sie nach einer Zeit im Mund. Dann kommen die *Ves*–Tänzer und machen ihrerseits heisse Spiele mit Fackeln und Feuerpulver. Dies ist wirklich ein ästhetischer Genuss, und ich fühle mich angeregt.

Sobald es eine Pause gibt, gehe ich zur Patientin um zu schauen, ob sich die aufregende Stimmung auf dem Tovil–Platz auf sie auswirkt. Sie schläft friedlich, als ginge sie das Ganze nichts an. Die Mutter lächelt mir gequält zu. In der Pause wird auf dem Tovil–Platz eine Strohmatte vor dem Altar ausgebreitet und der Hahn und anderes Essen für die eingeladenen *Yakas* darauf gelegt.

Der Gurunnanse, begleitet von Assistenten und einem Trommler, begeben sich singend ins Zimmer der Patientin, mit einer Fackel und Rauchpulver. Ich folge ihnen. Upasena Gurunnanse nimmt die regungslose Patientin vom Lager auf und lässt sie wieder fallen, um sie erneut hochzunehmen. Sie ist wie eine Stoffpuppe, willenlos, mit

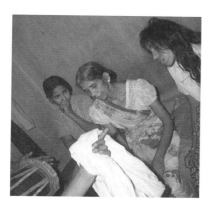

Sita auf dem Lager mit ihrer Mutter

geschlossenen Augen. Upasena Gurunnanse und ein Assistent flechten ihr gleichzeitig beide Zöpfe auf und zerzausen das Haar. Der 1. Assistent singt auf sie ein mit erhobenem Finger, die anderen wiederholen im Chor, eine Trommel begleitet. Das weisse Leintuch wird ihr um Kopf und Schultern gelegt. Der Gurunnanse hält beide Enden des Tuches und zieht die Patientin so auf die Füsse. Sie schaukelt hin und her. Der Gurunnanse verstärkt diese Bewegung, indem er abwechselnd an den Enden des Leintuchs zieht. Die Patientin ist wie in Trance. Der 1. Assistent zieht an einer Zigarette und verpasst seinen Einsatz beim nächsten Vers. Sofort springt Upasena Gurunnanse ein, aber nicht ohne dem 1. Assistenten einen bitterbösen Blick zuzuwerfen. So wird die Patientin langsam zum Haus hinausgeführt. Vor unseren Stühlen liegt eine Matte bereit. Auf die wird sie gesetzt, die Mutter zu ihrer Seite, Cousine und Bruder hinter ihr.

Die Öllampen im *Yaka-* und *Preta-Bhūta-*Altar brennen und viel *Dummala-*Rauch wird verbreitet. Der 1. Assistent rezitiert *Mantras.* Er trägt ein rotes Tuch über den Schultern und hält den *Īgaha* (Dämonenzepter) in der Hand. Die Patientin will abliegen, wird aber vom Bruder, der sie am Hinterkopf stützt, gehalten. Es herrscht eine aufgewühlte Stimmung. Der 1. Assistent nimmt den Hahn und hält ihn an den Beinen. Die Trommeln fangen wieder an. Upasena Gurunnanse beobachtet die Patientin. Er nimmt den Hahn und wickelt seinen Hals langsam am *Īgaha* auf. Ich denke, er hat ihm das Genick gebrochen. Er schwenkt den leblosen Hahn provozierend hin und her. Später spricht er ein *Mantra* auf den Hahn. Er lebt wieder.

Der Patientin wird ein rotes Tuch quer über Schulter und Rücken gelegt. Sie wird zum tanzen aufgefordert. Upasena Gurunnanse hält sie an den Enden des Tuchs, das weisse Tuch wird zurückgelassen. Der Gurunnanse tanzt vor ihr hin und her, umkreist sie, tanzt ihr vor, zeichnet mit dem *Īgaha* (Dämonenzepter) eine Spur in den Sand, der sie folgt. Sie geht dann sogar auf den Knien und bleibt kniend vor dem *Yaka-*Altar. Ein Stuhl wird gebracht. Die Patientin wird aufgefordert, unter dem Stuhl hindurchzukriechen, von vorne und von beiden Seiten, was ziemlich eng ist. Sie macht alles, was man von ihr verlangt in stumpfer Trance. Man gibt ihr eine Fackel und den Hahn, und sie tanzt eine Zeit lang ohne Unterbruch, wenn auch ein wenig ungelenk. Upasena Gurunnanse nimmt sie vor den Götteraltar und führt mit dem *Bhūta* (Geistwesen), der sie besessen hält, ein Gespräch. Sie lässt den Hahn fallen. Der Gurunnanse und die Assistenten beginnen, um sie herum zu tanzen. Die Patientin tanzt mit, sie ist eine von ihnen. Der Assistent *Putā* geht auf den Knien vor ihr her. Sie folgt ihm ebenfalls auf den Knien. So gehen sie im Kreis. Da er schneller ist, kommt er hinter sie, schlägt ihr mit dem *Īgaha* leicht auf die Sohlen und fordert sie auf schneller zu gehen. Die Stimmung ist ekstatisch, und die Patientin wird weiter angespornt.

Sita kriecht unter dem Stuhl hindurch dem Īgaha nach

Da reisst sie plötzlich die Augen auf, ruft: „*Amma* (Mutter)!" und wirft sich der Mutter in den Schoss. Sie ist aus der Trance gefallen. Die Tänzer sind sichtlich unzufrieden und der 1. Assistent äfft sie nach: „*Amma!*" Die Patientin setzt sich auf, man sprenkelt ihr Wasser ins Gesicht, und sie verkriecht sich wieder im Schoss der Mutter. Die Tovil-Aufführung ist unterbrochen.

Upasena Gurunnanse führt ein Gespräch mit dem Bhūta, der Sita besessen hält

Die Tänzer zerstreuen sich. Es ist Zigaretten- und Palmwein-Pause. „*Enna, Amma, yanna!* (Komm, Mutter, gehen wir!)", sagt die Patientin zur Mutter. Sie hat sich das Haar zu einem Knoten zusammengebunden. Wir lassen uns von Gunadasa erklären, dass die Patientin sich geweigert habe zu tanzen. Jetzt müsse man wieder von neuem beginnen. Im Umkleideraum herrscht reger Betrieb. Es wird viel Palmwein konsumiert, und Upasena Gurunnanse ist daran, sich als *Mahāsohona–Yaka* zu verkleiden.

Die *Kavi* (mythische Verse) werden wieder rezitiert, die Tänzer gehen zu den *Yaka*–Altären hin und wieder zurück. Der *Īgaha* (Dämonenzepter) ist jetzt in der Hand des begabten Assistenten. Die Patientin ist noch immer im Schoss der Mutter verkrochen. Die Schwester gibt ihr ein Glas Wasser, das sie trinkt. Sie wird mit dem *Īgaha* aufgefordert aufzuschauen. Sie weint. Der begabte Assistent verlangt von ihr das rote Tuch. Sie gibt es ihm und weint in das weisse Tuch, das immer noch dortliegt. Bei einem nächsten *Yaka*–Tanz hält sie sich die Ohren zu. Sie verbirgt ihren Widerwillen nicht. Als der Assistent mit dem Hahn über ihren Kopf streicht, macht sie nachher eine Bewegung mit der Hand, als wolle sie die Berührung abwischen. Der Tanz der *Yakas* wird abgeschlossen mit mehreren Feuerwolken am Altar.

Wieder eine kurze Pause. Die Patientin hat sich aufgerichtet vom Schoss der Mutter und sitzt neben der Schwester, an einen Pfosten gelehnt. Dann geht sie ins Haus und kommt zurück mit geflochtenen Zöpfen.

Es wird wieder getrommelt. Nach dem Rezitieren einiger Verse, erscheint nun der Gurunnanse als *Mahāsohona–Yaka*. Er trägt einen langen roten Rock. Sein Gesicht ist schwarz angestrichen, zwischen den Zähnen hält er eine Fackel, die an beiden Enden brennt, und auf dem Kopf trägt er einen Kopfschmuck. Die Patientin schaut weg, dreht sich um und lächelt mir scheu zu. *Mahāsohona* torkelt mehr, als dass er tanzt. Er geht um das *Yakunta Yahana* (Dämonenein und –ausgang) herum. Dann geht er zur Patientin und zieht sie an der Hand von ihrer Matte hoch. Sie sträubt sich und weint. *Mahāsohona* lässt sie los und geht in Richtung Dschungel. Dann kommt er zurück, nimmt die Patientin an der Hand und zieht sie mit sich fort. Sie folgt widerstrebend. Zurück auf der Tanzarena, wird sie von *Putā* belästigt, der sie mit der Fackel „anzündet". Sie ergreift die Fackel und fängt an zu tanzen. Freiwillig folgt sie dem *Mahāsohona* nochmals in den Dschungel. Nach einer Weile kommen sie wieder zurück.

Die Patientin ist gelöst, fast übermütig. Sie „fackelt" *Putā* an und tanzt mit dem Hahn in der Hand. *Mahāsohona* führt sie mit dem *Īgaha* an, halb drohend, halb verführend.

Nach einer Weile setzt sie sich auf die Matte zusammen mit dem Hahn. *Mahāsohona* spricht kurz mit den Assistenten, und diese beginnen mit dem Rezitieren eines neuen *Kavis*. *Mahāsohona* streckt der Patientin die Zunge heraus und hält sich den *Īgaha* unter den dicken Bauch. Der Patientin wird das rote Tuch wieder umgebunden. Einer ihrer Zöpfe ist schon offen, der andere wird ihr von einem Assistenten aufgeflochten. Sie wippt hin und her zum Schlag der Trommeln. *Mahāsohona* züngelt. Dann fordert er sie zum tanzen auf. Sie durchqueren tanzend das *Yakunta Yahana* und tanzen dann zusammen. *Mahāsohona* wirft eine Matte auf das *Yahana*. Dann nimmt er den Hahn aus der Hand der Patientin und schmeisst ihn hoch auf die Matte. Er tanzt torkelnd wieder zu der Arena. Er ist wirklich gestört und unberechenbar in seinen Bewegungen. Ein kleines Mädchen, das neben mir steht, fängt jedesmal, wenn er an uns vorbeischwankt, vor Angst und Aufregung zu weinen an.

Dann klettert *Mahāsohona* selber auf das *Yakunta Yahana*. Es ist eine wackelige Angelegenheit. Er legt sich umständlich auf die Matte und sendet nach allen vier Richtungen eine Feuerwolke. Die Patientin tanzt währenddessen ununterbrochen zwischen den fünf Pfosten des *Yahana* hindurch. Es sieht so aus, als befände sie sich in einem Labyrinth. *Mahāsohona* oben auf dem *Yahana* liegend verlangt nach Limonen *(dehi)*. Er zerschneidet sie mit einem Betelnussknacker *(gire)*, sich in alle vier Richtungen hinlegend. Dann richtet er sich auf und steht, den Nacken des Hahns im Mund. Es sieht furchterregend aus.

Dann bringt *Mahāsohona* das ganze *Yakunta Yahana* ins Schwanken. Es neigt sich bedenklich weit von einer Seite zur anderen. *Mahāsohona* legt sich wieder hin, ohne mit dem Rütteln aufzuhören. Unermüdlich tanzt die Patientin währenddessen zwischen den hin– und herschwankenden Stützpfosten des *Yahana* und verliert dabei manchmal fast das Gleichgewicht. *Mahāsohona* steht auf und ruft den Assistenten etwas zu. Darauf kommen zwei mit zwei Reisstampfer *(molgaha)*, die sie auf den Schultern tragen, so dass es wie ein Barren aussieht. *Mahāsohona* ruft noch etwas aus und legt sich dann quer auf den Barren. Sein Kopf hängt hinunter, er ist ohnmächtig.

Da ertönt plötzlich ein gellender Schrei. Die Mutter, sitzend an die Hauswand angelehnt, schleudert Kopf und Arme hin und her. Sie ist vom *Bhūta* befallen. Der 1. Assistent spricht ein *Mantra* und bläst dem *Mahāsohona* ins Gesicht. Sofort kommt Upasena Gurunnanse zu sich und erhebt sich von seinem Barren. Er sagt zur Mutter mit erhobenem Finger: „*Api katākaranava!* (wir sprechen noch miteinander!)" und verschwindet ins Haus. Die Patientin hat sich in der Zwischenzeit auf die Matte gesetzt. Sie ist ganz benommen.

Der Gurunnanse kommt zurück, wieder in seiner Heilerkleidung. Er nimmt das Dämonenzepter und die Mutter an die Hand. Sie sträubt sich, redet halb schreiend und macht unbeholfene Tanzbewegungen. Upasena Gurunnanse stellt ihr Fragen und zwingt sie auf die Knie vor dem Götteraltar. Dann reisst er sie wieder auf und legt ihr eine brennende Fackel in die Handfläche. Sie scheint nichts zu spüren. Dann fuchtelt er mit der Fackel vor ihrem Gesicht herum und fängt an zu tanzen.

Die Patientin hat sich unterdessen flach auf ihre Matte gelegt. Die Mutter benimmt sich hysterisch und bekommt Schläge mit dem Dämonenzepter. Da richtet sich die Patientin auf und beginnt von sich aus zu tanzen. Sie mischt sich unter die Tänzer. Upasena Gurunnanse spricht weiter mit dem *Bhūta* ihrer Mutter. Vor dem Götteraltar kniend verspricht der *Bhūta* wieder zu gehen.

Die Patientin tanzt jetzt mit dem Bruder von *Putā*. Er ist hübsch. Sie hat einen Büschel Arekanussblüten in der Hand und streicht damit dem Tänzer über den Arm. Der Tänzer wird wütend und schimpft mit ihr. Unberührt fragt sie darauf den Gurunnanse um Feuer. Sie erhält von ihm eine Fackel. Das Paar fährt fort zu tanzen. Sie spielt mit dem Feuer, „zündet" ihn an, provoziert ihn, lässt ihre Erotik spielen. Er hält es nicht aus, wird wütend und brennt sie hinterhältig von hinten unter den Armen. Da dreht sie sich um, ebenfalls gereizt, und hält ihre Fackel dem Tänzer an die bare Brust. Der Eklat ist komplett. Der Tänzer springt zurück, beschimpft sie und beklagt sich bei Upasena Gurunnanse. Gleichzeitig wirft sich die Patientin dem Gurunnanse ehrerbietig *(vandinava)* vor die Füsse. Upasena Gurunnanse weist den Tänzer zurecht und schickt ihn kurzerhand ins Haus. Der Tänzer ist beleidigt und ruft im Hauseingang wütend etwas in Richtung des Gurunnanse. Die Patientin kniet erneut vor Upasena Gurunnanse nieder, steht wieder auf und tanzt dann selbstzufrieden alleine weiter.

Dann lässt Upasena Gurunnanse Mutter und Tochter vor den Götteraltar niederknien, und beide *Bhūtas* geloben und versichern, dass sie gehen werden. Dann legen sich die beiden Patientinnen auf die Matte. Upasena Gurunnanse fordert Cousine und Bruder auf, den beiden ihre Unterstützung zu geben.

Etwa um halb vier Uhr Morgens folgt eine lange Pause mit Tee und Diskussionen. Mirko drückt seinen Gefallen aus gegenüber Upasena Gurunnanse und sagt, dass er viele Schwierigkeiten gemeistert habe. Upasena Gurunnanse gibt schmunzelnd zur Antwort, dass es die Eigenschaft der *Bhūtas* und *Yakas* sei, Schwierigkeiten zu machen. Alle Assistenten stehen um uns herum, um das Gespräch mitzuverfolgen. Auch der disqualifizierte Tänzer erscheint. Mirko stellt ihn mir vor, und ich erhalte so die Gelegenheit, ihm ein Kompliment zu machen, wie gut er tanze. Ich wollte ihn ein wenig rehabilitieren. Er lächelt unsicher. Da mischt sich der 1. Assistent ein und zeigt uns seine Schwielen an den Händen, die er vom vielen Trommeln hat. Ich gehe ein wenig mit der Patientin sprechen. Sie benimmt sich wieder ganz normal.

Wieder fangen die Trommeln und das Singen an. Die Pause ist vorbei. Die Patientin hat sich die Haare zu einem Knoten gebunden. Sie sitzt da mit gefalteten Händen und lauscht andächtig. Die Mutter sitzt eher teilnahmslos daneben.

Zwei Heiler malen während des Tanzens sieben Linien in den Sand am Boden. Sie deuten die sieben Schritte des Buddha an. Die anderen Assistenten kommentieren singend ihre Vorgehensweisen. Es ist ein Frage- und Antwortspiel, und der Chorus bekräftigt nochmals die Antwort, damit man es sich besser einprägen kann. Das Unheimliche und Bedrohliche hat nun plötzlich einer durchsichtigen, gelehrsamen und humoristischen Atmosphäre Platz gemacht. Die Tänzer machen Witze und bringen die Patientin und das Publikum zum Lachen.

Zu jeder der sieben Linien wird der Anfangsbuchstabe eines *Mantras* (Zauberformel) gezeichnet. Zuerst werden die kleinen Lotusblumenkonstruktionen auf die Linien gelegt. Dann wird in jede Konstruktion ein Betelblatt gelegt, dann eine Münze. Dabei fallen weitere Sprüche und Scherze. Mit dem Ernst ist es vorbei. Die Patientin lacht. Dann werden Öllampen in die Konstruktionen gelegt. Der Tänzer hält das brennende Licht an den Kopf der Patientin, auf die Schulter, und macht dann abstreichende Bewegungen zu den Füssen der Patientin hin. Dann legt er je eine Limone in die Konstruktionen. Unaufhörlich wird gewitzelt. Der Bruder von *Putā*, der Tänzer, mit dem die Patientin vorher in Streit geraten ist, sitzt nun versöhnlich neben ihr auf der Matte. Sie wird aufgefordert, mit dem Betelnussknacker *(gire)* eine abstreifende Bewegung von ihrem Kopf zu den Füssen zu machen. Es folgen erneut Witze. Bereits sitzt ein weiterer Tänzer auf der Matte der Patientin.

Sie wird nun aufgefordert, aufzustehen und mit gefalteten Händen den ersten Schritt des Buddha zu machen, indem sie auf die erste der sieben Linien tritt. Dann wird sie angeleitet, die Limone aus der Konstruktion zu nehmen und dem 1. Assistenten zu reichen. Dieser hält die Limone, im Betelnussknacker eingeklemmt, an ihre Stirn, spricht ein *Mantra* und schneidet die Limone entzwei. Die beiden Hälften werden in ein bereitgestelltes Becken, gefüllt mit Wasser, geworfen. Dieses Vorgehen wird bei jedem Schritt wiederholt. Nach dem Zerschneiden der letzten Limone, zeigt uns der 1. Assistent das Wasserbecken. Zwei Limonenhälften schwimmen oben auf. Das sei der Beweis, dass gegen die Patientin auch schwarze Magie verübt worden sei.

Die Patientin setzt sich wieder auf die Matte zu ihrer Mutter, aber nicht bevor erneut einige Scherze gefallen sind. Sie ist nämlich wie angenagelt mit gefalteten Händen auf dem letzten Strich stehengeblieben und hat gefragt, wohin sie denn nun gehen soll.

Als nächstes wird das *Ata Maŋgala*, das Haus der Patientin, eingeweiht mit *Dummala*–Rauchwolken. Die Patientin macht sich zurecht, bringt ihr farbiges Tuch in Ordnung. Ein Assistent legt eine Matte auf den Boden des Hauses und öffnet die Tür. Die Patientin kriecht hinein und setzt sich mit gefalteten Händen. Der Bruder von *Putā* hat sich zurückgezogen. Auch Upasena Gurunnanse haben wir seit der grossen Pause nicht mehr gesehen.

Der 1. Assistent, zusammen mit *Putā* und dem anderen Heiler mit Schnauz als Trommler, haben das Vorgehen fest in der Hand. Sie reichen der Patientin das weisse Leintuch, und sie hüllt sich darin ein. Dann wird ihr unter erneuten Scherzen die Krone auf den Kopf gesetzt. Mit den Kürbisstauden werden ihr die Hände zusammengebunden. Der 1. Assistent predigt während der ganzen Zeit singend auf sie ein mit erhobenem Finger und macht sich darauf über sein eigenes Predigen lustig. Dann wird die Krone zerschnitten, die Fesseln durchtrennt und schliesslich in einer Art Säbeltanz das ganze Haus um die sitzende Patientin herum mit grossen Buschmessern niedergehackt. Upasena Gurunnanse tritt wieder aus dem Haus auf die Arena. Anschliessend zerhacken zwei Assistenten tanzend auch das *Yakunta Yahana*. Der Kommunikationsweg zu den *Yakas* ist unterbrochen. Es ist fünf Uhr Morgens.

Der 1. Assistent macht sich bereit für *Samayama*, das Aufsichnehmen der dämonischen Kräfte. Er bittet den Gurunnanse um
Varam (Erlaubnis), das *Samayama* und das Zerschneiden der schwarzen Magie von *Hūniyam-Yaka* durchzuführen. Er macht *Vandinava*
(Ehrerbietung durch Verbeugen) gegenüber dem Buddha, den Göttern
und seinem Lehrer, dem Upasena Gurunnanse. Darauf legt er sich auf
eine Matte und deckt sich mit dem roten Tuch zu. Sowohl der *Yaka*-
als auch der *Preta–Bhūta*-Altar werden auf seinen Bauch gestellt
und der Hahn zu seinen Füssen gelegt. Die anderen Assistenten
geben ihm den mit *Mantra* bekritzelten Aschkürbis auf die Brust. Sie
schneiden den Kürbis mit einem Buschmesser an und geben dem
1. Assistenten den Griff des Messers in die Hand. Der Gurunnanse
bindet einen Faden an den Griff des Messers und teilt ihn in vier
Teile. Die Patientin, ihre Mutter, Bruder und Schwester bekommen je
ein Ende der Schnur in die Hand. Ein *Kavi* wird rezitiert. Der
1. Assistent spricht ein *Mantra* und drückt den Griff des Messers
nieder, um den Kürbis zu zerschneiden. Er fängt dabei an zu zittern,
und schliesslich wird sein ganzer Körper von Zuckungen geschüttelt.
Mit gemeinsamer Kraft entreissen ihm die Assistenten nach dem
Schnitt das Messer. Dann wird er aufgerichtet. Seine Glieder sind
ganz steif und er ist ohne Bewusstsein. Die Assistenten sprenkeln
ihm mit *Mantra* besprochenes Wasser ins Gesicht und biegen ihm,
nachdem er wieder zu sich gekommen ist, jedes einzelne Glied.

Es kommt mir vor, wie wenn ein reflektierendes Nacherleben des
vorherigen, problematischen Geschehens angeboten würde, als die
Trommeln nun wieder den Rhythmus des *Yakas* anschlagen. Nochmals löst sich die Patientin die Haare, das rote Tuch wird um sie
gebunden, und sie beginnt zu tanzen. Dabei wird sie halb herumge-
stossen und –gezerrt vom 1. Assistenten, der die beiden Enden des
roten Tuchs hält. Der Patientin ist es nicht mehr ums tanzen. Doch
nochmals kriecht der *Bhūta* im Körper der Patientin auf den Knien
dem Dämonenzepter *(īgaha)* nach. Danach wird er von den Tänzern
geneckt und ausgelacht. Schliesslich kniet der *Bhūta* vor dem Götteraltar nieder und legt einen Schwur ab, dass er nun für immer gehen
werde. Der 1. Assistent wickelt eine Haarsträhne der Patientin um
den *Īgaha*. Und dann ertönt aus dem Mund der Patientin dreimal ein
lautes „Huuhh!". Der Patientin wird das rote Tuch abgenommen und
sie wird zur Matte geführt. Sie weint. Die beiden Altäre der *Yakas*
und des *Preta–Bhūta* werden weggetragen und von einem Felsen
hinunter ins Wasser geworfen.

Das Morgengrauen ist unterdessen schon vorangeschritten. Die Zuschauerreihen haben sich gelichtet. Auch Gunadasa hat sich schon von uns verabschiedet. Er musste auf den Bus, damit er bei unsern Nachbarn rechtzeitig seinen Dienst antreten kann.

Es folgt der Tanz der Kokosnussblüten, von *Putā* getanzt. Die Kokosnussblüten sehen aus wie riesige Ähren, vollgespickt mit Körnern, die während dem Tanzen herausgeschüttelt werden und herumfliegen. *Putā* hat in jeder Hand einen Blütenbüschel und schlägt sich damit von vorne auf den Kopf. Er tut dies mit einer solchen Wucht, dass es ihn in einem normalen Zustand sehr geschmerzt hätte. Er bekommt am Ende des Tanzes den *Deviyange Varam* (Gnade der Götter) und fällt steif hin. Upasena Gurunnanse und der 1. Assistent fangen ihn auf, blasen ihm ins Gesicht und sprechen ein *Mantra*. Nachher schlägt Upasena Gurunnanse mit schelmischer Miene andeutungsweise die Kokosnussblüten der Patientin auf den Kopf. Sie neigt den Kopf und blinzelt ihn scheu an. Wie jeder normale Mensch würde sie Schmerzen empfinden ob dem Schlag. Der *Bhūta* ist gegangen.

Es wird eine kurze, klassische *Ves*–Tanz–Einlage geboten. Der Patientin werden Betelblätter mit Münzen in die Hand gelegt. Nach dem Tanz übergibt sie den Tänzern diese verdiente Belohnung.

Nochmals gehen die Tänzer singend zum Götteraltar hin und zurück. Die Götter werden verabschiedet. Zuletzt rezitieren sie die *Mangala–Sutta*, eine kanonische Lehrrede für den Segen im Alltag, stehend, mit gefalteten Händen. Dann machen sie *Vandinava* gegenüber dem Gurunnanse und voreinander und auch vor uns. Die Patientin und ihre Mutter verbeugen sich ebenfalls tief vor Upasena Gurunnanse und vor uns.

Dann herrscht eine aufgeräumte Stimmung. Es ist halb acht Uhr. Die Frau von Upasena Gurunnanse ist schon kräftig am Wischen des Platzes. Die Patientin, ihre Familienangehörigen und die letzten Zuschauer machen sich langsam auf den Heimweg. Nach einer letzten Zigarette mit Upasena Gurunnanse — wir drücken erneut unsere Bewunderung für seine Leistungen aus — begeben auch wir uns nach Hause. Ich spüre absolut keine Müdigkeit, vielmehr bin ich angenehm angeregt. Erst als ich mich zu Hause aufs Bett lege, meldet sich das Schlafbedürfnis.

Nachbesprechung

Erst ein Jahr später plane ich einen Besuch bei Sita. Ich frage Upasena Gurunnanse, ob er nichts dagegen habe, wenn ich Sita besuchen gehe, um mit ihr über ihre Krankheit und Heilung zu sprechen. Gurunnanse wäre gerne mitgekommen, doch akzeptiert er dann meine Argumentation, dass die ehemalige Patientin meine Fragen in seiner Anwesenheit eventuell anders beantworten würde.

Ich fahre mit Laxman, meinem Assistenten und Informanten, zum Haus der ehemaligen Patientin, nachdem wir unseren Besuch brieflich angekündigt haben. Sita wohnt in einer abgelegenen Dorfgegend mit schlechten Zufahrtsstrassen. Vor dem Haus empfängt uns lächelnd die jüngere Cousine, die auch am Tovil anwesend war. Sie führt uns in ein Haus, das eingekeilt zwischen anderen steht. Drinnen werden wir gebeten uns zu setzen. Der ältere Bruder und Hausvorstand komme bald. Zahlreiche Familienangehörige stehen staunend um uns herum. Bald darauf erscheint die Mutter und begrüsst mich ebenfalls lächelnd. Dann kommt auch Sita. Sie fragt als erstes, wieso Upasena Gurunnanse nicht gekommen sei und ist sichtlich enttäuscht, dass wir ihn nicht mitgebracht haben. Ich bemerke, dass es nun schon ein Jahr her sei seit dem Tovil. Da sagt Sita wie aus einer Pistole geschossen, dass sie heute nicht mehr am Leben wäre, wenn nicht Gurunnanse diesen Tovil für sie abgehalten hätte. Die Mutter nickt bedeutungsvoll.

Jetzt kommt der Bruder, der Onkel und noch ein männliches Mitglied der Familie. Sie setzen sich zu uns. Die anderen bleiben stehen, ausser der alten Mutter, die sich nach einer Weile im Hintergrund auf einen Stuhl setzt. Es wird mir auch noch die ältere Schwester vorgestellt. Sie sieht alt und abgelebt aus und hat wohl dieselbe Augenkrankheit wie die Mutter, vermutlich einen Star. Das Gespräch plätschert dahin, indem man sich gegenseitig vorstellt und über seine Berufs- und Familienverhältnisse berichtet. Weitere Familienmitglieder werden vorgeführt. Im Mittelpunkt steht ein zweijähriges Mädchen, der jüngste Sprössling der Familie. Sita beteiligt sich am Gespräch, ist sehr lebhaft und gar nicht etwa scheu. Sie ist zweiundreissig Jahre alt (und nicht zweiundzwanzig, wie mir Upasena Gurunnanse sagte). Sie hört mit weit offenen Augen zu, als Laxman mit den anderen Männern anfängt, über ihre Krankengeschichte zu sprechen. Die Mutter sitzt fast regungslos, manchmal mit geschlossenen Augen, und gibt so ihre Bemerkungen zur Diskussion. Ich frage die Brüder, ob sie mit Sita über den Tovil gesprochen hätten, darüber, was sie erlebt habe. Nein, die Mutter und Sita hätten keine Ahnung, was ihnen geschehen sei. Sita bemerkt, der Bruder, der Onkel und die Cousine, die am Tovil anwesend gewesen seien, die wüssten schon Bescheid.

Laxman übernimmt nach meinen Anweisungen das Gespräch mit den Männern, ohne mir mehr mit Übersetzen zu helfen. Er richtet sich jedoch zuerst an die Mutter:

Laxman: Wie lange sind sie von diesem Wesen besessen gewesen?

Mutter: Ungefähr zehn Jahre.

Laxman: Zehn Jahre? Du meine Güte!

Mutter: Ich war die erste, die unter den Einfluss dieses Wesens kam. Als nächstes kam es über meine Tochter.

Laxman: Wie hat sich das denn auf Sie ausgewirkt? Waren Sie während diesen zehn Jahren ununterbrochen krank, oder wie?

Mutter: Nein, nicht ununterbrochen. Von Zeit zu Zeit war ich beeinträchtigt. Und, sobald es von mir weg war, wurde meine Tochter krank. Wenn sie in Ordnung war, dann wurde ich wieder krank. So hat sich das fortgesetzt.

Laxman: Was denken Sie, warum Sita besessen wurde? Wie konnte es geschehen?

Bruder: Unsere Grossmutter mütterlicherseits lag todkrank in ihrem Bett. Sie war lange Zeit schwer krank. Währenddessen war meine Mutter auch krank und lag im Spital in Kandy. Sie wissen sicher, wenn Leute sterben, die ihre Verwandten zu sehr lieben, werden sie als *Preta* (Ahnengeist) oder als *Yaka* (Dämon) wiedergeboren und belästigen die geliebten Hinterbliebenen. Einige sterben auch in Ärger und Zorn über ihre Familie. Unsere Grossmutter konnte, als sie krank war, nicht mehr richtig essen und trinken. Das heisst, ihr Geist war anderen Menschen gegenüber nicht wohlgesinnt. Zuletzt starb sie und hat „huuhh!" geschrien (Schrei eines *Bhūta*).

Laxman: Sie meinen also, Ihre Grossmutter sei als bösartiges Wesen wiedergeboren und habe Krankheit über ihre Mutter und Schwester gebracht.

Bruder: Ja.

Laxman: Was war denn das für eine Krankheit?

Bruder: Sie haben das Gedächtnis verloren, waren schmutzig, mit zerzausten Haaren und so weiter. Und sie sprachen lauter Unsinn.

Laxman: Wie kam es, dass Sie zu Upasena Gurunnanse gingen?

Mutter: Die Behandlungen aller anderen Gurunnanses hatten nichts genützt. Dann gingen wir zu ihm.

Laxman: Nein, ich meine, wie haben Sie ihn kennengelernt?

Bruder: Wenn ein Patient besessen ist, kann er normalerweise sagen, von welchem Gurunnanse er am besten behandelt werden kann. Als meine Schwester besessen war, hat sie den Namen des Gurunnanse genannt, zu dem wir sie bringen müssen. So haben wir ihn kennengelernt.

Laxman: Und zuvor haben Sie nicht einmal von ihm gehört?

Mutter: Nein.

Laxman: Und dann wurde Sita also geheilt mit dem Tovil von Upasena Gurunnanse.

Sita: Nein, der letzte Tovil war der zweite. Der erste Tovil hat nicht ganz funktioniert.

Laxman: Warum?

Bruder: Meine Schwester hatte zwei Einflüsse auf einmal: sie war besessen vom *Preta*, und dann war da noch eine schwarze Magie, die jemand gegen sie verübt hat. Beim ersten Tovil war sich Gurunnanse nur über den *Preta*–Einfluss bewusst und hat den Tovil dementsprechend abgehalten. Danach hat es aber wieder angefangen: als Auswirkung der schwarzen Magie kam der Einfluss der *Kali Yakshani* (Schwarze Dämonin) über meine Schwester.

Mutter: Als der erste Tovil nicht geholfen hatte, gingen wir zu einem berühmten Ort, wo sie *Shāstra* (Wahrsagung) machen. Dort erfuhren wir über beide krankmachenden Einflüsse und deren Gründe. Es wurden uns auch die Namen der Leute genannt, die die schwarze Magie gegen uns ausgeführt hatten. Später gingen wir wieder zu Upasena Gurunnanse, und der führte den letzten Tovil gegen beide Einflüsse durch. Seither hatten wir keine Probleme mehr.

Laxman: Sie sagten, Sita sei unter dem Einfluss der *Kali Yakshani* gestanden als Resultat der schwarzen Magie. Kam ihnen nicht die Idee, diesen Einfluss besser zu behalten? Ich habe nämlich über ein paar Frauen gehört, die *Disti* (Kontakt) hatten von *Kali*. Das hat ihnen die Macht gegeben *Shāstra* (Wahrsagung) zu machen. Vielleicht wäre das auch für Sie von Vorteil gewesen.

Bruder: Was Sie da erzählen, ist eine andere Sache. *Kali* hat zwei Erscheinungen. Die eine nennt man *Kali Amma* (Mutter), und die andere ist *Kali Yakshani* (Dämonin). Meine Schwester war besessen von *Kali Yakshani*, was für sie schädlich war.

Mutter: Wenn der letzte Tovil nicht funktioniert hätte, dann wäre jemand von unserer Familie als Opfer genommen worden!

Bruder: Wie Sie gesagt haben, wenn jemand *Disti* hat von *Kali Amma* oder sonst einem Gott, dann geht er zu dem entsprechenden *Devāle* (Göttertempel) und bittet bei der Gottheit um *Varam* (Erlaubnis), um mit seiner Besessenheit weiterzufahren. Sie wird dann verbessert. Wenn es *Disti* der *Kali Amma* ist, gehen sie zum *Munneshvaram Devāle* in Halawatha. Aber, natürlich, es ist auch wie eine Krankheit, ja, es ist eine Krankheit.

Laxman: Wieso meinen Sie?

Bruder: Solche Leute haben keine Freiheit mehr und müssen sich dauernd nur noch dieser einen Sache widmen. Und auf der anderen Seite, können Sie nicht sehen, wie sie tanzen und sich winden? Ist das etwa nicht wie eine Krankheit?

Laxman: Glauben Sie, Sita, dass keine solchen Einflüsse mehr über Ihre Familie kommen werden?

Sita: Nein, sie sind alle beseitigt worden für immer! So wie es war, werden wir nie mehr besessen werden!

Wir bekommen zum Schluss selbstgebackenes Gebäck und Tee. Ich überreiche Sita eine Dose Süssigkeiten und erhalte vom Onkel eine Flasche mit Palmhonig. Dann verabschieden wir uns. Die Atmosphäre war herzlich und offen.

9.2 Die Tovil–Kurzversion für Simon

Vorgeschichte

Ich sehe Simon zum ersten Mal, als uns Freunde ein leerstehendes Haus zeigen, das wir eventuell mieten könnten. Er ist ein kleiner, älterer Mann, zirka sechzig Jahre alt, hat kaum mehr Haare und Zähne, doch ist sein Körper kräftig gebaut und gar nicht etwa mager. Sein Gesicht trägt kindliche Züge, was mich ein wenig rührt. Simon ist vom Bruder des Hausbesitzers beauftragt worden, das heruntergekommene Haus und den überwuchernden Garten in Ordnung zu bringen. Die Hausbesitzer, die im Ausland wohnen, wollen ihrem Haus demnächst einen Ferienbesuch abstatten.

Bei diesem Ferienbesuch treffen wir die Besitzer und schliessen mit ihnen einen Mietvertrag ab. Kurz darauf ziehen wir ins Haus ein. Die Hausbesitzer haben uns gebeten, Simon, der in einem kleinen Anbau mit separatem Eingang wohnt, ab und zu Aufträge zu geben. Sie hätten beschlossen, ihn weiterhin zu ihrem Grundbesitz schauen zu lassen. Ob wir einverstanden seien, einen Drittel seines Salärs zu übernehmen. Schliesslich könne er im Garten helfen und bei unserer Abwesenheit das Haus bewachen. Letzteres sei ihnen ein besonderes Anliegen, hätten doch erst kürzlich Nachbarn einige Möbel aus dem Haus gestohlen. Simon habe die Diebe gestellt. Die Möbel seien wieder zurück, und sie hätten auf eine Anzeige bei der Polizei verzichtet.

Am Tag unseres Einzugs hilft Simon beim Ausladen und Einräumen unseres bescheidenen Hausrats. Ich bemerke, dass ich mir ihm gegenüber fast wie ein Eindringling vorkomme. Immerhin, so stelle ich mir vor, konnte er bisher über den schönen Garten und dessen Früchte frei verfügen. Ich denke, es ist für ihn bestimmt nicht einfach, jetzt plötzlich ein paar Ausländer vor die Nase gesetzt zu bekommen. Gleichzeitig fällt mir ein, dass meine Einschätzung seiner Lage wohl völlig inadäquat ist. Simon war sein Leben lang Diener und erwartet sicher nichts anderes, als dass auch wir ihm Befehle erteilen.

Ich bin nett zu Simon, fühle mich verantwortlich für sein Wohl. Wir stellen ihm ein Bett in sein Zimmer — er hat zuvor auf einer Strohmatte geschlafen —, kaufen ihm Leintücher und ein Badetuch. Er ist sichtlich gerührt, doch sehe ich bald darauf die Wäsche nirgendwo mehr. Ich nehme an, dass er sie weiterverschenkt oder verkauft hat. Ich sage unserer Köchin, einer jungen Frau, die jeden Morgen kommt und uns Reis-und-Curry kocht, sie solle auch Simon mitberechnen. Ich möchte nicht, dass er sich, wie bisher, selber kocht, wenn es für mich so einfach ist ihn zu verpflegen.

Simon ist ein hervorragender Gärtner, und wir lassen ihm freie Hand. Ich denke, es ist ein Glück, dass er in unserer Nähe wohnt. Er kennt doch schon alle Nachbarn, kennt auch die Pflanzen und die Gefahren des Dschungels, der gerade hinter unserem Haus anfängt.

Der Waldeingang hinter dem Haus wird während des Tages bewacht von einem Wächter, weil dahinter ein Naturschutz- und Wassereinzugsgebiet anfängt. Das angrenzende Nachbarsgut ist unbewohnt und wird ebenfalls von einem Wächter bewacht. Diese beiden Wächter sind Simons Freunde. Er geht sie regelmässig besuchen. Gerade unterhalb unseres Gartens wohnt die vielköpfige Familie eines *Kattādiya* (Heiler, Trickster) in einer schäbigen Hütte. Einer von ihnen soll die Möbel gestohlen haben. Sonst haben wir keine direkten Nachbarn. Es ist ein einsamer Ort. Simon fährt ab und zu nach Colombo, holt den Lohn ab von seinem Herrn und besucht seine Schwester und ihr Kind. Er selber ist unverheiratet geblieben. Wenn er zurückkommt von Colombo ist er jeweils ziemlich betrunken und bringt allerlei Geschenke, zum Beispiel eine Seifenschale für die Köchin und manchmal ein paar Früchte für mich. Er redet mich als *Nona* (Frau, Hausherrin) an und meinen Mann als *Mahatteya* (Herr, Hausherr). Von der Köchin wünscht er sich *Uncle* (englisch: Onkel) genannt zu werden. Als „Uncle" ist er auch in der Nachbarschaft allgemein bekannt.

Simon arbeitet rasch, effizient und ein wenig erratisch, was ungewöhnlich ist für einen Sinhalesen. Viel hat er aber nicht zu tun, und so ist er oft in seinem Zimmer zurückgezogen oder bei seinen Wächter-Freunden. Er hat unsere Hündin sehr gerne, wäscht sie — zu ihrem Unbehagen — jeden Tag, und sie schläft am Fussende seines Betts. Simon eröffnet mir eines Abends, dass er in der Hündin seine verstorbene Mutter erkennt; ich bin ein wenig schockiert.

Störungen

Nach einigen Monaten geschehen erste merkwürdige Dinge. Eines Tages kommt die Köchin in mein Zimmer, bricht in Tränen aus und versichert mir grundlos, dass sie ein gutes und anständiges Mädchen sei. Ich fasse sie tröstend um die Schultern und sage ihr, dass ich daran keinen Zweifel hätte. Als sie sich beruhigt, erzählt sie mir, dass es böse Gerüchte gäbe über sie. Sie vermute, dass Simon schlecht über sie spräche. Er habe sie auch schon beschumpfen. Sie will mir nicht sagen, welche Wörter er gebraucht habe.

Ich konfrontiere Simon am nächsten Tag, und er wirft mir mit verächtlicher Miene hin, dass er die Köchin gesehen habe, wie sie sich von *Mahatteya* ein Pflaster um den Finger kleben liess, in den sie sich zuvor geschnitten hatte. Das gehöre sich nicht für ein anständiges Mädchen. Mir missfällt, wie sich Simon als moralische Instanz emporstilisiert in einer Sache, die ihn nicht betrifft. Dass er darüber auch Gerüchte verbreitet, bedeutet, dass er nicht davor zurückschreckt, unseren Ruf und den des Mädchens zu gefährden.

Es fällt mir in der Folge auf, dass uns die Mitglieder der *Kattādiya*–Familie demonstrativ nicht mehr grüssen, obwohl sie vor kurzem für eine Hochzeit in ihrem Haus Elektrizität von unserem Haus abzapfen konnten. Stutzig geworden frage ich unsere Freunde nach den kursierenden Gerüchten über uns. Einige geben verlegen zu, dass sie gehört hätten von einer Affäre meines Mannes mit der Köchin, dass sie es aber nicht glauben würden. Es falle ihnen auch auf, dass sich Simon ein wenig „bossig" benähme, wenn sie mit ihm sprächen. Zudem gäbe es auch Gerüchte über Simon. Er hätte noch vor unserem Einzug einen Buben in den Garten gelockt, ihm eine Birne versprochen und ihm dann die Hosen heruntergelassen. Die Eltern des Buben seien aufgebracht.

Meine Begeisterung für Simon lässt merklich nach. Ich beobachte öfters seine verächtliche Miene. Er sagt zum Beispiel dem Mann, der den Wasserzähler ablesen kommt, unnötigerweise, der Herr in diesem Haus sei gar nicht der richtige Herr. Der richtige Herr sei in Colombo.

Simon fängt an Geschäfte zu machen. Er verkauft Holz, das er im Garten geschnitten hat. Das Nachbarhaus wird renoviert. Amerikaner sollen dort bald einziehen und die hätten sehr viel Geld, sagt mir Simon bedeutungsvoll. Einige Tage später streicht er mit weisser

Kalkfarbe kleine Mäuerchen an, die er um die Blumenbeete gebaut hat. Als ich ihn frage, woher er die Farbe habe, gibt er zur Auskunft, im Nachbargut gäbe es jede Menge davon. Am nächsten Tag bittet er mich prompt um Geld für die Farbe. Der Wächter wolle es. Ich sage ihm, er solle mich nicht mehr in seine Diebstähle verwickeln.

Ich fühle mich mehr und mehr gefährdet durch Simons Machenschaften und Unloyalitäten. Ich denke, es wird Zeit, ihn zu seinem Meister nach Colombo zu schicken. Freunde warnen uns. Der Hausbesitzer mag mehr Interesse daran haben, einen schlauen, fähigen Gärtner statt ausländische Mieter in seinem Haus zu haben. Dann tut mir Simon auch leid. Der Wächter des Nachbarhauses wird abgerufen und erhält seine Pension. Simon ist alleine und fast jeden Abend betrunken. Ich rechne aus, wieviel Arrackflaschen er sich kaufen kann von dem monatlichen Lohn, von dem er sich nichts zum leben kaufen muss. Es ist eine ganze Menge.

Über Weihnacht–Neujahr fahren wir in die Ferien ans Meer. Am Neujahrsmorgen erhalten wir ein Telefon von einem Freund, der in der Nähe unseres Hauses wohnt. Simon sei gerade bei ihm. Er schlottere vor Angst. Es sei bei uns eingebrochen worden, wir sollen besser nach Hause kommen. Er werde unterdessen Simon zur Polizei schikken für einen Rapport. Sofort packen wir und fahren. Ein unerfreulicher Neujahrsbeginn!

Zu Hause ist alles so, wie wir es verlassen haben. Nichts fehlt, und nirgends sind Spuren eines Einbruchs zu sehen. Nur Simon sieht schlecht aus. Er spricht unzusammenhängend und ist offensichtlich verstört. Er sagt, er sei von Männern mit Gewehren überfallen worden. Er habe Angst. Er wolle heim nach Colombo.

Am nächsten Tag schlägt ihm mein Mann vor, er solle in Colombo seinem Herrn, dem Bruder unseres Hausbesitzers, genau schildern, was vorgefallen sei. Er werde dann telefonisch mit ihm sprechen. Ob Simon, wenn er zurückkomme, nicht einen Heiler aufsuchen wolle? Darauf sagt Simon, er wolle am liebsten sofort zu Upasena Gurunnanse gehen, den er bereits kennt von seinen Besuchen bei uns. Noch am selben Nachmittag fahren wir und der Nachbarsfreund, der uns telefonisch verständigte, mit Simon zu Upasena Gurunnanse. Dort berichtet Simon seine Geschichte.

Das Diagnosegespräch

Wir kommen mit Simon im Haus des Upasena Gurunnanse an. Die
Frau empfängt uns, der Gurunnanse kommt nach weiteren zwanzig
Minuten. Simon als Patient steht mit Betelblättern in der Hand. Upasena Gurunnanse wendet sich ihm zu. Wir stellen den Patienten vor
und sagen, dass er selber sein Problem erklären solle. Der Patient
geht nun auf Upasena Gurunnanse zu und überreicht die Betelblätter,
ohne sich jedoch zu verbeugen. Upasena Gurunnanse verbeugt sich
beim Entgegennehmen der Blätter.

Am Diagnosegespräch sind Upasena Gurunnanse, Simon und mein
Mann (Mirko) aktiv beteiligt. Der Freund aus der Nachbarschaft, bei
dem Simon Zuflucht gesucht hat, hilft mit übersetzen. Ich entschliesse
mich, möglichst unbeteiligt zu bleiben, damit ich den Gesprächsver-
lauf und das eventuell anschliessende Heilritual besser beobachten
kann. In der Folge gebe ich einige aufschlussreiche Ausschnitte aus
dem Gespräch wieder:

Simon: Am Abend drang ein Mann gewaltsam in meinen Raum
          ein mit einem Gewehr in der Hand. „Ich werde dir eine
          Lektion erteilen!" sagte er. Er öffnete die Tür und war
          plötzlich verschwunden. Die Zeit war ungefähr ... es war
          Nacht. Ich hatte Angst. Ich verliess das Haus und rannte
          mit dem Wächter davon. Es war ungefähr zwei Uhr nachts.
          Dann kam ich wieder zurück aus Angst, weil ich das Zim-
          mer verlassen hatte. Aber was, wenn auf mich geschossen
          worden wäre? Vielleicht, weil ich Alkohol getrunken hatte?
          Ich bin mit dem Wächter wieder zurückgekommen. Der
          Wächter schlief in meinem Bett, und ich setzte mich auf
          den Stuhl. Später kamen diese Leute mit Gewehren.

Upasena: Noch einmal?

Simon: Ja. Sie legten Bomben, und nachdem sie sie befestigt hat-
          ten, zündeten sie sie an. Aber keine der Bomben explodier-
          te. Drei Stück waren es.

Upasena: Hast du das wirklich gesehen?

Simon: Ja, ich bin gesessen, so (macht die Haltung vor). Es war
          unterdessen sechs Uhr.

Upasena: Abends?

Simon: Nein, am Morgen. Der Wächter sagte: „Komm nachschauen, ob jemand draussen ist. Die sind jetzt sicher gegangen." Es war genau fünf Minuten vor sechs. „Ich kann jetzt nicht rausgehen", sagte ich. Ich hatte Angst. Da nahm der Wächter das Buschmesser und ging hinaus. Sofort verschwanden diese Männer, die Männer, die mit Bomben und Gewehren gekommen waren, sie verschwanden.

Upasena: Hm, die Männer verschwanden.

Simon: Ich kenne diese Männer, und die Leute kenne ich auch. Ich weiss, wer sie sind. Sie sind nicht wirklich gegangen und versuchten unaufhörlich auf mich zu schiessen. Aber es funktionierte nicht. Dann streckte mir einer ein Bonbon und ein Stück Schockolade entgegen: „Nimms doch!" „Nein danke, nicht für mich! Gib es dem anderen da", sagte ich. Dann sagten sie: „Nimms jetzt, aber warte, bis ich mich zum Bett gedreht habe." Ich wusste genau, dass sie auf mich schiessen würden, wenn ich aufstehen würde um es zu nehmen. Also nahm ich es nicht. So ging es weiter. Als wir daran waren nach draussen zu gehen, um sechs Uhr, gingen sie weg. Ich hatte immer noch Angst. Einige gingen nach unten, die anderen nach drüben. „Da stimmt etwas nicht! Vielleicht wird uns von der Polizei eine Falle gestellt", sagte der andere (Wächter) und nahm diesen Weg zur Strasse. Ich nahm den anderen Weg. Wir vermuteten beide, dass die Männer weiter unten auf der Strasse warteten. Deshalb gingen wir wieder zurück zum Haus. Als wir ankamen, sassen zwei, drei Kerle im Zimmer. Einige rissen draussen Blumen aus. In dem Moment war diese Türe zu, aber die Türe an der Rückseite war offen. Dann sah ich, wie sich einer der Männer versteckte, um mich anzugreifen, so (macht die Geste vor). Da lief ich davon und ging sofort zu diesem Herrn (Nachbarsfreund), um ihm die Geschichte zu erzählen. Er hat mir dann geraten, zur Polizei zu gehen und eine Anzeige zu machen. Das tat ich auch. Seit jenem Vorfall passiert es mir, sagen wir, ich fühle: das da ist ein Mann (zeigt in eine Richtung). Und dann sehe ich ihn wirklich.

Upasena: Du meinst, diese Männer sind erneut aufgetaucht?

Simon: Nein, nein. Danach waren es keine solchen Männer mehr, sondern schöne Paläste, Prinzessinnen und Blumengärten.

Sobald ich mich ins Bett legte, sah ich diese Dinge, so dass ich nicht mehr schlafen konnte. Seit dem Vorfall kamen zwei Männer zum Haus und machten Klopfgeräusche. „Bitte, lassen Sie mich gehen heute, bevor neun Uhr", rief ich der *Nona* (Hausherrin). Ich konnte alles hören, was *Nona* sagte. Und auch, wo immer ich schlief, warf mir jemand Wasser an. Wo immer ich war im Hause, wurde mir Wasser angespritzt (mit beunruhigter Stimme).

Upasena: Wer spritzt Wasser?

Simon: Diese zwei Kerle.

Upasena: Waren sie zu sehen?

Simon: Ja.

Upasena: Hat *Nona* diese Leute auch gesehen?

Simon: (aufgebracht) Wahrscheinlich wusste *Nona* nicht einmal, was geschehen war!

Upasena: Genau das wollte ich wissen, genau das: für *Nona* sind sie also nicht sichtbar?

Simon: Nein.

Upasena: Das wollte ich eben wissen: sie sind also für dich sichtbar, nur du siehst diese Leute mit Gewehren, nicht wahr?

Simon: Ja.

Upasena: Und der Wächter, der mit dir zusammen war, hat er diese Leute auch gesehen?

Simon: Er sagt, er hätte sie auch gesehen. (Fährt weiter fort zu erzählen.)

Upasena: (unterbricht ihn) Nein, nein, ich will wissen …

Simon: (bedrängt) Vielleicht sah er sie auch.

Upasena: Ich will wissen: hat dieser Wächter auch gesehen, wie sie die Gewehre auf dich richteten?

Simon: Ja, er sagt, er habe sie gesehen. Ich nehme an, dass er sie gesehen hat. Aber er weiss nicht, wer sie sind.

Upasena: Gut, nehmen wir an, er weiss nicht, wer sie sind. Das ist in Ordnung. Weiss er aber, dass diese Männer gekommen sind?

Simon: Ja, er weiss es, er weiss es! Nach dem Vorfall kam er sogar zu mir, nahm mich und kontrollierte mit mir den Ort. Dann ging er. Dann kam er wieder zum Gatter. Ich sprach mit ihm, und erst dann ging er zurück.

Upasena: Abgesehen von diesem Vorfall — ist etwas aus dem Haus gestohlen worden?

Simon: Nein, nichts.

Upasena: Hm, das heisst, alle Dinge, die im Haus waren, sind jetzt immer noch dort?

Simon: Ja, alles ist noch dort.

Upasena: Aber, wenn eine Bande von Dieben eingebrochen hat, die hätten doch sicher etwas mitgenommen aus dem Haus?

Simon: Nach jenem Ereignis hatte ich Angst, den Mann wieder zu sehen.

Upasena: Siehst du ihn sogar jetzt?

Simon: Ja, auch jetzt kann man ihn sehen.

Upasena: Du kannst den Mann in dem Moment jetzt sehen?

Simon: Dann kamen sie und legten Bomben …

Upasena: Nein, nein, hör mir zu! Siehst du solche Dinge sogar jetzt? Ich weiss, dass es im Haus ist, wo du wohnst, dass du Leute mit Gewehren siehst, nicht wahr?

Simon: Ja, so sehe ich es. Ich sage ihm jeweils: …

Upasena: „Schiess bitte nicht auf mich!", nicht wahr?

Simon: Ja. Zu einem anderen Zeitpunkt, als ich am Gatter stand, sagte einer von denen, die mit Gewehren kommen: „Öffne das Gatter nur ein wenig. Wir können auch vom Eingang des Hauses aus auf dich schiessen, wenn wir wollen. Also, öffne, sonst gehen wir nicht weg." Der andere Wächter war bei mir und sagte zu ihnen: „Wir kommen nicht zu euch", um ihnen zu zeigen, dass ich nicht leichtfertig bin. Wenn nämlich die Polizei kommt und in dieser Angelegenheit Untersuchungen anstellt, und wenn sie die Hunde hierher bringen, dann werden wir auch zur Verantwortung gezogen.

Upasena: Du sagtest, du seist zur Polizei gegangen und hättest eine Anzeige gemacht. Kam die Polizei schon zum Haus um zu ermitteln?

Simon: Nein, nein, ich wusste ihre Namen nicht.

Upasena: Ob du die Namen weisst oder nicht, du könntest sie doch der Polizei zeigen, oder nicht?

Simon: Ja, ich könnte. Aber das alles ist nicht wahr!

Upasena: Das ist, was ich herausfinden will. Das ist, wieso wir die Sache zusammen anschauen. Nachdem du also die Anzeige bei der Polizei gemacht hast, kamen sie nicht, um den Vorfall zu überprüfen, nicht wahr?

Simon: Nein, sie kamen nicht. Sie wollten, dass ich ihnen die Namen der Männer nenne. Obwohl ich sie kenne, weiss ich aber nicht, wie sie heissen.

Upasena: Also, du erkennst die Männer, die das getan haben, nicht wahr? Wenn es nun aber Leute sind, die du kennst, die würden doch niemals so etwas tun, oder?

Simon: Doch, doch, da war so eine Sache … Sie hassen mich wegen einer bestimmten Angelegenheit. Ich glaube, dass sie es deshalb tun. Aber ich wundere mich, ob nicht jemand anderes das getan hat … Es hatte vier Löcher in der Wand. In jedem dieser Löcher sass jeweils ein Vogel und spritzte Wasser auf mich, so (spuckt), und tanzte dazu. Jetzt kommen zwei Männer und sagen: „Wir müssen diesen Mann schlagen, wir müssen Wasser über ihn giessen". Sie sagten es und warfen mir Wasser an. Sogar die Hündin schüttelte sich. „Zur Hölle!", sagte ich, „Lasst wenigstens den Hund schlafen!"

Upasena: War das Wasser sichtbar? Konntest du es sehen?

Simon: Zu dieser Zeit waren die Kleider ein wenig feucht.

Upasena: Aha, es war feucht bei diesem Vorfall.

Simon: Diese Vögel, die machten einen Krach: „Tschick… tschick …"

Upasena: Aha, diese Vögel!

Simon: Ich konnte das nicht glauben. Deshalb fragte ich *Mahatteya* (Hausherr), ob er nachschauen könnte, ob dort Vögel sind. Ich stellte die Leiter an zum hinaufklettern.

Upasena: (zu Mirko) Und, waren jene Vögel dort?

Mirko: Es hatte etwas, ich konnte nicht recht sehen was es war. Ich dachte, es seienTermiten.

Simon: Jedenfalls, ich sah dort Vögel, als ich zu Bett ging, und sie spritzten mir Wasser an.

Upasena: Ich möchte gerne wissen, ob du Träume hast.

Simon: Nein.

Upasena: Du hast keine Träume, und du siehst diese Dinge, wenn du wach bist. Ist es so?

Simon: Ja, aber es war zu bestimmten Zeiten, als ich es sah.

Upasena: Und du erkennst die Leute?

Simon: Sie kommen und verstecken sich, so (zeigt es vor). Wir waren dann zu viert, und ich sagte zu den anderen: „Seht, seht! Sie kommen um mich zu erschiessen!" „Es ist niemand da", sagten sie und gingen.

Upasena: Waren jene Leute denn wütend auf dich?

Simon: Ja, vor kurzem waren sie wütend auf mich.

Upasena: Hatten sie einmal etwas von dir gewollt?

Simon: Nein, erst von jenem Tag an fragte ich mich …

Upasena: Warum eine solche Sache passieren konnte, nicht wahr?

Simon: Ja, ja (mit gesenkter Stimme). Ich beobachtete sie, wie sie auf der Strasse gehen.

Upasena: Sprechen sie mit dir?

Simon: Nein, jetzt sprechen sie nicht mehr mit mir.

Upasena: Wegen welcher Sache ist es, dass sie nicht mehr mit dir sprechen?

Simon: Es ist, weil …

Upasena: (unterbricht) Wegen einer sehr persönlichen Sache, nicht wahr?

Simon: Ja.

Upasena: Aha, man spricht nicht mehr mit dir wegen einer persönlichen Sache.

Simon: Ja, er ist auch ein Gurunnanse!

Upasena: Ah, deshalb! Er ist auch ein Gurunnanse!

Simon: Diese Sache, die kam mir gestern in den Sinn: An jenen Tagen kam er gewöhnlich hier herüber und nahm sich eine Hand voll Jasminblüten.

Upasena: Da haben wir es! Angenommen eine Person möchte jemanden erschiessen, sie würde nicht so viel Zeit verschwenden, sich verstecken und herumspähen. Sie würde kommen, um dich zu erschiessen, würde es tun und gehen, nicht wahr? (lacht)

Simon: Aber es sind nicht jene Leute (des Gurunnanse), die zum Haus kommen. An jenem Morgen, bevor ich davonrannte, sah ich den Gurunnanse auf dem Weg gehen.

Upasena: Nein, nicht er ist zum Haus gekommen, nicht er! Stell dir vor, ich würde so mit einem Gewehr herumgehen, wie verdächtig das wäre! Schliesslich hat es im Haus von *Mahatteya* auch ein Telefon. Du hättest ohne weiteres der Polizei anrufen können. Und dann würde man auch nicht kommen und schiessen, wenn da noch ein anderer Wächter ist.

Simon: Es waren mehrere Leute mit dem Wächter und mir. Sogar dann sah ich sie.

Upasena: Hm, siehst du, sogar dann! Das ist ein Schaden, der dir angetan worden ist. Da der andere auch ein Gurunnanse ist, ist es eine andere Gestalt *(avatāraya)*, die er angenommen hat. Wenn dieser Mann wirklich hätte auf dich schiessen wollen, hätte er es getan.

Simon: Ich möchte noch etwas anderes sagen: Letzte Nacht hörte ich plötzlich jemanden in der Küche mit Wasser plätschern. Ich zündete das Licht an und dachte, wer könnte das sein. Da hörte ich jenen Mann sagen: „Dieser Simon, der wird um neun Uhr morgens gehen." Und ich hatte wirklich vor zu gehen! Und ich hörte ihn weiter sagen: „Der ist nicht gut. Schicken Sie ihn fort und ich bringe Ihnen einen Neuen. Der da ist alt und kann nicht mehr arbeiten." Das alles sagten sie zu *Mahatteya*. Danach fragte ich mich, welche Zeit es wohl gewesen war, als ich das gehört hatte. Nach einer Weile kam *Mahatteya* und sagte: „Komm am Morgen zu mir, ich will mit dir sprechen." Danach wurde mir klar, weshalb sie so gegen mich gesprochen hatten, und ich rief der *Nona: „Nona, Nona!",* rief ich laut. Aber *Nona* hörte nicht auf, mit ihnen zu sprechen.

Upasena: Hab keine Angst deswegen, hab keine Angst! Ist dein Haus in der Nähe von diesem Haus?

Simon: Nein, nein, ich bin von Colombo.

Upasena: Ich meine, wo du jetzt wohnst.

Simon: Der Gurunnanse lebt gerade nebenan.

Upasena: Tatsächlich? Lebt da wirklich ein Gurunnanse gerade nebenan?

Simon: Dieser Gurunnanse hat einen Garten, der gerade an jenes Haus angrenzt. Es gehört einem anderen Herrn. Und dieser Herr macht sich Sorgen, wie er sein Land von denen wieder zurückgewinnen kann. Der Gurunnanse hat zwanzig Kinder (verächtlich). Wir haben sicher keine Verbindung mit denen, nein, nein!

Mirko: (nach einer längeren Pause) Was kann man da nun machen?

Upasena: Gemäss unserem Wissen *(shāstra)*, und wie ich es verstehe, hat jemand ein *Nicakula–Bandanaya* (schwarze Magie, die das Opfer in Verrufung bringt) durchgeführt. Es wurde getan in der Absicht, ihn von diesem Ort wegzuhaben. Es ist möglich es zu entfernen.

Simon: Ich habe auch Bauchschmerzen und keinen Appetit.

Upasena: Das ist, weil dein Geist dauernd damit beschäftigt ist. Dein Geist ist gefangen in deinen Ansichten.

Simon: *Mahatteya* hat auch gefragt, ob ich nicht getrunken hätte.

Upasena: Ist es, dass du auch jetzt Leute mit Gewehren siehst, wenn du zum Haus kommst?

Simon: Manchmal höre ich, wie die Kerle mir „hallo!" zurufen. Einmal ging ich nachschauen und nahm meinen Reisteller mit. Ich war gerade am essen. Ich sah aber niemanden.

Upasena: Gut, ich werde dich gegen das behandeln. Und danach, wenn dieser Gurunnanse gegen dich ist und dich wegjagen will, werden wir auch dagegen etwas unternehmen. (zu Mirko und mir) Die Hauptsache ist nämlich der Geist des Patienten. Er muss seinen Geist kontrollieren können, gerade in diesem Fall. Wenn die gekommen wären um zu schiessen, wären sie nicht gegangen ohne es zu tun. Er hat ihnen wohl nicht eine so schwerwiegende Sache zugefügt.

Simon: Da ist noch eine Sache. Als *Mahatteya* und *Nona* fort
          waren, kam eine Schlange. Sie kam gegen meinen Raum.
          Die Katze war auch da und sah sie. Sie hatte Angst und
          machte ein Geräusch: „puss, puss, puss". Da kroch die
          Schlange in eine Ecke. Ich hatte mein Buschmesser bei mir,
          aber so konnte ich nicht zuschlagen. Ich beobachtete sie.
          Die Hündin kam auch hinzu, und die Katze hatte noch
          immer Angst. Da schlug ich plötzlich zu und schnitt den
          Körper der Schlange in der Mitte entzwei. Sie windete sich
          immer noch. Da schlug ich ihr mehrmals auf den Kopf mit
          einem Stück Holz. Dann legte ich die tote Schlange in
          einen Kübel und bewahrte ihn verschlossen draussen auf.
          Später sah ich den Stiefsohn des Gurunnanse die Strasse
          heraufkommen. Ich rief ihn und fragte ihn, was es für eine
          Schlange sei. „Mein Gott", sagte er, „das ist eine *Māpilā*
          (Giftschlange). Du musst sie verbrennen, sonst kommen
          noch mehr zum Haus." Ich verbrannte sie nicht, hielt aber
          den Kübel verschlossen. Am nächsten Morgen zeigte ich sie
          dem Wächter. „Mein Gott, vergrabe sie irgendwo. Wenn du
          gebissen worden wärest, wärest du jetzt tot!" sagte er. Ich
          verbrannte sie nicht, sondern warf sie einfach in den Wald.

Upasena: (zu Mirko und mir) Nun, so wie ich das verstehe, hat
          Simon wohl auch hier gedacht, es sei wegen dieser oder
          jenen Sache, dass ihm das mit der Schlange zugestossen
          sei. Sein schwacher Geist bewirkt diese Störungen in erster
          Linie. Er ist beeinträchtigt, weil er zu sehr über diese Leute
          nachdenkt. Zum Beispiel denkt er: „Eine Sache wie diese
          ist mir zugestossen, und der Grund dafür ist diese oder
          jene Sache." Oder er denkt: „Früher war es so und so, aber
          jetzt bereiten sie mir nur noch Schwierigkeiten". Das ist der
          Grund für die Krankheit. Es braucht auch wieder Energie
          im Geist des Patienten. (zu Simon) Sei nicht immer mit
          Angst! Wenn du so bist, wirst du es schwer finden zu
          leben.

Simon: Wenn *Mahatteya* irgendwo hingeht, habe ich jetzt Angst,
          alleine dort zu sein.

Das Käpavīma für Simon

Gleich an das Gespräch anschliessend finden erste Vorbereitungen für das Ritual statt. Upasena Gurunnanse holt Räucherstäbchen, ein Öllämpchen, Faden und andere Requisiten. Der Patient hält ein Ende der Schutzschnur und hilft, die drei Stränge ineinander zu winden. Das Diagnosegespräch wird fortgesetzt. Der Patient schildert weitere Vorkommnisse, die ihn beunruhigt haben. Upasena Gurunnanse erklärt, dass er zu viel denke und dass ihm dieser Geisteszustand am meisten Schaden zugefügt habe, mehr als die schwarze Magie, die gegen ihn verübt worden sei.

Der Patient wird zuerst nach draussen geschickt, um verschiedene Blumen zu sammeln. Upasena Gurunnanse organisiert etwas im Hausinnern. Dann hilft der Patient dem Gurunnanse, den *Malbulat Tatuva* (Blumen–Betel–Altar), einen kleinen Altar auf einem Stuhl, in der Wohnstube zu arrangieren.

Zuerst breiten sie ein fünffarbiges Tuch *(pas pate redda)* über den Stuhl. Dann ordnet der Gurunnanse auf dem Stuhl eine Struktur an aus Arekanussblütenstengeln *(puvak mal)* und Betelblättern *(bulat)*.

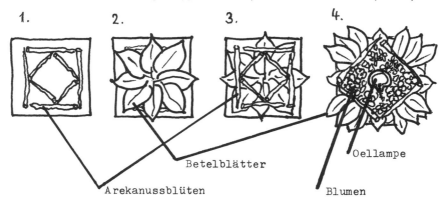

Abbildung 16 : Die Struktur des Blumen–Betel–Altars

Die Struktur wird weiter ausgeschmückt mit verschiedenfarbigen Blumen *(mal)*, mit frischem Safran *(amu kaha)*, mit Räucherstäbchen *(handun kōru)*, mit Kanfer *(kapuru)*, und zuletzt wird darauf eine Öllampe *(pahana)* gestellt.

Das Setting:

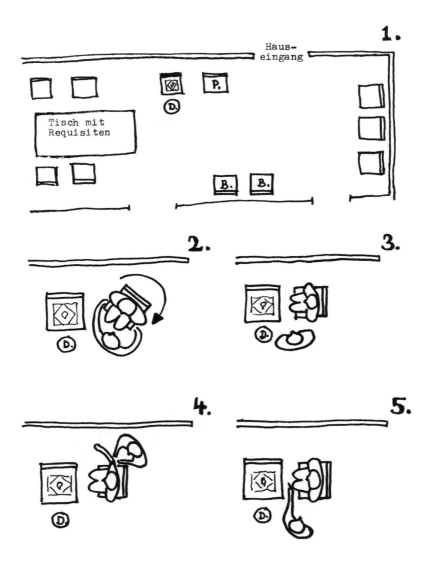

P. : Patient   B. : Besucher   D. : Gefäss mit Dummala

Abbildung 17 : Der Ritual–Platz

Der Ablauf des *Käpavīma:*

1. Upasena Gurunnanse setzt den Patienten auf den Stuhl neben dem Blumen–Betel–Altar. Die Tochter bringt glühende Kohle in einem Tongefäss. Upasena Gurunnanse stellt es unter den Altar. Er zündet die Räucherstäbchen an und gibt Rauchpulver *(dummala)* auf die glühenden Kohlen. Der Altar wird eingeräuchert, und der Gurunnanse murmelt dazu ein *Mantra*.

2. Der Gurunnanse hebt den Stuhl samt dem darauf sitzenden Patienten und dreht ihn so, dass der Patient den Altar anschaut.

3. Upasena Gurunnanse faltet die Hände vor der Brust. Der Patient hält die gefalteten Hände am Kopf. Sichtlich gesammelt beginnt Upasena Gurunnanse zu rezitieren. Zusammengefasst ist der Rezitationsinhalt wie folgt:

1. Rezitation: Mit der Hilfe und der Macht *(anubhāvaya)* des *Buddha, Dhamma* und *Sangha*, sowie dieser und jener Götter soll von nun an die Schädigung des Patienten verschwinden.

Upasena Gurunnanse fordert den Patienten auf, die Öllampe anzuzünden und dabei den festen Entschluss zu fassen, dass seine Probleme von heute an verschwinden sollen.

2. Rezitation: *Disti* (Einfluss) von diversen Göttern, Dämonen und *Bhūtas* (Geistwesen) wird herbeigerufen.

Dabei beginnt der Patient zu zittern, und sein Oberkörper sinkt leicht nach links ab.

3. Rezitation: Die Macht und Fähigkeit der gerufenen Götter, Dämonen und *Bhūtas* wird beschrieben.

Upasena Gurunnanse steigert während des Rezitierens Lautstärke und Tempo. Der Patient fängt an zu weinen und wird von Schluchzen geschüttelt.

4. Rezitation: Die geladenen Götter, Dämonen und *Bhūtas* werden um *Varam* (Erlaubnis zum Heilen) gebeten.

Der Gurunnanse macht mit der Hand eine abstreichende Bewegung vom Kopf zu den Füssen des Patienten. Dann hält er mit einer Hand die Schnur an den Kopf des Patienten und presst sie mit dem Daumen an die Stirn. Mit der anderen

Hand zieht er rhythmisch, im Takt des Rezitierens, verschiedene Knoten an, die er vorher an der Schnur angebracht hat.

4. Upasena Gurunnanse stellt sich hinter den Patienten und bindet ihm weiter rezitierend die *Āpanūla* am rechten Oberarm an.

    5. Rezitation: *Mangala Sutta*, die kanonische Lehrrede des Segens im Alltag.

Der Patient faltet dazu wieder die Hände. Upasena Gurunnanse gibt Öl aus der Öllampe auf die Stirn, Oberarme und Brust des Patienten. Er sagt: „Du wirst keine Gewehre mehr sehen und wirst von jetzt an in Ordnung sein. Du hast dich erschreckt, doch wirst du keine solchen Leute und all diese Dinge mehr sehen von nun an."

Am Schluss verbeugt sich Upasena Gurunnanse vor uns *(vandinava)*. Der Patient verbeugt sich vor dem Gurunnanse, und Upasena Gurunnanse verbeugt sich erneut vor uns.

Das Ritual hat im Ganzen nicht mehr als zwanzig Minuten gedauert.

Nachtrag

Am darauffolgenden Tag fährt Simon zu seinem Herrn nach Colombo. Nach seiner Rückkehr bleibt er noch einige Tage bei uns. Er wirkt seit der Behandlung von Upasena Gurunnanse gelöst, ja fast heiter. Seine Schutzschnur *(äpanūla)* am rechten Oberarm ist für alle sichtbar. Nach eingehender Absprache mit dem Bruder des Hausbesitzers eröffnen wir Simon, dass er seine Sachen packen und gehen könne. Sein Herr wolle ihn zurückhaben in Colombo. Simon ist glücklich. Wir sind erleichtert. Simon kommt uns später in Begleitung seines Herrn besuchen. Er benimmt sich uns gegenüber korrekt und distanziert. Er sagt, es gehe ihm gut. Sein Herr sagt, er sei wieder in Ordnung.

9.3 Der Tovil für Duva

Erste Begegnung mit Duva

Der Tovil findet im Haus von Duva, der Patientin, statt. Duva heisst Tochter; sie ist eine entfernte Verwandte von Upasena Gurunnanse und wohnt im selben Dorf wie er, in Amunugama. Sie ist Mitte zwanzig und bereits Mutter von zwei schulpflichtigen Kindern. Sie nimmt an den Vorbereitungen ihres Tovils aktiv teil und hilft in der Küche mit. Ich erkundige mich, ob ich während den Tovil–Vorbereitungen mit ihr sprechen könne. Selbstverständlich könne ich das. Upasena Gurunnanse begleitet mich zu Duva, die für das Gespräch in ein Zimmer gerufen wurde. Dort sitzt sie körperlich unbewegt auf einem Bett, umringt von ihren Angehörigen, eine Schutz- und gleichzeitig Versprechensschnur *(äpanūla)* an ihrem Oberarm gut sichtbar, doch aus ihrem Gesicht strahlt mir eine Art heimliche, erwartungsvolle Freude entgegen. Die Angehörigen gestikulieren angeregt und beantworten meine Fragen, während die Patientin still dasitzt und nur ein wenig lächelt. Als ich sie frage, was ihr zugestossen sei, sagt Upasena Gurunnanse lachend, das wisse sie doch nicht. Ich schaue Duva fragend an. Sie sagt, sie wisse nicht. Das ist das einzige, was sie sagt.

Erwartungsvoll lächelnde Duva mit ihren Kindern und ihrem Onkel, dem Familienoberhaupt

Vorbereitungen

Schon während des Tages wurde eine Wellblechüberdachung vor dem
Haus errichtet, die den Tovil–Platz vor dem Regen schützt. Jetzt, am
Abend, wird auch elektrisches Licht installiert. Die Heiler sind noch
beschäftigt mit der Herstellung der Altäre und der anderen rituellen
Gegenstände.

Rohmaterial zur Erstellung der Altäre:

Bananenstaudenblätter	*kesel patu*
junge Palmblätter	*gok kola*
Holz	

Verzierung:

	kōtu
grüne Blätter für Scherenschnitte	*habarala, kesel kola*
allerlei Blumen	*mal*
Arekanussblüten	*puvak mal*
Jakblätter	*kos mal*
Betelblätter	*bulat*

Opfer für die Götter:

Arekanussblüten in Betelblättern	*dalumura*
Wasser	*pän*
Feuerpulver	*dummala*
Räucherstäbchen	*handun kūru*
weisses Tuch	*salu*
Lichtdochte in Betelblättern	*villakku*

Opferspeisen für die Götter:

	adukku
Milchreis	*kiribat*
Gemüsecurry	*vänjana*
Früchte	*palaturu*
Ölspeisen	*pulutu*

Opfer für die Dämonen:

Feuerpulver   *dummala*

Opferspeisen für die Dämonen: *dola*

roter Reis   *käkulu hāl bat*
Curry mit 7 Gemüsen   *hat vänjana*
5 Sorten Früchte   *palaturu pahak*
5 Sorten Wurzeln   *ala pahak*
5 Sorten Pflanzenmark   *boda pahak*
5 Sorten Ölspeisen   *pulutu pahak*
5 Sorten Süssigkeiten   *kävili pahak*
Hahnenblut   *kukul lē*

Andere Requisiten:

Dämonenzepter   *īgaha*
7 Lotusblütenkonstruktionen   *piyum, nelum mal*
Hahn   *kukulā*
Limonen   *dehi*
Fackeln   *pandam*
Kokosnussblüten   *pol mal*
weisses Leintuch   *kadaturāva*
rotes Leintuch   *ratu redda*
Buschmesser   *kaduva*
Strohmatte   *pädura*
Betelnussknacker   *gire*
Münzen   *panduru*
Wickeltuch mit 5 Farben   *pas pate redda*

Kostüm des Mahāsohona–Dämons:

rotes Kleid   *ratu änduma*
Kopfschmuck   *hisväsma*
schwarze Schminke   *andun*
Doppelfackel   *dekona villakkuva*

Kostüm der Heiler:

weisser Sarong	*piruvata ändīma*
weisses Tuch um den Kopf	*uramālaya*
rote Schürze	*paccavadama*
Silberkette	*havadiya*
Armringe	*bandivalalu*
Fusschellen	*silambu*
Ohrringe	*kaddukkan*
Schnur um Brust	*punā nūla*

Kostüm der Ves–Tänzer:
zusätzliche Ornamente an der Brust

Musikinstrumente:

Muschel	*haggediya*
Trommel	*bera*
Tschintanelle	*tālampata*

Altäre:

Götteraltar	*deviyange yahanaya*
Hūniyam–Altar	*hūniyam pideniya*
Sohona– und *Rīri–Yaka*–Altar	*rīriyaka pideniya*
Blumenstuhl für *Sriya–Devi*	*mal tatuva*
Altar für die planetarischen Götter	*nava graha pideniya*

Das Heilerteam:
Upasena Gurunnanse
4 Assistenten
2 *Ves*–Tänzer
3 Trommler

Der Tovil–Platz *(tovil pola):*

Abbildung 18 : Der Tovil–Platz II

Der Ablauf des Tovils *(pelapāliya)*:

< 19.00 Uhr >
Abendopferung   *händä samayama*

< 22.00 Uhr >
1. Sequenz:
Heiler treten auf den Tovil–Platz

Assistenten begrüssen den Upasena Gurun-
nanse und bitten um seine Erlaubnis zu   *avassāra gänima*
heilen
Gegenseitige Begrüssung   *ācāra karanava*

Begrüssungsrede des Gurunnanse   *sabhāvata*
                                                    katākirima

dreimaliges Blasen der Muschel   *sak pimbinava*

Begrüssung der Götter,   *vandinava*
Heiler verbeugen sich vor dem Götteraltar
und räuchern ihn ein   *dummala pāliya*

Rezitation über die Tugenden des Buddha   *buduguna*

Eröffnungstrommeln   *magul bera*
                                                 deviyanta
Opfertänze zur Einladung der Götter: *ārādana kirima*
   – Blumenopfer   *mal pidima*
   – Betelblätteropfer   *bulat vädima*
   – Wasseropfer   *pän vädima*
   – Feuerpulveropfer   *dummala vädima*
   – Tuchopfer   *salu vädima*
   – Lichtopfer   *pahan dälvima*
   – Trommelopfer   *magul bera vādanaya*

Lied zur Beschreibung der Altäre   *yahan kavi*

Rezitation auf Pāli:
namentliche Einladung der Götter

Bitte um Göttersegen   *kōlmura–kīma*

Invokation: Bitte an die Götter, der
Patientin zu helfen   *yātikā kirīma*

Beim Anflehen der Götter wird die   *deviyanta yādinna,*
Patientin bezeichnet als: *kannalauva*
„dieser Körper mit fünf Persönlichkeits-   *me sarīra pañca-*
komponenten"   *skandha*

< 23.30 Uhr >
2. Sequenz:
Patientin aus dem Haus auf die Arena   *āturaya, tovil–pola*
geführt, sie wird geholt mit Fackel und   *pandama*
Lichteffekten mittels Feuerpulver.   *dummala*
Sie ist mit einem weissem Tuch bedeckt   *kadaturāva*
und wird begleitet mit einem Lied, das   *kavi*
beschreibt, dass sich die Patientin an einer
Abzweigung befindet,   *sandhistānaya*
und mit Hilfe der Götter auf den Weg des
Buddha–Dhamma geführt wird.

Patientin wird auf die Matte gesetzt,   *pädura*
Ehemann neben ihr.

Speiseopfer an die Dämonen,   *dola pidīma*
Dämonen werden gerufen.   *mantra*

< 24.00 Uhr >

Das weisse Tuch wird der Patientin abge-
nommen mit einem Lied, das beschreibt,   *kadaturāva kavi*
wie die Patientin nun alle Altäre ansehen
soll, und dass mit der Macht des *Buddha,*
Dhamma und *Sangha* alle Krankheiten
beseitigt werden.

Die Patientin wird besessen gemacht: *āvesha karanava*
  - eine Schale mit rauchendem Feuer-   *dummala*
    pulver wird vor sie hingestellt
  - Lied, das die Herkunft des Dämo-   *īgaha upata*
    nenzepters beschreibt
  - Schutzschnur wird entfernt   *äpanūla*
  - der Hahn wird um das Dämonen-   *kukul murtúva*
    zepter gewunden
  - Lieder werden gesungen, welche   *yakun gäna kavi*
    die Dämonen beschreiben
  - Haare der Patientin werden gelöst
  - Trommelrhythmus, der sie beses-   *āvesha pada*
    sen macht, wird gesteigert.

Die Patientin tanzt   *natanava*

Der Gurunnanse kontrolliert die Situation,   *yatat kirīma*
indem er die Patientin auffordert:
  - ihn und die Götter zu grüssen   *vandinava*
  - dem Dämonenzepter nachzutanzen,   *īgaha*
    ihm auf den Knien zu folgen und
    unter einem Stuhl hindurchzu-
    kriechen
  - mit einer Fackel die Dämonen-   *pandama*
    altäre zu kontrollieren, ob alles   *pideniya*
    vorhanden sei

Dazu werden Lieder gesungen, die den Ursprung und die Geschichte der einzelnen Dämonen beschreiben   *upatti kavi*

1. Gespräch zwischen dem Gurunnanse und der Patientin vor dem Götteraltar:
    Es wird abgemacht, dass die Patientin immer tanzt, wenn sie dazu aufgefordert wird.
    Sie bestätigt auch, dass die Altäre alle nötigen Opfergaben enthalten.   *dola*

Die Patientin wird nun auf ihrer Matte plaziert, die Schutzschnur am Arm wieder befestigt und Wasser zum trinken gegeben   *äpanūla*

< 00.45 Uhr >
Pause

Die Patientin bindet sich die Haare und geht ins Haus

Auf einer Matte vor den Altären werden Speisen zubereitet für die Hauptopferungen an die Dämonen   *mahā jāma*
    samayama

< 01.15 Uhr >

3. Sequenz

Patientin setzt sich auf die Matte

Lieder werden gesungen, in denen jeder Dämon aufgerufen und gebeten wird, die Opferungen anzunehmen	*jāmaya kavi yakunta ārādana-kirīma*
Opferspeisen werden den Dämonenaltären übergeben	*dola pidīma*

< 01.30 Uhr >

Mit *Mantras* werden die einzelnen Altäre energetisiert	*disti kirīma*
Diese *Mantras* machen auch die Patientin besessen und	*āvesha*
– die Schutzschnur wird entfernt	*äpanūla*
– das Haar löst sich	
– ein rotes Tuch wird der Patientin quer um den Oberkörper gebunden	*ratu redda*
Die Patientin tanzt,	*natanava*
während Lieder gesungen werden, welche die Herkunft der Dämonen beschreiben	*upatti kavi*
Der Gurunnanse kontrolliert die Situation, indem er die Patientin auffordert:	*yatat kirīma*
– mit einem Ast Kokosnussblüten zu tanzen und diese sich dabei auf den Kopf zu schlagen	*pol mal*
– mit der Fackel die Opfer in den Altären zu prüfen	*pandama*

– den Hahn zu nehmen, ihn mit den Zähnen am Nacken zu halten und sein Blut zu trinken	*kukulā* *lē bīma*
– mit dem Hahn im Mund durch das ganze Haus zu tanzen	
– dort zu kontrollieren, ob keine schwarze Magie gemacht wurde	*kodivina*
– das Dämonenzepter beim tanzen in der Hand zu halten	*īgaha*
– auf den Knien den *Hūniyam-*Altar anzubeten	*vandinava*
– die Schritte des Gurunnanse und der anderen Tänzer nachzutanzen	*mātrā*

< 02.15 Uhr >

Upsena Gurunnanse lobt die Fortschritte der Patientin und fordert sie auf:
- weiterzutanzen
- sich nochmals mit Kokosnussblüten auf den Kopf zu schlagen
- nochmals auf den Knien dem Dämonenzepter nachzukriechen
- nochmals mit der Fackel die Altäre zu prüfen

< 02.45 Uhr >

Die Patientin ist erschöpft, die Zuschauer müde, die Trommler können nicht mehr.

2. Gespräch vor den Altären zwischen dem Gurunnanse und der Patientin. Die Patientin verspricht, dass der Dämon um 04.00 Uhr gehen werde.

Gurunnanse nimmt ihr das rote Tuch ab   *ratu redda*

Schwester und Bruder führen die Patientin
zur Matte, kämmen und binden ihr das   *pädura*
Haar und geben ihr Wasser. Der Ehemann
setzt sich neben sie. Die Patientin spricht
länger mit ihm.

Lieder werden gesungen und Akrobatik   *kavi*
mit Fackeln durchgeführt   *pandam*

Die Dämonen werden gebeten, die Opfer   *dola*
anzunehmen und zu gehen.

< 03.00 Uhr >
Pause

Patientin geht in die Küche und macht
Tee für die Gäste

Der 1. Assistent verkleidet sich inzwischen
als *Sohona–Yaka*.

< 03.30 Uhr >
4. Sequenz
Lieder werden gesungen, in denen die
Erscheinung und die Entstehungsgeschichte   *sohon upata kavi*
des *Sohona*–Dämons beschrieben wird

Fackeln werden gehalten und mit Feuer-   *pandam*
pulver Feuerwolken gegen den Boden ge-   *dummala*
zündet

Mahāsohona erscheint auf der Arena	*sohon pāliya,*
	ranga mandala
Patientin wird besessen und tanzt zusammen mit *Mahāsohona* mit Fackel, offenem Haar und rotem Tuch über die Schultern	*āvesha venava,*
	natanava
	ratu redda
Patientin und *Mahāsohona* tanzen zusammen ums Haus herum und im Haus durch jeden Raum	
Dann tanzen sie weiter auf der Arena.	
Sohona droht mit dem Finger, streckt die Zunge heraus und schreit	*kägahanava*
Mahāsohona nimmt seinen Altar und trägt ihn aus der Arena hinaus, die Patientin folgt ihm	*rīri–, sohon–yaka–pideniya*
Sohona und die Patientin tanzen um den Altar herum	
Sohona wird ohnmächtig und fällt hin.	*sihiya nätivenava*
Der Gurunnanse spricht einen Zaubervers und bläst ihm ins Gesicht	*mantra*
Sohona erhebt sich und tanzt wieder zur Arena, die Patientin folgt ihm	
Bei der Arena fällt er wieder hin, und Upasena Gurunnanse spricht erneut ein *Mantra* und bläst ihm ins Gesicht	

Sohona tanzt weiter, macht aber eine
klägliche Figur:
die Zunge hängt ihm heraus,
er tanzt schief,
verliert seinen Kopfschmuck,
das Kleid hängt ihm über die Schultern
herunter,
der Hahn fällt ihm zu Boden

Die Patientin tanzt unbeirrt weiter

Sohona fällt hin, der Gurunnanse spricht   *dekona villakkuva*
ein *Mantra,* nimmt ihm die Doppelfackel
aus dem Mund, sprenkelt dem Ohnmächti-
gen Wasser ins Gesicht. Der aufgewachte   *pän*
Assistent erhebt sich und geht ins Haus.

< 04.00 Uhr >
Upasena Gurunnanse führt die tanzende
Patientin vor den Götteraltar

3.   Gespräch, in dem der Gurunnanse
      befielt, dass der Dämon um 06.00 Uhr
      nochmals zum Tanzen gerufen wird.
      Die Patientin willigt ein, sie wippt
      dazu weiter, ist besessen, die Tromm-
      ler schlagen dazu den Rhythmus.
      Der Gurunnanse nimmt von der Pa-
      tientin ein offizielles Versprechen ab,   *bāra*
      er spricht es vor, und die Patientin
      spricht ihm nach.

Die Patientin wird zur Matte geführt
Pause

< 04.30 Uhr >

5. Sequenz

In den frühen Stunden des Tages beginnt   *aluyam jāmaya*
man wieder mit dem Lied über die sieben   *hat adiya kavi*
Schritte des Buddha.

Die Patientin sitzt auf der Matte, und die
Heiler bauen vor ihr singend die sieben
Schritte des Buddha auf. Dazu braucht es: *hat adiya*
  – 7 Linien im Sand   *iri hata*
  – 7 Buchstaben   *akuru hata*
  – 7 Lotusblumenkonstruktionen   *piyun hata*
  – 7 Betelblätter   *bulat hata*
  – 7 Münzen   *panduru hata*
  – 7 Opferschalen   *bat gotu hata*
  – 7 Öllampen   *pahan tiri hata*

In den folgenden Liedern wird das Vorge-
hen beschrieben: *hat–adiya–dola–*
  – Widmung der Opferung   *kāpa–kirīma*
  – Ursprung der Limone   *dehi upata*
  – Plazierung der Limone   *dehi tābīma*
  – Ursprung des Betelnussknackers   *gire upata*
  – Nehmen der Limone   *dehi gānīma*
  – Zerschneiden der Limone   *dehi kāpīma*

Die Patientin geht Schritt um Schritt auf   *piyavarin-piyavara*
den vorgezeichneten Linien mit gefalteten
Händen, bei jedem Schritt wird eine Limo-
ne mit dem Betelnussknacker an ihrer   *gire*
Stirn zerschnitten, begleitet mit Rezitation   *dehi kāpīma*
einer Zauberformel   *mantra*

Pause

< 05.30 Uhr >

6. Sequenz

Das Aufsichnehmen und Bezähmen der dämonischen Energien durch den Heiler	*mahā-samayama*

Vorbereitungen:

- Lied mit der Beschreibung, wie eine Matte angefertigt wird, mit der Bitte um Erlaubnis von den Göttern und dem Lehrer für das Aufsichnehmen der dämonischen Energien — *pädure kavi* / *varam gänīma*
- Matte wird vor dem Altar ausgebreitet, Assistent legt sich darauf, und breitet ein rotes Tuch über sich aus, — *pädura* / *ratu redda*
- der *Hūniyam*–Altar wird auf seinen Bauch gestellt, er erhält eine Fackel, wirft darauf Feuerpulver und erzeugt Lichteffekte — *hūniyam pideniya* / *pandama, dummala*
- Lied wird gesungen über das Aufsichnehmen der Dämonen — *samayama kavi*
- die Dämonen werden nochmals gerufen und aufgefordert, dieses Menschenopfer anzunehmen — *bili gänīma*

Das Ereignis: *samayama*

- Assistent schneidet die Limonen, spricht dazu eine Zauberformel — *dehi käpīma* / *mantra*
- sein Körper wird ganz steif
- der Gurunnanse spricht dazu eine Formel — *mantra*
- der Assistent wird aufgerichtet

– mit Mantra besprochenes Wasser wird ihm ins Gesicht gesprenkelt, die Glieder werden ihm gebogen	*pän jīvam kirīma*
– langsam kommt er wieder zu sich	*piyevi sihiya*

Die Patientin tanzt unbeirrt weiter

Lied über die Dämonen wird gesungen und die Patientin tanzt im Schritt mit den Heilern	*yakun gäna kavi* *nätum anukaranaya*

< 06.00 Uhr >
Die Patientin wird von Upasena Gurunnanse vor den Götteraltar geführt

Er fordert sie auf, in den Nacken des Hahns zu beissen und sein Blut zu trinken	*lē bīma*

Die Patientin beisst zu, lässt den Hahn fallen, wischt sich das Blut vom Mund und tanzt weiter	*natanava*

4. Gespräch vor dem Altar, in welchem
   die Patientin verspricht, dass der
   Dämon jetzt für immer geht.
   Der Gurunnanse wickelt eine Haarsträhne der Patientin um sein Zepter,
   und die Patientin ruft 3 mal „huh!"   *hu–kiyanava*
   Der Gurunnanse hält sie am Zepter   *īgaha*
   und spricht eine Zauberformel aus,
   um ihren Körper vor dem Dämon zu   *sarīra kāval mantra*
   schützen.

< 06.40 Uhr >

7. Sequenz

Die Patientin wird auf einen Stuhl gegenüber dem Götteraltar gesetzt und hält die
Hände gefaltet

Die folgenden Handlungen dienen der
Förderung ihres Wohls: *set kirīma*
   – Anflehen der Götter und Dämonen   *yādinna*
      und Bitte um Mitgefühl zwecks   *anukampā–kota*
      Befreiung aller Persönlichkeits-   *„me sarīra pañca-*
      komponenten von allen Krankhei-   *skandha rōga*
      ten und Gefahren   *upādrāvan"*
   – Lied über die Wegsendung der   *yakun elavīma kavi*
      Dämonen
   – Mit Bewegungen von Kopf zu Fuss   *sirasa-pada kavi*
      werden die Dämonen vom Körper
      der Patientin entfernt und dabei
      wird beschrieben, welche Krank-   *rōga upatti*
      heiten sie im Körper bewirken

Der Gurunnanse bindet eine Schutzschnur   *āraksha-*
um den Arm der Patientin und rezitiert   *nūla bändīma*
dazu die Tugenden des Buddha   *buduguna*

< 07.00 Uhr >

Die Dämonen werden weggeschickt,   *yahan–paha-*
die Tänzer werfen Feuerpulverflammen in   *kirīma kavi*
die Höhe

Tanz zur Ehre und Freude der geheilten   *ātura adauva*
Patientin.
Am Schluss gibt sie dem Tänzer Münzen   *panduru dīma*
als Belohnung.

Verabschiedung der Götter

In einem letzten Lied geben die Heiler den durch ihr heilsames Tun erworbenen Verdienst weiter den Göttern,	*pin–dīme kavi*
	deviyanta–pindīma
dem Lehrer	*guruvarayinta–pindīma*
und den Eltern	*demapiyanta–pindīma*
Buddha wird begrüsst	*buduguna*
Dann verbeugen sich die Heiler vor dem Gurunnanse und voreinander	*vandinava*
Die Patientin verbeugt sich vor Gurunnanse und vor den Ehrengästen	

< 07.45 Uhr >
Ende des Tovils

Nachbesprechung mit Upasena Gurunnanse

Upasena Gurunnanse erzählt mir eine Woche nach dem Tovil, dass Familienangehörige der Duva ihn damals gerufen hätten, weil Duva sich ungewöhnlich verhalte. Sie würde Unsinn sprechen und versuche, in diesem Zustand von Zuhause wegzurennen. Er habe Duva von den Angehörigen im Bett angebunden vorgefunden, so wild hätte sie getobt. Er habe sie in den Zustand der Besessenheit gebracht *(disti karanava)* und ihr Fragen gestellt, damit er ihre Krankheit beobachten konnte. Das Gespräch mit dem *Yaka* (Dämon) sei normal verlaufen. Er habe gesagt, er sei *Sohon-Yaka* und wolle Opferungen *(bili)*. Nach einer Schutzschnurbehandlung habe sich die Patientin wieder wie gewöhnlich verhalten. Der *Yaka* habe ihm versprochen,

keine Aufregung mehr zu verursachen, bis er von Upasena Gurunnanse herausgerufen werde. Von da an sei die Patientin zuversichtlich
gewesen und habe nicht mehr gelitten. Sie habe ihm berichtet, dass
sie sich in der Nähe eines Steinbruchs (bevorzugter Aufenthaltsort der
Dämonen) aufgehalten hätte. Dort hätte sie etwas Ungewöhnliches
gesehen. Was auch immer es gewesen sei, sagt mir Upasena Gurunnanse, die Familienangehörigen hätten berichtet, dass sie von dort
geistig abwesend zurückgekommen sei und angefangen habe, sich
gestört zu benehmen.

Upasena Gurunnanse wusste auf Grund des Diagnosegesprächs,
dass die Patientin im Zustand der Besessenheit ungewöhnliche und
rasch aufsteigende Kräfte erfuhr, die dann ebenso schnell wieder
nachliessen. Ich bemerke, dass mir aber aufgefallen sei während dem
Tovil, dass sich die Patintin zwar wie ein *Yaka* benommen habe,
dass sie dabei aber wenig innere Beteiligung gezeigt habe und eigentlich immer brav dem, was Upasena Gurunnanse ihr befohlen hat,
gefolgt sei. Upasena Gurunnanse erwidert, dass die Patienten ganz
verschiedene Haltungen zeigen im Zustand der Besessenheit. Zudem
dürfe ich nicht vergessen, dass die Patientin in diesem Fall eine entfernte Verwandte von ihm sei, und dass er deshalb nicht gewollt
hätte, dass sie sich während dem Tovil wilder gebährdet und zu viele
Kräfte entwickelt.

Ich sage Upasena Gurunnanse, ich nähme an, dass Duva psychische oder soziale Probleme gehabt hätte, durch die sie für die Besessenheit anfällig geworden sei. Upasena Gurunnanse ist an solchen
mutmasslichen anamnetischen Zusammenhängen nicht sonderlich interessiert. Doch erwähnt er als möglichen Anlass für eine der Besessenheit vorausgegangene Belastung der Patientin, dass das Haus, in
dem sie mit Mann, Mutter und Kindern lebt, noch zwischen zwei
weiteren Familien geteilt werde und dass es dort manchmal sehr eng
sei.

Vor zwei Tagen sei die Patientin mit ihrem Mann zu Upasena
Gurunnanse gekommen und habe sich bei ihm in aller Form für die
Heilung bedankt.

Besuch bei Duva vier Monate nach dem Tovil

Ich besuche Duva zusammen mit Laxman. Sie erwartet uns mit ihrer Mutter und ihren Kindern. Der Ehemann ist an der Arbeit. Fast kommt sie mir noch rundlicher vor, als ich sie vom Tovil her in Erinnerung habe. Mir fällt auf, wie belebt sie ist und mit wieviel Humor sie über die Ereignisse rund um ihre frühere Krankheit und den Tovil spricht. Die gefühlsmässige Indifferenz, die ich während dem Tovil an ihr beobachtet habe, ist nicht mehr vorhanden. Sie würde gerne wissen, was sie während dem Tovil genau gesagt und getan hat, und ich bin nicht sicher, ob sie erleichtert oder enttäuscht ist, dass auf den Fotos vom Tovil, die ich taktvoll für sie ausgewählt habe, nichts Aufschlüssiges über ihr aussergewöhnliches Benehmen zu sehen ist.

In der Folge gebe ich das ganze Gespräch zwischen Duva, ihrer Mutter und mir wieder:

Vogt:　　Erinnern Sie sich, wie Sie damals krank wurden?

Duva:　　Eines Nachts wurde ich ohnmächtig *(klānta unā)* in meinem Zimmer. Das sagen die Anderen. Ich selber kann mich daran nicht erinnern.

Vogt:　　Erinnern Sie sich an irgendetwas, das Sie fühlten, als der *Disti* (Besessenheit des Dämons) über Sie kam?

Duva:　　Nein, ich kann mich nicht erinnern.

Mutter:　Nein, nein, sie weiss nichts.

Vogt:　　Denken Sie zurück an jene Nacht des Tovils und vergegenwärtigen Sie sich den Beginn des Tovils. Was kommt ihnen da in den Sinn?

Duva:　　Ich weiss noch, wie sie (die Heiler) mich mit dem Tuch bedeckt und mich zum Zimmer hinausgeführt haben. Dann wurde ich auf eine Matte gesetzt. Ich erinnere mich auch, dass sie *Kavi* (mythische Verse) sangen, als ich da sass. Von da an weiss ich nichts mehr.

Vogt:　　Später gab es manchmal Pausen. Erinnern Sie sich, dass Sie Tee für die Gäste zubereitet haben?

Duva:　　Ja, ich erinnere mich. Dann war ich wieder bei Bewusstsein *(sihiya ävilla)*. Doch, ich fühlte mich noch immer schlecht.

Ich fühlte mich wie ohnmächtig *(klānta gatiya)*, so sehr ohnmächtig.

Vogt: Was haben Sie gemacht, als der Tovil zu Ende war? Sind Sie schlafen gegangen?.

Duva: Nein, nein. Ich habe nicht geschlafen, ich habe den ganzen Tag gearbeitet.

Mutter: Sie hat nicht geschlafen, sondern gearbeitet.

Duva: Am Morgen bemerkte ich plötzlich, dass ich an beiden Knien Verletzungen hatte (lacht).

Mutter: Wir fühlten uns alle nicht recht wohl nach der schlaflosen Nacht, aber sie hatte nichts.

Vogt: Sie waren gar nicht erschöpft?

Duva: Nein. Ich nahm am Morgen ein Bad und war frisch.

Vogt: Das heisst, die Anderen sind schlafen gegangen und Sie blieben auf?

Mutter: Sie schlief nicht und erledigte alle Arbeit. Während wir uns unbequem fühlten, war sie vollkommen wohl.

Duva: Ich konnte dafür vor dem Tovil nicht arbeiten. Ich hatte ein Gefühl von Hitze *(dävilla)* in meinen Sohlen, Handflächen und in meinem Bauch. Darum haben sie (die Heiler) auch Limonen zerschnitten, um das alles zu heilen. Nach dem Limonenzerschneiden waren die Symptome weg. Und während sie die Limonen zerschnitten, war ich bei Bewusstsein *(sihiya tibunā)*.

Mutter: Vor dem Tovil hat sie nicht mehr gearbeitet ...

Duva: Jetzt fühle ich nichts mehr davon, nichts.

Vogt: Dann wussten Sie also nach dem Tovil, dass Sie geheilt waren?

Duva: Ja. Und jetzt sind da keine Schmerzen mehr, nichts Ungewöhnliches, das ich fühlen würde. Ich wusste schon am selben Morgen, dass ich geheilt war.

Vogt: Wie konnten Sie das so sicher wissen?

Duva: Weil, an den anderen Morgen brannte ich vor Schmerzen *(dävilla)* in Sohlen, Handflächen und Bauch. Und auch meine Glieder fühlten sich ganz kalt an. Nach dem Tovil merkte ich davon nichts mehr.

Vogt: Fühlten Sie sich besonders stark nach dem Tovil?

Duva: Ja. Da war keine Schwäche *(pana näti gatiya)* und Schlaflosigkeit *(nidibara gatiya)* mehr.

Vogt: Hatten Sie vor dem Tovil Gefühle der Angst?

Duva: Ja. Ich hatte schreckliche Angst, wenn ich alleine war, sogar während des Tages. Deshalb musste immer jemand bei mir sein. Es kam vor, dass ich neben mir plötzlich einen Schatten sah, so dass ich alles unternahm, um nicht alleine zu sein, sogar in der Küche.

Vogt: Und jetzt, gehen Sie ohne weiteres allein?

Duva: Ja, oft. Zum Beispiel, um meinen Sohn in die Schule zu bringen.

Vogt: Jetzt möchte ich Ihnen gerne ein paar persönliche Fragen stellen, die Sie nicht zu beantworten brauchen. In der Zeit, als Sie zum ersten Mal besessen wurden, hatten Sie da irgendwelche Probleme oder Sorgen?

Duva: Damals wurde ich immer sehr wütend, wenn ich irgend jemanden von meiner Familie sah. Und sobald sie etwas sagten, stieg in mir Wut hoch.

Vogt: Trugen Sie in Ihrem Geist Verletzungen, ein Problem oder eine Sorge mit sich?

Duva: Nein.

Vogt: Das heisst, Sie waren recht unbelastet?

Duva: Ja.

Vogt: Und Sie, Mutter, was waren für Sie die Zeichen, dass Ihre Tochter nach dem Tovil geheilt war?

Mutter: Sie hörte auf, sich so zu verhalten, wie sie es vorher tat: damals kam sie plötzlich auf mich los und fing an, mir Vorwürfe zu machen. Sie beschimpfte mich, als sie jeweils nur bei halbem Bewusstsein *(kalpanāva madi)* war, und später fing sie dann an zu weinen. Dann war sie wieder bei gutem Bewusstsein *(honda sihiya)*.

Vogt: (wieder zu Duva) Haben Sie irgendeine Idee, wieso Sie geheilt wurden?

Duva: Ich kann mich an nichts erinnern, was während dem Tovil geschah. Aber meine Kinder erzählen mir manchmal, was

ich sagte und tat. Die Kinder reden davon, aber nicht die
Erwachsenen. Und die Nachbarskinder rannten nach dem
Tovil sogar vor mir davon, wenn sie mich kommen sahen
(lacht).

Vogt: Haben Sie keine Idee, was Sie geheilt hat?

Duva: Ich weiss von nichts. Alles, woran ich mich erinnere, ist,
           dass ich auf die Matte gesetzt wurde auf dem Tovil–Platz.

Vogt: (zu Mutter) Haben Sie eine Vorstellung über die Gründe, die
           sie geheilt haben?

Mutter: Ich denke, sie wurde geheilt, als der Tovil gemacht wurde.

Duva: Ich glaube, nach dem Tovil waren alle meine körperlichen
           Leiden *(äge amarukan)* verschwunden.

Vogt: (zu Mutter) Aber, wie konnte das geschehen? Wissen Sie,
           wie das alles geheilt wurde?

Mutter: Sie ist wieder in Ordnung wegen dem Tovil, denke ich.
           Zuvor ist sie sogar ab einem spazierenden Hund erschrok-
           ken, oder wenn ein Vorhang sich im Wind bewegte.

Vogt: Upasena Gurunnanse ist von Ihrer Familie, nicht wahr?

Mutter: Ja.

Vogt: (zu Duva) Dann kannten Sie ihn also und wussten auch,
           dass er schon viele Patienten vor Ihnen geheilt hat?

Duva: Ja, mein Bruder, als er krank war, wurde von so vielen
           anderen (Heilern) behandelt, und nichts hat gewirkt
           (bäri unā). Doch die Behandlung dieses Onkels *(māmā)* hat
           ihn geheilt.

Vogt: Onkel? Was heisst das genau?

Mutter: Er ist der Sohn des älteren Bruders meiner Mutter Mutter.

Vogt: (zu Duva) Dann haben Sie wohl viel Vertrauen in ihn
           gehabt?

Duva: (zusammen mit Mutter) Ja.

Vogt: Ich glaube, Sie können sich glücklich schätzen, einen solchen
           Heiler in ihrem Dorf zu haben.

Duva: Ja. Es wäre gut, wenn Sie eine Person wie ihn in Ihr Land
           mitnehmen und ihn Ihren Leuten zeigen könnten!

9.4 Einzelne Tovil–Elemente

Begrüssungsrede

Die folgende Begrüssungsrede von Upasena Gurunnase zu Beginn des Tovils für Duva ist eine wörtliche Wiedergabe. Der Wortlaut ist in jedem Tovil ähnlich:

Verehrte Zuschauer!

Sie alle haben sich hier versammelt, um dem *Yāga–Hōma–Shāntiya* (Befriedungsritual) in diesem Haus beizuwohnen. Gleichzeitig, so nehme ich an, sind Sie gekommen wegen Ihrer Gunst und grossen Besorgnis für die Patientin. Ich möchte in diesem Zusammenhang ausdrücken, wie leid es uns tut, dass wir Ihnen keine bessere Sitzgelegenheit anbieten können. Entschuldigen Sie uns für alle Unannehmlichkeiten, die Sie auf sich nehmen müssen.

In diesem Haus befindet sich eine kranke Patientin. Ich weiss nicht, ob sie tanzen wird oder ob sie nicht tanzen wird. Keines von beidem kann ich mit Sicherheit voraussagen, doch sollten Sie beides akzeptieren können. Zudem ist der Ausführende dieses *Yāga–Hōma–Shāntiya* von Ihrem eigenen Dorf. Ich bin vom gleichen Dorf wie Sie alle und nicht von irgendeinem auswärtigen Dorf. Es mag nun sein, dass ich Fehler begehen oder Dinge auslassen werde. Das kann durchaus sein. Ich bitte Sie deshalb um Verzeihung, falls solches vorkommen sollte.

Mit aller Ehre fordere ich Sie nun auf, hierzubleiben und dem *Yāga–Hōma–Shāntiya* bis morgen früh zuzuschauen. Wir fangen jetzt an mit dem *Yāga–Hōma–Shāntiya*.

Gespräche mit dem Bhūta

Die folgenden drei Gespräche haben im Tovil für Duva stattgefunden.
Upasena Gurunnanse nimmt die Patientin jeweils vor den Götteraltar
und spricht mit dem Wesen, das ihren Körper besessen hat.

1. Gespräch
<00.30. Uhr>

Upasena: Existiert in diesem menschlichen Körper die Herrschaft der
Götter ... *Mātru Deviyo, Sidda Sūniyam Deviyo?*

Duva: Ja.

Upasena: Du bist *Sohon–Yaka*, nicht wahr?

Duva: Ja.

Upasena: Wenn ich dich in den frühen Stunden *(aluyam jāmaya)*
rufe, wirst du, *Sohon–Yakshaya*, kommen und die Opferungen *(dola–pideni)* annehmen?

Duva: Ja.

Upasena: Dann geh jetzt herum und schau nach, ob irgendetwas
fehlt bei den Opferungen, die wir für dich in den Abendstunden *(hända jāmaya)* bereitgestellt haben.

2. Gespräch
<02.45 Uhr>

Upasena: Du, *Sohon–Yakshaya*, der du dieses menschliche Wesen
besessen hast, hast du nun die Opferungen angenommen?

Duva: Ja.

Upasena: Waren alle Opferungen richtig angeordnet?

Duva: Ja.

Upasena: Hat etwas gefehlt?

Duva: (schüttelt den Kopf)

Upasena: Sprich laut! Es ist dir hier nicht erlaubt, mit Gesten zu
antworten!

Duva: Nein.

Upasena: Hast du also diese Opferungen vollständig angenommen?

Duva: Ja.

Upasena: Hast du nun vor, *Sohon–Yakshaya*, diesen menschlichen Körper zu verlassen, nachdem du die Opferungen angenommen hast?

Duva: Ja.

Upasena: Wenn dem so ist, werden wir dich in den frühen Stunden nochmals rufen. Wirst du nochmals tanzen?

Duva: Ja.

Upasena: Bist du dir, *Yakshaya*, bewusst, dass wir *Mātru Deviyo* in diesen Götteraltar *(mal yahana)* eingeladen haben?

Duva: Ja.

Upasena: Und kannst du, *Yakshaya,* sehen, dass wir König *Vesamuni* zu diesem Altar geladen haben?

Duva: Ja.

Upasena: Weisst du, *Yakshaya*, dass *Sidda Sūniyam* zu diesem Blumenaltar eingeladen worden ist?

Duva: Ja.

Upasena: Dann, vermisst du noch irgend etwas?

Duva: Nein.

Upasena: Du hast die Opferungen genau geprüft?

Duva: Ja.

Upasena: Wenn du den Eindruck hast, dass irgend etwas fehlt, kannst du nochmals nachprüfen gehen. Aber nur, wenn du meinst, dass etwas fehlt! Und in den frühen Morgenstunden werden wir dich nochmals rufen, *Sohon–Yakshaya*. Wir werden dir ein Opfer *(samayama)* geben. Danach wirst du diesen Körper verlassen. Oder, hast du etwa vor, noch länger zu bleiben? (scherzend) Hast du vor zu bleiben? Antworte!

Duva: (mit leiser Stimme) Nein.

Upasena: Du sollst laut antworten!

Duva: Nein.

Upasena: Wenn dem so ist, werden wir dich um vier Uhr morgens rufen, *Yakshaya,* und werden dir Opfer geben. Wir werden dir ein Leben für ein Leben geben. Du, *Yakshaya,* hast nach einem Hahn verlangt, oder?

Duva: Ja.

Upasena: Musst du ihn auf jeden Fall haben, brauchst du ihn?

Duva: Nein, ich brauche ihn nicht.

Upasena: Ich werde dir **mein** Blut geben. In Ordnung?

Duva: Nein, nicht!

Upasena: (stolz) Ah, sehr gut! Hast du etwa Angst? Bist du, *Yakshaya,* einverstanden wegzugehen, nachdem du die Opferungen genommen hast, wie ich sie dir nach meiner Art geben werde? Oder hast du die Absicht zu bleiben?

Duva: Ich werde weggehen!

Upasena: Lauter!

Duva: Ich gehe.

Upasena: Gut. Wir werden dich nochmals rufen in den frühen Stunden. Bis dann sollst du mit normalem Bewusstsein *(honda sihiyen)* zuschauen.

3. Gespräch
<04.00 Uhr>

Upasena: Herrscht in diesem menschlichen Körper der Befehl von König *Vesamuni, Gambāra Deviyo, Sūniyam Deviyo* und der meinige?

Duva: Ja.

Upasena: Hast du *Sohon–Yakshaya,* der du diesen Körper besessen hast, die Opferungen angenommen?

Duva: (mit leiser Stimme) Ja.

Upasena: Du sollst laut antworten, so dass alle Zuschauer dich hören können!

Duva: (ein wenig lauter) Ja.

Upasena: Du hast also angenommen?

Duva: Ja.

Upasena: Ich habe nicht vor, dich gerade jetzt gehen zu lassen. Ich werde dich nochmals rufen um sechs Uhr. Du sollst um diese Zeit kommen.

Duva: (schweigt)

Upasena: Kannst du nicht sprechen? (drohend) Sprich!

Duva: Ja.

Upasena: Wir werden dich, *Yakshaya*, um sechs Uhr rufen, dir ein Opfer zum essen *(dola bili)* geben und *Samayama* durchführen. Wirst du, *Yakshaya*, danach befriedigt sein?

Duva: Ja.

Upasena: Antworte lauter!

Duva: Ja.

Upasena: Wirst du für immer gehen?

Duva: Ja.

Upasena: Ist das wahr oder nicht wahr?

Duva: Es ist wahr.

Upasena: Dann schwöre: Bei der Macht des zukünftigen *Buddha Maitreya*, der ich unterlegen bin, werde ich gehen und diesen menschlichen Körper verlassen. Dies ist sicher.

Duva: (spricht Satz für Satz nach)

Upasena: Bei der Macht und Herrschaft von Gott *Sri Vishnu*, der für die Verbreitung der Buddha-Lehre *(buddha sāsanaya)* verantwortlich ist, das Ablassen des *Sohon-Yakshaya* von diesem Körper ist sicher.

Bei der Herrschaft von *Alutnuvara Deviyo*, das Weggehen des *Sohon-Yakshaya* ist sicher.

Bei der Macht von Gott *Kataragama* verlasse ich diesen menschlichen Körper. Dies ist sicher.

Bei der Herrschaft der Götter *Gambāra* und *Pitiye*, das Ablassen von diesem menschlichen Körper ist sicher.

Bei der Herrschaft von Gott *Sidda Sūniyam*, das endgültige Ablassen von diesem menschlichen Körper ist sicher.

Bei meiner Herrschaft, das Ablassen von diesem menschlichen Körper ist sicher.

Duva: (spricht nach bis) Bei meiner Herrschaft, das Ab...

Upasena: (unterbricht) Was, was, „mit **meiner** Herrschaft"! „Mit
             Ihrer Herrschaft" sollst du sagen! Höre, *Yakshaya,* ich
             befehle dir zu bleiben bis um sechs Uhr! Verstanden?

Duva: Ja.

Die Geschichte von Sohona *(sohonage–katāva)*

Die folgende Geschichte über die Entstehung des *Sohon–Yaka*
(Sohona–Dämon; auch *Mahā–Sohona,* der grosse *Sohona,* genannt)

stammt wörtlich von
Upasena Gurunnanse.
Upasena Gurunnanse
hält es durchaus für
möglich, dass die
Entstehungsgeschichte
des *Sohona* von einer
anderen Lehrergene-
ration *(paramparā)*
leicht verändert wie-
dergegeben wird.

Abbildung 19 :   Mahā–Sohona, der Grosse Dämon der Leichenplätze

Es lebte einmal eine Person namens *Jayasēna. Jayasēna* gehörte einer Dämonengruppe *(yaksha gōtraya)* an. An jenen Tagen spielte er um Geld *(sūdu sellam karanava)*. Er war gerade auf dem Heimweg vom Spielen, und bereits damals pflegte er zu trinken. Unterwegs traf er einen Gott Namens *Tanidu*. Die zwei gerieten in einen Streit, und *Tanidu* schlug *Jayasēna* so, dass sein Kopf abfiel.

Als *Tanidu–Deviyo* ihn so daliegen sah ohne Kopf, schaute er sich um und entdeckte in der Nähe einen Bären *(valaha)*. Sofort nahm er den Kopf des Bären, passte ihn am Körper des *Jayasēna* an und sprenkelte auf eine bestimmte Weise besprochenes Wasser *(amā pän)* darüber. So erhielt *Jayasēna* seine Bärengesichtsgestalt *(valas avatāra mūna). Jayasohona* wurde er dann erst später genannt.

Es gibt auch eine andere Version der Geschichte, in der *Gōtimbara* ihm den Kopf abgeschlagen hat, und *Tanidu* dann später hinzukam. Doch wir haben Verse *(kavi)*, nach denen *Tanidu–Deviyo* es getan hat (zitiert die Verse).

Auf jeden Fall — der Grund, weshalb *Jayasohona* anfing Schwierigkeiten zu machen war, dass er sich in *Gōtimbaras* Frau verliebt hatte, die wirklich schön war. Und *Gōtimbara* war dagegen. Und seit jenem Vorfall fing er an Krankheiten zu bringen *(leda karanava)*.

Kavi

Die meisten Handlungen der Heiler während einem Tovil sind von *Kavi* (Versen) begleitet. Das bedeutet, dass sich der Patient und die Zuschauer während rund zehn Stunden in Gesängen mit Trommelbegleitung Mythen und Geschichten anhören, die entweder von den verschiedenen Wesen in den unterschiedlichen Welten *(loka)* handeln, oder die Atmosphäre alltäglicher Verrichtungen beim Feldanbau oder einem Handwerk im sinhalesischen Dorf, das heisst in der Welt der Menschen, schildern, oder die Ereignisse während dem Tovil selbst erklären.

Das erste *Kavi, Tun–Jāmaya–Kavi*, das ich hier vorstelle, erklärt die drei wichtigen Tageszeiten *(tun jāmaya)*, in denen die Dämonen

in die Menschenwelt eindringen. Während diesen Zeiten können die
Menschen von ihnen besessen werden, und die Dämonen nehmen
dann auch die Opferungen von den Menschen entgegen. Das zweite
Kavi, Sohon–Upata–Kavi, wird rezitiert, um die von einem Heiler
dargestellte Verkörperung des *Sohon–* oder *Mahāsohona–Yaka* etwa
in der Mitte des Tovils einzuleiten. Es beschreibt den Ursprung
(upata) und die Erscheinung von *Mahāsohona.* Ich gebe hier allerdings nur einige Strophen aus dem ganzen *Kavi* wieder. Ebenfalls
nur einige Strophen werden aus dem dritten *Kavi, Pädure–Kavi,* vorgestellt, das in einer bereits heiteren und aufgelockerten Stimmung
am Morgen, gegen Ende des Tovils, das Herstellen der Matten
(pädure) beschreibt. Man bemerke nebst der Schilderung zum Vorgang des Handwerks insbesondere die erotischen Anspielungen. Alle
drei *Kavi* wurden sowohl im Tovil der Sita als auch der Duva
gesungen. Sie wurden mit dem Tonband aufgezeichnet und mit Hilfe
von meinem Assistenten Laxman transkribiert und übersetzt.

Tun–Jāmaya–Kavi:

Händä jāmayē yaku yana ena gamanā
Ratuven vatak anseka poravagenā
Ratu pähä äti gon vāhana pita naginā
Händä jāmayen ävidin puda labanā.

Madyama jāmayē yaku yana ena gamanā
Hōl välak suratin darāgenā
Ratuvan pähäti gon vāhana pita naginā
Madyama jāmayen ävidin puda labanā.

Aluyam jāmayē yaku yana ena gamanā
Gava elu vāhana pitamai nithi gamanā
Aluyam jāmayē hitagena lesa karanā
Aluyam jāmayen ävidin puda labanā.

Mētun jāmayē yaku yana ena gemanā
Sudda varna hōl välak darāgenā
Mētun jāmayen ävidin leda karanā
Mētun jāmayen ävidin puda labanā.

In den Abendstunden, Dämon, wenn du herumschlenderst,
Ein rotes Tuch um den Körper geschlungen,
Hoch oben auf deinem Vehikel, dem roten Ochsen,
In den Abendstunden komm, Dämon, und hole dir
die Opferungen.

In den Mitternachtsstunden, Dämon, wenn du herumschlenderst,
Als Wanderstab eine Schlingpflanze in der rechten Hand,
Hoch oben auf deinem Vehikel, dem roten Ochsen,
In den Mitternachtsstunden komm, Dämon, und hole dir
die Opferungen.

In den Morgenstunden, Dämon, wenn du herumschlenderst,
Hoch oben, auf Ochs oft oder Ziege,
In den Morgenstunden bringst du Krankheit,
In den Morgenstunden komm, Dämon, und hole dir
die Opferungen.

Zu diesen drei Zeiten, Dämon, wenn du herumschlenderst,
Einen weissen Stab in der rechten Hand,
Zu diesen drei Zeiten bringst du Krankheit,
Zu diesen drei Zeiten komm, Dämon, und hole dir
die Opferungen.

Sohon–Upata–Kavi:

Budu varam gena tun lova deviyan vändalā
Arang rangata āvemi pandam avulā
Turan novi leda kala yaku bälma helā
Varen mahāsohon samayama mēranga balā.

Aragatte pandam eliyak atata
Hindagatte mahāsonata billakata
Bala ättē kandasvāmī namata
Avanattē sohonā vara biliganta.

Dekona villakkuva balapan sohon yakā
Apoi, deviyanē mata innata bäriya
Kapā kulai adalā rīri bīpiya
Dukai, inta bäruvā ada maru yakuta
Apoi, māru yakā äda mā marāpiya.

Mit der Erlaubnis von Buddha, und nachdem ich den Göttern
         in drei Welten Verehrung gezeigt habe,
Komme ich auf diesen Platz mit brennenden Fackeln,
Dämon, der du immerfort
         durch deinen Anblick Krankheit bringst,
Komm her, das *Mahāsohon Samayama*
         auf diesem Platz zu schauen.

Mit brennenden Fackeln in der Hand
Lege ich mich hin und gebe mich dem *Mahāsohona* zum Opfer.
Die Macht, sie ist im Namen des Gottes *Kandasvāmi,*
Drum, *Sohona* der Friedhöfe, komm her
         und nimm dir das Opfer.

Sohon–Yaka, schau auf deine beidseitig brennende Fackel,
Ach Gott, ich kann's zwar nicht ertragen,
Komm her, reiss mir die Lungen aus und trinke mein Blut.
So traurig, und *Māru–Yaka* hält es heute nicht aus,
Ach, *Māru–Yaka,* komm und töte mich.

Pädure–Kavi:

Gosin pan vilakata
Balamin denna vata sita
Sonda pan soyā sita
Kapamu nänē mē pan hanikata.

Genat pan gedarata
Auvē damā hanikata
Rägena pan suratata
Viyamu nänē mē pan hanikata.

Konin konata pan udurā damana liyō
Konin konata pan miti hisa tabana liyō
Venin ayage pan eknokaranna liyō
Sädū pelata ennai pan vilata giyō.

Dāni paradāni kam mai kiyanne
Bāna karapāna päduraki viyanne
Depā tabā dekonata mai viyanne
Landuni hävän pädurak dō viyanne?

Pettiyakete äralā väre säre
Mulla namāganata bäri väre säre
Viyana kalata lunu käta se väre säre
Landuni mangē pädurata umba inākere.

Hisata piyum lākotte viyannam
Payata piyum lākotte viyannam
Mändata ada ratā ästat viyannam
Kuja dina samayamata pädurak viyannam.

Pädure isāne isivara deviyo sitī
Pädura payāne mihikat deviyo sitī
Pädure siuv konē siuvara deviyo sitī
Mē pädurē samayam denna bayanäti.

Iva sande devindu isalin inda kuda vanne
Mihikat devindu polavin bīma bändadunne
Sataravaram sämadeviyo mā ārakshā karavanne
Dapana pädura säma deviyo mā vatakaragena inne.

Wir gehen zu einem Teich mit Binsen,
Zuerst wir zwei, um zu suchen
Nach besseren Binsenbüschen,
Und dann, lass sie uns bald schneiden.

Wir tragen die geernteten Binsen nach Hause
Und trocknen sie in der heissen Sonne,

Dann nehmen wir sie in die rechte Hand,
Komm, Cousine, lassen wir uns nieder zum Weben.

In jeder Ecke des Teiches ernten die Frauen nun Binsen,
In jeder Ecke siehst du sie Bündel auf den Kopf heben.
Frauen, kümmert euch nicht um die Binsen der anderen,
Stellt euch in eine Reihe, Binsenernterinnen, und kehrt heim.

Wie altklug sie manchmal spricht,
Doch wenn sie die Matte webt, kein einziges Wort.
Mit deinen Füssen an den zwei Ecken der Matte,
Mädchen, webst du eine *Hävän*–Matte?

Welche Mühe du dir gibst beim Weben des Korbes,
Welche Mühe beim Formen der Ecken.
Doch beim Weben bist du so entspannt,
Mädchen, mögest du und deine Gebärden
                                            bald auf meiner Matte sein.

Ich werde eine Matte weben, entworfen mit Lotus für den Kopf
Und mit Lotus für das Kissen
Und mit Verzierungen in der Mitte,
Um sie am Dienstag im *Samayama* zu gebrauchen.

Im Nord–Westen der Matte ist Gott *Ishvara*,
Am Fussende die Göttin der Erde,
Die vier Schutzgottheiten in den vier Ecken,
So habe ich keine Angst, auf dieser Matte *Samayama* zu geben.

Wie zwei Schirme sind die Götter, Mond und Sonne über mir,
Die Göttin der Erde gibt mir den Grund,
Die vier Schutzgottheiten versammeln sich um mich herum,
Eine ausgebreitete Matte, umringt von allen Göttern.

Mantra

Das Rezitieren von *Mantras* (Zaubersprüche) ist neben den *Kavi* (mythische Verse) ein wichtiger Bestandteil des Tovil, wie auch seiner Kurzformen. Das *Mantra* ist für den Heiler ein Instrument der Willensformung, das seine Absicht unmittelbare Wirklichkeit werden lässt. Es gibt unzählige *Mantras*, die dem Heiler in einer jeweils spezifischen Situation gegenwärtig sein müssen.

Ich stelle in der Folge drei *Mantras* vor, die Upasena Gurunnanse regelmässig während seinen Tovil verwendet: *Buduguna–Mantra*, die Vergegenwärtigung der Tugenden des Buddha, *Deviyange–Mantra*, die Einladung der Götter, und *Bhūtayinta–Mantra*, das alle Geistwesen, Götter wie auch Dämonen, herbeiruft.

Buduguna–Mantra:

Saataagiroo namoo yakoo thassacha asurindadhoo bhagavatoo
Cha mahaaraajaa sakkoocha arahathoo tatha,
Sammaasambuddhassa brahmaaya eetee pancha patithitha.

Yanuda yanu kiiheyin palamukota saataagiri
Nam ghandharva yaksha seenaadhipathii
Namoo *yana akuru deka kiyaa*
Apagee loothuraa buduraajaanan vahanseeta
Namaskaara kara vändaaya.

Devanuva viipachitha nam asureendrayaanam
Tassa *yana akuru thuna kiyaa*
Apagee loothuraa buduraajaanan vahanseeta
Namaskaara kara vändaaya.

Thunvanuva dratharaashtra viruudha viruupaakshata vaisravana
Sataravaram diviya raajoothamayan vahanse
Bhagavatoo *yana akuru satara kiyaa*
Apagee loothuraa buduraajaanan vahanseeta
Namaskaara kara vändaaya.

Sataravanuva dedeyo lootha adhipati sakra deeveendrayaanoo
Arahatoo *yana padaya kiyaa*
Apagee loothuraa buduraajaanan vahanseeta
Namaskaara kara vändaaya.

Pasvanuva soodasavidha brahma lookayata adhipati vannayoo
Sahampathi nam mahaa brahma raajaayanoo
Sammaasambuddhassa *yana padaya kiyaa*
Apagee loothuraa buduraajaanan vahanseeta
Namaskaara kara vändaaya.

Esee ee kiheyin mama da mee roogaaturayaagee rooga
Upadraava sansinduvana pinisa aaraadhanaa
Namaskaara karanneeya.

Inhalt des Buduguna–Mantra:

Als erstes verehrte der Anführer der *Yakas*, Namens *Sātāgiri*, unseren weisen Buddha, indem er die zwei Silben **namo** rezitierte.

Als zweites verehrte der Führer der *Asuras*, Namens *Vīpacitta*, unseren weisen Buddha, indem er die drei Silben **tassa** rezitierte.

Als drittes verehrten die vier Schutzgottheiten, Namens *Virūdha*, *Virūpāksha*, *Dratarāshtra* und *Vaisravana*, unseren weisen Buddha, indem sie die vier Silben **bhagavato** rezitierten.

Als viertes verehrte der Hüter der zwei Welten, Gott *Sakra*, unseren weisen Buddha, indem er das Wort **arahato** rezitierte.

Als fünftes verehrte der grosse *Brahma*, Namens *Samapati*, der Hüter der *Sōdasavida–Brahma*–Welt unseren weisen Buddha, indem er **sammāsambuddhassa** rezitierte.

So verehre auch ich Dich und vergegenwärtige Dich, um dieses Patienten Krankheit beseitigen zu können.

Das *Buduguna–Mantra* ist ein Prosatext auf sinhalesisch. Obwohl der Zuhörer den Inhalt des *Mantras* gut verstehen kann, ist die Sprache sehr rudimentär und ohne Grammatik. Die Götter, die im *Buduguna–Mantra* erwähnt werden, stammen aus den kanonischen Texten. Das *Buduguna–Mantra* vermittelt dem Zuhörer inhaltlich die Überlegenheit des *Buddha–Dhamma* über alle Götter und Dämonen.

Wie ich bei der Transkribtion und Übersetzung mit Fettschrift hervorgehoben habe, erhält der Zuhörer durch Wortspiele den Anfang des Pāli-Verses, den die Sinhalesen als *Buduguna*-Rezitation kennen:

Namo tassa bhagavato, arahato, sammā sambuddhassa.

Ich stelle meinen Geist ein auf den Erhabenen,
Unabhängigen, vollkommen Erleuchteten.

In diesem „*Namo-tassa...*" sind drei der neun Tugenden des Buddha enthalten. Es ist eine Kurzform der ganzen *Buduguna*-Rezitation und steht oft am Anfang eines Textes oder eines Briefes, der im Sinne des Dhamma geschrieben wurde. *Namo-tassa* ist die einleitende geistige Einstellung für die ausführliche Vergegenwärtigung aller neun Tugenden des Buddha:

Iti'pi so bhagavā, araham, sammā sambuddho, vijjā carana sampanno, sugato, loka vidū, anuttaro purisadamma sārathi, satthā deva manussānam, buddho, bhagavā'ti.

So ist er, erhaben, heilig, vollkommen erleuchtet, mit Weisheit und rechtem Wandel ausgestattet, dem es wohl ergeht, der Welt-Kenner, unübertroffener Lenker der belehrbaren Menschen, Meister der Götter und Menschen, erleuchtet, erhaben, so ist er.

Der Sinahalese assoziiert das Wort *Buduguna* mit „*Iti'pi so...*", das anschliessend an *Namo-tassa* angehängt wird. Es wird automatisch rezitiert in einer schwierigen Situation, in der man Schutz und Zuflucht sucht. Der Rezitierende verschafft sich durch *Buduguna* einen Übergang in einen angstfreien Geisteszustand, mit dem er in der stressvollen Situation eventuell angemessen handeln kann. *Iti'pi so* ist dermassen im Fleisch und Blut jedes Sinhalesen, dass kaum jemand die neun Tugenden einzeln aufzählen kann, ohne den ganzen Spruch zu murmeln. Ein *Buduguna-Mantra,* das wie das obige während Heilritualen rezitiert wird, weckt beim Zuhörer dieselben Gemütszustände. Dies geschieht aber in einem spielerisch elaborierten Rezitationsvorgang, indem Figuren und Begebenheiten der buddhistischen Kosmologie in Erinnerung gerufen werden.

Deviyange–Mantra:

Sivaa mastu namoo raamah kandaseenaa samaagamah
Vadiga tantraya maniikanthah oddimangala namoonamah.
Siddhibuddhippra daayeena buddhimuddippra daayinii
Mantra murtaya sadaadeevii mahaalakshmii namoonamah.
Kadiraneedeeva goovindam paalentu looka saasanam
Eetee deevaanu bhaaveena kandasvaamii namoo varam.

Inhalt des Deviyange–Mantra:

Möge Ruhe einkehren! Ich stelle meinen Geist ein auf Gott *Rāma* und Gott *Skandha,* die die *Tantra*–Arbeit (Zauberakt) machen, *Manikanta* und *Oddi* begrüsse ich. Ich begrüsse und verehre die Göttinnen der Weisheit und magischen Kräfte, die die *Mantras* rezitieren, *Sadadevī* und *Mahālakshmī* begrüsse ich. Mögen Gott *Kadirane (Kataragama)* und *Govinda (Vishnu)* die Welt und den Dhamma beschützen. Möge die Macht dieser Götter bestehen bleiben.

Das *Deviyange–Mantra* ist in leicht entstelltem Pāli. Es ist ein Text mit klar unterscheidbaren Versen und einem Versmass, wenn auch ohne Reim. Der Rhythmus und die Melodie der Rezitation unterscheiden sich deutlich vom *Buduguna–Mantra.* Bei den verschiedenen Gottheiten, die hier begrüsst werden, handelt es sich, im Gegensatz zum *Buduguna–Mantra,* um Lokalgottheiten.

Bhūtayinta–Mantra:

Oong griing hara hara srii vishnu naaraayane vara vara namah.
Oong ravi varang ravi patrakaalii varang,
Chandra varang chandra patrakaalii varang,
Kuja varang kuja patrakaalii varang,
Budha varang budha patrakaalii varang,
Guru varang guru patrakaalii varang,
Kivi varang kivi patrakaalii varang,
Shäni varang shäni patrakaalii varang,
Pani varang pani patrakaalii varang,
Bamba varang bamba patrakaalii vara vara namah.

Inhalt von Bhūtayinta–Mantra:

Ich neige mich hin zum noblen Gott *Vishnu*,
ich begrüsse ihn und bitte um Erlaubnis.
Möge ich Erlaubnis von *Ravi*
und seiner Göttin *Bhadrakāli* erhalten, usw.

Die Gottheiten, die hier angesprochen werden, entsprechen den Planeten Sonne *(ravi)*, Mond *(candra)*, Mars *(kuja)*, Merkur *(budha)*, Jupiter *(guru)*, Venus *(kivi)* und Saturn *(shäni)*. *Pani* ist eventuell eine Kobra, und *Bamba* meint *Brahma*. *Bhadrakāli* ist eine Erscheinung der Göttin *Kāli*, die hier als göttlich–weibliche Energieträgerin *(shakti)*, in Ergänzung zu den männlichen Gottheiten, angesprochen wird.

Das *Bhūtayinta–Mantra* hat keine einheitliche Sprache mehr. Die Wörter stammen aus dem dravidischen, tamilischen, malayischen usw., oder sind einfach Phantasiewörter, die zu *Mantra*-Stereotypien geworden sind (zum Beispiel *oong griing*). Es wird hier mit den Worten gespielt, sie werden zum Teil doppelt gesagt, und mit der Silbenabfolge wird eine bestimmte Wirkung und Stimmung erzeugt. Der Zuhörer weiss auf Grund von Rhythmus und Wortwahl, dass in diesem *Mantra* nicht nur gutwillige *Bhūtas* angesprochen sind. Auch das Bedrohliche wird geweckt. Was in diesem *Mantra* besonders gut zum Ausdruck kommt, ist die Verschiebung der Alltagssprache. Dies gilt auch für die vorherigen *Mantras* und für *Mantras* im Allgemeinen. Weiche Konsonanten werden hart ausgesprochen (zum Beispiel *patrakaalii* statt *bhadrakāli*), die Worte werden mit Aspirationslauten angereichert (zum Beispiel *namah* statt *nama*, *thassa* statt *tassa*) und kurze Vokale werden langgezogen ausgesprochen (zum Beispiel *namoo* statt *namo*, *maharaajaa* statt *mahārāja*).

Yantra

Das *Yantra* ist eine Art Talisman, den man, je nach Vorschrift, mit sich trägt oder an einem besonderen Ort aufbewahrt. Es garantiert die Erfüllung eines Wunsches. Auch für Wünsche der Schädigung eines Mitmenschen, für die schwarze Magie, werden *Yantras* angefertigt. *Yantras* werden in der sinhalesischen Gesellschaft häufig und vor allem als Mittel zum Schutz vor Unheil benutzt. Die Anfertigung eines *Yantras* ist manchmal die billigere und kürzere Alternative zu einem ganznächtlichen Tovil. Doch auch in einem Tovil nimmt das *Yantra* seinen bestimmten Platz ein. Es wird angefertigt zum Schutz des frisch geheilten Patienten. Die Heiler selber tragen während des Tovils oft ein *Yantra* an ihrem Körper als Schutzvorkehrung gegen die schwarze Magie eines feindseligen Heilerkollegen.

Das *Yantra* besteht aus einer geometrischen Struktur, deren Felder mit einzelnen Buchstaben oder ganzen *Mantras* und anderen Zeichen zum Teil ausgefüllt werden. Der *Yantra*–Talisman wird hergestellt, indem die ganze Struktur auf ein dünnes Kupferblatt geritzt, zusammengerollt und in eine Kapsel *(suraya)*, meist aus Silber, geschoben wird. Dann wird er mit *Mantras* energetisiert *(jīvan karanava)*, oft im Rahmen eines kleinen Rituals mit einem Blumenaltar *(mal tatuva)* und anderen Requisiten. Die *Yantra*–Kapsel trägt man an einer Schnur um den Hals, um die Hüften, man vergräbt sie oder bewahrt sie sonst an einem dafür bestimmten Ort auf, zum Beispiel oberhalb der Haustüre, unter dem Kopfkissen oder im Reisspeicher.

Upasena Gurunnanse hat mit mir ein ganzes *Yantra*–Buch auf Palmblättern mit hunderten von *Yantras* gegen verschiedene Bedrohungen durchgenommen. Das hat mir zugleich einen guten Überblick darüber gegeben, wovor sich die Dörfler in ihrem Alltag fürchten. Die *Yantras* sind zum Schutz gegen allerlei *Pretas* (Ahnengeister), *Bhūtas* (Geistwesen), *Yakas* (Dämonen), wilde Tiere und böse Menschen, sie sind zum Schutz gegen Störungen in den Beziehungen, vor allem der Mutter–Kind– und der Ehebeziehung, zum Schutz des Eigentums, zum Schutz gegen Seuchen, für sozialen, schulischen und beruflichen Erfolg, und vieles mehr.

Die folgende Struktur ist ein Schutz–*Yantra* *(ārakshāvata-yantraya)*, wiedergegeben in seiner Originalgrösse:

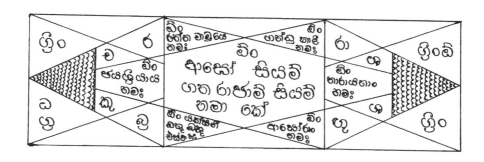

Abbildung 20 : Ein Schutz–*Yantra (ārakshāvata–yantraya)*

Das *Mantra,* mit dem das *Yantra* energetisiert wird, ist hier in den Feldern der Struktur eingezeichnet. Es wird für die Energetisierung 21 oder 108 mal rezitiert. Von links nach rechts und von oben nach unten gelesen (das mittlere Feld am Schluss) lautet es:

Oong ranna chaamuyee namah,

Oong gandhuu kaalii namah,

Oong jaya sri yaaya namah,

Oong naaraayanang namah,

Oong yakshanii bandha bandha eesvaaha,

Oong aagoorang namah,

Oong aagoosiyam gana raajaa aagoosiyam namaa keh.

Dies ist eine Zauberformel, scheinbar ohne Inhalt, in einer nichtverständlichen Sprache, die jedoch gewisse Assoziationen weckt, wie: es werden edle und schreckliche Geistwesen gerufen, gegrüsst oder gebunden.

10. Das Können
des Upasena Gurunnanse

Die Handlungen des Upasena Gurunnanse als Bedingungen für den Wandel psychischer Prozesse, den die Patienten während den Diagnosegesprächen und Heilritualen durchlaufen, und der sie wieder gesund werden lässt, stehen im Zentrum der folgenden Darlegungen. Ich analysiere diese Einwirkungen des Upasena Gurunnanse und ihre Ergebnisse anhand der genau erhobenen und dokumentierten Behandlungen von Simon und Duva. Auf die einführende Fallgeschichte von Sita werde ich nur am Rand eingehen, um einige Besonderheiten hervorzuheben. Die heilenden Veränderungen der psychischen Prozesse werden durch Upasena Gurunnanses Können, das heisst durch die gezielt und angemessen eingesetzten Mittel *(upāya)* seiner Tovil-Heilmethode *(upakkrama)*, herbeigeführt. Die Errichtung des therapeutischen Formats *(kammatthāna)* des Tovils und die therapeutischen Interventionen des Upasena Gurunnanse als Mittel des Heilens werden dadurch im psychologischen Zusammenhang sichtbar.

Ich gehe davon aus, dass die Handlungen eines Heilers und die durch sie ausgelösten psychischen Prozesse nur im Verständnis der Kulturgebundenheit ihrer Bedeutungen und Ziele wissenschaftlich erfasst werden können. Das Finden von psychologischen Konzepten, die sich diesen kultureigenen Bedeutungen einigermassen annähern, ist mir deshalb ein besonders wichtiges Anliegen. Bei der Analyse meiner Beobachtungen von Tovil-Heilritualen gehe ich von Upasena Gurunnanses technischen Begriffen aus und stelle sie in den „praxeologischen" Erklärungszusammenhang des Abhidhamma. Psychologische Konzepte zum therapeutischen Format (Moreno; vgl. Kapitel 5.1), über kulturgebundene Handlungen (Boesch; vgl. Kapitel 5.2), über Erleben und Ansicht (Gendlin, Rogers; vgl. Kapitel 5.3) werden, wenn nötig, als „Übersetzungshilfe" der Abhidhamma-Psychologie herbeigezogen.

Meine Analyse orientiert sich also an den **Gemeinsamkeiten** von Wissenssystemen kulturell unterschiedlicher Herkunft. Diese Gemeinsamkeiten möchte ich nun übersichtsmässig kurz zusammenfassen, um sie als Zusammenführung von Konzepten meiner Analysen, als eine Synthese, sichtbar werden zu lassen:

Der Tovil–Psychologie und dem Abhidhamma ist das gezielte Arbeiten mit Bedingungen *(paccaya)*, um das Entstehen gewünschter psychischer Prozesse zu begünstigen, gemeinsam. Die Manipulation von Bedingungen im Tovil *(vat–pilivet)* durch Upasena Gurunnanse setze ich in meiner Analyse in Beziehung zu den Bedingungskategorien *(paccaya)*, wie sie im Abhidhamma aufgeführt sind. Eine Auswahl solcher Bedingungskategorien, die im Tovil zur Anwendung kommen, habe ich in den Kapiteln 4.1 und 4.2 getroffen und vorgestellt. Ansatzweise ist die zyklische bedingte Entstehung der Phänomene *(paticca–samuppāda)*, die das lineare Ursache–Wirkungs–Prinzip der Wissenschaft überschreitet, in einigen neueren psychologischen Theorien ebenfalls berücksichtigt.

Die psychische Ausgeglichenheit, im Abhidhamma die Balance der geistigen Fähigkeiten *(indriya–samattā)*, finden wir annähernd auch als ein Kriterium für Gesundheit in der Psychotherapie. Die Inhalte dieser psychischen Balance unterscheiden sich jedoch voneinander. In der Psychoanalyse, zum Beispiel, geht man davon aus, dass eine neue Balance zwischen den psychischen Funktionen des Es (Triebe), des Ichs (Wirklichkeitssinn) und des Über–Ichs (verinnerlichte Ansichten der Eltern, Norm) hergestellt werden muss, in der das Ich die regulierende Funktion übernimmt. Die psychische Krankheit, zum Beispiel der Zustand der sogenannten Neurose, kommt entwicklungsgeschichtlich durch die Überbetonung der Über-Ich-Funktion, der Verdrängung der Es-Funktion und der geschwächten Ich–Funktion zustande (Bock 1984). In der Gestalt–Therapie spricht man von einer homöostatischen Balance, einem Fliessgleichgewicht zum Beispiel zwischen Bedürfnisspannung und Bedürfnisbefriedigung, in dem sich die gesunde Person befindet (Bünte–Ludwig 1984). Die geistige Ausgeglichenheit, *Indriya–Samattā*, ist in der Tovil–Psychologie und im Abhidhamma ein wichtiger Begriff. Die Dynamik des Balancierens der fünf geistigen Fähigkeiten des Vertrauens *(saddhā)*, des Wissens *(paññā)*, der Achtsamkeit *(sati)*, des Willens *(viriya)* und der Sammlung *(samādhi)* im Patienten wird — wie meine Analyse zeigt — durch die therapeutischen Interventionen des Upasena Gurunnanse gezielt herbeigeführt. Ein weiterer Bestandteil des Könnens von Upasena Gurunnanse ist die von ihm angewandte Methode des Entgegenkommens. Diese Methode besteht aus dem therapeutischen Einfühlen *(anubhūti)* und Verstehen *(anubodhi)*. Aus der Gesprächspsychotherapie kennen wir die therapeutische Variable der Empathie (Rogers 1965), die sich auf ähnliche Phänomene wie die Methode des Entgegenkommens bezieht. Das reziproke Angleichen des Erlebens *(anuparivatti)* erinnert an die Methode des Focusing nach Gendlin (1978).

Der Brennpunkt meiner Analyse ist die Darstellung, wie die heilenden psychischen Prozesse im Patienten durch das **Können** des Heilers bedingt werden. Das Können als Methode des Heilens ist von einem meditierenden Abhidhamma–Kenner, von einem Heiler und von einem Psychotherapeuten gleichermassen erforderlich. Es ist eine Voraussetzung für die gewünschte Wirkung der „Übung", sei es der Meditation, der Psychotherapie oder des Tovil–Heilrituals. Das therapeutische Format respektive der *Kammatthāna* (Arbeitsgrundlage) dient der Erfassung von Bedingungen (materiellen, räumlichen, zeitlichen, sozialen, ideellen usw.), um gewünschte psychische Prozesse in Gang zu bringen. Das Vorhandensein des **Vertrauens** ist eine wichtige Bedingung, eine Voraussetzung für geistige Entwicklung auf jedem dieser drei Arbeitsgrundlagen. Zum Können des Upasena Gurunnanse gehört auch die Einhaltung seiner persönlichen **Ethik**. Welche Prinzipien sie beinhaltet und wie diese Prinzipien in der Tovil–Heilmethode kommuniziert und verwirklicht werden, sind dann die Hauptfragen des elften Kapitels.

Können, Ethik und Vertrauen sind also die zentralen Begriffe meiner Analyse und zugleich ein gemeinsamer Nenner von Wissenssystemen aus den beiden unterschiedlichen Kulturen, der Psychotherapie und dem Abhidhamma.

10.1 Das Diagnosegespräch

Upasena Gurunnanses Beziehung zu einem Patienten beginnt mit der ersten Kontaktnahme zusammen mit den Angehörigen. Gewöhnlich besteht die Patienten–Heiler–Beziehung aus einem längeren Diagnosegespräch, erstreckt sich auf den Tovil, zirka ein bis zwei Monate später, und endet mit dem Bedanken des geheilten Patienten einige Tage nach dem abgehaltenen Tovil–Heilritual.

Das erste Gespräch mit dem Patienten und seinen Angehörigen bezweckt vor allem, das Vertrauen des Patienten zu wecken und zu festigen. Ich analysiere diese Vorbereitungsphase der Heilung als Diagnosegespräch. Mit dem Begriff „Diagnose" betone ich die kognitive Aktivität des Heilers, die ihm ein Wissen über den Patienten liefert, auf Grund dessen er dann sein heilendes Vorgehen entwirft.

Zuerst möchte ich kurz auf die dem Diagnosegespräch vorangehenden Ereignisse zu sprechen kommen, die bei Simon (vgl. S. 260ff) und bei Duva (vgl. S. 295f) dazu führen, dass Upasena Gurunnanse um Hilfe ersucht wird. Sowohl Duva als auch Simon werden durch eine ungewöhnliche Erscheinung erschreckt *(bhūta bhaya)*. Dies ist, so Upasena Gurunnanse, der Beginn der dämonischen Krankheit *(bhūta dōsa)* und ein Anlass verrückt *(pissu)* zu werden. Dieses erste Erschrecken löst nun bei Simon und bei Duva unterschiedliche Reaktionen aus. Wie wir sehen werden, bedingen die dadurch ausgelösten psychischen Prozesse Unterschiede im Verlauf des Diagnosegesprächs.

Duva gerät in einen Zustand, der nicht ihrem normalen Bewusstsein *(honda sihiya)* entspricht: sie schimpft, schreit, schlägt um sich und muss schliesslich von den Familienangehörigen zu ihrem eigenen Schutz ans Bett gebunden werden. So findet sie Upasena Gurunnanse vor, als er von den Familienangehörigen gerufen wird.

Simon gerät nicht in einen solchen Zustand. Obwohl auch er ausser sich ist vor Angst, schildert er seine Erlebnisse einem Freund. Von ihm erfahren wir, dass Simon erwägt, von seinem unheimlich gewordenen Wohn– und Arbeitsplatz wegzugehen. Dass Simon sein Bewusstsein verlieren würde *(sihiya näti venava)*, ist in seinem Beziehungskontext nicht angebracht. Er ist ohne die dafür nötige Unterstützung seiner Familienangehörigen und kann die Reaktionen seiner Arbeitgeber und der übrigen Menschen in seiner aktuellen Umgebung nicht abschätzen.

Duva, die bereits die Heilung ihres älteren Bruders miterlebt hat, kann sich da in ihrer familiären Umgebung verhältnismässig sicher fühlen und den Schritt in die „genormte Verrücktheit" machen. Sie lässt sich völlig gehen und verhält sich gleichzeitig so, dass sie der Diagnose einer dämonischen Besessenheit entgegenkommt. Die ersten Anzeichen von Duvas dämonischer Krankheit, ihre Reaktionen darauf und das Diagnosegespräch nehmen einen in ihrer Kultur „normalen" oder „typischen" Verlauf.

Die obige Aussage, dass Duva einen „Schritt in genormte Verrücktheit" tut, stammt natürlich nicht von Upasena Gurunnanse, sondern ist meine Formulierung, die weiterer Erklärung bedarf. In unserem Kulturkreis gilt die Verrücktheit als Abweichung von der Norm. Ein Mensch, der bei uns den Wirklichkeitssinn verliert, wird als psychotisch diagnostiziert und unter Umständen durch eine Einweisung in die psychiatrische Klinik von seinen Angehörigen isoliert. In seltenen Fällen unternimmt dann ein Psychotherapeut die aufwendige Aufgabe, sich in die vollkommen abweichende Wahnwelt eines solchen Patienten einzulassen, um wieder einen Gemeinschaftsbezug herstellen zu können. Die „Psychose" der Duva ist hingegen ein Schritt in eine Welt mythischer Gestalten, die auch ihren „normalen" Mitmenschen bekannt ist. **Wir** empfinden ihr besessenes Gebahren vielleicht als verrückt. Im Verständnis des Srilankaners ist sie in diesem Stadium nicht verrückt, sondern eben von einem Dämon besessen, was eigentlich etwas ganz „Normales" ist; verrückt *(pissu)* ist sie erst, wenn sie auf die Besessenheit zerfahren reagiert. Mein Ausdruck „genormte Verrücktheit" ist also ein Kompromiss zwischen unserem und dem srilankischen Empfinden gegenüber dem besessenen Zustand der Duva.

Bei Duva wird fast unmittelbar an das dämonische Erschrecken *(bhūta bhaya)* eine Desintegration ihrer psychischen Fähigkeiten *(indriya)* offenbar. Die Sammlung *(samādhi)* ist nicht mehr im Gleichgewicht mit dem Willen *(viriya)*. Das persönlich nützliche Wissen *(paññā)* ist durch die Besessenheit ausgeschaltet und bietet dem Vertrauen *(saddhā)* keinen Bezug. Das Vertrauen ist vielmehr auf die

Willkür der dämonischen Erscheinung ausgerichtet. Die damit verbundene Angst paralysiert die Achtsamkeit *(sati)* und bewirkt dadurch eine Kombination von Verwirrung und Geistesabwesenheit. Duva weiss nichts und denkt nichts, als Upasena Gurunnanse sie zum ersten Mal als Patientin sieht. Sie tritt alle Verantwortung, und damit auch alles Wissen, an die Verwandten ab. Bei Duva sind es die Angehörigen, die entscheiden, den ersten Schritt zu dem Heiler zu unternehmen. Die Angehörigen handeln aus einem Gleichmass von Wissen und Vertrauen, während Duva in ihren angstvollen dämonischen Ansichten *(disti)* verhaftet *(upādāna)* ist. Upasena Gurunnanse kommt ihr, wie wir später (S. 336ff) sehen werden, auch entsprechend anders entgegen.

Diesen ersten Schritt zur Vertrauensbildung unternimmt Simon hingegen selber, indem er auf das Angebot eingeht, sich zu Upasena Gurunnanse führen zu lassen. Upasena Gurunnanse hat mich bei einem Lehrgespräch darauf aufmerksam gemacht, dass ein Patient oder seine Angehörigen, wenn sie entscheiden, ausgerechnet ihn, den *Yakādura* (Dämonenlehrer), aufzusuchen — und nicht etwa einen Arzt zum Beispiel, oder einen Astrologen —, bereits ihre Gründe haben: sie vermuten nämlich, dass die Probleme des Patienten durch Dämonen verursacht sind. Falls der Patient daran noch Zweifel hat, möchte er in der Regel zusammen mit dem Heiler mehr Klarheit über seine Krankheit bekommen. „Ein Patient, der zu mir kommt", meint Upasena Gurunnanse schmunzelnd, „erwartet nicht, dass er eine Spritze bekommt." Dabei können die Symptome, die wir bei Simon und bei Duva feststellen, durchaus auch somatischer Natur sein (siehe Simon S. 271 und Duva S. 298).

Der Gang zum Heiler ist also bereits eine Anlass–Bedingung dafür, dass heilende Prozesse in Gang gesetzt werden. Upasena Gurunnanse bezeichnet dies als eine erste Stufe der Heilung. Simon macht zuvor jedoch einen Schritt zur Bewältigung seiner Angst, indem er versucht, sich mit dem ihm zugänglichen Wissen über die dämonische Krankheit selber auseinanderzusetzen. Um von einem Dämon befallen zu werden, braucht es eine Anzahl von Umständen, ein Zusammenspiel von Bedingungen. Ein erlebnismässig überprüfbares Wissen darüber ist in der srilankischen Kultur allen zugänglich; es ist ein Teil der Folklore. Simon ist darüber hinaus ein fleissiger Leser astrologischer und dämonologischer Literatur; er verfügt also über eine Menge von Informationen zu diesen Themen, die er aber nicht als leidbefreiendes Wissen *(paññā)* auf sein eigenes Erleben anwenden kann.

Verrückt *(pissu)* wird man laut Upasena Gurunnanse, wenn man zu viel oder zu wenig denkt. Upasena Gurunnanses Ziel während des Diagnosegesprächs ist es, das Vertrauen des Patienten zu stärken und, soweit möglich, auf ein heilsames Wissen zu beziehen, das den Psychokosmos *(loka)* ordnet. Dieses heilsame Wissen wird vom Heiler verwaltet und verkörpert. Er kennt die Mythen und den geschickten Umgang mit den mythischen Wesen, den Göttern und vor allem den Dämonen, die sich der Menschen bemächtigen wollen. Das Vertrauen des Patienten wird nun, wie ich zeigen werde, zu diesem Wissen und dadurch zum Können des Heilers in Bezug gebracht.

Das Diagnosegespräch mit Simon

Ich werde nun am Beispiel von Simon zeigen, wie Upasena Gurunnanse dem Wissen und den Zweifeln von Simon im Diagnosegespräch empathisch entgegenkommt *(anubhavana),* und das Vertrauen, den Gegenpol zum Wissen, stärkt, damit eine heilsame Balance zwischen den beiden Fähigkeiten *(indriya samatta)* entstehen kann.

Wir begeben uns mit dem Patienten ins Haus des Heilers. Simon begrüsst Upasena Gurunnanse und überreicht ihm ein Bündel Betelblätter zum Zeichen seines Respekts, ihm, dem Heiler und Lehrer gegenüber. Dies ist eine Geste, die allgemein üblich ist, wenn man einen Heiler, einen traditionellen Arzt, einen Lehrer oder sonst eine respektable Person aufsucht. Zu meiner Überraschung verbeugt sich Simon jedoch nicht dabei und zeigt auch einen entsprechend trotzigen Gesichtsausdruck. Durch dieses Verhalten bringt Simon sein Zweifeln zum Ausdruck, seinen Mangel an Vertrauen. Er weiss zwar, wie er sich angemessen benehmen müsste, doch fehlt ihm das Vertrauen in die Wahrheit dieses Wissens. Es ist für ihn nicht echt. Gleichzeitig drückt er damit aber auch eine Thematik seiner Probleme aus: die Verletzung der sozialen Etikette, die Disloyalität.

Dafür verbeugt sich aber Upasena Gurunnanse ganz unerwartet beim Entgegennehmen der Betelblätter. Mit dieser Handlung tritt er zwar der Thematik von Simon entgegen, jedoch nicht, indem er zum Beispiel ebenfalls trotzig, kämpfend oder gekränkt reagieren würde. Vielmehr dreht er die Situation gerade ganz um. In unserem psychotherapeutischen Verständnis würde man dieses Mittel als eine „paradoxe Intervention" bezeichnen. Diese paradoxe Intervention kehrt die reale Beziehung um und bestärkt beim Adressaten das Bewusstsein eines sozial erwünschten Handelns, welches dieser aus rational nicht einsichtigen Gründen unterlassen hat.

Das Prinzip dieser paradoxen Handlungsweise des Upasena Gurunnanse ist in einer mythischen Geschichte überliefert *(Samyutta Nikāya*, Band I : 238). Dort tritt der Gott *Sakka,* auf ähnliche Weise paradox, höflich einem *Yaka* (Dämon) gegenüber, der sich auf seinen Thron gesetzt hat. Dieser minderwertige, durch Ärgergefühle genährte *Yaka* hat sich arrogant auf die gleiche Ebene wie Gott *Sakka* gestellt — dies zur Empörung der Gottheiten, über die Gott *Sakka* regiert. Empörung empfand auch ich in dieser Situation: wie der Dämon gegenüber Gott *Sakka,* verweigert Simon einem Menschen seine Verehrung, den ich selber verehre. Dadurch beschämt er in meinen Augen nicht nur den Gurunnanse, sondern auch mich. Ich nehme sein Verhalten als Zeichen seiner Disloyalität Upasena Gurunnanse und auch mir gegenüber.

In der mythischen Geschichte benimmt sich also der Gott auf eine scheinbar paradoxe Weise respektvoll freundlich, und demzufolge schrumpft der Dämon, der sich zuvor so aufgebläht hat, tatsächlich zusammen und wird ganz klein und hässlich. Ihm, der sich vom Ärger seiner Mitmenschen ernährt, wird die Nahrung durch Gott *Sakkas* Freundlichkeit entzogen. Der Handlungsablauf der Verletzung der sozialen Etikette, der paradoxen Reaktion darauf und deren Auswirkung auf den unwürdigen Emporkömmling ist, wie ich in diesem Beispiel aufgezeigt habe, in den buddhistischen Mythen vorgezeichnet.

Simon wirkt wie entwaffnet und fängt unvermittelt an, das Vorkommnis, das ihn am meisten beängstigt hat, zu schildern: der Mann, respektive die Männer, die in seinen Raum eindrangen mit Gewehren, dort Bomben legten und dann plötzlich verschwunden waren. Simon gibt schon in dieser ersten Kurzdarstellung zwei Hinweise für die Erklärung dieser ungewöhnlichen Geschehnisse: er erinnert die Tageszeiten — es sind just die Zeiten *(jāmaya),* an denen Dämonen ihre Übergriffe vornehmen —, und er erwähnt seinen Alkoholkonsum, der ihn sich das ganze vielleicht nur hat einbilden lassen.

Upasena Gurunnanse steigt zuerst auf die Variante der Betrunkenheit und der daraus resultierenden Halluzinationen ein, indem er fragt: „Hast du das wirklich gesehen?" Simon bestätigt es; er zeigt vor, wie er damals auf seinem Stuhl gesessen ist. Simon zeigt durch seine Reaktion, dass er zur Körperachtsamkeit *(sati)* fähig ist, die er gerade auch im Moment seiner Sitzimitation herstellt. Die eigene

Körperwahrnehmung ist ein Kriterium für den Wirklichkeitsbezug
(yathā–bhūta). Sie macht die Erlebnisse des Menschen echt und überprüfbar.

Die Fähigkeit der Achtsamkeit vermag gleichzeitig die anderen
geistigen Fähigkeiten zu balancieren *(indriya–samatta)* und alle
Komponenten der Persönlichkeit *(pañca–khandha)* zu integrieren.[99]
Die Persönlichkeit des Dämons ist unachtsam und daher nicht bei
Bewusstsein *(sihiya nä)*. Unachtsam ist aber auch der eingebildete
Kranke *(boru–leda)*, dessen Handlungen als Dämon oder als Person
daher unecht und verlogen sind. (Das Phänomen des *Boru–leda* werde ich auf S. 347ff noch eingehender besprechen.) Auf diese Unacht-
samkeiten und auf die Möglichkeit der dämonischen „Bewusstlosigkeit" spielt Upasena Gurunnanse an, wenn er die Frage nach dem
„wirklichen Sehen" stellt.

Simon bestätigt durch seine Antwort und Körpergeste, dass er in
jenem Moment weder Einbildungen hatte, noch selber von einem
Dämon besessen war. Er weist jedoch auf die dämonische Zeit hin: es
war sechs Uhr. Er, der gerade noch dem Dämonenlehrer trotzig seinen Respekt verweigert hat, gibt sich jetzt ihm gegenüber kooperativ
und möchte, dass Upasena Gurunnanse die Dämonen als Ursache seiner Krankheit in Betracht zieht. Diese Ambivalenz, das Sich–nicht–
festlegen–wollen, kommt während dem Diagnosegespräch an mehreren Stellen zum Ausdruck.

Doch an einer vorschnellen Diagnose ist Upasena Gurunnanse
nicht interessiert. Ihm geht es vielmehr darum, das Vertrauen von
Simon stufenweise zu gewinnen. Ich hatte den Eindruck, dass ihm
dies an dieser Stelle bereits weitgehend gelungen ist. Durch seine
akzeptierend entgegenkommende Haltung zeigt er Simon, dass er
mehr an dessen eigenen Wahrheitsfindung interessiert ist und nicht
etwa daran, ihn zu seinem gehorsamen Patienten zu machen. Das
fügsame Patientsein muss als solches innerlich empfunden und daher
echt sein. Upasena Gurunnanse steigt nicht auf Apelle ein.

Trotz Simons sofortigem Hinweis auf eine Dämonenkrankheit
greift Upasena Gurunnanse die für seine Behandlungsmöglichkeit
fernerliegende Diagnoseversion, die Betrunkenheit, auf. Doch zur
Wahrheitsfindung, das hat er dem Patienten zuvor demonstriert,
gehört auch, dass der Heiler seine eigene Wahrheit bezüglich der
Beziehung zum Hilfesuchenden, seine begründete respektable Stellung,
ernst nimmt. Durch seine paradoxe Intervention, als Simon ihm die
Respekterweisung verweigerte, hat Upasena Gurunnanse gezeigt, dass

er seine Wahrheit nicht verleugnet; Achtung und Respekt in der Beziehung ist Upasena Gurunnanse so wichtig, dass auch er bereit ist, demütig zu sein, statt auf seiner Identität als Lehrer und Heiler zu beharren. Wenn er dadurch seinen, sich minderwertig fühlenden Patienten beschämt oder verärgert, nimmt er das ebenfalls in Kauf.

Der Heiler schafft durch seine ernsthafte Haltung ein Klima, in dem nichts vorgeheuchelt wird, nur begründete Ansichten gelten und gesellschaftliche Regeln und Traditionen respektiert werden. Nicht bestärkt werden hingegen konstruierte Vermutungen, Projektionen, scheinbare Anpassung und Verhaftetsein in einer Identität des braven Patienten.

Nachdem Upasena Gurunnanse im Ablauf der bisherigen Begegnung durch seine Interventionen die Beziehungsebene geklärt hat, lässt er nun Simon genügend Raum, damit dieser seine Geschichte ausführlich erzählen kann. Er zeigt beim Zuhören volle Anteilnahme und fragt interessiert nach, um sein empathisch wirklichkeitsbezogenes Verstehen *(anubodhi)* zu vertiefen. Inhaltlich richtet sich dieses Nachfragen auf den Sachverhalt, wer in Simons Geschichte was sehen konnte oder nicht sehen konnte. Dadurch fördert er den Wirklichkeitsbezug *(yathā–bhūta)* bei Simon. Simon wird mit der Zeit immer klarer, dass die Dinge, die er sah, zum Beispiel für mich *(nona)* nicht sichtbar waren (S. 266).

Auf das Thema des wirklichkeitsbezogenen Sehens kommt Upasena Gurunnanse hartnäckig immer wieder zurück. Er drängt Simon manchmal mit seinen Fragen in die Enge, lässt ihn dann aber gewähren, wenn Simon ausweicht und sich nicht festlegen will. Als Simon, bedrängt durch Upasena Gurunnanses genaues Nachforschen, schliesslich ausruft: „Das alles ist gar nicht wahr!", erkenne ich seine Angst, seinen verzweifelten Versuch, sich weder durch dämonische Übergriffe noch durch Alkoholhalluzinationen die Sinne rauben zu lassen.

Sofort reagiert Upasena Gurunnanse auf diese Angst mit einer beruhigenden Bemerkung. Dann gibt er Simon Kriterien, wie er im reflektierenden Nachforschen über das Erlebte die Täuschung erkennen kann. Als Mittel gegen die Angst bietet er ihm Wirklichkeitsbezug: wo Wasser spritzt, muss es in der Folge auch nass sein; wo Vögel nisten, müssen sie auch vom Herrn *(mahatteya)* gesehen werden (S. 268).

Doch Simon lässt nicht gelten, dass seine Angst bloss auf Grund des Wirklichkeitsverlustes durch Halluzinationen zustande gekommen ist. Er bemerkt erneut, dass er dies alles doch zu den bestimmten (dämonischen) Zeiten gesehen habe. Und prompt folgt darauf Upasena Gurunnanses Frage, wer denn die Leute seien, die Simon gesehen habe. Wenn nämlich ein dämonischer Übergriff stattgefunden hat, dann muss es sich bei diesen Leuten, die Simon sah, um dämonische Erscheinungen *(avatārayo)* gehandelt haben.[100]

Da Simon auf die Frage nach der Identität der Leute wieder ausweicht (S. 269), will Upasena Gurunnanse nun etwas mehr über die Beziehung Simons zu diesen Leuten erfahren. Wieder zeigt Upasena Gurunnanse, dass er nicht, bloss weil er Lehrer der Dämonen ist, dem Patienten nun aufzwingen will, dass er Dämonen gesehen hat. Von seiner Beziehung zu „diesen Leuten" ist Simons Erlebensraum offensichtlich erfüllt, und er wirkt bei seinen Schilderungen konzentriert und echt.

Daraufhin bietet Upasena Gurunnanse Simon eine erste Diagnose an, indem er die Vermutung äussert, dass Simons Widersacher, der Nachbar, der ebenfalls ein *Yakädura* (Dämonenlehrer) ist, auf Grund seiner ausserordentlichen Fähigkeiten als Dämonenlehrer die Gestalt der Männer angenommen hat. Dies habe er getan, um Simon zu erschrecken und sich dadurch an Simon zu rächen. Die Aussage über die ausserordentlichen Fähigkeiten des Dämonenlehrers, die in dieser Diagnose enthalten ist, erinnert Simon daran, dass Upasena Gurunnanse solche aussergewöhnlichen Fähigkeiten auch hat, nämlich das Können, eine dämonische Gestalt *(avatāraya)* anzunehmen und damit andere zu erschrecken.

Die *Yakäduro* bieten sich manchmal als Vermittler verschiedener Strafe- und Racheakte an, und ihre Hilfe wird zu diesem Zweck auch beansprucht. Nun weiss ich von Upasena Gurunnanse, dass er selber keine schädigenden Absichten verfolgt und daher auch keine „schwarze Magie" durchführt. Ich vermute also, dass er mit diesem Hinweis Simons Reaktion prüfen wollte, wie gross dessen Neigung ist, anderen zu schaden. Gleichzeitig erinnert er Simon daran, dass er als Heiler über ein „magisches" Können verfügt. Wenn Simon sich von Upasena Gurunnanse helfen lassen will, muss er fähig sein, sich diesem Können vertrauensvoll zu überlassen. Simon steigt nicht auf diese Angebote ein, sondern wechselt das Thema.

An den Inhalten der Aussagen von Simon erkennt man jedoch, dass er Upasena Gurunnanses Diagnose bereits übernommen hat. Er schmückt sie sogar weiter aus, indem er angibt, den Grund zu wissen, weshalb „diese Leute" ihm etwas antun wollen (S. 269). Dieser Grund ist in seiner Aussage allerdings nur kryptisch enthalten. Es könnte sich um seine Disloyalität gegenüber dem Herrn *(mahatteya)*, meinem Mann, und um andere Verfehlungen handeln. „Diese Leute", die Gestalten, die in Simons Erlebensraum eindrangen, bringen ihn in Verruf bei *Mahatteya*. Und sie tun es begründet, denn Simon weiss sofort auch warum. Sein erster Impuls, als er den Zusammenhang erkannt hatte, war, der *Nona* zu rufen. Simon zeigt im Diagnosegespräch, wie er sie gerufen hat. Er ruft laut, wie jemand, der um Hilfe ruft. Er wollte sich vor ihr rechtfertigen. Doch sie hörte nicht auf ihn; sie hatte sich bereits mit den Gestalten verbündet.

Natürlich bin ich von der Stimmung, die Simon hier vermittelt, in der er sein Innenleben offenbart, persönlich berührt. Simon apelliert, so empfinde ich es, an meine Versöhnlichkeit, an die Güte der *Nona*, der Herrin und Muttergestalt, die ihn beschützt und die er beschützt. So sollte es jedenfalls sein. Simon aber hat sich diesen gegenseitigen Schutz selber verbaut durch seine Disloyalitäten. Ganz wohl ist es mir aber auch aus einem anderem Grund nicht bei Simons Mutterübertragung auf mich: Simon hat in unserer Hündin die Wiedergeburt seiner verstorbenen Mutter erkannt (siehe Patientengeschichte S. 261). Daraus muss ich schliessen, dass er der Muttergestalt wohl eine eher ambivalente Haltung entgegenbringt: Schutzsuche und Verachtung. Die Wiedergeburt der Mutter als Hündin hat ihre Minderwertigkeit in den Augen Simons bestätigt, sie kommt aber Simon als Beschützerin weiter entgegen.

Upasena Gurunnanse geht an dieser Stelle auf Simons angedeuteten Grund als Ursache seiner Probleme nicht ein. Er greift das Thema seiner Disloyalität nicht auf und kommt Simon dadurch unterstützend entgegen. Er schützt ihn vor anderen, statt seine Fehler ans Licht zu ziehen. Upasena Gurunnanse gibt Simon dadurch ein Modell der Loyalität, in diesem besonderen Falle der Loyalität des Heilers dem Patienten gegenüber. Er reagiert dafür auf die mit der Abwehr der *Nona* verbundene Angst und Unsicherheit des Simon. Wie eine Mutter, die ihr Kind tröstet, sagt er: „Hab keine Angst, hab keine Angst!" Upasena Gurunnanse gewinnt hier Simons Vertrauen, indem er ihn seine eigene Vertrauenswürdigkeit unmittelbar erfahren lässt.

In seinen nächsten Äusserungen (S. 270) relativiert Simon dann seine Bindung an mich und meinen Mann wieder, indem er betont,

dass sein Haus und sein Herr in Colombo seien. Er sagt verächtlich:
„Wir (also sein Herr in Colombo und er) haben keine Verbindung zu
denen!" (gemeint sind unsere Nachbarn, die Familie des anderen *Yakädura*). Seine Apelle an mich, die ich auch als Liebesapelle empfunden habe, erübrigen sich wieder durch diesen Ausdruck seines anderen, vielleicht stimmigeren Zugehörigkeitsgefühls.

Upasena Gurunnanse ist nun in der Lage, eine Diagnose zu stellen. Er erklärt, dass es sich bei Simons Problemen um ein *Nicakula-
Bandanaya* handelt, um eine Art von *Hūniyam,* eine schwarze Magie
also, die bezweckt, das Opfer in Verruf zu bringen. Die Diagnose ist
geschickt gestellt, sie ist überdeterminiert, indem sie mehrfach die
Zusammenhänge verschiedener Kontexte erklärt. Sie löst auch die
leidige Frage, auf die sich Simon nicht festlegen wollte, nämlich, ob
seine Erlebnisse halluziniert oder die Ansicht *(disti)* eines dämonischen Übergriffs gewesen sind. Simons Erscheinungen können so als
Folge und gleichzeitig als Ziel der schwarzen Magie erklärt werden.
Als Wirkung der schwarzen Magie wurden ihm diese angsterwecken-
den Erlebnisse zuteil und verunmöglichten es ihm, seine Pflichten als
Bewacher unseres Hauses zu erfüllen. In der Folge ist er tatsächlich
auf Grund seiner unglaubwürdigen Geschichten in Verruf geraten.

Die Diagnose von Upasena Gurunnanse stellt Simon zufrieden. Sie
entspricht seinen echten Erfahrungen und schliesst seine Ansichten
über deren Ursachen mit ein. Die Ursache seiner Angst waren wohl
Dämonen, aber Dämonen, die ihn nicht besessen machen wollten,
sondern die ihn in Verruf bringen sollten, als Agenten von Simons
Widersachern. Dies ist ihnen auch gelungen. Sie haben Simons Geist
derart beängstigt und verwirrt mit ihren Erscheinungen, dass er seine
Aufgaben als Wächter des Hauses nicht mehr wahrnehmen konnte
und selber noch weitere Verwirrung anstiftete. Simon ist ein Opfer
von schwarzer Magie geworden, deren beabsichtigte schädigende Wirkung immer, wenn auch mehr oder weniger stark, eintrifft. Mit dieser
Diagnose wird bei Simon ein Wissen *(paññā)* hergestellt, das er
erlebnismässig überprüfen und auf das sich sein Vertrauen *(saddhā)*
richten kann. Dadurch werden geistige Prozesse angeregt, die im
eigentlich technischen Sinne heilsame *(kusala)* Veränderungen im
Erleben des Patienten bewirken.

Upasena Gurunnanse bietet Simon als Fortsetzung des Gesprächs
eine kurze „Symptombehandlung" an. Sie bezweckt, Simons beäng-
stigten, überbeschäftigten Geist vorerst einmal zu beruhigen. Eine solche geistige Verfassung ist für die *Bhūta–bhaya* (Erschreckung durch

Geistwesen, Beginn dämonischer Krankheit) ein fruchtbarer Boden und würde Simon mehr und mehr ins Unglück bringen. Die Hauptsache sei, so wird Simon versichert, dass er seinen Geist wieder unter Kontrolle habe (S. 271f).

Gleichzeitig stellt ihm Upasena Gurunnanse in Aussicht, dass gegen den schädigenden Einfluss des gegnerischen *Yakädura,* der mit dämonischer Hilfe bewerkstelligt wurde, falls nötig und erwünscht, etwas unternommen werden könne. Die Diagnose wie auch der Behandlungsvorschlag öffnen also auch die Möglichkeit, ein Befriedungsritual *(shānti–karma)* als „Ursachenbehandlung" zu geben, bei dem die schwarze Magie durchtrennt *(hūniyam–käpīma)* und Simons Psychokosmos *(loka)* harmonisiert wird. Dazu gehörte auch, eine Versöhnung zwischen Simon und uns, seinen Arbeitgebern, herbeizuführen. Wenn also eine schwarze Magie die Ursache von Simons Verfehlungen ist, sollte Simons Zuverlässigkeit und Loyalität nicht weiter in Frage gestellt werden. Auch Simon selber hätte dann keinen Grund mehr für seine Disloyalitäten und seinen daraus folgenden Mangel an Selbstvertrauen. Vielmehr würde die gemeinsame Durchführung eines Befriedungsrituals Simon wieder an seine Arbeitgeber binden.

Obwohl man als Opfer von einer schwarzen Magie sich erst wieder sicher fühlen kann, wenn diese beseitigt wird, sehen wir hier, dass Upasena Gurunnanse dem Patienten Zeit lässt, die Diagnose der schwarzen Magie als Ursache seiner Probleme nochmals nachzuprüfen. Er drängt ihn nicht zur Beseitigung der schwarzen Magie, sondern bietet ihm zuerst eine „Symptombehandlung" an, die auch eine Prävention gegen die Dämonen– respektive Geisteskrankheit ist und gleichzeitig zur Beruhigung und Klärung *(pasāda)* des Geistes beiträgt. Das kleine Ritual (siehe S. 273ff), das Upasena Gurunnanse für die Klärung des Geistes von Simon gerade anschliessend an das Gespräch durchführt, ist eine Bestärkung der Ergebnisse des Diagnosegesprächs, das als ganzes bereits beruhigend auf Simons Geist gewirkt hat.

Interessant ist auch Upasena Gurunnanses Bewertung der Ereignisse, die Simon zugestossen sind, auf Grund der Prinzipien des Dhamma (S. 271f). Wie ich oben gezeigt habe, geht er, zumindest in unserer Anwesenheit, nicht auf Simons angedeutete Verfehlungsgeständnisse ein. Simons Einsicht genügt, denn laut der buddhistischen Lehre *(dhamma)* kann man an vergangenen Taten sowieso nichts mehr ändern und würde sich bei einem Verharren in Reue nur unglücklich machen. Statt Simons Unsicherheit noch mehr aufzuwie-

geln, beruhigt ihn Upasena Gurunnanse auf folgende Weise: Er stellt
fest, dass Simons Vergehen „diesen Leuten" gegenüber wohl nicht so
schwerwiegend habe sein können, dass sie ihn mit ihren Gewehren
hätten töten können. Durch Simons eigenes Unterlassen schädigender
Taten *(akusala kamma)* ist er karmisch geschützt, und es können
ihm daher von „diesen Leuten" keine lebenszerstörerischen Taten,
auch nicht in Form einer schwarzen Magie, zugefügt werden. Simon
ist ja, wie ich bereits erwähnt habe, nicht auf die Möglichkeit einge-
stiegen, sich an den Leuten zu rächen. Upasena Gurunnanse kann
also annehmen, dass Simon einen grundsätzlich guten Charakterzug
besitzt, da er seine Mitmenschen nicht absichtlich zu schädigen
wünscht. Dies ist wiederum ein Beispiel dafür, wie Upasena Gurunnanse dem Patienten die Prinzipien des Dhamma vermittelt, damit
er seine Lage selbst einschätzen kann und dadurch motiviert ist,
seinen Geist im Sinne des Dhamma zu kultivieren.

Upasena Gurunnanse wendet bei Simon in der Folge das Mittel
des Bindens der Versprechensschnur *(äpanūla bandinava)* an. Wie wir
am Fallbeispiel der Duva noch sehen werden, wird mit dieser Schnur
der Dämon an ein Versprechen gebunden, vom Körper des Patienten
abzulassen, bis er durch einen Tovil befriedigt wird. Bei Simon geht
es nun darum, die Möglichkeit, dass die Dämonen ihm auf den Leib
rücken könnten, präventiv zu verhindern. Der Geist des Patienten
wird durch diese Massnahme von der Angst befreit und beruhigt. Die
gebundene Schnur gibt Simon gleichzeitig die Sicherheit, dass er
gegen die Einwirkung von schwarzer Magie geschützt ist.

Upasena Gurunnanse macht Simon jedoch darauf aufmerksam,
dass die Wirkung der *Äpanūla* zeitlich begrenzt und an das Versprechen gebunden sei, dass er den Dämonen, die auf Grund der Autorität des Heilers von ihm nun ablassen müssen, später etwas als
Gegenleistung anbietet. Er spricht von einem „kleinen Tovil", den er
später geben müsse. Durch dieses Mittel bietet Upasena Gurunnanse
Simon Nachbehandlung und Aufrechterhaltung der Beziehung an. Die
gestellte Bedingung ist angebracht, weil die *Äpanūla* nur eine
Symptombehandlung und nicht eine Ursachenbehandlung ist.

Upasena Gurunnanse fordert Simon nun auf, sich bei den Vorbereitungen für das Ritual aktiv zu beteiligen. Eigenes Handeln, erst
recht wenn es ein kooperatives Handeln ist, das daher Achtsamkeit
verlangt, erhöht den Wirkungsgehalt des Geschehens im Unterschied
zum passiven Zuschauen. Simons trotzige Haltung ist nun jedenfalls
verschwunden. Er ist gefügig, durchlässig und vertrauensvoll ge-

worden. Eindrücklich ist, wie Upasena Gurunnanse dieser Veränderung entgegenkommt und sie bestärkt, indem er Simon, der sich auf den ihm zugewiesenen Stuhl gesetzt hat, umfasst, fast wie wenn er ihn umarmen würde, und den Stuhl auf diese Weise zum Altar dreht (S. 274).

Bei der Anrufung der *Bhūtas* (Geistwesen) fängt Simon an, sichtbar zu reagieren. Er zittert und sein Körper sinkt zusammen. Upasena Gurunnanse kommt dem, was bei Simon innerlich abläuft, entgegen, indem er die Lautstärke seiner Stimme erhöht und den Rhythmus des Rezitierens beschleunigt. Simons innere Erschütterung wird dadurch ernstgenommen und aufgefangen. Darauf fängt Simon an zu weinen. Upasena Gurunnanse bittet in seinem Rezitieren die geladenen Wesen, die Götter und Dämonen, um Erlaubnis *(varam)*, den Patienten zu heilen.

Das Weinen ist Begleiterscheinung eines kathartischen Moments. Upasena Gurunnanse nennt dies je nach Kontext die Reinigung des Geistes oder des Bluts *(lē–pirisidu* oder *hite–pirisidu)*. Gemäss seinen Erklärungen ist das „unreine Blut" ein subjektiv, introspektiv erfasstes, sozusagen „psychosomatisches Ergebnis" der geistigen Störung, es ist keine objektive physiologische Kategorie. Die Reinigung des Bluts geschieht begleitend zur Läuterung des Geistes, die zum Beispiel in dem Moment der Persönlichkeitsintegration *(abhi–samaya)* stattfindet.

Obwohl die obige „kleine Katharsis" von Simon nicht dem grossen Moment der Persönlichkeitsintegration *(mahā–abhisamaya)* gleichgesetzt werden kann, sind auch hier schon einige jener psychischen Prozesse erkennbar, die mit dem erlebnishaften Schub von *Samaya* zu *Abhisamaya* zusammenhängen.[101] In Simons Geist hat sich das Verhaftetsein *(upādāna),* das zu geistigen Spannungen und zur Inbalance führte, einen Moment lang gelöst. Über den Inhalt dieser Verhaftung und derer Auflösung kann man höchstens Vermutungen anstellen: Vielleicht hat er sich aus dem Kreise seiner Ansichten über Verfehlungen und Strafen loslösen können und sich für die „Gnade der Götter" in einem angstfreien, hassfreien und nachgiebigen Geisteszustand geöffnet. In seinem neugewonnenen Vertrauen und im Wissen, dass die Dämonen nun an die Versprechensschnur *(äpanūla)* gebunden sind und ihn nicht mehr belästigen werden, kann Simons Erleben wieder etwas freier von Angst und Zweifeln fliessen.

Am Schluss des kleinen Rituals fasst Upasena Gurunnanse in einer kurzen Rede nochmals die Diagnose und die Wirkung der soeben durchgeführten Heilung zusammen (S. 276). Zuletzt verbeugt sich Upasena Gurunnanse vor uns, und wie auf ein Zeichen verbeugt sich Simon vor Upasena Gurunnanse. Darauf verbeugt sich Upasena Gurunnanse nochmals vor uns. Es kommt mir vor, als wolle er dadurch Simon ausdrücken, dass wir durch seine Respekterweisung auch Simons Respekt und Loyalität verdienen. Simon verbeugt sich nicht vor uns. Wie ich im Nachtrag zu Simons Patientengeschichte (S. 277) schildere, verstärkt sich auch nachher bei ihm die Tendenz zu einer sozialen Loslösung. Zur Erleichterung Simons und aller an Simons Problemen Beteiligten verlässt er kurz darauf unser Haus und kehrt zu seinem Herrn nach Colombo zurück.

Simons Fallgeschichte ist meiner Meinung nach „untypisch" oder zumindest ungewöhnlich, weil sie die Komplexität geistiger Prozesse bei einem Patienten aufzeigt, der nicht in einen Zustand dämonischer Besessenheit geraten ist, der aber die Ursache seiner geistigen Verwirrung trotzdem den Dämonen zuschreibt, und davon geheilt werden will. Das Diagnosegespräch mit Simon zeigt, dass Upasena Gurunnanse nicht nur ein Verwalter des Wissens der Mythen ist, sondern ein Könner im „geschickten Entgegenkommen" gegenüber dem Erleben des Patienten und im „mythischen Normieren" dessen Krankheit.

Das Diagnosegespräch mit Duva

Zum Vergleich möchte ich anschliessend den eher „typischen" Verlauf im Diagnosegespräch mit Duva kurz schildern und den Stellenwert dieses Gesprächs in der Tovil–Behandlung aufzeigen. Ich beziehe mich bei meinen Analysen hierzu auf die Schilderungen des Upasena Gurunnanse, da ich selber beim Diagnosegespräch der Duva nicht anwesend war.

Upasena Gurunnanse findet Duva ans Bett gebunden vor, als er von ihren Angehörigen gerufen wird. Die Angehörigen hat er bereits gefragt, weshalb sie ihn aufgesucht hätten und was sie von ihm wollten. Upasena Gurunnanse als Respektperson drängt seine Hilfe nicht auf und geht niemals ungebeten zum Haus eines Kranken. Durch diese würdevolle Zurückhaltung ermöglicht er dem Patienten oder den Angehörigen den ersten vertrauensvollen Schritt auf ihn zu, der für die Betroffenen in der Folge auch eine erste Erleichterung mit sich bringt.

Die Angehörigen sagen Upasena Gurunnanse, Duva sei verrückt *(pissu)* geworden und zeitweise nicht mehr bei Sinnen *(sihiya näti venava)*. Angefangen habe es, als sie eines Tages mit abwesendem Geist und verwirrt nach Hause gekommen sei. Sie hätte sich damals alleine *(tani)* in der Nähe eines Steinbruchs aufgehalten. Steinbrüche sind beliebte Aufenthaltsorte von Dämonen, und wenn man sich dort alleine aufhält geht man das Risiko ein, von einem Dämonen befallen zu werden.

Upasena Gurunnanse wendet sich zunächst der Patientin zu mit dem Ziel, sie für das Besessenmachen *(āvesha–karanava)* vorzubereiten; dies nennt Upasena Gurunnanse auch „anwärmen" *(rat–karanava)*, und es ist ein grundlegendes Mittel seines Könnens *(upakkrama)*. Um seine Arbeit zu beginnen, vergegenwärtigt sich Upasena Gurunnanse zuerst die Tugenden des Buddha *(buduguna)*, erweist den Göttern seine Verehrung *(vandinava)* und ruft schliesslich die Dämonen herbei *(katākaranakota)*. Seine Handlungen kommentiert er bisweilen in rezitierten Versen *(kavi)*. Das Anwärmen des Patienten für das Besessenmachen hat Upasena Gurunnanse in einem Lehrgespräch mit den Vorbereitungen verglichen, die getroffen werden, bevor eine wichtige Person vor einer geladenen Versammlung eine Rede hält. Die wichtige Person ist hier der Dämon, der die Patientin erschreckt hat. Upasena Gurunnanse lockt die Dämonen mit Opfergaben, ruft sie durch die Wirkung seiner Zaubersprüche *(mantra)* und durch seine Autorität als deren Führer *(ädura)* herbei und begrüsst sie, wie man, mit seinen Worten, den Redner einer Versammlung einführt und ehrt.

Nachdem er so die kosmische Versammlung begrüsst hat, wendet er sich der Patientin zu und stellt eine Schale mit rauchendem *Dummala* (Feuerpulver) vor sie hin. Nun ist die Patientin dadurch markiert als Rednerin und gleichzeitig als dämonische Persönlichkeit, die, wie alle Dämonen, gerne *Dummala* inhaliert. Duva hat durchaus die Möglichkeit, die *Dummala*–Schale zu ignorieren oder von ihr wegzurücken, um zu zeigen, dass der *Dummala*–Rauch nicht ihr gilt, dass es sich hier quasi um eine Verwechslung handeln muss. (Eine solche Reaktion zeigt zum Beispiel Sita in ihrem Tovil, vgl. S. 249.)

Was sich nun beim Diagnosegespräch mit Duva abspielt, können wir dann auch während ihrem Tovil beobachten: sie fängt an, mit ihrem Oberkörper hin– und herzuwippen. Upasena Gurunnanse sagte, der *Dummala* helfe zu vergessen, was man tut. Ich würde jedoch den *Dummala* bloss als eine milde Droge bezeichnen, deren chemische

Einwirkung alleine wahrscheinlich nicht genügt, um den Menschen in einen Zustand tiefer Trance zu versetzen, respektive eine Begegnung mit dem Dämon *(disti)* zustande kommen zu lassen. Während einem Tovil ist auch der Zuschauer fast ununterbrochen dem *Dummala*-Rauch ausgesetzt, wenn er ihn auch nicht direkt inhaliert. Der *Dummala* ist ein Mittel, ein Vehikel, in einen anderen Bewusstseinszustand kommen zu können; er bewirkt diesen nicht direkt.

Mit grösster Selbstverständlichkeit spricht nun Upasena Gurunnanse die hin- und herwippende Patientin als Dämon an, und sie steht ihm in der Folge Rede und Antwort. Dieses Prozedere bezeichnet Upasena Gurunnanse als Mittel *(upāya)* seiner Methode *(upakkrama)* und nennt es *Āvesha-karanava* oder *Disti-karanava,* wobei man beides als „Besessenmachen" übersetzen könnte. Man kann verfolgen, wie Upasena Gurunnanse die Duva für diesen Zustand anwärmt *(rat-karanava):* er ruft die Dämonen herbei, steigert dadurch die Angst der Patientin und gleichzeitig ihre Erwartungsspannung. Duva weiss, dass sie ihren Körper dem Dämon überlassen kann. Upasena Gurunnanse gibt ihr das Vehikel, den *Dummala*, um aus ihrem Körper gleichsam auszusteigen, das heisst, das normale Bewusstsein aufzugeben. Dieses Aussteigen verschafft der Patientin offenbar eine Erleichterung.

Die ehemals verwirrte, verängstigte und unansprechbare Patientin gibt nun als Dämon klare Auskünfte. Und der Heiler handelt mit dem Dämon die Bedingungen für die Heilung, man könnte sagen, den „Therapiekontrakt" aus. An erster Stelle gehört dazu die Frage, die er zuvor den Angehörigen gestellt hat, und die er nun an Duva als Dämon richten kann: „Wer bist du, und was kann ich für dich tun, damit die Patientin gesund wird?" Der Dämon gibt leise und mit unbewegtem Gesicht Antwort. Er sei *Mahāsohona.*

Wenn immer sich ein Patient als *Mahāsohona* bezeichnet, wird er von Upasena Gurunnanse als solcher behandelt, gleich ob sich der *Mahāsohona* des einen Patienten scheu und der des anderen aggressiv gebärdet. Meine Bedenken, die ich bei Upasena Gurunnanse anbrachte, dass *Mahāsohona* auf Grund der Mythen doch nicht scheu sei, wie der Dämon, der die Duva verkörpert hat, waren für Upasena Gurunnanse nicht massgebend. Bei jedem Patient verhalte sich der Dämon anders, sagte er. Dies sei gerade das Unberechenbare, das dem Dämon zu eigen ist. Der eine Patient entwickle in der Besessenheit mehr Kraft *(shaktiya),* der andere nicht so viel. An diesem Beispiel können wir wieder sehen, dass die Srilankaner ihre mythischen

Wesen nicht als gleichbleibende Charakteren oder Identitäten betrachten (vgl. Kapitel 6.3).

Die Fragen, die nun Upasena Gurunnanse dem Dämon stellt, sind in allen Heilritualen ziemlich standardisiert. Nachdem der Dämon seinen Namen genannt hat, fragt ihn Upasena Gurunnanse, weshalb er sich der fünf Persönlichkeitskomponenten *(pañca–khandha)* dieser armen Patientin bemächtigt habe. Der Dämon erwidert, dass die Duva sich Abends um sechs Uhr alleine in der Nähe eines Steinbruchs aufgehalten habe. Darauf fragt Upasena Gurunnanse, was er wolle, um von der Patientin wieder abzulassen. Als erstes verlangt der Dämon ein Menschenopfer *(billa)*. Upasena Gurunnanse tritt nun mit allerlei listigen Argumenten mit dem Dämon in eine Verhandlung. Er bietet sich selber als Opfer anstelle der Patientin an. Am Schluss einigen sie sich aber, dass der Dämon sich mit einem anderen „zweibeinigen Opfer", nämlich mit einem Hahn, zufrieden gibt.

Es werden aber in diesem Zwiegespräch zwischen dem Heiler und dem besessenen Patienten nicht nur Opfergaben ausgehandelt. Der Dämon stellt auch Forderungen, dass ein Tovil gegeben werden müsse und äussert genaue Wünsche, welche rituellen Elemente nötig seien, damit er befriedigt ist und die Patientin wieder verlassen könne. Dies ist mit ein Grund, weshalb zum Beispiel der Tovil der Sita[102] einen anderen Verlauf nimmt als derjenige der Duva. Der Dämon von Sita hat von Upasena Gurunnanse verlangt, dass der Heiler einen sogenannten *Molgaha–Varam* brauche. Es handelt sich dabei um eine besondere Befähigung oder „Gnade" *(varam)*, die der Heiler durch den Reisstampfer *(molgaha)* erhält und mit deren Hilfe er in diesem Fall die Patientin befreien konnte. Dafür musste sich Upasena Gurunnanse dann während dem Tovil, als er den *Mahāsohona* verkörperte, quer auf zwei, wie einen Barren gehaltene Reisstampfer legen und, als die Gnade eintraf, hat er als *Mahāsohona* das Bewußtsein verloren (vgl. S. 250).

Wenn der Heiler dem besessenen Patienten während dem Diagnosegespräch eine Frage stellt, kommt es vor, dass sich Miene und Gebärde des Dämons plötzlich verändern. Sofort kommt Upasena Gurunnanse dieser Veänderung akzeptierend entgegen mit der Frage, welches Wesen *(bhūta)* jetzt im Patienten anwesend sei. Dies geschah so bei Sita, bei der mehrere *Bhūtas,* unter anderem auch der Geist der verstorbenen Grossmutter *(preta),* für ihre Probleme verantwortlich waren. Dieser *Preta* konnte Upasena Gurunnanse übrigens auch verraten, dass noch eine schwarze Magie gegen die Patientin vorliege, wo sie im Garten ihres Haues vergraben sei, wer aus welchen Gründen sie veranlasst habe und wie sie während dem Tovil zertrennt *(kapanava)* werden müsse. Die Angehörigen fanden später an der bezeichneten Stelle tatsächlich ein vergrabenes *Yantra* (Kapsel mit einem Zauberdiagramm).

Am Ende des Diagnosegesprächs bindet Upasena Gurunnanse den Dämonen an ein erstes Versprechen, dass er die Duva vorübergehend in Ruhe lässt, bis der Tovil nach seinen Wünschen abgehalten wird. Das Mittel, das hier, ebenso wie bei Simon und bei Sita, zur Anwendung kommt, ist das Anbinden der Versprechensschnur *(äpanūla)*. Die Abmachung mit dem Dämon lautet bei Duva präzise, dass, sobald die Schnur von Upasena Gurunnanse am Oberarm der Patientin befestigt ist, der Dämon von deren Körper ablässt — mit der Aussicht, dass die Schnur dann während dem Tovil wieder entfernt wird.

Dieser Moment des Diagnosegesprächs ist für Upasena Gurunnanse ausserordentlich entscheidend. Wenn die Patientin bis zum Zeitpunkt des Losbindens der Versprechensschnur den Dämon weder sprechen noch agieren lässt, hat Upasena Gurunnanse ihr Vertrauen in genügendem Ausmasse gewinnen können. Upasena Gurunnanse fand meinen Vergleich des Bindens der *Äpanūla* mit einem Vertragsabschluss angebracht, vor allem, so meinte er, weil dieser Bedingungen für beide Vertragspartner enthält. Auch ihm, dem Heiler, widerfahre nämlich dämonische Vergeltung, wenn er zum Beispiel die Durchführung des Tovils verweigert oder aus Nachlässigkeit oder Vergesslichkeit dem Dämon nicht das anbietet, was diesem auf Grund der Abmachungen zusteht. Auch die Angehörigen des Patienten sind in diesen Vertrag eingeschlossen. Sie müssen sich einverstanden erklären, den Tovil für ihren Patienten zu geben und die Kosten dafür mit Upasena Gurunnanse auszuhandeln und aufzubringen.

In diesem Vertragsbündnis formiert sich auch die Kerngruppe der Teilnehmer des Tovils. Sie besteht aus dem Heiler, seinen Assistenten *(goleyo)*, dem Patienten *(āturaya)* und seinen Angehörigen. Als Folge des Diagnosegesprächs sind diese Personen eine psycho–soziale Bindung eingegangen und können nun, oder müssen gar, auf der Beziehungsebene ihre Vertrauenswürdigkeit und Loyalität zueinander prüfen. Die erste Verwirklichung des Therapiekontrakts geschieht dann auf der Ebene der konkreten Zusammenarbeit bei all den Vorbereitungen, die am Tag des Tovils getroffen werden müssen.

Das Diagnosegespräch gibt dem Heiler nicht nur die Möglichkeit, den Patienten, sein Verhalten, seine Ansichten usw. kennenzulernen, es erfüllt noch einen anderen sehr wichtigen Zweck: Upasena Gurunnanse kann im Diagnosegespräch sehr genau die Reaktionen des Patienten auf sein verstehendes Entgegenkommen, Konfrontieren, Aufgreifen, Bestärken und Nachempfinden beobachten. Er betont, dass er auf Grund des Diagnosegesprächs in der Lage sei, den Patienten und seine zu erwartenden Handlungen während dem Tovil einzuschätzen. Dementsprechend stimmt sich auch Upasena Gurunnanse auf den Tovil ein und trifft Abmachungen mit seinen Schülern *(goleyo)* über den Ablauf des Tovils, die einzelnen Sequenzen und benötigten Requisiten. Was auch immer während dem Tovil von Seiten des Patienten geschieht, soll und darf spontan, aber für Upasena Gurunnanse nicht unerwartet sein. Das Binden der Versprechensschnur *(äpanūla bändīma)* hat auch bei Duva einwandfrei gewirkt. Beim Moment des Bindens am Schluss des Diagnosegesprächs kehrt ihr normales Bewusstsein wieder zurück und verlässt sie nicht mehr bis zum Tovil, der fünf Wochen später stattfindet.

Da ich beim Diagnosegespräch mit der Duva nicht persönlich anwesend war, ist es nicht möglich, Upasena Gurunnanses Vorgehen beim Entgegenkommen und Normieren in der konkreten zwischenmenschlichen Situation zu analysieren und den Wandel der psychischen Prozesse zu verfolgen, ähnlich, wie ich es beim Diagnosegespräch mit Simon unternommen habe. Doch auch Upasena Gurunnanses Schilderungen über den Verlauf des Diagnosegesprächs von Duva erlauben, einige grundsätzliche Vorgehensweisen und deren Prinzipien wie auch den Stellenwert des Diagnosegesprächs im gesamten therapeutischen Format des Tovils aufzuzeigen; auf einige solcher therapeutischer Mittel werde ich im nächsten Kapitel weiter eingehen.

10.2 Therapeutische Mittel

Bevor ich mit der Analyse des Tovils fortfahre, möchte ich einige therapeutische Mittel *(upāya)*, die von Upasena Gurunnanse im Diagnosegespräch eingesetzt wurden und die zum Teil auch im Tovil–Heilritual vorkommen, erläutern und zusammenfassen. Therapeutische Mittel wurden definiert als die im therapeutischen Format des Tovils *(kammatthāna)* eingesetzten Vehikel (räumlich–zeitlich-soziale Anordnung, Materialien und Medien des heilenden Geschehens, Mantra, Verse und gemeinsame mythische Ansichten, usw.) wie auch die Instruktionen (anleitende Worte und Zeichen, intervenierende Handlungen, Interpretationen, usw.), die gewünschte psychische Prozesse anregen und steuern (vgl. *Tabelle 8*, S. 118). Wenn man die therapeutischen Mittel als **Bedingungen** für psychische Prozesse der Heilung betrachtet und sein Augenmerk mehr auf die Analyse der psychischen Prozesse statt auf die Analyse der Bedingungen richtet, ist die genaue Unterscheidung von Vehikeln und Instruktionen nicht wichtig; viel interessanter ist es zu verfolgen, **wie** das gewählte Mittel sich auf den Patienten auswirkt.

Deshalb ist es sinnvoll, sich die bisher dargestellte Zielrichtung von Upasena Gurunnanses Interventionen im Diagnosegespräch zusammenfassend zu vergegenwärtigen. Dabei kann man zwischen zwei Typen von Zielsetzungen unterscheiden:

1. Ziele, die eine unmittelbare Veränderung im Patienten bedeuten,

2. Ziele, die vorerst die Möglichkeit des methodischen Vorgehens enthalten.

Die auf den Patienten bezogenen Ziele der im Diagnosegspräch und im Tovil angewandten therapeutischen Mittel lassen sich weiter unterteilen in:

a) Mittel zum Herstellen des Vertrauens *(saddhā)*,

b) Mittel zum mythenbezogenen Normieren *(anuparivatti)*,

c) Mittel zum Herstellen der Balance zwischen den geistigen Fähigkeiten *(indriya–samatta)*,

d) Mittel zum Zurückführen des Patienten auf den Weg des Dhamma *(guru–kam)*.

Ziele, die sich auf das Vorgehen bei der Abwicklung der Heilmethode *(upakkrama)* beziehen, kommen zur Geltung in den Mitteln zum Herstellen des therapeutischen Formats *(kammatthāna)*. Diese Mittel lassen sich unterteilen in:

a) Mittel zum Konkretisieren des Bösen (Dämonen) und zum Umgang damit *(apāya–kosalla)*,

c) Mittel zum Konkretisieren des Guten (Götter) und zum Umgang damit *(āya–kosalla)*.

Diese Unterteilung in Ziele und Mittel gilt auch als eine Art Vororientierung für die spätere Analyse des Tovils für Duva. Rückblickend auf die Analyse des Diagnosegesprächs möchte ich einige der wichtigsten Mittel, vor allem das Besessenmachen *(āvesha–karanava)*, das Besessensein *(disti)* und das Binden der Versprechensschnur *(äpanūla bändīma)* zur Erreichung der oben erwähnten Zielsetzungen nochmals aufgreifen und in einen breiteren Erklärungskontext stellen. Meine Ausführungen über diese exemplarisch herausgegriffenen therapeutischen Mittel sollen einen besseren Einblick in die Eigenart des therapeutischen Formats des Tovils als Ganzes und der Anwendung der Mittel geben.

Das Diagnosegespräch ist ein wichtiger Bestandteil des therapeutischen Formats der gesamten Tovil–Heilmethode. Es ist die Vorbereitungsphase für die Heilung im Tovil und als solche ein Mittel zum Herstellen des therapeutischen Formats *(kammatthāna)*. Mit dem Binden der Versprechensschnur *(äpanūla bändīma)* ist in der Regel diese Vorbereitungsphase abgeschlossen. Die Versprechensschnur ist ein Requisit, das auch während dem eigentlichen Tovil–Ritual als Mittel für das Steuern der Übergänge in andere Bewusstseinswelten eingesetzt wird. Das Binden der Versprechensschnur ist eine eigentliche Symptombehandlung, die vorerst einmal den Geist des von dämonischer Belästigung gepeinigten Opfers *(āturaya)* beruhigt. Gleichzeitig entspricht das Binden der Versprechensschnur dem Besiegeln eines Therapiekontrakts zwischen dem Heiler, dem Patienten und dem Dämonen, der als Voraussetzung für eine erfolgreiche Heilung des Patienten während dem Tovil gilt. (Auf die Frage der Existenz des Dämons werde ich auf S. 349ff noch zu sprechen kommen.) Wir

sehen hier, dass das Requisit der Versprechensschnur mindestens auf
zwei Zielebenen als therapeutisches Mittel eingesetzt wird: es wirkt
direkt beruhigend auf den Geist des Patienten und dient als Therapiekontrakt dem Errichten des therapeutischen Formats.

Dem Therapiekontrakt vorausgegangen ist die Diagnosestellung,
an der sich alle Betroffenen, der Patient, die Angehörigen und der
Heiler beteiligen. Die Diagnose entspricht dem Herstellen eines Konsensus über die Krankheit, der notwendig ist, damit sich der Heiler
für das heilende Vorgehen entscheiden kann. Dieser Konsensus, auf
den sich der Heiler während dem Tovil manchmal beruft, ist ein sehr
wichtiges therapeutisches Mittel; es dient dem Zugriff auf weitere Mittel, wie zum Beispiel den Mythen, der Wahl der Opferungen im
Tovil usw. Upasena Gurunnanse nimmt dabei die Rolle des Lehrers
und Experten der Mythen an, der bei dem Formen der „genormten
Verrücktheit" (vgl. S. 324) mithilft. Ich werde später diese Mithilfe als
ein Mittel des Normierens *(anuparivatti)* erörtern, welches das
empathische Entgegenkommen *(anubhūti)* ergänzt.

Für die Diagnose der dämonischen Krankheit *(bhūta–dōsa)*
benützt Upasena Gurunnanse vorerst die diagnostischen Mittel der
Körpercharakteristiken *(anga–lakshana)* des Patienten. Es gibt eine
ganze Reihe von Symptomen der Dämonenkrankheit, die dem
Srilankaner ganz allgemein bekannt sind. Dazu gehören gerötete
Augen, heisse Hand– und Fussflächen, abrupte Bewegungen usw. Das
besondere Können des Heilers besteht jedoch darin, die Diagnosestellung als einen Prozess der Wahrheitsfindung zu gestalten, wie wir es
am Fall von Simon verfolgen konnten. Auf Grund der Körpercharakteristiken des Patienten, seiner Redensart und dem allgemeinen Verhalten gegenüber dem Heiler und den Angehörigen muss Upasena
Gurunnanse die Krankheit klar erfassen und darüber hinaus einen
möglichst genauen Eindruck von der charakterlichen Eigenart *(sīla)*
des Patienten gewinnen. Nur so kann er voraussagen, wie sich der
Patient während dem Tovil verhalten wird. Auf diesen Grundlagen
kann er sein Vorgehen im Rahmen des therapeutischen Formats
(kammatthāna) des Tovils mit den einzelnen Sequenzen und benötigten Requisiten, wie auch als therapeutisches Beziehungsformat, angemessen planen und durchführen.

Die Diagnose des momentanen Zustands des Patienten und der
Entwurf aktueller Behandlungsschritte kommen auch in Bezug auf
die Aussagen des jeweiligen Dämons zustande, den der Patient in
verschiedenen Phasen des Tovils verkörpert. Schliesslich gilt der

Dämon als die glaubwürdigste Quelle der Information über die Lage und Chancen des Patienten; er ist es, der die Krankheit über den Patienten gebracht hat. Der Dämon als Quelle der Information ist also ein wichtiges Mittel im therapeutischen Format des Tovils. Hier treffen wir auch auf ein zentrales Prinzip der Heiler–Patient–Beziehung. Der Heiler hilft mit seinen Mitteln der Dämonenpersönlichkeit zur mitteilbaren Existenz, und der Dämon/Patient stellt in der Folge selbstbestimmend seine eigene Diagnose. Er gibt dem Heiler und seinen Angehörigen nicht nur seine Diagnose, sondern auch die gewünschte Behandlung bekannt, die den Patienten zur Heilung führen wird. Der Heiler ist also nicht bloss auf eigene Schlüsse und Spekulationen angewiesen, sondern erfährt direkt vom Dämon, weshalb er den Patienten befallen hat, was er vorhat und was er gerne haben möchte, damit er vom Patienten wieder ablassen könne.

Bezüglich Upasena Gurunnanses Diagnosestellung ist es wichtig zu erwähnen, dass er gegenüber meinen, vom westlichen Psychopathologieverständnis her üblichen, sozusagen ontologischen Spekulationen über die Ursache der Geisteskrankheit, jeweils kein Interesse gezeigt hat. Wenn ich die in meiner kulturellen Auffassung offensichtlichen Gründe für Geisteskrankheit, wie zum Beispiel eine gestörte Familiensituation oder neurotische Entwicklung, als Ursache für die dämonische Angst *(bhūta bhaya)* des Patienten anführen wollte, hörte mir Upasena Gurunnanse zwar höflich zu, pflichtete mir manchmal gar mit einem „vielleicht" bei, kam aber inhaltlich nie auf meine Vermutungen zurück. Er brauchte meine westlichen, psychodynamisch–anamnetischen Konstrukte nicht. Solche Konstrukte gehören nicht zu den therapeutischen Mitteln des Tovils.

Zum diagnostischen Können von Upasena Gurunnanse gehört also nicht das Anwenden einer Theorie über Geisteskrankheiten, die den Anspruch erfüllt, objektiv überprüfbar zu sein. Vielmehr wandelt er schon im Diagnosegespräch mit den „geschickten Mitteln" *(upāya)* des Entgegenkommens und Normierens den unberechenbaren Patienten in einen berechenbaren um, den er als solchen im Tovil heilen kann. Während das Entgegenkommen aus den schon mehrmals besprochenen Prozessen des empathischen Nachempfindens *(anubhūti)* und des empathischen Verstehens *(anubodhi)* besteht und einseitig vom Heiler praktiziert wird, besteht das Normieren in einer reziproken Angleichung des Erlebens zwischen den im Tovil beteiligten Personen. Im Abhidhamma bezeichnet man diese reziproke Angleichung mit dem Begriff *Anuparivatti (anu* = reziprok; *pari* = übergreifend; *vatti* = Herstellung). Der Begriff *Anuparivatti* wird von Upasena Gurunnanse gleichbedeutend wie das sinhalesische Wort *Anuparivartana* benützt, wobei man umgangssprachlich darunter wörtlich eine „Übersetzung" *(parivartana)* versteht, die „begleitend" *(anu)* stattfindet. *Anuparivatti* als Mittel des „kulturellen Normierens von Verrücktheit", wie ich das Vorgehen benannt haben möchte, wird getragen von einem Zusammenspiel zwischen dem achtsamen Merken *(yathā–bhūta)* und dem Benennen *(nam–karanava)* des Erlebens einerseits und dem Ordnen des Benannten mittels des in Mythen *(kavi)* enthaltenen Wissens *(paññā)* andererseits.

Der Ausdruck des Patienten und seine Symptome werden von Upasena Gurunnanse vorerst nachfühlend und verstehend zur Kenntnis genommen. Er spaltet sie nicht von ihrem aktuellen Vorkommen ab, um denkerisch–theoretisch ein Konstrukt über ihren Zusammenhang zu bauen. Im Unterschied zu einem westlichen Psychiater identifiziert er nicht die Krankheit oder den Kranken innerhalb eines bestehenden Psychopathologiesystems als eine Kategorie, der eine bestimmte Behandlung entspricht. Wenn ich Upasena Gurunnanse fragte, weshalb er das eine zum Beispiel bei der Duva getan und bei der Sita unterlassen habe, oder weshalb Duva gefühlsmässig so unbeteiligt war im Vergleich zu Sita, die während dem Tovil oft geweint hat, dann erhielt ich nie eine theoretische Erklärung, sondern allenfalls einen Hinweis. „Jeder Patient hat seine persönliche Eigenart; dem einen gibt der *Bhūta* viel Kraft *(shaktiya)*, dem anderen weniger. Mein Handeln *(pratipatti)* richtet sich danach, was der Patient jeweils braucht," sagte Upasena Gurunnanse als Antwort auf die obige Frage.

Beim ersten diagnostischen Entgegenkommen des Heilers ist also folgendes Prinzip charakteristisch: die Diagnose der dämonischen Krankheit stimmt für Upasena Gurunnanse, insoweit es ihm gelingt, auf Grund seiner Einstimmung auf den Patienten Einfluss zu nehmen, mit ihm Ansichten über seine Krankheit auszutauschen und erste Abmachungen über die Bedingungen seiner Heilung zu treffen. Das Ziel des Heilers ist eine „diagnostische Einflussnahme" oder ein mythenbezogenes Normieren als Steuern von **Prozessen** und nicht das Erstellen einer Diagnose**kategorie** im Rahmen eines nosologischen Systems. Der Prozess der Diagnose wird getragen vom Mittel des reziproken Angleichens des Erlebens und dessen Bedeutungen. Am Erschaffen der mythischen Norm sind also Heiler **und** Patient gleichermassen beteiligt.

Das einzige Kategoriensystem — nebst der Einteilung in die verschiedenen Geistwesen der *Yakas* (Dämonen) und *Pretas* (Ahnengeister), das mir im Zusammenhang mit der Diagnosenstellung begegnet ist — besteht aus der Unterteilung in die tatsächliche Krankheit *(leda)* und in die **eingebildete Krankheit** *(boru–leda)*. Die Krankheit *(leda)* ist im Falle der Geisteskrankheit definiert durch den tatsächlichen dämonischen Übergriff auf den Patienten, während der „getäuschte" Kranke *(boru–leda)* sich einen solchen nur einbildet. Diese Unterscheidung ist wichtig, obwohl sie an sich kein therapeutisches Mittel des Tovils ist. Das Vorhandensein der Kategorie *Boru–Leda* hat nämlich Konsequenzen für den Einsatz von Mitteln des Heilers, und ich will ihr an dieser Stelle noch etwas nachgehen.

Upasena Gurunnanse hat mich hierzu auch „theoretisch" geprüft, ob mir der Gehalt der beiden Kategorien bewusst sei, und was ich als Heilerin tun würde, wenn ich es mit einem *Boru–Leda* zu tun hätte. Bei seinen hier beschriebenen Patientenfällen jedoch war er nicht bereit, den von mir geäusserten Verdacht auf eine „bloss" eingebildete, dämonische Krankheit gelten zu lassen. Seine Aufforderung an mich lautete: als Schülerin soll ich das Phänomen des *Boru–Leda* kennen und dann darüber schweigen, bis ich Upasena Gurunnanse beweisen könne, dass ich einem *Boru–Leda* gegenüber richtig, das heisst angemessen, handle.

Boru–Leda ist ein beliebtes Diskussionsthema unter den nicht immer wohlgesinnten Zuschauern eines Tovils. Ihnen, den Zuschauern gegenüber, hat der Patient mit Unterstützung des Heilers überzeugend zu zeigen, dass er kein eingebildeter Kranker ist. Als *Boru–Leda* haftet ihm die Lüge, das Vortäuschen falscher Tatsachen an *(boru* heisst Lüge). Vom Heiler wird auch dieses Leiden, das Vortäuschen als vermeintlicher Ausweg des Patienten, ernstgenommen. Er geht auf die Schwierigkeiten des Patienten ein, und sie werden als Problem so akzeptiert, wie sie vom Patienten erlebt und erfasst wurden. Nach dem Wirklichkeitsbezug im Erleben des Patienten wird zwar hartnäckig gefragt (vgl. das Diagnosegespräch mit Simon, S. 266ff), ohne die Wahrhaftigkeit des Erlebens vor den Angehörigen in Frage zu stellen. Der Patient kann auf die volle Unterstützung des Heilers zählen. Dieses konsequente Gelten–lassen der erlebnismässigen Wahrheit des Patienten ist nicht nur ein Prinzip der Methode; in seinem konkreten Einsatz während des Therapieprozesses ist es auch ein praktisches Mittel.

Zum Können des Upasena Gurunnanse gehört auch hier wiederum
nicht, theoretische Spekulationen, zum Beispiel über einen „sekundä-
ren Krankheitsgewinn" des eingebildeten Kranken, anzustellen. Vielmehr wendet er im Diagnosegespräch Mittel an, die auch dem eingebildeten Kranken entgegenkommen, um seine persönliche Auffassung
der Krankheit zu bestärken und zu klären, so dass allfällige Zweifel
von Angehörigen und Nachbarn an deren Echtheit beseitigt werden.
Dabei hat mir Upasena Gurunnanse den Grundsatz vermittelt, dass
er selber sich aber nicht auf die eingebildete Krankheit einlässt. Das
heisst, seine heilenden Handlungen während dem Tovil sind in einem
solchen Falle so gewählt, dass es nur so aussieht, als würde er mit
einem wirklichen Dämonen verhandeln. Dies lässt er aber den Kranken und seine Angehörigen niemals wissen und stellt den Patienten
auch vor niemandem bloss. Sich fest an diesen Grundsatz haltend,
hat sich Upasena Gurunnanse auch mir gegenüber in vornehme Dis-
kretion gehüllt, wenn ich die Echtheit der Krankheit einiger seiner
Patienten, das heisst die tatsächliche dämonische Verursachung ihrer
Krankheit, in Frage stellen wollte.

Kriterien dafür, wie er selbst die eingebildete Krankheit erkennt,
hat mir Upasena Gurunnanse wohl gegeben, wie zum Beispiel die
Körpereinstellung *(anga–lakshana)* des Patienten, oder wie gut der
Patient in der Verkörperung des Dämons einzelne Sequenzen des
Tovils und die im Tovil enthaltenen Mythen erlebnismässig nachvoll-
zieht und wiedererkennt. Ich verfügte jedoch nicht über die nötige
Erfahrung und Übung in der Anwendung dieser Kriterien und zog
mich auf den in Sri Lanka durchaus üblichen kritischen Standpunkt
gegenüber der Existenz von Dämonen zurück.

Upasena Gurunnanse geht es auch gegenüber dem eingebildeten
Kranken in erster Linie darum, seine Mittel so einzusetzen, dass auf
Grund des Diagnosegesprächs beim Patienten Vertrauen entsteht, und
dass Spekulation und damit verbundene Zweifel nachlassen. Es ist
zwar wichtig, dass der Heiler beim Diagnostizieren vorankommt.
Noch wichtiger ist aber, dem Patienten zu helfen, gleich wie die Diagnose ist und wie lange es braucht, bis die endgültige Diagnose gefunden ist, die für den Patienten stimmt (vgl. Patienteninterview mit
Sita, S. 258) Ein Patient kann sich also vor einem Dämon fürchten
oder unter einem tatsächlichen dämonischen Übergriff leiden oder
sich diesen nur einbilden. Alle drei Varianten gelten als Bedingung
für Geisteskrankheit. Sobald Vertrauen im Patienten errichtet ist, befindet sich sowohl der *Boru–Leda*, der eingebildete Kranke, als auch
ein echter Kranker auf dem Weg zur Heilung; und der Wunsch ge-

heilt zu werden, ist ja bei beiden gleichermassen vorhanden. Dass das zu Heilende vom Patienten zuerst falsch erfasst wurde, spielt dabei keine Rolle. Probleme zu beseitigen und den Patienten zu heilen, so versicherte mir Upasena Gurunnanse, nimmt er gegenüber einem *Boru–Leda* genauso wie gegenüber einem echten *Leda* als erste Priorität wahr.

Dabei gibt es für Upasena Gurunnanse an der krankheitsbringenden Existenz der Dämonen keinen Zweifel. Auf meine Frage nach dem tatsächlichen Vorkommen von Dämonen antwortete Upasena Gurunnanse folgendermassen: falls der Mensch selber keinen Dämon sehen oder erleben könne, dann habe er, wenn er auf Grund dessen berechtigterweise zweifle, immer noch die Möglichkeit sich zu vergegenwärtigen, dass für Buddha die Dämonen existiert hätten. Und weil Buddha erkannt habe, dass die Dämonen den Menschen immer wieder Krankheit und Verdruss brächten, habe er gelehrt, wie mit diesen Dämonen heilsam umzugehen sei. Für Nachfolger des Buddha–Dhamma sei es, so Upasena Gurunnanse, unweise zu bezweifeln, zu belächeln oder gar zu verachten, was für Buddha, den Erleuchteten und Weltenkenner, existiert habe, selbst wenn es den eigenen Lebensraum nicht erfülle. Der heilsame Umgang mit den nicht–menschlichen Wesen *(amanusa)* ist ein Bestandteil des Dhamma — sowohl in der meditativen Geistesschulung wie auch in der heilenden Anwendung im Tovil. An diesem Umgang erkennt man die Mittel, die den Patienten auf den Weg des Dhamma zurückführen.

Das Wissen jedoch, dass es sich beim Dämon *(bhūta)* in der buddhistischen Psychologie um etwas geistig Gewordenes *(bhūta)*, um einen Erlebenskomplex von begrenzter Dauer handelt (vgl. Anmerkung [30]), erlaubt es, das dämonische Erleben des Patienten vorerst versuchsweise „nur" empathisch zu begreifen und die unüberprüfbare Frage nach einer unabhängigen Existenz des Dämons unentschieden und ohne Anspruch auf eine weitere Klärung stehen zu lassen. Ein *Bhūta*, der sich materialisiert hat, besteht laut srilankischem Verständnis wie jede andere Person aus den fünf Persönlichkeitskomponenten *(pañca–khandha)*, die sich miteinander verbunden in einem fortlaufenden Prozess befinden und daher keine gleichbleibende Identität bilden, in deren Existenz man einen festen Standpunkt finden könnte. Dies ist für die Srilankaner eine konkrete Konsequenz der von Buddha entdeckten Wahrheit von *Anattā* (Nicht–Ich, Nicht–Identität), die sowohl für den Menschen als auch für nicht–menschliche Wesen gleichermassen gültig ist. Als Persönlichkeit im Sinne der Fünferkomponente *(pañca–khandha)* werden also alle geistigen Phänomene oder Intelligenzen erfasst, die durch ihr Gebundensein an einen Körper einem gewissen Mass an Kontinuität ausgesetzt sind. Dämonen haben zudem die Eigenart, in vielerlei Gestalt *(avātāraya)* in Erscheinung zu treten.

Die als unabhängig erlebte Existenz eines Dämons, der den Patienten in irgendeiner Gestalt erschreckt hat oder ihn gar besessen hält, bringt weitere Konsequenzen für die Diagnosestellung und Behandlung mit sich, die sich mit einem Identitätsdenken *(attā–vāda)* ebenfalls schlecht vereinbaren liessen. Als erstes wichtiges Prinzip in der Wahrnehmung des Heilers gilt, dass der vom Dämon befallene Patient keine „gespaltene Persönlichkeit" sondern vielmehr eine „verdoppelte Persönlichkeit" hat: er ist eine Person, die geisteskrank ist, weil die pathogene Ansicht *(disti)* eines Dämons als „Face–to–face"-Begegnung über sie gekommen ist, oder anders ausgedrückt, weil ihr Körper vom Dämon geritten oder mitgeritten *(ārudha)* wird. Sobald dieser nicht–menschliche Geist *(amanusa–bhūta)* den Patienten unter Anleitung des Heilers befällt, wird das Besessensein zu einem ganz zentralen Mittel des therapeutischen Formats des Tovils. Es handelt sich dann beim Dämonen, der am Körper des Patienten interessiert ist und ihn reiten will, um ein „Hilfs–Ich" des Patienten. Dabei wird die vom Dämon befallene Person und die andere, die „normale" Person, vom Heiler in seinem Vorgehen auseinandergehalten. Je eindeutiger der Patient vom Dämon besessen ist, desto weniger besteht die Gefahr, dass er verrückt *(pissu)* wird. Upasena Gurunnanse geht es darum, beide Personen und ihre Ansichten *(disti, drusti)* so zu beeinflussen, dass sie sich in die befreiende Weltsicht *(sammā–ditthi P)* des Dhamma einordnen können und dadurch wieder heil werden. Heil heisst hier, dass der Dämon im Psychokosmos *(loka)* des Patienten auf seinen Platz verwiesen wird, und der Patient in seiner körperlich–geistigen Integrität dadurch von ihm unbehelligt bleibt.

Beeinflussen kann Upasena Gurunnanse jedoch nur eine Person, deren Persönlichkeitskomponenten *(pañca–khandha)* und geistigen Fähigkeiten *(mano–indriya)* sich in einem freifliessenden Prozess und aufeinander bezogen befinden. Bei Verhaftung *(upādāna)* oder Desintegration der Komponenten und Fähigkeiten kommt der Prozess zu einem Stillstand. Die Persönlichkeitskomponenten *(pañca–khandha)* werden zu gestauten Komponenten oder Stockungen *(pañca–upādāna–khandha)* und Wahnvorstellungen *(ditthi)* verwirren den Geist der Person. Das Auflösen der Stockungen im Erleben des Patienten wird durch das therapeutische Mittel des Besessenmachens *(āvesha–karanava)* unmittelbar bewirkt. Der Heiler stellt Bedingungen her, die dem Patienten den Übergang in eine andere Seinsweise ermöglichen. Das Mittel des Anwärmens *(rat–karanava)*, ein Herbeirufen der Dämonen, und das Mittel des *Dummala*–Rauchs bewirken bei der Duva den ersten Übergang in die Besessenheit.

Upasena Gurunnanse sagte einmal, eine Person müsse sich entscheiden, was sie ist, ob ein Mensch, ein *Yaka* (Dämon), ein *Preta* (Ahnengeist) oder sonst ein *Bhūta*. Auf meine Frage, was es denn bedeute, wenn sie sich nicht entscheiden könne, antwortete Upasena Gurunnanse: „Dann wird diese Person verrückt *(pissu)*". Diese Aussage Upasena Gurunnanses belegt wieder, dass im Rahmen der Tovil–Psychologie nicht die Dämonenbesessenheit verrückt macht, sondern die Unentschlossenheit und Verwirrung, mit der man dem Dämon–Problem begegnet. Dem Patienten teilt er diese Überzeugung nicht bloss verbal mit. Mit seinem Mittel des Besessenmachens *(āvesha–karanava)* bringt er dem Patienten die Ansicht des Dämons *(disti)* erlebnismässig näher. Der Patient lässt mit Hilfe dieses Mittels den dämonischen Erlebenskomplex in seinem Körper zu, er lässt sich vom Dämon reiten *(ārudha)*. In der Welt der Dämonen ist die zuvor erschreckte und verwirrte Duva wieder ansprechbar und kommunikationsfähig. Als Verkörperung des Dämons können das Erleben und der Ausdruck dort, wo sie bei der Patientin verhaftet waren, weiterfliessen. Der Dämon ist zum Beispiel stark und stellt Forderungen ohne Rücksichtnahme. Dies ist etwas, was die Duva nicht kann, solange sie in ihrer Identität der braven Hausfrau verhaftet ist. Dass die verhafteten Persönlichkeitsanteile *(pañca–upādāna–khandha)* wieder in Fluss kommen, bedeutet jedoch noch nicht notwendigerweise Beglückung, Befreiung und Heilung. Duva ist, wie wir gleich sehen werden, als Dämon nur zeitweise glücklich.

Ich habe Upasena Gurunnanse und viele meiner srilankischen Bekannten gefragt, ob man zum Beispiel seinen eigenen Vater auch als Dämon wahrnehmen könne, wenn man mit ihm Probleme hat, respektive wenn er einem Probleme bereitet. Die Frage wurde mit Selbstverständlichkeit bejaht, und ich wurde darauf hingewiesen, dass die Bezeichnungen „*Yaksha*" und „*Yakshini*" (Dämon, –in) als Schimpfworte geläufig sind. Nun ist es allerdings nicht möglich, von seinem eigenen Vater besessen zu werden, solange dieser noch lebt. Besessen werden kann man hingegen vom gleichen Dämon oder Ahnengeist, der auch ihn besessen hält (vgl. hierzu der *Preta* der Grossmutter im Fallbeispiel von Sita, der von der Mutter auf die Tochter springt). Die hier vorgestellten Patienten haben nicht angege-

ben, dass sie Probleme hätten mit ihren noch lebenden Familienangehörigen. Ich habe auch nicht versucht, eine solche Ursache für
ihre Krankheit entgegen ihren Auffassungen psychodynamisch herzuleiten, weil es für Upasena Gurunnanse unwesentlich war, über eine
solche Ursache nachzudenken. Seiner Auffassung nach hat der Mensch
oder der Patient bei dem, was ihm karmisch zustösst, keine Wahl,
sei es von Seiten der Verwandten, der Dämonen usw. her. Die eigene
Verantwortung fängt aber bei den aktuellen Taten *(karma)* an, bei
dem, wie man mit dem Zugefallenen umgeht.

Für mein eigenes Verständnis zum Entstehen von Problemen und
dem therapeutischen Umgang damit scheint mir das Problem Vater
als Dämon aus folgendem Grund interessant zu sein: Die Erleichterung, die der srilankische Patient empfindet, wenn er vom Dämon
besessen ist, dürfte ähnlich derjenigen eines Protagonisten mit Vater-
problemen sein, wenn er im Psychodrama die Rolle seines Vaters
spielt. In beiden psychotherapeutischen Formaten erhält der Patient
die Möglichkeit, das Problem, das er mit dem Dämon (respektive mit
dem Vater) **hatte**, durch Besessenheit (respektive durch Rollentausch)
zu **sein**. Dadurch wird das Problem für den Patienten vorübergehend
inexistent, das heisst, es wird, vom Patienten verkörpert, im ersten
Moment von ihm nicht mehr als Problem erlebt. Wir werden jedoch
im Tovil der Duva noch sehen, dass bei länger andauernder Besess-
senheit neue Probleme aufkommen. An dieser Stelle sei nur festgehalten, dass Besessenheit (oder Rollentausch) eine unmittelbare Entlastung bringt, Verhaftungen löst und neue Lernschritte einleitet.

Wenn der Patient im Zustand der Besessenheit den Dämon verkörpert, wird er mit seiner Ansicht *(disti)* auch seinen Angehörigen
wieder greifbar. Für den Heiler ist durch das Besessensein des
Patienten die dämonische Krankheit zu einer Tatsache geworden, mit
der er technisch umgehen kann. Sowohl auf den Patienten wie auch
auf den Dämon bezogen kann er nun sein heilendes Handeln jeweils
entsprechend ausrichten. Das Besessensein *(disti)* als Mittel wirkt also
wiederum auf mehreren Zielebenen. Es dient dem Herstellen des
therapeutischen Formats des Tovils (zum Beispiel müssen nun Altäre
errichtet werden, in denen den Dämonen Opfer angeboten werden).
Es konkretisiert das Böse und ermöglicht dadurch einen heilsamen
Umgang *(apāya–kosalla)* damit. Zudem bewirkt es beim Patienten
mythenbezogenes Erleben, einen neuen Bedeutungszusammenhang der
ihm zugestossenen Ereignisse, den er mit dem Heiler teilt, und damit
verbunden eine Zuversicht *(saddhā)*, dass er aus Angst und Verwirrung befreit werden kann.

Das Besessenmachen *(āvesha karanava)* oder das Besessensein *(disti)* ist **nur eines** der Mittel, um den Umgang mit dem Problematischen *(apāya–kosalla)* zu lehren, indem das Böse konkretisiert wird. Der Einsatz dieses Mittels muss jedoch der jeweiligen Situation des Patienten angemessen sein. Wie wir im Diagnosegespräch von Simon gesehen haben, ist es nicht einmal wichtig, ob der Patient tatsächlich von Dämonen angegriffen oder gar besessen wurde, um als Kranker *(leda)* diagnostiziert und behandelt zu werden. Vielmehr trägt allein schon das Gespräch mit den Mitteln des mitfühlenden und verstehenden Entgegenkommens *(anuparivatti)* dazu bei, im Patienten Vertrauen *(saddhā, pasāda)* zu kultivieren, das seinen Geist eint und Zerfahrenheit und Zweifel beseitigt. Dadurch wird der Patient für Upasena Gurunnanses Behandlungsmethode des Tovils empfänglich *(pahada–arinava)*.

Fassen wir die therapeutischen Mittel, die von Upasena Gurunnanse eingesetzt werden und Bestandteile des therapeutischen Formats *(kammatthāna)* sind, nochmals kurz zusammen. Es gehören dazu die therapeutischen Interventionen und Instruktionen des Heilers, seine Anwendung von Requisiten, die Medien, das Gestalten der Beziehungen und die Handlungsmöglichkeiten, die der *Kammatthāna* des Tovils dem Patienten impliziert. Wir haben gesehen, dass die Unterscheidung zwischen Vehikeln und Instruktionen bei den therapeutischen Mitteln eine künstlich–analytische ist. In jeder Situation ändert sich, abhängig vom Beobachter, die Perspektive. Wir haben gesehen, wie Upasena Gurunnanse den Übergang der Duva in die dämonische Besessenheit unterstützt, indem er das Requisit des *Dummala*–Rauchs und das Medium des Rezitierens von Versen *(kavi)* anwendet. Die Möglichkeit des Besessenwerdens ist im therapeutischen Format des Tovils auch ohne Upasena Gurunnanses Zutun bereits angelegt und der Patientin bekannt. Das gleiche gilt auch für das Requisit der Schnur zum Binden des Patienten an ein Versprechen *(āpanūla)*. Der Vorgang des Bindens als Mittel therapeutischer Prozesse wird durch die Instruktionen des Upasena Gurunnanse zusätzlich unterstützt. Es ist unmöglich zu sagen, ob nun das Binden der Schnur als Vehikel oder Upasena Gurunnanses Worte als Instruktion den gewünschten Effekt erzielen. Beides sind Bedingungen für denselben psychischen Prozess.

Zu den therapeutischen Interventionen des Upasena Gurunnanse gehören auch Techniken oder Tricks, wie die paradoxe Intervention bei Simon, die das Fortsetzen seiner unerwünschten Trotzhaltung verunmöglicht hat. Welches Mittel auch immer von Upasena Gurunnanse gewählt wird und zur therapeutischen Anwendung kommt — sei es ein Lied, ein Zauberspruch, eine Zurechtweisung, ein Geruch, ein Gegenstand, eine unerwartete Reaktion — es bezweckt, gewünschte psychische Prozesse beim Patienten in Gang zu bringen und zu steuern.

Ich habe versucht, den therapeutischen Prozess in groben Zügen zu verfolgen, indem ich ihn in die Elemente der Interventionen des Upasena Gurunnanse und deren angestrebten Ziele, der gewünschten Wirkung im Patienten, zerlegt habe. Auf dieselbe Weise werde ich bei der Analyse des Tovils für Duva weiterfahren. Upasena Gurunnanses Interventionen im Diagnosegespräch — und vorwegnehmend auch im Tovil — bestehen aus dem empathischen Nachempfinden und Verstehen, dem Akzeptieren und dem mythenbezogenen reziproken Normieren der Erlebnisse des Patienten; dem Herstellen von Bedingungen; dem Stärken und Balancieren von Fähigkeiten; dem Führen und — als letztes aber wichtigstes — dem Erfreuen des Patienten.

Die angestrebten Ziele dieser Interventionen im Patienten sind: Die Förderung von Vertrauen; Wissen als Einsicht oder als praktisches und mythisch ordnendes Wissen; die Balance zwischen Vertrauen und Wissen als Fähigkeiten; Achtsamkeit, Wirklichkeitsbezug, Angstreduktion; Sammlung als ein Sich–beschlagnahmen–lassen oder als Verweilen bei einem freudeerzeugenden Objekt; Wille als Kraft oder Entscheidungsfähigkeit; die Balance zwischen Wille und Sammlung als Fähigkeiten; die Integration der Persönlichkeitskomponenten und die soziale Integration des Patienten.

10.3 Analyse des Tovils für Duva

Duva wurde in einem Diagnosegespräch, wie wir gesehen haben, auf das Heilritual vorbereitet. Das Diagnosegespräch beinhaltete unter anderem den Abschluss eines Therapiekontrakts, der mit der Versprechensschnur *(äpanūla)* besiegelt wurde. Während den fünf Wochen zwischen dem Zeitpunkt des Bindens der Versprechensschnur und dem festgelegten Tag für den Tovil — eine Zeitspanne von gewöhnlich etwa ein bis drei Monaten — ist mit Duva erwartungsgemäss nichts Ausserordentliches mehr vorgefallen. Es entsprach ihrem Zustand als Patientin, dass sie im Alltag ängstlich war, nicht alleine sein wollte und einige somatische Beschwerden hatte (vgl. Patienteninterview S. 298f). Ihre Verrücktheit war aber auf erfolgreiche Weise soweit „normiert", dass sie weitgehend unauffällig blieb und ihren Mitmenschen nicht durch eine grob abweichende Verhaltensweise lästig war. Deswegen musste sie von ihren Angehörigen nicht abgestossen oder sonstwie negativ sanktioniert werden.

Der Tag des Tovils steht ganz im Zeichen der Vorbereitungen. Die Requisiten werden von den Heilern im Haus von Duva hergestellt. Dazu gehört vor allem das Errichten der Altäre und die Zubereitung der Speisen für die Götter, die Gäste, den Heiler und seine Assistenten und für die Dämonen. Die Ausführung dieser Arbeiten ist kreativ, oft improvisiert und verlangt viel Kooperation. Bis die Gäste am Abend eintreffen, sind die Heiler und die Gastgeberfamilie eine homogene, harmonisch zusammenarbeitende Gruppe geworden.

Die Vorbereitungsarbeiten im Haus der Patientin sind ein Mittel, die Kohäsion der Kerngruppe des Tovils (bestehend aus dem Heilerteam und der Patientenfamilie) zu fördern. Sowohl die Heiler als auch die Gastgeber werden sich im Tovil vor den Zuschauern exponieren. Dabei können sie sich durch das in den Vorbereitungen gewonnene Zusammengehörigkeitsgefühl gegenseitig Halt und Unterstützung geben. Dies wird als Anwärmen *(rat–karanava)* bezeichnet.[103] Die Patientin, die Familienangehörigen und die Heiler wärmen sich durch die gemeinsamen Vorbereitungen einzeln für ihre jeweilige

aktive Rolle während dem Tovil an. Dadurch wird auch die Kerngruppe als ganzes Beziehungsgefüge angewärmt. Das Gelingen dieses
Anwärmens ist dann wiederum eine Bedingung für die gute Kooperation der Anwesenden. Zu Upasena Gurunnanses Methode gehört auch
ein Miteinbeziehen der Gruppendynamik als Mittel. Er benützt es, um
eines seiner Ziele zu erreichen, nämlich auch die Anwesenden mit
dem Tovil zu beglücken und der Patientin dadurch eine wohlwollende Umgebung zu schaffen. Aus diesem Grund erwähne ich manchmal
auch die Stimmungen im Publikum während des Tovils, sofern Upasena Gurunnanse diese als eine der Bedingungen herstellt oder auf-
greift, um die Heilung der Patientin herbeizuführen.

Der Fokus meiner Betrachtung bleibt jedoch bei den konkreten
Handlungen des Upasena Gurunnanse, die wir während dem Tovil
beobachten können. Dabei richte ich mein Augenmerk auf Upasena
Gurunnanses Methode des Entgegenkommens, in der die Mittel
zweckmässig zu einer Strategie *(upakkama)* koordiniert werden. Als
Mittel des Entgegenkommens fasse ich das empathische Nachempfinden *(anubhūti)*, das empathische Verstehen *(anubodhi)* und das
mythenbezogene Normieren *(anuparivatti)* der Erlebnisse des Patienten zusammen. Die Anwendung dieser Mittel hat den Zweck, der
Patientin Freude *(pīti)* zu bereiten und gleichzeitig ihre geistigen Fähigkeiten *(mano–indriya)* zu stärken und zu balancieren.

Als wir um acht Uhr Abends als Ehrengäste eintrafen, sind die
Vorbereitungen nahezu abgeschlossen. Der Tovil–Platz *(tovil–pola)*
mit den insgesamt fünf Altären ist aufgebaut und festlich beleuchtet.
Die meisten Gäste, zirka hundert Personen, sind schon eingetroffen
und stehen oder sitzen rund um den Tovil–Platz herum. Die Atmosphäre im und um das Haus von Duva ist wie vor einem grossen
Fest. Im Vergleich zu einem ähnlich grossen Familienanlass, einer
Hochzeit zum Beispiel, ist die Stimmung unter den Zuschauern jedoch
viel angeregter. Immerhin steht ihnen eine aufregende Aufführung,
eine Nacht lang bester Unterhaltung bevor.

Duva ist aufgefordert worden, sich während der Tovil–Vorbereitungen und beim Eintreffen der Gäste nur im Hausinnern aufzuhal-
ten, bis sie von den Heilern nach Beginn des Tovils rituell geholt
und auf den Tovil–Platz geführt wird. Dadurch stellt Upasena
Gurunnanse eine Bedingung dafür her, dass sich Duva für ihre Rolle
als Hauptperson der Veranstaltung von sich aus anwärmen *(rat-
karanava)* kann. Er nährt (vgl. Nahrung–Bedingung, Kapitel 4.1) und
fördert die wachsende Spannung und Vorfreude der Duva, indem er

sie bei der Errichtung des rituellen Arbeitsplatzes vom Mithelfen oder Zuschauen abhält.

Als wir Duva in ihrem Zimmer, umringt von Familienangehörigen, aufsuchen, zeigt ihr freudig strahlendes Gesicht, dass sie schon jetzt ihre Rolle als „Königin des Abends" voll geniesst. Angst erkenne ich nicht in ihrem Ausdruck; gelassen hört sie zu, wenn die Angehörigen uns haarsträubende Geschichten über ihre dämonische Besessenheit erzählen und dabei bedeutungsvoll auf die Versprechensschnur *(āpanūla)* an ihrem rechten Oberarm zeigen.

1. Sequenz – Einladung der Götter[104]

Schliesslich ist es vor dem Haus soweit: Upasena Gurunnanse und seine Assistenten *(goleyo)* treten in ihren rituellen Tänzerkleidungen auf den Tovil–Platz vor die versammelten Gäste. Upasena Gurunnanses Begrüssungsrede (siehe S. 301) setzt den Beginn des Tovils. Er spricht darin die Zuschauer als edle, ehrwürdige Menschen an, die aus Gunst und Besorgnis für die Patientin gekommen sind, um dem Befriedungsritual beizuwohnen. Seine höfliche und bescheidene Art, sein nicht beschönigendes Vorwegnehmen möglicher eigener Fehler, vor allem aber die Güte *(mettā)*, die er selbst in diesem Moment ausstrahlt, und die Besorgnis *(karunā)*, die er gerade auch dem Zuschauer gegenüber ausdrückt, indem er die unbequemen Sitzgelegenheiten erwähnt, erheben den Zuschauer nicht nur, sondern wirken direkt ansteckend.

Indem sich Upasena Gurunnanse auch auf die Prozesse in den Zuschauern verstehend einstimmt *(anubodhi)*, ruft er bei ihnen eine Reaktion hervor, die er intensiviert, amplifiziert und in die von ihm gewünschte Richtung lenkt. So schafft er Bedingungen für eine erlebnismässige Übereinstimmung *(anubhūti)* zwischen den an der Heilung Beteiligten. Upasena Gurunnanse bewirkt eine „parallele Entfaltung von Prozessen" *(anuparivatti)*, eine Resonanz zwischen den Erlebenden. Dieses gegenseitige Miterleben schafft eine von allen Anwesenden geteilte Wirklichkeit, die eine sozial integrierende Wirkung hat.

Die Anlass–Bedingung *(upanissaya–paccaya* – siehe Kapitel 4.1) für die gütig–wohlwollende Einstimmung der Zuschauer ist Upasena Gurunnanses eigene Geisteshaltung der Güte *(mettā)* und der Besorgnis *(karunā)*, die er ausstrahlt und die zusammen mit seinem Entge-

genkommen als Vorbild wirkt. Ohne die Kultivierung seines eigenen
Geistes könnte Upasena Gurunnanse keine heilenden Handlungen
ausführen. Mit Hilfe der Begrüssungsrede von Upasena Gurunnanse
ist eine Atmosphäre entstanden, die der Sphäre des Göttlichen nahe
kommt. Die Götter haben laut den Mythen grobe Ausformungen von
Gier und Hass in ihrem Geiste weitgehend eliminiert und führen ein
Leben in Freude *(pīti)* und in erhabenen geistigen Weilungen
(brahma–vihāra). Diese göttliche Freude wird unter anderem hervorgerufen durch den aesthetischen Genuss, wie zum Beispiel beim
Zuschauen der künstlerischen Aufführungen im Tovil. Die vier erhabenen geistigen Weilungen *(brahma–vihāra),* die nach dem höchsten
indischen Gott *Brahma* benannt werden, sind Güte *(mettā),* Mitgefühl
(karunā), Mitfreude *(mudita)* und Gleichmut *(upekkhā).* Upasena
Gurunnanse regt also bei sich und bei den Zuschauern diese götterähnlichen Einstellungen an, um mit den mythischen Göttern in Kontakt zu treten und sie auf den Tovil–Platz einladen zu können. Noch
vor Beginn der ersten Trommeldarbietungen und Tänze zur Ehrerbietung der Götter vergegenwärtigen sich Upasena Gurunnanse und
seine Assistenten die Tugenden oder die Qualitäten des Buddha
(buduguna), indem sie das *Buduguna–Mantra* vor dem Götteraltar
mit gefalteten Händen rezitieren (siehe S. 313f).

Buddha war zu seiner Lebzeit, so die Überlieferungen, auch der
Lehrer der Götter und von ihnen allen respektiert und verehrt. In die
als Tugenden des Buddha festgehaltene Ethik *(sīla)* nimmt Upasena
Gurunnanse zu Beginn, am Ende und vor jeder grösseren und
gewichtigen Handlungseinheit des Tovils Zuflucht. Das heisst, er erinnert sich an das ethische Ziel seiner Handlungen, das ihnen erst eine
heilende Richtung gibt. Die vollkommene Verwirklichung dieses Ziels
ist als Buddha personifiziert — sowohl als Balance der Geisteskräfte
(bala) wie auch als makellose Ethik *(sīla)* — und als *Buduguna*
verbal überliefert.

Die nun folgenden Ehrerbietungen an die Götter bestehen aus
wiederholtem Einladen, Anbieten von Gaben und künstlerischen Dar-
bietungen, wie Trommeln, Tanzen, Singen usw., wobei in den Liedern
(kavi) die Eigenschaften der göttlichen Wesen erklärt und gepriesen
werden. Es handelt sich hierbei um ein Erschaffen *(vatta)* der verfeinerten Sinnenqualitäten *(kāmaguna)* als Bedingungen *(paccaya)* für
die Freude der Götter, der Gäste und der Heiler und Künstler selbst.

Am Ende der Opfertänze für die Götter haben die Anwesenden
eine gute und gehobene Stimmung; man fühlt sich angeregt und

wohl, jede Müdigkeit ist verflogen, man schaut zuversichtlich der schlaflosen Nacht entgegen und freut sich auf das, was noch kommen wird. Man könnte sagen, der *Deva–Loka* (die Seinsweise der Götter) ist über einen hereingebrochen oder anders ausgedrückt, die Götter sind anwesend. Diese Beschreibung der Einladung der Götter belegt wiederum, wie die in den buddhistischen Mythen enthaltene Kosmologie den persönlich erlebten Psychokosmos *(loka)* der Teilnehmer erfasst. In der erlebnismässigen Resonanz *(anubhūti)* in einzelnen Menschen bekommen die mythischen Schilderungen *(kavi)* von Stimmungen, Gefühlen und Geistwesen ihren Entstehungs– und Wirklichkeitsgehalt. Geistige Sphären, die den Seinsweisen mythischer Gestalten zugeschrieben werden, dienen im Tovil der Gestaltung, Orientierung und Umgestaltung des Geistes.

In der ersten Sequenz des Tovils, die durch die Einladung der Götter geprägt ist, haben Upasena Gurunnanse und seine Assistenten den geschickten Umgang mit Heilvollem, Unproblematischem *(āya-kosalla)* vordemonstriert. Sie haben dabei vor allem mit den Sinnenqualitäten *(kāma–guna)* gearbeitet und die fünf Sinnenfähigkeiten *(pañca–indriya)* der Anwesenden angeregt. Dadurch haben sie sich selber, die Anwesenden und beide gleichzeitig erfreut. Die Sinnlichkeit *(kāma)* und die mit ihr verbundenen Formen von Gier *(lobha, tanhā)* werden nicht beseitigt, sondern sublimiert und schrittweise in verfeinerten aesthetischen Genuss verwandelt. Dies fördert eine unproblematische Freude *(pīti)* am Schönen und Angenehmen, welche die Ausrichtung auf die ethischen Ziele des Dhamma nur beeinträchtigen könnte, wenn sie an ein Haften *(upādāna)* gekoppelt wäre. Ein solches Haften wird jedoch durch die Vergegenwärtigung der Vergänglichkeit *(anicca)* der Sinnendinge verhindert. Die Tatsache der Vergänglichkeit aller Phänomene wird jeweils in den Liedern *(kavi)* besungen und durch das Beseitigen *(pativatta)* — nicht nur durch das Herstellen *(vatta)* freudebringender Bedingungen — im Tovil konkretisiert und erlebt. Das Bestreben, unheilvolles Haften nicht entstehen zu lassen, wird im Tovil also mit dem Aufrechterhalten, Fördern und Verfeinern des Angenehmen und Befreienden kombiniert. Darin besteht der geschickte Umgang mit dem Angenehmen *(āya-kosalla)*.

Auf dem Tovil-Platz sind nun alle wohlwollenden Wesen *(anuggahāya bhūta)* versammelt, und dies ist auch der passende Zeitpunkt, die kranke Duva in ihre Mitte zu führen. Mit Versen, in denen die anwesenden Götter angefleht werden, der Patientin zu helfen, wird der Übergang der Patientin vom Hausinnern auf den Tovil-Platz eingeleitet.

Für die Patientin ist es nicht einfach, während diesen anderthalb Stunden bester Unterhaltung vor dem Hause, wo sich die Leute ohne sie vergnügen, in ihrem Zimmer zuzuwarten. Sie kennt diese Sequenz als Zuschauerin von anderen Tovils. Ein bisschen Ungeduld und ein gemischtes Gefühl beim Gedanken, dass man sie gerade so gut vergessen und den Tovil ohne sie abhalten könnte, ist typisch für diese noch nicht integrierte Hauptperson, für die das Fest gegeben wird. Upasena Gurunnanse rechnet auf jeden Fall mit einer inneren Bewegtheit der Patientin, die bedingt ist durch ihr Ausgeschlossensein während den ersten Stunden des Tovils, in denen der freudevolle Umgang mit Angenehmem *(āya–kosalla)* gelebt wird. Die Patientin wird sich in der Folge gerne von Upasena Gurunnanse führen lassen und motiviert sein, dieselbe unbeschwerte Freude wie die Zuschauer als Gesunde selbst erleben zu können.

Im Tovil von Sita hingegen können wir sehen, dass das lange Warten für die Patientin zu einer beinahe unerträglichen Geduldsprobe wurde, die sie bereits an den Rand der Besessenheit gebracht hat. Diese Tendenz hat Upasena Gurunnanse empathisch erkannt *(anubodhi)* und verstärkt, indem er sie zu einer steuernden Bedingung *(indriya–paccaya)* gemacht hat. In der Folge wurde die Patientin Sita bereits als Dämon auf den Tovil–Platz geführt.

2. Sequenz – Einladung der Dämonen

An den Moment, als sie von den Heilern in ihrem Zimmer aufgesucht wird, mit Trommeln, Singen, Feuer und *Dummala*–Rauch, kann sich Duva nachträglich noch erinnern. Sie sitzt dabei auf dem Bett mit heruntergeschlagenen Augen und lächelt vor sich hin. Sie hört den Versen *(kavi)* zu, die den Übergang vom Hausinnern zu dem äusseren Tovil–Platz erklären und einleiten. Dieser Übergang ist eine Annäherung *(upacāra)* an den eigentlichen Arbeitsplatz *(kammatthāna)* des Rituals. Dafür benützt man ein besonderes Mittel: Der Patientin wird über Kopf und Schultern ein weisses Tuch *(kadaturāva)* geworfen, das eine zweifache Funktion hat. Es deckt erstens die Patientin zu, und zweitens kann sie herausgeführt werden, indem Upasena Gurunnanse die beiden Tuchenden hält und sie damit vorwärtszieht.

Der Weg der Patientin auf den Tovil-Platz wird in den begleitend gesungenen Versen als Abzweigung vom Krankheitsweg auf den Weg des Buddha-Dhamma beschrieben. Die Absicht des Heilers ist es, in der Patientin hiermit die Zuversicht *(saddhā)* zu fördern. So wird auch beim Abnehmen des weissen Tuches nochmals ein Lied gesungen, das besagt, dass mit Hilfe des Buddha, des Dhamma und des Sangha (Mönchsgemeinde) alle Krankheiten der Patientin beseitigt werden. Die Patientin wird also verbal darüber orientiert, dass die von Upasena Gurunnanse gewählte Methode *(upakkrama)* des traditionellen Heilens *(guru-kam)* der Buddha-Lehre unterstellt ist, auf die sich alle hier Anwesenden und auch die Dämonen beziehen. In der Patientin soll Freude und Zuversicht geweckt werden, indem sie daran erinnert wird, dass der Psychokosmos *(loka)* durch den Dhamma geordnet und harmonisiert wird.

Die Freude der Patientin soll gesteigert werden, wenn sie beim Abnehmen des Tuchs in ganzer Klarheit die wunderschönen Altarkonstruktionen vor sich sieht, reichlich dekoriert mit Blumen und Blattscherenschnitten. Mit dem weissen Tuch werden auch Bedingungen beseitigt, die das Entstehen der Freude stören. Eine solche „Störbedingung" ist zum Beispiel die Scheuheit *(lajja)* oder gar Angst *(bhaya)* der Patientin, so exponiert in die Sphäre der göttlichen Stimmung hinüberzutreten. Die Zuschauer mögen in ihr ruhig die Patientin, das Opfer *(āturaya)* sehen und sie bemitleiden. Der Heiler aber möchte, dass sie sich als Königin fühlt und er verhilft ihr mit seinen Mitteln zu diesem Gefühl. Hinter dem Tuch kann sie die eigene Freude, die von den Zuschauern vielleicht als ungebührend empfunden wird, verstecken. Das weisse Tuch schützt und verhüllt sie vor den Augen der anderen und gibt ihr gleichzeitig das Gefühl unsichtbar zu sein. Das Mittel des weissen Tuchs soll der Patientin den Übergang vom Zimmer auf den Tovil-Platz erleichtern, auf dem die Ansichten über sie womöglich nicht mit ihrem eigenen Erleben übereinstimmen. Das verhüllende Tuch wird erst entfernt, wenn sich die Patientin auf dem Arbeitsplatz des Rituals heimisch fühlt. Dann ist sie auch fähig, sich den Gegebenheiten ihrer neuen Umgebung zuzuwenden.

Die Patientin kann hinter dem ziemlich durchsichtigen Tuch beobachten, wie sich die Tänzer zwischen ihr und den Altären hin- und herbewegen *(pela-pāli)*. Die Tänzer gelten als Informationsträger, als Mittler, als bewegliche Elemente, die Entsprechungen der Stimmungen *(rasa)* zwischen der Patientin und ihren mythischen Gegenüber, den Göttern und Dämonen, bewirken sollen; sie energetisieren mit ihren rhythmischen Tänzen das Feld, drücken mit ihren Gesten Stimmungen *(rasa)* aus und stecken damit die Zuschauer an, oder regen zumindest deren Nachempfinden an. Die rituelle Arena, der Platz zwischen der Patientin und den Altären, ist der Informations- und Kommunikationskanal. Als solcher wird er *Vidiya*, wörtlich Strasse, genannt. Es ist der geschützte Raum, der eigentliche Arbeitsplatz *(kammatthāna)*, auf dem nun Energien freigelegt und psychische Prozesse intensiviert und konkretisiert werden. An diesem Ort sollen jetzt Bedingungen *(paccaya)* errichtet werden, um die geistigen Fähigkeiten *(mano–indriya)* je nach Bedürfnis zu fördern und zu schwächen *(vat–pilivet)*. So kann schrittweise eine gesunde Balance *(samattā)* wiederhergestellt werden, mit der die Persönlichkeitsstruktur des Patienten sich einem höheren Grad der Integration nähert.

Die Patientin wird von den Heilern zu einer Matte gegenüber den Altären geführt und setzt sich dort nieder. Auch den Dämonen werden nun in ihren Altären Speisen angeboten, um sie anzulocken. Der durch das Tuch hindurch verschwommene, umrissartige Anblick der Altäre und der Leute, das Tanzen und Trommeln bringen die Patientin wohl auf angenehme Weise sachte ins Hier–und–Jetzt des *Kammatthāna* (Arbeitsplatz). Angst dürfte jetzt bei Duva kaum vorhanden sein, stattdessen müsste Freude an Sinnendingen *(kāma-guna)* bewirkt worden sein. Dann wird der Duva das weisse Tuch abgenommen. Sie soll jetzt von der gehobenen Stimmung der Anwesenden nicht nur angesteckt werden, sondern durch sie in ihrer Mitte als Hauptperson, als Königin, getragen sein. Diese Absicht drückt sich auch im räumlich–materiellen Setting des Tovil–Platzes aus. Die Patientin sitzt direkt vis–à–vis der Götter- und Dämonenaltäre, zu ihrer Seite die Ehrengäste, neben ihr und in ihrem Rücken die nächsten Familienangehörigen, und der ganze übrige Platz ist umrahmt von den Zuschauern.

In der zweiten Sequenz des Tovils werden also auch die Dämonen, die Problembringer, gerufen. Dabei ändern sich die Trommelrhythmen und Bewegungen der Tänzer; sie werden schneller und hektischer. Der Tovil–Platz wird mit *Dummala* eingeräuchert, die Tänzer halten brennende Fackeln und zünden damit während dem Tanzen *Dummala*-Pulver an, so dass riesige Feuerwolken vor und zwischen ihren Füssen auflodern.

Gebannt verfolgen die Zuschauer jede Handlung. Man ist gespannt zu sehen, was diese Handlungen der Heiler bei Duva bewirken. Es herrscht jetzt unter den Zuschauern eine Art Sensationslust. Alle sind neugierig, ob die Patientin nun wirklich besessen wird *(āvesha-*

venava) und tanzen wird *(natanava),* und wie das wohl aussehen wird. Manche der Zuschauer mögen auch noch zweifeln, ob die Krankheit der Patientin nicht vorgetäuscht *(boru–leda)* sei und werden sich auf Grund dessen, was nun auf dem Tovil–Platz geboten wird, ihr eigenes Urteil darüber bilden.

Upasena Gurunnanses Absicht war, auch die Zuschauer beim Einladen der Götter in göttliche Sphären zu hüllen, sie anzustecken und zu beglücken. Mir scheint, dass ihm das gelungen ist. Jetzt wendet er sich ausschliesslich der Duva zu. Es liegt Upasena Gurunnanse fern, die Patientin beim Besessenmachen *(āvesha–karanava)* in etwas hineinzuzwingen, sie ohne Gefühl zu bearbeiten oder gar nötigen zu wollen. In seiner Miene liegt dementsprechend etwas Gütiges, Verspieltes, Humorvolles. Er will sie damit anstecken. Er lässt sich zu ihr herab, verschwört sich mit ihr, kommt ihr einfühlend entgegen, fordert sie heraus, lässt sie darauf reagieren, akzeptiert ihre Reaktion, bietet ihr etwas anderes an, usw. Es kommt mir vor wie eine Aufforderung zum Spiel, zur Heiterkeit, zum Sich–gehen–lassen und zum Experimentieren. Seit dem gegenseitigen Vertrauensbündnis beim Binden der Versprechensschnur *(äpanūla)* haben Upasena Gurunnanse und die Patientin einander keinen Anlass gegeben, an ihrem gegenseitigen Versprechen zu zweifeln. Dadurch hat sich die Vertrauenswürdigkeit der beiden erwiesen und ihre Beziehung gestärkt. Die Abmachung gilt also, dass Upasena Gurunnanse den Dämon auf Grund seiner ausdrücklichen Wünsche befriedigen wird, damit er von der Patientin ablässt und sie dadurch geheilt werden kann. Auch der Dämon, falls es ihn wirklich geben sollte, hat sich bisher an die Abmachung gehalten, die an die Versprechensschnur gebunden war, und hat Duva in Ruhe gelassen. Dieser Umstand hat Upasena Gurunnanse als Dämonenlenker *(yakädura)* Vertrauenswürdigkeit und Respekt auch bei den Angehörigen verschafft.

Erst wenn die Versprechensschnur gelöst wird, kann sich Duva als Dämon geben, respektive darf sich der Dämon des Körpers von Duva bemächtigen. Mit Zuversicht hat sich die Patientin unter den Göttern heimisch gemacht und geniesst, so nehme ich an, das Schöne. Sie ist darauf vorbereitet, dass sie sich jetzt in das Dämonische stürzen wird mit dem Ziel, sich mit Upasena Gurunnanses Führung zur Gesundheit emporzuarbeiten. Das Vertrauen in Upasena Gurunnanse dürfte ihr die Angst weitgehend genommen und ihren Geist durchlässig *(pasāda)* gemacht haben. Sie verfügt über das Wissen, dass Upasena Gurunnanse den Dämon besänftigen, befriedigen, bezähmen und wegschicken wird, wie er es bei anderen Patienten schon so oft

getan hat. Diesem Wissen kann sie daher begründet vertrauen. Als
Zuschauerin von anderen Tovils wird sie aus Erfahrung wissen, dass
die göttergleiche Stimmung, wie sie zu Beginn des Tovils herrscht, an
dessen Ende wiederkehren wird.

Upasena Gurunnanse hat die Duva als Person nicht etwa
geschwächt, sondern hat seit dem Beginn der Tovilvorbereitungen
nach und nach ihre persönlichen Fähigkeiten intensiviert: die fünf
Wahrnehmungsfähigkeiten *(pañca–indriya)* durch das Vorführen von
Sinnenqualitäten *(kāma–guna)*, Vitalität *(jīvit–indriya)* durch die
Zuwendung, die sie als Hauptperson des Anlasses erfahren hat, das
unangenehme Gefühl *(domanassa–indriya)* durch das lange Warten,
und das freudige Gefühl *(somanassa–indriya)* durch das Wegnehmen
des weissen Tuchs, sowie die geistigen Fähigkeiten des Wissens
(paññā–indriya) und des Vertrauens *(saddhā–indriya)*.

Upasena Gurunnanse hält sich jetzt rezitierend erneut die Qualitäten des Buddha *(buduguna)* gegenwärtig. Durch das Tanzen für die
Götter hat er in seinem Geist gute, heilsame Haltungen errichtet: die
Gebefreude *(dāna)*, Güte *(mettā)* und Mitgefühl *(karunā)*. Ungeduld
und Zweifel sind ihm wohl fern, wenn er jetzt die Patientin behut-
sam, Schritt für Schritt in den Zustand der Besessenheit führt
(āvesha–karanava). Zuerst stellt er eine Schale rauchenden *Dummalas*
(Feuerpulver) vor sie hin und entfernt ihr die Versprechensschnur.
Dazu singt er ein Lied *(kavi)*, das die Anwesenden, die Patientin
und den Dämon daran erinnert, wie es dazu gekommen ist, dass die
Dämonen der Gewalt des Dämonenzepters *(īgaha)*, das Upasena
Gurunnanse in der Hand hält, unterstellt sind. Die Patientin erhält
durch das Lied also die Instruktion, im dämonischen Zustand nicht
mehr nur dem Upasena Gurunnanse direkt, sondern einer mythisch
begründeten Autorität, dem *Īgaha*, zu folgen. Der *Īgaha* wird eingesetzt als Mittel des Übergangs in eine andere Seinsweise *(loka)*, in
die Welt des Dämonischen, die sich von derjenigen des Menschen
Duva unterscheidet. Nach dem Übergang in die Dämonenwelt wird
das Dämonenzepter als Mittel zur Steuerung des Geschehens dienen.
Mit einer solchen Orientierungshilfe kann Duva den Schritt in diese
unheimliche Welt wagen.

Bald schon beginnt Duva sachte und später immer deutlicher mit
dem Oberkörper hin- und herzuschaukeln. Dann schüttelt sie den
Kopf und zerzaust ihr straff gebundenes Haar ein wenig. Upasena
Gurunnanse hilft ihr das Haar zu öffnen, indem er mit dem Dämonenzepter den Knoten löst. Duva kommt also der Absicht der Hand-

lungen des Upasena Gurunnanse entgegen und Upasena Gurunnanse bestärkt ihr Entgegenkommen wiederum. Dies geschieht mit Hilfe des Herstellens von Bedingungen für den Übergang in eine andere Erlebenswelt, zuerst von materiell äusseren Bedingungen, wie dem *Dummala*–Rauch, dann von körperlichen, wie das Haarlösen, und später von immer verfeinerteren, wie zum Beispiel ein aufmunterndes Lächeln. So gerät die Patientin mehr und mehr in den Zustand der Besessenheit, bis sie alles um sich herum, ihre gewohnte „Duva–Welt", vergisst *(sihiya näti venava)*.

Aus Situationen im Psychodrama, bei dem therapeutisch auch mit verschiedenen Bewusstseinszuständen gebunden an kulturell wenig akzeptierte Rollen gearbeitet wird, stelle ich mir die inneren Vorgänge von Duva folgendermassen vor: In der sozial kontrollierten Situation des Tovils den Dämon zuzulassen, ist ihr vorerst einmal peinlich. Duva ist nun aber aufgefordert, ihre Scham zu durchbrechen, und es wird ihr auch tüchtig dazu verholfen. Überwundene Scham bringt Lustgewinn. Und diese Lust sucht Duva und braucht sie auch um geheilt zu werden. Das ist eine der Freuden als Wohlgefühl *(prīti)*, die Upasena Gurunnanse der Patientin durch den Tovil bereiten will *(Prīti* umschreibt auch das Wohlgefühl bei sexuellem Kontakt). Gierig zu sein nach Lust — was nicht zu verwechseln ist mit der Fähigkeit, lustvoll erleben zu können — ist eine Eigenschaft des Dämons. Um Dämon zu werden, muss man aber erstmal das normale Bewusstsein verlieren. Duva verfügt also, zusätzlich zu den von den Heilern angebotenen Übergangsmitteln, über ein kulturelles Wissen, das ihr in den Zustand der Lust versprechenden Besessenheit verhilft. Sie weiss, dass sie vom Dämon besessen ist, wenn sie nichts mehr weiss. Doch, selbst wenn sie nichts mehr wissen kann, weiss sie auf Grund ihres Vertrauens, dass Upasena Gurunnanse noch immer da sein wird — und die anderen Heiler und die Zuschauer —, und dass Upasena Gurunnanse den Dämon wegschicken wird, nachdem dieser zufriedengestellt ist. Sie weiss also, dass der Dämon darauf beharren darf, das zu tun, was ihm wirklich Freude macht. Mit diesem Wissen und mit Vertrauen auf einen guten Ausgang kann Duva ihre leidvoll verhaftete Persönlichkeitsstruktur, ihre vermeintliche Identität, loslassen.

Für die Zuschauer bietet sich auch eine glaubensorientierte Deutung des ganzen Prozesses des Besessenwerdens an, die keine Empathie verlangt: die Versprechensschnur ist weg, und schon bemächtigt sich der Dämon der Patientin. Doch das Wesen, das da, wenn auch mit offenen Haaren und ungewöhnlichen Bewegungen, tanzen wird,

sieht immer noch aus wie die Duva. Und könnte sie es nicht auch
sein, wenn sie „nur so tut", als wäre sie vom Dämon besessen? Der
Zweifel über die Echtheit der Krankheit wird nun zum Problem des
Zuschauers. Dieser Zweifel, der vielleicht auch bei Duva einmal als
sozialer Druck Spannung erzeugt hat, ist bei der Patientin im
Moment des Besessenseins sicherlich weg; ihr Erleben basiert auf aus-
gewogenem Wissen und Vertrauen. Sie weiss, dass ein Dämon sie
besessen hat, und mit dem Dämon fertig zu werden, ist dann Upasena Gurunnanses Sache; er kennt die Grenzen der Macht von Dämonen. Bekanntlich sind Dämonen unberechenbar und folgen nicht
gerne — auch damit kann Upasena Gurunnanse fertig werden.

Die Doppeldeutigkeit des Geschehens und das Wissen, dass auch
die Patientin weiss oder zumindest wusste, bevor sie das Bewusstsein
verlor, können beim Zuschauer — dies sollen meine Ausführungen
zeigen — durchaus Zweifel auslösen. Es sind die Zweifel eines nicht
überprüfbaren Glaubens, ob der Dämon wirklich echt ist, ob die
Patientin wirklich krank ist, und ob der Heiler nicht bloss ein abge-
kartetes Spiel treibt. Upasena Gurunnanse meint dazu, dass es unter
den Zuschauern immer Zweifler und sogar Besserwisser gäbe. Es sei
für ihn nicht möglich — und darin bestünde seine Grenze —, jeden
Zuschauer in jedem Moment zufrieden zu stellen. Daher ist es manchmal nötig, dass er Prioritäten zu Gunsten des Patienten setzt.

Die heilenden psychischen Prozesse können jedoch durch ein
zweifelndes „Wissen" irgendeiner anwesenden Person nicht beeinträchtigt werden, sofern bei ihr zeitweise auch das Vertrauen als
Gegenpol errichtet werden kann. Heilend sind für Upasena Gurunnanse diejenigen geistigen Prozesse, die auf das Gleichgewicht der
geistigen Fähigkeiten *(indriya–samattā)* einer Person hinzielen. Dies
gilt sowohl für die Person Duva, als auch für die Person Dämon, als
auch für die Person Zuschauer.

Dabei ist nicht massgebend, wie das Wissen inhaltlich ausstaffiert
ist, und ob sich dieser Inhalt im Laufe der Zeit ändert. Bei Upasena
Gurunnanse mag das Wissen um seine Ethik *(sīla)* und um sein
Können *(upakkrama)* aktiviert sein, bei Duva das Wissen, dass sie
krank *(leda)* ist, dass eine dämonische Krankheit Unglück über sie
und ihre Angehörigen gebracht hat. Ihr Wissen über die dämonische
Krankheit, wie sie sich manifestiert und wie sie behandelt wird,
bezieht sie aus Mythen und aus ihrer Erfahrung als Zuschauerin von
früheren Tovils. Die Zuschauer verfügen im Grunde über ein ähnliches Wissen wie die Patientin. Doch für sie als Nicht–Patienten ist

ein Aspekt dieses Wissens, das vorgetäuschte Kranksein *(boru–leda)*, besonders wichtig. Als Angehörige oder Zuschauer wären sie betroffen, wenn sie ein blosses Spiel der Patientin blind und gutgläubig mitmachen würden. Sie wollen ihren Glauben an die unabhängige, krankmachende Existenz von Dämonen, der die Patientin entlastet und aus ihrer Identitätsverhaftung führt, bestätigt wissen und erheben Anspruch, mit eigenen Augen zu sehen.

Den Zuschauern soll das Zweifeln ein wenig vergehen, wenn jetzt Upasena Gurunnanse einen Hahn am Hals um das Dämonenzepter wickelt. Der Hahn gibt dabei markerschütternde Schreie von sich und hängt schliesslich leblos am Dämonenzepter *(kukula murtuva)*. Dieses grausliche Schauspiel, bei dem man allgemein befürchtet, dass Upasena Gurunnanse dem Hahn das Genick gebrochen hat, führt nun dem Zuschauer das Dämonische unmittelbar vors Angesicht. Statt über das Geschehen „dort draussen" unbeteiligt zu urteilen, ist jeder plötzlich mit eigenen Gefühlen konfrontiert, mit Schrecken, Widerwillen, Abscheu, Empörung. Nun stellt sich auch für den Zuschauer die Frage des Vertrauens: kann man diesem Heiler trauen, wenn er wie ein Dämon einem Lebewesen Leid zufügt? Das ist, was Upasena Gurunnanse mit diesem Mittel bezwecken will; er will, so hat er mir erklärt, den unbeteiligten Zuschauer aufrütteln und ihn gefühlsmässig am Geschehen beteiligen. Das Dämonische der Patientin soll nachempfunden und nicht beurteilt werden. Upasena Gurunnanse schafft so eine Resonanz im Publikum, in der sich die Patientin gehoben statt angezweifelt fühlt: genau wie sie ist jetzt auch der Zuschauer mit der Angst vor dem Dämonischen *(bhūta–bhaya)* konfrontiert.

Die Patientin erhebt sich von ihrer Matte und geht vom Wippen des Oberkörpers und Schütteln der Haare allmählich in ein Tanzen über. Alle Augen der Zuschauer sind gebannt auf sie gerichtet. Das Gesicht der Patientin ist ausdruckslos, entspannt. Mit einem bestimmten Trommelrhythmus *(āvesha–pada)* wird ihre Besessenheit aufrechterhalten, unterstützt vom Mittanzen der Assistenten.

Das Tanzen der Patientin ist hüpfend, stampfend, ungelenk, und manchmal fällt sie beinahe hin. Diesem mitleiderregenden Unkontrolliertsein der Patientin kommt Upasena Gurunnanse entgegen, indem er dem Dämon, den sie verkörpert, zuerst einmal in seiner Welt Orientierung gibt, seinen Psychokosmos strukturiert und ihn dadurch zu Besinnung und Achtsamkeit bringt. Er fordert den Dämon im Körper der Duva zuerst auf, die Götter zu grüssen. Die Patientin kniet mit gefalteten Händen vor dem Götteraltar nieder.

Dann zeichnet Upasena Gurunnanse mit dem Dämonenzepter eine Linie am Boden vor. Die Patientin weiss, was sie zu tun hat: als Dämon steht sie ja ganz unter der Macht des Dämonenzepters. Sie tanzt ihm nach, kriecht ihm nach auf den Knien, auf allen Vieren und sogar bäuchlings unter einem Stuhl hindurch. Unter dem Stuhl bäumt sie sich auf, so dass der Stuhl umfällt. Sie benimmt sich fast wie ein Raubtier, das widerwillig der Peitsche des Dompteurs folgt. Der Vorgang mit dem Stuhl wird wiederholt, aber diesmal halten zwei Assistenten den Stuhl fest. Manchmal tritt die Patientin mit den Knien so heftig auf den Boden, dass es jedem Menschen Schmerzen verursachen würde; sie verzieht jedoch keine Miene dabei. Die Zuschauer erkennen nun: was für Duva beschämend und unerträglich wäre, führt der Dämon aus, weil er nicht anders kann, als dem Dämonenzepter zu folgen.

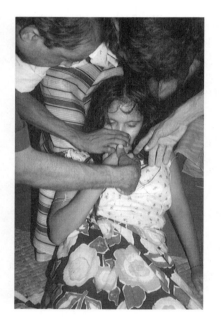

Doch der Dämon der Patientin erhält auch die ihm zustehende Macht und Kompetenz zugesprochen. Upasena Gurunnanse gibt ihm das Feuer, eine brennende Fackel, in die Hand. Und nachdem der Dämon seinen Namen, *Mahāsohona,* bekanntgegeben hat (siehe S. 302), wird er von Upasena Gurunnanse aufgefordert zu überprüfen, ob in den Altären alles nach seinen Wünschen vorbereitet worden ist. Der Dämon tut dies, indem er, verkörpert durch die Patientin, mit der Fackel um die Altarkonstruktionen herumtanzt. Dann wird die Patientin zu ihrer Matte geführt. Sobald die Versprechensschnur wieder an ihrem Arm befestigt ist, wird aus dem Dämon sofort die Person Duva. Eine Schwester gibt ihr zu trinken und wischt ihr den Schweiss vom Gesicht. Der Ehemann starrt sie erstaunt und ungläubig von der Seite an. Mit unbewegtem Gesicht bindet sie sich das Haar zu einem Knoten, steht auf und geht ins Haus, um für die nun folgende Pause mit den anderen Frauen Tee für die Gäste zuzubereiten. Sie gibt sich kooperativ, ob als Patientin, als Hausfrau oder als Dämon.

In der Pause bereiten nun die Assistenten die Speisen für die Dämonen auf einer Matte vor den Altären zu und geben sie dann vorschriftsgemäss in die Dämonenaltäre hinein. Man kommt dem Dämon der Patientin in jeder Hinsicht entgegen, hält sich an die Abmachungen und befriedigt ihn in der Erwartung, dass sich dann auch der Dämon an sein Versprechen hält und geht. Es ist ein fairer Handel.

3. Sequenz – Die Zähmung des Dämons

Nach der Pause nimmt die Patientin ihren Platz auf der Matte wieder ein. Der Dämon hat im letzten Gespräch versprochen wieder zu tanzen, wenn er gerufen wird. Es ist einfach Handlungen zu wiederholen, die man bereits einmal ausgeführt hat und die einem Freude bereitet haben. Ihre Entfaltung geht reibungsloser voran, und ihre Wirkung ist, bedingt durch die Wiederholung *(āsevanā–paccaya)*, ausgeprägter. So kann Upasena Gurunnanse das Prozedere des Besessenmachens beim zweiten Mal erheblich verkürzen. Sowie er mit einem *Mantra* (Zauberspruch) die Altäre energetisiert und den Kontakt zu den Dämonen dadurch herstellt, damit sie die Opferungen in der Welt der Menschen auch wirklich entgegennehmen können, fängt Duva bereits an, mit dem Oberkörper zu wippen. Upasena Gurunnanse kommt ihr entgegen, entfernt die Versprechensschnur, und schon lösen sich auch ihre Haare. Diesmal fordert Upasena Gurunnanse den Dämon zum Tanz auf, indem er die Patientin mit einem roten Tuch *(ratu redda),* quer über Schultern und Rücken gehalten, aufzieht, und das Tuch dann an der Seite zusammenknotet. Das rote Tuch bindet den Dämon an den Körper der Patientin, weil er die rote Farbe des Bluts gerne mag, und markiert die Patientin gleichzeitig als Dämon.

Upasena Gurunnanse verfügt über eine Anzahl von Mitteln, wie dieses rote Tuch, das Dämonenzepter, die Versprechensschnur und andere, mit denen er den Dämon herbeirufen und lenken, und so den Prozess im Tovil bestimmen kann. Darunter ist das *Mantra* nach seiner Aussage das mächtigste Mittel, weil es die Handlungen den Mythen entsprechend wirklich oder wirksam macht. Das *Mantra* ist der Ausdruck seines Willens, der im Einklang ist mit den in den Mythen üblichen Handlungsabläufen.

Meine Idee, das *Mantra* mit einem Vehikel zu vergleichen, mit einem Auto zum Beispiel, mit dessen Hilfe man sich rasch irgendwohin bewegen kann, hat Upasena Gurunnanse sehr amüsiert. Er meinte jedoch, das *Mantra* sei eigentlich nur das Motoranlassen und im Leerlauf auf das Gas drücken. Es sei ein Mittel des Anlassens, des Funktionstüchtig–Machens, des Energetisierens und nicht des eigentlichen Fortbewegens. Upasena Gurunnanse vergleicht die Wirkung des *Mantra*s mit der Fähigkeit, die ein Meditierender entwickelt, wenn er einen Zustand guter Sammlung *(samādhi)* erreicht habe. Dann könne er anfangen, seinen Geist zu lenken und geistige Energien, zum Beispiel Güte *(mettā)*, an seine Mitmenschen zu senden. Dies führe er aus, indem er einen Menschen seiner Wahl vor seinem inneren Auge erscheinen lasse und erkenne, wie das Wohlwollen ihm selbst und seinem Mitmenschen gut tue. Auf ähnliche Weise energetisiert und lenkt Upasena Gurunnanse mit Hilfe des *Mantra*s seinen Willen.

Alle im Tovil als Mittel angewendeten, die fünf Sinne ansprechenden Requisiten, die Altarkonstruktionen, die Tanzkostüme, die Tanzbewegungen, die Trommeln, der Ton der Verse, der Geruch des *Dummala*–Rauchs, der Geschmack der Limonen, die Form des Dämonenzepters, usw. sollen als Objekt oder Anlass einen gewünschten Geisteszustand, zum Beispiel Freude, bedingen. Als einen Anlass bedingende Mittel gelten auch ganze Handlungsabläufe, sofern sie Träger von inneren Abfolgen und geistigen Bewegungen sind. Das Abrollenlassen der Szenerie von Opfertänzen vor dem inneren Auge, zum Beispiel, kann noch Tage später die sie begleitende Erfahrung der Freude bewirken. Die materiellen, sicht- und fühlbaren Mittel des Tovils sind also Bedingungen *(paccaya)*, die dem Herstellen–und–Beseitigen *(vat–pilivet)* geistiger Prozesse dienen.

In der Folge lässt Upasena Gurunnanse die Patientin sich austanzen und austoben. Eigentlich ist es jedoch ein von ihm empathisch verstandenes und als solches bestärktes Agieren eines Dämons. Der Dämon wird von Upasena Gurunnanse jetzt insbesondere dazu aufgefordert, seine Kraft *(shaktiya, jīvit–indriya)* zu entfalten. Vieles, was die Patientin tut, vor allem das heftige Schlagen mit der Kokosnussblüte auf den eigenen Kopf, wäre für die Person Duva zu schmerzhaft, es auch nur einige Male zu ertragen. Als Dämon wiederholt sie dieses Schlagen mehrere Minuten lang. Die dämonischen Energien scheinen fast unerschöpflich zu sein, die besessen tanzende Patientin unermüdlich.

Es ist nun eine Ermessenssache des Zuschauers, ob er den Dämon für solche aussergewöhnlichen Fähigkeiten bewundern, oder ob er es nicht einfach als ein lächerliches und unwürdiges Gebahren auffassen soll. Hierin zeigt sich seine eigene Zu- oder Abneigung, seine Faszination oder sein Widerwillen dem Dämonischen gegenüber. Abgesehen vom Tanzen und Toben gibt es auch Verhaltensweisen, die für die Zuschauer — darin sind sie sich einig — jenseits des guten Geschmacks sind. Dazu gehört, den Nacken eines lebenden Hahns zu durchbeissen, um sein Blut zu trinken. Man weiss jedoch, dass vom Dämon besessene Patienten während einem Tovil manchmal fähig sind, dies zu tun, und hat ein wenig Angst, Zeuge einer solch grausigen Szene werden zu müssen.

So muss Upasena Gurunnanse gerade in dieser Sequenz das richtige Mass finden zwischen dem Anspornen und Bremsen des Dämons. Denn der Dämon muss in dem, was er tut, echt **und** dämonisch sein, damit es im Erleben der Patientin stimmt und für die Zuschauer glaubwürdig wirkt. Grundsätzlich gilt für Upasena Gurunnanse, dass der Dämon tun soll, was ihm Spass und Freude macht. Er soll der Sensationslust der Zuschauer entgegenkommen und sie beeindrucken, aber nur soweit, als die Patientin, deren Körper er ja besessen hält, nicht nur noch zur blossen Karikatur des dämonischen Unfugs wird. Dies würde die Patientin und die Angehörigen auch noch in der Zeit nach dem Tovil beschämen.

Der Patientin, oder dem Dämon im Körper von Duva, macht das Tanzen von Anfang an Spass. Upasena Gurunnanse muss nun mit seinen Interventionen das Ziel erreichen, dem Dämon die Lust am Tanzen zu gewähren, um ihn zu erfreuen, ihm aber die Existenz im Körper der Duva allmählich zu verleiden. Denn das Ablassen des Dämons vom Körper der Patientin sollte sich idealerweise ohne grosse Überwindung, fast von selbst, ergeben können. Der Dämon soll befriedigt, gesättigt werden, damit er zufriedengestellt die Patientin loslassen kann. Es gilt also, eine Balance zu finden zwischen der Genussfähigkeit *(somanassa–indriya)* und der Fähigkeit, das Unangenehme zu empfinden *(domanassa–indriya)*. Der Dämon der Duva entwickelt zuerst nur die Genussfähigkeit beim Tanzen. (Anders ist es beim Dämon der Sita, dem das Tanzen zuerst Probleme bereitet.) Ein Mittel, um die Fähigkeit des Dämons, das Unangenehme zu empfinden zu stärken, besteht darin, den Dämon der Duva so lange tanzen zu lassen, bis auch er schliesslich müde und erschöpft ist. Ein anderes Mittel, um die Fähigkeit „das–Problematische–zu–empfinden" *(domanassa–indriya)* herzustellen, ist, dass Upasena Gurunnanse das

Dämonische ein wenig zu stark herausfordert, bis es nicht mehr im
Einklang ist mit dem freudigen Gefühl, und die Patientin eine neue
erlebnismässige Balance finden muss. Sie wird auf die Handlung, die
das unangenehme Gefühl bewirkt hat, künftig verzichten oder es aber
ganz dem Dämonischen, der anderen Person, zuschieben. Dann fällt
es dieser anderen Person, dem Dämon, in der Ansicht der Patientin
nicht mehr schwer fortzugehen. Denn jede Person, in welcher Welt
sie auch immer zuhause ist, wird versuchen, das Unangenehme zu
vermeiden.

Die Doppeldeutigkeit der Ansicht, ob das Gesehene oder Nacher-
lebte nun der Dämon oder die Patientin ist, tritt vor allem dann in
den Vordergrund, wenn die Patientin nicht besonders stark besessen
ist, zum Beispiel, wenn die Kräfte des Dämons nachlassen. Je fester
die Patientin besessen ist, desto mehr handelt sie wie ein Dämon
und desto weniger weiss sie, was sie tut. In dem Zustand leichter
Besessenheit herrscht die Tendenz vor, das Dämonische zu integrieren, sein Erleben zu zerstückeln und darob verrückt *(pissu)* zu werden. In dem Zustand tiefer Besessenheit herrscht die Tendenz vor,
das Dämonische von dem Gesunden fern zu halten, es abzutrennen.
Upasena Gurunnanse beobachtet diese beiden Tendenzen und merkt
sich besonders den Anlass, durch den die Patientin von tiefer in
leichte Besessenheit oder umgekehrt übergeht. Diese Anlass–Bedingung kann er dann gezielt als Mittel einsetzen.

Ein Anlass, der bei der Patientin ein solches Kippen ins Erleben
bringt, ist das Beissen des Hahnennackens. Dies erkennt Upasena
Gurunnanse, als er den Dämon der Patientin zum ersten Mal auffordert, richtig in den Nacken hineinzubeissen. Die Patientin tut nur ein
wenig als ob. Hier scheint bei der Patientin die Freude am Dämonsein aufzuhören und der Widerwillen anzufangen.

Dies ist auch der Punkt, bei dem der Zuschauer denkt: die
Patientin zaudert Blut zu trinken, also ist sie immer noch die Duva
und nicht ein Dämon; denn ein Dämon, und gerade *Mahāsohona,* ist
bekanntlich blutdürstig. Die Bilder, wie die Patientin unter dem Stuhl
hindurchgekrochen, sich mit Kokosnussblüten unaufhörlich auf den
Kopf geschlagen und über eine Stunde lang getanzt hat, treten in
den Hintergrund, und die Frage nach einer vorgetäuschten Krankheit
(boru–leda) wird beim Zuschauer wieder aktuell.

Upasena Gurunnanse schützt die Patientin, sobald sie in ein frag-
würdiges Licht gerät. Dazu greift er wiederum auf dasjenige Mittel
zurück, welches der Patientin eine Bedingung zur Freude war und

gleichzeitig ihr „angepasstes" dämonisches Verhalten bewirkte: das Tanzen. Indem Upasena Gurunnanse den Dämon tanzen lässt, kommt er der Patientin akzeptierend entgegen und beseitigt die Zweifel der Zuschauer. Die Trommler und Tänzer sind schon längst erschöpft, doch noch immer lässt Upasena Gurunnanse die Patientin zu ihrer Freude weitertanzen. Dabei wird die grobe Form des ausgelassenen Tanzens verfeinert. Upasena Gurunnanse lässt die Tänzer der Reihe nach einen Tanzschritt *(mātra)* nach ihrer Wahl vortanzen und fordert die besessene Patientin auf, den vorgeführten Schritt nachzutanzen. Die Patientin macht dabei ausserordentliche Fortschritte; ihr wildes Tanzen wird immer koordinierter, achtsamer, und sie entwickelt Kraft und Ausdauer. Upasena Gurunnanse tritt dieser Tendenz wiederum zielbewusst ausbalancierend, begrenzend aber liebevoll entgegen: er lobt den Dämon für seine Fortschritte und weckt dadurch seine Eitelkeit. Statt ihn auf dem Höhepunkt seiner Freude ausruhen zu lassen, lässt Upasena Gurunnanse ihn weitertanzen, bis es das Mass seiner Freude übersteigt. Der Dämon lässt alles mit sich geschehen. Am Schluss muss er auf Geheiss des Upasena Gurunnanse sogar wieder auf allen Vieren dem Dämonenzepter nachkriechen. Hier nun wendet Upasena Gurunnanse das gleiche Mittel an, das dem Dämon einmal Freude bereitet hat, um jetzt aber die Fähigkeit, das Unangenehme zu empfinden *(domanassa–indriya)*, damit herzustellen. Das dem *Īgaha* Nachfolgen — einst für die besessene Patientin eine interessante Herausforderung — wird ihr jetzt zur Qual. Auch die Zuschauer haben langsam genug vom Anblick der tanzenden Patientin, die alles tut, was Upasena Gurunnanse ihr befielt.

Die „Person Dämon" und die „Person Duva" sind ja im Körper, den sie teilen, untrennbar miteinander verbunden. Sie teilen also auch die Empfindungen des Angenehmen und des Unangenehmen. Wenn ich von der „Patientin" spreche, meine ich diese Verbundenheit der Empfindungen im gleichen Körper. Wenn die Patientin stark besessen ist — was hier allerdings nicht mehr der Fall ist —, empfindet nur der Dämon den Körper, weil das Bewusstsein der Duva vollkommen ausgeschaltet ist. Im erschöpften Körper weicht der nach Lust suchende Dämon zurück. Er räumt, bildlich gesprochen, das Feld und lässt der kaum noch besessenen Duva die Trümmer zurück. Upasena Gurunnanses Ziel ist es, die Patientin und somit auch den Dämon im Körper der Patientin zu erfreuen — jedenfalls zu Beginn seiner Behandlung. Seine Interventionen müssen dann aber dahin führen, dass der Dämon befriedigt vom Körper der Duva ablässt, und dass die Freude der Patientin nicht mehr an die dämonische Energie in ihrem Körper gebunden ist. Im Moment der Lustlosigkeit und Erschöpfung des Dämons im Körper der Duva kann aber auch kein Widerstand der Patientin gegen den Dämon folgen. Vielmehr erduldet die Patientin den Dämon einfach. Im ausgebrannten Körper der Patientin ist die Willensfähigkeit *(viriya–indriya)* geschwächt, sowohl die der Duva gesund zu werden, als auch die des Dämons zu bleiben. Die Herstellung der Bedingung durch Upasena Gurunnanse, den Dämon im Körper der Patientin bis zur Freudlosigkeit und Erschöpfung tanzen zu lassen, hat also eine Umdeutung des Erlebens bei der Duva und beim Dämon bewirkt. Die Angst und Faszination der Duva gegenüber dem Dämon hat sich in Gleichgültigkeit verwandelt, die Lust und Gier des Dämons gegenüber der Duva in Abneigung.

Den Abschluss dieser Sequenz bildet ein weiteres Gespräch mit dem Dämon vor dem Altar (siehe S. 302ff). In diesem Gespräch werden zwei Tendenzen im Dämon, das Tanzen, das ihn stark macht und das willenlose Gehorchen, das ihn schwächt und zähmt, von Upasena Gurunnanse aufgegriffen und in Worten ausgedrückt. Der Dämon bestätigt zuerst gehorsam die bereits erfolgte Erfüllung seiner Ansprüche. Er verspricht brav, zur abgemachten Zeit zu gehen. Da thematisiert Upasena Gurunnanse die Möglichkeit der Ungehorsamkeit mit der Frage, ob der Dämon etwa vorhabe länger zu bleiben. Der Dämon ist erschöpft. Doch sein „Nein" tönt bloss kleinlaut, nicht etwa aus innerer Überzeugung: eigentlich sollte er schon wollen, aber er kann nicht mehr. Upasena Gurunnanse fordert den Dämon auf, sich laut und klar zu äussern. Er weist ihn barsch zurecht und zeigt dadurch, wie schwach und lächerlich der gehorsame Dämon ist und wie leicht zu führen und zu besiegen. Die „Person Dämon" und die „Person Duva" sind nun also in eine merkwürdige Beziehung, in eine Art „negative Symbiose" zueinander geraten: der Dämon kann nicht bleiben, die Duva kann nicht von ihm lassen. Dieser merkwürdige Kontrast (wenn man an den lustvoll starken Dämon zurückdenkt, der aggressiv sein Opfer überfallen hat), diese beinahe unerträgliche Umkehrung der mythischen Norm kann sowohl im Erleben der Duva als auch im Erleben des Dämons unmöglich aufrechterhalten werden. Upasena Gurunnanse bleibt als Lehrer von Patientin und Dämon unbeirrbar. Selbst wenn die Person Duva im Körper der Patientin in diesem Moment ebenfalls anwesend wäre, spricht er formell nur mit der Person Dämon. Dabei geniesst er ganz offensichtlich die Beziehungsänderung zwischen dem Dämon und der Duva. Änderungen im Erleben sind ihm willkommen, wenn sie leidvolle Verhaftungen lösen, die der Person Duva eine Erleichterung verschaffen. Gegenüber der Person Dämon ist es jedoch angebracht, Abmachungen zu treffen, und es dabei bewenden zu lassen.

Deshalb fordert Upasena Gurunnanse in der Folge das Dämonische heraus und bestärkt die kleinlaute Tendenz in der Patientin nicht mehr. Er beharrt darauf, dass man dem Dämon ein Leben, einen Hahn opfern wird, genauso, wie der Dämon das im Diagnosegespräch verlangt hat. Upasena Gurunnanse gibt dem geschwächten Dämon Orientierung, provoziert ihn, erinnert ihn an seine blutdürstige Seite, mit der er der Patientin sogar Angst eingejagt hat. Der Dämon sagt darauf trotzig, er brauche den Hahn nicht mehr. Hier ergreift nun die Patientin die gute Gelegenheit, ihrem Widerwillen gegenüber dem Trinken des Hahnenbluts Ausdruck zu geben, und zwar auf eine bockig–ungehorsame, dämonische Weise. Die kooperative Patientin leistet Upasena Gurunnanse gegenüber zum ersten Mal Widerstand, doch richtet sich der Inhalt dieses Widerstands **gegen** das Dämonsein. In dieser Situation kann Upasena Gurunnanse das Dämonische in der Patientin akzeptieren oder sogar provozieren und es zur gleichen Zeit zähmen. Und Upasena Gurunnanse steigert diesen Kontrast noch mehr: er bietet dem Dämon sein eigenes Blut, sein eigenes Leben an. Erschreckt über die Konsequenzen einer solchen Sünde *(pau)* weicht die kaum noch besessene Patientin zurück. Upasena Gurunnanse spielt seinen Triumph über den gezähmten, zur Vernunft gebrachten Dämon aus und dreht den Spiess ganz um. Er droht dem Dämon, er **müsse** die Opferungen annehmen, bevor er gehen **dürfe**.

Es handelt sich hier wiederum um eine paradoxe Intervention, die ein weiteres Verharren der Patientin in der für einen Dämon unangemessenen Gehorsamkeit unmöglich macht. Bei Simon hat Upasena Gurunnanse mit einer paradoxen Intervention die überhebliche Respektlosigkeit gemindert, die es Simon verunmöglicht hat, Vertrauen zu gewinnen. Bei Duva zielt die paradoxe Intervention des Upasena Gurunnanse genau in die entgegengesetzte Richtung. Die unpassende und sozial unerwünschte Fügsamkeit des Dämons wird gemindert und trotzige Ungehorsamkeit gefördert. Die Patientin **soll** Dämon sein, solange es dem Dämon erlaubt ist, ihren Körper zu reiten. Ursprünglich war die Patientin Opfer *(āturaya)* des Dämons. Upasena Gurunnanse hat nun die Situation umgedeutet: der Dämon ist nun das „Opfer", das in der Gnade des Heilers und Lehrers steht. Dieser lässt den gebändigten Dämon nur solange im Körper der Patientin tanzen, als es dieser Freude macht.

In diesem therapeutischen Gespräch kommt Upasena Gurunnanses
Funktion als *Yakädura,* als Lehrer der Dämonen, besonders gut zum
Ausdruck. Der Dämon hatte Freude im Körper der Duva und wollte
bleiben. Wenn er keine Freude mehr hat, will er gehen. So einfach
geht das aber nicht, gibt der Lehrer zu verstehen: auch der Dämon
hat sich an Abmachungen, erst recht, wenn sie zu seinen Gunsten, zu
seiner Befriedigung getroffen wurden, zu halten. Damit wird der
Dämon zwar in seiner Existenzberechtigung bejaht, es werden ihm
aber zugleich Schranken gesetzt, indem seine Existenz in ein breiteres
psycho–oekologisches System *(loka)* eingegliedert wird.

Upasena Gurunnanse belehrt darüber auch die Patientin und die
anwesenden Zuschauer. Sie alle haben miterlebt, wie der Dämon im
geschwächten Körper der Duva seinen Rückzug blasen wollte. Ein
solch geschwächter Dämon, das hat Upasena Gurunnanse gezeigt, ist
leicht zu besiegen. Er lässt sich sogar demütigen und verhöhnen. Ein
bloss besiegter Dämon wird sich aber rächen wollen. Darum reicht es
nicht, den Dämon zu unterdrücken, wenn man das Unheil nachhaltig
überwinden will. Vielmehr geht es darum, den Dämon als unabhängige Person voll und ganz zufrieden zu stellen, ihn als Wesen zu
achten und auf dem Platz zu belassen, der diesem Wesen auf Grund
seiner geistigen Entwicklung innerhalb des Psychokosmos zusteht.

Upasena Gurunnanse demonstriert mit seinen Belehrungen nicht
nur seine Kompetenz im Umgang mit den mythischen Wesen. Er
offenbart auch seine Qualitäten als Vermittler des Dhamma. Upasena
Gurunnanse spielt hier mit der Widersprüchlichkeit von Ansichten
gerade über die mythischen Wesen. Durch seine paradoxen Anweisungen und Drohungen kommt sein eigenes Nichthaften an den
mythischen Ansichten zum Ausdruck. Die Bedrohlichkeit des Dämons
als unheilbringende Identität wird aufgelöst durch den Wirklichkeitsbezug *(yathā–bhūta)* des Erlebens. Wirklichkeitsbezogenes Erleben
fliesst — im Gegensatz zum Erleben, das durch Angst und falsche
Ansichten zu schmerzhaften Verhaftungen führt. Dämonen sind
schrecklich und lächerlich zugleich, weil ihr Geist gier– und hassvoll
ist, weil sie verblendet sind. Ihnen zuerst Furcht und dann gar Ehrfurcht entgegenzubringen, zieht die Dämonen an, zieht Gier und Hass
an, und führt niemals zur Befreiung. Durch seinen spielerisch überle-
genen und gleichmütigen Umgang mit dem Dämonischen demonstriert Upasena Gurunnanse auch den Unterschied zwischen dem
Charakter des Dämons, dessen eigennützigen, gier– und hassbehafte-
ten Forderungen, die Angst und Leid bringen, und dem Charakter
des Heilers, der mit seinem fairen Angebot des Gebens und Nehmens

zur Freude aller am Austausch Beteiligten beiträgt. Hier demonstriert Upasena Gurunnanse sein Können im heilsamen Umgang mit Problematischem *(apāya–kosalla)*, das gemäss der Buddha–Lehre, genau wie der heilsame Umgang mit Unproblematischem *(āya–kosalla)*, zu Freude und Erleuchtung führt.

Der therapeutische Zweck dieses Gesprächs mit der besessenen Patientin ist, bei ihr, die zu viel Vertrauen *(saddhā–indriya)* hatte und sich zu sehr gehen liess *(samādhi–indriya)*, die Willensfähigkeit *(viriya–indriya)* zu stärken. Dies gelingt ihm durch seine Provokation und Verhöhnung des Dämonischen, das bei der Patientin eine trotzige Reaktion bewirkt. Upasena Gurunnanse aktiviert auch die Wissensfähigkeit *(paññā–indriya)* bei der Patientin, indem er sie an ihr Wissen über den schlechten Charakter der mythischen Dämonen erinnert. Die Tatsache, dass er während dem Gespräch formell zwar mit dem Dämon spricht, durch seine Interventionen aber die Patientin miteinbezieht, kommt vor allem in seiner letzten Anweisung zum Ausdruck; er verspricht oder droht dem Dämon, dass er in den Morgenstunden nochmals gerufen werde, damit er die Opfer entgegennehmen könne. An die erschöpfte Patientin richtet sich die Aufforderung, sie solle bis zu diesem Zeitpunkt bei normalem Bewusstsein zuschauen.

4. Sequenz – Die Erscheinung des Mahāsohona

Nach der Pause verändert sich die Kommunikationssituation grundsätzlich, denn nun tritt der wirklichere, „mythischere" *Mahāsohona* in Erscheinung *(sohon–pāliya)*, verkörpert durch einen Assistenten. Dieser Szenenwechsel kommt auch dem Publikum entgegen, denn er bringt eine willkommene Abwechslung. Durch das stundenlange Zuschauen, wie die Patientin tanzt, hat man sich an deren Besessensein gewöhnt, und die Aufmerksamkeit hat nachgelassen.

Upasena Gurunnanse hat keineswegs erwartet, dass Duva bei der Erscheinung ihres „Doppels" brav sitzt und zuschaut, wie er ihr provokativ befohlen hat. Der Dämon in der Patientin könne nicht anders, als mit *Mahāsohona* zusammen zu tanzen, hat er mir erklärt. (Bei Sita bedurfte es in diesem Moment jedoch anderer Mittel, damit diese Erwartung eintraf; sie hat zu Beginn dieser Sequenz eine Miene zur Schau gestellt, als ginge sie das Ganze nichts mehr an und hat keine Anstalten unternommen, von sich aus zu tanzen.) Als echter Dämon verhält Duva sich jetzt „sozial erwünscht". Sie wird sofort besessen und tanzt zusammen mit dem *Mahāsohona*. Upasena Gurunnanse gibt ihr bestärkend eine Fackel in die Hand. Es ist ihm also gelungen, der zu kooperativen Patientin eine Möglichkeit zu geben, ungehorsam zu sein. Dadurch hat er ihre Glaubwürdigkeit und Echtheit bestärkt. Der Wille *(viriya)* der Patientin zum Durchhalten ist wieder genährt und auch ihr Wissen *(paññā)*, wie sich ein Dämon tatsächlich zu benehmen hat, was er zu fordern hat. Sie entwickelt nun Kraft, Ausdauer und ist zudem wirklich unberechenbar geworden. Dies kommt auch der Schaulust der Zuschauer sehr entgegen.

Das Prinzip von Upasena Gurunnanses Intervention, das Dämonische in dieser Sequenz zu bestärken, von dem die Patientin letztlich ablassen sollte, ist eines seiner geschickten Mittel *(upāya–kosalla)*, hier spezifisch angewendet im Umgang mit Leidhaftem *(apāya–kosalla)*. Wäre der *Kammatthāna*, das therapeutische Format des Tovils, nicht definiert durch den Zweck der Heilung, dann wäre eine solche Intervention, das Dämonische zu ermuntern und zu fördern, im buddhistisch–ethischen Empfinden unheilsam *(akusala* – vgl. Kapitel 11). Im geschützten therapeutischen Raum des Tovils erhält die Patientin die Möglichkeit, sowohl das Angenehme wie auch das Unangenehme des dämonischen Erlebens zu konkretisieren, frei zu erforschen und nachzuempfinden. Gleichzeitig wird ihr von Upasena Gurunnanse beigebracht, wie sie das Angenehme fördern und das Unangenehme verringern kann, ohne an der Identität des Dämonischen festzuhalten. Sie kann den Dämon am Ende des Tovils entlassen und fühlt sich selber doch ganz und geheilt.

Mit der ungehorsamen Patientin schimpft nun *Mahāsohona* anstelle des Upasena Gurunnanse. Er droht ihr mit dem Zeigefinger und streckt ihr die Zunge heraus. Dadurch wird die Beziehung zwischen der Patientin und Upase-

Mahāsohona erscheint auf der Arena

na Gurunnanse vom Thema „Autoritätsprobleme" entlastet. Der zurechtweisende *Mahāsohona* ist selber ebenfalls unberechenbar und daher keine echte Autorität. So tanzen und torkeln die zwei Doppelgänger auf dem Tovil–Platz wie auch im und ums Haus herum.

Dass Upasena Gurunnanse die Patientin auch im Hause tanzen lässt, sollte im Kontext der srilankischen Kultur auf sie beschämend wirken. Das Hausinnere ist nämlich ihr alltäglicher Wirkungsbereich, der Ort ihrer Kompetenz und Autorität. Upasena Gurunnanse prüft nun, ob sie darauf reagiert. Die Patientin tanzt jedoch vollkommen unbekümmert; das Dämonische in der Patientin hat nun wirklich Oberhand gewonnen. Upasena Gurunnanse ist zufrieden. Seine Miene drückt etwa aus: „Euch Dämonen kann ich ja jeden Blödsinn befehlen, und ihr tut es."

Dann nimmt *Sohona* seinen Altar mit den für ihn bestimmten Opfergaben und trägt ihn aus der rituellen Arena hinaus. Zu zweit tanzen sie um ihr Geschenk herum. Doch die Annahme des Opfers schwächt die Kraft des *Mahāsohona* in der Menschenwelt. So hat er es im Diagnosegespräch versprochen und so entspricht es auch den Mythen. Er kann sich beim Tanzen kaum mehr aufrecht halten und fällt schliesslich ohnmächtig hin *(sihiya näti venava)*. Upasena Gurunnanse spricht ein *Mantra* und bläst ihm ins Gesicht. Da erhebt sich der Dämon stöhnend und tanzt weiter.

Diese Szene des Ohnmächtigwerdens und Wiederbelebens wiederholt sich einige Male. *Mahāsohona* wird von Mal zu Mal kläglicher, unwürdiger, lächerlicher. Die Zunge hängt ihm zum Mund heraus, sein kronenartiger Kopfschmuck sitzt schief. Schliesslich nimmt ihm Upasena Gurunnanse bei einem nächsten Ohnmachtsanfall die Doppelfackel *(dekona–villakkuva)* aus dem Mund und sprenkelt ihm mit *Mantra* besprochenes Wasser ins Gesicht. Da erhebt sich der Assistent und geht ins Haus.

Der Handlungsablauf zwischen Upasena Gurunnanse und dem *Mahāsohona* erinnert wiederum an die Geschichte des *Yaka,* der sich auf Gott *Sakkas* Thron setzt (aus *Samyutta Nikāya,* Band I : 238, vgl. S. 327). Wenn die Mitwesen dem Dämon seine Nahrung, bestehend aus ihrer Angst, ihrem Ärger und anderen unheilsamen Geisteshaltungen, entziehen, wenn Gott *Sakka* ihm sogar mit Opfergaben wohlwollend entgegenkommt, verliert er seine Macht und schrumpft bis zur Bedeutungslosigkeit zusammen.

Der vorgeführte Werdegang ihres Dämonengefährten soll der besessenen Patientin Orientierung geben. Es wird ihr vor Augen geführt *(sacchikiriya)*, dass auch die Macht des *Mahāsohona* nur beschränkt ist, und dass er als Machtloser sehr lächerlich wirkt, wie eine Marionette, die an den Fäden von Upasena Gurunnanse tanzt. Sie sieht, dass *Mahāsohona* erschöpft ist und gar nicht mehr tanzen sondern gehen will. Doch Upasena Gurunnanse besitzt mit seinem *Mantra* die Macht, ihn immer wieder zurückzurufen. Diese Wiederbelebung des *Mahāsohona* geschieht zur Freude der Patientin, die es sichtlich geniesst, einen Tanzgefährten zu haben.

Der *Mahāsohona,* wenn er vom Heiler oder von einem seiner Schüler verkörpert wird *(sohon–pāliya)*, benimmt sich keineswegs immer gleich. Er führt vielmehr aus, was von dem Patienten im Diagnosegespräch gewünscht wird, und er kommt dem entgegen *(anubhavana)*, was dem Patienten im Moment des Tovils gerade gut tut. Im Tovil der Duva hat Upasena Gurunnanse mit seinem Schüler und Assistenten vor dessen Auftritt als *Mahāsohona* nicht etwa eine Handlungsstrategie entworfen. Der Schüler *(goleya)* kann sich auch an seine Handlungen als *Mahāsohona* nicht oder nur teilweise erinnern, weil ihm das Halten der Doppelfackel zwischen den Zähnen das Bewusstsein raubt. Wenn er in die Seinswelt des *Mahāsohona* übertritt, handelt er rein intuitiv dämonisch und gleichzeitig angemessen hilfreich gegenüber der Situation der Patientin. Die Verkörperung des Dämonen ist für den Heiler keineswegs ungefährlich und bloss ein Spiel. Wenn es ihm nicht gelingt, den Übergang zwischen Mensch- und Dämonsein klar zu setzen, kann auch er in der Folge verrückt werden, durch den Dschungel irren und dabei sterben, wie jeder Dörfler weiss. Bei Duva ging es Upasena Gurunnanse darum, ihrem Dämon die Freude am Tanzen zu lassen, ihr aber auch einen Spiegel vor die Augen zu führen, in dem sie erkennt, dass die Macht des Dämons durch die Lenkung des Heilers begrenzt ist.

Das Mittel der Verkörperung des *Mahāsohona* durch einen Heiler *(sohon–pāliya)* bewirkt wohl bei der Patientin einen Wechsel in ihrer Wahrnehmung und eine Entlastung ihrer „doppelten Persönlichkeit", ähnlich wie beim Einsatz eines „Doppels" im Psychodrama. Der Dämon ist zwar immer noch in ihrem Körper drin, gleichzeitig aber aussen für sie sichtbar. So kann sie nun unbesorgt ihr eigenes Erleben ergründen. Die Rolle des mythischen *Mahāsohona* spielt nun ein anderer für sie. Und dieser Andere, der Assistent, wirkt als *Mahāsohona* unter der Führung von Upasena Gurunnanse reziprok angleichend auf das Erleben der Patientin ein. Hier wird nun das Mittel des Normierens *(anuparivatti)* wiederum eingesetzt. Das aussen sichtbare und unabhängig von der Patientin existierende Dämonische ermöglicht es ihr, mit ihrem Körpergefühl probeweise ihre Persönlichkeit wieder anzunehmen, ohne dabei schon als gesund zu gelten. Vielmehr kann sie sich im Angesicht des Dämons erst recht gehen lassen und dieses Gehenlassen geniessen. Gleichzeitig führt ihr *Mahāsohona* vor, wie sich ein Dämon benimmt, welches seine Macht ist, und wo sich die Grenzen seiner Macht befinden. Die Patientin wird also konfrontiert mit der mythischen Norm, ohne dass sie in dieser Situation in die Rolle der Antagonistin dieser Norm gerät. Es war *Mahāsohona*, verkörpert durch den Assistenten, der auf seinen Platz verwiesen wurde, der gezähmt wurde und der zur Strafe und zur Freude der Patientin weitertanzen musste. Die Patientin blieb vom Geschehen zwar unbehelligt und tanzte unbekümmert weiter, doch wurde sie Zeugin vom Niedergang des grossen *Mahāsohona,* der ja auch ihren Körper besessen hält, so wie es die Mythen vorzeichnen. Dies ist eine Warnung und gleichzeitig eine Aufmunterung, die der Patientin hilft, den Dämon zu überwinden und gehen zu lassen.

Auch für den Zuschauer ändert sich die Perspektive. Er sieht, wie die Patientin das Dämonische zwar nacherlebt und mitmacht. Als Dämon echter wirkt aber auf jeden Fall der *Mahāsohona,* wie ihn der Assistent verkörpert. Durch die Verkleidung des Assistenten wird die Szenerie dramatischer und spielerischer. Die Handlungen des Upasena Gurunnanse sind vor allem auf den Assistenten ausgerichtet und ziehen die Aufmerksamkeit der Zuschauer auf sich. Die Patientin in ihrer „Hauptrolle" tritt dadurch ein wenig in den Hintergrund des Geschehens und wird entlastet.

Nach dem Abgang des Assistenten führt Upasena Gurunnanse die Patientin vor die Altäre. Sie hört während dem nun folgenden Gespräch mit Upasena Gurunnanse (siehe S. 304ff) erst nach einer Weile auf zu tanzen und sich hin und her zu wiegen. Sie wird von Upasena Gurunnanse wiederum als *Mahāsohona–Yaka* angesprochen, und auch diesmal herrscht er sie an, lauter zu sprechen, damit die Zuschauer sie hören können. Ihr eigenes Sprechen ist bei Duva ein Mittel, sie aus der Besessenheit wieder etwas zurückzuholen. Dies ist mit ein Grund, weshalb Upasena Gurunnanse am Ende dieser Sequenz etwas länger mit ihr spricht. Sie soll wieder zur Besinnung kommen, nachdem sie sich beim Tanzen mit *Mahāsohona* ganz hat gehen lassen. Obwohl der Dämon der Patientin nun etwas lauter versichert, dass er die Opfergaben angenommen habe, sagt Upasena

Gurunnanse, er lasse ihn noch nicht gehen. Er müsse frühmorgens um sechs nochmals tanzen kommen. Darauf schweigt die Patientin.

Upasena Gurunnanse errichtet hier wiederholt, wie bereits im letzten Gespräch, die Bedingung der Vorherrschaft *(adhipati–paccaya)* im Anwenden des paradoxen Intervenierens: der krankheitsbringende Dämon darf erst gehen, wenn der Heiler es ihm erlaubt. Er muss die Patientin noch besessen halten, selbst wenn es ihm schon lange keine Lust mehr bereitet. Die Patientin scheint die Orientierung darüber, was sie eigentlich will oder soll, verloren zu haben. Upasena Gurunnanse tritt ihr in ihrer Verwirrung verständnisvoll entgegen. Er rüttelt die Patientin mit seinem barschen Ton auf und gibt ihr eine Orientierung darüber, welche Opferhandlungen an ihrem Tovil noch durchgeführt werden müssen, bis der Dämon seine Forderungen eingeholt hat und gehen kann. Ja, sagt darauf der Dämon, er werde annehmen und gehen.

Upasena Gurunnanse lässt nun den durch die Patientin verkörperten Dämon schwören, dass er gehen wird. Er behandelt die Patientin jetzt wirklich wie einen unberechenbaren Dämon, dem man nie ganz trauen kann. Dadurch schmeichelt er dem Dämon und erfreut ihn. Der Dämon schwört auf den Buddha–Dhamma und auf die Macht der mythischen Wesen, denen er als Dämon untergeordnet ist, dass er gehen wird. Upasena Gurunnanse gibt dem Dämon durch die Aufzählung mythischer Wesen eine kosmologische Landkarte, damit er sich seine Stellung im Psychokosmos vergegenwärtigen kann. Dadurch errichtet er auch die Fügsamkeit in der „Person Dämon", die sich auf das mythische Wissen stützt, und bewirkt so auch beim Dämon eine gewisse geistige Ausgeglichenheit.

Zu seinem eigenen Vergnügen stellt Upasena Gurunnanse dem Dämon zuletzt eine kleine Falle beim Nachsprechen des Schwurs. Er führt damit dem Dämon seinen verwirrten und unachtsamen Zustand vor Augen und den Zuschauern die Unberechenbarkeit des Dämons, die jedoch nicht nur aus purer Bösartigkeit, sondern auch aus Mangel an Achtsamkeit zustande kommt. Humorvoll weist er darauf den Dämon zurecht, ohne ihn weiter zu schikanieren. Upasena Gurunnanse behandelt den Dämonen nett, schmeichelt ihm sogar, zeigt aber ihm und allen Anwesenden, dass sein niederer Platz in der kosmischen Hierarchie *(loka)* begründet ist. Darauf befiehlt Upasena Gurunnanse dem Dämon, bis sechs Uhr Morgens im Körper der Patientin zu bleiben.

Hier handelt es sich wieder um einen unausführbaren Befehl, ein bewährtes Mittel der Tovil–Heilmethode, das den Dämon schwächen soll. Dieser Befehl ist laut Upasena Gurunnanse genauso unmöglich auszuführen, wie derjenige am Ende des vorhergehenden Gesprächs, nur zielt er diesmal in die entgegengesetzte Richtung. Als die Patientin bei der Erscheinung des *Mahāsohona* bei normalem Bewusstsein hätte zuschauen sollen, ging es darum, sie zu dämonischem Ungehorsam anzustacheln. Jetzt befielt Upasena Gurunnanse der Patientin, den Dämon weitertanzen zu lassen, provoziert dadurch ihr Stillsitzen und gibt ihr eine weitere Gelegenheit, ungehorsam und dennoch sozial angepasst zu sein. Bei der nun folgenden Sequenz nämlich, den sieben Schritten des Buddha *(hat adiya)*, wird der Dämon nicht im Körper der Patientin anwesend sein können. Dies gilt als unumstössliches Gesetz der Tovil–Psychologie (im Abhidhamma als Unverbundensein oder Negation der Gegenseitigkeit–Bedingung festgehalten, vgl. Kapitel 4.1) und ist in den Mythen vorgezeichnet. Nichts hält den Dämon ferner als die von der Patientin ausgeführten sieben Schritte des Buddha. Gleich dem Buddha ist Duva jetzt aufgefordert, ihre Überzeugung, die sie kaum verleugnen kann, in die (rituelle) Tat umzusetzen und den Weg des Dhamma, der Befreiung von Gier und Hass, zu begehen. Dadurch verliert der Dämon seine Macht, die durch Gier und Hass genährt ist. Doch kann sich der Dämon, trotz diesem bevorstehenden Machtverlust, immer noch an seiner Ungehorsamkeit gegenüber Upasena Gurunnanse freuen.

Mit unausführbaren Befehlen, die den Dämon strafen und schwächen sollen, fördert Upasena Gurunnanse die Autonomie und den Wirklichkeitssinn der Patientin. Bezogen auf die sieben Schritte des Buddha soll sie der unausführbare Befehl weiterzutanzen gleichzeitig an die mythenbezogene Norm erinnern und ihr eine Angleichung ihres Erlebens *(anuparivatti)* daran ermöglichen. Sie soll sich, gemäss ihrer religiösen Überzeugung, auf ihre eigene Wahrnehmung und auf ihr eigenes Wissen, wie in einem bestimmten Kontext zu handeln sei, verlassen und die Dämoneninstruktion des Upasena Gurunnanse ignorieren.

Die zwei autonomen Persönlichkeiten im Körper der Patientin nähern sich in ihrem Handeln und Erleben mehr und mehr der Norm des verrückten Dämons und der Norm der gesunden Duva an. Upasena Gurunnanse erleichtert diese von ihm bewirkte, wunschgemässe Entwicklung zur Autonomie der beiden Personen, indem er sich über sich selber als Verwalter der mythischen Norm lustig macht. Denn auch die Mythen stellen bloss Ansichten und ein Wissen

zur Verfügung, auf das sich der ausgeglichene, gesunde und vertrauensvolle Mensch beziehen kann. Die Mythen sind ein Vehikel, ein
Mittel, um Verhaftungen *(upādāna)* des Erlebens auf dem Arbeitsplatz *(kammatthāna)* des Heilrituals aufzulösen. Sie sind nicht ein
Glaubensdogma, die ja als solche zu Verhaftungen führen würden.

Upasena Gurunnanse hat in diesem Gespräch die Autonomie und
Integrität der Patientin gestärkt, zuerst ihre Achtsamkeit *(sati),* dann
den Willen *(viriya)* und schliesslich das Wissen *(paññā).* Er wirkt
dadurch dem Zuviel an Vertrauen *(saddhā)* und dem Zuviel an
Sammlung *(samādhi)* entgegen, das während der Sequenz des *Sohon-
Pāliya* bei der Patientin einen zu einseitigen Raum gewonnen hat. So
sehr die Patientin das Sich–gehen–lassen geniessen konnte, so unge-
sund ist es, wenn es nicht mit den anderen geistigen Fähigkeiten
ausbalanciert wird. Wir sehen hier deutlich, dass durch Upasena
Gurunnanses Interventionen das Aktivieren geistiger **Prozesse** und
nicht etwa das alleinige Eintreten in einen geistigen **Zustand**, wie
zum Beispiel in den Zustand der Besessenheit oder in einen alltäglichen Bewusstseinszustand, bezweckt wird. Der Zustand der Sammlung, in diesem Kontext als das Sich–gehen–lassen, hat der Patientin
Freude bereitet und wurde deshalb bis zu einem bestimmten Masse
bestärkt. Der geheilte, geistig integre Mensch jedoch muss in einem
fortlaufenden Prozess alle seine geistigen Fähigkeiten ausbalancieren
können *(indriya–samatta).*

5. Sequenz – Die sieben Schritte des Buddha

Das Kultivieren *(bhāvanā)* der geistigen Fähigkeiten, das zur höheren
Reife und Integrität führt, ist im Tovil als sieben Schritte des
Buddha *(hat adiya)* dramatisch dargestellt. Die sieben Schritte des
Buddha ist eine Sequenz, die ungefähr eine Stunde andauert. *Hat
Adiya* ist für Upasena Gurunnanse ein machtvolles Mittel, um den
Patienten jeweils auf den Weg des Besseren zu bringen. Denn auch
die Dämonen können laut den Mythen die Wahrheit des Buddha–
Dhamma nicht verleugnen und verlieren ihre unheilvolle Macht, wenn
sie oder ihre Opfer mit der Lehre direkt konfrontiert werden.

Nach der langen Sequenz des Ausser–sich–seins verbringt die
Patientin diese Stunde in normalem Bewusstsein *(honda sihiya).* Sie
kann sich an diese Sequenz nachträglich auch erinnern und schildert,

wie nach dem Zerschneiden der Limonen ihre Symptome, wie Hitze in den Sohlen, Handflächen und im Bauch verschwunden waren. Laut ihrer eigenen Aussage soll sie in diesem Moment ohne jeden Zweifel gewusst haben, dass sie gesund wird. Upasena Gurunnanse hat die sieben Schritte des Buddha einmal verglichen mit einer Spritze, die sofort wirkt, und die er wie der Arzt manchmal auch notfallmässig anwendet.

Die sieben Schritte des Buddha

Während den sieben Schritten des Buddha wird von den Heilern eine liebevoll–versöhnliche und heiter–beschwingte Stimmung geschaffen, die auf die Patientin ansteckend wirkt (vgl. dieselbe Sequenz auch im Tovil der Sita, S. 252f). Heiler, Patientin und Zuschauer befinden sich nun zum ersten Mal seit Beginn des Tovils in der gleichen Erlebenswelt. Der Heiler kommentiert jede einzelne seiner Handlungen in seinen Versen *(kavi)*. Der Inhalt der Verse bezieht sich auf die kanonische Überlieferung der Ereignisse während der Geburt des Buddha, deren Symbolik und insbesondere deren Verarbeitung auf dem Kultivieren *(bhāvanā)* der persönlichen Integrität und Befreiung beruht. Die besonderen Eigenschaften des Buddha bei seiner letzten Geburt, welche die Patientin schrittweise nachvollziehen soll, setzen ein waches Bewusstsein voraus mit der besonderen Betonung, dass auch noch andere Wesen da seien.[105] Mit diesem Bewusstsein soll die Patientin wieder lernen, achtsam zu erleben und zu handeln.

Nach dem hektischen, ausgelassenen Tanzen wird nun das äussere Handeln im Einklang mit den inneren Bewegungen verlangsamt und vertieft. Die Patientin wird so in ihren aktuellen sozialen Kontext gestellt. Von den Anwesenden wird jetzt eine aufmerksame Teilnahme gefordert. Witze, in denen Patientin wie Zuschauer gleichsam miteinbezogen werden, helfen die Stimmung aufzulockern. Die Atmosphäre ist wie während einer Schulstunde, in der die Schüler versu-

chen, sich auf die Erklärungen des Lehrers zu konzentrieren. Bei
manchem Zuschauer bewirkt die äussere Einsilbigkeit des handlungs-
armen Geschehens eine Entspannung und schläfert ihn ein. Von der
Patientin als „Lieblingsschülerin des Lehrers" wird verlangt, dass sie
achtsam die sieben Schritte des Buddha begeht, die auf dem Boden
vorgezeichnet sind. Sie hält andächtig die Hände gefaltet und wird
nach jedem Schritt vom Heiler gegen ihre Krankheit mit *Mantra* und
Limonenschneiden *(dehi käpima)* behandelt.

Durch diese Behandlungen werden die schädigenden dämonischen
Einflüsse abgetrennt *(kapanava)*, entsprechend dem Willen aller
Anwesenden, inklusive demjenigen des Dämons, der die Krankheit
gebracht hat. Einflüsse, die einmal ein Phänomen wie die Limonen-
frucht bewirkt haben und es weiterhin aufrechterhalten, werden durch
das Zerschneiden unterbrochen. So verhält es sich auch mit dem Einfluss des Dämons auf die Person Duva, der ein eigenständiges Phänomen, nämlich die Patientin, hervorgebracht hat. Das Phänomen
Limone schwindet durch das Unterbrechen seines Zusammenhalts, der
Haut und den Fruchtfasern. Dadurch entstehen zwei neue Phänomene, die beiden Limonenhälften, die keinen Einfluss mehr aufeinander
haben. Genauso schwindet, für die Patientin direkt spürbar, der
krankmachende Einfluss des Dämons auf ihren Körper. Die zwei
Phänomene Duva und Dämon haben nichts mehr, das sie verbindet
und zusammenhält.

6. Sequenz − Samayama, die Trennung vom Dämon

Nach der Pause folgt das heitere, erotische Lied des Mattenwebens *(pädure kavi,* S. 310ff). Dieses Lied ist auch der Auftakt zum
Aufsichnehmen der dämonischen Kräfte *(samayama)* durch einen der
Heiler. Beim Diagnosegespräch hat der Dämon die Durchführung
dieser rituellen Handlung als Bedingung gestellt. Im *Samayama* gibt
der Heiler dem Dämon sein Leben anstelle des Lebens der Patientin.
Doch er kann, dank der Hilfe des *Mantras* seiner Assistenten,
schliesslich dem dämonischen Zugriff entkommen. Mit dem *Samayama* wird, wie mit dem Zufriedenstellen des Dämons durch Opfergaben und Tanzen und dem Zertrennen der Limonen *(dehi−käpima)*,
eine weitere Bedingung geschaffen, um den Dämon vom Körper der
Patientin wegzulenken *(pitatkaranava,* wörtlich: umdrehen). Upasena

Gurunnanse stellt also nicht nur eine einzige, sondern mit– oder nacheinander verschiedene Bedingungen her, um die gewünschte Wirkung zu bestärken. Wie im Abhidhamma sind auch in der Tovil–Psychologie psychische Prozesse nicht durch linear–kausale Zusammenhänge verursacht. Sie kommen vielmehr durch ein Zusammenspiel von verschiedenen Bedingungen zustande. In Übereinstimmung mit dem ständig variierenden Ausmass an Empfänglichkeit bei der Patientin stellt Upasena Gurunnanse im Tovil Bedingungen her oder beseitigt sie *(vatpilivet, vatta–pativatta P)*, um die psychischen Prozesse in die gewünschte Richtung zu steuern.

Als die Dämonen nochmals gerufen werden, um das Menschenopfer *(billa)* anzunehmen, wird Duva von sich aus besessen. In ihrer Besessenheit ist sie jetzt aber nicht mehr ausschliesslich dem Dämon unterworfen, sie ist vielmehr für das dämonische Erleben offen, zugleich aber fähig, es achtsam zu beherrschen *(sati–indriya)*. Ihr Tanzen ist nun nicht mehr unkontrolliert und unkoordiniert, sondern sie tanzt zusammen mit den Tänzern im gleichen Schritt hin und zurück. Sie imitiert dabei auch die Armgesten der Tänzer, mit denen diese ihr Singen untermalen. Die Patientin bleibt zwar stumm, ist aber von aussen betrachtet eine der Heiler geworden, ernsthaft, beflissen und ausdauernd. Die Vorherrschaft–Bedingung *(adhipati–paccaya)* des Dhamma wurde bei ihr hergestellt. Das Besessensein *(disti)* von einem **gezähmten** Dämon ist nun nicht mehr eine Ursache für Krankheit sondern eine aussergewöhnliche Gnade *(varam)*, die entwickelt und schliesslich für die Heilung Anderer eingesetzt werden kann (wie bei den Sunilagama–Heilerinnen, S. 58ff). Im Wissen um diese Möglichkeit kommt es manchmal vor, dass Patienten von Tovils sich dazu entschliessen, die Kraft, die ihnen das geistige Wesen *(bhūta)* verleiht, zu behalten und für Heilzwecke zu nützen. Duva, obwohl sie als Verwandte des Upasena Gurunnanse dazu prädestiniert wäre, hat aber während dem Tovil zu einer solchen Umdeutung keinen Anlass gegeben. Bis jetzt haben sich sie und der Dämon, den sie verkörpert, an die im Diagnosegespräch getroffenen Abmachungen gehalten. Und die Zeit ist nun bereits nahe, die für den Dämon und die Duva eine endgültige Trennung bedeutet.

Punkt sechs Uhr wird der Dämon der Patientin von Upasena Gurunnanse zum letzten Mal herausgerufen *(katākaranakota)* und in seinem dämonischen Verhalten provoziert. Upasena Gurunnanse gibt der besessenen Patientin den Hahn in die Hand und fordert sie auf, nun dessen Blut zu trinken. Er macht dazu die Geste des Zubeissens. Die Patientin lässt sich nicht mehr zu Ungehorsamkeit verleiten. Sie

Duva beisst in den Hahnennacken und trinkt das Blut (vgl. S. 293)

weiss, was sie zu tun hat. Zum blanken Entsetzen der Zuschauer beisst sie, ohne zu zögern, dem lebenden Hahn tatsächlich in den Nacken, lässt ihn dann fallen und wischt sich das Blut vom Mund.

Im Vergleich zum Anfang des Tovils muss die Patientin einen inneren Prozess durchgemacht haben, der es ihr nun ermöglicht, als Dämon eine Schwelle zu überschreiten, auf die sie einmal mit Widerwillen reagiert hat. Interessant ist, dass sie als Dämon zubeisst, nachdem sie als Duva während den sieben Schritten des Buddha gerade die Gewissheit erfahren hat, dass sie geheilt wird. Das Dämonische macht ihr keine Angst mehr; sie ist ihm weder zugeneigt noch abgeneigt; sie ist bereit es loszulassen. Der Dämon hat mit der Person Duva nichts mehr zu tun.

Für die Zuschauer ist jetzt völlig klar, dass die Patientin wirklich krank war. Upasena Gurunnanse bringt die Erscheinung des ekelerregenden Dämons in einem Moment zum Höhepunkt, in dem die Zuschauer zum Nachempfinden des Krankhaften nicht mehr bereit sind. Es kommt so unerwartet, dass man mit dem Duva–Dämon in diesem Moment wirklich nichts mehr gemeinsam haben will.

Die Trennung der Persönlichkeit *(pañca–khandha)* des Dämons von der Persönlichkeit *(pañca–khandha)* der Duva ist somit vollkommen. Jeder Verdacht, Duva könnte eine eingebildete Kranke *(boru–leda)* gewesen sein, ist beim Zuschauer beseitigt. Duva hat den Dämon als unabhängiges Wesen in ihrem Körper bestätigt, indem sie ihn etwas tun liess, das ihr selber zuwider war. Dies wird ihr umso deutlicher ins Bewusstsein kommen, wenn sie einige Minuten später als befreite, gesunde Duva immer noch den Geschmack des Bluts im Mund hat und sich die Federn des Hahns aus dem Mund liest.

Upasena Gurunnanse sagte mir nachträglich, er hätte die Kluft zwischen dem Dämon und der Patientin vergrössern können, indem er die Kraft *(shaktiya, viriya–indriya)* des Dämons noch mehr geschürt hätte. Hierzu müsste er noch drastischere Mittel anwenden, die zur Stärkung der Abneigungsfähigkeit *(domanassa–indriya)* führen. Doch das wäre in diesem Fall nicht angemessen gewesen, weil er selber ein Verwandter der Patientin ist und ihr im Alltag problemlos wieder als Onkel begegnen möchte. Upasena Gurunnanse behält also beim Anwenden seiner Mittel die soziale Angemessenheit des Handelns auch auf die Zukunft bezogen im Auge.

Upasena Gurunnanse hält nun die Patientin an einer Haarsträhne fest, die er um sein Dämonenzepter *(īgaha)* gewickelt hat. Er fordert den Dämon auf, den Körper der Duva jetzt endgültig zu verlassen. Der Dämon folgt der Aufforderung und bestätigt es durch ein dreimaliges, lautes Huh–Rufen. Gleichzeitig spricht Upasena Gurunnanse ein *Mantra,* um den Körper der Duva in diesem entscheidenden Moment zu schützen. Duva ist von da an endgültig nicht mehr besessen.

7. Sequenz – Set–kirīma, die Förderung des Wohls

Auf einen Stuhl vor die Altäre gesetzt, faltet die befreite Duva die Hände, und Upasena Gurunnanse beginnt mit den Handlungen zur Förderung ihres Wohls *(set–kirīma)*. Mit diesen Handlungen demonstriert Upasena Gurunnanse wiederum den geschickten Umgang zur Förderung des Heilsamen *(āya–kosalla)*. Er bittet die Götter, Dämonen und alle anderen Anwesenden um Mitgefühl, damit die Persönlichkeitskomponenten *(pañca–khandha)* der Patientin von Krankheit und Gefahr befreit werden können. Das Mitgefühl *(karunā)* und die

Mitfreude *(mudita)* der Angehörigen über die neugewonnene Gesundheit der Duva festigen das Wohlergehen aller und beugen einen
Rückfall der ehemaligen Patientin vor.

Nachdem der Dämon gegangen ist, fängt mit dem *Set–kirīma* die
eigentliche Befriedung *(shānti–kirīma)* der Patientin an. Zuerst werden die Kopf–zu–Fuss–Verse *(silasa–pada–kavi)* gesungen. Die Herkunft der Dämonen wird darin erklärt, die Körperteile werden aufgezählt, wie sie befallen werden, und die Arten der Krankheiten werden beschrieben, die daraus entstehen. Dann wird die Patientin
gesegnet, damit sie von allen Krankheiten und Dämonen in allen
Körperteilen befreit ist. Anschliessend bindet Upasena Gurunnanse
eine Schutzschnur *(āraksha–nūla)* am Arm der Duva fest. Dadurch
besiegelt er das erfolgreich abgeschlossene Heilritual und beugt einem
Rückfall der Krankheit vor. Dabei rezitiert er am Schluss die Tugenden des Buddha *(buduguna)*.

Dann werden die allenfalls noch anwesenden Dämonen und
Dämonenfürsten freundlich verabschiedet. Die Tänzer bieten einen
aesthetisch hochstehenden Tanz dar zu Ehren der geheilten Patientin.
Duva wird gebeten, ihnen zum Dank eine Münze als Belohnung zu
überreichen. Diese Geste erinnert sie daran, dass sie jetzt keine
Patientin mehr ist, sondern als Gesunde zu einem Erleben der Freude am Nehmen **und** Geben wieder fähig ist. Mit diesem Errichten
der Freude am Geben schafft die ehemalige Patientin bereits den
Schritt in die göttliche Sphären des Glücks, eine Ebene, auf der sich
die Zuschauer zu Beginn des Tovils befunden haben. Dies gilt, nebst
der geglückten Heilung, auch als eine Freude für die Götter, die nun
ebenfalls bedankt und verabschiedet werden.

Die Heiler teilen nun ihren durch ihre guten Taten *(kusala
kamma)* im Heilritual erworbenen karmischen Verdienst *(pin)* mit
den Göttern und ihrem Lehrer. Sie wünschen allen Lebewesen das
Gute *(mettā)* und gedenken dabei insbesondere ihrer lebenden oder
verstorbenen Eltern *(pindīma)*. Ihre Freude am Erfolg, verbunden mit
den Geisteshaltungen von Gebefreudigkeit *(dāna)* und Güte *(mettā)*,
wird somit von eventuellen ethisch unheilsamen Effekten der Freude,
wie zum Beispiel des Dünkels, gereinigt. Dies ist wiederum ein Beispiel des geschickten Umgangs mit Angenehmem *(āya–kosalla)*.

Am Schluss folgt die Ehrerweisung an Upasena Gurunnanse,
indem sich die Assistenten und danach auch Duva vor ihm tief
verbeugen *(vandinava)*. In diesen letzten Handlungen werden die

praktischen Lehren und die Gesetze des Dhamma, sowie das Können des Heilers und Lehrers bestätigt, gewürdigt und gepriesen.

Die Duva ist seit dem Tovil geheilt. Sie bedankt sich eine Woche später zusammen mit ihrem Mann bei Upasena Gurunnanse in aller Form für ihre Heilung. Das Bedanken und Bestätigen der Heilung ist der letzte Akt im Rahmen der Patient–Heiler–Beziehung und damit das Ende des therapeutischen Formats des Tovils.

10.4 Prozess der Heilung

Psychische Prozesse, wie sie während dem Tovil von Upasena Gurunnanse veranlasst, zugelassen, verstärkt, gebremst und verändert werden, können — dies hat meine Analyse gezeigt — nur im konkreten Geschehen erfasst und nachvollzogen werden. Ihr Verlauf ist in jedem Tovil einmalig und richtet sich nach den Charakteristiken und spontanen Handlungen des jeweiligen Patienten, nach dem Entgegenkommen der Heiler und der Resonanz im Publikum. Psychische Prozesse im Tovil können nicht theoretisch zusammengefasst werden.

Wenn ich nun trotzdem versuche, den Prozess der Heilung ausserhalb des aktuellen Geschehens während einem Tovil reflektierend zusammenzufassen, dann entferne ich mich von der jahrzehntelangen, durch Praxis und Erfahrung gewonnenen Intelligenz eines Heilers. Keine Theorie vermag das Können des Upasena Gurunnanse wiedergeben, welcher im aktuellen Geschehen die Mittel als Bedingungen für heilende Prozesse herstellt und beseitigt. Mein Versuch, dieses Können wissenschaftlich, das heisst begrifflich beschreibend und theoretisch konzeptuell zu erfassen, trägt auch wenig zu einer **didaktischen** Weitergabe der Tovil–Heilmethode bei, wie Upasena Gurunnanse sie vermittelt. Dies gilt für meine gesamte Analyse, die als Produkt **meines** Verständnisses mit dem eigentlichen Können des Upasena Gurunnanse im Grunde nicht übereinstimmen **kann**. Das Können als Methodik kann nur im wiederholten, teilnehmenden Beobachten nachvollzogen und schliesslich unter der Führung des Heilers im eigenen Tun angeeignet werden. Unter Einbezug der reflektierenden Gespräche mit Upasena Gurunnanse erlaube ich mir nun trotzdem, theoretisch, oder besser gesagt „praxeologisch" zusammenzufassen, wie die einzelnen Phasen der Heilung im Tovil–Format aufeinander bezogen sind und was sie bezwecken.

Das therapeutische Format des Tovils in seiner zeitlichen Dimension umfasst das Diagnosegespräch, das eigentliche Tovil–Heilritual und das Bedanken des Patienten beim Heiler. Es setzt sich zusammen aus den therapeutischen Mitteln, die als Bedingungen für gewünschte psychische Prozesse hergestellt oder angewendet werden. Zu den psychischen Prozessen des Patienten gehören die sie steuernden geistigen Fähigkeiten. Die Interventionen des Heilers zielen auf die Ausgeglichenheit dieser geistigen Fähigkeiten, um die Autonomie des Patienten zu stärken. Dies ist eine Bedingung für die Errichtung der Glücksfähigkeit im Patienten, dem erklärten Heilungsziel des Upasena Gurunnanse. Die eingesetzten therapeutischen Mittel und Interventionen sind abgestimmt auf die jeweiligen Teilziele der einzelnen Abschnitte oder Phasen des Tovil–Formats.

Im Diagnosegespräch lernt Upasena Gurunnanse den Patienten kennen und beobachtet, wie sich dessen Krankheit manifestiert. Er kommt dem Patienten nachempfindend und verstehend entgegen und prüft dessen Reaktionen. Am Ende dieser diagnostischen Begegnung muss zwischen Upasena Gurunnanse, dem Patienten und den anwesenden Angehörigen ein Konsens über die Verursachung der Krankheit erarbeitet worden sein. Dies geschieht durch einen reziproken Angleichungsprozess des Erlebens. Ich habe diesen Angleichungsprozess als „mythisches Normieren" analysiert, das in einem Entscheid über die Diagnose resultiert. Eine Revision dieser Diagnose ist jederzeit möglich. Als richtig gestellt gilt sie dann, wenn sie mit dem konkreten Erleben und den Ansichten des Patienten übereinstimmt.

Betrachtet man den Stellenwert des Diagnosegesprächs im ganzen therapeutischen Format des Tovils, so lässt sich feststellen, dass in ihm bereits erste Schritte zur Heilung vollzogen werden. Dieser ersten Phase des Heilens im Diagnosegespräch folgen vier weitere, die der Patient dann am Tag des Tovils durchläuft. Ich möchte diese insgesamt fünf Heilungsphasen in der Folge auflisten und daraufhin näher erläutern. Diese Phasen sind nicht im strikten Sinne **nur** als aufeinanderfolgende Zeitabschnitte des Heilungsprozesses zu verstehen, obwohl ich sie hier zwecks klarer Charakterisierung auf diese Weise anführe:

1. Das Diagnosegespräch – enthält die erste Behandlung des vom Dämon erschreckten, belästigten oder besessenen Patienten.

2. Einstimmung und Anwärmung – geschieht während den Vorbereitungen am Tage des Tovils.

3. Der geschickte Umgang mit Angenehmem (āya–kosalla) – vorwiegend in der 1., 5. und 7. Sequenz des Tovils, konkretisiert als Einladung der Götter, Vermitteln der göttlichen Eigenart usw.

4. Der geschickte Umgang mit Problematischem *(apāya–kosalla)*
   – insbesondere in der 2., 3., 4. und 6. Sequenz des Tovils, als
   Konkretisierung des Dämonischen, Dämonenzähmung usw.

5. Die Befriedung *(shānti–kirīma)* und Beschützung *(set–kirīma)*
   – ausschliesslich in der 7. Sequenz des Tovils, als Behandlung
   und Belehrung des vom Dämonen befreiten Patienten.

Der Patient durchläuft diese fünf Phasen des therapeutischen Formats, indem die für die jeweilige Phase spezifischen psychischen Prozesse innerhalb des geschützten Arbeitsplatzes *(kammatthāna)* angeregt werden. In der ersten Phase wird vor allem das Vertrauen *(saddhā)* im Patienten errichtet und die Prozesse der Klärung, Zielsetzung, kognitiven Orientierung usw. angeregt.

Die zweite Phase dient der Energetisierung der in dieser Phase relevanten geistigen Prozesse. Im Patienten wird Spannung erzeugt, indem seine Rolle als Hauptperson des gesellschaftlichen Anlasses betont wird. Angewärmt werden in dieser zweiten Phase auch die Angehörigen und das Team der Heiler. Die nötige Kooperation bei den Vorbereitungsarbeiten führt bei dieser Kerngruppe des Tovils zu einer erhöhten Gruppenkohäsion und intensiviert deren Zielbewusstsein, nämlich die Heilung des Patienten. Im Übergang zur dritten Phase, bei der Eröffnungsrede, wird dann auch das eingetroffene Publikum auf dieses Zielbewusstsein eingestimmt.

Während der dritten Phase, beim Beginn des eigentlichen Tovil–Rituals, demonstrieren die Heiler zuerst den Umgang mit Angenehmem *(āya–kosalla)*, indem sie die Götter zum Tovil–Platz einladen. Mit dem Offerieren von Tanz, Trommeln, Gesang, angenehmen Gerüchen und guten Speisen wird die Welt der Sinnenqualitäten *(kāma–guna)* in einer aesthetisch besonders verfeinerten Form errichtet und die Götter, die Zuschauer und der Patient dadurch beglückt. Das Glücksgefühl *(pīti)* des Patienten dient in dieser Phase als Motivation, wieder gesund zu werden. Es ist gebunden an die Vorwegnahme einer götterähnlichen Seinsweise des gesunden Anhängers der Buddha–Lehre. Die geistigen Fähigkeiten *(mano–indriya)* des Patienten sind am Ende der ersten Sequenz des Tovils angeregt und vorübergehend ausbalanciert. Er ist zuversichtlich, stark und motiviert, sich ins Dämonische zu stürzen und sich mit dem Problematischen auseinanderzusetzen, um es dann zu überwinden.

In der vierten Phase des Heilungsprozesses, vor allem im mittleren Teil des Tovils, werden die Dämonen auf den rituellen Arbeitsplatz gerufen; und unter Führung des Heilers arbeitet der Patient am Umgang mit dem durch sie verkörperten Problematischen *(apāya-kosalla)*. Der Dämon im Patient wird in dieser Phase befriedigt und beglückt durch Tanz und Speise. Dabei werden dämonische Handlungsabläufe, die in den Mythen aufgezeichnet sind, hervorgerufen und bestärkt. So wird im Patienten auch die Fähigkeit wachgerufen, das Unangenehme wahrzunehmen *(domanassa–indriya)*, das mit der dämonischen Seinsweise verbunden ist. Dieser Vorgang wird stufenweise intensiviert und zugespitzt, bis die dämonischen Genüsse dem Patienten schliesslich verleiden. Die Zuspitzung erfolgt durch das Schüren der dämonischen Kraft *(shaktiya)*, die verbunden ist mit lächerlichem, unwürdigem bis ekelerregendem Verhalten des Patienten. Eine erste Auflösung des Haftens am Dämonischen geschieht durch eine erlebnismässige Entlastung oder Erleichterung des Patienten, verbunden mit dem Vor–die–Augen–führen *(sacchikiriya)* des Problems Dämon. Dies wird ermöglicht durch die Verkörperung des Dämons *(sohon–pāliya)* durch den Heiler oder seinen Assistenten. Das Dämonische wird am Schluss der vierten Sequenz als etwas im Erleben des Patienten Unerwünschtes bestätigt, als unangenehm erlebt und dann losgelassen. Dies ist verbunden mit der Aktivierung des Unwohlgefühls als hemmende Steuerfähigkeit *(domanassa–indriya)* — ein Gegenstück zur Glücksfähigkeit *(sukha–* bzw. *somanassa–indriya)*. Die Anziehungskraft des Dämons wird dann am Ende der 6. Sequenz des Tovils ganz durch das Unwohlgefühl *(domanassa–indriya)* ersetzt. Die Verhaftung ist dadurch aufgelöst und die Persönlichkeit des Patienten heil der menschlichen Erlebenswelt zurückgegeben.

In der fünften Phase wird der soeben vom Dämon befreite Patient geschützt *(āraksha);* er erfährt dabei besonders liebevolle emotionelle und spirituelle Zuwendung vom Heiler durch die Handlungen der Befriedung und Beschützung *(set–kirīma)*. Dem geheilten Patienten zu Ehren werden Tänze dargeboten, seine Heilung wird gefeiert. Im Patienten wird erneut die Freude an Sinnendingen errichtet und verfeinert, und die Freude am Geben geübt. Er belohnt die Tänzer für ihre dargebotene Leistung und tritt dadurch in die geistige Sphäre der Götter und Könige ein, die ihre Freigebigkeit geniessen. Diese letzte Phase und somit der ganze Heilungsprozess innerhalb des therapeutischen Formats wird abgeschlossen durch den Akt des Bedankens des Patienten beim Heiler. Dies geschieht in der Regel einige Tage nach dem Tovil.

Upasena Gurunnanse hat, wie er betont, in jeder einzelnen dieser fünf Phasen das Ziel, mit seinen heilenden Handlungen dem vom

Dämon bedrängten Opfer, dem Patienten, das Gefühl der Freude *(pīti)* zu vermitteln. Dafür schafft er die in der jeweiligen Phase angemessenen Bedingungen innerhalb des therapeutischen Formats. In der ersten Phase ist es das Klären *(pasāda)* des Geistes durch die Errichtung des Vertrauens *(saddhā)*, das dem Patienten erste Erleichterung und Freude bringt. In der zweiten Phase ist es die Erhöhung der sozialen Stellung des Patienten als König des Abends, als Hauptperson des Tovils, die ihn freudige Erregung erleben lässt. In der dritten Phase ist es die Freude an Sinnendingen *(kāma–guna)*, die den Patienten glücklich macht. In der vierten Phase sind es die Freuden des Dämons, die der Patient bei groben Genüssen empfindet, die dann allerdings seine Glücksfähigkeit abstumpfen lassen. In der fünften und letzten Phase ist es die feinste Freude der Befreiung, das Wiederfinden des Dhamma–Pfads, der Befriedung und der Harmonie des Geistes in guter Gesellschaft, das dem Patienten zuteil wird.

Die psychischen Prozesse, die der Patient in der jeweils vorherigen Phase durchlaufen hat, sind mit eine Bedingung, dass er aufnahmefähig wird für die neuen Bedingungen der Freude, wie sie in der folgenden Phase errichtet werden. Ohne Vertrauen kann kein Unternehmen zum Erfolg führen. Ohne Anwärmung, das heisst, ohne allmähliche Energetisierung, kann keine Sinnenfreude erlebt werden. Eine Person mit wachen und erfreuten Sinnen lässt sich eher auf ein Wagnis ein, auf etwas Unheimliches wie das Dämonische. Die Freude am Dämonischen muss erschöpft sein, um darauf verzichten zu können. Die Freude an der erfolgten Heilung ist erst möglich, wenn die Anwesenden, die Angehörigen und die geladenen mythischen Wesen, sich auch daran freuen können, und niemand, auch der Dämon nicht, an der Freude der anderen zu Schaden gekommen ist.

Es sind die verschiedenen Formen der Freude und des Glücks *(pīti, sukha, ānanda, nibbāti, santa* usw.), die in allen Phasen des Tovils eine zentrale Rolle spielen. Das Fördern und Kultivieren von Freude durch den Heiler ist jedoch nicht bloss bedürfnis– und lustorientierten Prinzipien unterworfen, sondern richtet sich nach den Kriterien der buddhistischen Ethik *(sīla)*, die, wie ich zum Schluss noch zeigen werde, eine Ethik der Leidlosigkeit, der Befreiung und der Glücksfähigkeit ist.

11. Die Ethik
des Upasena Gurunnanse

Upasena Gurunnanse hat mir bereits in unseren ersten Gesprächen erklärt, dass seine Handlungen im Tovil sich am Ziel der Leidensminderung und der Förderung von Freude bei allen Anwesenden — in erster Linie aber beim Patienten — orientieren. Diese Formulierung seiner Ziele entspricht dem buddhistischen Grundsatz, wonach die durch Geistesläuterung angestrebte Verfeinerung der Glücksfähigkeit auf dem sicheren Boden von ethisch einwandfreien Handlungen entsteht. Der Fortschritt in Geistesläuterung ist immer von Freude *(pīti)* begleitet. Der höchste Zweck der buddhistischen Ethik ist das hier–und–jetzt–erlebte Glück *(Nibbāna; dittha–dhamma–sukha–vihāra)*.[106]

Bevor ich die Bedingungen der Freude aufzähle, wie sie im Tovil zweckbewusst hergestellt werden, möchte ich zeigen, wie sich das Erleben von Freude im karmischen Zusammenhang auch ausserhalb der Therapie auswirkt. Hierin liegt nämlich die Antwort, weshalb Upasena Gurunnanse die Ethik der Freude als höchste Maxime seiner heilenden Handlungen betrachtet. Freude kann nur in einer Person entstehen, die ausgestattet ist mit den dazu benötigten Fähigkeiten des Geistes und der Sinne. Freude entsteht bedingt. Um Bedingungen der Freude selbst herstellen zu können, benötigt es ein gewisses Ausmass an Weisheit. Sind die Bedingungen der Freude auch an Gier und Hass geknüpft, werden sie sich karmisch unheilsam auswirken. Sie tragen auf lange Sicht zur Glücksminderung bei, auch wenn vorübergehend Genuss erlebt wird.

Zum Heilen von Geisteskrankheit, so Upasena Gurunnanse, braucht es auf jeden Fall einen Menschen, der mit den Handlungen des Lehrers *(guru–kam)* die Bedingungen der für den Heilungsprozess benötigten Freude herstellt. Nur ein weiser Lehrer kann zwischen dem Patienten und den Dämonen vermitteln. Das betroffene Opfer und seine Angehörigen sind dazu nicht mehr imstande und wären ohne die Hilfe eines Heilers der Willkür des Dämons überlassen. Dass

Upasena Gurunnanse in seinem Leben die Chance bekommen hat, den Platz des Heilers innerhalb der Gesellschaft einzunehmen, bedeutet für ihn, dass er nicht nur gute karmische Früchte *(kusala vipāka)* von früheren Taten geerntet hat, sondern dass er seine Ernte in Zukunft und in seinem nächsten Leben durch gegenwärtige gute Taten *(kusala kamma)* noch verbessern kann.

Upasena Gurunnanse sieht also in seiner Funktion des Heilens eine Gelegenheit, sich guten karmischen Verdienst *(pin)* zu verschaffen. Seine Handlungen müssen daher dieser Absicht entgegenkommend ethisch möglichst einwandfrei sein. Nun wendet Upasena Gurunnanse aber ethisches Bewusstsein und Handeln im Tovil auch direkt als Mittel an, um damit die Dämonen zu unterwerfen, so wie es Buddha selber getan und gelehrt hat. Im Tovil, zum Beispiel bei den sieben Schritten des Buddha, halten sich die Dämonen vom Körper des Patienten fern. Die Dämonen, die laut den Mythen mit Buddha in Berührung kamen, ihn herausfordern oder ärgern wollten, wurden durch Buddhas unerschütterliche Tugend besänftigt. Sie erkannten und würdigten in der Folge die Wahrheit von Buddhas Lehre. Upasena Gurunnanse wendet diesen in den Mythen vorgezeichneten Weg der Überzeugung ignoranter Dämonen an mehreren Stellen des Tovils an, unter anderem mit Hilfe des *Buduguna-Mantras*. Er bezeichnet diesen Vorgang als das Bringen der Dämonen unter die Kontrolle des Dhamma *(yakunta dharmayan anakirīma)* oder einfach als das Zähmen der Dämonen *(bhūta yatat-kirīma)*.

Anders als beim absichtlichen Errichten von Bedingungen der Freude, wie es Upasena Gurunnanse im Tovil unternimmt, kann Wohltat und Freude einem auch ohne willentliches Unternehmen einfach zuteil werden, wenn die Bedingungen dafür erfüllt sind. Damit nähern wir uns einem weiteren Aspekt der Entstehung und Wirkung von Freude, im karmischen Zusammenhang betrachtet, wie er auch im Tovil zum Tragen kommt. Ohne sein willentliches Zutun wird zum Beispiel dem Patienten die Freude im Tovil zuteil, indem jemand anderer, der Heiler, für ihn die Bedingungen dafür errichtet. Selber wäre er dazu nicht fähig. Anders als in unserem Kulturkreis, in dem das vom Menschen nicht selbst bewirkte oder erschaffte Angenehme oft Schuldgefühle statt Freude auslöst, gilt in der srilankischen Sichtweise, dass beim Zuteilwerden von Angenehmem ein eigener karmischer Verdienst sich auswirkt. Der unverhofft beglückte Patient — und deshalb wird ihm auch nicht umsonst die Rolle des Königs zugeschrieben — erntet während dem Tovil seine wohlverdienten karmischen Früchte. Die Freude wird ihm also auch bedingt durch seine früheren guten Taten zuteil.

Der Moment nun, in dem die vom Heiler errichtete Bedingung der Freude beim Patienten wirkt, ist auch ein Moment, in dem sich eine Methode zur **Steigerung der Glücksfähigkeit** bewährt hat. Gesteigert wird das Glück, das ethisch einwandfrei entsteht, durch die Vervielfachung der Personen, die es im selben Moment empfinden. Der Heiler hat Freude aus wohlwollenden Motiven bewirkt, und dem Patienten (und den Zuschauern) wird sie als Frucht seiner (ihrer) früheren guten Taten zuteil. Ein solcher Freudenmoment ist frei von Hass in Form von Selbstvorwürfen, zum Beispiel, oder frei von Gier in Form von Gewinnsucht und ermöglicht daher gleichzeitig eine gesunde geistige Unabhängigkeit zwischen dem Heiler und dem Patienten: Schuldgefühle innerhalb der Beziehung Heiler–Patient sind unter diesen karmischen Bedingungen von „Belohnung" unvorstellbar.

Dass durch die gute Tat karmischer Verdienst entsteht (beim Geber) und gleichzeitig karmischer Verdienst wirkt (beim Nehmer), ist eine Tatsache, die in Sri Lanka auf allen Ebenen des Austausches gilt. Der Masstab, ob sich der ethische Zweck dieses Austausches erfüllt hat, ist die Freude, die beim Geber und beim Nehmer gleichzeitig entsteht. Schenken als Verpflichtung oder aus schlechtem Gewissen macht in diesem Kontext wenig Sinn. Aus diesem Grund ist auch für Upasena Gurunnanse der Zweck des Tovils nur dann vollständig erfüllt, wenn **alle** Anwesenden — inklusive die Götter, die Dämonen und auch er selbst — dadurch beglückt werden konnten. Dieser hohe ethische Anspruch der harmonischen Freude setzt laut der buddhistischen Psychologie voraus, dass bei der Errichtung des rituellen Arbeitsplatzes *(kammatthāna)* des Tovils, wie bei allem persönlichen Können des Upasena Gurunnanse, die Weisheit *(paññā)* einen prominenten Platz einnimmt. Für die Teilnehmer ist der Tovil immer wieder ein Anlass für ungetrübtes Glücksempfinden. Deshalb bringen die Patienten und ihre Angehörigen dieser Heilmethode aus eigener Erfahrung begründetes Vertrauen *(saddhā)* entgegen.

Ich möchte nun als Vergleich zu Upasena Gurunnanses Handlungen im Tovil die in der Abhidhamma–Literatur (z.B. *Sammohavinodanī* : 282) genannten elf Methoden vorstellen, die das Entstehen von Freude *(pīti)* bewirken:

1. Vergegenwärtigen der Buddha–Qualitäten *(buduguna)*.

2.+3. Vergegenwärtigen der Qualitäten von Dhamma (Lehre) und Sangha (Gemeinde) und des eigenen diesbezüglich vergleichbaren Verhaltens.

4. Reflektieren über eigene Sittlichkeit *(sīla)*, die am Einhalten der fünf ethischen Entschlüsse gemessen wird.

5. Reflektieren über eigene Freigebigkeit *(dāna und cāga)*, vergegenwärtigt anhand Erinnerungen konkreter Situationen.

6. Reflektieren über die Qualitäten 4. und 5. als solche, die in Göttern *(devatā)* und Götterähnlichen *(devattan pattā)* vorhanden sind.

7. Reflektieren darüber, dass man für lange Jahre mittels Meditationsresultaten Befleckungen *(kilesa)* ausgeschaltet hat und in der Geistesläuterung fortgeschritten ist.

8. Meiden von groben Leuten, die keinen Respekt für Buddha, Dhamma usw. haben.

9. Kultivieren edler Freundschaft *(kalyāna mittattā)*.

10. Reflektieren über Lehrreden, die Transparenz und Vertrauen *(pasādaniya suttante)* fördern, indem sie die Qualitäten von Buddha, Dhamma und Sangha illustrieren.

11. Meditationsübung durchgeführt im Stehen, Sitzen usw. zum Zwecke der Freudeentstehung *(pīti–uppādān–attham)* in Personen, deren Geist dazu neigt.

Wenn wir nun untersuchen, welche dieser elf abhidhammischen Methoden auch Upasena Gurunnanse benützt, stellen wir fest, dass vor allem die Methoden 1, 5, 6, 9 und 10 in seinem Tovil direkt zur Anwendung kommen.

Eine zentrale Funktion im Tovil hat das Vergegenwärtigen der Buddha–Qualitäten *(buduguna)* durch den Heiler (1. Methode). Der Heiler fasst im geeigneten Moment den Entschluss, die Qualitäten des Buddha zu vergegenwärtigen und beginnt sie zu rezitieren. Während des Aussprechens der einzelnen Wörter hat er den Willen, dass ihre Bedeutungen auch für alle anderen Menschen und Nicht–Menschen *(manusa–amanusa)*, die zuhören, erlebbar werden. Diese Prinzipien des Vorgehens haben sich in den Gesprächen mit Upasena Gurunnanse immer wieder herauskristallisiert (vgl. Interview mit Upasena

Gurunnanse im Anhang). Er charakterisiert *Buduguna* als „alles, was mit dem Kultivieren von *Sīla* und der fünf Kräfte des Geistes *(hite–balaya)*, nämlich Vertrauen, Wissen, Willenskraft, Sammlung und Achtsamkeit, zusammenhängt". Dies ist eine operationale Definition von *Buduguna*, die beschreibt, durch welches Tun *Buduguna* hergestellt wird. Und es ist das Ergebnis dieser Operationen, das sich Upasena Gurunnanse dann im reflexiven, direkten Wissen *(abhiññā)* als anstrebenswerten, ethisch hochstehenden Wert vergegenwärtigt.

Mit dem Rezitieren von *Buduguna* vergegenwärtigt sich Upasena Gurunnanse die ethischen Maximen seines eigenen Handelns im Tovil: erhaben will er handeln, aus seiner Mitte heraus, ohne Gier oder Hass, mit praktischem Wissen, mit Leichtigkeit, als Welt–Kenner, als unübertroffener Lenker belehrbarer Menschen, als Meister der Götter und Menschen, mit wachem Geist (vgl. die neun Aspekte von *Buduguna*, S. 315). Upasena Gurunnanse eignet sich diese Buddha–Qualitäten an, weil sie ihm Wohlergehen bringen und weil er weiss, dass er damit die Dämonen direkt unterwerfen und besänftigen kann. Nebst den Qualitäten des Buddha vergegenwärtigt sich Upasena Gurunnanse auch die Qualitäten der Götter und Generationen seiner Lehrer. Alle diese Personen sind für Upasena Gurunnanse Vorbilder, Modelle ethisch reifer Menschen *(sīlavant)*, die er nicht nur verehrt, sondern denen er ähnlich sein will.

Mit der Vergegenwärtigung der Buddha–Qualitäten schützt *(āraksha kirīma)* Upasena Gurunnanse, wie er sagt, auch seine eigene Sittlichkeit *(sīla)*. Seine Sittlichkeit gibt ihm die zuverlässigste Ausgangslage für das Handeln zur Förderung der Glücksfähigkeit. *Sīla* kann ebenfalls geistig vergegenwärtigt werden als ein Entschluss, von solchen leidbringenden Handlungen abzustehen, wie:

1. das Zerstören von Lebewesen,

2. das Nehmen von Nichtgegebenem,

3. sinnliche Exzesse,

4. falsches und verletzendes Sprechen,

5. das Einnehmen von Drogen,
   die die Achtsamkeit verringern.[107]

Nun kann aber Upasena Gurunnanse diese Entschlüsse zur Kultivierung der Sittlichkeit *(sīla)* während dem Tovil nicht immer absolut einhalten. Im vollen Wissen um die karmischen Auswirkungen seines Tuns stellt Upasena Gurunnanse im Tovil gelegentlich auch unheilsame Bedingungen der Freude her. Er lässt aber deren unethische Wurzeln und Auswirkungen im Laufe des Tovils ersichtlich werden. Aufgewogen oder sogar überwogen wird sein eigenes schlechtes Tun — wie zum Beispiel die Patientin auffordern, den Nacken des Hahns zu durchbeissen — durch den übergeordneten Zweck des Tovils als therapeutisches Format und geschützter Arbeitsplatz der Heilung. Der Prozess der Heilung kann nur stattfinden, indem der Umgang mit Unheilvollem *(apāya-kosalla)*, von dem der Patient befallen ist, auf diesem Arbeitsplatz geprobt wird.

Und da macht Upasena Gurunnanse keinen Hehl daraus, dass seine Handlungen in dieser Phase des Tovils, die nicht mit der Ethik *(sīla)* zu vereinbaren sind, ihm ungünstigen Verdienst *(pau)*, das heisst eine vorübergehende Minderung der Glücksfähigkeit einbringen werden. Dazu gehört nicht nur das Quälen des Hahns, sondern auch das Verkörpern des *Mahāsohona (sohon–pāliya)*, bei dem zum Beispiel Bedingungen wie Alkoholkonsum eingesetzt werden, um die Achtsamkeit *(sati)* bis zur Bewusstlosigkeit auszuschalten. Unethisch ist solches Handeln wiederum nicht aus moralischen Gründen, sondern weil es die eigene Glücksfähigkeit mindert. Doch weil solche Handlungen von Upasena Gurunnanse mit der Wissensklarheit unternommen werden, dass ihr Zweck die Heilung des Patienten ist, das heisst, dass die Glücksfähigkeit des Patienten wiederhergestellt und gesteigert werden soll, überwiegt seiner Meinung nach bei weitem das Gute seines Wirkens *(kusala–kamma)*, das ihm guten karmischen Verdienst *(pin)* einbringen wird. Dadurch tritt für ihn die *Buduguna*, das Modell des weisen Lehrers, als ethisches Prinzip und Handlungsmaxime an die Stelle von *Sīla*. Mit der *Buduguna* schützt Upasena Gurunnanse sein *Sīla*, wenn es durch den Kontext des Heilrituals in Frage gestellt wird (vgl. Interview mit Upasena Gurunnanse im Anhang).

Bei einem unwissenden Beobachter des Tovils kommt es manchmal vor, dass er seine Abneigung gegen das zeitweilig beschämende oder gar widerliche Geschehen auf dem Tovil–Platz auf Upasena Gurunnanse überträgt, dessen ethische Lauterkeit in Frage stellt und sein Vertrauen in Upasena Gurunnanses gute Absicht verliert. Tatsächlich bedienen sich manche Yakäduro statt einer Heilmethode oft einer „Unheilmethode", indem sie ihre Mitmenschen mit schwarzer Magie *(hūniyam)* schädigen. Der schlechte Ruf solcher Yakäduro ist also durchaus berechtigt, und der unwissende Zuschauer hat oft Mühe, die gute Absicht von der schlechten zu unterscheiden. Upasena Gurunnanse kann sich gegen ein solches Misstrauen, das auch ihm manchmal entgegengebracht wird, nur verwahren, indem er selber weiss, dass er sich wirklich an den Buddha–Qualitäten und an den ethischen Maximen seines Könnens orientiert.

Durch das Rezitieren des *Buduguna–Mantra* lässt Upasena Gurunnanse auch das Publikum wiederholt wissen, nach welchem ethischen, das heisst freudebringenden, Können er sich ausrichtet. Die Qualitäten des Buddha sind für den Zuschauer ebenso ein Modell für das Handeln wie auch eine Zuflucht in gefahrvollen Situationen. Das Vertrauen in das Vorbild Buddha klärt den Geist von der Angst und ermöglicht angemessenes Handeln in · der gefahrvollen Situation. Gleichzeitig schwächt es die Dämonen, falls sie die Ursache der gefahrvollen Situation sind. Eine solche Situation muss aber nicht direkt schon lebensbedrohend sein, um als gefahrvoll wahrgenommen zu werden. Vielmehr genügt eine Konfrontation mit problematischen Bedingungen, auf die man unheilsam reagiert.

Dem erinnernden Reflektieren *(paccavekkhana)* über die eigene Freigebigkeit als Methode zum Herbeiführen von Freude (5. Methode) wird während dem Tovil unzählige Male Anlass gegeben, indem man die Freigebigkeit ausführt und deren freudige Auswirkung hier–und–jetzt direkt reflexiv erlebt *(abhiññā)*. In Freigebigkeit üben sich zuerst einmal die Angehörigen des Patienten, indem sie für die Ausgaben des Tovils aufkommen. Freigebigkeit zeigen auch die Zuschauer, wenn sie der Patientenfamilie, was üblich ist, etwas spenden. Und während dem Tovil erweisen sich die Heiler den Göttern und Dämonen gegenüber als freigebig durch Tanz und Opfergaben. Am Schluss ihres Tovils ist dann in unserem Beispiel auch die geheilte Duva soweit, dass sie den Tänzern für ihre Darbietung etwas spendet. Die Freude, die durch das Geben entsteht, kann durch zahlreich errichtete Anlass–Bedingungen während dem Tovil von allen Anwesenden direkt geübt, erlebt und nacherlebt werden.

Sittlichkeit und Freigebigkeit gehören zu den Charakteristiken der Götter. Es sind die Bedingungen für die Freude, die in den Gefilden der Götter *(deva–loka)* herrscht. In den Himmeln der Götter wiedergeboren zu werden, ist eine Sehnsucht der Menschen, nicht nur in Sri Lanka. Upasena Gurunnanse vergegenwärtigt sich diese himmlische Freude (6. Methode), indem er sich die Qualität der Götter im Tovil selber aneignet: wenn er die Götter einlädt, übt er sich in Freigebigkeit durch das Anerbieten von Opfergaben und Tänzen, fördert durch seine Handlungen das Sittliche und das Schöne und entfaltet dadurch bei sich und bei den Anwesenden eine göttergleiche Freude. Um sich

auf die Qualitäten der Freigebigkeit und Sittlichkeit einzustimmen,
ruft er in seinem Geist das Bild *(nimitta)* der gewünschten freudigen
Atmosphäre hervor. Dadurch kommt ihm die Freude „in den Sinn“,
und er kann sie mit Hilfe der Gestaltung von Sinnenqualitäten
(kāma–guna) vermitteln.

Das Errichten einer edlen Freundschaft (9. Methode) ist das Ziel
bei der Beziehungsgestaltung des Heilers zum Patienten. Kultiviert
wird die edle Freundschaft jedoch vor allem in der
Heiler–Schüler–Beziehung. Die absolute Loyalität und Ehrerbietung
der Assistenten Upasena Gurunnanse gegenüber und sein Verant-
wortungsgefühl und seine Uneigennützigkeit ihnen gegenüber werden
im Tovil sichtbar und tragen zur gehobenen und freudigen Atmosphäre bei. Am Schluss des Tovils ist auch die geheilte Patientin in
der Lage, die Beziehung zu ihrem edlen Freund, dem Heiler ihrer
Krankheit, zu erwidern; sie verbeugt sich *(vandinava)* voller Freude
und angemessener Dankbarkeit vor Upasena Gurunnanse. Die edle
Freundschaft zwischen einem Schüler und seinem Lehrer zeichnet sich
durch ein gegenseitig praktiziertes Wohlwollen aus, das frei ist von
Überheblichkeit. In einem solchen Klima kann sich die Freude am
Austausch von Wissen entfalten und auf der Beziehungsebene angemessen reziprok gehandelt werden. Wichtig ist, dass man einander
weder verletzt noch beschämt. Die Qualität seiner Schüler misst
Upasena Gurunnanse nicht allein an ihrem Wissenseifer. Vielmehr
wird er vor seinem Tod seinem liebsten Schüler die für diesen
Moment aufgesparten, letzten Instruktionen zur Meisterung der Heilmethode anvertrauen und ihm somit die volle Autorität, die sogenannte Erlaubnis oder „Gnade“ *(varam)*, für das Heilen weitergeben.

Das Reflektieren über Lehrreden, die die Qualitäten des Buddha,
Dhamma und Sangha illustrieren, somit Vertrauen *(saddhā)* und
Durchlässigkeit *(pasāda)* fördern und ein Anlass zur Freude sind (10.
Methode), wird im Tovil durch das Singen mythischer Verse *(kavi)*
verwirklicht. Vertrauensfördernde Lieder werden vor allem bei den
sieben Schritten des Buddha dargeboten. Auch wenn ich den Inhalt
der dort gesungenen Kavis nicht wiedergegeben habe, zeigen meine
Beschreibungen der Mischung aus Andacht und Humor, die als Stimmung während den sieben Schritten des Buddha bei den Anwesenden
vorherrscht, dass der Zweck dieser Methode, die Herbeiführung von
Freude, erfüllt ist. Der Humor ist das Kennzeichen für den zwischenmenschlichen Umgang der Heiler untereinander, mit dem Patienten
und den übrigen Anwesenden im Tovil. Es ist ein Humor, der Andere nicht mindern soll, und als solcher gilt er als ein Ergebnis des

Verweilens in erhabenen Geisteszuständen. Seine Pflege und Entfaltung ist ethisch einwandfrei, sie ermöglicht eine erhabene Distanznahme zu weltlichen Problemen und bewirkt Freude.[108] Diese Freude äussert sich in einem feinen Lächeln *(hasita),* das auch dem Buddha zu eigen gewesen sein soll. So wird der Wert einer Buddha–Statue heute daran gemessen, wie gut es dem Künstler gelungen ist, diesen Hauch von einem Lächeln dem Buddha–Bildnis aufs Gesicht zu zaubern. Der Betrachter soll nämlich gegenüber diesem bildhaften Ausdruck von Frieden und Glück eine innere Resonanz finden können. Das Vergegenwärtigen der Form einer Buddha–Statue gilt als Übung, bei sich einen friedvollen Geisteszustand herzustellen. Auf ähnliche Weise werden während den sieben Schritten des Buddha auch die Zuschauer und der Patient durch Upasena Gurunnanses feinen, nicht verletzenden Humor überzeugt und angesteckt.

Die buddhistische Ethik der traditionsgebundenen Srilankaner, das habe ich in diesem Kapitel gezeigt, hat als Motivation das Glücksempfinden und als Ziel die Steigerung der Glücksfähigkeit. Als zuverlässigste Ausgangslage dafür gelten selbst erarbeitete Regelungen der Sittlichkeit *(sīla)* als Entschlüsse, die zu eigenen Handlungsmaximen werden. Diese Handlungsmaximen zeichnen sich durch eine gier– und hassfreie Absicht aus. Der Wille zu ethischem Handeln und die Orientierung an Vorbildern, die darin selber weit fortgeschritten sind, gelten als die grundlegenden Schritte zur Förderung der eigenen Glücksfähigkeit.

Krankheit und Heilung als ein Bestandteil der Tovil–Psychologie werden von Upasena Gurunnanse ebenfalls nach den ethischen Kriterien des Buddhismus betrachtet und zusammengefasst: Upasena Gurunnanses Patienten sind auf einen Weg des ethischen Rückschritts geraten. Als Opfer einer dämonischen Schädigung sind sie der Angst ausgesetzt, was ihre Glücksfähigkeit mindert. Ihre Krankheit ist teilweise die Frucht vergangener unheilsamer Taten, die jeder Mensch zur gegebenen Zeit zu ernten hat, teilweise ist sie Ergebnis eines unwissenden Umgangs mit problematischem Erleben. Das Fortsetzen des Leidens kann jedoch überwunden werden, indem unheilsame Reaktionen auf das Leiden verhindert, und stattdessen heilsame Bedingungen zur Wiederherstellung und Förderung der Glücksfähigkeit errichtet werden.

Um diesen Heilungsprozess und den in ihm verwirklichten geistigen Läuterungsprozess zu ermöglichen, wird der therapeutische Arbeitsplatz *(kammatthāna)* des Tovils errichtet. Auf ihm lehrt

Upasena Gurunnanse dem Patienten, wie mit glücksminderndem Problematischem umzugehen ist (4. Phase des Heilungsprozesses, vgl. S. 394f), nachdem er beim Patienten zuerst die Glücksfähigkeit als Motivation zur Heilung hergestellt und die Wege zur Verfeinerung der Freude aufgezeigt hat (3. Phase des Heilungsprozesses). Die Bedingungen des Unheilsamen werden schliesslich mit Upasena Gurunnanses Methode des Entgegenkommens durch heilsame, glücksfördernde Bedingungen ersetzt (5. Phase des Heilungsprozesses).

Upasena Gurunnanses Ethik, auf der sein Können und das therapeutische Format des Tovils baut und die seine einzelnen heilenden Handlungen steuert, weicht von ethischen Prinzipien der buddhistischen Methoden der Geisteskultivierung in keiner Weise ab. Upasena Gurunnanse muss während dem Tovil zwar streckenweise den zuverlässigen Boden der geregelten Sittlichkeit *(sīla)* verlassen. Denn um den Umgang mit dem Unheilsamen lehren zu können, muss er das Unheilsame auf dem geschützten therapeutischen Arbeitsplatz des Tovils zuerst konkretisieren. Er tut dies jedoch, in der Gesamtperspektive des *Kammatthāna* gesehen, um den Patienten zu beglücken und zu heilen, und um sich dadurch einen guten karmischen Verdienst *(pin)* für sein künftiges Leben und für seine Wiedergeburten zu verschaffen.

Upasena Gurunnanses Tugenden und Qualitäten als Lehrer und Heiler sind denen des Buddha ähnlich. „Bloss", meint Upasena Gurunnanse lächelnd, „einer, der die vollkommene Erleuchtung erlangt hat, unternimmt nichts mehr für seinen karmischen Verdienst, das heisst für die Steigerung seiner Glücksfähigkeit: er ist bereits vollkommen glücklich und hat keine Wiedergeburt mehr vor sich".

Anhang :
Interview mit Upasena Gurunnanse

Das folgende Interview gibt einen Überblick über die Themen meiner Lehrgespräche mit dem *Yakädura*–Heiler Upasena Gurunnanse, so wie er sie einer anderen Person gegenüber äussert. Durchgeführt wurde das Interview von meinem Mann Mirko Frýba, der es für die srilankische Kulturzeitschrift *Nava Saṁskṛti* zur Veröffentlichung auf Sinhala und Englisch ediert hat. Da die 1988 vorgesehene Publikation bis heute nicht erschienen ist, drucke ich das Interview mit seiner Zustimmung hier ab.

Mein Mann war über den Inhalt und Verlauf unserer Lehrgespräche recht gut informiert und an den meisten von mir beobachteten Tovils anwesend. Er stand jedoch nicht wie ich in einer Schülerbeziehung zu Upasena Gurunnanse; die beiden Männer pflegten eine freundschaftliche Beziehung.

Das Interview wurde im Haus von Upasena Gurunnanse gegen Ende meiner Forschung durchgeführt. Es besteht aus vier Teilen. Der erste Teil bezieht sich auf die Entstehung von Geisteskrankheit. Im zweiten Teil wird über die Methode der Heilung und im dritten Teil über die Mittel gesprochen. Der vierte Teil des Interviews dreht sich um einige Aspekte des Heilungsprozesses.

1. Teil

Frýba: Gurunnanse, während der letzten Jahre haben Sie meiner Frau gelehrt, wie Sie in der Praxis Geisteskrankheit heilen. Heute möchte ich Ihnen einige theoretische Fragen stellen. Es geht darum, eine Zusammenfassung zu erhalten über das Entstehen von Geisteskrankheit und über Ihre Heilmethode. Welches sind die Gründe für Geisteskrankheit?

Upasena: Die Gründe für Geisteskrankheit? Geisteskrankheiten sind bedingt durch dämonisch veursachte Angst *(bhūta bhaya)* und auch durch verunreinigtes Blut *(lē apirisiduvīma)*.

Frýba: Haben *Bhūtas* unreines Blut gerne?

Upasena: Nicht nur unreines Blut, sie haben Blut überhaupt gerne.

Frýba: Was ist denn die Funktion des Herzens dabei?

Upasena: Angenommen man bekommt Angst beim Anblick eines
            Bhūtas. Bei dieser Gelegenheit fängt das Herz entsprechend
            der Situation an zu arbeiten.

Frýba: Sie meinen, das gewöhnliche Arbeiten des Herzens beginnt
            sich zu ändern, nicht wahr?

Upasena: Ja, ja.

Frýba: Gemäss dem *Abhidhamma* ist das Herz der Sitz des
            Geistes. Deshalb möchte ich mehr darüber wissen.

Upasena: Ja, so ist es. Mein System *(kramaya)* ist auf dem gleichen
            Wissen begründet.

Frýba: Nun, der Geist ist einer der sechs Sinne *(indriya)*. Könnten
            Sie mehr darüber sagen?

Upasena: Ja, wir fühlen, wie das Herz arbeitet durch diese *Indriyas*.
            Und für das Herz ist das Blut die Verbindung. Durch diese
            Verbindung des Bluts ändert sich *Indriya*.

Frýba: Was meinen Sie mit „ändert sich" *(venasvenava)*?

Upasena: Wenn es sich bei gewissen Gelegenheiten ändert, defor-
            miert *(härenava)* es sich in Geisteskrankheit.

Frýba: Das Herz ist eines der Fähigkeiten *(indriya)* einer Person.
            Wie steht es mit den anderen?

Upasena: Die Frage ist nicht klar genug.

Frýba: Sind die *Indriyas* des Auges, Ohrs usw. nicht die Tore
            (dvāra) des Organismus?

Upasena: Hinzu kommen auch der Mund und andere Orte wie der
            Anus usw. Sie gehören auch dazu. Eigentlich sprechen wir
            dann über „neun Tore" *(nava dora)*.

Frýba: *Āhāra* (Nahrung für Körper und Geist) kommt und geht
            durch neun Tore. Ist das richtig?

Upasena: Ja.

Frýba: Könnte man sagen, dass *Pañca-kāma-guna* (fünf Sinnen-
            qualitäten) Nahrung *(āhāra)* sind für diese Tore *(dvāra)*?

Upasena: Wie? *Pañca-kāma-guna* hängt nicht auf diese Weise mit
            Āhāra (Nahrung) zusammen.

Frýba: Aber *Pañca-guna* kommt durch die fünf Tore *(pañca-dvāra)*. Eine Qualität *(guna)* durch das Auge, eine durch das Ohr usw.

Upasena: Ja.

Frýba: Können Sie das bitte erklären?

Upasena: Ja, wenn wir zum Beispiel etwas schmecken, ist es die Funktionsweise von *Indriya* (Fähigkeit). Warum wir fühlen, dass etwas schmackhaft ist, ist aus diesem Grund. Wenn wir etwas im Mund schmecken, macht es uns glücklich; wenn wir etwas mit dem Auge sehen, bringt es uns Freude *(prīti)*.

Frýba: Also, *Pañca-guna* (fünf Qualitäten) kommen durch ein Tor *(dvāra)* und erzeugen Freude *(prīti)*. Ist das so?

Upasena: Ja, so funktioniert es.

Frýba: Und wie ist es denn mit *Buduguna* (Qualität des Buddha)?

Upasena: *Buduguna* ist eine Hingabe *(ädahīma)*. So ist der Zusammenhang.

Frýba: Kommt diese Qualität auch durch ein Tor des Organismus *(dvāra)*, oder wie?

Upasena: Ja, durch die Tore der Fähigkeiten *(indriya)*. Wir verehren Buddha in *Saddhā* (Vertrauen) und offerieren Blumen, *Dāna* (Spenden) und so weiter. Doch was immer wir dabei tun, wir beglücken nicht Buddha damit. Buddha hat uns nicht gebeten so zu handeln. Wir führen diese Akte aus, um selber dadurch glücklich zu werden. Das ist Handeln im Vertrauen, das ist Hingabe. Doch es ist möglich Götter zu beglücken, indem man ihnen Opferungen darbringt. Aber Buddha zu beglücken *(satutu-karanava)* ist unmöglich.

Frýba: Warum sagen Sie, dass es möglich sei, die Götter zu beglücken, nicht aber den Buddha?

Upasena: Buddha zu beglücken wäre nur möglich, wenn er noch Wiedergeburten hätte.

Frýba: Dann hängt Beglücken also zusammen mit Wiedergeburt, mit dem Kommen einer neuen Form.

Upasena: Ja, es formt eine Wiedergeburt. Um Buddhaschaft zu erlangen muss sogar ein Gott als Mensch wiedergeboren werden. Es gibt unermessliche Anzahlen von Wiedergeburten.

Frýba: Wie ist es mit den Dämonen *(yakku)*?

Upasena: Diese Kategorie von Wesen, die *Yakshayo* heissen, waren
             in der Vergangenheit eine ethnische Gruppe, denen es an
             Vernunft mangelte *(molaya madi)*. Sie nahmen Blut als
             Nahrung zu sich. Der Buddha bändigte sie *(damanayakalā)*,
             und seither gehören die *Yakas* in den Wirkungsbereich des
             Dhamma *(yakun dharmayata adangukalā)*. Er unterwies sie
             und sagte: „Folgt dem Dhamma und lebt!" Und sie taten
             so. Es war der *Yaka* Namens *Sātāgiri*, der zuerst mit
             Buddha ins Gespräch trat. Danach stellten sich alle ande-
             ren, auch die Götter, dem Buddha vor und verehrten ihn.

Frýba: Wer war dieser *Sātāgiri*?

Upasena: *Gandharva Yaksha Senadhipati*, das Oberhaupt der Dämo-
             nengruppe namens *Gandharva*. In der buddhistischen Tra-
             dition des *Pirit*–Rezitierens wird auf sie Bezug genommen:
             „*Yakkho vā, yakshani vā, yaksha pōtako vā, Kumbhandayo vā,
             usw...*", so in der *Ātānātiya Sutta*.

Frýba: Nun, wir haben gesprochen über Herz, Blut, Dämonen,
             Wiedergeburt, Handeln im Vertrauen ... Gurunnanse, wie
             hängt das alles mit *Karma* zusammen?

Upasena: Was man volkstümlich *Karma* nennt, hat nichts mit den
             Schriften zu tun. Die Kraft des *Karma (karma–balaya)* ist
             etwas anderes: Wenn ich gute Dinge *(kusala dharmaya)*
             getan habe, dann trägt es entsprechende Früchte *(pala
             denava)*. Durch die Kraft des *Karma* werden zum Beispiel
             einige als Könige, einige als Bettler, einige ungesund gebo-
             ren, einige erhalten sogar eine Wiedergeburt als wilde
             Tiere. Es ist gemäss ihrer Taten im früheren Leben. Dies
             ist die Kraft des *Karma (karma–balaya)*. Stellen wir uns
             vor, dass jemand schlechte Taten *(naraka väda)* begeht: er
             tötet ein Wesen und ist sich sehr bewusst, was er tut. Was
             er hiermit tut ist *Akusala Karma* (unheilsame Tat), das
             seine Wiedergeburt in einer schlechten Position *(tena)*
             bewirkt. Gute Taten bewirken gute Positionen, schlechte
             Taten bewirken schlechte Positionen.

Frýba: Beim Zeitpunkt der Geburt besteht ein Einfluss der Plane-
             ten. Und die Geburt ist ebenfalls durch *Karma* beeinflusst.
             Diese Einflüsse sind ersichtlich im Horoskop der Person. Ist

denn, Gurunnanse, das Horoskop oder die Geburtszeit ein Grund für Krankheit?

Upasena: Ja.

Frýba: Wie, Gurunnanse?

Upasena: Krankheiten kommen über den Menschen im Einklang mit den planetarischen Einflüssen, die ihm zukommen. Dies geschieht entsprechend dem Horoskop. Die Planeten beeinflussen die Eigenart *(häriyata)* des Menschen.

Frýba: Dann ist die Charakterbildung *(kalkriya)* oder die Ethik *(sīla)* eines Patienten auch wichtig. Ist das richtig?

Upasena: Meinen Sie etwa Hingabe *(ädahīma)?*

Frýba: Was meinen Sie, Gurunnanse, mit *Sīla?*

Upasena: Ich verstehe *Sīlaya* als nachvollziehendes geschicktes Handeln *(pratipatti itu karanava)*.

Frýba: Ist es das Gleiche wie in Pāli: „*Imāya dhammānudhamma patipattiya ...*" (Nachvollzug des Dhamma durch dhammagemässes Handeln)?

Upasena: Ja, das ist *Pratipattiya*.

Frýba: Gurunnanse, was bedeutet: „sein *Sīla* (Ethik) beschützen *(sīlaya ārakshakirīma)?*"

Upasena: Was als *Sīla* beschützt ist, ist *Buduguna* (Qualität des Buddha).

Frýba: Sie betonen immer, dass *Buduguna* so wichtig sei in Ihrer Methode. Ich glaube, wir haben nun alle Gründe für Geisteskrankheit diskutiert. Vor einiger Zeit erklärten Sie uns, dass „zu viel denken oder zu wenig denken" auch ein Grund für Geisteskrankheit sei.

Upasena: Das wirkt sich auch aus.

Frýba: Gurunnanse, möchten Sie noch etwas anfügen, oder können wir diesen ersten Teil unserer Diskussion abschliessen?

Upasena: Geisteskrankheiten entstehen so, wie ich es eben beschrieben habe. Doch da gibt es noch eine andere Sache: ein Feind kann eine Anstrengung unternehmen um Krankheit zu bewirken.

Frýba: Können Sie mehr darüber sagen?

Upasena: Angenommen ein Feind verhängt eine schwarze Magie
           (hūniyama) über eine bestimmte Person, dann wirkt sich
           dies *(balapānava)* auf den Gesundheitszustand dieser Per-
           son aus.

Frýba: Wirkt sich dieser Einfluss bei allen Personen gleich aus?

Upasena: Ja, möglicherweise schon. Aber wir führen nichts solches
           durch.

Frýba: Beeinflusst es auch eine Person, die eine gute persönliche
           Ethik *(sīla)* aufrechterhält?

Upasena: Bei solch einer Person ist die Wirkung geringer. Schlechte
           Taten, wie diese, wirken sich auf eine Person nicht fest
           aus, die ihrer religiösen Praxis nachgeht *(āgama adaha-
           na manussayā)*.

Frýba: Das war ein sehr guter Überblick, Gurunnanse. Sie haben
           die Dinge zu meiner grossen Zufriedenheit erklärt. Ich bin
           sehr glücklich. Lasst uns nun diesen köstlichen *Telijja*
           (Palmwein) trinken, den Sie zubereitet haben — um unsere
           Pañca–guna (fünf Qualitäten) zu erfreuen.

Upasena: Es ist schwierig, sogar Dämonen zu kontrollieren ohne
           Buduguna (Qualität des Buddha). Nur indem wir *Buduguna*
           miteinbeziehen, können die Dämonen unterworfen werden.
           Wir können auch zähmen mit den Mitteln der *Buduguna*.

2. Teil

Frýba: Gurunnanse, Sie haben Ihre Fertigkeiten in verschiedenen
           Tovils gezeigt und diese auch in vielen Gesprächen
           beschrieben. Nun möchte ich Ihnen nochmals einige Fragen
           dazu stellen. Können Sie mir sagen, was Sie in Ihrem Geist
           tragen, wenn Sie einen Tovil beginnen?

Upasena: Ja, ich kann. Was ich hierbei versuche ist, die Krankheit
           mit was für Mitteln auch immer zu heilen. Das ist die
           Strategie *(upakkramaya)*.

Frýba: Ist es das, was in Ihrem Geist ist?

Upasena: Wenn ich einen Tovil beginne, ist in meinem Geist: „Mit was für Mitteln auch immer, heile diese Krankheit!" In der Folge setze ich meine Methode in die Tat um *(upakkrama yodanava)*.

Frýba: Und dann?

Upasena: Ich fahre fort mit der Ausübung meiner Aufgabe *(rājakāriya)* in Übereinstimmung mit jener Methode *(upakkrama)*.

Frýba: Wie würden Sie diese Absicht in Ihrem Geist beschreiben?

Upasena: *Upakkrama* ist eine situationsgemäss entschiedene Tat *(velāvata karana ekak)*. (lacht)

Frýba: Situationsgemäss entschieden?

Upasena: Ja, so dass es zu der Gegebenheit passt *(avastāvata gäläpenava)*.

Frýba: Haben Sie einen generellen Plan? Einmal sprachen Sie über *Säläsma* (Plan).

Upasena Was meinen Sie mit *Säläsma*? Hat es etwas zu tun mit einem Programm *(programekak)*? (lacht) Eine solche Arbeit kann man nicht nach einem festen Programm tun. Wir müssen das Programm immer wieder ändern (während das Ritual andauert — er zeigt dies mit einer Geste an).

Frýba: Gurunnanse, ich möchte wissen, ob Sie generell ein Programm haben, das für alle Tovil gilt.

Upasena: Ganz am Anfang des Tovils gibt es ein Programm: wir vergegenwärtigen *(matakkaranava)* uns erstens den Buddha, zweitens die Götter *(deviyan)* und drittens die Lehrer *(gurun)*. Danach ergeben sich Situationen, die eine Änderung des Programms erfordern.

Frýba: Wie ändern Sie das Programm? Haben Sie davon eine Vorstellung *(mavagänima)* oder irgendein Bild in Ihrem Geist?

Upasena: Ja, das habe ich.

Frýba: Könnten Sie das beschreiben?

Upasena: Nein, es ist nicht etwas, das leicht zu beschreiben wäre.

Frýba: Warum, Gurunnanse?

Upasena: Ich entscheide Veränderungen auf Grund meiner Untersuchung der Charakteristik *(anga)* des Patienten.

Frýba: Das heisst also, wenn ich richtig verstehe, dass Sie nicht irgend ein Grundprogramm abrollen. Vielmehr richten sich Ihre Handlungen im Ritual nach dem Patienten. Ist es so?

Upasena: Ja. Wenn ich Änderungen vornehme, dann ist es zum Zweck der Heilung. Diese gelegentlichen Änderungen verlangen die Kraft *(balaya)* von: erstens dem Buddha, zweitens den Göttern und drittens den Lehrern. Sonst ist es nicht möglich zu handeln. Ich kann nichts diesen drei Dingen Entgegengesetztes tun.

Frýba: Sie sehen also, was der Patient braucht, und handeln dementsprechend.

Upasena: Ja. Hinzu kommt, dass diese Anpassungen kein unheilsames sondern heilsames *Karma* verursachen, was von Buddha, den Göttern und den Lehrern so gelehrt wurde. Sie haben gesagt, dass wir mit welchen Mitteln auch immer heilen sollen. Solche Taten auszuführen bringt Freude und ist deshalb eine Bedingung, um in eine gute Position zu gelangen.

Frýba: Mir gefällt Ihre Beschreibung sehr, Gurunnanse. Jetzt verstehe ich. Gibt es eine bestimmte Art, wie Sie mit dem Patienten etwas Schritt um Schritt tun?

Upasena: Ja, das gibt es. Es wird getan zur Freude *(prīti)* des Patienten. Wir stellen uns vor, einen bestimmten Schritt durchzuführen *(angayan karanava)*, und wenn es dem Patienten nach diesem Schritt offensichtlich besser geht, untersuchen wir es *(tīranaya karanava)*. Und dann entscheiden wir je nachdem, welcher Schritt als nächster zu unternehmen ist. Ich denke zuerst und dann handle ich.

Frýba: Manchmal erschrecken Sie den Patienten auch. Was bedeutet das?

Upasena: Ja, das ist dann, wenn ich mich selber als den Dämon ausgebe *(yakshayāge rūpaya mavāgannava)*, der den Patienten besessen hat. Ich präsentiere den Dämon gegenüber dem Patienten und dann verringere ich die Angst *(baya nätikaranava)*.

Frýba: Dann muss der Patient also den Angst machenden Dämonen zuerst sehen, und dann geht die Angst weg.

Upasena: Ja, dann geht sie weg.

Frýba: Was sonst tun Sie mit dem Patienten?

Upasena: Es gibt so viele und verschiedene Methoden *(krama)*, zum Beispiel das Anwenden der Kraft des *Mantras (mantra balaya)* und anderes.

Frýba: Verwenden Sie auch Medizin?

Upasena: Ja, ich gebe Medizin *(behet pratikāra)*, zum Beispiel wenn ein Patient geschädigt ist durch ein Gift, das ihm jemand gegeben hat. Ich gebe ihm eine Medizin, die Erbrechen bewirkt, um es wegzubringen. In einem solchen Fall ist beides, Medizin und der Akt des Lehrers *(guru–kama)* nötig. In unserem Beruf ist das alles. Es sind nur die Krankheiten, die mit dem Geistessystem *(bhūta–kramaya)* zu tun haben, die ich heilen kann. Andere Krankheiten behandle ich nicht.

Frýba: Welche andere Mittel *(upāya)* verwenden Sie noch?

Upasena: Nun, stellen wir uns ein Beispiel vor: eine Person glaubt, dass eine schwarze Magie *(hūniyama)* gegen sie ausgeführt worden ist, doch tatsächlich wurde gar kein *Hūniyama* gegen sie getan. In einem solchen Fall zertrenne ich dennoch die schwarze Magie *(hūniyama kapanava)*. Ohne dieses Zertrennen ist es unmöglich, den Patienten zu heilen, obwohl keine schwarze Magie gegen ihn ausgeführt worden ist.

Frýba: Wieso unmöglich, Gurunnanse?

Upasena: Da ist dieser Einfluss in seinem Geist: „Ich habe einen *Hūniyama.*"

Frýba: Dann wollen Sie also seinen Geist davon befreien?

Upasena: Ja, seinen Geist befreien.

Frýba: Welche anderen Mittel *(upāya)* ...

Upasena: (unterbricht) Es gibt eine Methode *(upakkrama)* in dem. Angenommen über Sie, *Mahatteya* (mein Herr), ist keine schwarze Magie verhängt worden, aber Ihr Geist beeinflusst Sie *(balapäm karanava)*: „Ich habe eine schwarze Magie". In solch einem Fall erfinde ich, während ich die schwarze

Magie durchtrenne, eine Methode *(upakkramaya)*. Ich verändere das Vorgehen *(venaskaranava)*. (lächelt)

Frýba: Wie ändern Sie es, Gurunnanse?

Upasena: Hier nun wird die Schriftenlehre *(shāstraya)* nicht in korrekter Weise durchgeführt. Die wirkliche *Shāstraya* wird nicht ausgeführt, da ja keine schwarze Magie gegen die Person vorhanden ist.

Frýba: Dann handeln Sie also nur, damit es auf den Geist der Person wirkt. Ist das richtig?

Upasena: Ja, ja.

Frýba: Das ist wie Psychotherapie und Psychodrama in Europa.

Upasena: (lächelt anerkennend) Kein Unterschied, überall in der Welt das gleiche Wissen.

Frýba: Gurunnanse, Sie haben einmal erwähnt, dass Sie keine Tricks *(katta väda)* als Mittel, sondern nur weise Mittel *(pragñāvanta upāya)* anwenden.

Upasena: Meine Mittel sind keine betrügerischen Handlungen *(boru kirīma)*, nichts Krummes, sondern *Upakkramaya* (Methode, Strategie).

Frýba: Dann sind all diese Mittel, die Sie zum Heilen von Krankheiten anwenden, weise Mittel, Gurunnanse?

Upasena: Ja, ich heile Krankheiten durch Mittel *(upāya)*. Sie sind nicht betrügerisch und nicht verboten, auch nicht durch die Religionen.

Frýba: Gurunnanse, haben Sie einige Bilder im Geist, wie Sie die verschiedenen Strategien *(upakkramaya)* während dem Tovil anwenden?

Upasena: Ja, ich habe einige Bilder. Das ist eine Sache, die mit den vorher diskutierten *Pañca Indriya* (fünf Sinne) zusammenhängt. Während dem Tovil muss ich die Götter beglücken *(satutu–karanava)*, die Zuschauer, ich muss den Patienten beglücken und Blut reinigen. Dann muss ich auch mich selber beglücken. (lacht, wiederholt die Aufzählung)

Frýba: In verschiedenen Stadien stellen Sie sich verschiedene Dinge vor, die Sie zu tun haben?

Upasena: Ja. „Ich führe diese Dinge aus und befriedige *(santhōsa-karanava)* den Geist des Patienten", das ist in meinem Geist.

Frýba: Wie entscheiden Sie, welches von den vielen Mitteln Sie verwenden sollen?

Upasena: Gemäss den körperlichen Charakteristiken *(anga lakshana)* des Patienten.

Frýba: Sagen Sie bitte mehr darüber.

Upasena: Ich meine die Einstellung der Körperteile *(avayava)* des Patienten, wie er sich benimmt und spricht. Je nachdem, was zum Vorschein kommt, muss die Methode angewendet werden. Eine andere Sache ist zu entscheiden, ob *Vedakama* (Akt des Arztes) oder *Gurukama* (Akt des Lehrers) durchgeführt werden soll. Wenn der Patient eine Geisteskrankheit hat, benimmt er sich verrückt *(pissu)*. Wenn ich zuerst die Körpercharakteristik eines solchen Patienten untersuche, binde ich ihm gleichzeitig eine Schutzschnur *(āpanūla)*. Wenn die Schutzschnur wirkt, dann weiss ich auch welches *Kramaya* (System) des Rituals ich benütze muss, und wie es ausgeführt werden muss.

Frýba: Wenn Sie diese Schutzschnur binden, erfüllen Sie zwei Aufgaben: erstens, Sie bereiten den Patienten für den Tovil vor und zweitens, Sie machen eine Diagnose, wie ein Arzt.

Upasena: Ja, es ist so ähnlich.

Frýba: Aber Ihre Diagnose *(rōga vinish'chaya)* schliesst den Geist mit ein.

Upasena: Ja, einschliesslich den Geist. Ich muss den Geist des Patienten kennen vor der Behandlung.

Frýba: Welches sind die Mittel Ihrer Diagnose? Stehen Ihnen Wörter oder Bilder zur Verfügung, um die verschiedenen Zustände der verschiedenen Patienten zu beschreiben?

Upasena: Ja. Im Falle eines Patienten, der von einem Dämon besessen ist, ist es möglich, ihm Fragen zu stellen und es so herauszufinden. Dazu machen wir ihn besessen *(āvesha karanava)*, sprechen mit ihm und folgen dann dem *Kramaya* (System), auf das er hingewiesen hat *(eya kiyana krama)*.

Frýba: Das ist genau, was ich wissen wollte. Vielen Dank, Gurun-
            nanse.

3. Teil

Frýba: Gurunnanse, Sie haben gesagt, dass Sie sogar schon vor
            dem Tovil wissen, wie sich der Patient verhalten wird, und
            was Sie tun müssen. Wie können Sie das wissen?

Upasena: Auf jeden Fall weiss ich es, nachdem ich die körperliche
            Einstellung *(avayava)* des Patienten untersucht habe. Man
            muss ein vollständiges Wissen haben *(honda dänimak)*,
            sonst ist es schwierig.

Frýba: Was meinen Sie mit vollständigem Wissen?

Upasena: Man muss es gut erkannt haben. Zum Beispiel, wenn ich
            den Patienten untersuche oder seine Körpercharakteristiken
            (anga lakshana), muss es mit vollständiger Kenntnis sein,
            um zu verstehen, an welcher Krankheit er leidet.

Frýba: Doch sogar dann, – kommt es manchmal vor, dass Sie das
            Vorgehen ändern müssen?

Upasena: Ja, ja. Wenn das Verhalten *(kriyāva)* des Patienten sich
            ändert, dann müssen unsere Handlungen auch geändert
            werden.

Frýba: Und was, wenn jemand anderer aus der Familie ebenfalls
            besessen wird während dem Tovil?

Upasena: Ob er nun zur Familie gehört oder nicht, da ist kein
            Unterschied. (lacht)

Frýba: Wird eine solche Person dann auch zum Patienten?

Upasena: Ja, ... wird ein Patient.

Frýba: Ist dadurch der ursprüngliche Patient befreit?

Upasena: Nein, er ist nicht befreit.

Frýba: Wird der Tovil dadurch schwieriger durchzuführen?

Upasena: Ja.

Frýba: Können Sie mehr darüber sagen?

Upasena: Ich muss dann Behandlungen für zwei Personen durchführen, statt für eine.

Frýba: Haben sie zwei unterschiedliche Krankheiten?

Upasena: Nein, die gleiche.

Frýba: Wieso?

Upasena: Nicht bei allen Dämonen *(yakku)* entsteht eine solche Situation. Dies passiert bei *Preta–Yakku* (Ahnengeister).

Frýba: Wir haben einen Tovil gesehen, bei dem die Mutter der Patientin besessen wurde.

Upasena: Ich erinnere mich daran. Die Mutter wurde auch schon geschädigt und früher einmal behandelt, bevor ihre Tochter krank wurde. Dann, während der Behandlung der Tochter, als wir den Dämon hervorriefen *(katākaranakota)*, verlor die Mutter ihr gewöhnliches Bewusstsein.

Frýba: Dann war es derselbe *Bhūta* (Geistwesen)?

Upasena: Ja, wegen demselben *Bhūtaya*.

Frýba: Welches sind die Schritte beim Umgang mit *Bhūtas*? Was tun Sie zuerst und dann weiter?

Upasena: Wichtig ist, die Opfer *(dola–bili; billa* heisst lebendiges Opfer) anzubieten, wie verlangt. *Dola* bedeutet Essen *(käma)*. Zuerst wird der *Bhūta* hervorgerufen *(andagahanava)*, und dann, während wir mit ihm sprechen, frage ich: „Was willst du?" (lacht). Dann antwortet er, was er braucht und diese und jene Sachen. (wiederholt es und lacht) Ich fahre fort, mit dem *Bhūta* zu sprechen, genauso wie wir jetzt sprechen. Ich frage ihn: „Was möchtest du essen?", und er würde sagen: „Ich brauche einen Hahn *(kukula)* und *Dola*, und zwar Eier, Süssigkeiten, Bananen", und so weiter. Wenn er solches verlangt, sage ich ihm: „Gut, ich werde dir das alles geben. Aber wirst du weggehen, nachdem du es gegessen hast?", bis er antwortet: „Ja". Dann geben wir ihm die Nahrung, beglücken ihn *(satutukaranava)* und drehen ihn dann um *(pitatkaranava)*.

Frýba: Dann verhandeln Sie also freundlich mit ihm. Und was als nächstes?

Upasena: Wie ich gesagt habe, ist er beglückt durch das Essen und Trinken. Dann kann er nicht anders als weggehen. Bei dieser Ausführung schliessen wir auch *Buduguna* (Qualität des Buddha) mit ein. An diesem Punkt habe ich die Herrschaft *(ana)* des Buddha hergestellt, den *Bhūta* unter die Kontrolle des Dhamma gebracht und unter die Herrschaft der Götter, wie auch unter die Herrschaft dieser Methode und der Lehrer. So halte ich den Dämon unter Kontrolle *(yatatkaranava)* all dieser Instanzen. Wenn er erst einmal unterworfen ist, macht er keine Probleme mehr.

Frýba: Kommt es manchmal vor, dass der Dämon nicht gehorcht? Gibt es solche *Bhūtas*, Gurunnanse?

Upasena: Es gibt eine besondere Gruppe solcher *Bhūtayo*, sie heissen *Mithyadrusti* (falsche Ansichten). *Mithyadrusti*, auf Pāli *Micchā Ditthi*, meint, dass sie sich nicht um den Dhamma kümmern, nicht der Herrschaft der Götter folgen und auch nicht den Lehrern gehorchen. Das ist ein besonderer Dämon.

Frýba: Was unternehmen Sie in einem solchen Fall?

Upasena: Wir bestrafen ihn. (schmunzelt)

Frýba: Und wie strafen Sie ihn *(danduvamkaranava)*?

Upasena: Ich gebe ihm unerträgliche Torturen *(vada)*. Wir quälen ihn wirklich. (lacht)

Frýba: Was für Qualen?

Upasena: Wir zwingen ihn, auf scharfen Dornen zu tanzen oder auf Feuer, geben ihm unausführbare Befehle. Wenn er versagt, die Qualen zu ertragen, muss er gehen.

Frýba: Spielen Sie so Ihre Macht aus?

Upasena: Ja. Und darin ist kein unheilsames *Karma*, keine Sünde *(pau)*.

Frýba: Solche Strafen gegenüber diesen *Bhūtas* sind keine Sünde?

Upasena: Richtig. Der Grund ist, dass wir sogar mit diesen Mitteln der Strafe versuchen, den Patienten zu heilen. Deshalb ist es keine Sünde.

Frýba: In einigen Tovil zwingen Sie den Patienten, unter Stühlen hindurchzukriechen und so weiter. Ist das auch eine Art Strafe?

Upasena: Ja, das ist auch eine Strafe.

Frýba: Nun gut, Sie bestrafen den *Bhūta*. Aber was tun Sie mit dem Patienten?

Upasena: In diesem Moment ist der Patient besessen *(ārudavelā)* durch den *Bhūtaya*. So bereitet es dem Patienten keine Schwierigkeiten.

Frýba: Der Patient fühlt keine Unannehmlichkeiten?

Upasena: Nein.

Frýba: Der *Bhūta* ist also immer noch im Patienten. Wie bekommen Sie ihn heraus?

Upasena: Dies ist die Gelegenheit, wenn *Mantra Shāstraya* (Wissenschaft der Zaubersprüche) benötigt ist. Der *Bhūta* ist unter der Kontrolle *(yatatkirīma)* des Zauberstabs *(īgaha)*, den ich während dem Tovil gebrauche. Das ist auch der Grund, weshalb der Patient unter dem Stuhl hindurchkriecht, wenn ich mit dem *Īgaha* dorthin zeige. Der *Īgaha*, den ich während dem Ritual gebrauche, ist nicht ein Dauerhafter. Wir stellen ihn speziell für diese Gelegenheit her und laden ihn mit der Kraft des *Mantras (mantra balaya pihituvenava)*. Wenn der *Bhūta* sich dem *Īgaha* unterwirft, kann die Krankheit geheilt werden. Wenn er durch den *Īgaha* nicht unterworfen ist, ist die Heilung nicht möglich.

Frýba: Aber wie bekommen Sie denn den *Bhūta* aus dem Patienten raus?

Upasena: Es ist so: wir wenden das sogenannte *Disti Mantra* Besessenheits–Zauberspruch) an. Dadurch wird der Patient besessen *(disti)*. Dann fragen wir den *Bhūta* zuerst aus: „Warum bist du gekommen?" Er antwortet: „Um ein Opfer zu haben." Darauf frage ich ihn: „Warum?" Vielleicht würde er dann erklären: „Ich habe diese Person gefangen an einem Abend, als sie etwas getan hat, oder als sie alleine war ..." oder so etwas. Er sagt: „An diesem Abend kam ich, um dieses Opfer zu haben." Dann sage ich: „Ich erlaube dir das nicht!" Und dazu wende ich mein *Mantra* an, um ihn unter Kontrolle zu bekommen, um ihn zu strafen und um ihn gehorsam zu machen. Man muss wissen, dass es folgendermassen ist: Wenn der Patient von einem *Bhūtaya* besessen ist, verlangt er nach einem Menschenopfer *(nara billa)*, wenn er nicht befriedigt werden kann durch das Essensopfer *(dola–bili)*. Dann muss ich ihm ein Menschenopfer versprechen. Dann verspreche ich ihm, mich selber als Opfer zu geben. (er zeigt auf ein Bild an der Wand, das den *Bodhisattva*, eine Vorgeburt des Buddha, darstellt, wie er in den offenen Rachen eines Dämons springt) Während dem Tovil rufe ich den Dämon hervor und rezitiere das *Mantra*: „Komm und töte mich". Dann kommt er, aber versagt, wenn er mich zum Opfer haben will. Dass er mich besiegen und mich als Opfer haben würde, steht ausserhalb jeder Frage bei mir.

Frýba: Warum kann er Sie nicht besiegen?

Upasena: Wegen der Wirkung meines Schutzes *(ārakshāva)*. Darum kann ich auch dieses *Samayama–Denavā* durchführen, eben dieses „Komm und töte mich". Dass er dabei versagen wird, steht ausser Zweifel.

Frýba: Tritt der Dämon in diesem Moment in Sie ein, Gurunnanse?

Upasena: Ja.

Frýba: Was tun Sie dann?

Upasena: Ich verliere mein gewöhnliches Bewusstsein *(sihiya nätivenava)*, und meine Schüler *(goleyo)* handeln so, wie ich sie zum voraus instruiert habe.

Frýba: Was tun sie?

Upasena: In dieser Situation versuchen die Schüler immer mich zu retten.

Frýba: Gurunnanse, stellen wir uns vor, die Schüler würden bei dem, was Sie ihnen instruiert haben, versagen. Was würde dann passieren?

Upasena: Wenn das geschieht, muss ich unter Umständen sterben.

Frýba: Dann ist es eine ziemlich gefährliche Heldentat.

Upasena: Sehr gefährlich! Diese *Mantra Shāstraya* ist eine schreckliche Sache, aber eine sehr wichtige.

Frýba: Wählen Sie dann sehr vertrauenswürdige Schüler, speziell um das *Samayama* (Aufsichnehmen der dämonischen Kräfte) durchzuführen?

Upasena: Ja. Zuvor übergebe ich auch einen mit *Mantra* besprochenen Wassertopf einem sehr nahestehenden Nachbarn, dass er für meine Rettung verwendet werden kann. Doch trotz all dem muss ich vielleicht sterben. Das wäre dann die sogenannte karmische Auswirkung *(karma shaktiya)*.

Frýba: Was ist besonderes an diesem Wassertopf?

Upasena: Er ist geladen mit der Kraft der Zaubersprüche.

Frýba: Dann gewinnen Sie durch die *Samayama*–Durchführung einen Sieg über die Dämonen?

Upasena: Ja. Und mein Sieg hat im gleichen Moment auch einen Sieg für den Patienten gebracht.

Frýba: Und was passiert mit dem *Bhūta*? Wo ist er jetzt?

Upasena: Es ist unmöglich, einen bestimmten Platz zu bezeichnen, wo er ist.

Frýba: Aber ist er irgendwo?

Upasena: Er ist wo auch immer. Aber wenn wir wollen, können wir ihn binden und ihn mit dem Mittel des *Mantras* festhalten. Wir können sie in eine Flasche verschliessen und in einen Fluss oder ins Meer werfen. Aber ich tue dies nie, weil sie sich nicht selber befreien und eine bessere Wiedergeburt erhalten können.

Frýba: Gurunnanse, einmal haben Sie erwähnt, dass Sie spezielle Schritte unternehmen, um den Dämon zu unterwerfen. Welches sind die Schritte?

Upasena: Ja, *Abina Pada*. *Abina* kann getanzt werden. Obwohl es auf einer Trommel geschlagen wird, ist es fast wie ein *Mantra*. Wenn der Trommler einen Fehler macht im Rhythmus während dem *Abina Pada*, mag er auch besessen werden.

Frýba: Haben Sie diesen *Padaya* (Schritt) in Ihrem Geist oder in ihren Tanzschritten?

Upasena: Nein, nein. Wenn der Dämon während dem Tovil tanzt und zu stark ist, um ihn kontrollieren zu können, dann verlange ich vom Trommler, dass er *Abina Pada* auf seiner Trommel schlägt. Dann kann der Dämon nicht mehr weitertanzen und fällt hin.

Frýba: Dann ist also *Abina Pada* etwas, das der Dämon nicht ausführen kann.

Upasena: Es ist eine Überwindung *(yatatkirīma)*. (wiederholt es drei-
           mal)

Frýba: Wie haben Sie diesen *Abina Pada* gelernt?

Upasena: Es ist in der *Mantra*–Wissenschaft enthalten. Auch die
           Trommler haben es von ihren Lehrertraditionen *(param-
           parāva)* gelernt.

Frýba: Dieser *Pada* ist ein interessantes Wort, weil man von
           Sikkhā Pada, Dhamma Pada und im *Abhidhamma* von
           Abhiññā Pada spricht.

Upasena: *Sikkhā Pada* bedeutet, sein nachvollziehendes Handeln
           (pratipatti) beschützen, was fast wie ein Eid *(divirīmak)*
           ist. *Abhiññāna* heisst höheres Wissen *(ñāna)*. So ist es auch
           in diesem Fall ein höheres Wissen, dieses höhere Wissen.

4. Teil

Frýba: Gurunnanse, wir haben noch ein paar Fragen, um unser
           heutiges Gespräch abzurunden. Wie reinigen Sie das Blut
           des Patienten, um ihn vom Dämon zu befreien?

Upasena: Wenn der Patient richtig geheilt ist, kommt er in einen
           allgemeinen Zustand, der ähnlich dem unsern ist. Daher
           wissen wir, dass der *Bhūta* nicht mehr im Patienten ist.
           Indem er sieht, was ich durchführe, wird sein Blut rein
           und er wird glücklich *(satutuvenava)*.

Frýba: Was tun Sie danach?

Upasena: Ich behandle den Patienten mit einer Schutzschnur
           (āraksha nūla) oder mit einem Talisman *(yantra)*, so dass
           der *Bhūta* nicht mehr aufkommt.

Frýba: Dann ist die Behandlung abgeschlossen?

Upasena: Ja. Doch wenn nötig wird auch ein *Set–Shānti* (rituelle
           Handlung für Friede und Wohlergehen) durchgeführt. Auch
           die Götter und Dämonen, mit denen wir den Tovil begon-
           nen haben, warten immer noch, bis die Aufgabe *(vāda)*
           erfüllt ist. Gegen Ende müssen sie auf die gleiche Art ent-

lassen werden, wie sie am Vorabend eingeladen worden sind.

Frýba: Und was ist der Einfluss auf die Zuschauer, die Familie und das Dorf?

Upasena: Ihr Gewinn *(balapäma)* ist ihre geistige Beglückung *(hita satutuvīma)*. Am Ende können sie sagen: „Jetzt ist die Krankheit geheilt" und glücklich heimgehen.

Frýba: Wenden Sie manchmal unterschiedliche Techniken an wegen unterschiedlichen Zuschauern, zum Beispiel bei sehr intelligenten oder kritischen und so weiter?

Upasena: Ich versuche, das ganze Publikum zu erfreuen und vor allem den Patienten. Wenn der Geist eines jeden beglückt ist, habe ich einen guten Namen und bin in meinem Land geschätzt. Wenn ich eine Methode *(upakkrama)* für jeden einzelnen Zuschauer durchführen müsste, hätte der Tovil zumindest sieben Tage zu dauern. (lacht) Es gibt immer solche, die wegen einem Groll, sei es gegen den Gurunnanse oder den Patienten, kritisieren. Nehmen wir an, zehn sind zufrieden und einer ist unzufrieden, das macht nichts aus.

Frýba: Ich denke, dass einige kritisieren, wenn ihnen das Erlebnis des Tovils zu viel ist. Es ist zu stark, und sie versuchen es herabzuwürdigen, damit es leichter ist für sie zu vergessen. Würden sie dem beistimmen?

Upasena: Die Zuschauer kommen nur um zu schauen, was vor sich geht. Sie kommen nicht wegen ihrer eigenen Krankheit. Darum spielt ihre Einstellung keine grosse Rolle. Sie kommen, schauen oder gehen, wie sie wollen.

Frýba: Aber nachher sprechen sie …

Upasena: Sie mögen sagen: „Guru ist nicht fähig *(guru sauttui)*." (lacht) Aber wenn er wirklich fähig ist, geht es nicht weit.

Frýba: Nun gut, zu Ihnen kommen die Leute von weit her, von Orten wie Ratnapura und so weiter. Auch wir haben Tovils in verschiedenen Landesteilen beobachtet und uns entschlossen, mit Ihnen zu studieren.

Upasena: Es ist, weil ich aufrichtige Arbeit *(honda väda)* tue. Man könnte viel Geld verdienen durch vortäuschende Handlungen *(boru väda)*, aber das macht nicht glücklich. Meine

Lehrer haben mir nicht geraten, solche Dinge zu tun. Ich würde nicht gerne meinen Lebensunterhalt auf vorgetäuschtem Weg verdienen. Sie können sicher verstehen, dass diese *Mantra Shāstraya* auch missbraucht werden kann, was ich nicht tun möchte. Meine Absicht ist, die Patienten zu retten mit den Mitteln meiner Wissenschaft *(shāstra–vidya)*, und meinen Lebensunterhalt verdienen.

Frýba: Danke, Gurunnanse, Sie haben unsere Fragen zu unserer grossen Zufriedenheit beantwortet.

Anmerkungen

1   Das sinhalesische Wort für den Kürbis in dieser Geschichte ist *Puhula*, der Aschkürbis. Der Aschkürbis ist das wichtigste Requisit, um eine schwarze Magie, die oft gerade von den eigenen Familienangehörigen und Nachbarn verübt wird, zu bannen. Wenn der Heiler den Verdacht bestätigt, dass die Krankheit des Patienten von schwarzer Magie herrührt, wird das Heilritual gerne im Geheimen durchgeführt. Die Feinde sollen im Glauben gelassen werden, ihre schwarze Magie funktioniere noch immer. Die Wahl des Aschkürbis als Versteck in der Geschichte ist also überdeterminiert, indem sie auf die obigen Zusammenhänge hinweist.

2   Die Bezeichnung des Heilers als *Kattādiya*, wie er im Märchen benannt wurde, ist ein wenig abschätzig und erinnert an den „Trickster". Wörtlich heisst *Kattādiya* „Zerschneider", weil er während dem Ritual zum Beispiel Limonen zerschneidet, um die dämonischen Einflüsse vom Patienten abzutrennen. Respektvoller ist der Titel *Yakādura* (Dämonemeister), den ich in dieser Abhandlung benutze.

3   Die Probleme geistiger Gesundheit und Geisteskrankheit in unserer Kultur analysiert der führende zeitgenössische Philosophe Frankreichs, Foucault (*Wahnsinn und Gesellschaft* 1973), in Bezug auf die historische Norm. Es handelt sich bei seinem umfassenden Werk um die Epistemologie der Geisteskrankheit im kulturhistorischen Zusammenhang unserer Epoche betrachtet. Die heutzutage gängige Vorstellung über die gesunde, „spirituelle" östliche Kultur, der unsere kranke, „materialistische" Kultur diametral entgegengesetzt sei, wird hier keineswegs unterstützt. Wohl kann man sich vom Osten inspirieren lassen, etwa im Sinne Foucaults:

> Der Orient ist für das Abendland all das, was es selbst nicht ist, obwohl es im Orient das suchen muss, was seine ursprüngliche Wahrheit darstellt (Foucault 1973 : 10).

Es geht jedoch nicht um eine geographische Trennungslinie, wie Fromm zeigt:

> Doch der Unterschied zwischen Sein und Haben ist nicht identisch mit dem Unterschied zwischen östlichem und westlichem Denken. Er entspricht vielmehr dem Unterschied zwischen dem Geist einer Gesellschaft, die den Menschen zum Mittelpunkt hat, und dem Geist einer Gesellschaft, die sich um Dinge dreht. Die Haben–Orientierung ist charakteristisch für den Menschen der westlichen Industriegesellschaft, in welcher die Gier nach Geld, Ruhm und Macht zum beherrschenden Thema des Lebens wurde. Weniger entfremdete Gesellschaften wie die des Mittelalters oder der Zuni–Indianer oder die bestimmter afrikanischer Stämme, die noch nicht von den heutigen Ideen des „Fortschritts" infiziert sind, haben ihre eigenen Bashos; ...
> Es ist nicht so, dass der westliche Mensch östliche Systeme wie den

Zen–Buddhismus nicht ganz begreifen kann, ... sondern dass der moderne Mensch den Geist einer Gesellschaft nicht zu begreifen vermag, die nicht auf Eigentum und Habgier aufgebaut ist. In der Tat ist Meister Eckhart ebenso schwer zu verstehen wie Basho oder Zen, doch Eckhart und der Buddhismus sind in Wirklichkeit nur zwei Dialekte der gleichen Sprache (Fromm 1979 : 31).

4   Im deutschen Sprachraum werden diese Fragen im Rahmen der Ethnomedizin behandelt. Pfleiderer & Bichmann (1985) geben eine gute Übersicht über die Ergebnisse diesbezüglicher interdisziplinärer Forschung.

5   Bedingt durch das Interesse der finanzierenden Institutionen befassen sich die Forschungsarbeiten mit Problemen, die für eine staatliche Planung der Gesundheitsversorgung und für eine „Integration" der einheimischen Heilmethoden in das System der westlichen Medizin relevant sind. So hat zum Beispiel Waxler (*lit. cit.*) in ihren früheren Arbeiten in Anlehnung an die *social labeling theory* (Schur 1971) wertvolle Beiträge zum Verständnis kulturgebundener Diagnosen geleistet. Indem sie aber in ihren späteren Arbeiten die technische Eigenart einheimischer Heilverfahren ignoriert und bloss soziologisch argumentiert, kommt sie zu den seltsamen Auffassungen, dass Geisteskrankheiten traditionell überhaupt nicht geheilt werden, und dass die einheimischen Heiler unbewusst und auf eine minderwertige Art bloss das Gleiche wie die westlichen Mediziner tun.

6   Die phänomenologische Unterscheidung zwischen Vertrauen und Glaube wird im Kapitel 7.2 erarbeitet. Wenn auch im Phänomen des Vertrauens die kognitiven Aspekte überwiegen, hat das Vertrauen *(saddhā)* gemäss der einheimischen buddhistischen Psychologie die charakteristischen Merkmale der „Läuterung" (Befreiung des Geistes von Hemmungen des ethischen Fortschritts) und des „Vorwärtsstrebens" (zur Heilung durch Überwinden der Leidensursachen) — so die Erklärungen in dem heute noch sehr beliebten, uralten literarischen Werk *Milindapañha: Die Fragen des Königs Milinda* (1985 : 59ff). Wenn Obeyesekere (1977b) über „Vertrauen zum Heiler auf Grund des Teilens von gemeinsamen kulturgebundenen Ansichten" spricht, meint er wahrscheinlich *Saddhā* (ein Pāli–Fremdwort, das sich in der Sinhala–Sprache eingebürgert hat), bemerkt jedoch nichts weiteres zu dessen Konnotationen.

7   Nach erneuter Auseinandersetzung mit dem Tovil auf technisch inhaltlicher Ebene revidierte Frýba (persönliche Mitteilung 1988) seine Auffassung, dass diese Heilrituale nicht buddhistisch seien. Seine frühere Behauptung (1982) war konform mit Ansichten, die sowohl von den westlich akkulturierten Srilankanern wie auch von den meisten Sozialwissenschaftlern unbefragt akzeptiert werden (vgl. die ausführliche Auseinandersetzung mit diesem Problem im Kapitel 7). Eine Übersicht über die verschiedenen diesbezüglichen Auffassungen gibt Bechert (1978). Eine von Ueda (1988) durchgeführte Befragung im Süden Sri Lankas hat ergeben, dass 92% der Dorfbewohner (die Heiler nicht miteingerechnet) den Tovil als buddhi-

stisch bezeichnen. Alle von mir befragten *Yakäduro*-Heiler halten den Tovil für eine Methode zur Vermittlung der Lehre des Buddha.

8   Obeyesekere versucht zwar, die beiden Systeme von *Bhūta-vidya* auf rein begrifflicher Ebene zu korrellieren, ist sich aber deren Unterschieds wohl bewusst:

> In so far as Sinhalese ritual specialists have been influenced by *Ayurveda*, they are quite aware that their speciality is *bhūta-vidya*, „the science of demonology", which *Ayurveda* has relegated to them (Obeyesekere 1970c : 294).

> (Insofern als sinhalesische Ritualspezialisten durch *Ayurveda* beeinflusst worden sind, sind sie sich recht sicher, dass ihre Spezialität *Bhūta-vidya*, „die Wissenschaft der Dämonologie" ist, die *Ayurveda* auf sie relegiert hat.)

9   Dieser Vorfall geschah in meinem Bekanntenkreis während der Zeit meines Aufenthalts in Kandy.

10   Siehe hierzu die Definition des Patienten *(ätura)* im buddhistischen Kanon, erörtert im Kapitel 8, welche die Anweisung für die Heilung des Geistes enthält, selbst wenn der Körper auf Grund der allgegenwärtigen Vergänglichkeit hinfällig wird. Das Wort *Ãturaya* wird von englisch sprechenden Sinhalesen oft als *„victim"* (Opfer) und nicht als *„patient"* übersetzt; die wörtliche Übersetzung ist „Hinfälliger", wie im folgenden kanonischen Text noch erläutert wird:

> „Herr, ich bin ein gebrochener Greis, ein Hinfälliger *(ätura)* ... mit Vergänglichkeit konfrontiert *(anicca-dassävī)* ... Mögen Sie mich, Herr, beraten, mir Erleichterung verschaffen *(hitäya sukhäyati)."*

> „Tatsächlich bist Du, Hausvater Nakulapita, ein Hinfälliger *(ätura)* mit gebrochener Persönlichkeit, und nur ein Tor würde die Krankheit *(roga)* verkennen. Deshalb sollst Du Dich, Hausvater, darin üben: Hinfälligen Körpers *(ätura-käyassa)* bin ich, der Geist wird aber gesund *(cittam an-äturam)..."* *(Samyutta Nikäya*, Band III : 1, Übersetzung von Frýba, unveröffentlicht).

> ... Und wie wird der Geist gesund, auch wenn der Körper hinfällig ist? Da gewinnt einer, Hausvater, die Einsicht in die Edle Lehre, indem er sachte eingeführt, beraten und instruiert wird: Ich bin nicht der Körper, der Körper ist nicht mein.

> Indem er sich nicht mit dem Körper identifiziert, entsteht in ihm, auch wenn sich der Körper leidhaft verändert, keine Trauer-Verzweiflung-Depression-Erregung *(soka-parideva-dukkhadomanassa-upayassa)..."* (ebenda : 4f).

Der Text wiederholt dieselbe Instruktion für alle fünf *Khandhas* (Persönlichkeitskomponenten), nämlich Körper, Gefühl, Wahrnehmung, Formation, Bewusstsein.

11   Lily de Silva (1981) beschreibt ausführlich alle rituellen Handlungen und Requisiten, die im *Pirit* vorkommen, und analysiert deren historische Ent-

wicklung. Elemente dieses von Buddha selbst entwickelten und als solches dokumentierten Rituals findet man auch in den Tovil–Heilritualen Sri Lankas vor. Schalk (1978) klärt die modernen religionswissenschaftlichen Missinterpretationen des *Pirit*, indem er auf die Empirie verweist.

12 Die Fähigkeit eines Gottes oder einer Göttin, sich in verschiedene Erscheinungsformen *(avatāraya)*, auch in Dämonen, zu verwandeln, gibt in Sri Lanka zu ganz unterschiedlichen lokalen Mythen Anlass (vgl. Kapitel 6.3). Gombrich (1971c) beschreibt einige lokal geprägte Versionen eines Heilrituals, des *Kiriammālāgē–Dāne*, bei dem manchmal sieben Grossmütter die sieben Erscheinungsformen der Göttin *Pattini* verkörpern.

13 Das sehr umfangreiche Werk von Obeyesekere *The Cult of the Goddess Pattini* (1987) wurde mir leider erst nach dem Abschluss meiner Untersuchung zugänglich.

14 Es handelt sich um Dr. Harischandra, der in Galle an der Südküste eine psychiatrische Praxis führt. Galle liegt allerdings nicht in meinem Forschungsgebiet, weshalb ich Dr. Harischandra nicht im Zusammenhang mit den hier vorgestellten Heilern des Kandy Hochlands anfügen möchte.

15 Gunawardhana (1977) führt ethymologisch das Wort „*Kankāriya*" auf „*Kem–kāriya*" zurück, das soviel wie *Shānti–karma* (Befriedungsakt) heisst.

16 Die fünf Bücher heissen: *Panduva Katāva, Sitapathi Katāva, Dhanu Monara Katāva, Vijayarāja Katāva, Sinhavalli Katāva (katāva* heisst Geschichte, Legende).

17 Beim *Bali*–Tovil wird der Akt der Befriedung *(shānti–karma)* in der Bestätigung des Heilvollen, in Form der planetarischen Gottheiten *(grahadevatā)*, erreicht, während er beim *Yak*–Tovil durch die Auseinandersetzung mit dem Unheilvollen *(yaka, bhūta)* zustandekommt.

18 Siridara Guru zählte die Namen der einzelnen Elemente des *Bali*–Tovils auf, in denen *Buduguna* (Tugenden des Buddha) enthalten ist: *Namaskāraya, Deva-stotraya, Grahacāra-dhatu-vistara, Mätiat-malāva, Atbaliya, Shāntiya.*

19 *Āgantuka* ist im buddhistischen Kanon eine Bezeichnung für die Geistesbefleckung *(kilesa)*, die das Erleben entstellt und trübt (vgl. dazu *Anguttara Nikāya*, 1984, Band I : 13).

20 Siehe Lily de Silva (1981), die auch die beteiligten Götter und die zu verbannenden *Bhūtas* (Geistwesen) und *Yakas* (Dämonen) aufzählt.

21 Der Abhidhamma benützt Konzepte, die sich auf introspektiv festgestellte Fakten beziehen. Mit diesen Konzepten werden die erlebten Zustände, Änderungen, Zusammenhänge und Prozesse im Subjekt erfasst, die primär in ihrer Eigennatur *(sabhāva)* erforscht und verstanden und erst sekundär als Objekte nomothetisch geordnet wurden. Dies ist im Vergleich zur wissenschaftlichen Psychologie ein umgekehrtes Vorgehen — vgl. Piaget (1974) über Introspektion, Verstehen und Erklären in nomothetischen Wis-

senschaften. In der Terminologie des Abhidhamma werden introspektiv verstandene Fähigkeiten, Kräfte, Bedingtheiten usw. als Strukturen und Instanzen (selbstregulierende Mechanismen und Nuklei, Piaget 1974 : 2) beschrieben, die auf eine bestimmte Art wirken. Vom Standpunkt des westlichen umgangssprachlichen Usus würde man es als „richtig" empfinden, zum Beispiel zu formulieren: „Das Subjekt *hat* ein Gefühl oder einen Willen, mit dem es seine Wahrnehmung und Handlung steuert". Umgekehrt können Formulierungen wie: „Man fühlt und das Gefühl steuert" oder „die Intentionalität des Bewusstseins entscheidet und lenkt", welche die Paradigmen des Abhidhamma wiedergeben, sprachlich etwas befremdlich klingen. Im Abhidhamma wird nicht von einem unanbhängigen Subjekt oder einem reinen Geist an sich ausgegangen. Dies würde dessen grundlegenden Lehren von der Bedingtheit *(paccayatā)* und Relativität *(anattā*, wörtlich: Nicht-ich oder Wesens-los) aller Dinge widersprechen. Ohne ein Wesen oder Noumenon zu postulieren, richtet sich der Blick auf die gegenseitige Bedingtheit, auf das Gewirktsein und Wirken der Phänomene.

22   In seiner an der Südwestküste Sri Lankas durchgeführten Untersuchung erwähnt auch Kapferer (1983), dass die Heiler zur Erfassung und Erklärung konkreter Ereignisse im Tovil die folgenden buddhistischen Konzepte benützen: *Karma* (ethisch psychologische Verursachung), *Anicca* (Vergänglichkeit aller Phänomene), *Mahābhūta* oder *Dhātu* (Grundelemente aller Körperlichkeit) und *„five essences"* (pañca-kāma-guna), die den fünf Sinnen entsprechen. Die Vergänglichkeit von *Skandha* oder *Khandha*, als Komponenten der Welt und Persönlichkeit, bezeichne das Wesentliche *(crucial quality)* des Heilverfahrens (Kapferer 1983 : 177).

23   Ich unterscheide auf eine wissenschaftstheoretisch eher konservative Weise zwischen Hermeneutik und Heuristik und zwischen Epistemologie und Psychologie. Die in geisteswissenschaftliche Bereiche übergreifende *Hermeneutik der psychologischen Begriffe* und die mit ihr verbundene Theoriebildung würden weit über mein Vorhaben hinausgehen. Ich beschränke mich nur auf die *Heuristik empirischer Forschung,* also auf das Reflektieren über die Art und Weise des Fragenstellens, Suchens und Auffindens von Lösungen für empirische Forschungsprobleme (vgl. Klaus & Buhr 1975). Ich halte es nicht für sinnvoll, dem Begriff *Heuristik* auch die psychischen Prozesse des Suchens und Problemlösens zu subsumieren, die zum Beispiel in Patienten und Therapeuten vor sich gehen. Diese psychischen Prozesse sind Gegenstand der Psychologie, während die psycho*logische* Erkenntnisbildung des Wissenschaftlers Gegenstand der Heuristik, der Hermeneutik und — allgemeiner gefasst — der Wissenschaftstheorie ist.

Den auf Deutsch etwas weniger geläufigen Begriff *Epistemologie* benütze ich in Anlehnung an Bateson (1981) und Piaget (1974) zur Erfassung von Prinzipien der Erkenntnis *in allen „epistemischen" Subjekten* — also auch im Patienten, im Therapeuten und im „Wissensvorrat der Kultur" (Berger & Luckmann 1980). Während Epistemologie die formellen und inhaltlichen Aspekte der Erkenntnis untersucht, erforscht die empirische Psychologie die konkreten psychischen Prozesse und Strukturen, die während des Er-

kennens aktiviert werden. Beim Erforschen psychischer Prozesse in einem
Heilritual muss ich auch die Inhalte von Ansichten *(beliefs)* des Patienten
und des Heilers berücksichtigen, die ihr Handeln steuern; insoweit ist auch
die Epistemologie psychologisch zu erfassen. Was in einem Heilritual geschieht, sehe ich nicht als Chaos an, das ich als Wissenschaftlerin durch
meine kultureigenen Begriffe ordne. Daher muss ich in einem ersten Schritt
der Forschung die ideellen Welten des Patienten und des Heilers als
ihren, mehr oder weniger miteinander geteilten, Kosmos erfassen, der
durch ihre *kultureigene Epistemologie* geordnet ist.

24   Die Entstellungen, die sich aus einer Reduktion des Abhidhamma auf ein
ethisch neutrales und erkenntnismässig „wertfreies" Psychologiesystem
ergeben, wurden anderswo ausführlich diskutiert (Frýba & Vogt 1989).

25   Alle bisher in Klammern angeführten Ausdrücke sind auf Sinhala, wobei
die Srilankaner in der Umgangssprache als Fremdwörter auch einige der
folgenden Pāli–Begriffe benützen. Manche Sinhala– und Pāli–Wörter klingen identisch, unterscheiden sich aber in der Schreibweise. Alle technischen Termini des Abhidhamma gebe ich in der Regel auf Pāli an. Anschliessend mit *P* (für Pāli) gekennzeichnet sind die Termini nur, wenn sie
sich vom Sinhala *(S)* unterscheiden. Manchmal sind auf Sinhala beide
Formen geläufig, wie zum Beispiel *Pañca–skandha* und *Pañca–khandha,*
Karma und *Kamma, Daham, Dharmaya* und *Dhamma* usw.

26   Bei einer pathogenen Entwicklung psychischer Prozesse blockieren
Upādāna–khandhā (Anhaften–Komponenten) in Form von angestauten
Gefühlen, Wahrnehmungen, Geistesformationen, Ansichten usw. das Erle-
ben. Dadurch begleiten sie mitwirkend *(anuggahāya)* als scheinbar kom-
pakte Wesen *(sattā),* als Gewordenes *(bhūta,* von *bhavati* = werden), das
Erleben. Bei einem offensichtlich Wahnsinnigen bekommen diese durch das
Anhaften *(upādāna)* erzeugten und „angeschwellten" psychischen Komplexe eine quasi–autonome Existenz als Geister (auf Sinhala: *bhūta, yaka,*
preta), die dann das Phänomen der Besessenheit *(āruda)* hervorrufen.
Dieser Mechanismus ist in dem folgenden, in allen seinen Implikationen
schwer zu deutenden, kanonischen Text beschrieben:

> „Es gibt vier Nahrungen für die *Bhūtas,* ihr *Bhikkhus,* für den Unter-
> halt von Wesen, die erzeugt werden *(sambhavesinā)* und die mitwir-
> kend begleiten *(anuggahāya).*
>
> Welche sind die vier? Erstens grobe und feine essbare Speise, zwei-
> tens Sinneneindruck *(phassa),* drittens willentliches Denken *(ma-*
> *no sañcetanā)* und viertens Bewusstsein *(viññāna).*
>
> Wenn auf Speise …, auf Sinneneindruck …, auf willentliches Denken …,
> auf Bewusstsein bezogene Sucht *(rāga)* oder Genuss *(nandi)* oder
> Verlangen *(tanhā)* vorhanden sind, dann findet daran das Bewusst-
> sein Halt und schwillt an *(virūlha).* Woran das Bewusstsein den
> Halt findet und anschwillt, das wird mit Geist–Körper *(nāma–rūpa)*
> besetzt. Wo es Geist–Körper gibt, dort wuchern Karmaformationen
> *(sankhāra).* Wo Karmaformationen wuchern, dort häuft sich wieder-

holtes Werden an *(puna-bhāva)*. Wo sich Werden anhäuft, dort wird es Geburt, Altern und Tod *(jāti-jarā-marana)* geben. Und mit Geburt, Altern und Tod kommen Sorgen, Qual und Verzweiflung vor, das sage ich euch, ihr *Bhikkhus*. Es ist, ihr *Bhikkhus*, wie wenn ein Maler durch wiederholtes Auftragen von Farben auf einer Wand die Figur einer Frau oder eines Mannes mit allen Einzelheiten gestalten würde. Ebenso, wenn auf die Nahrung bezogene Sucht oder Genuss oder Verlangen vorhanden sind ...

Wenn aber keine auf die Nahrung bezogene Sucht oder Genuss oder Verlangen vorhanden sind, ... dann kommen keine Sorge, Qual und Verzweiflung vor.

Es ist, ihr *Bhikkhus*, wie wenn es ein Gebäude mit einem Fenster in der östlichen Wand gibt und beim Sonnenaufgang ein Strahl durch das Fenster hineinfällt. Wo findet nun, ihr *Bhikkhus*, dieser Strahl den Halt?"

„Auf der westlichen Wand, Verehrter."

„Wenn es aber keine westliche Wand in diesem Gebäude gibt, ihr *Bhikkhus*, wo findet er den Halt?"

(Samyutta Nikāya, Band II : 101ff; Übersetzung von Frýba, unveröffentlicht).

27   Das Balancieren von Herstellen–und–Beseitigen *(vatta-pativatta)* wird als das grundlegende Paradigma heilender Handlungen in den Kapiteln 4.2 und 5.2 ausführlicher behandelt.

28   In diesem Kapitel werden die neun Bedingungsarten begrifflich so festgehalten, dass sie auch den Kriterien von heuristischen Paradigmen der Wissenschaft standhalten. Als solche beziehen sie sich sowohl auf synchrone wie auch auf diachrone Aspekte der Phänomene und erfüllen die von Piaget (1974 : 6) genannten „vier Faktoren der Verbindung" von nomothetischen und historischen Ansätzen der Wissenschaft. Sie erfassen: a) Entwicklung, b) synchrone Selbstbalancierung, c) zufällige (d.h. nicht systeminterne) Interferenzen, d) (individuelle und kollektive) Entscheidungen. Die Anwendung dieser „vier Faktoren" erstreckt sich über die drei Stadien der Suche nach Kausalität (Piaget 1974 : 74ff): 1) Feststellen von Fakten und Gesetzmässigkeiten, 2) Herstellen von Beziehungen, 3) Erklären (durch isomorphe Modellstrukturen).

Die Frage der semiotischen Beziehung der hier angeführten Paradigmen der Bedingtheit, wie auch aller übrigen heuristischen Konzepte der folgenden Kapitel zu den empirischen Fakten, wird anhand der Analyse der Fallbeispiele in den Kapiteln 10 und 11 diskutiert werden.

29   Nur im Zeitpunkt der Wiederverbindung *(patisandhi)* eines bewussten Wesens bedingen sich alle dessen fünf Komponenten *(pañca-khandha)* gegenseitig. Als Wiederverbindung wird sowohl die (Wieder–)Geburt einer Persönlichkeit im konventionellen Sinne, wie auch das Entstehen eines in der Körperlichkeit *(rūpa-khandha)* verankerten Geistwesens *(nāma-khandha,*

Sammelbegriff für die vier übrigen Komponenten) verstanden. Vgl. hierzu die Ausführungen über Ebenen des Erlebens in Kapitel 5.3.

30   Ein *Bhūta* (wörtlich: das Gewordene), sowohl im Sinne des Abhidhamma als „Wesen" wie auch im Sinne der Tovil–Psychologie als dämonisches „Unwesen", entsteht bedingt durch Zufuhr von Nahrung *(āhāra)*. Der Analyse vom nahrungsbedingten Aspekt der Zusammensetzung von Phänomenen *(sankhāta-dhammā)* wurde von Buddha grosse Wichtigkeit zugemessen, wie der folgende kanonische Text belegt:

Der Erhabene redete den ehrwürdigen Sāriputta an:

„Es gibt jene, die Phänomene ergründen *(sankhāta-dhammāse)*
als auch jene, die sich darin üben;
wie ist nun ihr Vorgehen *(iriya)*,
das mir der Weise darlegt?

Wie ist nun, Sāriputta, dieser kurzen Aussage ausführlicher Sinn zu deuten?"

Auf diese Frage hin schwieg der ehrwürdige Sāriputta.

„Geworden *(bhūta)* ist dies, siehst du es, Sāriputta?"

„Geworden ist dies, Verehrter, das sieht man in weiser Erkenntnis wirklichkeitsgemäss *(yathā-bhūta)*."

„Geworden ist dies — wenn man es wirklichkeitsgemäss weise sieht, dann ist man auf dem Weg der Abwendung *(nibbidā)*, Entsüchtung *(virāga)* und Auslöschung *(nirodha)* des Gewordenen.

Durch solche Zufuhr *(āhāra)* erzeugt *(sambhava)* ist es, das sieht man in weiser Erkenntnis wirklichkeitsgemäss ...

Durch das Aufhören solcher Zufuhr wird das Gewordene notwendigerweise ausgelöscht — wenn man dies wirklichkeitsgemäss weise sieht, dann wendet man sich entsüchtet davon ab, was dem Aufhören unterliegt.

Und wenn man in weiser Erkenntnis wirklichkeitsgemäss sieht:

Geworden ist dies ...

Durch solche Zufuhr entstanden ...

Durch das Aufhören solcher Zufuhr wird das Gewordene notwendigerweise ausgelöscht und man wendet sich entsüchtet ab ...,

dann ist man infolge der Abwendung, Entsüchtung und Auslöschung durch das Nichthaften *(anupāda)* befreit."

(Samyutta Nikāya, Band II : 47ff; Übersetzung von Frýba, unveröffentlicht).

Eine Erklärung der vier Nahrungen mit Gleichnissen gibt Nyanaponika (1986 : 151–165). Siehe hierzu auch die kanonischen Gleichnisse über die nahrungsbedingte Entstehung von *Upādāna-khandha* in Anmerkung 26 und die kanonische Parabel von dem Dämon „Ärger-Fresser" in Kapitel 10.1, die in einigen Tovil–Heilritualen dramatisiert wird.

31 In diesem Kapitel beschränke ich mich auf die Erörterung der Denotationen des Begriffs *Indriya* und dessen Stellenwert im Kontext des
   abhidhammischen Begriffsgefüges, in Anlehnung an die Analyse von
   Nyanaponika (1965). Etymologisch ist *Indriya* von *Indra* abgeleitet. *Indra*
   ist Herrscher und Anführer; im Rahmen der buddhistischen Kosmologie ist
   er der Götterkönig, der (fast) alles fertigzubringen „fähig" *(sakka)* ist. Er
   wird auch *Sakra*, auf Pāli *Sakka*, genannt — siehe hierzu die Erläuterungen in Kapitel 6.3.

32 Die fünf Sinnen–Fähigkeiten *(pañcindriya)* werden sowohl im Abhidhamma wie auch in der Tovil–Psychologie *Pañca-dvāra* (fünf Sinnen–tore) genannt, die zwischen der Persönlichkeit und der Welt als Verbindung und Trennung funktionieren. Dazu gehört *Mano-dvāra* (Geisttor),
   wobei der Geist sowohl als das sechste Sinnentor wie auch als Tor des
   geistigen Tuns gilt. Die fünf geistigen Kräfte *(bala)* gehören zusammen mit
   Vitalität–, Gefühl–Fähigkeit usw. zu Funktionen der Geistfähigkeit
   (mano–indriya). Den Sinnentoren entgegengesetzt werden die drei Tore
   des Tuns *(kamma-dvāra)*, nämlich *Mano-dvāra* (Geisttor), *Vacī-dvāra*
   (Sprachtor) und *Kāya-dvāra* (Tor des körperlichen Tuns). Die Tore des
   Tuns sind Träger des wirkenden Anteils der Sensomotorik, während die
   Sinnentore den merkenden Anteil tragen. Man könnte bei dieser Untertei-
   lung des Psychokosmos an den Vergleich mit der Wirkwelt und der Merk-
   welt denken, in die von Uexküll und Kriszat (1956) die Umwelten von
   Tieren und Menschen eingeteilt haben.

33 In meinem Buch berücksichtige ich nur den Pāli–Kanon des Theravada–
   Buddhismus von Sri Lanka. Er besteht aus drei Teilen *(Tipitaka: Vinaya–
   Pitaka, Sutta-Pitaka, Abhidhamma–Pitaka)*, die in einem Zeitraum von
   zirka 300 Jahren nach Buddhas Tod ihre endliche Form erhalten haben
   und im 1. Jahrhundert v. Chr. in Sri Lanka niedergeschrieben worden sind.
   Der Pāli–Kanon gilt als das authentischste und homogenste Werk, dass in
   der buddhistischen Welt existiert und wird von allen Schulen anerkannt.

34 Petzold (1981) leistet eine ähnliche Analyse des „perspektivischen Hier-
   und–Jetzt" in Bezug auf die Probleme moderner Psychotherapie. Das per-
   spektivische Hier–und–Jetzt ist eine kognitive Repräsentation der körperlichen (materiellen) Gegebenheiten, Wahrnehmungen, Gefühle, ideellen Zusammenhänge (d.h. Geistesformationen) und dessen Bewusstseins. Ich sehe
   darin eine konzeptuelle Entsprechung zu den abhidhammischen fünf Komponenten des Psychokosmos *(pañca-khandha)*, die eine Möglichkeit für
   eventuelle weitere Analysen und Vergleiche öffnet. Im Kapitel 6.3 folgen
   weitere Überlegungen zur buddhistischen Psychokosmologie, die den ideellen Kontext des perspektivischen Hier–und–Jetzt darstellt.

35 Vgl. die Tovil–Protokolle in den Kapiteln 9.1 und 9.3. Einige Untersuchungen von Heilritualen (z.B. Pfleiderer 1981) bezwecken die Aufdeckung
   der semiotischen Beziehungen zwischen Elementen der Aufführung des
   Heilrituals und einem ihr zugrundeliegenden „Text", der die Aufführung
   steuert. Für die von Kapferer (1979) geleistete Kritik der Einseitigkeit

solcher Ansätze im Rahmen des „symbolischen Interaktionismus" siehe Kapitel 6.2.

36 Der körperliche und sprachliche Ausdruck *(viññatti)* findet an den Toren des Tuns *(kāya-* und *vacī-dvāra;* siehe Anmerkung 32) statt, und seine Resultate präsentieren sich den fünf Sinnentoren als die entäusserte Körperlichkeit, die hiermit schon zur Umwelt gehört. Diesbezügliche, äusserst komplexe Unterscheidungen, wie sie zum Beispiel in dem Ersten Buch des Abhidhamma–Kanons ausgearbeitet sind, würden weit über mein Thema hinausführen.

37 Für eine ausführlichere Charakterisierung aller hier erwähnter Typen von Bewusstseinszuständen siehe *Buddhistisches Wörterbuch* (Nyanatiloka 1976).

38 Einige Anthropologen, die unter anderem die Heiler über ihre Methode befragten, haben auch versucht, die erhaltenen Erklärungen in einen grösseren Kontext kultureigenen Wissens zu stellen. Am weitesten ist diesbezüglich Kapferer (1983) vorgedrungen, der die Begriffe der Heiler im karmischen Zusammenhang der Leidensverursachung durch Anhaften und Gier erklärt. Er äussert auch die Vermutung, dass die eigenen Konzepte der Heiler die Heilmethode erklären können, und dass als Mittel bei der therapeutischen Verwertung das Wissen um die Vergänglichkeit aller Phänomene *(anicca)* von den Heilern angewendet wird. Letztlich, so meint Kapferer, liege die Hauptqualität des Tovils als Aufführung *(performance)* bei der Vermittlung von *Anicca,* dessen Sinn im ständigen Wechsel, im Formenauflösen und Wiederformen von Gesten, Geruch, Ton, Tanz, Rhythmus usw. einsichtig wird. Kapferer geht dann aber nicht weiter auf die Techniken der Methode ein und beschränkt sich erklärterweise auf die ästhetischen Aspekte der Aufführung.

Obeyesekere (1970b, 1975a, 1983) legte den Schwerpunkt seiner Untersuchungen auf die Diagnose der Patientenprobleme. Sein wichtigster Beitrag besteht im Aufzeigen, wie das leidhafte Erleben des Patienten im kultureigenen *belief system* (Ansichten) Bestätigung findet und hierdurch kommunizierbar und entproblematisiert wird. Er bespricht aber nicht die Implikationen der kultureigenen Ansichten für das therapeutische Vorgehen der Heiler. In einem von Obeyesekere (1970b) beobachteten diagnostischen Vorgehen wurden jedoch bereits Mittel angewendet, die dann auch bei einem später eventuell stattfindenden Heilritual wieder aufgegriffen worden wären. Dieses diagnostische Mittel bezeichnete der Heiler als *Mōhana,* was soviel heisst, wie den Patienten „unbewusst machen". Meine Informanten haben den Ausdruck *Mōhanaya* entweder als *Sit-gānīma* (wörtlich: Anschlagen des Geistes oder Bewusstseins im Sinne eines In–Griff-bekommens *(vasanga-kirīma)* paraphrasiert oder als Irreführung *(mulā-kirīma)* erklärt. Einige setzten den Tatbestand von *Mōhana* in Beziehung zur Besessenheit durch die Dämonin *Mōhinī,* die als ihre Opfer insbesondere Pubertierende und Jugendliche wählt. *Mōhana* im Sinne des Unbewusst–machens *(vashīkaranaya)* eines Opfers ist ein ethisch unsauberes Vorgehen einiger Heiler, die auch schwarze Magie anwenden und mit Drogen, Zauberksprüchen und Geistesmanipulation *(behet hō mantra-balayen hō caitasika hō vasangakaragānīma)* arbeiten. In diesem Zustand, den Obeyesekere mit der Hypnose vergleicht, erhält der Heiler Zugang zum unbewussten (im psychoanalytischen Sinn) Material des Patienten.

Halverson (1971) erwähnt, dass er wenig Erfolg hatte, als er die Heiler nach der „Bedeutung" ihres Tuns oder der im Tovil angewendeten „Symbole" fragte. „Wir haben es immer so gemacht", war eine Antwort, die er regelmässig erhielt. Er versucht sich in der Folge die Antwort selber zu geben, indem er die „symbolischen Ereignisse" während des Rituals mit den analytischen Konzepten von Jung erklärt. Halverson bemerkt, dass in den Heilritualen Humorvolles eine Rolle spielt und dass es um das Aufzeigen der wahren Natur der Dämonen und um ihr Zurechtweisen geht, das nicht als Exorzismus oder gar Vernichtung der Dämonen aufgefasst werden darf. Zwar bezieht er sich bei seinen Erklärungen auch auf die technischen Ausdrücke der Heiler, wie *Mahāsamayama (great dance)*, *Vidiya (passageway between the demon world and ritual world)*, *Pela-pāliya (appearance of the demons)* usw., ohne jedoch deren kultureigenen Konnotationen nachzugehen.

39   Ich gehe somit ähnlich vor wie Morris (1956) in seiner transkulturellen Untersuchung über Strategien der Lebenswege. Auch er untersuchte zuerst die Semiosis und zog daraus die epistemologischen Konsequenzen, bevor er die eigentliche psychologische Forschung durchführte. Während die Prinzipien der Semiotik, Logistik und Epistemologie der westlichen Wissenschaften übersichtlich formuliert (Morris 1955), und unsere „semiotischen Instrumente" einer interdisziplinären Kritik unterzogen worden sind (Piaget 1974), ist dieses Thema in Bezug auf andere Kulturen nur teilweise erforscht.

40   Die vier Aspekte von *Upakkama* entsprechen epistemologischen Koordinaten von semantischen Feldern (Berger & Luckmann 1980 : 43; vgl. Anmerkung 43), und sind in den folgenden Texten des Abhidhamma abgesteckt: *Vibhanga*, Zweites Buch des Abhidhamma–Kanons : 325f, und *Nettippakaranam*, Führerbuch der Abhidhamma–Kommentare : 19f.

41   Die dieser Einteilung entsprechenden drei Welten gibt zum Beispiel Siridara Guru an. Eine andere Einteilung liegt der mythischen Kosmologie zu Grunde (siehe Kapitel 6.3).

42   Die Glieder der bedingten Entstehung *(paticca-samuppāda)* sind:

1.   Unwissen *(avijjā)*

2.   Formationen *(sankhāra)*

3.   Bewusstsein *(viññāna)*

4.   Geist und Körper *(nāma-rūpa)*

5.   Grundlagen *(āyatana)*

6. Kontakt *(phassa)*

7. Gefühl *(vedanā)*

8. Begehren *(tanhā)*

9. Anhaften *(upādāna)*

10. Werden *(bhava)*

11. Geburt *(jāti)*

12. Sterben *(marana)*

Das Sterben (Glied 12) ohne Einsicht in die bedingte Entstehung aller Existenz bedingt wiederum Unwissen (Glied 1), womit der Kreis der Leidenswiederholung *(samsāra)* geschlossen ist.

43   Die in diesem Kapitel unternommene Analyse des mit *Upakkama* zusammenhängenden Wissens, ist mit den in Kapitel 2 berichteten Fakten über die Heilsysteme Sri Lankas als eng verbunden zu betrachten. Die Befunde von Amarasingham (1980), Fritz (1987) und Obeyesekere (1977b) über das sehr differenzierte Wissen der Dörfler zu Fragen der Gesundheit, lassen mich annehmen, dass der folgende gesellschaftliche Anspruch an das individuelle Mitglied in hohem Masse erfüllt ist:

> Während Spezialistsein bedeutet, sein Spezialgebiet zu beherrschen, muss jedermann wissen, wer Spezialist ist, für den Fall, dass Spezialwissen benötigt wird. Vom Mann auf der Strasse kann nicht erwartet werden, dass er sich im Irrgarten der Fruchtbarkeitsmagie auskennt oder bösen Zauber abwenden kann. Was er jedoch wissen *muss,* ist, an welchen Zauberer er sich wenden kann (Berger & Luckmann 1980 : 82).

Ich nehme an, dass, anders als in unserer westlichen Kultur, die kultureigene Epistemologie den Srilankanern unmittelbarer (als uns die unsere) zugänglich ist. Die Situation in traditionellen Dorfgesellschaften Sri Lankas unterscheidet sich sehr von der unseren, in der unsere epistemologischen,

> ...die Geschichte beherrschenden theoretischen Konzeptionen zur Stütze von Sinnenwelten, zur Domäne von Eliten wurden, deren Spezialwissen sich zunehmend vom allgemeinen Wissensvorrat der Allgemeinheit entfernte. Die moderne Wissenschaft, insbesondere die Naturwissenschaft, macht einen äussersten Schritt in dieser Entwicklung zur Säkularisierung und zugleich Durchtheoretisierung ihrer Stützfunktionen für die Sinnwelt. Sie entlässt nicht nur das Heilige endgültig aus der Alltagswelt, sondern überhaupt das Wissen, das die Sinnwelt stützt. Das Alltagsleben ist sowohl seiner geheiligten Legitimation als auch jener Art theoretischer Verständlichkeit beraubt, die es mit der Totalität der symbolischn Sinnwelt verbinden kann. Einfacher gesagt: der „Laie" weiss nicht mehr, wie seine Sinnwelt theoretisch untermauert werden muss, obwohl er allerdings noch weiss, welche Spezialisten dafür zuständig sind. Die interessanten Probleme, die sich aus dieser Situation ergeben, wären Thema einer empirischen

Wissenssoziologie der modernen Gesellschaft und können hier nicht weiterverfolgt werden (Berger & Luckmann 1980 : 120).

44 Zum Beispiel wurden die von Moreno entwickelten diagnostischen Mittel der Soziometrie aus ihrem therapeutisch–ethischen Zusammenhang gerissen, in der Sozialpsychologie und Soziologie teilweise begutachtet und von dort wiederum in die Praxis zurückgebracht. Das führte dazu, dass heute die Soziometrie als „wertfreies, objektives" Messinstrument von Gruppenstrukturen in Geschäftsbetrieben, Schulen usw. angewendet und meist zu manipulativen Zwecken missbraucht wird. Ein ähnliches Phänomen beschreibt Petzold (1980) in Bezug auf die Moreno'sche Aktionsforschung im Allgemeinen.

45 In meiner Lizentiatsarbeit habe ich die Interaktion von Jugendlichen mit ihrer Wohnumwelt explorativ im Rahmen der Umweltpsychologie untersucht (Loder & Vogt 1982). In der vorliegenden Arbeit versuche ich nun, eine ähnliche Methodologie unter Berücksichtigung der Dimension des therapeutischen Formats zu benützen.

46 Morenos Begriff „Kosmos" lässt den Vergleich mit dem Abhidhamma–Begriff *„Loka"* zu, den ich als „Psychokosmos" wiedergebe (siehe Kapitel 4.1 und 6.3). Meine vorherigen Ausführungen über die Psychodramabühne als Mikrokosmos des Patienten, der dem Makrokosmos seiner Alltagswelt isomorph ist, wurden zwar weder im Abhidhamma noch in der Psychodramaliteratur ausgearbeitet. Sie scheinen mir jedoch mit deren grundlegenden Auffasung durchaus in Übereinstimmung zu sein.

47 Zum Beispiel haben Collomb & de Préneuf (1979) die N'Doep–Rituale von Senegal mit dem Psychodrama verglichen.

48 Die Umwelt setzt sich zusammen aus materiellen, sozialen und kulturellen Gebilden, die in Beziehung und Wechselwirkung zueinander stehen. Sie beeinflusst den Menschen in seinen Wahnehmungs–, Gefühls– und Bedürfniszuständen (Loder & Vogt 1982).

49 Der Sinn von *Kammatthāna* im Rahmen der buddhistischen Ethik ist ausführlich diskutiert in Frýba & Vogt (1989). Weil es leidbringend und daher unethisch ist, Taten auszuführen, die durch Gier oder Hass oder Verblendung (Wahn) motiviert sind, ist ein wichtiges Charakteristikum von *Kammatthāna*, karmische Konsequenzen abzuschirmen. Dadurch wird sowohl der unheilvoll agierende Patient wie auch seine Umwelt vor den leidvollen Ergebnissen des Ausagierens geschützt. Das Konzept des geschützten Raums wurde von Benne (1964) in die Theorie der Gruppendynamik eingeführt.

50 Die Bezüge und Implikationen von Handlungen innerhalb der buddhistischen Lehre sind ausführlicher in Frýba & Vogt (1989) behandelt.

51 Der religiös gesinnte Dörfler begibt sich zumindest an Vollmond– und Neumondtagen in den Dorftempel, um die fünf Grundschritte der Tugend, die er sich idealerweise täglich vergegenwärtigt, rituell zu geloben *(sīl*

ganava). Dieses *Sīl*–Ritual schliesst auch eine Zeitspanne von Meditation *(bhāvanā)* ein.

52   Die Schritte des gleichzeitigen reflexiven Wissens *(abhiññā–pada)* bilden auch die Grundlage *(padatthāna)* für übernormale oder „parapsychologische" Einwirkungen *(iddhi, siddhi)*, deren Existenz nach Abhidhamma zugelassen und als ein Aspekt von *Abhiññā* erklärt ist. Eine Auseinandersetzung mit diesen Phänomenen liegt allerdings ausserhalb des Rahmens der vorliegenden Untersuchung von psychologisch erfassbaren Phänomenen. Daher betrachte ich *Iddhi* bloss als ein Element eines meisterhaften Könnens *(upakkama)*. Während der Begriff *Upakkama* das konkret ins Tun übersetzte Können bezeichnet, heisst *Upanayana* ein abstraktes Wissen, das einen ähnlichen Status hat wie die rückblickende Reflexion *(paccavekkhana)*. *Upanayana* (methodischer Entwurf oder Leitfaden) ist ein vorwegnehmendes Wissen über die Strategie der konkret zu unternehmenden Schritte aller praktischen Einwirkungen, aus welchen das methodische Können *(upakkama)* besteht.

53   Ein anderes Beispiel einer solchen entgegengesetzten Wortbildung ist *Siritvirit*, das ein Sinhalese als Einhaltung ritueller Bräuche, zum Beispiel am Neujahr, charakterisieren würde. *Siritvirit* meint eigentlich ein exzessives Auf–und–ab eines Vorgangs.

54   Über Erkenntnisquellen der humanistischen Psychologie wie auch über die Entwicklung moderner Methodologie in der Psychotherapieforschung gibt Lockowandt (1984) eine Übersicht. Die folgenden Ausführungen über Dilthey, Husserl und Wundt stützen sich auf die Erörterungen von Hehlmann (1959) und Lockowandt (1984).

55   Siehe Anmerkung 42.

56   Experimentelle Untersuchungen über Meditation als Mittel zur Erhöhung von Empathie wurden durchgeführt von Lesh (1970) und Leung (1973); siehe hierzu auch den Übersichtsartikel von Scharfetter (1983a) in Petzold (1983). Schuster (1979) erörtert die Zusammenhänge meditativ kultivierter Achtsamkeit und Empathie spezifisch in ihrer Nützlichkeit für humanistisch orientierte Psychotherapeuten.

57   Das kunstvolle Herstellen von Altären und anderen rituellen Konstruktionen, sowie das Kochen auserwählter Speisen für die Götter und Dämonen gehört zu den Vorbereitungsarbeiten, die die Heiler am Vortag eines Tovil–Heilrituals im Hause des Patienten durchführen. Das handwerkliche Können, zum Beispiel des Mattenwebens, vermischt mit erotischen Anspielungen wird gegen Ende eines Tovil–Heilrituals vorgesungen (siehe *Pädure Kavi*, S. 310f). In einem *Rata Yakuma*, einer Tovil–Form, wie sie im Süden Sri Lankas beobachtet werden kann, nimmt die von den Heilern pantomimisch untermalte Demonstration einer Körper– und Haarwäsche, sowie das Baden eines Säuglings mit Hilfe einer Puppe, einen grossen Zeitraum des Heilrituals ein.

58 *Jātaka*–Geschichten sind vorbuddhistische Parabeln, die im Buddhismus integriert wurden, indem Buddhas Vorgeburten mit den Protagonisten der *Jātakas* identifiziert wurden. Diese Parabeln haben für die Strukturierung des Erlebens eine ähnliche Funktion wie zum Beispiel bei uns der Mythos des Oedipuskomplexes im Rahmen einer Psychoanalyse.

59 Der englische Originaltext lautet:

> The practice of medicine among tribal people and villagers in India today, follows the same pattern it did two thousand years ago; there is hardly any change. Wrath of gods, mischief of evil spirits and the magic of human beings formed the basic of medicine during the Atharvavedic period; it still remains the basic of tribal and village medicine today (Jaggi 1982 : xii).

60 Im englischen Originaltext:

> The Buddhist attitude to nature was not the conquest of nature by mastery of her secrets, but the conquest of nature through mastery of self. The world was not merely the flesh and the devil — it was illusion; and although this attitude to life did not prevent Sinhalese kings from embarking on conquests or from looking to the security of their thrones, it helped to give the social organisation of caste and status a formal rigidity (Ariyapala 1956 : 366).

61 Der japanische Anthropologe Ueda, der zur gleichen Zeit wie ich eine Untersuchung über die Heiler im Süden Sri Lankas durchführte, hat die gleichen Zahlen ihrer Lehrergenerationen *(paramparā)* erhoben.

62 Der deutsche Soziologe Fritz (1987) untersuchte die Klientel des Demberalava Hamuduru, eines Mönchs von Pūjapitiya bei Kandy (vgl. Heiler–Fallbeispiele in Kapitel 3), der unter Mitarbeit eines Trommlers aus der Suramba–Tradition (gleiche Lehrergeneration wie die meines Lehrers Amunugama Upasena Gurunnanse) Heilrituale durchführte, die sowohl inhaltlich wie auch formal einem von *Yakäduro* veranstalteten Tovil ähnlich sind.

63 Da Uedas Doktorarbeit noch unveröffentlicht ist, beziehe ich mich auf seine Daten, präsentiert an der Universität Peradeniya, und auf den kontinuierlichen Austausch während der Zeit unseres gemeinsamen Forschungsaufenthaltes in Sri Lanka 1985–1988.

64 Blumer (1986) gibt in seiner Magisterarbeit einen ausgezeichneten Überblick über Obeyesekeres Werk in einer Gegenüberstellung mit den Publikationen seines Vorgängers Ryan (1950–1972).

65 Die Bezeichnungen „Ich", „ICH" und „Identität" sind in der deutschen Übersetzung (1973) der Originalausgabe von *Mind, Self and Society* (Mead 1934) äquivalent zu „*I*", „*Me*" und „*Self*".

66 Meine eigenen Erhebungen und die von Ueda (1988) kommen zu gleichen Ergebnissen bezüglich des Frauenanteils (ca. 70%) bei den Patienten von Heilritualen.

67   Im Durchschnitt kostet ein ganznächtliches Heilritual zirka 5000.– Rupien, was einem Halbjahreseinkommen eines kleinen Angestellten (Busfahrer, Kellner usw.) entspricht. Ein Schullehrer verdient zirka 1300.– Rupien pro Monat. Vijayatunga (1935) weist in seinem Essay *Bali Suniyam* darauf hin, dass früher offenbar jeder Dörfler geholfen hat, die benötigten Materialien für ein Heilritual zusammenzutragen. Daraus lässt sich schliessen, dass die Bezahlung in Bargeld kaum üblich war, während heute Geldspenden und Schuldenmachen bei grösseren Anlässen, wie einem Tovil–Heilritual, zur üblichen Praxis gehört.

68   Beispiele für Unterschiede zwischen buddhistischen und hinduistischen Vorstellungen sind die Göttin *Kāli* (Kapitel 2), sowie die Götter *Sakra, Indra, Brahma* und *Vishnu*, auf die ich in diesem Kapitel 6.3 zu sprechen komme.

69   Während es im Rahmen meiner vorliegenden Untersuchung angemessen und sinnvoll ist, sich diesbezüglich auf einige heuristische Erwägungen zu beschränken, kann sich die empirische Suche nach den prozessuellen Invarianten der heilenden Mythenanwendung an den Auffassungen von Kapferer (1983) orientieren, dies insbesondere hinsichtlich der semiotischen Probleme. Kapferer würdigt V. Turners Ausrichtung auf die prozessuelle *„structure of practice"* (des Tuns also) im Ritual, wie auch die semiotisch strukturalistischen Ansätze, während er jedoch erkennt, wie wichtig es ist, selber phänomenologisch (nach Husserl und Schutz) die im Ritual geschaffenen Bedeutungen (d.h. Ansichten) aufzufassen:

> Thus I view meaning as defined in a context of action and experience in which both subjective intentional (noetic) and objective (noematic) components of meaning are joined (Kapferer 1983 : 5f).

In diesem Aspekt scheinen mir Kapferers Auffassungen vergleichbar mit meiner Heuristik.

70   Für die Analysen meiner Daten von Tovil–Heilritualen (Kapitel 10) ist die Geschichte von *Mahāsohona* relevant; siehe Ausführungen hierzu S. 224), die „Entstehungsverse" *(sohon–upata–kavi,* S. 309f) und die Erzählung über *Mahāsohona (sohonage katāva,* S. 306f) von Upasena Gurunnanse. Die Namen und Geschichten verschiedener Formen von *Mahāsohona–Yaka* wie auch von anderen Dämonen und Göttern findet man zum Teil in Bechert (1977) und Wirz (1943).

71   Jayatilleke (1975) setzt sich mit den Höllen ausführlicher auseinander und zitiert hierzu aus der Sammlung von Lehrreden des Buddha *(Samyutta Nikāya,* 36.4):

> When the average ignorant person makes an assertion that there is a Hell *(pātāla)* under the ocean, he is making a statement that is false and without basis. The word „hell" is a term for painful bodily sensations *(sarīrika–dukkha–vedanā).*

> (Wenn ein ignoranter Durchschnittsmensch behauptet, dass es eine Hölle gibt unter dem Ozean, dann macht er eine Aussage, die falsch

und ohne Basis ist. Das Wort „Hölle" ist eine Bezeichnung für schmerzvolles, leibhaftes Erleben.)

72 Aufschlussreiche Lehrreden zu Szenario, Inhalt und Umgang der verschiedenen Welten zu Buddhas Lebzeiten finden sich in der Längeren Sammlung *(Dīgha Nikāya* 1987). Szenengestaltung und Personenbesetzung eines Tovils sind in der 20. *(Mahāsamaya Sutta)* und 32. *(Ātanātiya Sutta)* Lehrrede dieser Sammlung enthalten. Form und Ablauf der Begegnung mit Wesen anderer Welten finden wir nach ähnlichem Muster wie im Tovil in der 18. Lehrrede *(Janavasabha Sutta)*. Und schliesslich zeigt die 21. Lehrrede *(Sakkapañhā Sutta)* die Methode der Versöhnung, Schlichtung und Befriedung *(shānti kamma)*.

73 Die Lehrer–Schüler–Beziehung nach dem Vorbild des Buddha prägt nicht nur die Interaktionen zwischen dem *Yakädura* und seinem Assistenten *(goleya)*, dem er die Methode des Heilens *(upakkama)* beibringt. Auch der Patient *(ātura)* ist mehr ein didaktisch Geführter als ein passiv Duldender, der sich behandeln lässt. Der *Yakädura* (wörtlich: Dämonen–Lehrer) ist kein Exorzist, der die als Dämonen personifizierten Krankheitsursachen vertreiben oder gar vernichten würde. Vielmehr muss er als Pädagoge bezeichnet werden: er zähmt und belehrt die Dämonen und bringt sie unter das Gesetz des Dhamma (vgl. Interview mit Upasena Gurunnanse im Anhang).

74 Diese Methode des Umdeutens einschliesslich der Auseinandersetzung mit dem Annihilations– beziehungsweise Ewigkeitsglauben ist in der Lehrrede über das Schlangengleichnis *(Alagaddūpama Sutta, Majjhima Nikāya, Sutta 22)* ausführlich behandelt. Diese Lehrrede des Buddha ist unter anderem auch wegen dem darin enthaltenen Gleichnis vom Floss sehr populär, in welchem gezeigt wird, dass auch die Lehre *(dhamma)* nur dafür gemeint ist, den Fluss des Leidens zu überqueren, danach aber nicht an ihr zu haften (Nyanaponika 1974).

75 Die Wirkung der Mytheninhalte im Erleben des Patienten während des Heilrituals empirisch zu untersuchen ist mit praktischen Schwierigkeiten verbunden, weil die Patienten (in Konformität mit den allgemein gültigen Erwartungen) sich nicht daran erinnern können, was während des Tovils geschehen ist (vgl. Nachgespräch mit Duva, S. 297ff).

76 Bechert (1978) zitiert hierzu Gooneratne (1865). Ich möchte auch verweisen auf Wijesekera (1983), der sich des vermeintlich Peinlichen in ein paar wenigen Sätzen entledigt:

> Now, let us deal with magic. It has very little to do with religion... Although religious atmosphere prevails at times, it must not be taken for granted that Buddhism has anything to do with it... (Wijesekera 1983 : 69)

Die Neuschaffung des „reformierten Buddhismus" ist konform mit einer westlichen Vorstellung von Religion, die von allen praktischen Zwecken gesäubert wird, und daher versucht, den Buddhismus auf eine so verstandene Religion zu reduzieren. Eine solche Vorstellung entstammt der in der Ethnologie ehemals gebräuchlichen Unterscheidung, wie sie zum Beispiel Malinowski (1931) gemacht hat:

> Denn Magie unterscheidet sich von Religion dadurch, dass letztere Werte schafft und Zwecke direkt erfüllt, während Magie aus Handlungen besteht, die einen praktischen Nutzwert haben und wirksam sind nur als Mittel zu einem Zweck (zitiert nach Kippenberger und Luchesi 1978 : 23f).

77   Dem Klerus tritt man idealerweise in weisser Kleidung rituell gegenüber; man definiert sich dadurch als *Upāsaka* respektive *Upāsikā* (Laienanhänger/in), also als „Zufluchtssucher" zu *Buddha, Dhamma* und *Sangha* (Stifter, Lehre und Gemeinde). Auch diese rituellen Aspekte der religiösen Handlungen gehen auf die Zeit des historischen Buddha zurück.

78   Gombrich (1971a) stellt diese Orthodoxie (ohne sie historizistisch zur „grossen Tradition" zu machen) dem Synkretismus gegenüber, der die nicht orthodoxen „kulturellen" Gegebenheiten assimiliert. Southwold (1983) löst das Problem der Unterscheidung zwischen *„Buddhist and non-Buddhist rituals"* vielleicht zu elegant:

> ... we can point out, that the more elaborately ceremonial and symbolic rites in which Sinhalese engage are in fact non-Buddhist. ... By contrast, the dominant characteristic of what Sinhalese and I would categorize as genuinely Buddhist rites is that they are spare, in both senses of the word (Southwold 1983 : 166).

79   Als Beispiel verweist Bechert (1978) auf Wirz, *Exorzismus und Heilkunde auf Ceylon* (1943), der als ethnologischer Klassiker des sinhalesischen Brauchtums gilt.

80   Gombrich (1971a) bietet dafür auf mehreren Ebenen Begriffe an: „Orthodoxie und Synkretismus" auf religionswissenschaftlicher Ebene, oder auf psychologischer Ebene „kognitive und affektive Religion". Letztere Unterscheidung geht entschieden an der Erlebenswirklichkeit der Sinhalesen vorbei, da bei beiden Formen religiösen Brauchtums sowohl Affekte wie auch Kognitionen beteiligt sind. Von Spiro (1970) stammen die künstlich einteilenden Bezeichnungen „karmischer versus nibbanischer Buddhismus" auf soteriologischer Ebene.

81   Dass sich die Psychotherapien als Wissenschaft verstehen, und es von daher ideologisch vielleicht unpassend ist, Psychotherapie mit der Seelsorge der Pfarrer oder gar der christlichen Exorzisten zu vergleichen, kann diese These eigentlich nicht erschüttern. Die Wissenschaft lässt sich mit C.F. von Weizsäcker durchaus als ein aufbegehrendes Kind des „säkularisierten Judäo-Christentums" betrachten. In welchem anderen kultur-religiösen Kontext könnte sie sonst entstanden sein?

82   Die Fragen von Meditation und Psychotherapie wurden in den von Petzold herausgegebenen Handbüchern (1983; 1984, Band I : 523–597) behandelt. Amerikanische Psychiater (Kutz et al. 1985) fassen die buddhi-

stische Achtsamkeitsmeditation als „inkorporiert in die Theorie und Praxis der Psychotherapie" auf. „Meditation" ist allerdings eine etwas unglückliche Übersetzung des Pāli–Wortes „*Bhāvanā*", das eigentlich „Insdaseinrufen, Erzeugen" heisst, und nicht etwa „Nachdenken", „Kontemplieren" oder gar „Entspannen", und die buddhistische Geistesentfaltung als spezifische Kultivierung und Übung bezeichnet (vgl. Nyanatiloka 1976).

83   Ames (1964 : 79) gibt folgende Erklärung zum Zweck von Heilritualen:

> They turn sick Buddhists (ones belabored by wordly desires) into healthy Buddhists (ones who can transcend these wordly interests).

Etwas technischer formuliert es Halverson (1971 : 355):

> Whereas the ultimate goal of Buddhist meditational practice is complete transcendence of the world, the folk rituals aim at reintegration into the world. The psychological effects of release are comparable, but whereas such results mark the end of the ritual process, they are only the first stage of meditation.

84   Der Originaltext auf Englisch:

> I have been able to describe only a fraction of the immense symbolic richness of exorcism. Sound, song, smell, dance and drama combine into what can only be described as a marvelous spectacle which engages all the senses. Exorcists unterstand their rituals as composing five essences of sound *(sabdha)*, visual form *(rūpa)*, touch and feeling *(sparsa)*, taste *(rasa)* and smell *(gandha)*. These are the essences which are "materialized" in the five elemental substances *(pañca mahābhūta)*. It is out of these essences that the exorcists conjure and create both the divine and the demonic. One exorcist referred to the essences collectively by the Sanskrit word *skandha,* or impermanent conditions. The term relates to the Buddhist concept of impermanence *(anicca)* and conveys the sense of constant change and flux, of continual forming, re–forming and dissolving. While not claiming that the term is part of the everyday vocabulary of those non–specialist Sinhalese who attend exorcism, I nonetheless consider that it conveys a crucial quality of exorcism performance: formed in color, music, song and the sounds of magical incantation; in the smell of incense; in the movement and gesture of dance; and in the masked presentation of the demonic, an array of images appears and disappears, forms, re–forms and dissolves in the kaleidoscope of an exorcism performance (Kapferer 1983 : 177).

85   In einer Lehrrede sagte der Buddha:

> „Gelehrt, Ānanda, habe ich den Dhamma,
> ohne zwischen Geheimem und Öffentlichem zu unterscheiden.
> Im Dhamma des Vollkommenen, Ānanda,
> gibt es keine geschlossene Faust des Lehrers"

(Samyutta Nikāya, Band V : 153; Übersetzung von Frýba, unveröffentlicht).

86 Man unterscheidet im Abhidhamma vier Wissensklarheiten, wovon *Attha-sampajañña* das Ziel- und Zweckbewusstsein bezeichnet (vgl. *Tabelle 10*, S. 132).

87 In Sri Lanka blüht die Praxis von *Hūniyama*, in unserem Sprachgebrauch die „schwarze Magie", beträchtlich, welche die Schädigung von Mitmenschen zum Ziel hat (vgl. Obeyesekere 1975b). Ich werde auf die Angst der Heiler vor solchen Schädigungen im Kapitel 8 hinweisen.

88 Dies ist nicht die einzig mögliche Einteilung von Mitteln *(upāya)* nach Abhidhamma. Innerhalb des Ganzen der buddhistischen Geistesschulung und Therapie werden drei Kategorien von Mitteln unterschieden:

    1. *Sīlabbata*, Rituale *(vata = bata)*, die der ethischen Übung und Charakterintegration *(sīla)* dienen (siehe *Tabelle 10*, S. 132),

    2. *Kammatthāna*, Arbeitsgrundlage oder -platz *(thāna)* und Objekte *(ārammana)* des therapeutischen und meditativen Vorgehens,

    3. *Akkheyya*, Erfassungsmatrizen und Paradigmen der befreienden Umdeutung, die als kognitive Kunstgriffe angewendet werden (ausführlicher darüber Frýba & Vogt 1989).

    Diese Dreiteilung der Mittel entspricht den vorher diskutierten Bereichen von *Sīla, Samādhi, Paññā* (S. 190).

89 Die Kenntnisse des eigentlichen meditativen Vorgehens von *Satipatthāna* ist aber bei den Heilern sehr selten vorhanden, und nur wenige können über die koordinierende Funktion der Achtsamkeit im Geistesleben als theoretisches, technisches Wissen sprechen.

90 Das Pāli-Wort *Saddhā* entspricht dem Sanskrit-Wort *Sraddha,* das aus den Wurzeln *srat* „Vertrauen" und *dha* „errichten" zusammengesetzt ist. Wörtlich meint also *Saddhā* „Vertrauenserrichtung". Die sinhalesische Entsprechung *Sardhāva* wird nur selten benützt, weil das Pāli-Wort *Saddhā* als Fremdwort geläufig ist.

91   Wer Vertrauen und Wissen hat,
        beide Zustände dauernd verbunden
        im Gespannn des Bewusstseins,
        an Gewissens Deichsel,
        dem ist die Achtsamkeit der Wagenlenker.

    (Samyutta Nikāya, Band V : 6; Übersetzung von Frýba, unveröffentlicht).

92 Diese Lehrrede mit den *Kālāmern* wird meistens wegen einem anderen, von mir hier nicht weiter erörterten, wichtigen Aspekt des Dhamma zitiert, nämlich wegen dem Vorrang empirischer und erlebensmässig nachvollzogener Wahrheitsprüfung vor den übrigen Quellen, wie logischen Schlüssen, Intuition, Überlieferung, Autorität des Lehrers usw.

93 *Kohomba* ist der Name des Margosa-Baums, dessen Blätter und Rinde zu medizinischen Zwecken verwendet werden. Es gilt als günstiges Omen, einen *Kohomba*-Baum im eigenen Garten zu haben. *Kankāriya* ist ein in

der sinhalesischen Umgangsprache nicht mehr gebräuchliches Wort für *Sānti-kamma* (Pāli), respektive für *Kshema-karyaya* (Sanskrit; siehe Theja Gunawardhana 1977 : 1). *Kohomba-Kankāriya* heisst also wörtlich Befriedungsakt für *Kohomba*.

94 Die Herkunft des Wortes Tovil ist schwer zu ergründen. Einige meinen, es stamme aus Kerala in Südindien, woher viele Rituale importiert worden seien. Andere behaupten sogar, dass es sich um eine Sinhalisierung des englischen Wortes „*devil*" (Teufel) handle.

95 Theja Gunawardhana (1977) gilt als Expertin der geschichtlichen Ursprünge des *Kohomba-Kankāriya*. Sie meint, ihn auf Grund des Legendenmaterials bis in vorhistorische Zeiten zurückverfolgen zu können. Bevor er für den Sinhalesenvorgänger *Panduvasudeva* zum ersten Mal durchgeführt wurde, soll er in Sri Lanka, in Afghanistan und Pakistan bereits existiert haben. Dies belege, so Theja Gunawardhana, dass auf Sri Lanka bereits vor der Einwanderung der heutigen Sinhalesen von Nordindien eine Hochkultur bestanden habe. Ich meine jedoch, dass die im heutigen *Kohomba-Kankāriya* dramatisierten legendären Szenen, ob historisch wahr oder nicht wahr, als lebendige Mythen eine erheiternde und klärende Wirkung auf den Patienten und die Zuschauer bezwecken. Letztlich ist der *Kohomba-Kankāriya* ein Heilritual, nicht ein Geschichtsdrama.

96 Zum Beispiel brachte eine Tageszeitung von Sri Lanka *(Daily News,* April, 1987) eine dreiteilige Serie über die *Veddas,* ihre Herkunft und Lebensgewohnheiten. Die *Veddas* wurden abgebildet, wie sie halbnackt und mit verfilzten Haaren in ihren Dschungelhütten leben und, als Kontrast, wie sie auf einem Honda–Motorrad sitzen in westlicher Kleidung, in Hose und Hemd.

97 Die beiderseits brennende Fackel vom Kremationsfeuer (auf Pāli: *ubhato paditta chavālata*), die in der Mitte mit Kot beschmiert ist *(majjhe gūtha-gata)*, würde nur ein Verrückter berühren. Diese Fackel wird von *Mahāsohona-Yaka* im Mund getragen. Der psychotische Verwirrungszustand, der in diesem Symbol der Verrücktheit zum Ausdruck kommt, wird in *Samyutta Nikāya* (Band III : 93; Übersetzung von Frýba, unveröffentlicht) als „stechendsüchtige sinnliche Geilheit *(abhijjālu kāmesu tibbasārāgo)*, Böswilligkeit *(vyāpannacitto)*, ehrlose Bestechlichkeit *(paduttha-mana-sankappo)*, unachtsame Verwirrung *(mutthassati)*, Unheimlichkeit *(asampajāno)*, Zerfahrenheit *(asamāhito)*, hilflos verlorenes Entfremdetsein *(vibbhantacitto)* und unbeherrschten Sinnes *(pākatindriya)*" wiedergegeben. Dieselbe Zustandsbeschreibung, ergänzt um „innere Leerheit *(rittassāda)* und halluzinatorische Entäusserung *(bāhirassāda)*", wird in *Anguttara Nikāya* (Band I : 280) durch das Verhaltensmuster des Vespen- und Fliegenfortjagens versinnbildlicht. Auch dieses vespenfortjagende, wilde Schwenken von Armen und Beinen ist eine Eigenschaft von *Mahāsohona-Yaka.*

98 In einem Tovil fangen die Heiler oft zuerst mit groben Witzen an. Sobald aber der Patient reagiert oder gar mitmacht, gehen sie zu feineren Formen

über. Als die feinste Form der humorvollen Distanznahme zu Problemen gilt in der srilankischen Kultur das Lächeln *(hasita)* des Buddha, mit dem er die Konflikte und Widersprüchlichkeiten des *Samsāra* (Lebenskreislauf) nur noch als „merkwürdige Kontraste" quittiert (Nyanatiloka 1976). Ein Beispiel dafür gibt die Lehrrede über „Reizbare Götter" *(Ujjhāna-saññino-Sutta, Samyutta Nikāya,* Band I : 23ff). Der Inhalt dieser Lehrrede lautet zusammengefasst:

> Eine Gruppe der Reizbaren Götter hat sich, in Glanz gehüllt und arrogant kritisierend, über den Buddha erhoben. Daraufhin hat sie der Buddha wirklichkeitsbezogen *(yathā-bhūta)* über den emanzipatorischen Pfad des Dhamma aufgeklärt, und die Götter haben mit einer theatralisch anmutenden Selbstkritik geantwortet und sich dem Buddha zu Füssen geworfen. Den merkwürdigen Kontrast in dieser Geschehensabfolge wahrnehmend, wohl auch die künftig inkohärente Gesinnung der Reizbaren liebevoll antizipierend, lächelte der Buddha.

99   Die regulierende Funktion der Achtsamkeit *(sati)* beim paarweisen Ausbalancieren der vier übrigen geistigen Fähigkeiten *(indriya–samatta)* sind im Kapitel 7.2 *(Diagramm 13)* ausführlicher behandelt.

100   Upasena Gurunnanse hat mir einmal gesagt, dass er über all die vielen Möglichkeiten der dämonischen Erscheinungsformen, zum Beispiel des *Mahāsohona* (vgl. Kapitel 8, S. 224), von den Patienten selbst erfahren habe, denen *Mahāsohona* konkret erschienen ist. Die im Tovil gesungenen Mythen *(kavi)* halten dann die Namen solcher Erscheinungen, der Dämonen und Götter, fest und erörtern die Zusammenhänge ihrer Entstehung und Beziehung. Es handelt sich also bei der darin enthaltenen buddhistischen Kosmologie, wie ich bereits ausgeführt habe (vgl. Kapitel 6.3), um eine Psychokosmologie, die ohne die produktive Geistfähigkeit *(mano-indriya)* des Menschen laut buddhistischem Verständnis nicht existieren könnte.

101   *Samaya* und *Abhisamaya* bezeichnen im Abhidhamma den Moment während und unmittelbar nach einem Emanzipationsschub. Es handelt sich um eine Persönlichkeitsintegration, die gekennzeichnet ist durch das Aufgeben von den leidbringenden Verhaftungen *(upādāna;* vgl. Kapitel 4.1, S. 96ff und *Diagramm 5).*

102   Die in meiner Analyse des Tovils der Duva manchmal vergleichsweise herangezogene Behandlung der Sita soll es ermöglichen, die Komponenten des Vorgehens zu identifizieren, mit denen Upasena Gurunnanse in den einzelnen Tovil gleich oder verschieden umgeht, um die psychischen Prozesse aufrecht zu halten und zu steuern. Es soll erfasst werden, wie der Heiler den einzelnen Ereignissen entgegenkommen kann, wie er sein heilendes Können komponiert.

103   Das Anwärmen, wie es in der Tovil-Psychologie verstanden wird, entspricht dem psychodramatischen Anwärmen, sowohl im Wort als auch in der Tat. Bevor sich der Protagonist im Psychodrama auf der Bühne exponiert und sein Innenleben darstellt, wird er und die anderen Teilnehmer

der Therapiegruppe — die Zuschauer — für dieses Ereignis angewärmt.
Dies geschieht vor allem durch gruppendynamische Spiele, welche die
Begegnungen der Gruppenteilnehmer untereinander fördern. Auch im
Psychodrama geht das Fördern der Gruppenkohäsion als Anwärmung der
Gruppe und die Anwärmung des Protagonisten als Bedingung für sein
dramatisches Agieren Hand in Hand.

104 Ich habe den Ablauf des Tovil–Rituals von Duva bei meiner Datenpräsen-
tation (siehe Kapitel 9.3, S. 282–295) in sieben Sequenzen eingeteilt, die
hauptsächlich durch die Erholungspausen der Heiler bestimmt worden
sind. Nun beziehe ich mich bei der Analyse auf diese Sequenzen.

105 Die folgenden kanonischen Verse, von Buddhas Lieblingsschüler Ānanda
vorgetragen, hier in einer etwas archaischen Übersetzung von Neumann
(1922), vermitteln Stimmungsbild und Symbolik der Ereignisse kurz nach
Buddhas Geburt, nehmen Bezug auf die sieben Schritte und auf andere
hervorragende Eigenschaften des Buddha und zeigen auch die Wirkung
seiner Achtsamkeit den versammelten Mitwesen gegenüber:

„Wann da, Ānando, der Erwachsame aus dem Leibe der Mutter hervorkehrt, ergiessen sich zwei Regenströme aus den Wolken herab, einer
kühl, einer warm, woraus dem Erwachsamen der Wasserguss gemischt
wird… Alsbald nach der Geburt, Ānando, fasst der Erwachsame mit
beiden Füssen zugleich Boden, wendet das Anlitz gegen Norden und
schreitet mit sieben Schritten geradeaus, während ein weisser Schirm
ober ihm schwebt; und er blickt nach allen Seiten hin und spricht das
gewaltige Wort:

Der Höchste bin ich in der Welt,
Der Hehrste bin ich in der Welt,
Der Erste bin ich in der Welt,
Das letzte Leben leb' ich,
Und nicht mehr gibt es Wiedersein."

… eben das hab' ich mir als erstaunliche, ausserordentliche Eigenschaft
des Erhabenen gemerkt.

Von Angesicht hab ich es vom Erhabenen gehört…

„… Wann da, Ānando, der Erwachsame aus dem Leibe der Mutter
hervorkehrt, erhebt sich wiederum in der Welt mit ihren Göttern, mit
ihren bösen und heiligen Geistern, mit ihrer Schaar von Priestern und
Büssern, Göttern und Menschen, ein unermesslich mächtiger Glanz,
überstrahlend sogar der Götter göttliche Pracht. Und auch die
Zwischenwelten, die traurigen, trostlosen, finsteren, finster umnachteten,
wo selbst dieser Mond und diese Sonne, die so mächtigen, mit ihrem
Scheine nicht hindringen, auch dort erhebt sich ein unermesslich
mächtiger Glanz, überstrahlend sogar der Götter göttliche Pracht. Die
aber dort als Wesen weilen, die erschauen in diesem Glanze sich selber
und sagen:

Andere sind es ja noch der Wesen, die hier weilen!

Wohlan denn, Ānando, so magst du auch diese Eigenschaft des Vollendeten als erstaunlich und ausserordentlich dir merken: da steigen, Ānando, Gefühle dem Vollendeten bewusst auf, bewusst halten sie an, bewusst gehn sie unter; steigen Wahrnehmungen ... Gedanken bewusst auf, bewusst halten sie an, bewusst gehn sie unter. Eben das ist, Ānando, eine Eigenschaft des Vollendeten, die du als erstaunlich und ausserordentlich dir merken magst"

(Majjhima Nikāya, Sutta 123, Neumann 1922 : 312ff).

106   Im deutschen Sprachgebiet sind grobe Missdeutungen der buddhistischen Heilsziele und –wege üblich. Sogar renomierte Lexika behaupten, es ginge da um „völlige Selbstentäusserung", „endgültiges Erlöschen der Person" und ähnliche Vorgehen, unter denen man sich im westlichen Verständnis etwa „Selbstaufgabe" oder „Selbstvernichtung" vorstellen muss. Die Ursache des Leidens sei „der Wille zum Leben", der ja bei uns als Voraussetzung für Glück und Gesundheit gilt. Abgesehen von diesen Irreführungen hat die wissenschaftliche Erforschung des Buddhismus seit dem letzten Jahrhundert auch stichhaltige Befunde geliefert, wie zum Beispiel die folgenden Aussagen von Hoffmann (1928 : 197) und des von ihm zitierten Übersetzers Oldenberg (1883) belegen:

> Dass gerade Freude die Eigenschaft ist, die in uns das Aufkeimen des Hasses verhindert, ist eine Erkenntnis, deren Bedeutung nicht hoch genug eingeschätzt werden kann. Mehr als durch alle Moralpredigten, Verbote und Abschreckungsmethoden, liesse sich durch Freude zum Heil der Menschheit wirken. Freude und Heiterkeit gehören zu den stärksten Faktoren des buddhistischen Heilsweges. Im *Mahāvagga (Vinaya-Pitaka),* wo jene bedeutsame Episode geschildert wird, die der Buddha unmittelbar nach erlangter Erleuchtung durchlebt, heisst es:

> »Und der Erhabene sass am Fusse des Bodhibaumes sieben Tage lang ununterbrochen mit untergeschlagenen Beinen, die Freude der Erlösung geniessend« (Oldenberg).

107   Im Kapitel 5.2 (S. 129f) sind diese ethischen Entschlüsse als die fünf Grundschritte der Tugend *(sikkhā-pada)* behandelt, die ein Merkmal der heilenden Handlungen *(vatta-pativatta)* darstellen.

108   Im Kapitel 6.3 (S. 182) habe ich die Pflege des Humors im Tovil als didaktische Fertigkeit beim Vermitteln der Mythen aufgeführt. Vergleiche hierzu auch Anmerkung 98.

Bibliographie

Abhidhammattha–Sangaha, Original Pali Text with English Translation, Narada (Ed.) 1980, Manual of Abhidhamma, Buddhist Publication Society, Kandy.

Ackerknecht, E.H. 1943, Psychopathology, Primitive Medicine, and Primitive Culture, *Bulletin of the History of Medicine, 14,* 30–67.

Alexander, F. 1931, Buddhist Training as an Artificial Catatonia, *Psychoanalytical Review, 18,* 129–145.

Amarasingham, L.R. 1973, Kuveni's Revenge: Images of Women in a Sinhalese Myth, *Modern Ceylon Studies, 4,* 76–83.

—— 1980, Movement among Healers in Sri Lanka: A Case Study of a Sinhalese Patient, *Culture, Medicine and Psychiatry, 4,* 71–79.

—— 1981, The Sinhalese Exorcist as a Trickster, in Gupta, G.R. (Ed.), *The Social and Cultural Context of Medicine in India,* 337–352, New Delhi.

—— 1983, Laughter and Suffering: Sinhalese Interpretations of the Use of Ritual Humor, *Social Science and Medicine, 17,* 979–884.

Ames, M.M. 1964, Buddha and the Dancing Goblins: A Theory of Magic and Religion, *American Anthropologist, 66,* 75–82.

—— 1967, The Impact of Western Education on Religion and Society in Ceylon, *Pacific Affairs,* Vol. XL, 19–42.

—— 1977, Thovil: The Ritual Chanting, Dance and Drumming of Exorcism in Sri Lanka, *Monographs on Music, Dance and Theater in Asia,* Museum of Anthropology, University of British Columbia.

Anguttara Nikāya, deutsche Übersetzung von Nyanatiloka 1984, Die Lehrreden des Buddha, Band I – V, Aurum Verlag, Freiburg i.Br.

Ariyapala, M.B. 1956, Society in Medieval Ceylon, Department of Cultural Affairs, Colombo.

Atthasālinī, (Kommentar zum Zweiten Buch des Abhidhamma–Kanons) englische Übersetzung von Pe Maung Tin 1976, The Expositor, Pali Text Society, London.

Barker, R.G. 1968, Ecological Psychology: Concepts and Methods for Studying the Environment of Human Behavior, Stanford University Press, Stanford.

Bateson, G. 1981, Oekologie des Geistes, Suhrkamp, Frankfurt a.M.

Bechert, H. 1966, Buddhismus, Staat und Gesellschaft in den Ländern des Theravāda–Buddhismus, Band I, Allgemeines und Ceylon, Institut für Asienkunde, Frankfurt a.M.

Bechert, H. 1973, Sangha, State, „Nation": Persistence of Tradition in „Post–Traditional" Buddhist Societies, *Daedalus, 102*, 85–95.

—— 1977, Mythologie der singhalesischen Volksreligion, in Haussig, H.W. (Hg.), *Wörterbuch der Mythologie*, Band V, 511–656, Klett, Stuttgart (1965 forts.).

—— 1978, On the Popular Religion of the Sinhalese, in Bechert, H. (Hg.), *Buddhism in Ceylon and Studies on Religious Syncretism in Buddhist Countries*, 217–233, Vandenhoeck & Ruprecht, Göttingen.

Benne, K.D. 1964, History of Training Group in Laboratory, in Bradford et al. (Eds.), *T–Group Theory and Laboratory Method*, New York, Chichester.

Berger, P.L. & Luckmann, T. 1980, Die gesellschaftliche Konstruktion der Wirklichkeit, Fischer, Frankfurt a.M.

Blumer, H.U. 1986, Eine gegenüberstellende Analyse der Studien von Bryce Ryan und Gananath Obeyesekere zu ausgewählten sozialen Phänomenen in Sri Lanka, Magisterarbeit, Universität Konstanz.

Bock, R. 1984, Psychoanalyse: Am Anfang war die Couch, in Petzold H. (Hg.), *Wege zum Menschen: Methoden und Persönlichkeiten moderner Psychotherapie*, Band II, 101–174, Junfermann, Paderborn.

Boesch, E.E. 1980, Kultur und Handlung: Einführung in die Kulturpsychologie, Hans Huber, Bern.

—— 1982, Ritual und Psychotherapie, *Zeitschrift für Klinische Psychologie und Psychotherapie, 30*, 214–234.

—— 1983, Das Magische und das Schöne: Zur Symbolik von Objekten und Handlungen, Problemata, Stuttgart.

Bowen, E.S. 1984, Rückkehr zum Lachen, Reimer, Berlin.

Bünte–Ludwig, C. 1984, Gestalttherapie – Integrative Therapie: Leben heisst wachsen, in Petzold, H. (Hg.), *Wege zum Menschen: Methoden und Persönlichkeiten moderner Psychotherapie,* Band I, 217–308, Junfermann, Paderborn.

Campbell, J. 1953, Der Heros in tausend Gestalten, Fischer, Frankfurt a.M.

Collomb, H. & de Préneuf, Ch. 1979, N'Doep und Psychodrama, *Integrative Therapie, 4,* 303–312.

Deatherage, G. 1979, The Clinical Use of Mindfulness Meditation Techniques in Short–Term Psychotherapie, in Welwood, J. (Ed.), *The Meeting of the Ways: Explorations in East/West Psychology,* Schocken, New York.

Dīgha Nikāya, englische Übersetzung von Walshe, M. 1987, Thus Have I Heard: The Long Discourses of the Buddha, Wisdom Publications, London.

Dittrich, A. & Scharfetter, C. (Hg.) 1987, *Ethnopsychotherapie: Psychotherapie mittels aussergewöhnlicher Bewusstseinszustände in westlichen und indigenen Kulturen*, Thieme, Stuttgart.

Douglas, M. 1974, Ritual, Tabu und Körpersymbolik: Sozialanthropologische Studien in Industriegesellschaft und Stammeskultur, Fischer, Frankfurt a.M.

Dürckheim, K. 1982, Der Körper, den ich habe — der Leib, der ich bin, *Psychiatrie und Körper: Referate der Schweizerischen Gesellschaft für Psychiatrie.*

Eliade, M. 1953, Kosmos und Geschichte: Der Mythos der ewigen Wiederkehr, Diederichs, Düsseldorf.

Evers, H.D. 1972, Monks, Priests and Peasants: A Study of Buddhism and Social Structure in Central Ceylon, Brill, Leiden.

Festinger, L. 1957, A Theory of Cognitive Dissonance, Row & Peterson Publ., Evanston.

Foucault, M. 1973, Wahnsinn und Gesellschaft, Suhrkamp, Frankfurt a.M.

Frank, J.D. 1981, Die Heiler: Über psychotherapeutische Wirkungsweisen vom Schamanismus bis zu den modernen Therapien, Klett, Stuttgart.

Fritz, H. 1987, Patientenverhalten in einem singhalesischen Dorf, Magisterarbeit, Universität Konstanz.

Fromm, E. 1979, Haben oder Sein: Die seelische Grundlagen einer neuen Gesellschaft, dtv, München.

Frýba, M. 1982, Psychodrama Elements in Psychosis Treatment by Shamans of Sri Lanka, in Pines, M. & Rafaelsen, L. (Eds.), *The Individual and the Group*, Vol. II, 333–339, Plenum, New York.

—— 1984, Abhidhamma — eine uralte Grundlage transpersonaler Psychotherapie, *Integrative Therapie, 3,* 263–272.

—— 1987, Anleitung zum Glücklichsein: Die Psychologie des Abhidhamma, Bauer, Freiburg i.Br.

—— 1988, „Madness" in Sri Lanka: Issues of Mental Health, *Lanka Guardian,* Vol. XI (5), 18f.

Frýba, M. & Vogt Frýba, B. 1989, Sīlabbata – Virtuous Performance: The Empiric Basis of Buddhist Psychology, *Sri Lanka Journal of Buddhist Studies,* Vol. III.

Geertz, C. (Ed.) 1963, Old Societies and New States: The Quest for Modernity in Asia and Afrika, Free Press, Glencoe.

Gendlin, E.T. 1961, Experiencing: A Variable in the Process of Therapeutic Change, *American Journal of Psychotherapy, 15,* 233–245.

Gendlin, E.T. 1962, Experiencing and Creation of Meaning, Free Press, New York.

—— 1964, A Theory of Personality Change, in Worchel, B. & Byrne, D. (Eds.), Personality Change, 102–148, Wiley, New York.

—— 1978, Focusing, Everest House, New York.

Glasenapp, H.v. 1977, zitiert in Hillebrandt, A. (Hg.), Upanishaden: Die Geheimlehre der Inder, Diederichs, Düsseldorf.

Goffman, E. 1961, Asylums, Doubleday Anchor, New York.

Goleman, D. 1976, Meditation and Consciousness: An Asian Approach to Mental Health, American Journal of Psychotherapy, 30, 41–54.

—— 1978, Buddhas Lehre von der Meditation und den Bewusstseinszuständen, in Tart, C.T. (Hg.), Transpersonale Psychologie, Walter, Olten.

Gombrich, R. 1971a, Precept and Practice: Traditional Buddhism in the Rural Highlands of Ceylon, Clarendon Press, Oxford.

—— 1971b, „Merit Transference" in Sinhalese Buddhism: A Case Study of the Interaction between Doctrine and Practice, History of Religion, Vol. II (2), 203–219.

—— 1971c, Food for Seven Grandmothers: Stages in the Universalisation of a Sinhalese Ritual, Man, 6, 5–18.

—— 1975, Buddhist Karma and Social Control, Comparative Studies in Society and History, 17, 212–220.

Goonatilake, S. 1982, Crippled Minds: An Exploration into Colonial Culture, Lake House, Colombo.

Gooneratne, D.S. 1865/66, On Demonology and Witchcraft in Ceylon, Journal of the Royal Asiatic Society, Vol. IV.

Govinda, L.A. 1931, Abhidhammattha–Sangaha: Übersetzung der ersten vier Kapitel, Benares Verlag, München.

—— 1962, Die psychologische Haltung der frühbuddhistischen Philosophie, Rascher, Zürich.

Groner, R. 1980, Heuristik, in Arnold, W., Eysenck, H.J. & Meili, R. (Hg.), Lexikon der Psychologie, Herder, Freiburg.

Gunawardhana, Th. 1977, Ravana Dynasty in Sri Lanka's Dance Drama: Kohomba Komkaariya, National Publishing House, Rawalpindi.

Hagehülsmann, H. 1984, Begriff und Funktion von Menschenbildern in Psychologie und Psychotherapie: Wissenschaftstheoretische Überlegungen am Beispiel der Humanistischen Psychologie, in Petzold, H. (Hg.), Wege zum Menschen: *Methoden und Persönlichkeiten moderner Psychotherapie*, Band I, 9–44, Junfermann, Paderborn.

Hall, C.S. & Lindzey, G. 1978, Theories of Personality, Wiley, New York.

Halverson, J. 1971, Dynamics of Exorcism: The Sinhalese Sanniyakuma, *History of Religions, 10*, 334–359.

Handelmann, D. & Kapferer, B. 1980, Symbolic Types, Mediation and the Transformation of Ritual Context: Sinhalese Demons and Tewa Clowns, *Semiotica, 30*, 41–71.

Havel, V. 1980, Versuch, in der Wahrheit zu leben: Von der Macht der Ohnmächtigen, Rowolt, Hamburg.   .

Hecht, Ch. 1984, Kognitive Verhaltenstherapie: Selbstmanagement–Therapie: Ich will mich ändern, in Petzold, H. (Hg.), *Wege zum Menschen: Methoden und Persönlichkeiten moderner Psychotherapie*, Band II, 397–488, Junfermann, Paderborn.

Hehlmann, W. 1959, Wörterbuch der Psychologie, Alfred Kröner, Stuttgart.

Hoffmann, E.L. 1928, Abhidhammattha–Sangaha; Ein Compendium Buddhistischer Philosophie und Psychologie, *Zeitschrift für Buddhismus, 8*, 86–208.

Jaggi, O.P. 1982, Folk Medicine: History of Science, Technology and Medicine in India, Atma Ram, Delhi.

Kantowsky, D. 1985, Von Südasien lernen: Erfahrungen in Indien und Sri Lanka, Campus, Frankfurt a.M.

Kapferer, B. 1979, Mind, Self and Other in Demonic Illness: The Negation and Reconstruction of Self, *American Ethnologist, 6*, 110–133.

—— 1983, A Celebration of Demons: Exorcism and the Aesthetics of Healing in Sri Lanka, Indiana University Press, Bloomington.

Kelly, G.A. 1955, The Psychology of Personal Constructs, Norton, New York.

Kerényi, K. 1941, Über Ursprung und Gründung in der Mythologie, in Jung, C.G. & Kerényi, K.: *Einführung in das Wesen der Mythologie*, Rascher, Zürich.

Kiev, A. 1972, Transcultural Psychiatry, Penguin, Harmondsworth.

Kippenberg, H.G. & Luchesi, B. (Hg.) 1978, Magie : Die sozialwissenschaftliche Kontroverse über das Verstehen fremden Denkens, Suhrkamp, Frankfurt.

Klaus, G. & Buhr, M. 1975, Philosophisches Wörterbuch, VEB, Berlin.

Kleinman, A. et al. 1978, Culture and Healing in Asian Societies: Anthropological, Psychiatric and Public Health Studies, Schenkman, Cambridge.

Kluckhohn, C. 1942, Myths and Rituals: A General Theory, *The Harvard Theological Review, 35*, 45–79.

Kohl, K.-H. 1986, Exotik als Beruf: Erfahrung und Trauma der Ethnographie, Campus, Frankfurt a.M.

Kutz, I., Borysenko, J.Z. & Benson, H. 1985, Meditation and Psychotherapy: A Rationale for the Integration of Dynamic Psychotherapy, the Relaxation Response and Mindfulness Meditation, *The American Journal of Psychiatry, 142,* 1–8.

Laing, R.D. 1969, Phänomenologie der Erfahrung, Suhrkamp, Frankfurt a.M.

Leach, E. 1962, Pulleyar and Lord Buddha: An Aspect of Religious Syncretism in Ceylon, *Psychoanalysis and the Psychoanalytic Review, 49,* 80–102.

—— 1978, Kultur und Kommunikation: Zur Logik symbolischer Zusammenhänge, Suhrkamp, Frankfurt a.M.

Lesh, T. 1970, Zen Meditation and the Development of Empathy in Counselors, *Journal of Humanistic Psychology, 10,* 39–74.

Leslie, C. 1980, Medical Pluralism in World Perspective, *Social Science and Medicine, 14,* 191–195.

Leung, P. 1973, Comparative Effects of Training in External and Internal Concentration on Two Counseling Behaviors, *Journal of Counseling Psychology, 20,* 227–234.

Lévi–Strauss, C. 1977, Strukturale Anthropologie I, Suhrkamp, Frankfurt a.M.

Lockowandt, O. 1984, Die Erkenntnisquellen und Methoden der humanistischen Psychologie, in Petzold, H. (Hg.), *Wege zum Menschen: Methoden und Persönlichkeiten moderner Psychotherapie,* Band I, 45–110, Junfermann, Paderborn.

Loder, B. & Vogt, B. 1982, Jugendliche in ihrer Wohnumwelt, Lizentiatsarbeit, Universität Bern.

Mahāvamsa, englische Übersetzung von Geiger, W. 1934, Pali Text Society, London.

Majjhima Nikāya, deutsche Übersetzung von Neumann K.E. 1922, Die Reden Gotamo Buddhos, Piper, München.

Malalgoda, K. 1976, Buddhism in Sinhalese Society 1750–1900: A Study of Religious Revival and Change, University of California Press, Berkeley.

Mead, G.H. 1973, Geist, Identität und Gesellschaft, Suhrkamp, Frankfurt a.M.

Milindapañho, The Pali Text, Treckner V. (Ed.) 1962, Pali Text Society, London; deutsche Übersetzung von Nyanatiloka, Nyanaponika (Hg.) 1985, Die Fragen des Königs Milinda – Zwiegespräche zwischen einem Griechenkönig und einem buddhistischen Mönch, Ansata–Verlag, Interlaken.

Moreno, J.L. 1924, Das Stegreiftheater, Gustav Kiepenheuer, Potsdam.

Moreno, J.L. 1955, The Significance of the Therapeutic Format and the Place of Acting out in Psychotherapy, *Group Psychotherapy, 8,* 7–19.

—— 1959, Psychodrama, in Arieti, S. (Ed.), *American Handbook of Psychiatry,* Vol. II, 1375–96, Basic Books, New York.

—— 1973, Gruppenpsychotherapie und Psychodrama, Thieme, Stuttgart.

Moreno, Z. 1979, Über Aristoteles, Breuer und Freud hinaus: Morenos Beitrag zum Konzept der Katharsis, *Integrative Therapie, 5,* 24–34.

Morris, Ch. 1938, Foundations of the Theory of Signs, University Press of Chicago, Chicago.

Morris, Ch. 1955, Signs, Language and Behavior, Braziller, New York.

—— 1956, Varieties of Human Value, University Press of Chicago, Chicago.

Myerhoff, B. 1976, Shamanic Equilibrium: Balance and Mediation in Known and Unknown Worlds, in Hand, W.D. (Ed.), *American Folk Medicine: A Symposium,* 99–108, University of California Press, Berkeley.

Naranjo, C. & Ornstein, R. 1976, Psychologie der Meditation, Fischer, Frankfurt.

Nettippakaranam, englische Übersetzung Ñāṇamoli 1977, The Guide, Pali Text Society, London.

Nevill, H. 1954, Sinhala Verse (Kavi), in Deraniyagala, P.E.P. (Ed.), *Ethnology,* Vol. I – III, Government Press, Colombo.

Nyanaponika 1965, Abhidhamma Studies, Buddhist Publication Society, Kandy.

—— 1974, The Discourse on the Snake Simile (Kommentierte Übersetzung von Alagaddūpama Sutta), *Selected Buddhist Texts,* Vol. I, Buddhist Publication Society, Kandy.

—— 1979, Geistestraining durch Achtsamkeit, Christiani, Konstanz.

—— 1980, Die Vier Erhabenen Weilungen, *Bodhi Baum, Zeitschrift für Buddhismus, 5,* 77–86.

—— 1981, Die Wurzeln von Gut und Böse, Christiani, Konstanz.

—— 1983, Die vier Nahrungen des Lebens, *Buddhistische Monatsblätter,* Band XXIX, 1–3.

—— 1986, The Vision of Dhamma: The Buddhist Writings of Nyanaponika Thera, Rider, London.

Nyanatiloka 1976, Buddhistisches Wörterbuch, Christiani, Konstanz.

Obeyesekere, G. 1968, Theodicy, Sin and Salvation in a Sociology of Buddhism, in Leach, E. (Ed.), *Dialectic in Practical Religion,* 7–40, Cambridge University Press, Cambridge.

Obeyesekere, G. 1969, The Ritual Drama of the Sanni Demons: Collective Representations of Desease in Ceylon, *Comparative Studies in Society and History, 11,* 174–216.

—— 1970a, Religious Symbolism and Political Change in Ceylon, *Modern Ceylon Studies, 1,* 43–63.

—— 1970b, The Idiom of Demonic Possession: A Case Study, *Social Science and Medicine, 4,* 97–111.

—— 1970c, Ayurveda and Mental Illness, *Comparative Studies in Society and History, 12,* 192–296.

—— 1975a, Psycho–cultural Exegesis of a Case of Spirit Possession from Sri Lanka, *Contributions to Asian Studies, 8,* 41–89.

—— 1975b, Sorcery, Premeditated Murder and the Canalization of Aggression in Sri Lanka, *Ethnology, 14,* 1–23.

—— 1977a, Social Change and the Deities: Rise of the Kataragama Cult in Modern Sri Lanka, *Man, 12,* 377–396.

—— 1977b, The Theory and Practice of Psychological Medicine in the Ayurvedic Tradition, *Culture, Medicine and Psychiatry, 1,* 155–181.

—— 1978a, Illness, Culture and Meaning: Some Comments on the Nature of Traditional Medicine, in Kleinmann, A. et al. (Eds.), *Culture and Healing in Asian Societies,* 253–263, Schenkman, Cambridge.

—— 1978b, The Impact of Ayurvedic Ideas on the Culture and the Individual in Sri Lanka, in Leslie, C. (Ed.), *Asian Medical Systems,* 201–226, University of California Press, Berkeley.

—— 1981, Medusa's Hair, University of Chicago Press, Chicago.

—— 1983, Depression, Buddhism and the Work of Culture in Sri Lanka, Manuskript (unveröffentlicht), Princeton University.

—— 1985, The Cult of Huniyam: A New Religious Movement in Sri Lanka, Manuskript, Princeton University.

—— 1987, The Cult of the Goddess Pattini, Motilal Banarsidass, New Delhi.

Pertold, O. 1930, The Ceremonial Dances of Singhalese, *Archiv Orientálni,* Prague.

Peters, L.. & Price–Williams, D. 1980, Towards an Experiental Analysis of Shamanism, *American Ethnologist, 7,* 397–418.

Petzold, H. 1980, Moreno – nicht Lewin – der Begründer der Aktionsforschung, *Gruppendynamik, 11,* 142–166.

Petzold, H. 1981, Das Hier–und–Jetzt–Prinzip und die Dimension der Zeit in der psychologischen Gruppenarbeit, in Bachmann, C.H. (Hg.), *Kritik der Gruppendynamik,* Fischer, Frankfurt a.M.

—— 1983, Psychotherapie, Meditation, Gestalt, Junfermann, Paderborn.

—— (Hg.) 1984a, *Wege zum Menschen: Methoden und Persönlichkeiten moderner Psychotherapie,* Band I und II, Junfermann, Paderborn.

—— 1984b, Die ganze Welt ist eine Bühne: Das Psychodrama als Methode der Klinischen Psychotherapie, in Petzold, H. (Hg.), *Wege zum Menschen: Methoden und Persönlichkeiten moderner Psychotherapie,* Band I, 111–216, Junfermann, Paderborn.

Pfleiderer, B. 1981, Mira Datar Dargah: A Psychiatric Institution, *Internationales Asienforum, 12,* 51–75.

Pfleiderer, B. & Bichmann, W. 1985, Krankheit und Kultur: Eine Einführung in die Ethnomedizin, Reimer, Berlin.

Piaget, J. 1974, The Place of the Sciences of Man in the System of Sciences, Harper & Row, New York.

Piyadassi 1975, The Book of Protection, Buddhist Publication Society, Kandy.

Prince, R.H. 1974, The Problem of „Spirit Possession" as a Treatment for Psychiatric Disorders, *Ethos, 2,* 315–333.

Raghavan, M.D. 1967, Sinhala Nätum: Dances of the Sinhalese, Gunasena, Colombo.

Rahula, W. 1982, Was der Buddha lehrt, Origo, Bern.

Rogers, C.R. 1965, The Therapeutic Relationship: Recent Theory and Research, *Australian Journal of Psychology, 17,* 95–108.

—— 1977, Therapeut und Klient, Grundlagen der Gesprächspsychotherapie, München, Kindler.

Rokeach, M. 1968, The Nature of Attitudes, *International Encyclopedia of the Social Sciences,* Macmillam, New York.

—— 1970, Beliefs, Attitudes and Values: A Theory of Organisation and Change, Jossey–Bass, San Francisco.

Saddhātissa, H. 1978, The Saddhā Concept in Buddhism, *The Eastern Buddhist,* Vol. XI, 137–142.

Schalk, P. 1978, Der Paritta-Dienst in Sri Lanka, in Bechert, H. (Hg.), *Buddhism in Ceylon and Studies on Religious Syncretism in Buddhist Countries,* Vandenhoeck & Ruprecht, Göttingen.

Sammohavinodanī, (Kommentar zum Zweiten Buch des Abhidhamma–Kanons), englische Übersetzung von Ñāṇamoli 1987: The Dispeller of Delusison, Pali Text Society, London.

Samyutta Nikāya, (Pāli Urtext), Feer, M.L. (Ed.) 1960 – 1976, Vol. I – VI, Pali Text Society, London.

Sarachchandra, E.R. 1966, The Folk Drama of Ceylon, Dept. of Cultural Affairs, Colombo.

Scharfetter, C. 1983a, Über Meditation: Begriffsfeld, Sichtung der „Befunde", Anwendung in der Psychotherapie, in Petzold, H. (Hg.), *Psychotherapie, Meditation, Gestalt,* Junfermann, Paderborn.

—— 1983b, Der Schamane: Das Urbild des Therapeuten, *Praxis der Psychotherapie und Psychosomatik, 28,* 81–89.

Schleberger, E. (Hg.) 1985, Märchen aus Sri Lanka (Ceylon), Diederichs, Köln.

Schur, E. 1971, Labeling Deviant Behavior: Its Sociological Implications, Harper & Row, New York.

Schuster, R. 1979, Empathy and Mindfulness, *Journal of Humanistic Psychology, 19,* 71–77.

Seneviratna, A. 1984, Traditional Dance of Sri Lanka, Ministry of Cultural Affairs, Colombo.

de Silva, L. 1981, Paritta: The Buddhist Ceremony for Peace and Prosperity in Sri Lanka, National Museum, Colombo.

de Silva, P. 1978, Doctrinal Buddhism and Healing Rituals, Appendix in *Buddhist and Freudian Psychology,* 189–202, Lake House, Colombo.

Smith, B. 1987, Varieties of Religious Assimilation in Early Medieval Sri Lanka, in Kalupahana, J.D. & Weeraratne, W.G. (Eds..), *Buddhist Philosophy and Culture,* N.A. Jayawickrama Felicitation Volume Commitee, Colombo.

Southwold, M. 1983, Buddhism in Life: The Anthropological Study of Religion and the Sinhalese Practice of Buddhism, Manchester University Press, Dover.

Spiro, M.E. 1970, Buddhism and Society, Harper & Row, New York.

Story, F. 1972, Gods and the Universe in Buddhist Perspective, Buddhist Publication Society, Kandy.

Tambiah, S.J. 1968, The Ideology of Merit and the Social Correlates of Buddhism in a Thai Village, in Leach, E. (Ed.), *Dialectic in Practical Religion,* 41–121, Cambridge University Press, Cambridge.

—— 1970, Buddhism and the Spirit Cults in North–East Thailand, Cambridge University Press, Cambridge.

Tambiah, S.J. 1973, Buddhism and This–wordly Activities, *Modern Asian Studies, 7*, 1–20.

—— 1978, Form und Bedeutung magischer Akte, in Kippenberg, H.G. & Luchesi, B. (Hg.), *Magie: Die sozialwissenschaftliche Kontroverse über das Verstehen fremden Denkens,* Suhrkamp, Frankfurt a.M.

—— 1979, A Performative Approach to Ritual, *The Proceedings of the British Academy,* Vol. 65, 113–169.

Turner, V. 1967, The Forest of Symbols: Aspects of Ndembu Ritual, Cornell University Press, Ithaca, London.

—— 1977, Process, System and Symbol: A New Anthropological Synthesis, *Daedalus, Discoveries and Interpretations: Studies in Contemporary Scholarship,* Vol. I, 61–80.

Ueda, N. 1988, Exorcism and Mental Illness, Manuskript, University of Tokyo.

von Uexkühl, J. & Kriszat, G. 1956, Streifzüge durch die Umwelten von Tieren und Menschen: Bedeutungslehre, Hamburg.

Vibhanga, (Pāli Urtext des Zweiten Buchs des Abhidhamma–Kanons), Rhys Davids, C.A.F. (Ed.) 1978, Pali Text Society, London.

Vijayatunga, J. 1935, Grass for my Feet: Vignettes of Village Life in Sri Lanka, K.V.G. de Silva, Colombo.

Visuddhi–Magga, deutsche Übersetzung von Nyanatiloka 1975, Der Weg der Reinheit, Christiani, Konstanz.

Vitharana, V. 1976, The Sun and the Moon in Sinhalese Culture, Manuskript, Colombo.

Waxler, N.E. 1972, Social Change and Psychiatric Illness in Ceylon: An Investigation of Traditional and Modern Conceptions of Disease and Treatment, in Lebra, W. (Ed.), *Mental Health in Asia and the Pacific,* University of Hawaii Press, Honolulu.

—— 1977, Is Mental Illness Cured in Traditional Societies? A Theoretical Analysis, *Culture, Medicine and Psychiatry, 1,* 233–253.

—— 1984, Behavioral Convergence and Institutional Separation: An Analysis of Plural Medicine in Sri Lanka, *Culture, Medicine and Psychiatry, 8,* 187–205.

Weerakoon, R. 1985, Sri Lanka's Mythology, Samayawardhana, Colombo.

Weiss, M. 1987, An Account of Unmāda According to Non–Medical Sanskrit Sources, *The Adyar Library Bulletin (Madras),* Vol. 51, 294–326.

Welwood, J. (Ed.) 1979, The Meeting of the Ways: Explorations in East/West Psychology, Schocken, New York.

Werner, K. 1977, Yoga and Indian Philosophy, Motilal Banarsidass, Delhi.

Wijesekera, N.D. 1949, The People of Ceylon, Gunasena, Colombo.

—— 1983, Religion and Magic, Selected Writings, Vol. I, 62–72, Gunasena, Colombo.

Wijesekera, N. 1987, Deities and Demons, Magic and Masks, Part I, Gunasena, Colombo.

Wirz, P. 1943, Exorzismus und Heilkunde auf Ceylon, Hans Huber, Bern.

Wundt, W. 1903, Grundriss der Psychologie, Engelmann, Stuttgart.

Yalman, N. 1962, On Some Binary Categories in Sinhalese Religious Thought, *Transaction of the New York Academy of Sciences*, Vol. 24, 408–420.

—— 1964, The Structure of Sinhalese Healing Rituals, in Harper, E.B. (Ed.), *Religion in South Asia*, University of Washington Press, Seattle.

Register

Die im Register enthaltenen Begriffe des Abhidhamma und der Tovil–Psychologie haben oft zwei oder mehrere Formen und Schreibweisen. Nach jedem Hauptbegriff sind daher die verschiedenen im Text vorkommenden Varianten beigefügt.

An erster Stelle steht in der Regel die Pāli–Form, die nur dann mit einem (P) gekennzeichnet wird, wenn sie nicht als ein geläufiges Fremdwort in der sinhalesischen Sprache vorkommt. Im Falle einer Bedeutungsverschiebung oder der Abwesenheit des Pāli–Äquivalents wird die Sinhala–Form mit einem (S) gekennzeichnet.

Verweise auf [⟩verwandte Begriffe], die eventuell weitere Erklärungen enthalten, sind in eckigen Klammern angeführt.

Die Aussprache ist auf Sinhala und Pāli ähnlich wie auf Deutsch. Die Vokale ā, ē, ī, ō, ū werden lange ausgesprochen. Den Konsonanten c spricht man wie **tsch** auf Deutsch, j wie John auf Englisch, und **sh** wie das deutsche **sch** aus. Der Konsonant **h** wird sonst voll und nicht bloss aspiriert ausgesprochen.

Das Register erfüllt zugleich die Funktion eines Glossars, indem zusätzlich zu den stichwortartigen deutschen Bedeutungsentsprechungen manchmal auch kurze Definitionen angefügt werden. Ausführliche Definitionen abhidhammischer Begriffe gibt Nyanatiloka: *Buddhistisches Wörterbuch* (1976).

manusa–amanusa, Mensch–Nicht–Mensch [⊅amanusa] 400

manusa–loka (P); minis–loka (S), Menschenwelt [⊅loka] 177

marana, Sterben 438

Māru Yaka, Todesdämon 310

matakkaranava (S), vergegenwärtigen 413

mātra (S), Tanzschritt 287, 373

Mātru Deviyo, Gottheit 302f

mavagānīma (S), Vorstellung 413

mavāgat lokayak (S), halluzinatorische Welt 69

„me sarīra pañca–skandha" (S), Patientenanrede: „dieses Körpers Fünfergruppe" [⊅khandha] 283, 294

mettā, selbstlose Liebe, Güte 47, 61, 86, 101, 137, 139, 223, 357f, 364, 370, 390

micchā ditthi (P); mithya drusti (S), verkehrte Ansicht, Wahnidee [⊅ditthi] 420

moha, Verblendung [⊅avijjā] 195

mōhana (S), unbewusst–machen 436

Mōhinī, Dämonin 436

molaya madi (S), Mangel an Vernunft 410

molgaha (S), Reisstampfer 250, 339

molgaha–varam (S), besondere Fähigkeit [⊅varam] 339

mudita, Mitfreude [⊅anumodana] 358, 390

mulā–kirīma (S), Irreführung 436

mutthassati (P), unachtsame Verwirrung 447

Nāga, Schlangenwesen 178

nākata (S), astrologisch berechnete günstige Zeit 55, 228

Nakshakāraya (S), Astrologe [⊅Shāstrakāraya] 54

nāma–khandha (P), Geistwesen, Geist–Komponenten [⊅khandha] 433

nāma–rūpa, Geist–Körper–Einheit [⊅rūpa] 94, 432, 437

nam–karanava (S), benennen 346

ñāna, Wissen, Erkenntnis 86, 424

nandi, Genuss 432

nara–billa (S), Menschenopfer [⊅billa] 421

naraka väda (S), böses Werk [⊅väda, akusala kamma] 195, 410

natanava (S), tanzen 284, 286, 289, 293, 363

natthi–paccaya (P), Abwesenheit–Bedingung [⊅paccaya] 86

nätum anukaranaya (S), zusammen im gleichen Schritt tanzen 293

nava dora (S), neun Tore (des Körpers) [⊅dvāra] 408

nava–graha–pideniya (S), Altar für die neun planetarischen Gottheiten [⊅pideniya] 280

nava–grahayo (S), neun Planeten 55

nava–graha–pūja (S), Opferung für die neun planetarischen Gottheiten 219, 230

Nibbāna, vollkommene Leidüberwindung, feinstes Glück, Erleuchtung 35, 130, 397

nibbāti (P), lindern, wörtlich: abkühlen 92, 396

nibbidā (P), Abwendung 434

nica (S), ungünstig 54

nicakula–bandanaya (S), Typ von schwarzer Magie 271, 332

nidibara gatiya (S), ohne Schlaf sein, unter Schlaflosigkeit leiden 299

nimitta, geistiges Bild 57, 61, 85, 142, 404

Nimitta–balanna (S), Hellsehen, wörlich: ein geistiges Bild schauen 43, 57

niraya, Hölle 177, 442

nirodha (P), Auslöschung 434

nūla (S), rituelle Schnur [⇨äpa–nūla] 37, 56, 70, 73, 280, 334, 390, 424

nūl–bändīma, nūl–bandinava, (S), rituelles Binden einer Schnur 56, 73, 294

paccavekkhana (P), Reflexion, Rückblick 100, 403, 440

paccaya, Bedingung, Voraussetzung für das Entstehen oder Schwinden eines Phänomens 47, 83–90, 93, 196, 203f, 321, 357f, 360, 362, 369f, 382, 387

paccayatā (P), Bedingtheit aller Phänomene 82ff, 96, 431

paccupatthāna (P), Manifestation eines Phänomens 203

pada, Grundlage, Schritt, Fuss(stapfen) 95, 128f, 131, 136f, 284, 367, 423f, 440, 450

padatthāna (P), Entstehungsgrundlage eines Phänomens 440

pädura (S), Matte 283, 288, 292, 308, 310f

pädure–kavi (S), Lied über das Mattenweben 292, 386, 440

paduttha–mana–sankappo (P), ehrlose Bestechlichkeit 447

pahada (S); pasāda (P), Vertrauen, Durchlässigkeit des Geistes [⇨saddhā] 100, 204, 333, 353, 363, 396, 404

pahada–arinava, pahadinava (S), Klären von Zweifeln 100, 204, 353

pahan (S), Öllampe 273, 291

pahan–dälvīma (S), Lichtopfer 282

pākatindriya (P), unbeherrschten Sinnes 447

pakati–upanissaya (P), direkter Anlass [⇨paccaya] 87

pala denava (S), wörtlich: Früchte geben [⇨kamma–vipāka] 410

pän (S), rituelles Wasser 278, 290

pän jīvam–kirīma (S), Energetisieren des Wassers (mit Mantra besprechen) 293

pän–vädīma (S), Wasseropfer 282

pana näti gatiya (S), keine Schwäche haben, nicht unter Schwäche leiden 299

pañca–dvāra, fünf (Sinnen–) Tore [⇨dvāra] 105, 203, 435

pañca–indriya, fünf Sinnenfähigkeiten 77, 90, 98, 203f, 359, 364, 416, 435

pañca–kāma–guna, fünf Sinnenqualitäten [⇨kāma, guna] 47, 77, 80, 90, 408, 412, 431

pañca–khandha; pañca–skandha (S), fünf Persönlichkeitskomponenten [⇨khandha] 47, 77, 79, 82, 89, 93, 95, 97, 102, 139, 141, 143, 183, 328, 339, 349f, 389f, 435

pañca–upādāna–khandha, blokkierte Persönlichkeitskomponenten [⇨upādāna] 79, 99, 350f, 432, 434

pinkama (S), verdienstvolle Handlung 218

pirisidu (S), Läuterung [⊃pārisuddhi]

Pirit (S), mönchisches Heilritual 20, 31, 33, 37ff, 43, 45, 48, 70f, 107, 163, 185, 188, 410, 429

pirit–mandapa (S), rituell reiner Raum [⊃mandapa] 37

pirit–nūla (S), rituelle Schnur [⊃nūla] 37, 70

pissu (S), verrückt, zerfahren 41, 51, 323f, 326, 337, 350f, 372, 417

pitatkaranava (S), Abwenden, Umdrehen (der Dämonen) 387, 419

pīti (P); prīti (S), Glück, Freude 78, 86, 92, 101, 105, 356, 358f, 365, 394, 396f, 399, 409, 414

pīti–uppādān–attham (P), zum Zwecke der Freudeentstehung 400

piyavarin–piyavara (S), Schritt um Schritt 291

piyevi sihiya (S), wieder zu sich kommen, das Gedächtnis wiedererlangen 293

piyun (S), Lotusblumenkonstruktion 291

pol–mal (S), Kokosnussblüte 286

pola (S), Platz [⊃tovil–pola] 217

pragña (S), Weisheit [⊃paññā]

pragñāvanta–upāya (S), weise Mittel [⊃paññā–upāya]

pramānaya ikmavayāma (S), über seine Grenzen gehen, übertreiben 69

prasanna–karanava (S), klar bzw. schön machen [⊃pasanna] 204

pratipatti, pratipattiya (S), Vorgehen, Handeln [⊃dhamma–patipattiya] 346, 411 424

pratipatti itu karanava (S), nachvollziehendes geschicktes Handeln [⊃dhamma–patipattiya] 411

preta (S); peta (P), Geist eines verstorbenen Verwandten, Ahnengeist 31, 40f, 50, 62, 105, 162, 173, 177, 187, 217, 225, 230, 235ff, 247, 254, 257f, 318, 339, 347, 351, 419, 432

preta–āvesha (S), Besessensein durch Ahnengeist [⊃āvesha] 238

preta–bhūta–pideniya (S), Opferaltar für den Ahnengeist [⊃pidīma] 240

preta–dōsa (S), durch einen Ahnengeist verursachte Krankheit [⊃dōsa] 41

preta–tatuva–pidīma (S), Opferstuhl für den Ahnengeist 219, 230

pretāge putā (S), Sohn eines Ahnengeistes (Schimpfwort) 237

prīti (S), Freude [⊃pīti]

puhula (S), Aschkürbis 67, 226, 427

Pūja, Ritual der Opferung, Feier 31f, 37f, 43, 45, 53, 55, 66, 163, 185, 219, 223, 230

puna–bhāva (P), wiederholtes Werden [⊃bhavati] 433

puvak–mal (S), Arekanussblüten 273

rāga (P), Sucht 432

rajakriya (S), Staatspflicht, wörtlich: Akt für den König 216, 220

raksha, Dämon 177

Rāma, Gott 316

ranga–mandala (S), Tovil-Platz [⊃tovil–pola] 289

rasa, Geschmack, Stimmung, Funktion des Geisteszustands 192, 203, 361, 445

samsāra, Lebens– und Todeskreislauf 34f, 95, 104f, 175, 181, 438, 448

samūha (P), momentgebundene Struktur der Phänomene 97

sañcetanā (P), Absicht, Plan 131, 136

sandhistānaya (S), Abzweigung 283

Sangha, buddhistische Mönchsgemeinde 35, 155f, 186, 214, 275, 284, 361

sankhāra, Geistesformation 142, 432, 437

sankhāra–khandha, Geistesformations-Komponente [⊅pañca–khandha] 79, 82, 86, 94, 98

sankhāta–dhammā (P), Zusammensetzung von Phänomenen 434

saññā, Wahrnehmung 142

saññā–khandha, Wahrnehmungs-Komponente [⊅pañca–khandha] 79, 86, 98

santa (P), Glück 396

santhōsa–karanava (S), glücklich machen [⊅satutu–karanava] 417

sānti–kamma (P), Befriedung [⊅shānti–karma]

sānti–kamma–upakkama (P), Methode der Befriedung [⊅shānti–karma–upakkrama]

sappāya (P), Eignung 122

sappāya–sampajañña (P), klares Wissen um Angemessenheit der Mittel 131, 134ff

Sarasvati, Göttin 58

sardhā, sardhāva (S), Vertrauen [⊅saddhā]

sardhā–vardanaya āturayage site pahadinava (S), durch Vertrauenszuwachs wird der Geist des Patienten klar 100

sarīra–kāval–mantra (S), Schutzformel, die den Körper vor Dämonen beschützt 293

sarīrika–dukkha–vedanā (P), schmerzhaftes körperliches Gefühl 442

sāsana–paramparā, Generationenlinie religiöser Überlieferung [⊅paramparā] 155

sati, Achtsamkeit 86, 93, 129, 206, 209, 218, 321, 325, 327, 384, 402, 448

satipatthāna, Achtsamkeitsmeditation [⊅bhāvanā] 146, 198, 446

sati–indriya, Achtsamkeitsfähigkeit [⊅pañca–indriya] 203, 387

sati–sampajañña (P), achtsame Wissensklarheit 131

sātthaka–sampajañña (P), klares Wissen um den Zweck [⊅attha] 131, 134, 136

satutu–karanava (S), glücklich machen, zufrieden stellen, beglücken 51, 78, 101, 137, 409, 416, 419

satutu–venava (S), glücklich werden 424

senadhipati, Anführer 410

set–kirīma (S), ritueller Akt der Beschützung 294, 390, 394f

set–shānti (S), ritueller Akt für Friede und Wohlergehen 424

shōkaya (S), Kummer 69

shakti, shaktiya, göttlich–weibliche Energie oder Kraft bzw. –trägerin 317, 338, 346, 370, 389, 395

veda–kama (S), Akt des Arztes [➔guru–kama] 41, 43, 166, 196, 417

Vedamahatteya, Vedarāla (S), ayurvedischer Arzt 36, 42f, 76, 153

vedanā (P), hedonische Qualität des Erlebens, Gefühl [➔vedeti] 47, 92, 95, 142f, 145, 203, 438

vedanā–khandha (P), Gefühls-gruppe, –komponente [➔khandha] 79, 85, 97, 144

Vedda, Ureinwohner Sri Lankas [➔Vädda]

vedeti (P), erleben, fühlen, erfahren [➔vedanā] 142, 145

velāvata karana ekak (S), situa-tionsgemäss entschiedene Tat 413

venas–karanava (S), verändern 416

venas–venava (S), sich ändern 408

Ves (S), Kandy–Tanz, Tanz der Heil-rituale im Kandy–Hochland 52f, 221f, 239, 246, 255

Vesamuni (S); Vesamunu (P), Gottkönig 178, 303f

vibbhantacitto (P), hilfloses Ent-fremdetsein 447

vicāra (P), Prozess des Denkens 142

vidiya (S), Teil des Ritualplatzes, wörtlich: Strasse 362, 437

vigata–paccaya (P), Geschwunden-sein–Bedingung [➔paccaya] 86

Vijaya, Prinz aus Nordindien, Grün-dervater der Nation Sri Lankas 48, 170f, 220, 222

villakku (S), Lichtdochte 278

viññāna (P), Bewusstsein [➔citta] 82, 89, 143, 432, 437

viññāna–khandha (P), Bewusst-sein–Komponente [➔khandha] 79, 86, 99

viññatti (P), Ausdruck 89, 97, 196, 436

vipāka, Ergebnis (des Tuns) [➔kamma] 34, 44, 88f, 175, 223, 228, 398

vipāka–paccaya (P), Karma–Ergebnis–Bedingung [➔paccaya] 88

vipassanā, Einsicht–, Klarblick–Meditation [➔bhāvanā] 94, 146, 190

vippayutta–paccaya (P), Unver-bundensein–Bedingung [➔paccaya] 86

virāga, Entsüchtung [➔rāga] 434

viriya, Willenskraft, Tatkraft, ent-schlossene Anstrengung 93, 203, 206, 321, 378, 384

viriya–indriya, Willensfähigkeit [➔indriya] 374, 377, 389

virūlha (P), anschwellen [➔upādāna] 79, 432

Virūlhaka, Gottkönig 178

Virūpakkha, Gottkönig 178

Vishnu, Gott 48, 62, 71, 174, 305, 316, 442

vishnu–disti (S), Kontakt mit Gott Vishnu [➔deva–disti, disti] 62

vishvāsa (S); vissāsa (P), Glaube 202

vishvāsa–karanava (S), glauben 100

visuddhi, Läuterung [➔pārisuddhi] 35, 80, 97, 99, 121

vyāpannacitto (P), Böswilligkeit 447

yādinna (S), Anflehen (der Götter) 294

Abstract

SKILL AND TRUST
The Tovil of Sri Lanka as Cultural Psychotherapy

The book reports a field study conducted in Kandy Highlands of Sri Lanka during the years 1985 – 1988. The empirical investigations use as a basis of departure an interdisciplinary view of traditional healing rituals and proceed to the psychological analysis of therapeutic interventions by the healer and the related experience and action of the mentally disturbed patient. The analysis and explanations respect the Sri Lankan autochthonous understanding which motivates, forms and governs the methodical skill of the healer and the trust of the patient.

The first part of the book is devoted to reflecting upon the heuristic concepts involved in research on the indigenous healing rituals as a form of psychotherapy. The reader is introduced to the village understanding of the matter on the basis of a popular Sri Lankan fairy–tale about "Tovil in a pumpkin". The second chapter provides an overview of the healing systems of traditional Sri Lankan culture. Encounters with various healers are discussed in the third chapter and the author's choice of Upasena Gurunnanse from Amunugama as the representative teacher of traditional psychotherapy is reflected upon.

The fourth chapter examines the paradigms of Abhidhamma, the Buddhist system of psychology used in Sri Lanka since over two thousand years. Abhidhamma permeates the population's language and thus expresses the principles of indigenous understanding of personality and provides as well the fundamentals of the healer's technical terminology. The Abhidhammic paradigms of the five personality constituents (pañca khandha), mental faculties (indriya) and powers (bala), the dependent origination (paticca–samuppāda) and the elements of experience (bhūta) are explained in their therapeutic application and popular understanding.

Thereafter, in the fifth chapter, an analytical frame is elaborated that links Sri Lankan popular understanding, the healer's technical knowledge, and the epistemology of psychotherapy research. This analytical frame, which centers upon the concepts of therapeutic format *(kammatthāna)* of the ritual and the logistics of healing action *(vatta–pativatta, vat–pilivet)*, provides the epistemological foundations for the research design and orders the heuristic instruments used in the field study.

In the following chapters, the results of social science research are reviewed insofar as they are relevant to understanding the mental processes in the healing rituals. After discussing the historical and sociological context of the healing rituals, in the sixth chapter, it is shown how the myths govern the concrete ritual performances. In the seventh chapter the Western ethnocentric distinctions between "pure religion" and "practical magic" are disputed and, instead of these ideas, the skill, experience, and understanding of both healers and patients are explained within the culturally autochthonous Buddhist view of the world. The practical skills *(upāya, upakkama)* that can be observed in the healer's performance and the reciprocal trust *(saddhā, pasāda)* of the patient are seen as the central phenomena uncovered through the empirical investigation. Ethnographic data collected by the author in Kandy Highlands elucidate the Tovil within the context of other healing rituals of the region and then its particularities are brought forward in the eighth chapter.

The ninth chapter presents three case studies of Tovil–healing. The data of the therapeutic process within the healing ritual follow in the tenth chapter. Based on these empirical data, a detailed analysis of the healer's skill, his method and means are systematically presented within the therapeutic format of the Tovil. In the eleventh chapter, a special attention is paid to the therapeutic ethics of the healer as observed during the actual performance and reflected in the personal discussions between the healer and the author.